T0161592

V&R

Arbeiten zur Kirchlichen Zeitgeschichte

Herausgegeben im Auftrag der Evangelischen Arbeitsgemeinschaft
für Kirchliche Zeitgeschichte
von Carsten Nicolaisen und Harald Schultze

Reihe B: Darstellungen
Band 36

Vandenhoeck & Ruprecht

Dirk Palm

„Wir sind doch Brüder!"

Der evangelische Kirchentag und die deutsche Frage
1949–1961

Vandenhoeck & Ruprecht

Redaktionelle Betreuung dieses Bandes:
Carsten Nicolaisen

Die Deutsche Bibliothek – CIP-Einheitsaufnahme

Dirk Palm:
„Wir sind doch Brüder!": der evangelische Kirchentag und die deutsche Frage
1949–1961 / Dirk Palm. –
Göttingen: Vandenhoeck und Ruprecht, 2002
(Arbeiten zur Kirchlichen Zeitgeschichte: Reihe B, Darstellungen; Bd. 36)
Zugl.: Gießen, Univ., Diss., 1999/2000
ISBN 3-525-55736-1

INHALTSVERZEICHNIS

VORWORT

„Wir sind doch Brüder!" ist die leicht umgearbeitete Fassung meiner Dok-
torarbeit, welche im Wintersemester 1999/2000 vom Fachbereich 05 der
Justus-Liebig-Universität Gießen im Fach Mittlere und Neuere Geschichte
angenommen worden ist. Ich danke der Evangelischen Arbeitsgemeinschaft für Kirchliche Zeitgeschichte (München) für die Aufnahme der Dissertation in die Reihe „Arbeiten zur Kirchlichen Zeitgeschichte".

Ein herzlicher Dank gebührt dem Vorsitzenden der Evangelischen Arbeitsgemeinschaft, Professor Dr. Carsten Nicolaisen (Weilheim), für seine
genaue Redaktion des Manuskriptes, für viele sachliche Hinweise und Ver-
besserungsvorschläge. Sonja Lange (München) hat mich bei der Recherche
der biografischen Angaben für das Register unterstützt. Markus Drapatz
(Erfurt) hat mit Akribie und Umsicht die druckfertige Vorlage erstellt.

Zahlreiche Kollegen und Zeitzeugen haben durch Hinweise und Kritik
die Entstehung dieser Arbeit begleitet. Besonders hervorheben möchte ich
die Teilnehmer des Oberseminars von Professor Dr. Martin Greschat (Gießen) und Professor Dr. Jochen-Christoph Kaiser (Marburg), mit denen ich
zwischen 1995 und 1998 manche meiner Ergebnisse diskutieren konnte.

Auch viele Archivare haben mir sehr geholfen. Hier sind besonders Ruth
Pabst vom Evangelischen Zentralarchiv (Berlin) und Ekkehard Kätsch vom
Zentralarchiv der Evangelischen Kirche in Hessen und Nassau (Darmstadt)
zu nennen.

Die Hilfe von Dr. Katharina Kunter (Berlin) kam immer zur rechten Zeit.

Martin Greschat hat meine Beschäftigung mit dem Kirchentag mit ste-
tem Nachfragen und viel fachlichem und menschlichem Einfühlungsver-
mögen gefördert. Das war weit mehr, als ich erwarten durfte und anderswo hätte erwarten können.

Vor 25 Jahren bin ich in Aachen eingeschult, vor zehn Jahren in Göttingen erstimmatrikuliert worden. Ich nehme das zum Anlass, mich auch
meiner zahlreichen Lehrerinnen und Lehrer an Schulen, Universitäten und
Instituten in Aachen, Idar-Oberstein, Lancaster/USA, Göttingen, Bochum,
St. Petersburg, Oxford, Woronesch, Mainz, Krakau und Gießen dankbar zu
erinnern.

Erfurt, im Advent 2001   Dirk Palm

EINLEITUNG

Der Kirchentag als Organisation und als Institution

Über 200.000 Menschen aus allen Teilen Deutschlands kamen am Nachmittag des 15. Juli 1951 im Berliner Olympiastadion zusammen, um an dem Abschlussgottesdienst des 3. Deutschen Evangelischen Kirchentages in beiden Teilen der Stadt teilzunehmen. Zehntausende hatten an den vier vorangegangenen Tagen die verschiedenen Veranstaltungen des Kirchentages besucht. Das Laientreffen unter dem Motto „Wir sind doch Brüder" war damit auch ein Bekenntnis zur deutschen Einheit. An einer solchen Massenmobilisierung von Menschen, die unter einem erkennbar politischen Vorzeichen stand, konnte die Politik nicht vorbeigehen. Der Kirchentag hatte politische Öffentlichkeit hergestellt.[1]

Eine derartige Massenmobilisierung wurde in der Nachkriegszeit nur noch bei Maidemonstrationen erreicht: Am 1. Mai 1951 hatten sich über eine halbe Million Menschen vor der Reichstagsruine in Berlin versammelt.[2] Diese Kundgebungen waren jedoch – anders als der Kirchentag – keine mehrtägigen Veranstaltungen; sie konnten nur regional mobilisieren. Bei diesen und anderen politischen Massenveranstaltungen handelte es sich um zeitlich eng begrenzte Zusammenkünfte mit wenigen Rednern zu einem herausragenden Thema. Der Kirchentag hingegen fand über mehrere Tage statt, thematisierte eine Vielzahl von gesellschaftlichen Problemen und ließ Raum für unterschiedliche Positionen. Insofern war er mit anderen Großveranstaltungen nicht zu vergleichen.

Aber dennoch hatte er auch eine nicht zu leugnende politische Dimension. Seit dem Berliner Kirchentag von 1951 stellt der Deutsche Evangelische Kirchentag ein Faktum im öffentlichen Bewusstsein in Deutschland dar.[3] Seit dieser Zeit bis 1954 versammelten sich jedes Jahr, dann 1956 und ab 1959 im Zweijahresturnus evangelische Christen an verschiedenen Orten in Deutschland zu Kirchentagen. Diese Kirchentage wirkten (und wirken noch heute) über den rein kirchlichen Raum hinaus, denn sie erhoben stets den Anspruch, in das öffentliche Leben in Deutschland hineinzureichen. Durch dieses Hineinreichen entstand eine Wechselbezie-

---

1   Vgl. D. Düding, Politische Öffentlichkeit, S. 13.

2   „Hannoversche Allgemeine Zeitung", 03./04.05.1951; „Hannoversche Presse", 02.05.1951.

3   Thaddens Biograph W. Hühne beginnt sein Buch mit den Sätzen: „Seit 1950, seit dem Deutschen Evangelischen Kirchentag in Essen, ist Reinold von Thadden-Trieglaff der deutschen Öffentlichkeit bekannt. Seit 1951, dem großen Treffen von Berlin, kennt ihn die Welt" (Thadden-Trieglaff, S. 3).

hung zwischen Kirchentag und Gesellschaft: Die politischen und gesellschaftlichen Wandlungen der Zeit spiegelten sich immer auch auf den Kirchentagen wider. Dabei nahm die Ost-West-Thematik bis 1961 eine herausragende Stellung ein.[4]

Wie der Kirchentag in diese Position der öffentlichen Relevanz gekommen ist und wie sich die deutsche Frage auf den Kirchentagen widerspie-
gelte, soll hier untersucht werden.

Der Deutsche Evangelische Kirchentag war 1949 gegründet worden.
Nach dem Willen seines Gründers Reinold von Thadden-Trieglaff war er
als eine von der Amtskirche unabhängige „Institution in Permanenz" gedacht, die dazu beitragen könnte, „ein neues Bewußtsein für öffentl[iche]
Verantwortung unter den ev[angelischen] Christen zu entwickeln und die
Voraussetzungen für ein gemeinsames Laienzeugnis vor der Welt zu schaffen."[5] Darüber hinaus sollte der Kirchentag die evangelischen Christen in
ihrem Glauben bestärken und volksmissionarisch diejenigen erreichen, die
der Kirche eher fern standen.[6] Kurz und bündig erklärte Thadden 1949:
„Der Evang[elische] Kirchentag ist ein Versuch der Darstellung, was evangelische Kirche ist, meint, und was sie will."[7]

Ein Kirchentag ist eine auf mehrere Tage konzipierte Massenveranstaltung, die von einer großen Eröffnungs- und einer großen Schlussveranstaltung eingerahmt wird. Dazwischen werden in einzelnen Sektionen bestimmte kirchlich und gesellschaftspolitisch relevante Themen durch öffentliche Vorträge und auch Diskussionen behandelt. Die „Ergebnisse"
solcher Diskussionen sollen dann idealerweise die Darstellung der Haltung
der evangelischen Kirche als Laiengemeinde zu den Fragen der Zeit sein.

Die organisatorischen Maßnahmen, die ab 1949 von Thadden und anderen ergriffen wurden, um Kirchentage zu veranstalten, sind nicht zu ver-
wechseln mit den Ereignissen, die die einzelnen Kirchentage darstellten.
Der Deutsche Evangelische Kirchentag, wie er etwa in dem Briefkopf des
Kirchentagspräsidenten erscheint, und der Deutsche Evangelische Kirchentag, zu dem Hunderttausende 1951 nach Berlin kamen, sind nicht
identisch. Es muss unterschieden werden zwischen dem Kirchentag als Organisation und dem Kirchentag als Institution.

Der Kirchentag als Organisation besteht aus denjenigen, die die Kirchentagsveranstaltungen organisieren und konzeptionell vorplanen. Sozio-
logisch kann eine Organisation durch die freie Ein- und Austrittsmöglich-
keit ihrer Mitglieder, durch die freie Setzung des Organisationszweckes
und durch die freie Gestaltbarkeit von Organisationsstrukturen und Prozessen gekennzeichnet werden.[8] Die ersten beiden Merkmale sind für den

---

4   P. STEINACKER, Kirchentage, S. 106.
5   R. v. THADDEN-TRIEGLAFF, Kirchentag, Sp. 593.
6   Interview mit Thadden anlässlich der Sitzung des Reichsbruderrates am 27.04.49 (EZA
      BERLIN, 71/86/8); vgl. H. H. WALZ, Kirchentag, Sp. 1530.
7   Protokoll der Beiratssitzung des KT am 25.10.49 in Essen, S. 7 (EZA BERLIN, 71/86/2).
8   K. TÜRK, Organisation, Sp. 198.

Kirchentag als Organisation unproblematisch: Verschiedene Personen fanden sich aus freiem Willen zusammen, um den Kirchentag zu gründen; der Zweck der Organisation, wie er oben dargestellt wurde, war frei gesetzt. Was das dritte Merkmal angeht, so sind die Organisationsstrukturen zwar beim Kirchentag frei gestaltet, aber es fragt sich, ob auch die Prozesse, also die Entscheidungsabläufe innerhalb dieser Strukturen, ebenso frei sind. Es ist nämlich nicht zu vergessen, dass die Organisation Kirchentag aus unterschiedlichen Menschen bestand, die ganz verschiedene persönliche Hintergründe hatten. Die gravierendsten Divergenzen ergaben sich in dieser Hinsicht zwischen den Anhängern unterschiedlicher politischer und kirchenpolitischer Richtungen. Da diese Organisationsmitglieder sich ihrerseits auch anderen Organisationen verpflichtet fühlten – etwa Parteien, der kirchlichen Umgebung des EKD-Ratsvorsitzenden Otto Dibelius oder des hessen-nassauischen Kirchenpräsidenten Martin Niemöller –, wirkten diese Organisationen, obwohl nur teilweise über einzelne Personen in die Kirchentagsorganisation integriert, in diese hinein: Der Kirchentag kann beispielsweise nicht losgelöst von der Bundesregierung oder dem Rat der EKD betrachtet werden. Die freie Gestaltbarkeit von organisatorischen Prozessen ist also durch eine Vielzahl von Umwelteinflüssen bedingt, die im Laufe der Kirchentagsgeschichte immer vielfältiger wurden.

Als Institution soll der Kirchentag als eine Folge von Massenveranstaltungen verstanden werden, die sich mehr oder weniger stark im öffentlichen Bewusstsein verankert haben. Die erste dieser Veranstaltungen fand 1949 in Hannover statt, es folgten die Kirchentage 1950 in Essen, 1951 in Berlin, 1952 in Stuttgart, 1953 in Hamburg, 1954 in Leipzig, 1956 in Frankfurt, 1959 in München und 1961 wieder in Berlin.

Die Ausprägung der Institution Kirchentag ist aber nicht nur eine Ableitung aus einem Motivgeflecht von Organisationen, sondern sie birgt auch ein nicht kalkulierbares Element in sich, nämlich die Vielzahl der Kirchentagsteilnehmer, die durch die unterschiedlichen Organisationen nicht vollständig kontrollierbar sind. Immer bleibt ein Moment der Massendynamik, das sich der Erklärung durch organisatorische Einflüsse entzieht. Allerdings können Organisationen eine voraussehbare Massendynamik instrumentalisieren, um eigene, etwa politische, Zielvorstellungen zu verwirklichen.[9] Anders gesagt: Dadurch, dass Spannungen gezielt genutzt werden, können Organisationen institutionell kanalisiertes Wasser auf ihre Mühlen leiten.

Eine Analyse der Frage, wie die Institution Kirchentag für das öffentliche Leben in Deutschland so bedeutsam werden konnte, muss also zunächst von der Organisation Kirchentag und anderen Organisationen ausgehen, die auf der institutionellen Bühne[10] des Kirchentages ihre Interessen verfolgen wollten.

---

[9] Vgl. P. Selznik, Vulnerability, S. 326.
[10] Vgl. W. Lipp, Institution, sozialphilosophisch, Sp. 102.

Erst durch die Massendynamik, die dem Kirchentag durch die Behandlung der deutschen Frage verliehen wurde, bekam diese Bühne eine herausragende Bedeutung für die beiden wichtigsten kirchentagsfernen Organisationen, die Einfluss nahmen: die Bundesregierung und die DDR-Regierung. Ohne die Thematisierung der deutschen Teilung wäre die
Bedeutung des Kirchentages auch nach 1961 und bis heute nicht so groß,
denn in den fünfziger Jahren wurde der Kirchentag zu einer weithin wahrgenommenen Veranstaltung – wovon er nach dem Mauerbau zehren konnte. Selbst 1999, fünfzig Jahre nach Gründung des Kirchentages, wird immer
wieder hervorgehoben, dass die Jahre 1949 bis 1961 diejenigen gewesen
seien, in denen der Kirchentag gesamtdeutsch gewirkt habe; über andere
Aspekte der Geschichte des Kirchentages dieser Zeit kann man hingegen
nur wenig erfahren.

Wenn diese Hervorhebung der deutschen Frage auch ihre Berechtigung
hat, so wird sie doch sehr undifferenziert vorgenommen. Es wird kaum
deutlich, ob die Organisation Kirchentag das Thema selbst auf den Schild
hob oder ob es ihr von außen aufgedrängt wurde. Eine Differenzierung
zwischen einzelnen Kirchentagen, die über die unterschiedlichen Teilneh-
merzahlen aus dem Osten hinausgeht, ist bislang noch nicht vorgenommen
worden. Waren alle neun großen Deutschen Evangelischen Kirchentage
zwischen 1949 bis 1961 in gleichem Maße „Demonstrationen für die Unteilbarkeit der Deutschen", oder muss man dieses Bild stärker nuancieren?

Methodischer Zugriff

Um die Frage zu beantworten, wie der Kirchentag zu einer so wichtigen
Institution werden konnte, wird der Spannungsbogen zwischen Organisationen und Institution nachgezeichnet, und zwar beginnend mit der Organisation Kirchentag selber. Hinzu kommen dann andere Organisationen,
die alle gemeinsam die Institution formen. Das Kräftegewicht zwischen
den unterschiedlichen Organisationen wird dabei eine wichtige Rolle spielen. Da die Institution Kirchentag in ihren ersten Jahren bis 1951 immer
mehr Aufmerksamkeit erregte, steht zu vermuten, dass das Verhältnis zwischen den Organisationen in den Jahren 1949 bis 1951 nicht statisch geblieben ist. Also wird auch auf Veränderungen dieses Kräftegewichtes ein
besonderer Augenmerk zu richten sein.

Ausgegangen werden soll von den für den Kirchentag entscheidenden
Individuen, denn die Geschichte des Kirchentages ist zugleich eine Mentalitätsgeschichte seiner Gestalter. Die Gründer nahmen die gesellschaftliche Situation in Deutschland auf eine bestimmte Weise wahr und reagierten auf diese Wahrnehmung mit der inhaltlichen Ausformung ihrer Organisation. Für die Frühphase des Kirchentages ist dabei Reinold von
Thadden-Trieglaff von besonderer Bedeutung, denn auf seine Initiative ist
der Kirchentag als Organisation ja überhaupt erst zustande gekommen.

Mithin wird hier auch ein biographischer Ansatz verfolgt. Lange Zeit standen biographische Studien unter dem Verdikt Hans-Ulrich Wehlers, die letzte Auffangstellung des Historismus zu sein.[11] In jüngerer Zeit aber wird die Analyse von individuellen Verhaltensweisen aus biographischer Perspektive von der Geschichtsschreibung wieder häufiger betrieben, denn nur so kann das, was durch historische Epochenbrüche weit auseinander gerückt ist, aber von den Akteuren selbst als Lebenseinheit verstanden worden war, auch zusammen gesehen werden.[12] Die diachrone Perspektive trägt also dazu bei, synchrones Geschehen verständlich zu machen. Deswegen wird das Leben Reinold von Thaddens mit einiger Ausführlichkeit geschildert, wobei weniger Wert auf die Auflistung von „Daten und Fakten" gelegt wird, sondern erklärt werden soll, wie individuelle Wahrnehmungs- und Umsetzungsmuster herausgebildet werden konnten. Zu dieser Erklärung werden ganz spezifische biographische Einzelheiten aus Thaddens Leben nötig sein, aber auch, in synchroner Perspektive, Prägungen, die nicht nur er, sondern auch seine Zeitgenossen – vor allem durch den Epochenbruch am Ende des Kaiserreiches – erfahren haben. Die Zusammenschau von Lebenserfahrungen bietet die Möglichkeit einer „intersubjektiven Kontrolle" des individuellen Handelns;[13] sie könnte zu einem Verständnis des Denkens und Handelns von Reinold von Thadden-Trieglaff mehr beitragen, als ein bloßes Nachempfinden das vermag – zumal ein solches Sicheinfühlen leicht in das Spekulative abgleitet.

Die unterschiedlichen Individualinteressen, die auf den Kirchentag einwirkten, lassen sich – grob gesprochen – drei idealtypischen Konzepten zuordnen: dem volksmissionarischen, dem akademisch-problemorientierten und dem politisch-symbolhaften Kirchentagskonzept.

Diese Konzepte haben eine heuristische Funktion; in der historischen Wirklichkeit kommen sie nicht vor.[14] Keiner der Handelnden verstand sich als Vertreter eines „Kirchentagskonzeptes", vielmehr wollten alle bestimmte Interessen durchsetzen. Diese Interessen lassen sich aber am besten durch die unterschiedliche Ferne oder Nähe zu den drei Idealbildern analysieren, sodass eine fundierte Hypothesenbildung überhaupt möglich wird.[15]

Thadden stand dem volksmissionarischen Konzept besonders nahe: Er wollte evangelische Laien dazu ermuntern, sich nach dem Ende des Nationalsozialismus nicht in den privaten Bereich zurückzuziehen,[16] sondern im öffentlichen Leben Verantwortung zu übernehmen. Nach dem volksmissionarischen Konzept sollte der Kirchentag damit einen Beitrag zur Rechristianisierung der Deutschen leisten.

---

[11] H. U. Wehler, Verhältnis, S. 9, 12f.
[12] U. Herbert, Best, S. 19.
[13] H. U. Wehler, Verhältnis, S. 13.
[14] M. Weber, Objektivität, S. 193.
[15] Ebd., S. 190–192.
[16] Vgl. C. Klessmann, Staatsgründung, S. 62.

Wenn auf dem Forum Kirchentag Sachfragen in der Weise behandelt
wurden, dass man unterschiedliche Standpunkte austauschte, dann ging es
weniger um die Mission unter breiten Bevölkerungsschichten als vielmehr
um einen akademisch geprägten Diskurs. Dieses akademisch-problemorientierte Konzept musste dem volksmissionarischen Konzept nicht unbedingt zuwiderlaufen, denn man konnte diese nüchterne Sachfragenbehandlung auch als „Volksmission unter Akademikern" verstehen.[17]

Wenn aber die Bühne dazu genutzt wurde, einem bestimmten Standpunkt im Stile einer Demonstration Geltung zu verschaffen, ohne dass
diese Position selbst diskutiert worden wäre, dann handelte es sich um politisch-symbolhaftes Vorgehen. Dieses Konzept verfolgten unter anderen
politische Organisationen im engeren Sinne, wie die Bundesregierung und
die Regierung der DDR.

Die Kirchentagsgeschichte bis zum Mauerbau lässt sich als Auseinandersetzung zwischen diesen drei Konzepten beschreiben. Es wird immer
wieder zu fragen sein, welche Person, welche Organisation was für ein
Konzept vertrat und warum das so war.

Die Geschichte des Deutschen Evangelischen Kirchentages von 1949
bis 1961 verläuft in drei Abschnitten. Auf die Gründungsphase bis einsch-
ließlich 1950 folgt die Zeit der großen gesamtdeutschen Begegnungen zwischen 1951 und 1956, und danach bis 1961 eine Zeit, in der die Einheit auf
den Kirchentagen nur noch postuliert, aber nicht mehr verwirklicht werden kann.

Prinzipiell werden in allen drei Teilen dieser Geschichte die politischen
Dimensionen der Institution Kirchentag chronologisch beschrieben. Dieser
zeitliche Ablauf wird nur im ersten Kapitel durchbrochen, wo es um die
Herausbildung der Organisation Kirchentag geht. Erst 1950 war dieser Prozess zu einem gewissen Abschluss gekommen. Die Institution jedoch
wurde 1949 mit der Gründung des Kirchentages ins Leben gerufen. Gemäß
der hier vorgenommenen theoretischen Unterscheidung zwischen dem
Kirchentag als Organisation und als Institution wird man also organisatorische Vorgänge aus dem Jahr 1950 im ersten Kapitel, institutionelle Vorgänge aus dem Jahr 1949 erst im zweiten Kapitel finden. Auch Konflikte
zwischen anderen Organisationen und der Kirchentagsorganisation
gehören zu den letztgenannten Vorgängen, denn wenn sich beispielsweise der Rat der EKD gegen die Kirchentagsgründung engagierte, so zielte
das auf die öffentlich wahrgenommene Institution.

Forschungsstand und Quellenlage

Es gibt bislang noch keine wissenschaftlichen Ansprüchen genügende historische Studie über den Deutschen Evangelischen Kirchentag; wie überhaupt die wissenschaftliche Behandlung der Kirchengeschichte der Bun-

---

[17] E. MÜLLER, Widerstand, S. 61.

desrepublik generell immer noch in den Anfängen steckt.[18] Zehn Jahre
nach dem Zusammenbruch der DDR hat das Thema Kirchengeschichte der
DDR hingegen einige wissenschaftliche Aufmerksamkeit gefunden.[19] In
dem Bestreben, möglichst „brandneue" Akten publik zu machen, ist die Literatur zur Kirchengeschichte der DDR vor allem ereignisgeschichtlich orientiert, bietet also für den, der systematische Ansätze verfolgt, also etwa
nach Mentalitäten fragt, wenig.[20] Eine Ausnahme macht hier die Arbeit von
Detlev Pollack, „Kirche in der Organisationsgesellschaft".

Die Arbeit des Theologen Harald Schroeter von 1993, „Kirchentag als
vor-läufige [sic] Kirche. Der Kirchentag als eine besondere Gestalt des
Christseins zwischen Kirche und Welt", ist die erste wissenschaftliche Arbeit über den Kirchentag. Schroeters Fragestellung ist nicht historisch, sondern praktisch-theologisch; in ihren historischen Teilen dringt sie kaum zur
Analyse vor, sondern beschränkt sich auf die Wiedergabe offizieller Verlautbarungen. Dadurch, dass Schroeter keine Akten ausgewertet hat, ist
ihm die Eigenheit der Organisation Kirchentag (im oben definierten Sinne)
weitgehend verborgen geblieben. Aber immerhin dokumentiert Schroeter
das Kirchentagsgeschehen, soweit es sich in veröffentlichten Schriften nie-
dergeschlagen hat. Es kann also für eine schnelle ereignisgeschichtliche
Orientierung hilfreich sein. Nützlich ist für jeden, der sich für den Kirchentag und seine Geschichte interessiert, Schroeters Literaturverzeichnis,
das eine umfassende – wenn auch keineswegs vollständige – Bibliogaphie
zum Kirchentag bietet.

Außerdem gibt es zwei Aufsätze zur Gründungsgeschichte des Kirchentages, und zwar „Die Gründung des Deutschen Evangelischen Kirchentages durch Reinold von Thadden-Trieglaff" von Friedebert Lorenz,
sowie „Und es begann in Frankfurt. Zur Entstehungsgeschichte des Deutschen Evangelischen Kirchentages" von Hans Kallenbach. Beide Autoren
sind dem Kirchentag eng verbunden, Lorenz als langjähriger Studienleiter,
Kallenbach als Organisator einer „Evangelischen Woche" 1948 in Frankfurt,
die er dreißig Jahre später als eigentlichen Ursprung des Kirchentages verstanden wissen wollte. Beide Autoren benutzen ihre eigene Erinnerung als
wichtigste Quelle. Von Lorenz stammt auch ein weiterer, zur Einführung
informativer Aufsatz, „Der Deutsche Evangelische Kirchentag – Eine Skizze seiner Geschichte."

Der Theologe Werner Klän beschreibt in seiner als Aufsatz gedruckten
Probevorlesung „Vom Kirchenkampf zum Kirchentag" die Vorgeschichte
des Kirchentages, also die zwanziger und dreißiger Jahre, in denen sich bei

---

[18] Schon RUDOLF V. THADDEN wies vor zehn Jahren auf dieses Forschungsdefizit hin (Kirchengeschichte, S. 13). 1993 sah A. DOERING-MANTEUFFEL keinen Anlass, an diesem Befund
Abstriche zu machen (Entwicklungslinien, S. 23). Die Rolle der Kirche bei der Wiederbewaffnungsdiskussion hat allerdings etwas Aufmerksamkeit gefunden durch J. VOGEL
(Kirche) und A. PERMIEN (Protestantismus).

[19] E. FRIE, Quellenfluß, Sp. 3–5.

[20] Vgl. G. BESIER, SED-Staat, dazu die (sehr zurückhaltende) Kritik bei M.G. GOERNER, Kirche, S. 11. Die wohl stärkste Besier-Kritik bei A. DOERING-MANTEUFFEL, Griff.

Thadden und seinen Freunden ein bestimmtes Laienverständnis herausbildete, das dann nach dem Krieg zum Tragen kommen sollte. Klän bietet wertvolles Material zur Mentalitätsgeschichte der Kirchentagsgestalter.

Eine französische Dissertation von Patricia Commun, „L'Église Evangelique en Allemagne et la Question Allemande. 1945–1954", die 1988 angenommen wurde, behandelt den Berliner Kirchentag von 1951 und den Leipziger Kirchentag von 1954 mit einiger Ausführlichkeit, kann jedoch nicht auf für den Kirchentag relevantes Quellenmaterial zurückgreifen und beschränkt sich so im Ergebnis darauf, festzustellen, dass die Kirchentage den Einheitswillen der evangelischen Christenheit in Deutschland gestärkt hätten.

Da ein geordneter Nachlass von Reinold von Thadden-Trieglaff nicht existiert (oder nicht zugänglich ist[21]), musste in Fragen der Biographie häufig zurückgegriffen werden auf das populärwissenschaftlich gehaltene Buch des Journalisten Werner Hühne, „Thadden-Trieglaff. Ein Leben unter uns" und das von Lorenz für die Jahre 1945 bis 1950 zusammengestellte Itinerar „Die Reisen und Leiden des Reinold von Thadden-Trieglaff".

Eine historische Erforschung des Deutschen Evangelischen Kirchentages wäre bis vor wenigen Jahren ohnehin unmöglich gewesen, denn die Akten des Kirchentages, ein Depositarbestand im Evangelischen Zentralarchiv in Berlin, sind noch nicht lange zugänglich. Mit dieser Studie wird die erste historiographische Auswertung eines Teiles der Kirchentagsakten vorgelegt. Allerdings sind die Akten für das Jahr 1949, als die Organisationsbildung noch nicht weit vorangeschritten war, sehr spärlich. Einzelheiten der organisatorischen Vorbereitung des ersten Kirchentages 1949 in Hannover können ihnen nicht entnommen werden.

An einigen Stellen, die politisch besonders sensibel sind, etwa in der Frage der Finanzierung des Kirchentages durch staatliche Stellen, oder bei offener Einflussnahme der Bundesregierung auf den Kirchentag, weisen die Kirchentagsakten Lücken auf. Der äußere Zustand der Akten legt die Vermutung nahe, dass sie nicht „gesäubert" worden sind; vielmehr dürften Vorgänge, die auch kirchentagsintern der Geheimhaltung unterliegen mussten, weil sie keinesfalls an die Öffentlichkeit dringen durften, nicht dokumentiert worden sein. Im Übrigen darf nicht vergessen werden, dass angesichts der personellen Schwäche der Organisation Kirchentag auch in den ersten Jahren nach 1949 einfach weniger Akten als später produziert worden sind.

Diese Lücke in der Quellenüberlieferung wird begrenzt durch Akten aus den einzelnen Landeskirchen, Akten der Bundesregierung, und, ab

---

[21] Für H. SCHROETER (Kirchentag, S. 350) war es möglich, „biographische Unterlagen Reinold von Thadden-Trieglaffs; im Besitz Rudolf von Thaddens" zu benutzen, was mir nicht vergönnt war. An einigen Stellen wird deshalb aus Schroeters ausführlichem Fußnotenapparat zitiert. Außerdem existieren Notizen, die anscheinend W. HÜHNE für sein Buch über Thadden angefertigt hatte, im Besitz von Dr. Dr. Harald Uhl, Wachtberg-Niederbachem.

1951, solche der SED und der DDR-Regierung. Während die landeskirchlichen Akten – etwa aus der Kanzlei Martin Niemöllers – sich auf Aspekte beziehen, die über den Kirchentag hinaus für die jeweilige Landeskirche oder die gesamte EKD von Relevanz sind, beschränken sich die staatlichen Akten naturgemäß auf die politische Bedeutung des Kirchentages. Dies ist bei der Auswertung der Akten zu berücksichtigen, wenn man nicht dem Fehler erliegen will, Interpretationen für Fakten zu nehmen.

Die recht umfangreichen Akten der SED zum Berliner und zum Leipziger Kirchentag haben, anders als die übrigen SED-Akten zu Kirchentagen der fünfziger Jahre, schon wissenschaftliche Aufmerksamkeit gefunden, und zwar in der Arbeit Martin Georg Goerners zur Kirchenpolitik der SED.[22] Goerner hat aber einen anderen Ansatz als den hier vorgetragenen: Er fragt bei seiner Auswertung der SED-Akten zum Kirchentag nach den „Strukturen kommunistischer Herrschaftsausübung gegenüber der evangelischen Kirche", während es hier ja um die Beschreibung von Organisationen gehen soll, die bei der Gestaltung des Kirchentages miteinander konkurrierten.

Die Auswertung von Akten aus DDR-Provenienz bringt für den Historiker einige Probleme mit sich. Nicht nur fällt auf, dass die Mitarbeiter des ZK der SED, die kirchenpolitische Analysen über den Kirchentag anfertigten, eine erschreckend niedrige Qualifikation hatten.[23] Das schlägt sich in der Unkenntnis über theologische Fragestellungen nieder, die dazu führte, dass religiöse Überzeugungen als Handlungsmotivationen in den SED-Berichten in der Regel nicht vorkommen. Die Verhandlungen der Kirchentagsleitung mit der DDR-Regierung im Vorfeld der Berliner Kirchentage von 1951 und 1961 beispielsweise sind nahezu vollständig dokumentiert, sobald es aber um inhaltliche Fragen oder Analysen geht, wird die Quellenüberlieferung bruchstückhaft. Der Aussagewert dieser Akten ist auch dadurch begrenzt, dass meist offenbar nur berichtet wurde, was die übergeordneten Stellen hören wollten. Nicht zu vergessen ist jedoch auch, dass die Archivablage im SED-Archiv in den fünfziger Jahren sehr lax gehandhabt wurde, was dazu geführt haben könnte, dass wichtige ursprünglich vorhandene Schriftstücke nicht aufgehoben wurden.[24]

Das Berliner Bezirksarchiv der SED und ihrer Rechtsnachfolgerin, der PDS, brauchte nicht herangezogen zu werden, denn ab 1951 hatten die Kirchentage für die Politik der DDR eine so herausragende politische Bedeutung, dass die entsprechenden Berichte der Berliner Bezirksleitung für die höchste Regierungs- und Parteiebene zusammengefasst wurden und deshalb auch in den Akten des ehemaligen Zentralen Parteiarchivs, der

---

[22] M. G. GOERNER, Kirche, S. 76–79 (Kirchentag 1951), 152–159 (Kirchentag 1954). Vgl. auch C. KLESSMANN, Kirchentag der Kontraste, der SED-Quellen zum Leipziger Kirchentag editiert und kommentiert.
[23] Diesen Hinweis verdanke ich Dr. Clemens Vollnhals, Hannah Arendt-Institut, Dresden.
[24] M. G. GOERNER, Kirche, S. 15.

heutigen Stiftung Archiv der Parteien und Massenorganisationen der DDR im Bundesarchiv, vorhanden sind.[25]

Die Akten der CDU in der DDR waren vor allem bei der Analyse des Leipziger Kirchentages wichtig. Zwar behielt die SED die oberste Entscheidungsgewalt bei politischen Maßnahmen, aber bis in die Mitte der fünfziger Jahre hatte der Parteivorsitzende Otto Nuschke, der gleichzeitig das Amt eines Stellvertretenden Ministerpräsidenten bekleidete, eine eigene kirchenpolitische Rolle. Zwar fungierte Nuschke in erster Linie als ausführendes Organ, aber er versuchte durchaus, sich für kirchliche Belange einzusetzen.

Akten der Bundesregierung oder der CDU in der Bundesrepublik haben die Kirchentage nur sporadisch zum Gegenstand. Deshalb ergibt sich das Problem, dass die Beziehungen zwischen dem Kirchentag und staatlichen Stellen in der Bundesrepublik ungleich schwerer zu rekonstruieren sind als diejenigen des Kirchentages zur DDR-Regierung. Die eigentlich viel intensiveren Beziehungen nach Bonn spielten sich auf einer eher informellen Ebene ab, sodass wenige Gesprächsprotokolle angefertigt wurden. Für die Kirchentagsorganisatoren waren solche Kontakte allerdings so bedeutungsvoll, dass sie eher als Regierungsvertreter dazu tendierten, Gesprächsnotizen anzufertigen.

Bei der Darstellung der Kontakte zwischen Kirchentag und der amerikanischen Hohen Kommission (HICOG) konnten einige amerikanische Akten aus den National Archives in Washington herangezogen werden. Die einschlägigen Analysen amerikanischer Diplomaten zeigen, dass der Kirchentag nicht nur in Ost-Berlin und in Bonn als ein primär politisches Phänomen betrachtet wurde.

Bisweilen konnten identische Schriftstücke in unterschiedlichen Archivbeständen oder sogar unterschiedlichen Archiven lokalisiert werden. In diesem Fall sind alle bekannten Fundstellen angegeben.

Ganz entscheidend für die Bewertung der institutionellen Wirkung des Kirchentages ist eine Auswertung der Presse. Hilfreich war hier das Berliner Pressearchiv der Evangelischen Kirche in Berlin-Brandenburg, das über eine umfangreiche Presseausschnittssammlung zum Kirchentag und zur Person des Kirchentagsgründers Reinold von Thadden-Trieglaff verfügt. Aber auch „ganze" Zeitungen wurden herangezogen, um etwa die Stellung von Meldungen innerhalb der Zeitung festzustellen oder den politischen Diskussionszusammenhang der jeweiligen Zeit besser beurteilen zu können.

Außerdem werden noch die Tonbänder ausgewertet, die vom Berliner Kirchentag angefertigt worden sind. Dies dient dazu, die Stimmung vor Ort einzufangen. Im Übrigen können so auch einige Abweichungen des veröffentlichten Kirchentagsprotokolls von dem, was tatsächlich gesagt wurde, festgestellt werden.

---

[25] Vgl. F. WINTER, Akten, S. 29.

Stimmungen können dem Historiker auch durch die Befragung von Zeitzeugen vermittelt werden. Da Zeitzeugeninterviews hier nur ganz am Rande herangezogen werden, erübrigen sich lange Ausführungen über das Für und Wider von „Oral History".[26] Die Zeitzeugenaussagen dienten bei der Recherche lediglich zur Untermauerung desjenigen Bildes, was sich aus der Analyse der übrigen Quellen ergab.

---

[26] Dazu etwa R. GRELE, Bewegung.

DIE ENTSTEHUNG DER ORGANISATION KIRCHENTAG

1. DIE VORGESCHICHTE DES KIRCHENTAGES

1.1 Religiöse und politische Sozialisation des Kirchentagsgründers und seines Umfeldes

Die Evangelische Kirche in Deutschland stellte spätestens nach dem Ende der Arbeit des Alliierten Kontrollrates 1948 die letzte noch funktionierende gesamtdeutsche Organisation dar.[1] Zwar gab es auch andere gesellschaftliche Verbände, wie Gewerkschaften und Parteien, aber gerade angesichts der früh beginnenden Gleichschaltung anderer Organisationen in der sowjetischen Besatzungszone[2] konnten sich die evangelische und die katholische Kirche als „echtes Gegenüber des Staates"[3] profilieren, das den Nationalsozialismus zwar mit moralischen Blessuren, aber doch intakt überstanden hatte. Die Bedeutung der Religionsgemeinschaften in der deutschen Nachkriegsgesellschaft kann also kaum überschätzt werden.[4]

Der deutsche Protestantismus wurde durch frühe ökumenische Beziehungen als international respektabel aufgewertet und zum Rückbezug auf die Zeit des „Kirchenkampfes" ermutigt. 1934 hatte die erste Bekenntnissynode der Deutschen Evangelischen Kirche sich in Wuppertal-Barmen gegen den Totalitätsanspruch des nationalsozialistischen Staates gestellt. Mit dem Hinweis auf die Fundamente des christlichen Glaubens war nolens volens auch ein politisch wirksames Bekenntnis abgegeben.[5] Die Erfahrung des „Kirchenkampfes" bewirkte, dass die leitenden Mitglieder der evangelische Kirche sich als dem Staat und seinen Institutionen gleichberechtigt gegenüberstehend verstanden.[6]

---

[1] W. Huber, Kirche und Öffentlichkeit, S. 534f.; K. Nowak, Kirche, S. 58.
[2] H. Weber, Geschichte der DDR, S. 141ff.; D. Staritz, Geschichte der DDR, S. 61ff.
[3] W. Huber, Kirche und Öffentlichkeit, S. 534f.
[4] M. Greschat, Kirchen in den beiden deutschen Staaten, S. 181f.; D. Pollack, Kirche in der Organisationsgesellschaft, S. 85. A. Milward weist in einer Buchbesprechung darauf hin, dass keine Sozialgeschichte Nachkriegsenglands jemals mit zwei Kapiteln über die Rolle der Kirchen beginnen würde. Schon dies sei ein Indiz für die Bedeutung der Kirchen in Deutschland nach dem Zweiten Weltkrieg (Literatur, S. 457).
[5] M. Greschat, Bedeutung der Sozialgeschichte, S. 77–87.
[6] Vgl. die II. Barmer These: „... Wir verwerfen die falsche Lehre, als gebe es Bereiche unseres Lebens, in denen wir nicht Jesus Christus, sondern anderen Herren zu eigen wären, Bereiche, in denen wir nicht der Rechtfertigung und Heiligung durch ihn bedürften" (zit. nach K. Herbert, Kirche zwischen Aufbruch und Tradition, S. 382). Der Dresdener Synodalpräsident Reimer Mager erklärte auf einer Pressekonferenz anlässlich der Kirchentages 1954 in Leipzig: „Daß Laien so stark mit in die letzte Verantwortung gekommen sind, ist mit ein Ergebnis des Kirchenkampfes von 1933 bis 1945" (DEKT-Dok. 1954, S. 10; vgl. auch M. Greschat, Neuanfang, S. 167).

Die protestantischen geistigen Strömungen, die in eigenen politischen und religiösen Formen außerhalb der verfassten Kirche organisiert waren, hatten großen Einfluss auf die politische Kultur in Deutschland bis 1933.[7] Der „Protestantismus als politisches Prinzip", der Patriotismus mit religiösen Prinzipien verschmolz, hatte die deutsche Nation in der evangelischen Konfession geradezu aufgehen lassen. Der protestantische Konservativismus erlebte den Staat als „sittliche Macht".[8] Diese Identifikation bestand über den Bruch von 1918/19 fort und prägte ein Weimarer Deutschland, das an seinem Mangel an Demokraten schließlich zugrunde gehen sollte.[9] Dies bedeutet keineswegs, dass der Protestantismus vom Beginn der Weimarer Zeit bis zu deren Ende keine Modernisierung durchgemacht hätte,[10] gleichwohl war aber eine etatistische Tendenz unter den evangelischen Christen, die im öffentlichen Leben standen, unübersehbar.

In diesem Spannungsfeld zwischen etatistischer Obrigkeitskirche und staatsferner Volkskirche (im Sinne einer „Kirche des Volkes"[11]) wurden diejenigen Männer (Frauen spielten hier keine Rolle) sozialisiert, die dem Kirchentag ihr entscheidendes Gepräge gaben. An erster Stelle ist dabei der Gründer des Kirchentages zu nennen, Reinold von Thadden-Trieglaff.

Reinold[12] von Thadden-Trieglaff stammte aus einem alten pommerschen Adelsgeschlecht.[13] 1891 in Mohrungen in Ostpreußen geboren, wuchs er in Trieglaff, Kreis Greifenberg (heute Trzygłów, Kreis Gryfice) auf, dem hinterpommerschen Gut seines Großvaters Reinhold, das nach dessen Tod von Reinolds Vater, dem Landrat Adolf von Thadden-Trieglaff (1858–1932) übernommen wurde. Reinold von Thadden kam aus einem frommen pietistischen Haus. Sein Urgroßvater Adolph von Thadden-Trieglaff (1796–1882) war der Führer der pommerschen Erweckungsbewegung gewesen.[14] Ganz in altkonservativem ständischen Denken gefangen, hatte er sich während der Revolution von 1848 gegen ein allgemeines und gleiches Wahlrecht engagiert; aus diesem Denken heraus war er unter sei-

---

7   Hier und im Folgenden: T. Rendtorff, Protestantismus, S. 410–414. Vgl. dazu auch G. Hübinger, Kulturprotestantismus.

8   T. Nipperdey, Deutsche Geschichte 1866–1918, Bd. 1, S. 487.

9   Vgl. F. Fischer, Bündnis der Eliten, S. 80f.

10 Dies wendet M. Greschat gegen Fischer ein, indem er die Schriften Otto Dibelius' aus der Frühzeit und aus der Spätzeit der Weimarer Republik vergleicht (Neuanfang, S. 162–165); vgl. auch T. Rendtorff, Protestantismus, S. 419.

11 R. Müller-Schwefe, Volkskirche, Sp. 1459.

12 Dem Vernehmen nach strich der Großvater dem Enkel das „h" aus dem Namen, da der Name vom altdeutschen Reginald käme, das „h" in „Reinhold" also völlig überflüssig wäre (W. Hühne, Thadden-Trieglaff, S. 34).

13 Mangels Alternative folgt der biographische Überblick in der Regel der Biographie W. Hühnes (Thadden-Trieglaff).

14 E. Reuss, Adolph von Thadden-Trieglaff, gibt eine der wilhelminischen Zeit entsprechende Biographie. An Materialfülle richtungsweisend ist die Biographie über Thaddens Schwager Gerlach (H.-C. Kraus, Gerlach, z. B. S. 352ff.; vgl. außerdem Berner, Thadden-Trieglaff; E. Engelberg, Bismarck, S. 183–192; W. Klän, Thadden, S. 594).

nen „Unterthanen" missionarisch tätig gewesen. In Thaddens pommerschen Pietistenkreis hatte auch der junge Bismarck verkehrt.[15]

Die Gestalt des Urgroßvaters war für Reinold so prägend wie seine
ganze pommersche Umgebung. Um so schwieriger dürfte es für den in
sich gekehrten Jugendlichen[16] gewesen sein, schon in jungen Jahren aus
schulischen Gründen sein Elternhaus kaum noch zu sehen: Bereits der 14-
jährige wohnte zur Untermiete, der 16-jährige besuchte standesgemäß die
brandenburgische „Ritterakademie", ein Internat für Adelige. Mit achtzehn
Jahren verlor Reinold von Thadden seine Mutter, zu der er ein besonders
herzliches Verhältnis hatte. Der Vater heiratete 1920 erneut; Thaddens Stief-
mutter war vier Jahre jünger als er selber: nach damaligen gesellschaftlichen Standards eine Mesalliance. Dies alles deutet nicht auf eine besonders geborgene Jugend hin. Reinold von Thadden hat selbst das Verhältnis
zu seinem Vater als ausgesprochen problematisch beschrieben.[17]

Thadden studierte Jura in Paris, Leipzig, München und Greifswald. Aus
der Studienzeit ist kein besonderes Engagement bekannt, wenn man von
einer religiös motivierten Weigerung absieht, einem Corpsstudenten „Satis-
faktion" zu geben. Diese Duellverweigerung erschwerte Thadden den Zugang zum Reserveoffiziersdienst, der dann aber auf Grund der Beziehungen des Vater doch noch möglich wurde. Ein Neigungsstudium war die Ju-
risprudenz offenbar nicht gewesen, jedenfalls schlug Thadden nach dem
Krieg keine juristische Laufbahn ein, sondern arbeitete zunächst eine Zeit
lang ehrenamtlich für die „Soziale Arbeitsgemeinschaft" (SAG) in Berlin,
eine Organisation, die es sich zur Aufgabe gemacht hatte, Stadtkinder auf
das Land zu verschicken und allgemein volksmissionarisch tätig zu sein.

Der junge Thadden bewegte sich hier in der gerade in ostelbischen pietistischen Kreisen gepflegten Tradition eines sozial verantwortungsbewussten Protestantismus. Die soziale Frage, wie sie die SAG stellte, hatte natürlich auch eine politische Dimension. Für Thadden wird aber weniger dieser
Aspekt seines Engagements als vielmehr die in ganz unpolitischem Sinn
volksmissionarische Seite dieses Unternehmens interessant gewesen sein.

Jedenfalls hatte der Volksmissionar mit 29 Jahren, als er in Berlin bei
einer Arbeiterfamilie wohnte, seinen Platz im Leben offenbar noch nicht
gefunden. Darin ähnelte er vielen seiner Altersgenossen, die die entscheidenden Lebensjahre zwischen zwanzig und dreißig nicht zur Sozialisation
nutzen konnten, da sie einen Teil dieser Zeit an der Front verbringen mussten.

1920 folgten Promotion – Thadden legte die erste deutschsprachige
Dissertation über den Völkerbund vor – und Heirat. Der Jurist versuchte
sich in der Landwirtschaft auf Vanerow, einem Gut des Vaters in der Nähe
von Trieglaff. Aber auch mit dieser Tätigkeit hatte er (nach eigener Ein-

---

15 E. ENGELBERG, Bismarck, S. 192–202.
16 So beschreibt ihn sein wohlmeinender Biograph W. HÜHNE (Thadden-Trieglaff, S. 36), der
    sich auf Thaddens eigene Aussagen stützte.
17 EBD., S. 77.

schätzung[18]) keine glückliche Hand. Es dauerte noch drei Jahre, bis er endlich ein ihn interessierendes Betätigungsfeld fand, und zwar die Deutsche
Christliche Studenten-Vereinigung (DCSV). 1924 bereits kam er in den Vorstand, ein Jahr später wurde er einer der beiden stellvertretenden Vorsitzenden und 1928 schließlich Vorsitzender der DCSV, und zwar als Nachfolger des Reichskanzlers von 1917, Georg Michaelis (1857–1936), eines
Nennonkels.[19]

Die DCSV war 1897 von Eduard Graf von Pückler (1853–1924) gegründet worden. Aus Bibelkreisen für Schüler und Studenten hervorgegangen,
stand sie in der Tradition der „erwecklichen Aufbrüche", die seit 1890 das
Staatskirchentum vor allem wegen seiner Defizite im volksmissionarischen
und – eng damit verbunden – im sozialen Bereich in Frage gestellt hatten.[20]

Die zunehmende gesellschaftliche Differenzierung im Kaiserreich war
von der evangelischen Kirche nicht bewältigt worden: Die protestantische
Kirchlichkeit des Kaiserreiches erodierte.[21] Dem versuchte auch die 1878
gegründete „Christlich Soziale Partei" des Berliner Hofpredigers Adolf
Stoecker (1835–1909) zu begegnen.[22] Der „Evangelisch Soziale Kongreß",
an dessen Gründung 1890 Stoecker beteiligt war, sollte ein sozialpoliti-
sches Diskussionsforum bieten, um Front gegen die Katholiken und die
Sozialdemokraten machen zu können.[23] Auch im studentischen Bereich
gab es eine Organisation, die sich eng an die Idee eines politischen Protestantismus anlehnte, der eigene sozialpolitsche Positionen beziehen sollte, nämlich den „Kyffhäuserverband der Vereine deutscher Studenten
(VVDSt)".[24] In diesem Verband waren beispielsweise die späteren Bischöfe Otto Dibelius und Hermann Kunst sowie der spätere Bundestagspräsident Hermann Ehlers korporiert.

Auch die DCSV trat für eine Verbreiterung der gesellschaftlichen Basis
des Protestantismus ein. Aber anders als alle die genannten Organisationen,
durch die Stoeckersches Gedankengut eine ganze Generation von Theologen beeinflusste,[25] verstand sich die DCSV nicht als politische, sondern als
ausschließlich evangelisatorische Bewegung. So ist Thaddens Engagement
in der DCSV in Zusammenhang mit seiner vorherigen Mitarbeit bei der Sozialen Arbeitsgemeinschaft zu sehen. Immer wieder ging es ihm um pieti-
stisch geprägte religiöse Initiativen außerhalb der verfassten Kirche.

---

[18]   Hühne hatte seine Informationen offenbar direkt von Thadden.
[19]   Michaelis und Adolf von Thadden-Trieglaff waren befreundet; vgl. K. Kupisch, Studenten,
       S. 120f., 142f.; W. Hühne, Thadden-Trieglaff, S. 44f., 86f.
[20]   M. Greschat, Zeitalter der industriellen Revolution, S. 228. Dort auch das Zitat.
[21]   Ebd., S. 227.
[22]   Von 1878 bis 1881 hieß Stoeckers Partei „Christlich-Soziale Arbeiterpartei" (M. Greschat,
       Christentumsgeschichte, S. 193; vgl. M. Greschat, Zeitalter, S. 210).
[23]   M. Greschat, Christentumsgeschichte, S. 196f.
[24]   H. Roos-Schumacher, Kyffhäuserverband, besonders S. 127–132. Roos-Schumacher weist
       darauf hin, dass in den VVDSt allerdings der nationale Gedanke bald den sozialen Ge-
       danken überflügelte (Ebd., S. 144ff.).
[25]   Vgl. Ebd., S. 127; O. Dibelius, Christ, S. 33f.

Anders als Thaddens Urgroßvater, der eine bewusste Abgrenzung gesucht hatte, war die DCSV überkonfessionell. Sie sollte prinzipiell allen evangelischen Christen offen stehen, die sich auf rein glaubensmäßiger Ebene mit ihrer Religion auseinandersetzen wollten. Zwar gab es unter den Mitgliedern der DCSV einen starken Anteil an Theologen, aber auch diese wurden als gleichberechtigte „Brüder im Glauben", weniger als Impulsgeber verstanden.[26] Mit Theologie hatte sich die DCSV, als Thadden zu ihr stieß, nie ernstlich befasst. Ihr ging es nicht um ein akademisches Ideal, ihr ging es um einen direkten Zugang zum Glauben und zur Bibel, getreu der Parole „Keine Platzangst vor der Frömmigkeit".

In den Schützengräben des Weltkrieges war auch ein soziales System in Frage gestellt worden, nämlich das des Wilhelminischen Deutschlands. Die Frontgeneration,[27] die Thadden nach dem Krieg in der DCSV vorfand, bedurfte genau wie er auch der Rückversicherung, dass das alte System eben doch noch nicht eingestürzt war.[28] Allen Männern dieser Generation ist das traumatische Fronterlebnis gemeinsam, das Ernst Jünger (1895–1998) so heroisierend festgehalten hat, und das nun, nach dem Ende des alten politischen und der Infragestellung des alten gesellschaftlichen Systems, sinnhaft interpretiert werden musste.

1923, als Thadden 32 Jahre alt war, „brannte er vor Energie"[29], genau wie der 32-jährige Bismarck, als er 1847 Johanna von Putkamer geheiratet hatte und in die preußische Politik gegangen war. Auch Bismarck schließlich sollte es 1848 und danach um Bewahrung des alten Systems gehen. Thadden hat sich mit Bismarck, der ja auch in der Thaddenschen Familiengeschichte eine Rolle spielt, intensiv beschäftigt.[30] Ihm selbst wird eine Parallele zwischen beiden nicht entgangen sein.

Vergegenwärtigt man sich, dass es eine der von Thadden formulierten Hauptaufgaben des späteren Kirchentages sein sollte, evangelische Laien in die öffentliche Verantwortung zu rufen und damit ein Weltbild zu propagieren, das in dem Sinn konservativ war, dass es dem Christentum die entscheidende gesellschaftliche Integrationsfunktion in dem neuen pluralistischen Staatswesen Bundesrepublik wieder verschaffen sollte, so liegt die Vermutung nahe, dass Thadden damit ein persönlich-biographisches Anliegen verfolgte, nämlich eines der Rückbesinnung auf traditionelle Werte angesichts der sich radikal ändernden Zeiten.

Für die DCSV war der allgemeinen politischen und sozialen Not der Zeit durch Volksmission zu begegnen. Durch die damit einhergehende Frömmigkeit wirkte die DCSV für ihre Mitglieder, zumal die leitenden,

---

26 Hier und im Folgenden: K. KUPISCH, Studenten, S. 144f.
27 „Man hat vielleicht zu betont von der Frontgeneration gesprochen, die sich hier fand. Aber es steckt mehr als nur ein Wahrheitswörtlein darin. Thadden trat der DCSV bei" (K. KUPISCH, Studenten, S. 144). Zum Generationenmodell vor allem D. PEUKERT, Weimarer Republik, S. 25ff.
28 Vgl. W. KLÄN, Thadden, S. 596.
29 M. STÜRMER, Bismarck, S. 32.
30 R. V. THADDEN-TRIEGLAFF, War Bismarck Christ?

selbst integrativ. Diese Gruppenmentalität sollte sich auf Jahrzehnte als be-
lastbar erweisen.[31] Die Ausprägungen der Frömmigkeit sind jedoch bei den
verschiedenen Generationen innerhalb der DCSV unterschiedlich: Michaelis und seine Vorgänger hatten in der wilhelminischen Zeit die DCSV als
fromme, also nicht theologische und nicht politische Organisation geführt.
Der „Frontkämpfer" Thadden hatte sich den „Gründerzeitlern" in der DCSV
unterzuordnen, bis es ihm gelang, sich als jüngere Alternative zu Michaelis zu etablieren, der dann schließlich mit über 70 Jahren das Amt des Vorsitzenden der studentischen Vereinigung abgab.

Neben der Gründerzeitgeneration und der durch Thadden nach dem
Ausscheiden seines gleichaltrigen Freundes Georg Weber 1925 allein re-
präsentierten Frontgeneration engagierten sich dann verschiedene junge
Theologen in der DCSV, die schon aufgrund ihres Alters Thadden die
Führungsposition kaum streitig machen konnten. Hierzu gehörten der spätere hannoversche Landesbischof Hanns Lilje (1899–1977), der spätere Vorsitzende des Leiterkreises der Evangelischen Akademien Eberhard Müller
(1906–1989) und der spätere Generalsekretär des Kirchentages Heinrich
Giesen (1910–1972). War Thadden ein Exponent der Frontgeneration, so
gehörten diese Männer zu der „Generation ohne Väter", die den Weltkrieg
zwar bewusst miterlebt, aber selbst aufgrund ihrer Jugend nicht mehr an
ihm teilgenommen hatten. 1932 hieß es zu dieser Generation: „Die Dreißi-
gjährigen sind sicher die begabteste Generation unter den Jungen [...] Und
mit ihrer bekannten Fixigkeit und Tüchtigkeit und mit einer überraschen-
den Selbstdisziplin stabilisieren sie heute in allen Lagern und Positionen
für sich eine fixe Lebensform und fixe Lebensgewohnheiten. Sie sind die
schärfsten Gegner des Liberalismus."[32]

Kühle Sachlichkeit war eine Eigenschaft, die sich bei vielen fand, die im
ersten Jahrzehnt des 20. Jahrhunderts geboren waren. Auch in der DCSV
hinterließen diese Vertreter der Generation der Sachlichkeit ihre Spuren. Als
Hanns Lilje 1927 zum Generalsekretär der DCSV berufen wurde, brachte
das eine spürbare Akademisierung und Ausweitung des Programmes der
Vereinigung mit sich. Dies machte sich bei den von der DCSV regelmäßig
veranstalteten „Deutschen Christlichen Studentenkonferenzen" bemerkbar.[33] Aber die Akademisierung, welche Eberhard Müller, Liljes Nachfolger
als Generalsekretär, fortsetzte, war intern offenbar nicht unumstritten. Thadden sagte in seinem Schlusswort zur 37. Deutschen Christlichen Studentenkonferenz im August 1928, dass im Vorfeld der Konferenz

> „studentische Bedenken zur Sprache gekommen [seien], ob Inhalt und Formu-
> lierung unseres Themas nicht zu einseitig auf das Interesse der Theologen oder

---

[31] Vgl. M. GRESCHAT, Sozialgeschichte, S. 90.
[32] So Peter Suhrkamp (zit. nach U. HERBERT, Best, S. 45).
[33] Vgl. etwa R. v. THADDEN-TRIEGLAFF, Gott und die Geschichte; H. LILJE, Christus im deut-
      schen Schicksal. Zur Berufung Liljes und der folgenden Akademisierung: K. KUPISCH, Stu-
      denten, S. 138.

doch wenigstens der Geisteswissenschaftler im engeren Rahmen zugeschnitten gewesen sei. Liebe Freunde, wo solche Sorge im Ernst bestand, verstand man, glaube ich, den Zweck und das Schwergewicht unserer Referate und unserer Aussprachen falsch. Nicht in erster Linie die Theologen und Philosophen unter uns sollte unsere Besinnung auf den Sinn der Geschichte angehen, sondern gerade die Nichttheologen [...]. Ja, es ist vielleicht nicht zu kühn, wenn ich behaupte: es ist *die* Frage schlechthin der gegenwärtigen Generation, um die wir gerungen haben. *Unserer* Generation, zu der wir uns bekennen, wenn wir angesichts der Eintönigkeit und Nüchternheit, der reinen Sachlichkeit und Ausschließlichkeit unseres Berufsdaseins, inmitten der Hast und der Unruhe unseres Alltags, in der Unsicherheit unserer wirtschaftlichen Existenz und in der Problematik unseres Studiums nach dem *Sinn* all dieser Wirklichkeiten Ausschau halten, die doch unser Leben bedeuten. [...] *Begegnung mit Ihm!* Das ist es, worauf es ankommt, wenn es hell um uns werden soll, Begegnung mit Ihm, nicht irgendwo in einem luftleeren Raum, nicht in einer künstlich konstruierten Welt, die unser Idealismus oder unsere Frömmigkeit aufzurichten unternahm, sondern in der vollen Wirklichkeit unseres Lebens."[34]

Dies liest sich wie eine Absage an ein übertrieben sachliches Konzept der volksmissionarischen Arbeit. Die vorher auf der Konferenz gehaltenen Vorträge machen durchaus den Eindruck akademischer Vorlesungen.[35] Schon ein Jahr zuvor war auf einer Studentenkonferenz in Putbus auf Rügen Barths dialektische Theologie vorgestellt worden, was zu heftigen Diskussionen darüber geführt hatte, ob man so nicht die traditionelle Frömmigkeit in Frage stelle.[36] Thaddens Schlusswort von 1928 scheint ein Integrationsangebot an diejenigen zu sein, die der Akademisierung der DCSV durch die Vertreter der Generation der Sachlichkeit kritisch gegenüberstanden.

Thadden verstand das sachliche Konzept Liljes und Müllers als Ergänzung zu seinen eigenen Frömmigkeitsvorstellungen. Die unterschiedlichen Mentalitäten innerhalb der DCSV sollten von dem neuen Vorsitzenden überbrückt werden. Dies war möglich, denn man war sich einig darüber, dass die Laien über alle gesellschaftlichen Unterschiede hinweg die Kirche tragen und aus protestantischer Weltverantwortung heraus die Gesellschaft prägen sollten.[37]

Lilje, Müller und Giesen waren später die „Getreuen", die Thadden bei seinem Vorhaben unterstützten, den Kirchentag ins Leben zu rufen. Dabei mag persönliche Loyalität eine Rolle gespielt haben, wichtig ist jedoch vor allem der Grundgedanke des Laienengagements. Für Thadden hatte dieser Grundgedanke noch eine ganz besondere persönliche Note, denn durch

---

34 R. v. THADDEN-TRIEGLAFF, Gott und die Geschichte, S. 113f., 116. Hervorhebungen dort.
35 Abgedruckt in R. v. THADDEN-TRIEGLAFF, Gott und die Geschichte: Johannes Schneider: Die religiöse Lage der Gegenwart (S. 7ff.); Hanns Lilje: Die Frage nach dem Sinn der Geschichte (S. 43ff.); Fritz Blanke, Die göttliche Sinngebung der Geschichte (S. 79ff.); Heinrich Rendtorff: Meine Geschichte und ihr Sinn (S. 99ff).
36 K. KUPISCH, Studenten, S. 147f.
37 W. KLÄN, Thadden und die Laienbewegung, S. 597.

sein Engagement in der Laienbewegung hatte er ja überhaupt erst seinen eigenen Platz im Leben gefunden.

Die Vermittlung zwischen den innerprotestantischen Kräften des Aufbruchs und denjenigen der Beharrung wurde zum zentralen Anliegen für den DCSV-Vorsitzenden. Von der Plattform der Organisation DCSV aus engagierte er sich nun in vielen Bereichen:[38] 1925 gehörte er zu den Mitbegründern der „Arbeitsgemeinschaft für lebendige Volkskirche", einer kirchlichen Gruppierung, die für eine erneuerte Volksmission auf sozialer Grundlage eintrat. Zunächst Mitglied der pommerschen Provinzialsynode, wurde er 1929 deren Vizepräsident und Mitglied der Generalsynode der Evangelischen Kirche der Altpreußischen Union.[39] Auch hier also präsentierte sich Thadden generationenspezifisch als „junge Alternative". Es folgte, noch weiter ausgreifend, die Mitarbeit im Christlichen Studenten-Weltbund, dessen Vizepräsident Thadden 1938 wurde, als ein Engagement in Deutschland nicht mehr möglich war.

Auch in die Politik zog es den Laienfunktionär: Für die DNVP rückte Thadden in den pommerschen Landtag ein und war angeblich sogar für den Posten des preußischen Kultusministers im Gespräch, was den damaligen Generalsuperintendenten der Kurmark, Otto Dibelius, zu der Bemerkung veranlasst haben soll: „Dafür ist der Thadden denn doch nicht geeignet."[40]

Damit lag Dibelius gewiss nicht falsch, denn Thadden war kein Politiker im modernen Sinn. Er hielt zwar an seinen nationalen, konservativen, sozialen und christlichen Idealen fest (wie mit ihm der überwiegende Teil des deutschen Protestantismus), aber die politische Aufsplitterung am rechten Rand des Parteienspektrums (DNVP, CSVD, NSDAP) führte bei ihm nicht zu einer bestimmten Option (wie bei Dibelius, der sich für die DNVP einsetzte), sondern sie verunsicherte ihn zusehends. Es ging ihm in seinem kirchlichen wie in seinem politischen Engagement eben nicht um einen pluralistischen Ideenstreit, sondern vielmehr um ideelle Innerlichkeit. Dies ist ja auch in seinem oben zitierten Schlusswort zur Studentenkonferenz von 1928 zum Ausdruck gekommen. 1931 gab Thadden seiner Hoffnung Ausdruck, „daß sich doch noch eine einige und dadurch starke politische Rechte verwirklichen ließe",[41] und lehnte deshalb die Abspaltung des als dezidiert evangelische Partei gedachten Christlich Sozialen Volksdienstes von der DNVP ab. Er zögerte nicht, auch öffentlich für einen „großen an-

---

38   „Durch Personalisation zum ‚homo corrigens' [...] befreit, vermag der Mensch, Kultur und Gesellschaft in ihrem Aufbau zu durchschauen und nach Maßstäben des Wertsystems – des geltenden wie des selbst erstellten – individuell durchzuformen" (W. LIPP, Institution und Veranstaltung, S. 52).

39   F. LORENZ, Geschichte, S. 298. 1932 soll Thadden auf dem pommerschen Kirchentag (einer Synodalversammlung) in Stettin erklärt haben: „Überall da, wo sich unser Alltag abspielt, ... da hat die Kirche ihre Boschaft auszurichten, und nirgends sonst!" (zit. Ebd.).

40   W. HÜHNE, Thadden-Trieglaff, S. 118.

41   M. GRESCHAT, Bedeutung der Sozialgeschichte, S. 85.

timarxistischen und antiliberalen Block"[42] einzutreten. Über die Reichs-
tagswahl vom Herbst 1930, bei der die Nationalsozialisten 107 statt bisher
12 Mandate errungen hatten, schrieb Thadden in der verbandseigenen
Zeitschrift „Furche":

> „Was brutaler Eigennutz einer zur Herrschaft gelangten Sonderinteressenvertre-
> tung, was Kulturseligkeit, Bildungsdünkel und Selbstgefälligkeit, theoretischer,
> lebensfeindlicher Dogmatismus und verbohrte Verranntheit in allerhand aufklä-
> rerische Weltbeglückungsvorstellungen unserem Vaterland für Schaden einge-
> tragen haben, das kommt jetzt langsam zu Tage und *muß* eine entsprechende
> Gegenwirkung der mißhandelten Lebensenergien des Volkes hervorrufen. Der
> Auftakt zu dieser Gegenwirkung war die Wahl vom 14. September, und darin
> lag ihre Bedeutung."[43]

Hier begegnet eine Mentalität, die einerseits in Barmen 1934 die konse-
quente Unabhängigkeit der evangelischen Kirche vom Staat forderte –
auch Thadden war Mitglied der Barmer Synode – und für die Kirche das
Recht und die Pflicht zur Predigt des Evangeliums bekräftigte, andererseits
aber darauf beharrte, dass der Staat einer konservativen Normen- und Wer-
teordnung verbunden blieb.[44] Für diese Mentalität war es stets wichtig,
auch der Gesellschaft und dem Staat verpflichtet zu sein – aber vom Evan-
gelium her und unter der Voraussetzung der Unabhängigkeit von staatlichen Institutionen. Diese Geisteshaltung erwies sich als resistent gegenüber dem nationalsozialistischen Totalitätsanspruch, der ein Engagement
vom christlichen Standpunkt aus ja unmöglich machen wollte. Auch nach
1945 war sie noch nicht ausgestorben; sie sah sich geradezu bestätigt. Dem
Nationalsozialismus als „Abfall von Gott" war nun durch eine erneute Hin-
wendung zu Gott zu begegnen, so wie sie schon vor 1933 angestrebt worden war.

Während die Mehrheit der Kirchenmänner der Frontgeneration und
auch der Gründerzeitgeneration die Kirche Zeit ihres Lebens als unpolitisch betrachtete, sie dabei aber immer als antimarxistisch und antiliberalistisch verstand, gewannen einige protestantische Theologen, die in der
Zeit des Nationalsozialismus unter der Fahne der Bekennenden Kirche in
die Opposition gegangen waren, die Überzeugung, dass sich nach der Erfahrung des „Dritten Reiches" eine unpolitische Kirche nicht mehr denken
ließe. Der bedeutendste Exponent dieses kirchlichen Kreises war Martin
Niemöller.[45] Sein Welt- und Kirchenverständnis, in der Zeit der Weimarer

---

[42] Zit. nach W. Hühne, Thadden-Trieglaff, S. 116.
[43] Zit. nach K. Kupisch, Studenten, S. 167. Hervorhebung dort.
[44] Hier und im Folgenden: M. Greschat, Bedeutung der Sozialgeschichte, S. 95–97. Hier ent-
      steht die Perspektive einer Mentalitätsgeschichte des deutschen Widerstandes, wie sie etwa
      H. Mommsen in seinem Aufsatz von 1994 über den Kreisauer Kreis und dessen Europa- und
      Deutschlandkonzeptionen in einem Teilaspekt geschrieben hat (Kreisauer Kreis).
[45] Es existiert keine auf umfassende Quellenanalyse gestützte Biographie Niemöllers. Wo
      Niemöller für den Kirchentag relevant wird, konnte sein Nachlass herangezogen werden.

Republik durchaus im protestantisch-konservativen Mainstream stehend, wandelte sich so weit, dass er nach dem Zweiten Weltkrieg die evangelische Kirche in Deutschland nicht mehr als bewahrende oder wiederherstellende Kraft verstanden wissen wollte, die der Obrigkeit loyal gegenüberzustehen habe. Für Niemöller hatte die Kirche zwar keine Politik zu treiben, aber sie musste gegenüber dem Staat Wächter und Mahner sein, um ein erneutes Abgleiten zu verhindern.

Thadden hingegen hatte, wie die meisten anderen Kirchenmänner auch, aus dem Nationalsozialismus keine Konsequenzen gezogen, die sein ursprüngliches Kirchenverständnis in Frage gestellt hätten. Bei allem Respekt für die unbeirrte Opposition Niemöllers im „Dritten Reich" ergab sich so zwischen Niemöller und der Mehrheit der Kirchenleute, die nach 1945 dort weitermachen wollten, wo sie 1933 hatten aufhören müssen, ein weltanschaulicher Bruch.

Aber nicht nur vom Niemöllerschen Umfeld hob sich Thadden ab, auch zu der offiziellen Kirche, repräsentiert durch Otto Dibelius, ergaben sich wichtige Unterschiede. Dibelius, als Generalsuperintendent der Kurmark schon in der Zeit der Weimarer Republik von großem politischen Einfluss, hatte zwar grundsätzlich ähnliche Ansichten wie Thadden; er dachte aber viel politischer als dieser. Die Herausbildung einer Laienbewegung verstand der Politiker Dibelius als Infragestellung der Organisation Kirche und ihrer politischen Wirkungsmacht. Das hatte Konsequenzen: Eine gewisse Distanz zwischen verfasster Kirche und Laienorganisationen ist bei aller weltanschaulichen Konformität die fünfziger Jahre hindurch deutlich spürbar.

Dibelius vertrat nach wie vor das Konzept einer hierarchisch gegliederten Kirche (nicht umsonst hatte er 1945 den die kirchliche Rangordnung betonenden Titel „Bischof" angenommen), die dem Volk die Maßstäbe nahe bringen sollte, die der demokratische, weil im Pluralismus gefangene Staat nicht mehr vermitteln konnte.[46] Ein solches von den etablierten kirchlichen Strukturen her gedachtes Kirchenverständnis ist „amtskirchlich". Thadden hingegen wollte mit der Stärkung des Laienelementes die Kirche „von unten" her erneuern. Er vertrat ein „volkskirchliches" Konzept. Freie volkskirchliche Bewegungen, also Organisationen, die unabhängig von der Kirche tätig sein wollten, verstand der amtskirchlich denkende Bischof als Konkurrenz.

Aber, um es noch einmal zu betonen, in weltanschaulichen Fragen waren sich Thadden und Dibelius einig. Beide begriffen den massenhaften Rückzug der evangelischen Christen in den privaten Bereich, den das Scheitern des politischen Protestantismus im Nationalsozialismus bewirkt hatte,[47] als Gefahr für die Kirche. Dieser Rückzug stellte nämlich die kirchliche Position des Gegenparts eines konservativen Staates in Frage.

---

46   M. GRESCHAT, Stoecker, S. 80.
47   C. KLESSMANN, Staatsgründung, S, 62.

„Rechristianisierung" und „Kampf gegen die Säkularisierung" waren für die Kirche nach dem Zweiten Weltkrieg also Gebote der Stunde.[48]

Die Abkehr vom Wilhelminischen Staat war immer auch ein Stück weit als Säkularisierung verstanden worden. Von dort aus führte nach diesem Verständnis ein direkter Weg über den Nationalsozialismus in den Sozialismus. Im ersten Bundestagswahlkampf 1949 präsentierte sich die CDU als „Hüterin des Christentums und christlicher Institutionen" und als „Bollwerk gegen die heidnischen Brüder Sozialismus und Kommunismus."[49] Der Westen hingegen galt als „christliches Abendland".

War mit dem Begriff der Rechristianisierung der Sozialismus als Gegner in den Blick genommen, konnte sich „Kampf gegen die Säkularisierung" nicht nur auf den Sozialismus, sondern auch auf den Liberalismus beziehen. Der philosophische Liberalismus begründet seine Freiheitsforderungen nicht mit religiösen, sondern mit allgemein menschlichen Motiven.[50] Die hergebrachte Position der Kirche wird damit untergraben.

Wenn man diese Weltanschauungen nun auf die Politik überträgt, die SPD also als nach ihrem Selbstverständnis sozialistische Partei, die FDP als liberale Partei in den Blick nimmt, dann wird offenbar, warum die meisten kirchlich gebundenen Wähler in der Frühphase der Bundesrepublik für die CDU votierten.

Niemöller hingegen stimmte zwar mit seinen innerprotestantischen Opponenten darin überein, dass der „Privatisierung" des Protestantismus begegnet werden müsse, für ihn hatte die Kirche aber nach 1945 außerdem einen wirklichen Neuanfang zu wagen. Die radikale Infragestellung der alten Ordnung durch Niemöller war viel grundsätzlicherer Natur, als es die Differenzen zwischen dem amtskirchlich orientierten Dibelius und dem volkskirchlich orientierten Thadden jemals sein konnten.

Die politischen Dimensionen der religiösen Vorstellungen von Niemöller und auch von Dibelius waren mithin nach außen recht leicht greifbar. Das führte dazu, dass beide Kirchenmänner häufig in erster Linie als Politiker verstanden wurden – so fern das ihnen selbst gelegen haben mag. Der hessische Kirchenpräsident und der berlin-brandenburgische Bischof vertraten politisch-symbolhafte Konzepte, die sich auf den ersten Blick mit Thaddens frommer Volksmission nur schwer vereinbaren ließen.

Oft ist es schwierig, die Ideen und das Handeln der Akteure einem dieser beiden Idealtypen zuzuordnen. Gerade in der Zeit des „Dritten Reiches" konnten viele innerkirchliche Vorgänge sowohl volksmissionarisch als auch politisch-symbolhaft verstanden werden: Als nach der „Machtübernahme" der Nationalsozialisten innerhalb der evangelischen Kirche diskutiert wurde, wie man sich zu der neuen Regierung stellen sollte, waren die meisten Kirchenleute sich einig, dass sie eine „Kirche für das deutsche

---

[48] M. Greschat, Kirchen in den beiden deutschen Staaten, S. 182; M. Greschat, Aufbruch, S. 112.
[49] U. Wengst, CDU/CSU, S. 35; vgl. W. Yoder, Dibelius, S. 173.
[50] Vgl. R. Vierhaus, Liberalismus, S. 741.

Volk" schaffen wollten, die „dem deutschen Volke in selbstlosem Dienst
dazu hilft, dass es den von Gott ihm aufgetragenen Beruf erkennen und
erfüllen kann."[51] Diese Formulierung aus den sog. „Fezerschen Richtlinien"
der Deutschen Christen von 1933 wurde auch von Niemöller[52] und den
„Jungreformatoren" nicht in Frage gestellt, die – obgleich sie den Deutschen Christen, die ja auch den „Arierparagraphen" innerhalb der Kirche
durchsetzen wollten, kritisch gegenüberstanden – in einem eigenen Aufruf
ebenfalls forderten, die Kirche solle das „Gottesgeschenk der nationalen
Revolution" annehmen und „sich in unlöslichem Dienst an das deutsche
Volk" binden.[53] Einer der Initiatoren dieses Aufrufes war Hanns Lilje, der
Generalsekretär der DCSV. Er, dessen Handeln sonst häufig dem politisch-
symbolhaften Konzept zuzuordnen ist, steht hier in einem ganz anderen
Zusammenhang.

Volksmission war also sowohl nach den Vorstellungen der Deutschen
Christen als auch ihrer Kritiker durchaus politisch relevant. Dies stellte
keine neue Erkenntnis dar: In der Inneren Mission gab es schon seit län-
gerem eine Einrichtung, die geistige und politische Strömungen in
Deutschland beobachten sollte, um der volksmissionarischen Arbeit der Inneren Mission entsprechende Impulse geben zu können: Die Apologeti-
sche Zentrale in Berlin-Spandau.[54]

1.2 Die institutionelle Tradition des Kirchentages

Auch nach 1933 drängte der DCSV-Vorsitzende Thadden danach, seine lai-
enmissionarische Tätigkeit weiter auszudehnen. Auf der Grundlage der
von der DCSV veranstalteten Studenten- und Akademikertagungen entstand 1935 die „Evangelische Woche", eine Akademikertagung, die einmal
im Jahr an jeweils wechselnden Orten stattfinden sollte. In ganz Deutschland wurde dazu eingeladen. Mit der Evangelischen Woche wollte das Präsidium der DCSV die „volksmissionarische Arbeit unter den gebildeten
Gliedern unserer Kirche, insbesondere unter Studenten und Akademikern"[55] auf eine breitere Grundlage stellen. Die Veranstaltung war so an-
gelegt, dass sie über mehrere Tage hinweg „das dreifache Anliegen der
theologischen Klärung, missionarischen Verkündigung und anschaulichen
Einführung in das Leben der christlichen Gemeinde" verfolgen konnte.
Zweifelsohne erfolgte die Gründung der Evangelischen Woche auch unter
dem Eindruck des Nationalsozialismus und der ein Jahr zuvor in Barmen
erfolgten Zurückweisung des staatlichen Totalitätsanspruches. Aber auch
ohne diesen Zusammenhang erscheint sie als Konsequenz aus der Er-

---

51 K. SCHOLDER, Kirchen, S. 404.
52 Vgl. M. GRESCHAT, Niemöller, S. 189.
53 K. SCHOLDER, Kirchen, S. 406f.
54 Vgl. Ebd., S. 173.
55 Beide Zitate: E. MÜLLER, Widerstand, S. 17. – Zur Evangelischen Woche vgl. L. STEINACKER,
    Kirchentage, S. 104. Auch zur Evangelischen Woche gibt es bislang keine Untersuchung.

neuerung der DCSV, die von Hanns Lilje und Eberhard Müller 1927 begonnen worden war.[56]

Anders als in der DCSV, wo bereits ein Generationenwechsel stattgefunden hatte, ordnete sich Thadden bei der Evangelischen Woche einem
Vertreter der Gründerzeitgeneration unter, nämlich Paul Humburg
(1878–1945), dem Präses der rheinischen Bekenntnissynode. Humburg
hatte 1928 mit dafür gesorgt, dass Thadden Vorsitzender der Studenten-
vereinigung wurde.[57] Wenn auch beide, Humburg und Thadden, als Vorsitzende des „Reichsausschusses der Deutschen Evangelischen Woche"
fungierten, so deutet doch das Tagungsprogramm der ersten, im August
1935 in Hannover veranstalteten Evangelischen Woche darauf hin, dass
Thadden hier nicht die zentrale Figur darstellte.[58] Humburg stand an der
Spitze des Programms, Thadden trat während der Tagung als ein Vortra-
gender unter anderen auf.

Organisatorisch entscheidend war aber der Generalsekretär der DCSV,
Eberhard Müller, der gleichzeitig als Geschäftsführer der Evangelischen
Woche fungierte. Müller erdachte die Konzeption der Veranstaltung.[59]
Durch die sachlich gehaltenen Vorträge aus den unterschiedlichsten Le-
bensbereichen wurde die Gegnerschaft gegen den totalen Staat auf eine
rationale Grundlage gestellt, genau wie später nach 1945 die loyale Mitarbeit am Aufbau eines neuen Staates durch Evangelische Akademien ratio-
nal unterfüttert wurde. Ebenso wie Hanns Lilje setzte Müller also darauf,
dass der Krise der Zeit auf rationaler Grundlage zu begegnen sei, nicht auf
emotionaler.[60] Beide erweisen sich als typische Vertreter der „Generation
der Sachlichkeit".

Thadden hat sich der Idee Müllers nicht verschlossen, es ist jedoch nicht
erkennbar, dass er selbst sie vorangetrieben hätte. Das volksmissionarische
Anliegen der Evangelischen Woche wurde von Thadden und Humburg vor-
gegeben, um dann von Müller akademisch angereichert zu werden. Insofern
ist die Evangelische Woche sowohl dem volksmissionarischen als auch dem
akademisch-problemorientierten Konzept zuzuordnen.

Thadden stand in der Tradition seines Urgroßvaters, dem es um Volksmission und nicht um Sachfragenbehandlung gegangen war. Johann Hin-
rich Wichern hatte durch die Gründung des „Rauhen Hauses" 1833 und der
Inneren Mission 1848 die Volksmission zum innerkirchlichen Thema gemacht. Auf den Kirchentagen des 19. Jahrhunderts, ab 1848 zunächst jähr-

---

56 Müller schrieb in seinem Vorwort zu dem Tagungsbericht, der in der Schriftenreihe der
    DCSV erschien: „Sachlich ist die Aufnahme dieses Tagungsberichtes in diese Reihe da-
    durch begründet, daß die Deutsche Evangelische Woche eine freilich völlig neu einset-
    zende Fortführung der in den früheren christlichen Akademikertagungen getriebenen
    Arbeit darstellt" (WAHRHEIT, S. 11).
57 K. KUPISCH, Studenten, S. 142.
58 Reproduziert bei E. MÜLLER, Widerstand, S. 21–24; vgl. auch: WAHRHEIT, S. 6.
59 Vgl. F. LORENZ, Geschichte, S. 299.
60 Insofern dürfte E. MÜLLERS autobiographische Selbsteinschätzung in Bezug auf seine Be-
    deutung für die Evangelische Woche nicht übertrieben sein (Widerstand, S. 16f.).

lich, dann alle zwei Jahre abgehalten, war Wichern eine der charismatischen Figuren. Auf ihn sollte sich der Deutsche Evangelische Kirchentag als Begründer einer geistigen Tradition berufen.[61]

Während der Evangelischen Woche 1935 in Hannover hielt Thadden – einer von zwei Nichttheologen unter 18 Rednern – als Einziger einen betont nichtakademischen Vortrag, in dem er die Tagungsteilnehmer zu konkretem Bekenntnis ihres Glaubens aufforderte. „Gott schenke uns, daß wir in deutschen Landen mehr und mehr Männer haben, die eintreten für ihren evangelischen Glauben und damit für die Freiheit unseres Volkes überhaupt."[62] Die Referate der anderen, von Müller als dem Organisator eingeladenen Redner nahmen sich dagegen wesentlich akademischer aus.[63] Der „gebildete Laie" war hier Adressat, nicht Gesprächspartner; ein Diskurs fand nicht statt.[64]

Andere Veranstaltungen, die den nationalsozialistischen Totalitätsanspruch hätten in Frage stellen können, waren nicht mehr möglich. Nicht zuletzt deswegen wurden die Evangelischen Wochen zu einem großen Erfolg. Auch auf regionaler Ebene fanden solche Veranstaltungen statt.

Bei der ersten „reichsweiten" Evangelischen Woche in Hannover eilten Tausende von Menschen zu Vorträgen wie „Die göttliche Sendung des Rechts" oder „Das Werden und Wachsen einer Volkskirche auf Sumatra".[65] So unpolitisch diese Themen zunächst klingen, so politisch waren sie doch in ihrer Bekräftigung des Evangeliums als Macht, auf die der Staat keinen Zugriff hat. Staatlicherseits registrierte man das genau. Die Veranstalter wurden gebrandmarkt als „Repräsentanten des politischen Protestantismus, die sich nicht damit abfinden können, nur Seelsorger zu sein".[66] Das Treffen war vielen Behinderungen ausgesetzt. Humburg beispielsweise wurde 1936 bei der Evangelischen Woche in Stuttgart von der Kanzel weg verhaftet. Im Dezember 1937 wurden die Evangelischen Wochen schließlich verboten, im Juli 1938 auch die DCSV.[67]

Die Evangelischen Wochen waren der Öffentlichkeit zugänglich. Damit unterschieden sie sich von den Evangelischen Kirchentagen des 19. Jahrhunderts, zu denen nur geladene Gäste zugelassen gewesen waren. Auch dort hatte man – wie bei den Evangelischen Wochen und den Kirchentagen ab 1949 – drängende Zeitfragen behandelt. Aber diese frühen Kirchen-

---

61 Z.B. bei der „Wichern-Gedenkstunde" anlässlich des Hamburger Kirchentages 1953 (DEKT-Dok. 1953, S. 555; vgl. H. Schroeter, Kirchentag, S. 130f.).
62 Wahrheit, S. 301.
63 Die Landesbischöfe Theophil Wurm (Stuttgart) und August Marahrens (Hannover), die abgesetzten Landesbischöfe Heinrich Rendtorff (Stettin, zuvor Schwerin), Simon Schöffel (Hamburg) und mehrere Pastoren, unter ihnen Lilje und Niemöller, traten auf. Allenfalls der Vortrag Niemöllers zum Thema „Der Friede Gottes als die Kraft des wehrhaften Mannes" (Wahrheit, S. 243–251) hebt sich von dem übrigen Charakter der Veranstaltung noch ab.
64 W. Klän, Thadden, S. 602.
65 Ebd., S. 600; W. Röhrbein, Kirche in Bedrängnis, S. 230f.
66 Zit. nach W. Klän, Thadden, S. 603.
67 Zur Verhaftung Humburgs: W. Hühne, Thadden-Trieglaff, S. 139f.; R. v. Thadden-Trieglaff, Posten, S. 143; zum Verbot: W. Klän, Thadden, S. 604f.

tage hatten den Charakter von Honoratiorenversammlungen: Nicht in öffentlicher Diskussion sollten die Zeitprobleme behandelt werden, sondern in einem abgegrenzten Kreis von Gebildeten. Die Kirchentage stellten keine „politischen Feste" dar, wie sie im Vormärz in Deutschland aufgekommen waren,[68] sondern Manifestationen eines ethisch verantwortungsbewussten Konservativismus. Nicht umsonst hatte auch Thaddens Urgroßvater am ersten Kirchentag 1848 in Wittenberg teilgenommen.

Selbst 1949, als man ohne Furcht vor Repressalien hätte streiten können, blieb der rezeptive Charakter der Evangelischen Wochen der dreißiger Jahre, wie er sich schon im 19. Jahrhundert auf den Kirchentagen gezeigt hatte, erhalten. Der Kirchentag der Nachkriegszeit kann mithin angesehen werden als die Fortsetzung eines Prozesses der Herausbildung politischer Öffentlichkeit unter evangelischen Laien, der bereits hundert Jahre zuvor begonnen hatte.

1.3 Die Idee der evangelischen Volksmission nach 1945

Nach dem Zusammenbruch des nationalsozialistischen Deutschlands war die Idee der Volksmission aktuell wie nie. Die Bedingungen für volksmissionarische Arbeit erschienen angesichts der weitgehend ungebrochenen Stellung der evangelischen Kirche und dem Fehlen anderer Organisationen, die Menschen hätten geistig binden können, besonders günstig.[69]

Eberhard Müller nahm seinen Gedanken der Volksmission unter Akademikern durch die Gründung der Evangelischen Akademien 1945 wieder auf,[70] und auch Evangelische Wochen waren schon seit 1946, wenn auch in kleinem Rahmen und ohne die Mitwirkung Thaddens, wieder veranstaltet worden.[71] Seit September 1945 fanden in Bad Boll Akademietagungen statt. Mit diesen Tagungen sollten wie schon durch die Evangelischen Wochen vor allem Akademiker erreicht werden, und zwar nicht durch missionarische Wortverkündigung im Sinne Thaddens, sondern mit Hilfe des „freien, methodisch geführten Gruppengesprächs", wie sich Müller ausdrückte.[72] Der Vertreter der Generation der Sachlichkeit bemühte sich um eine „Entsakralisierung" der Akademieveranstaltungen. Zwar wurde dies damit begründet, dass auch der Kirche fern stehende Akademiker integriert werden sollten,[73] aber gleichzeitig kam dies auch Müllers Bedürfnis

---

68   Vgl. D. Düding, Politische Öffentlichkeit, S. 13.
69   „Man kannte die entscheidende Ursache des Unglücks – eben den Abfall von Gott; und wußte zugleich um das allein wirksame Heilmittel: die Rückkehr zu Gott" (M. Greschat, Aufbruch, S. 111).
70   E. Müller, Widerstand, S. 61, 64ff.
71   Genauere Angaben zu den Evangelischen Wochen 1946 in Flensburg und 1947 in Stuttgart fehlen. Vgl. aber H. Kallenbach an den Oberbürgermeister von Frankfurt am Main, 18.12.1947 (ZAEKHN Darmstadt, 78/14).
72   Widerstand, S. 71.
73   Ebd., S. 73.

nach Rationalität entgegen. Nach dem Erfolg der ersten Akademietagungen und nicht zuletzt durch die finanzielle Unterstützung der amerikanischen Regierung, die alles dafür tat, in Deutschland eine vielgestaltige Gesellschaft (unter Ausblendung des kommunistischen Segments) aufzubauen,[74] entstanden weitere Akademien und 1947 schließlich der Leiterkreis der Evangelischen Akademien in Deutschland, dessen Vorsitzender Eberhard Müller wurde. Seine Vorstellung, den Protestantismus in der politschen Öffentlichkeit auf rationaler Basis wirksam werden zu lassen, konnte er also unter den Bedingungen der Nachkriegszeit voll durchsetzen und in dem gesellschaftlichen Leben der Bundesrepublik sowohl organisatorisch (durch den Leiterkreis) als auch institutionell (durch die zahlreichen Akademietagungen) dauerhaft verankern. Binnen zweier Jahre hatte sich Müller eine Lebensaufgabe geschaffen, die sich eng an das akademisch-problemorientierte Konzept anlehnte.

Das stärker auf unmittelbare Glaubenserfahrung ausgerichtete volksmissionarische Konzept, dem Thadden nahe stand, lag hingegen zunächst brach. Nicht nur war die Infrastruktur in Deutschland zusammengebrochen, sodass an Evangelische Wochen mit größerem Einzugsbereich kaum gedacht werden konnte. Auch lagen die personellen Voraussetzungen für eine Neubelebung der Laienmission zunächst nicht vor. Die Evangelischen Wochen von 1946 und 1947 drangen nicht in das Bewusstsein der Öffentlichkeit, nicht einmal der kirchlichen.[75] Die 1948 in Frankfurt mit Unterstützung des Leiterkreises der Evangelischen Akademien veranstaltete Evangelische Woche, an der Thadden als einer der beiden Vorsitzenden des Reichsausschusses der Evangelischen Woche (Humburg war 1945 gestorben), anscheinend nicht teilnahm,[76] hatte enttäuschend wenige Teilnehmer.[77]

Thadden war bis zum Dezember 1945 in sowjetischer Kriegsgefangenschaft gewesen. Am Krieg, in dem drei seiner fünf Söhne starben, hatte er als Offizier teilgenommen. Heimat- und völlig mittellos, dazu physisch und psychisch am Ende, musste sich Thadden ab Dezember 1945 ein neues Leben aufbauen. Wie eine solche Existenz aussehen sollte, war in Umrissen klar: Er wollte dort wieder beginnen, wo er 1938 hatte aufhören müssen. Deshalb suchte er eine gesamtkirchliche, missionarische Aufgabe.

Eine solche Aufgabe war in der entstehenden Evangelischen Kirche in Deutschland nicht leicht zu finden. Ein Angebot von Dibelius, Thadden könne Konsistorialrat in der (nunmehr vor-) pommerschen Landeskirche werden, lehnte dieser ab,[78] wohl in der Hoffnung, seine alten kirchlichen Verbindungen spielen lassen zu können, um einen anderen Posten zu er-

---

[74]   J. HEIDEKING, USA, S. 133–138.
[75]   Auch E. MÜLLER, der Kallenbachs Rolle bei der Evangelischen Woche 1948 in Frankfurt hervorhebt, erwähnt keine vorhergehenden Veranstaltungen (Widerstand, S. 64).
[76]   Bei F. LORENZ, Reisen, S. 11, gibt es keinen entsprechenden Hinweis.
[77]   Kallenbach an Lorenz, 01.07.1980 [sic!] (ZAEKHN DARMSTADT, 78/4); H. KALLENBACH, Frankfurt, S. 6f.
[78]   Rundbrief Thaddens an Verwandte und Freunde (zit. nach H. SCHROETER, Kirchentag, S. 54).

halten. Zudem war das Angebot des Bischofs doppelbödig: Einen Laien-funktionär par excellence in die Kirchenorganisation fest einzubinden, hätte ja geheißen, ihm das Eingeständnis abzunötigen, dass es eben doch die verfasste Kirche ist, die gegenüber den Laienorganisationen den längeren Atem hat. Von offizieller kirchlicher Seite jedenfalls konnte Thadden bei der Verwirklichung seiner Pläne nicht mit Unterstützung rechnen. Dibelius äußerte 1948 intern, dass Thadden die Rolle, die er vor 1945 gespielt habe, „etwas überschätzte".[79] Unabhängig davon, ob diese Einschätzung zutrifft oder nicht, hatte der Bischof zumindest deutlich gemacht, dass er Thadden nicht unbedingt als herausragenden Kirchenmann ansah.

Zunächst halfen Thadden seine guten Beziehungen nach Genf, die er sich durch sein Engagement im dort ansässigen Christlichen Studenten-Weltbund aufgebaut hatte. Aber die Arbeit, die er in der Schweiz als Referent beim Ökumenischen Rat der Kirchen aufnahm, befriedigte ihn keineswegs. Rast- und ruhelos irrte er von Konferenz zu Konferenz, von Studententagung zu Akademietagung in der Schweiz, Italien, England und Deutschland.[80] Er bekleidete nun auch wieder verschiedene Laienämter. Thadden war innerlich so angespannt, dass er eine Erkrankung des Kehlkopfes, an dem er erstmalig 1946 (und in den folgenden zwanzig Jahren mehrere Dutzend Male, allein bis zu seiner Rückkehr nach Deutschland im März 1949 sechzehn Mal) operiert wurde, nicht auskurieren konnte. Körperlich und geistig lebte er während der Suche nach einer neuen Aufgabe am Rande des Zusammenbruches.[81]

Mit Eberhard Müller, der zu diesem Zeitpunkt in Bad Boll schon fest Fuß gefasst hatte, beriet sich Thadden immer wieder.[82] Im September 1948 endlich konnte der Akademiedirektor bewirken, dass für Thadden eine Stelle als Referent bei der Kirchenkanzlei der EKD in Schwäbisch Gmünd geschaffen wurde.[83] Zwar bedeutete diese Stelle, genau wie die knapp drei Jahre zuvor angebotene Position eines Konsistorialrates, eben die Einbindung in die Kirchenorganisation, die der Laie Thadden ja vermeiden wollte, aber er wurde eine gewisse Unabhängigkeit zugesichert, und er hatte nun überhaupt eine kirchliche Position innerhalb der EKD erlangt.[84] Er

---

79 Martin Fischer an Giesen, 22.07.1954 (EZA BERLIN, 606/29).
80 F. LORENZ, Reisen, S. 3f.
81 Vgl. den Schriftwechsel Thaddens aus den Jahren 1948 und 1949 (EZA BERLIN, 71/86/9 und 71/86/10). „Daß ich wochenlang so ganz verstummte, hatte seine Ursache in einer Aufeinanderfolge von Reisen und Tagungen, die mich körperlich und geistig völlig aufgefressen haben" (Thadden an Müller, 02.09.1946, zit. nach F. LORENZ, Reisen, S. 37). Den Hinweis auf die psychosomatischen Aspekte des Krankheitsbildes von Thadden verdanke ich Dr. Dr. med. Frank Palm, Ulm.
82 Zahlreiche persönliche Begegnungen dokumentiert bei F. LORENZ, Reisen; umfangreiche Korrespondenz in EZA BERLIN, 71/86/9.
83 „Es ist selbstverständlich, daß ihm [Thadden] eine leitende hauptamtliche kirchliche Tätigkeit angeboten wird." Wurm an die Mitglieder des Rates der EKD, 31.07.1948 (PROTOKOLLE, S. 533). Der entsprechende Beschluss findet sich im Protokoll der Ratssitzung vom 30.09.1948 (Ebd., S. 560).
84 EBD., S. 560, Anm. 18.

wollte nun endlich wieder zurück nach Deutschland. Im November 1948 war es schließlich so weit.

Von Seiten der Evangelischen Akademien wurde Thadden im Februar 1949 der Vorsitz des Präsidialausschusses der Deutschen Evangelischen Woche angetragen, die wie 1948 wieder in Frankfurt am Main stattfinden sollte.[85] Thadden sagte freudig zu und machte sich sogleich an die Arbeit, für den Sommer des Jahres wieder eine Evangelische Woche zu organisieren, so wie er sie aus den dreißiger Jahren kannte. Endlich war ein konkreter Ansatzpunkt für die volksmissionarische Arbeit gefunden. Thadden konnte nun wieder gestaltend tätig werden, wie er es seit der Übernahme des DCSV-Vorsitzes gewohnt war.

Thadden war nach wie vor ein Mann der freien, von der Amtskirche unabhängigen Laienbewegung. Dabei wollte er noch einen Schritt weitergehen als die evangelischen Werke und Verbände, also diejenigen Laienorganisationen, die zwar von den Landeskirchen unabhängig, aber trotzdem in die Dachorganisation EKD eingebunden waren.[86] Die Werke und Verbände nahmen bestimmte Sachaufgaben wahr, beispielsweise die Diakonie oder die Studentenarbeit. Thadden wollte aber nicht nur auf eine Sachaufgabe beschränkt bleiben. Deswegen konnten Vertreter der Werke und Verbände nach Thaddens Verständnis an einer erneuten Evangelischen Woche teilnehmen, um ihren jeweiligen Anliegen eine Plattform zu verschaffen, aber die Evangelische Woche selbst als Evangelisationsveranstaltung sollte jenseits aller dieser Organisationen stehen.

1.4 Die Entstehung der Organisation Kirchentag

Zwar stand Thadden nun einem „Präsidialausschuss" vor, aber die Organisation „Deutsche Evangelische Woche" war völlig unstrukturiert und ruhte letztendlich allein auf Thaddens Schultern. Alle anderen Beteiligten hatten weitere Ämter und Tätigkeiten, Thadden aber sah in seiner neuen Aufgabe *die* Chance nach einer langen Odyssee, und er ging deshalb die Planung der Evangelischen Woche mit aller Kraft an.

Die inhaltliche Konzeption der Evangelischen Woche, die im Juli 1949 nicht wie ursprünglich geplant in Frankfurt, sondern in Hannover stattfand,[87] konnte der Präsidialausschussvorsitzende nicht allein leisten. So wirkten an der Konzeption die Freunde aus Thaddens DCSV-Zeit mit, vor allem Eberhard Müller und Hanns Lilje. Während ersterer die Evangelischen Akademien und ihr Personal aktivieren konnte, fiel letzterem als gastgebendem Landesbischof quasi ex officio ein gewisser Einfluss zu.[88]

---

85 Kallenbach an Thadden, 07.02.1949 (ZAEKHN DARMSTADT, 78/4).
86 Zur Definition vgl. H. BÄREND, Werke; G. APSEL, Männerarbeit.
87 Vgl. unten S. 52–59.
88 E. MÜLLER schreibt in seinen Lebenserinnerungen, dass die „Hilfe von Hanns Lilje und seinem tatkräftigen Mitarbeiterstab" für die Evangelische Woche entscheidend gewesen sei

Von den anderen in Frage kommenden Werken und Verbänden in der EKD, also etwa der Evangelischen Studentengemeinde, der Bahnhofsmission, der Evangelischen Frauenarbeit war zwar Wohlwollen in Gestalt von Beschickung des Präsidialausschusses, aber vorerst keine inhaltliche oder organisatorische Unterstützung zu erwarten.[89]

Nach der Evangelischen Woche in Hannover, das war Thadden gleich klar, würde sich eine solche Veranstaltung nicht noch einmal mit nur einem hauptamtlichen Mitarbeiter, nämlich ihm selbst, organisieren lassen.[90] Zwar kamen noch der Präsidialausschuss, ein Beirat aus den Vertretern der Werke und Verbände, ein Publizistischer Ausschuss, ein Finanzausschuss und die Ausschüsse in den einzelnen Landeskirchen hinzu.[91] Diese Vielzahl von Ausschüssen darf jedoch nicht darüber hinwegtäuschen, dass die Kirchentagsorganisation auch nach dem Sommer 1949 noch auf sehr schwachen Füßen stand.

Inhaltliche Vorbereitungen wurden von einem Themenausschuss und den Evangelischen Akademien geleistet.[92] Seit dem Essener Kirchentag von 1950 war es die vorrangige Aufgabe der Evangelischen Akademien, die vier Themenbereiche Politik, Soziales, Familie und Kirche zu betreuen. Die Leitungen einzelner Arbeitsgruppen wurden jetzt zu permanenten Organisationen, auch über den einzelnen Kirchentag hinaus.[93]

Zwar sollten die Arbeitsgruppen, die sich in den Evangelischen Akademien trafen, Ost und West möglichst ausgewogen widerspiegeln,[94] andererseits aber wurde die inhaltliche Arbeit von den westdeutschen Arbeitsgruppenmitgliedern geleistet. Das Programm der Evangelischen Akademien, das auf den Kirchentag übertragen wurde, war ja das „eines kirchlichen Vorstoßes in die pluralistische Alltagswelt".[95] Mit diesem Ansatz konnte nur im Westen Deutschlands Staat gemacht werden, denn eine „pluralistische Alltagswelt" wurde in der DDR unterdrückt. So wurde zwar der gesamtdeutsche Charakter der Akademiearbeit betont, aber gleichzeitig ein an westdeutschen Verhältnissen orientiertes Programm verfolgt.

Die praktische Organisation und Koordination leistete immer noch Reinold von Thadden-Trieglaff. Ab August 1949 stand ihm ein zusätzlicher Mitarbeiter mit dem Titel „Generalsekretär" zur Seite: Otto-Heinrich Ehlers.[96] Ehlers hatte sich vorher nicht kirchlich engagiert. Im Krieg General-

(Widerstand und Verständigung, S. 65). Dass dies nur ein Teil der Wahrheit ist, belegen die zahlreichen Gesprächstermine, die Thadden mit Müller und Kallenbach im Vorfeld der Evangelischen Woche hatte (F. LORENZ, Reisen, S. 16f.).

89 Niederschrift über 1. Sitzung des Leiterkreises der volksmissionarischen Werke und Verbände in Offenbach, 12.04.1949 (EZA BERLIN, 71/86/7).
90 Thadden an Präsidium des DEKT, 15.08.1949 (EZA BERLIN, 71/86/1).
91 F. LORENZ, Geschichte, S. 304.
92 Vgl. Protokolle des Themenausschusses (EZA BERLIN, 71/86/13).
93 F. LORENZ, Geschichte, S. 304.
94 Anlage zum Protokoll der Sitzung des Erweiterten Themenausschusses vom 19./20.01.1950 (EZA BERLIN, 71/86/13).
95 E. MÜLLER, Widerstand, S. 73.
96 O.-H. Ehlers an Verf., 15.11.1995. Hier auch die Informationen zur Person.

stabsoffizier, war er nach seiner Entlassung aus britischer Kriegsgefangenschaft bei dem von Lilje seit 1947 herausgegebenen „Sonntagsblatt" „organisatorisch tätig". Lilje vermittelte ihn dann nach der Tagung von Hannover an Thadden weiter. Ehlers sollte nun die vielfältigen organisatorischen
Aufgaben bewältigen. Dazu war es vielleicht nicht von Nachteil, in kirchlichen Dingen gänzlich unerfahren zu sein, denn so ergaben sich zumindest keine Kompetenzkonflikte. Ehlers war der Mann für die Form, nicht
für den Inhalt.[97]

Im August 1950 in Essen kam schließlich noch Heinrich Giesen, vorher
Studentenpfarrer in Bonn, als weiterer Generalsekretär hinzu. Er sollte die
Kirchentage inhaltlich koordinieren. Ein absolut loyaler Gefolgsmann
Thaddens, mit dem Jahrgang 1910 wohl der jüngste aus dem DCSV-Um-
feld der Vorkriegszeit, war Giesen mit seinem wenig akademischen, vielmehr an volksmissionarischem Sendungsbewusstsein orientierten theologischen Ansatz in vieler Hinsicht ein Gegenpart Müllers. Wo der mächtige
Akademiedirektor jedoch nur indirekt auf die Programmatik des Kirchentages einwirken konnte, da sein Hauptbetätigungsfeld eben die Akademiearbeit war, sollte es dem Generalsekretär immer wieder gelingen, den
volksmissionarischen Auftrag, den er aus der DCSV kannte, mit für unsere
Ohren ungewöhnlich schlichter Frömmigkeit in den Mittelpunkt der Kirchentagsveranstaltungen zu rücken.[98] Giesen lässt sich also nicht in die
„Generation der Sachlichkeit" einordnen, zu der er seinem Jahrgang nach
eigentlich gehören würde.

Im Oktober 1950 wurde in Fulda ein ständiges Büro des Kirchentages
eingerichtet, wo die Organisation Kirchentag bis heute ansässig ist. Fulda
liegt im Bereich der Evangelischen Kirche von Kurhessen-Waldeck, also
einer der kleineren Gliedkirchen der EKD. Auf diese Weise wurde vielleicht dem etwaigen Einfluss einer starken Landeskirchenleitung entgegengewirkt, der die Unabhängigkeit des Kirchentages von kirchlichen Stellen hätte in Frage stellen können.[99] Auch die Tatsache, dass Fulda der Sitz
der katholischen deutschen Bischofskonferenz ist, dürfte für Thaddens
Entscheidung, die Leitung des Kirchentages im Oktober 1950 permanent
nach Fulda zu verlegen, nicht unwichtig gewesen sein, untermauerte der
Kirchentag so doch seinen Anspruch, das bedeutendste evangelische Lai-

---

[97] Das zeigt sich auch daran, dass Ehlers sich in seinen beiden Briefen an Verf. (15. und
      28.11.1995) an viele organisatorische Details seiner Tätigkeit erinnert, zu inhaltlichen Fra-
      gen aber kaum etwas sagen kann.
[98] Vgl. z. B. H. GIESEN, Sei fünf Minuten still. Die Publikationen Müllers und Giesens hin-
      gegen haben einen viel akademischeren Charakter.
[99] Interview mit H. H. Walz, 07.03.1996. Lorenz, der ehemalige Studienleiter des Kirchenta-
      ges, nennt noch andere Gründe für den Umzug nach Fulda: Schloss Heilsberg, woher
      Thaddens Frau stammte, liegt nur 40 Kilometer entfernt. Außerdem konnte der Fuldaer
      Fabrikant Dr. Walter Bauer durch lokale Beziehungen erreichen, dass dem Kirchentag
      Räumlichkeiten zur Verfügung gestellt wurden (Interview mit Lorenz, 23.10.1995; vgl.
      auch F. LORENZ, Kirchentag nach Fulda).

enforum zu sein, das zum Dialog nicht nur innerhalb des Protestantismus, sondern auch zwischen den Konfessionen beitragen könne.

Mit dem Eintritt Giesens in die Kirchentagsorganisation und der Etablierung eines Hauptsitzes für diese Organisation war eine organisatorische Differenzierung erreicht, die den Kirchentag als massenwirksame Institution überhaupt erst möglich machen sollte. Aber es wäre falsch, anzunehmen, dass der Kirchentag als Organisation sich frei von Abhängigkeiten und Einflussnahmen hatte institutionalisieren können. Viele andere Organisationen versuchten ihrerseits, das Ereignis Kirchentag mit zu prägen.

2. IM ÖFFENTLICHEN BEWUSSTSEIN.
WESTDEUTSCHE KIRCHENTAGE IN HANNOVER 1949 UND ESSEN 1950

2.1 Kirchlicher Widerstand
gegen die Schaffung einer unabhängigen Institution

Schon zu Beginn von Thaddens Arbeit wurde deutlich, wie wenig kirchlichen Amtsträgern die Wiederbelebung der Evangelischen Wochen in ihr Konzept passte. Mit der verfassten Kirche trat die erste Konkurrenzorganisation zur Organisation Kirchentag auf den Plan.

Die ersten Schwierigkeiten ergaben sich mit Martin Niemöller, dem neuen Kirchenpräsidenten der hessen-nassauischen Landeskirche. 1947 hatte in Frankfurt eine Evangelische Woche stattgefunden. Anfang 1948 hatte Niemöller eine Wiederholung dieser Veranstaltung in Frankfurt, also im Bereich seiner Landeskirche, noch „wärmstens unterstützt"[1], nun aber lehnte er sie ab. Dafür war die vorgesehene Rednerliste ausschlaggebend, in der Namen wie Dibelius und Thielicke vorkamen. Niemöller erklärte Thadden am 18. März 1949[2] unmissverständlich: „Für diese Leute gibt es hier [in der hessen-nassauischen Landeskirche, D. P.] weder Kanzel noch Katheder."[3]

Sowohl Dibelius als auch Thielicke waren Gegner der Niemöllerschen Neutralitätskonzeption, die die Westbindung der Bundesrepublik ablehnte, weil diese die Wiedervereinigung Deutschlands unmöglich mache. Niemöllers sah die Bundesrepublik als „ein Kind, das im Vatikan gezeugt und in Washington geboren" worden war.[4] Damit provozierte er entschiedenen Widerstand. Die Polemiken des Tübinger Theologieprofessors Helmut Thielicke, die in der von dem damaligen Konsistorialrat und CDU-Po-

---

1   Vermerk Niemöllers (03.01.48) auf einem Brief Kallenbachs an den Oberbürgermeister von Frankfurt, 18.12.47 (ZAEKHN Darmstadt, 78/14).

2   H. Kallenbach (Frankfurt, S. 6f.) gibt den 17. März für die Erklärung an, dagegen aber plausibel F. Lorenz, Reisen, S. 83.

3   Aufzeichnung Kallenbachs (ZAEKHN Darmstadt, 78/4). E. Müller schildert diesen Vorgang in seinen Memoiren (Widerstand, S. 65) so, dass der Kirchenpräsident erklärt habe, „die Auswahl der Redner entspreche nicht seiner bekenntnismäßigen Haltung." 1963 korrespondierte Niemöller mit Thadden über diesen Vorgang, da inzwischen die Thadden-Biographie von W. Hühne erschienen war, die auf die Vorgänge vom März 1949 anspielt (Thadden-Trieglaff, S. 209). 14 Jahre später erklärte Niemöller, er habe die Evangelische Woche in Frankfurt abgelehnt, „weil Frankfurt die unkirchlichste Großstadt war, die man sich ab Ende des Krieges vorstellen konnte." (03.05.63; EZA Berlin, 71/86/347). Dass diese Version nicht stimmen kann, wird schon an der „warmen Befürwortung" Niemöllers für die Evangelische Woche 1948 in derselben „unkirchlichen Großstadt" deutlich.

4   Niemöller an Heinemann im Herbst 1949 (vgl. KJ 1949, S. 241f.).

litiker Eugen Gerstenmaier herausgegebenen Zeitschrift „Christ und Welt"
veröffentlicht wurden, waren so harsch, dass sie selbst Hermann Ehlers,
den Oldenburgischen Oberkirchenrat und Vorgänger von Gerstenmaier im
Amt des Bundestagspräsidenten, zur Verteidigung Niemöllers veranlassten.[5] Niemöller hatte also Grund, auf Thielicke nicht gut zu sprechen zu
sein. Dibelius andererseits war im Januar 1949 auf der ersten Synode der
neu gegründeten Evangelischen Kirche in Deutschland (EKD) in Bethel
zum Vorsitzenden des Rates der EKD gewählt worden; Niemöller war unberücksichtigt geblieben.

Niemöller wird diese Niederlage als besonders bitter empfunden
haben. Dibelius war mit dem Argument gewählt worden, nur der Bischof
von Berlin-Brandenburg könne West und Ost zusammenhalten. Aber in
Wirklichkeit handelte es sich bei der Wahl von Dibelius um ein grundsätz-
liches Votum über den Kurs, den die evangelische Kirche nun einzuschla-
gen habe. Diesen Kurs einfach als „restaurativ" zu bezeichnen, wäre ver-
fehlt.[6] Die Mehrheit des Rates wollte die Zeit *vor* 1933 nicht verdammt wissen; sie sah im Nationalsozialismus nicht den Wendepunkt in der neueren
Geschichte des Protestantismus. Niemöller und seine Anhänger aber wollten nun, nach 1945, die Kirche grundlegend neu organisieren.[7] Dazu kam
es nicht.

Kirchentagspräsident Reinold von Thadden-Trieglaff kam dem Kirchenpräsidenten noch am Abend des 18. März weit entgegen und bot ihm an,
Dibelius und Thielicke von der Rednerliste abzusetzen,[8] aber Niemöller
blieb bei seiner Ablehnung.

Über die Gründe für Niemöllers starre Haltung angesichts der Tatsache,
dass Thielicke und Dibelius ja nun tatsächlich „weder Kanzel noch Katheder" erhalten sollten, kann nur spekuliert werden. Vielleicht fühlte Niemöller sich bei der Organisation der Woche in seiner Landeskirche übergangen. Vielleicht wollte er auch den Einfluss Thaddens und seines Freundes
Eberhard Müller eindämmen, die er als Anhänger von Dibelius verdächtigt
haben könnte. Dies würde sich aus seiner Sicht dadurch gezeigt haben,
dass Dibelius und Thielicke überhaupt als Redner ins Auge gefasst worden
waren. Dann hätte der Kirchenpräsident allerdings völlig vergessen, dass
Dibelius für eine Reorganisation der Kirche von ihren Strukturen her stand,
während Thadden und Müller für eine volkskirchliche Erneuerung „von
unten her" eintraten. Außerdem ist zu berücksichtigen, dass weder fromme Volksmission im Stile Thaddens noch das akademisch-problemorientierte Konzept Müllers von Niemöller begrüßt wurden. Niemöller wollte ja
einen evangelischen Neuanfang, und er versuchte, diesen durch klare öffentliche Bekenntnisse zu erreichen – eine Haltung, die politisch-symbolhafte Wirkung hatte.

---

[5]   D. Koch, Heinemann, S. 110–114; K.-E. Hahn, Wiedervereinigungspolitik, S. 58f.
[6]   So aber W. Yoder, Dibelius.
[7]   M. Greschat, Neuanfang, S. 169ff.
[8]   Eilbrief Thaddens an Niemöller, 18.03.49 (ZAEKHN Darmstadt, 78/14).

Kurz darauf bot Hanns Lilje, unter Thadden Generalsekretär der DCSV und nun hannoverscher Landesbischof, Hannover als Tagungsort für die Evangelische Woche an. Die Beziehungen aus der Vorkriegszeit hatten sich einmal mehr als nützlich erwiesen. Nun standen Hannover und Frankfurt als Tagungsorte zur Auswahl. Frankfurt hätte auch trotz des Protestes Niemöllers zum Tagungsort gewählt werden können,[9] aber Thadden scheute den offenen Konflikt, der seine junge und noch keineswegs gesicherte Organisation ernsthaft hätte gefährden können. So teilte der Präsidialausschussvorsitzende an 13. Mai dem Leiterkreis der Evangelischen Akademien die Verlegung der Evangelischen Woche nach Hannover mit.[10]

Vorher jedoch wollte Thadden sichergehen, dass die Freunde Niemöllers nach einer solchen Verlegung die Evangelische Woche nicht boykottieren würden. Dann nämlich hätte die ganze Veranstaltung von vornherein einen einseitigen Charakter gehabt und schwerlich unabhängig von der verfassten Kirche bleiben können.

Am 27. April stellte Thadden in Stuttgart bei einer Sitzung des von Anhängern Niemöllers dominierten Bruderrates der Bekennenden Kirche sein Projekt gleichzeitig in eine Tradition und an einen Neubeginn. Vorläufer der geplanten Veranstaltung, so führte er aus, seien nicht nur die Evangelischen Wochen der dreißiger Jahre, sondern auch die Evangelischen Kirchentage des 19. Jahrhunderts, auf denen Wichern die soziale Frage in den Mittelpunkt gestellt habe. Schon bei den Evangelischen Wochen hätten Männer der Kirche wie Eberhard Müller, Dibelius, Lilje, Niemöller und viele andere mitgearbeitet. Nun aber solle „das geistige Vakuum nach dem Krieg mit christlichem Glauben" ausgefüllt werden. Die evangelischen Laien wolle man aufrufen, angesichts der ungeheuren sozialen Verschiebungen nach dem Kriege wieder öffentlich Verantwortung zu übernehmen.[11] Die geplante Veranstaltung sollte nach den Worten Thaddens im Gegensatz zu den Evangelischen Wochen der dreißiger Jahre „über den damaligen rein evangelisatorischen Zweck praktisch hinauswachsen."[12] Er strebe völlige Unabhängigkeit von der EKD an.

Diese Argumentation war ausgesprochen geschickt. Nun sollte keine fromme Missionsveranstaltung mehr stattfinden – die die Evangelischen Wochen, schon aufgrund des organisatorischen Einflusses von Eberhard Müller, allerdings nie gewesen waren –, sondern ein Treffen, das zu praktischem Handeln anregen sollte. Dies war es, was Niemöller und seinen Gefolgsleuten auf den Nägeln brannte: Angesichts der Erfahrung des Nationalsozialismus wollten sie einen kirchlichen Neuanfang, weg von der konservativ verstandenen Neutralitätsposition.

Noch dazu sprach Thadden jetzt nicht mehr von „Evangelischen Wochen", die er wieder durchführen wolle, sondern vom „Deutschen Evan-

---

9   Ministerialrat Hans Puttfarcken an Kallenbach, 31.03.49 (ZAEKHN DARMSTADT, 78/14).
10 H. KALLENBACH, Frankfurt.
11 Redemanuskript (EZA BERLIN, 71/86/1).
12 R. v. THADDEN-TRIEGLAFF, Kirche in Bewegung, S. 3.

gelischen Kirchentag". Auch ohne dass er dies eigens betonte, machte der Begriff „Kirchentag" deutlich, dass hier eine eigene Institution angestrebt war, nicht nur punktuelle Veranstaltungen. Diese Institution konnte, weil sie eben unabhängig von der EKD (für die Bruderrätler um Niemöller hieß das vom Rat der EKD unter dem Vorsitz von Dibelius) sein sollte, ein Korrektiv gegenüber den Kirchenleitungen darstellen. Nur in einer plural verfassten Institution Kirche, die also nicht nur von einem kirchlichen Organ – dem Rat der EKD – bestimmt werden würde, wäre ein „Wächteramt" gegenüber dem Staat überhaupt zu realisieren gewesen. Wer das Wächteramt wollte, dem musste auch an einer unabhängigen Institution Kirchentag gelegen sein, wie sie Thadden skizzierte.

Thaddens Argumentation war für die Bruderrätler so einleuchtend, dass Niemöller sich nun sogar bereit erklärte, sich mit an die Spitze des Hannoverschen Kirchentages zu stellen, indem er ein „Schutzpatronat" über den Kirchentag übernehmen wollte.[13] Dazu kam es dann formell nicht, aber Niemöller war zunächst für die Sache des Kirchentages gewonnen.

Der Name Kirchentag wurde zum Anknüpfungspunkt für die Kritik von Lutheranern an Thaddens Projekt, denn sie wollten alles vermeiden, was die Unterschiede zwischen den protestantischen Konfessionen verwischen könne. Eine Institution, die sich ganz allgemein als evangelisch, nicht etwa als lutherisch oder als reformiert verstehen wollte, konnte eine konfessionell unionistische Tendenz haben. Eine Veranstaltung mit der Bezeichnung Kirchentag könne außerdem, so der bayerische Landesbischof Hans Meiser gegenüber Thadden, leicht als offizielles Organ der Kirche verstanden werden. Dies würde dazu führen, dass „politisch unausgegorene Verlautbarungen eines Kirchentages" in der Öffentlichkeit als Verlautbarungen der Kirche an sich verstanden werden würden.[14] Allein der Rat der EKD sollte politisch reden können, denn nur er hatte nach diesem Verständnis die dazu notwendige Autorität.

Die Befürchtung Meisers war nicht aus der Luft gegriffen. Das zeigte sich schon wenig später, als in dem im Auftrag des Rates der EKD herausgegebenen „Kirchlichen Jahrbuch" für das Jahr 1949 die Rede davon war, dass der Kirchentag als Laienbewegung die EKD als Institution vertreten könne, „ohne daß die Hemmnisse des geordneten Kirchtums mit ihren theologisch-konfessionellen Schranken im Wege stehen."[15] Eben dies wollte die Mehrheit des Rates verhindern.

Zur Verunsicherung der Lutheraner, die Meiser artikulierte, mag drittens beigetragen haben, dass es eine Veranstaltung mit der Bezeichnung „Deutscher Evangelischer Kirchentag" zuletzt zwischen 1919 und 1930 gegeben hatte. Dieser Deutsche Evangelische Kirchentag hatte mit der 1949 avisierten Institution jedoch nichts gemein. Der Kirchentag in der Zeit der Wei-

---

[13]   Vertrauliches Rundschreiben Thaddens an Werke und Verbände der EKD, 29.04.49 (LKA STUTTGART, D 23/11).
[14]   F. LORENZ, Gründung, S. 368.
[15]   KJ 1949, S. 70f.

marer Republik war vielmehr eines der Organe des Deutschen Evangelischen Kirchenbundes, „eine Art gesamtdeutsche Generalsynode",[16] die nur
1924, 1927 und 1930 getagt hatte.

Die Vorbehalte Meisers konnte Thadden erst Ende 1949 etwas be-
schwichtigen.[17] Er tat dies, indem er auf die Tradition des vorigen Jahrhunderts Bezug nahm, in die sich der Kirchentag stellen wolle. Die Kirchentage des 19. Jahrhunderts hätten keine Union, sondern eine Konfö-
deration der Kirchen angestrebt, wie sie nun, 1949, verwirklicht worden
sei. Die Evangelischen Kirchentage hätten zwar die „Notstände im Volks-
leben" angeprangert, die Ursachen aber in einem weit verbreiteten Un-
glauben ausgemacht, dem durch die Freiheitsbewegung von 1848 Vorschub geleistet worden sei.[18] Dies passte hervorragend zum Rechristiani-
sierungskonzept der Nachkriegszeit, das den Nationalsozialismus als Abfall
von Gott interpretierte.

In seinem 1947 erschienenen Buch über den Kirchenkampf hatte Thadden selbst geschrieben, dass der von ihm mitveranstaltete Kirchentag der
pommerschen Landeskirche 1932 die protestantischen Konfessionen überwinden sollte.[19] Nun aber erklärte er dem kritischen lutherischen Landesbischof, der Kirchentag habe keine unionistischen Tendenzen. Kirchen-
tagsresolutionen würden vor der Veröffentlichung von einem Resolutions-
ausschuss geprüft. Im Übrigen habe er, Thadden, dem Bruderrat deutlich
gesagt, der Kirchentag sei nicht allein dessen Sache. Von einer „falschen
Politisierung des Kirchentages" könne also keine Rede sein.

Der Landesbischof bekam also das zu hören, was er hören wollte. Es
ist fraglich, ob dies Meiser völlig beruhigt hat. Aber immerhin erreichte
Thadden mit seinem Gespräch, dass auch in Bayern, wie zuvor schon in
den meisten anderen Landeskirchen, ein Landesausschuss des Kirchentages eingerichtet wurde. Dies war ein wichtiger Erfolg für Thadden, denn
eine wirklich national wirksame Institution setzte auch eine nationale Verankerung der Organisation Kirchentag voraus. Überall sollte die Organisation ihre loyalen „Leute vor Ort" haben, und zwar nicht nur informell, sondern fest in die Organisation eingebunden.

Der Rat der EKD machte sich die Einwände Meisers zueigen. Die Stimme Liljes, des Stellvertreters des Ratsvorsitzenden Dibelius und mit (1949)
50 Jahren jüngsten Mitglieds in diesem Gremium, dürfte die Vorbehalte
kaum entkräftet haben. Am 31. Mai 1949 jedenfalls stimmte der Rat zwar
der geplanten Evangelischen Woche zu und bewilligte ein Darlehen (nicht
etwa einen Zuschuss) von 5.000 DM zur Bestreitung der Organisationsko-
sten, aber eine weitere Entscheidung über die von Thadden vorgesehene

---

16 DEKT-Dok. 1951, S. 6; M. Greschat, Sozialgeschichte, S. 79. Der unterschiedliche Cha-
    rakter der Kirchentage der zwanziger Jahre und der ab 1949 wird selbst in der theologi-
    schen Literatur vernachlässigt. Der Praktische Theologe C. Bäumler z. B. benennt „drei
    Phasen" des Kirchentages: 1848–1872, 1919–1921 [sic!], seit 1949 (Kirchentag, S. 94f.).
17 Gesprächsprotokoll Thadden – Meiser, 21.12.49 (EZA Berlin, 71/86/1).
18 Vgl. W. Baur, „Kirchentag", S. 476–480.
19 R. v. Thadden-Trieglaff, Posten, S. 58ff.; vgl. W. Klän, Thadden, S. 610.

unabhängige Institution, die auch für die Ohren des Rates durch die Bezeichnung „Kirchentag" suggeriert wurde, behielt sich der Rat vor.[20]

Die Proklamation des Kirchentages am 31. Juli 1949[21] stieß beim Rat auf scharfe Kritik, denn sie war ein Unabhängigkeitsbeweis der neuen Institution, und diese Unabhängigkeit sollte ja gerade vermieden werden. Am 6. September wurde Thadden bei der Ratssitzung in Kaiserswerth aufgefordert, die Verlautbarung, zukünftig solle es einen Deutschen Evangelischen Kirchentag als „Institution in Permanenz" geben, zurückzunehmen. Thadden weigerte sich, denn schließlich sei die Proklamation vor der deutschen Öffentlichkeit geschehen, und man könne sie nicht einfach wieder ohne großen Ansehensverlust zurücknehmen.[22]

Thadden erwies sich vor dem Rat einmal mehr als ein Taktiker. Von der Proklamation war in der Presse, selbst in der kirchlichen, nämlich kaum berichtet worden.[23] Hätte Thadden aber das für ihn eigentlich entscheidende Argument vorgebracht, dass nur ein Kirchentag als feste Institution die Einheit der evangelischen Kirche und das Laienengagement in ihr wirklich voranbringen kann („die Pastorenkirche überwinden"[24]), hätte er kaum Gehör gefunden. Der Kirchentagsgründer erreichte beim Rat der EKD Aufschub: Eine endgültige Entscheidung wurde noch einmal vertagt. Dibelius hatte wohl angenommen, dass sich der Kirchentag nach einigen Jahren sowieso totgelaufen haben würde.[25] Später hat sich der Rat der EKD nie mehr mit der Namensfrage befasst.

Finanziell war über das einmal gezahlte Darlehen hinaus keine Hilfe vom Rat der EKD zu erwarten. Zwar wandelte der Rat – wohl auf Vorschlag von Lilje – sein früheres Darlehen an den Kirchentag in einen Zuschuss um und stellte Thaddens eigene Bezahlung bis Ende 1949 sicher, aber eine nochmalige finanzielle Zuwendung wurde nicht bewilligt.

---

20   Ausschnitt aus dem Protokoll der Ratssitzung, 31.05.49 (EZA BERLIN, 71/86/7; EBD., 4/12).

21   R. V. THADDEN-TRIEGLAFF selbst nannte den 1. August als Datum der Proklamation (Kirchentag, S. 593). Aus seinem Terminkalender (F. LORENZ, Reisen, S. 97) hingegen geht der 31. Juli hervor; auch ein „Schluß- und Erfahrungsbericht" vom ersten Kirchentag (EZA BERLIN, 71/86/7) nennt dieses Datum.

22   W. HÜHNE, Thadden-Trieglaff, S. 213; zum Datum und zur persönlichen Teilnahme Thaddens F. LORENZ, Reisen, S. 22, 101.

23   „Die Welt", kirchlichen Themen gegenüber sehr aufgeschlossen, erwähnte die Evangelische Woche nur am 30. Juli, als sie über eine Ansprache Dibelius' bei der Eröffnung der Evangelischen Woche berichtete. Liljes „Sonntagsblatt" brachte am 31. Juli neben einem Aufruf des Bischofs zur Bundestagswahl einen Leitartikel mit dem bezeichnenden Titel „Evangelische Sammlung! Auf dem Weg zu einem allgemeinen ‚Deutschen Evangelischen Tag' [sic!]" In den „Hannoverschen Neuen Nachrichten" vom 2. August wurde die Proklamation in einem Nebensatz erwähnt. Die sozialdemokratische und die kommunistische Presse erwähnten die Evangelische Woche überhaupt nicht (Vgl. dazu G. BRENNECKE, Kirchentag, S. 211f.).

24   „Der Deutsche Evangelische Kirchentag – Rückblick und Ausblick, von D. Dr. Reinold v. Thadden-Trieglaff", S. 8 (EZA BERLIN, 71/86/7).

25   So stellt es W. HÜHNE (Thadden, S. 213) dar. Selbst im Rückblick, als der Kirchentag schon längst fest etabliert war, hatte Dibelius' Urteil über ihn einen leicht reservierten Unterton: „Die Werbekraft des Kirchentages – und zugleich die Grenze seiner Wirkung – lag darin, daß hier alles frei und unverbindlich war. Man konnte hören, man konnte sich ausspre-

Noch beim Essener Kirchentag von 1950 signalisierte der Rat sein Desinteresse: Er tagte zur gleichen Zeit am gleichen Ort. Erst der erstaunliche Publikumserfolg, der durch den Essener Kirchentag erzielt wurde, brachte die Ratsmitglieder zu der Einsicht, dass sie nicht mehr abseits stehen konnten. Der Kirchentag hatte sich als „Ergänzung zu den Organen der EKD" durchgesetzt.[26]

2.2 Verlauf und Resonanz der Evangelischen Woche in Hannover

Trotz der Vorbehalte, die der Rat der EKD gegenüber der Evangelischen Woche in Hannover und der geplanten Ausrufung des Deutschen Evangelischen Kirchentages hatte, war es Thadden gelungen, die Vorbereitungen weiterlaufen zu lassen, als sei nichts geschehen. Im Juni 1949 veröffentlichte er einen Aufruf zur Evangelischen Woche, den Lilje, Niemöller und Dibelius mitunterzeichneten. In dem Aufruf heißt es unter anderem:

> „Noch immer wird das Recht gebeugt, die Wahrheit unterdrückt und der Schwache beiseite geschoben. Noch immer regieren Angst, Mißtrauen und Verzweiflung in den Herzen von Millionen vertriebener, ausgebombter und heimatloser Menschen. Noch immer wollen Unglaube, Selbstsucht und Haß dem Menschen die Hoffnung, die Zuversicht und den Frieden rauben. Noch immer wartet die Welt oft vergeblich auf den Dienst der Christenheit, der Männer und Frauen, auf ihre Tat und auf ihre Fürbitte." [27]

Die Begriffe „Angst", „Misstrauen", „Unglaube", „Selbstsucht" stehen hier für eine Gesellschaftssituation, die auch nach dem Ende des Nationalsozialismus noch andauerte und der allein durch den christlichen Glauben zu begegnen sei. Aber ob sich die Feststellung, dass Recht gebeugt, Wahrheit unterdrückt und die Schwachen ausgebeutet würden, nun auf die Verhältnisse in Deutschland oder auf die globale Situation bezog, blieb unklar. So konnte einerseits im konservativen Niedersachsen, dem Heimatland der rechtsnationalen Deutschen Partei (DP), um Teilnehmer geworben werden, andererseits auf die Verhältnisse in der Sowjetischen Besatzungszone hingewiesen und die Thematik der Evangelischen Woche in einen inter-

---

chen; aber man brauchte keinerlei Bindungen einzugehen. Diese Atmosphäre der Freiheit ist der evangelischen Kirche angemessen. Sie ist nicht das Letzte. Sie ist nicht das Wesentliche. Aber sie muß einmal vor aller Welt in Erscheinung treten. Das geschah in eindrucksvoller Weise" (O. DIBELIUS, Christ, S. 296.) Auffällig ist hier nicht nur Dibelius' Bemühen, den Kirchentag als für die evangelische Kirche nicht besonders wesentlich hinzustellen, sondern auch die Tatsache, dass er zu den eigentlichen Anliegen des Kirchentages schweigt. Ob er diese Anliegen überhaupt Ernst nahm? – R. STUPPERICHS Wertung, Dibelius sei einer der geistigen Väter des Kirchentages, da er selber von der Mitte der zwanziger Jahre bis 1933 Kirchentage veranstaltet habe (Dibelius, S. 416) geht jedenfalls fehl, und das nicht nur, weil der Kirchentag mit dem der zwanziger Jahre nichts zu tun hatte.

26 KJ 1950, S. 24f.
27 Aufruf zur Evangelischen Woche (EZA BERLIN, 71/86/1).

nationalen Rahmen gestellt werden. In der Regel jedoch dürfte der Aufruf am ehesten als auf die westdeutschen Verhältnisse 1949 bezogen interpretiert worden sein. Im Sommer 1949 nämlich war die öffentliche Diskussion im Westen Deutschlands bestimmt von der Frage, wie die zukünftige Bundesrepublik aussehen sollte.[28] Damit ging es auch um die Frage, welchen Stellenwert die Kirche im neuen Staatswesen einnehmen sollte.

Die Formulierung „noch immer wird das Recht gebeugt" könnte auf die Kriegsverbrecherprozesse in Deutschland hindeuten. Der Nürnberger Prozess und die zwischen 1945 und 1949 stattfindenden Nachfolgeprozesse sind in der deutschen Öffentlichkeit, zumal von Seiten der Kirchen, als Siegerjustiz und Rechtsbeugung verstanden worden.[29] Deswegen wurde „Vergangenheitspolitik" zu einem wichtigen politischen Thema der jungen Bundesrepublik. Schon zu Weihnachten 1949 sollte im Bundestag das erste Amnestiegesetz vom Bundestag ohne Gegenstimme beschlossen werden. Die Rechristianisierung und die Wiederherstellung der nationalen Ehre gingen für große Teile der Bevölkerung der Bundesrepublik Hand in Hand.

Wenn auch Besucher und Mitarbeiter vor Ort vielleicht die Hoffnung gehegt haben, die Evangelische Woche (von „Kirchentag" war, wohl mit Rücksicht auf die Vorbehalte von Seiten des Rates, offiziell nicht die Rede) würde, wie Thadden im Vorfeld formulierte, eine „offiziöse Stellungnahme zu den großen sozialen, politischen und religiösen Zeitfragen, die den evangelischen Christen gewissensmäßig angehen"[30], abgeben, so wurden doch diese Zeitfragen höchst selektiv behandelt. Der 28. Juli, der erste Tag der Veranstaltung, hatte die Verantwortung des evangelischen Christen zum Leitthema (Vorträge: „Die Grundlage evangelischer Aktivität", „Die öffentliche Verantwortung des evangelischen Christen", „Der Mensch zwischen Angst und Hoffnung"), der zweite Tag Gesellschaft und Familie („Krise und Heilung des Gemeinschaftslebens", „Krise und Heilung der Familie", „Das Problem der ehelosen Frau"), und der dritte Tag brachte schließlich die Verhältnisse jenseits zeitlicher und geographischer Grenzen mit ins Spiel („Der Christ zwischen den Nationen", „Gemeinschaft über Grenzen hinweg", „Der Herr der Welt", „Christlicher Glaube im Untergang des alten Rom"). Am letzten Tag fanden fünf „Fachversammlungen" zu den Themen Recht, Medizin, Erziehung, Wirtschaft und Technik statt, in denen jeweils der Anspruch des Christentums auf diese Lebensbereiche untermauert werden sollte.

Der erste Tag war also ganz dem Credo des Kirchentages gewidmet, nämlich: „Es muß die Partei ihr Gegenüber in der Gemeinde haben, dass sie sachlich ihren Dienst tun kann, und der Staat sein Gegenüber in der Kirche, damit er Bestand hat. Welch eine Verantwortung evangelischer Aktivität!"[31] Dass dieser Anspruch in evangelischem Sinne unpolitisch (und

---

[28] Vgl. U. Wengst, CDU; A. Birke, Nation, S. 245.
[29] Ebd., S. 75–78; U. Herbert, Best, S. 437–444; N. Frei, Vergangenheitspolitik, S. 39ff. (zum 1. Amnestiegesetz); S. 156 (zur Rolle der Kirchen).
[30] Rundschreiben Thaddens zur Werbung von Mitarbeitern, 01.07.49 (EZA Berlin, 71/86/1).
[31] DEKT-Dok. 49, S. 39.

damit eben doch wieder politisch im Sinne der Beharrung auf einem konservativen Gesellschaftssystem) war, zeigt der Aufruf des Topos vom
„christlichen Abendland": Der Grubenschlosser Paul Seeger, Gewerkschafter und für die CDU Mitglied des nordrhein-westfälischen Landtages, stellte in seinem Vortrag zur „öffentlichen Verantwortung des evangelischen
Christen" fest: Der „Bolschewismus steht in nicht allzu großer Entfernung
im Herzen Deutschlands. Sorgen wir als evangelische Männer und Frauen
dafür, durch unseren Einsatz, Deutschland der christlichen abendländischen Kultur zu erhalten."

Nur zwei Rednern waren Korreferenten zugeteilt worden: dem Gewerkschafter Paul Seeger und Heinrich Albertz, dem Pastor und damaligen sozialdemokratischen niedersächsischen Flüchtlingsminister, der am zweiten Tag
über die „Krise und Heilung des Gemeinschaftslebens" sprechen sollte. Die
Übernahme dieser Methode aus der Akademiearbeit[32] deutet darauf hin, wer
politisch als besonders „sensibel" angesehen wurde. Schon bei der Planung
des Kirchentages war es nötig gewesen, im Themenausschuss eigens zu betonen, dass auch Sozialdemokraten und Gewerkschafter als Redner eingeladen werden sollten, „da nur dann tatsächlich alle Kreise für den Kirchentag
interessiert werden können."[33] Allerdings wird auch erkennbar, dass bei der
Themenplanung nur auf die Personen gesehen wurde, inhaltliche Vorgaben
zu den Korreferaten gab es anscheinend nicht. Beide Korreferenten sagten
nämlich nicht das, was von ihnen als Gegengewicht zu den Vorrednern erwartet werden konnte. Das politische Leben in der werdenden Bundesrepublik war noch jung; wo die einzelnen Personen im politischen Spektrum
genau stehen würden, war noch kaum absehbar.

Seegers Korreferent, der damalige Essener Oberbürgermeister und spätere Bundesinnenminister Gustav Heinemann, äußerte sich in seinem Referat geschützter als sein Vorredner. Er bezog sich auf die Kirche selbst und
machte darauf aufmerksam, dass die evangelische Kirche die einzige Kör-
perschaft darstelle, die über die Zonengrenzen hinweg wirke. Heinemann
umriss dann kirchliche Argumente für den Ruf des Christen in die öffentliche Verantwortung. Diese Argumente waren für ihn der Überkonfessio-
nalismus innerhalb der evangelischen Kirche und die weltweite Ökumene,
die gemeinsame Arbeit ermöglichen sollte, die Notwendigkeit der Entwicklung einer lebendigen Gemeinde, der soziale Auftrag der Kirche und
schließlich der Zustand der evangelischen Kirche „in der russischen
Zone."[34] Heinemann zeigte sich also wesentlich nüchterner als der Gewerkschafter, der eher politisch-symbolhaft argumentiert hatte.

Heinrich Albertz, der später durch ein gänzlich unpolitisches Referat
von Friedrich von Bodelschwingh (des Großneffen des gleichnamigen

32 Auch Eberhard Müller betont, dass selbst Kommunisten bei den Akademietagungen
„sogar als Redner – wenn auch nicht ohne gleichgewichtige Korreferenten – zu Wort
kamen" (Widerstand, S. 74).
33 Protokoll der Sitzung des erweiterten Themenausschusses, 18.02.1950 (EZA BERLIN,
71/86/13).
34 DEKT-DOK. 49, S. 48; wieder abgedruckt in: G. HEINEMANN, Glaubensfreiheit, S. 48–51.

Gründers der Betheler Anstalten) ergänzt wurde, schlug ganz andere Töne an. Er warnte vor der in Deutschland damals weitgehend ohne Widerspruch erhobenen Forderung nach Rückgabe der deutschen Ostgebiete, die nur erhoben werde, um von der harten deutschen Wirklichkeit abzulenken. Den nationalistischen Vertriebenenverbänden dürfe nicht die Zukunft Deutschlands gehören; der Aufbau Deutschlands müsse solidarisch, als „christliche Liebesarbeit" vorangebracht werden: „Dazu braucht man keine christliche Partei, dazu braucht man auch kein christliches Programm, dazu braucht man die Vokabel ‚christlich' in Verbindung mit irgendeiner weltlichen Sache überhaupt nicht," man brauche nur mutige und tatkräftige Christen.

Diese Anspielung auf das „C" in „CDU" bekam angesichts der bevorstehenden Bundestagswahl eine zusätzliche Note. Zu dieser Wahl wurde auf der Evangelischen Woche in einem „Wort zur Bundestagswahl" Stellung genommen, das am 31. Juli verlesen wurde.[35] Dort hieß es:

> „Jetzt ist es wichtig, Persönlichkeiten zu wählen, die sich unserem ganzen Volk verpflichtet fühlen. [...] Wir wollen Männern und Frauen unsere Stimme geben, die für die Bedrängten, für die Heimat- und Existenzlosen, für alle Verzweifelten, für Gerechtigkeit und Frieden eintreten im Gehorsam gegen Gottes Gebot."

Dieses Statement erscheint zunächst recht aussagearm, denn niemand trat zur Wahl an, der die deutsche Teilung befürwortet hätte, der sich nicht zumindest verbal für allgemeine Gerechtigkeit eingesetzt hätte. Zwei Elemente machen diesen Aufruf aber zu einem Politikum: Erstens richtet sich die Erwähnung von Gottes Gebot gegen andere geistige Quellen von Freiheit und Gerechtigkeit, etwa die liberalen Menschen- und Bürgerrechte oder sozialistisch verstandene soziale Grundrechte. Man konnte diesen Wahlaufruf leicht als antiliberalistisch und antisozialistisch interpretieren. Zweitens stellte die Tatsache, dass überhaupt zur Wahl aufgerufen wurde, ein Politikum dar, denn Martin Niemöller hatte öffentlich gefordert, die Wahl zum ersten Deutschen Bundestag zu boykottieren, da diese Wahl die Spaltung Deutschlands vertiefe, indem sie ein weiteres Faktum der deutschen Teilung schaffe.[36]

Allein die Tatsache eines Wahlaufrufes für sich genommen bedeutete schon die Ablehnung der Position Niemöllers auf einem großen kirchlichen Forum. Er nahm dies hin, wohl deswegen, weil er sich nicht ohne weiteres jedes Einflusses auf die sich etablierende Institution Kirchentag begeben wollte. Dies sollte sich als Fehleinschätzung erweisen. Für den folgenden Kirchentag etwa schlug Niemöller eine stärkere Behandlung der konfessionellen Unterschiede zwischen Protestantismus und Katholizismus

---

35   KJ 1949, S. 68; K. Herbert, Kirche, S. 153f. Leider ist der Autor oder sind die Autoren des Aufrufes nicht zu ermitteln gewesen.
36   D. Schmidt, Niemöller, S. 203; K. Herbert, Kirche, S. 155.

vor,[37] ganz seinem Diktum entsprechend, dass die Bundesrepublik im Vatikan gezeugt worden sei. Er hatte mit seinem Vorstoß aber keinen Erfolg.[38] Niemöller präsentierte sich als Vertreter eines politisch-symbolhaften Konzeptes: Ihm war es darum zu tun, bestimmte Vorgänge und Gegebenheiten (wie hier den Konfessionsunterschied) beim Namen zu nennen. Dadurch wurden diese Themen politisch aufgeladen, ohne dass die Vorstöße Niemöllers volksmissionarisch hätten nutzbar gemacht werden können. Die Kirchentagsorganisation handelte also folgerichtig, wenn sie Niemöllers Ansinnen ablehnte.

Die bischöflichen Verlautbarungen der evangelischen und der katholischen Kirche zur Bundestagswahl waren wesentlich deutlicher als die des Kirchentages. In dem mit „Wahlrecht ist Wahlpflicht" betitelten Hirtenwort, das am selben Sonntag, dem 31. Juli 1949, in den katholischen Kirchen in Deutschland verlesen wurde, betrieben die Bischöfe kaum verhohlene Wahlwerbung für die CDU, die – wie der Leiter des katholischen Büros in Bonn, Prälat Böhler, später befriedigt feststellte – auch funktionierte.[39] Auch Lilje forderte in einem Artikel in dem von ihm herausgegebenen „Sonntagsblatt" vom gleichen Tage, christliche Politiker zu wählen. Angesichts der Tatsache, dass die Sozialdemokraten der CDU im Wahlkampf „klerikalen Partikularismus" vorgeworfen hatten, was von den Adressaten sofort genutzt wurde, den Spieß umzudrehen und sich selbst als Verteidiger des Christentums und „christlicher Institutionen" (also der Kirchen) zu präsentieren,[40] hatte das Eintreten der Kirchen für christliche Politiker ein besonderes politisches Gewicht.

Das Gewicht des Hannoverschen Wortes zur Bundestagswahl sollte dadurch verstärkt werden, dass Gustav Heinemann als Tagungspräsident verkündete, fortan solle der Deutsche Evangelische Kirchentag als „Institution in Permanenz" bestehen. Heinemann umriß noch einmal das Anliegen des Kirchentages, die Versammlung nahm seine Ausführungen mit Beifall – „per Akklamation", wie es hieß – zur Kenntnis.[41] Damit war also der Kirchentag offiziell in der Welt.

Neben dem Wort zur Bundestagswahl wurden zwei weitere Botschaften während der Veranstaltung vom 31. Juli 1949 verlesen. In einer „Friedensbitte" wurde ein Ende des Besatzungsregimes gefordert. Diese Botschaft enthielt auch ein Bekenntnis zu einer „gemeinsamen Ordnung des Rechts und der Freiheit". Außerdem rief ein „Wort an die katholischen Christen" zur Einigkeit über die getrennten Glaubenswege hinweg.

[37] Niemöller an Thadden, 27.01.50 (EZA BERLIN, 71/86/5).
[38] O.-H. Ehlers an Thadden, 04.02.50 (EZA BERLIN, 71/86/7).
[39] Zur katholischen Beeinflussung der ersten Bundestagswahl vgl. T. GAULY, Kirche und Politik, S. 171ff.
[40] W. BENZ, Besatzungsherrschaft, S. 262f.; U. WENGST, CDU, S. 34f.
[41] Hier und im folgenden: „Der Deutsche Evangelische Kirchentag – Rückblick und Ausblick", S. 14 (EZA BERLIN, 71/86/7; vgl. KJ 1949, S. 68).

Eine vierte Verlautbarung, nämlich ein „Wort zur Judenfrage", das noch im Juli geplant gewesen war, kam hingegen nicht zur Veröffentlichung.[42] Die Zeit dazu war anscheinend noch nicht reif. Bis 1959 befasste sich der Deutsche Evangelische Kirchentag mit keiner Silbe mit dem Dialog zwischen Christen und Juden.

Das Programm dieser Evangelischen Woche, die fortan nach der offiziellen Zählung der erste Deutsche Evangelische Kirchentag sein sollte, erinnert an diejenigen der Evangelischen Wochen der dreißiger Jahre: akademisch gehaltene Vorträge zu komplexen Themenfeldern, mit denen diese Felder christlich besetzt werden sollen.[43] Neu waren die gleichzeitig stattfindenden „Fachvorträge", die die Handschrift der Evangelischen Akademien verraten.

Ein „großer Wurf", der eine neue Institution fest im öffentlichen Bewusstsein der Deutschen verankert oder auch nur innerkirchlich die Definitionsmacht der Amtskirche bezüglich politisch-gesellschaftlich relevanter Fragen in Frage gestellt hätte, war in Hannover jedenfalls nicht gelungen. Der Rat der EKD konnte 1950 gleichzeitig mit dem zweiten Deutschen Evangelischen Kirchentag in Essen zusammentreten, ohne die Befürchtung zu haben, sich damit ins Abseits zu stellen. Daran ändert auch nichts, dass der erste Kirchentag später als „größte und vielleicht auch bedeutendste Veranstaltung der EKiD im Jahre 1949" bezeichnet wurde,[44] dass der „Rheinische Merkur" ihn als „Heerschau des deutschen Protestantismus, aber auch eine Gelegenheit innerer Besinnung und Erneuerung" beschrieb.[45] Über die öffentliche Wirkungsmacht der Tage von Hannover sagt dies noch gar nichts aus, nur darüber, dass keine andere kirchliche Veranstaltung des Jahres 1949 so viele Menschen mobilisieren konnte. Immerhin zeigt aber auch der Begriff „Heerschau", wie sehr man selbst in der christlichen Presse geneigt war, das volksmissionarische Anliegen Reinold von Thaddens zu übersehen. Die übrigen Zeitungen widmeten der Veranstaltung in Hannover fast gar keine Beachtung.[46]

Die einzelnen Veranstaltungen der Evangelischen Woche werden von vielleicht 3.000 bis 4.000 Menschen besucht worden sein.[47] Prominente

---

[42] Thadden an Freudenberg, 04.07.49 (EZA Berlin, 71/86/7); vgl. auch W. Klän, Thadden, S. 612.

[43] Vgl. etwa das Programm der Evangelischen Woche 1935 in Hannover, reproduziert bei E. Müller, Widerstand, S. 21–24.

[44] KJ 1949, S. 58.

[45] 06.08.49.

[46] Die einzige festgestellte Ausnahme macht Liljes „Sonntagsblatt" mit dem Leitartikel „Evangelische Sammlung! Auf dem Weg zu einem allgemeinen ,Deutschen Evangelischen Tag [sic]'" Die kirchenfreundliche Tageszeitung „Die Welt" berichtete nur am 30.07.49 von einer Predigt Dibelius'. Selbst die regionalen „Hannoverschen Neuesten Nachrichten" brachten nur am 30.07.49 einen Bericht von der Eröffnung zwei Tage zuvor und eine knappe Zusammenfassung des Kirchentages am 02.08.49. Die „Frankfurter Allgemeine Zeitung" berichtete nichts, erst recht natürlich das in Ost-Berlin erscheinende „Neue Deutschland".

[47] Diese Zahl gibt H. Schroeter (Kirchentag, S. 66) an, ohne dass genau ersichtlich wird, woher er diese Angaben hat.

Redner zogen sicherlich mehr, andere wohl weniger Zuhörer an. Zum Gottesdienst am 31. Juli kamen 6.000,[48] nach internen Angaben des Kirchentages 7.000 bis 8.000 Besucher.[49]

Die geringe Medienresonanz auf die Evangelische Woche und die Proklamation des Kirchentages hatte mehrere Gründe. Die deutsche politische Öffentlichkeit stand in jenen Tagen unter dem Einfluss der bevorstehenden Bundestagswahl. Ein Presseausschuss des Kirchentages, der die Öffentlichkeitsarbeit koordinieren sollte, konstituierte sich erst kurz vor der Tagung. Schließlich fiel die Hauptveranstaltung am 31. Juli zusammen mit dem katholischen Hirtenwort zur Bundestagswahl, das sich in den Tagesmedien viel leichter politisch analysieren ließ.[50]

Dadurch, dass der Kirchentag ganz im Zeichen dieser Wahl stand, nahm er sich auch kaum der Realitäten in der Sowjetischen Besatzungszone (die DDR sollte ja erst im Oktober gegründet werden) an. Es wurde kritisch angemerkt, dass angesichts der verschwindend geringen Zahl von vielleicht drei Dutzend Tagungsteilnehmern aus dem Osten[51] der Bedarf nach Diskussion ihrer Probleme offenbar eine zu vernachlässigende Größe war.[52] Generell hatte den vielen wohlmeinenden Kritikern, die sich nach dem 1. August äußerten, die ganze Veranstaltung einen viel zu bürgerlich-akademischen Charakter.[53] Ein volksmissionarischer Neuanfang, so waren die Kritiker sich einig, war so nicht zu erreichen. Den Einwänden verschloss sich auch der Kirchentagspräsident nicht, als er schrieb: „Es fehlte der intuitive Geist von unten."[54] Ohne einen solchen „intuitiven Geist" war ein geistiges und geistliches Ereignis mit größerer Breitenwirkung unmöglich.

Es gab also zwei Kritikansätze: Denjenigen, dass der erste Kirchentag zu sehr eine Fortsetzung der Evangelischen Wochen der dreißiger Jahre gewesen sei, und denjenigen, dass er sich zu Problemen in der SBZ nicht geäußert habe.

---

48   EBD.
49   Protokoll der Besprechung Giesens mit Wolkenhaar über die Ev. Woche 1949, 15.02.50 (EZA BERLIN, 71/86/325); vgl. W. HÜHNE, Thadden-Trieglaff, S. 222.
50   Vgl. etwa „Die Welt", 01.08.49; „Frankfurter Allgmeine Zeitung", 01.08.49. – In einem Einladungsschreiben zur ersten Presseausschusssitzung, die anlässlich der Evangelischen Woche in Hannover stattfand, wurde der Mangel an „qualifizierten christlichen Journalisten" beklagt (EZA BERLIN, 71/86/2). Der Evangelische Pressedienst (epd) kritisierte später die mangelnde Organisation bei der Rundfunkberichterstattung. Immerhin gab es 35 Übertragungen, vor allem der Veranstaltung am 31. Juli (Erfahrungsbericht des epd, 10.08.49, EZA BERLIN, 71/86/7).
51   Protokoll der Besprechung Giesens mit Wolkenhaar über die Ev. Woche 1949, 15.02.50 (EZA BERLIN, 71/86/325).
52   G. BRENNECKE, Randbemerkungen, S. 341.
53   Heering an Thadden, 05.08.49 (EZA BERLIN, 71/86/7); Becher an Rendtorff, 08.11.49 (EBD., 71/86/1); Memorandum Harlings, 18.08.49 (EBD., 71/86/7); vgl. auch H. SCHROETER, Kirchentag, S. 68f.; W. KLÄN, Thadden und die Laienbewegung, S. 612f.
54   „Der Deutsche Evangelische Kirchentag – Rückblick und Ausblick, von D. Dr. Reinold von Thadden-Trieglaff", S. 9 (EZA BERLIN, 71/86/7).

Der erste Ansatz richtete sich indirekt gegen das akademisch-problemorientierte Konzept der Evangelischen Akademien, und so nimmt es nicht wunder, dass Reinold von Thadden-Trieglaff diese Kritik sofort akzeptierte. Er stand schließlich für ein in der älteren DCSV gepflegtes Konzept der allgemeinen Volksmission. Es ging aber bei dieser Kritik nicht einfach um unterschiedliche Vorstellungen darüber, wie kirchliche Arbeit nach 1945 auszusehen habe. Die Kritiker forderten vielmehr, der Kirchentag solle eine politische Öffentlichkeit herstellen, also eine „direkte, sich zwischen Individuen vollziehende Kommunikation".[55] Es sollten nicht einfach nur Vorträge angehört werden. Das war mit dem „intuitiven Geist von unten" gemeint. Die Bejahung dieses Geistes durch Thadden ist genau betrachtet moderner als seine Verneinung durch Müller. Der Akademiedirektor bewegte sich noch ganz im Rahmen der Evangelischen Wochen der dreißiger Jahre, der Kirchentagspräsident hingegen war zu einer Ausweitung der Evangelischen Wochen bereit.

Der zweite Kritikansatz wurde von Thadden nicht ohne weiteres akzptiert, zielte er doch darauf, politisch-symbolhafte Forderungen zu erheben, wo praktisch wenig ausgerichtet werden konnte. Dies konnte das volksmissionarische Anliegen Thaddens leicht in den Hintergrund treten lassen. Darüber hinaus könnte der Kirchentagsgründer sich auch schon bewusst gewesen sein, dass die Institution Kirchentag organisationellen Einflussversuchen aus allen Bereichen des öffentlichen Lebens in Deutschland ausgesetzt sein würde, wenn sie sich dem politisch-symbolhaften Konzept öffnen würde. Aber so plausibel diese Vermutung auch sein mag, sie bleibt Spekulation.

Die vorgebrachte Kritik verdeutlicht einmal mehr das Dilemma des Kirchentages: Die junge und ungesicherte Organisation Kirchentag konnte einerseits auf die Hilfe fremder – innerkirchlicher wie außerkirchlicher – Organisationen nicht verzichten, andererseits setzte sie sich aber damit der Gefahr aus, das Steuer der Institution Kirchentag aus der Hand zu geben. Bei der Vorbereitung des Essener Kirchentages sollte sie diese Gefahr noch recht gut im Griff haben.

2.3 Die Bündelung des volksmissionarischen, des politisch-symbolhaften und des akademisch-problemorientierten Konzeptes

Kurz vor der Evangelischen Woche hatte der Präses der Evangelischen Kirche im Rheinland, Heinrich Held, den Kirchentag für das Jahr 1950 nach Essen eingeladen.[56] Die Kontinuität der Institution schien damit gesichert – auch ohne weitere Unterstützung seitens des Rates der EKD. So entschloss

55 D. Düding, Politische Öffentlichkeit, S. 12.
56 Bericht über die Besprechung des erweiterten Präsidialausschusses der Deutschen Evangelischen Woche, 28.07.49 (EZA Berlin, 71/86/7).

sich das Präsidium, den Deutschen Evangelischen Kirchentag in Hannover zu proklamieren, obwohl der Rat seine Zustimmung nicht gegeben hatte.

Genau wie Niemöller trat Held dafür ein, dass der Kirchentag zu öffentlich relevanten Fragen Stellung bezöge, um so den christlichen Anspruch auf alle Lebensbereiche zu symbolisieren. Schon im Oktober 1949 schlug der Präses vor, 1951 einen Kirchentag in der „SBZ" abzuhalten, um sich der dortigen drängenden Probleme anzunehmen.[57]

Lilje und Müller, die ja schon zwanzig Jahre zuvor die Akademisierung der DCSV vorangetrieben hatten, wollten hingegen eine in die breite Öffentlichkeit verlängerte Sachfragenbehandlung. Auch der Theologische Leiter der Männerarbeit der EKD, Ernst zur Nieden, folgte diesem akademisch-problemorientierten Ansatz. Bei einer Sitzung des Themenausschusses des Kirchentages sagte er:

> „Wir haben also die geistliche Substanz [bei den Kirchentagsteilnehmern, D. P.] vorauszusetzen und müssen umso schneller zu den praktischen Sachfragen kommen, die sich aus der Begegnung von Kirche und Welt heute ergeben. [...] Wir sollten zu konkreten Themen auch konkret reden."[58]

Zur Nieden wollte keine Volksmission im engeren Sinne, sondern ihm war es darum zu tun, mit bereits der evangelischen Kirche verbundenen Menschen inhaltlich arbeiten. Zwar wurde ihm sofort (von Heinrich Giesen?) Thaddens volksmissionarischer Ansatz entgegengehalten, dass kein Vortrag auf dem kommenden Kirchentag so ausfallen dürfe, dass er ebenso „vor einem anderen säkularen Gremium gehalten werden könnte",[59] aber zur Nieden argumentierte aus einer Position der Stärke, nämlich als Vertreter einer völlig gesicherten Organisation. Der Kirchentag selbst war nicht in der Position, den von zur Nieden vorgetragenen Ansatz einfach zurückzuweisen.

Inhaltlich ging es bei dem Konflikt zwischen dem volksmissionarischen und dem akademisch-problemorientierten Ansatz um die Frage, was Volksmission überhaupt noch heißen könne. Während Thadden und sein Generalsekretär Giesen „ein gemeinsames Laienzeugnis vor der Welt" wollten, mit dem auch der Kirche fernstehende Menschen erreicht werden könnten,[60] strebten Nieden und Müller akademisch durchformte Handreichungen für evangelische Christen an, die im öffentlichen Leben stehen. Mit Hilfe des akademisch-problemorientierten Ansatzes sollte dem Protestantismus in der Bundesrepublik wieder mehr gesellschaftliches Gewicht verliehen werden. Genau wie der politisch-symbolhafte ist der akademisch-problemorientierte Ansatz also viel politischer als der volksmissionarische.

---

[57]   Protokoll der Sitzung des vorläufigen Präsidiums in Essen, 25.10.49 (EZA BERLIN, 71/86/1; Ebd., 71/86/2).
[58]   Protokoll der Themenausschusssitzung, 28.10.49 (EZA BERLIN, 71/86/314).
[59]   EBD.
[60]   R. V. THADDEN-TRIEGLAFF, Kirchentag, Sp. 593; vgl. Interview mit Thadden am 27.04.49 (EZA BERLIN, 71/86/8); H. H. WALZ, Kirchentag, Sp. 1530.

Da sich der Kirchentag der geistigen Kapazitäten der evangelischen Werke und Verbände bedienen wollte oder aufgrund seiner eigenen organisatorischen Schwäche bedienen musste, war er gezwungen, das Bestreben hintanzustellen, eben keine „geistliche Substanz" bei den Kirchentagsbesuchern vorauszusetzen. Während die Werke und Verbände dem Kirchentag bei der inhaltlichen Planung halfen, war die Hilfe der offiziellen Kirchenleitungen für die äußere Organisation eines Kirchentages nötig, denn sonst wäre der Kirchentag am Widerstand des Rates der EKD gleich nach seiner Gründung schon aus organisationellen Gründen wieder gescheitert. Auch auf die politisch-symbolischen Vorgaben der rheinischen Kirchenleitung musste sich die Kirchentagsorganisation deshalb einlassen.

Im Juli hatten sich zahlreiche Superintendenten der rheinischen Landeskirche an Thadden gewandt und einen Kirchentag im Ruhrgebiet gefordert. Man müsse, hieß es in den Schreiben, den Katholiken vor Ort Paroli bieten, indem man die soziale Frage in diesem schwerindustriellen Ballungsraum zum zentralen Thema mache. Politisch sei das Ruhrgebiet wegen des Ruhrstatutes ein „Schicksalsraum deutschen Geschehens", schrieb ein Pfarrer, bewusst oder unbewusst an den Ruhrkampf dreißig Jahre zuvor erinnernd.[61] Dies waren Worte, die der politisch zurückhaltende Held sicher nicht gebraucht hätte.[62] Die Tatsache aber, dass sowohl Kirchenleitung als auch Pfarrer im Rheinland in erster Linie mit Formulierungen argumentierten, deren politische Dimension nicht zu leugnen war, um den Kirchentag in das Ruhrgebiet zu holen, macht die politisch-symbolhafte Zielrichtung der Einladung des Kirchentages nach Essen ganz deutlich.[63]

Eine Woche nach dem ersten Deutschen Evangelischen Kirchentag in Hannover schrieb Thadden an den Rat und die Kirchenleitungen, der Kirchentag in Essen solle der Evangelisation der Arbeiter im Ruhrgebiet dienen und ein Gegenstück zum bereits fest etablierten Katholikentag darstellen.[64] Beide Zielrichtungen, diejenige der Kirchentagsorganisation und diejenige der rheinischen Kirchenleitung, sollten mithin zum Tragen kommen. Der Kirchentagspräsident wollte sein Evangelisationskonzept nicht einfach aufgeben. Er wußte aber auch, an wen er schrieb, und es war Held, der Leiter einer Landeskirche, der den Konkurrenzgedanken ins Spiel gebracht hatte.

Im Januar 1950 beschrieb der rheinische Präses den Kirchentag als „Plattform für die evangelischen Christen in Deutschland".[65] Die offizielle Definition lautete nun: „Der Deutsche Evangelische Kirchentag versteht

---

61 Herber an Thadden, 20.07.49 (EZA BERLIN, 71/86/7); vgl. W. KLÄN, Thadden, S. 613, Anm. 92.
62 Hier zutreffend A. PERMIEN, Protestantismus, S. 94.
63 Diese tiefere Bedeutung der Äußerungen Helds bleibt Permien, der Geschichtsschreibung ohne „abstrakte Theorien oder Leitsätze" betreiben will (Ebd., S. 2), verborgen.
64 Rundschreiben an Ratsmitglieder und Kirchenleitungen, 08.08.49 (EZA BERLIN, 71/86/1).
65 Hier und im Folgenden: Protokoll der Sitzung des erweiterten Themenausschusses, 19./20.01.50 (EZA BERLIN, 71/86/535); vgl. auch W. KLÄN, Thadden, S. 615, Anm. 99.

sich als Sammlung der Laien innerhalb der evangelischen Kirche in Deutschland auf oekumenischer Grundlage mit dem Ziel der Klärung und Stärkung ihres Dienstes in Kirche und Öffentlichkeit." Davon, dass „das geistige Vakuum nach dem Krieg mit christlichem Glauben" ausgefüllt werden sollte, wie Thadden noch im April 1949 vor dem Reichsbruderrat erklärt hatte,[66] war nicht mehr die Rede. Ähnlich wie zur Nieden wollte Held diejenigen Menschen ansprechen, die der Kirche ohnehin schon nahestanden. Hier macht sich schon bemerkbar, dass Thadden mit der organisationellen Absicherung des Kirchentages die inhaltliche Konzeptionierung seines Unternehmens nur noch als einer unter anderen betreiben konnte. Thadden brauchte eine Veranstaltung mit einer Bedeutung, „die zumindest qualitativ genau der der deutschen Katholikentage entspricht", um für den Kirchentag die Unabhängigkeit vom Rat der EKD zu gewinnen. Er bezahlte dies mit der Abhängigkeit von anderen kirchlichen Organisationen.

Die Katholiken waren schon zu einem großen Treffen im Ruhrgebiet zusammengekommen. Der 73. Deutsche Katholikentag hatte vom 31. August bis zum 4. September 1949 in Bochum stattgefunden. Hier waren die sozialen Probleme, die sich im Ruhrgebiet ergaben, behandelt worden.[67] 1.000 Delegierte hatten sich in elf Arbeitsgruppen diesen Themen gewidmet; dabei war es durchaus kontrovers zugegangen. So war etwa Joseph Höffner, damals Professor für Dogmatik in Trier, für betriebliche Mitbestimmung auf allen Ebenen eingetreten, oder hatte der „Linkskatholik" Eugen Kogon gegen die „Idealisierung der abendländischen Einheit" Stellung bezogen, was klar gegen den Lieblingstopos Adenauers gemünzt war. Der Katholikentag hatte schließlich Resolutionen für ein geeintes Europa (für das auch Kogon eingetreten war) und gegen die Sozialisierung von Industrien verkündet.

Die Bilanz des Katholikentages ließ nichts zu wünschen übrig: 400.000 Menschen hatten sich am 3. September 1949 in Bochum versammelt, um die Übertragung einer Botschaft von Papst Pius XII. an den Katholikentag zu hören. Pius war in seiner Ansprache – passend zur Region, in der die Versammlung stattfand – vor allem auf die katholische Soziallehre eingegangen.[68]

Die Katholiken waren, meinte Präses Held im Oktober 1949 gegenüber dem Kirchentagspräsidium, dabei schon weit über den Status einer bloßen Evangelisationsveranstaltung hinaus: „Bei der Evangelischen Woche hörte man mehr von Christus, beim Katholischen Kirchentag [sic] mehr von der Welt."[69] Dieses Urteil ist wohl etwas überschwänglich ausgefallen, denn schon aufgrund des anderen Laienverständnisses im Katholizismus war der

---

66 Vgl. oben S. 48.
67 Hier und im Folgenden: „Die Welt", 01.09.49, 02.09.49, 03.09.49, 04.09.49; vgl. U. Pass-
    mann, Wir-Gefühl, S. 332.
68 Vgl. F. Walter, Katholizismus, S. 1103.
69 Protokoll der Präsidiumssitzung in Essen vom 25.10.49 (EZA Berlin, 71/86/1; Ebd.,
    71/86/2).

Katholikentag nie unabhängig von der Amtskirche. Der Bochumer Katholikentag stellte in dieser Hinsicht eine Ausnahmeerscheinung dar; schon 1950 fand in Passau ein Katholikentag statt, „der aus einer nahezu ununterbrochenen Folge von Gottesdiensten und Gebetsstunden bestand."[70] Ab 1950 hielt der Klerus die Katholikentage fest im Griff.

Aber noch herrschte der Eindruck der hunderttausenden von Gläubigen vor, die der „sozialreichhaltigste [sic] aller Katholikentage"[71] mobilisiert hatte und die den katholischen Forderungen und Resolutionen Nachdruck verliehen. Sollte katholischen Organisationen nicht das kirchliche Feld bei der Formulierung der Grundzüge der neuen sozialen und wirtschaftlichen Ordnung der Bundesrepublik überlassen werden, musste der Kirchentag hier den Anspruch des Protestantismus anmelden – so die amtskirchliche Forderung, vorgebracht von Präses Held.

Diese unterschiedlichen Interessen mussten nun gebündelt werden. Nicht nur Heimatlosigkeit, sondern soziale Entwurzelung überhaupt sollten mit dem Motto des Essener Kirchentages „Rettet den Menschen!" berührt werden, wie Ende Oktober 1949 in „großem Kreise" von Bundesinnenminister Heinemann, Präses Held, Klaus von Bismarck, Thaddens ehemaligem pommerschen Nachbarn und nunmehrigem Leiter des Sozialamtes der Evangelischen Kirche in Westfalen, Eberhard Müller und vielen anderen festgelegt wurde.[72] Alle drei Richtungen waren hier also vertreten: die volksmissionarische, die politisch-symbolische und die rational-problemorientierte. Alle drei Richtungen konnten sich in diesem Motto wiederfinden.[73]

Der politisch-symbolischen Forderung Helds war dadurch Genüge getan, dass der Kirchentag überhaupt in Essen stattfand und dass er die Themenstellung des Bochumer Katholikentages von 1949 aufnahm. Helds Vorstellungen waren also relativ leicht zu erfüllen und vor allem in die rational-problemorientierten Forderungen von Seiten der Werke und Verbände gut zu integrieren.

Für Thaddens volksmissionarischen Ansatz muss ein Kirchentag in Essen eine ganz besondere Chance gewesen sein, über den akademischen Charakter der Evangelischen Wochen hinauszuwachsen. Traditionell hatte sich die evangelische Kirche rechts- und sozialstaatlichen Reformen eher verschlossen und eine patriarchalische Sozialpolitik propagiert, für die Thaddens eigener Urgroßvater ein Exponent gewesen war.[74] Durch die damit einhergehende protestantische Milieuverengung war die städtische

---

70 F. WALTER, Katholizismus, S. 1102. U. PASSMANN (Wir-Gefühl, S. 332) allerdings beschreibt ausführlich das Programm von Bochum, um dann lapidar hinzuzufügen: „Die folgenden Katholikentage in Passau 1950, Berlin 1952 standen weiter im Zeichen des Wiederaufbaus und der schwierigen sozialen Lage in Deutschland."
71 E. FILTHAUT, Katholikentage, S. 333.
72 Protokoll der Themenausschusssitzung vom 26.10.49 in Essen, 28.10.49 (EZA BERLIN, 71/86/314). Zu den Teilnehmern an der Sitzung: F. LORENZ, Reisen, S. 108f.
73 Vgl. H. NOORMANN, Beiträge, S. 248f.
74 W. SCHROEDER, Gewerkschaftspolitische Diskussion, S. 222.

Arbeiterschaft für die Kirche verloren gegangen – ein Problem, dem Stoecker zu begegnen versucht hatte. Auch der junge Thadden hatte dieses Problem persönlich erfahren, als er kurz nach dem Ersten Weltkrieg in der Arbeitermission tätig war. Nun, nach dem Zweiten Weltkrieg, bestand nach volksmissionarischem Verständnis die Chance, das historische Versagen der Kirche gegenüber der Arbeiterschaft wieder gutzumachen. Damit war noch keine sozialpolitische Neuorientierung vorgenommen, denn Verantwortung konnte auch ständisch interpretiert werden: Jeder übe christliche Verantwortung in seinem Bereich aus, aber nicht darüber hinaus. Eine speziell auf Arbeiter ausgerichtete Veranstaltung konnte genau auf dieser volksmissionarisch-sozialkonservativen Linie liegen. Kurz vor der Eröffnung des Kirchentages in Essen erklärte Thadden: „Dem Arbeiter gehört unsere rückhaltlose Solidarität."[75]

Hand in Hand mit sozialer Entwurzelung – die sich volksmissionarisch gut thematisieren ließ – ging die politische Diskussion um die Mitbestimmung von Arbeitnehmern und ihren Organisationen am Wirtschaftsgeschehen. Hierzu war von seiten der Evangelischen Akademien 1949 eine Denkschrift unter dem Titel „Recht und Gerechtigkeit in der Mitbestimmung" herausgegeben worden.[76] Die Schrift stand ganz im Geiste der Forderung nach einer „vertrauensvollen Zusammenarbeit" zwischen Arbeitnehmern und Arbeitgebern im Sinne einer Volksgemeinschaft, war aber auch um Dialog mit dem DGB bemüht.[77]

Es war noch keinesfalls entschieden, ob das Akademiekonzept auf dem Kirchentag zum Tragen kommen würde. Darum riet der Kölner Bankier und CDU-Politiker Robert Pferdmenges, mit dem Thadden Kontakt aufgenommen hatte, um Spenden aus den Kreisen der rheinischen Industrie für den Kirchentag zu erhalten, der Kirchentag solle zu dem „heißen Eisen" der Mitbestimmung Stellung nehmen.[78] Auf welche Art das heiße Eisen geschmiedet werden sollte, wurde am 20. April von einem „kleinen Spezialkreis" im Hause von Heinrich Kost, dem Generaldirektor der deutschen Kohlenbergbauleitung, besprochen.[79] Zu diesem Kreis zählten neben Thadden, Kost und Pferdmenges noch Niels von Bülow, Vorstandsmitglied der Glashütte AG, Bischof Lilje und Präses Held, aber niemand, der die Position der Gewerkschaften oder die der Akademien vertreten hätte.[80] Um

75   „Westdeutsche Allgemeine Zeitung", 24.08.50.
76   R. J. TREIDEL, Mitbestimmungsgesetzgebung, S. 163; R. J. TREIDEL, Akademien, S. 65f.; vgl. T. RENDTORFF, Protestantismus, S. 425.
77   Vgl. W. SCHROEDER, Gewerkschaftspolitische Diskussionen, S. 231f.
78   Thadden an Held, 28.02.50 (LKA DÜSSELDORF, 9/184). Schon im November 1949 war auf einer Themenausschusssitzung deutlich gemacht worden, dass man sich im Ruhrgebiet mit Gewerkschaftsfragen befassen musste. (W. KLÄN, Thadden, S. 614)
79   Einladung Kosts an Held, 28.03.50 (LKA DÜSSELDORF, 9/184); Terminkalender Helds (LKA DÜSSELDORF, 9/426). „Herr Kost hält eine solche Besprechung für dringend wünschenswert und die Hereinnahme des fraglichen Problems in den Kirchentag für ausgezeichnet"; so Thadden an Lilje, 24.03.50 (zit. nach F. LORENZ, Reisen und Leiden, S. 139). Auch Heinemann war zu dem Treffen eingeladen, sagte aber vorher ab (EBD.).
80   Dies war wohl der Grund dafür, dass Thadden die „Notwendigkeit der delikaten Be-

nicht den Funken eines Verdachtes der Einseitigkeit aufkommen zu lassen, hatte der Kirchentagspräsident drei Wochen zuvor auf Vorschlag von Pferdmenges den DGB-Vorsitzenden Hans Böckler besucht und mit ihm die Thematik besprochen.[81]

Es fragt sich, warum Thadden auf das Bestreben von Pferdmenges und seinem Umfeld, den Kirchentag politisch einzuspannen, offenbar so widerstandslos einging. Fühlte er sich einfach geschmeichelt, dass jetzt sein Unternehmen von einflußreichen Persönlichkeiten wichtig genommen wurde? Kam das, was in Kosts Haus besprochen wurde, dem konservativen Gesellschaftsbild des Deutschnationalen entgegen? Das betont herzliche Verhältnis Thaddens zu Kost[82] lässt jedenfalls nicht darauf schließen, dass er dem von ihm und seinen Kollegen aus der rheinischen Industrie vertretenen Standpunkt abhold gewesen wäre.

Man könnte zwar einwenden, dass dieses Verhältnis Ausdruck weniger politischer, sondern vielmehr religiös-christlicher Gemeinschaft gewesen sei. Es ist aber kaum von der Hand zu weisen, dass eine solche Gemeinschaft auch auf privater Ebene ein gewisses Einverständnis voraussetzt. Der Fabrikant und Nationalökonom Friedrich Karrenberg, der zusammen mit dem Sozialethischen Ausschuss der rheinischen Landeskirche die Arbeitsgruppe Wirtschaft für den Kirchentag in Essen inhaltlich vorbereiten sollte, wurde zu den Gesprächen bei Kost ebensowenig hinzugezogen wie ein Gewerkschafter. „Gemeinschaft über Grenzen hinweg" wurde hier offenbar nicht praktiziert.

Dem Sozialethischen Ausschuss der rheinischen Landeskirche dürfte es zu verdanken sein, dass das gewerkschaftliche Mitbestimmungsrecht in den Verlautbarungen des Kirchentages schließlich eine viel stärkere Rolle spielte, als das bei der Akademiedenkschrift der Fall war.[83] Müller verfolgte ein eher taktisches Konzept – dass nämlich die konservative protestantische Sozialethik modifiziert werden musste, sollte der Anspruch der Rechristianisierung wirklich eingelöst werden.[84] Karrenberg hingegen war bereit, gewerkschaftliche Positionen auch tatsächlich zu vertreten.[85]

Der Sozialethische Ausschuss unter Karrenberg hatte den Kirchentagspräsidenten in einer entscheidenden Frage überspielt. Hier zeigt sich deutlich, wie eine Organisation, die zur Organisation Kirchentag nur eine lockere Beziehung hatte, die Institution Kirchentag an einer wichtigen Stelle viel wirksamer prägen konnte als die Kirchentagsorganisation selbst.

---

handlung" dieser Besprechung eigens betonte; vgl. Thadden an Ruppel, 11.03.50 (zit. nach EBD.). Es ist auffällig, dass in den Kirchentagsakten kein Hinweis auf dieses Treffen existiert.

[81] Thadden an Held, 28.02.50 (LKA DÜSSELDORF, 9/184).

[82] W. HÜHNE, Thadden-Trieglaff, S. 218; F. LORENZ, Reisen, S. 136, 139. Ein persönliches Treffen zwischen Karrenberg und Thadden ist in dem von Lorenz zusammengestellten Itinerar nicht verzeichnet.

[83] R.J. TREIDEL, Mitbestimmungsgesetzgebung, S. 165f.

[84] Vgl. H. NOORMANN, Beiträge, S. 250; R. J. TREIDEL, Akademien, S. 67.

[85] Vgl. H. NOORMANN, Beiträge, S. 247.

Gleichwohl waren die Kontakte zur Wirtschaft, wie auch immer sie sich in Essen niederschlugen, aus Sicht der Organisation Kirchentag keineswegs nutzlos, denn schon finanziell brachten sie dem Kirchentag keinen Schaden.[86]

2.4 Volksmission, Politik und Sachlichkeit in den sozialpolitischen Diskussionen des Essener Kirchentages

Es waren viele Bezüge möglich, als der Kirchentagspräsident am 23. August 1950 in seiner Eröffnungsansprache für den 2. Deutschen Evangelischen Kirchentag davon sprach, der Kirchentag wolle ermutigen, „sich mit den großen Fragen der Zeit" auseinanderzusetzen.[87] Vertreter der Bundesregierung, unter ihnen der Katholik Konrad Adenauer, und der amerikanischen Hohen Kommission (HICOG) nahmen als „gastgebende Obrigkeiten" an der Eröffnungsveranstaltung teil. Der Bundeskanzler, der selbst als Präsident des Katholikentages 1922 in München fungiert hatte,[88] richtete ein Grußwort an die Versammlung, in dem er davon sprach, dass die brennenden Fragen der Zeit nicht allein politisch gelöst werden könnten, sondern nur durch „die Kräfte der christlichen Seele."[89] Einmal mehr konnte Adenauer das Bild einer dem Westen nicht nur politisch entgegengesetzten, sondern auch kulturell und wesensmäßig völlig unterschiedlichen Ostens zeichnen – ein politisch-symbolhaftes Konzept in Reinform.

Die Veranstalter des Kirchentages bemühten sich hingegen, den volksmissionarischen Ansatz in den Vordergrund zu stellen. Thadden sprach bei dem Begrüßungsempfang für die Journalisten kurz vor der eigentlichen Eröffnungsveranstaltung am 22. August davon, dass der Kirchentag in erster Linie religiös wirksam sein wolle,[90] auch Bischof Lilje, der bei der gleichen Veranstaltung sprach, stellte die Evangelisation in den Vordergrund seiner Ausführungen.[91] Bundesinnenminister Heinemann, der als prominenter Gegner der Wiederbewaffnung wenig später zurücktrat, betonte, es hänge „nicht von Korea oder der Atombombe unser Schicksal ab, sondern von den geistlichen Entscheidungen."[92] Dass dieses Bekenntnis zur Volksmission nicht allgemein verankert war, macht schon die Tatsache deutlich, dass Heinemann auf dem Einladungsflugblatt zum Essener Kirchentag, das

---

86 Genaue Zahlen zur finanziellen Unterstützung des Kirchentages durch die rheinische Industrie fehlen. Thadden selbst hat aber kein Geheimnis daraus gemacht, warum er die Nähe der Wirtschaftsführer suchte (vgl. z.B. Thadden an Held, 28.02.50; LKA DÜSSELDORF, 9/184).
87 Eröffnungsrede Thaddens (EZA BERLIN, 71/86/314). Von dem Essener Kirchentag existiert kein Dokumentarband.
88 H. STEHKÄMPER zeichnet das Bild eines nüchtern die politische Situation der Zeit erkennenden und in ihr agierenden Adenauer (Adenauer, bes. S. 82–84).
89 „Hannoversche Allgemeine Zeitung", 24.08.50.
90 Redemanuskript (EZA BERLIN, 71/86/314).
91 „Essener Tageblatt", 23.08.50.
92 D. KOCH, Heinemann, S. 154.

der örtliche Vorbereitungsausschuss entworfen hatte, als Bundesinnenminister, aber nicht als Präses der Synode der EKD aufgeführt wurde.[93] Heinemanns politisches Amt hatte für den Kirchentag offenbar mehr Bedeutung als sein kirchliches.

In den Arbeitsgruppen aber hatte der akademisch-problemorientierte
Ansatz Vorrang. Inhaltlich ging es, wie Eberhard Müllers Freund[94] und ehe-
maliger Mitarbeiter Hans Hermann Walz später feststellte, um „ein völlig
systemkonformes Mitwirken am Wiederaufbauwillen."[95] Dies wurde in der
ersten Arbeitsgruppe, „Rettet des Menschen Freiheit!", besonders deutlich.

Zum Oberthema des ersten Arbeitstages dieser Arbeitsgruppe, „Mensch
oder Arbeitstier", sprachen Alfred Müller-Armack, Nationalökonom und
„Vater der sozialen Marktwirtschaft", und der Bonner Ministerialbeamte
Otto Klein. Beide traten in ihren Referaten vehement für den Ausbau der
sozialen Marktwirtschaft ein – einer Ordnung, „in der die Ziele der Freiheit
und der sozialen Gerechtigkeit zu einem praktischen Ausgleich gebracht
werden".[96] Die soziale Marktwirtschaft wurde von Müller-Armack als System präsentiert, das das Gute von Liberalismus und Sozialismus überneh-
me. Beide politischen Ideenwelten seien aber „in ihrer Begrenztheit durch-
schaubar geworden." Deswegen müsse, sekundierte Klein in seinem Korreferat, die Arbeitermitbestimmung, und zwar auf allen Ebenen,
vorangetrieben werden. Nur so sei ein Ausgleich zwischen den Systemen
möglich. Der Gewerkschafter Fritz Melcher fügte noch an: „Das System des
Kommunismus bietet in dieser Hinsicht keinen Ausweg. Nach anfängli-
chen Befreiungsmaßnahmen folgt aller Regel sehr schnell Kommandowirt-
schaft mit zentraler Befehlsgewalt nach militärischen Vorbildern."

Der Ablauf dieser Vorträge war offenbar sorgsam geplant: Zunächst
wird das Christentum als bessere Alternative zu Sozialismus und Liberalismus dargestellt. Liberalismus ist dabei gleichbedeutend mit sozialem Lais-
sez faire und allgemeiner Entchristlichung der Gesellschaft. Immerhin wird
Arbeitermitbestimmung nun als „Ausgleich zwischen den Systemen" präsentiert, also als eine Art Zugeständnis an die feindlichen Systeme, die auf
dem Vormarsch sind. Schließlich und letztlich geht es um die ideologische
Gegnerschaft zum politischen Gegenentwurf auf deutschem Boden, dem
Sozialismus à la DDR. Dieser Antagonismus war bestimmend für die junge
Bundesrepublik. Die Botschaft des ersten Arbeitstages lautete, dass der Liberalismus angesichts dieses Gegensatzes nicht obsiegen sollte, sondern
dass ein dritter Weg zwischen reiner Marktwirtschaft und Sozialismus gesucht werden müsse.

Der zweite Tag der ersten Arbeitsgruppe wurde von Eberhard Müller
eröffnet. In seinem Referat zum Thema „Der Mensch im Kollektiv" setzte
sich der Akademiedirektor mit den politischen Konsequenzen auseinander,

[93] Einladungsflugblatt (LKA DÜSSELDORF, 9/184).
[94] Gespräch Walz mit Verf., 09.03.96.
[95] H. H. WALZ, 30 Jahre Kirchentag, S. 171.
[96] Alle Manuskripte der Referate in: EZA BERLIN, 71/86/86.

die aus der antiliberal und antisozialistisch verstandenen Mitbestimmung zu ziehen seien. Das Kollektiv, sattsam in seiner „primitiven" russischen Ausprägung bekannt, sei die „notwendige Bindeform toter Materie, die in sich keine organischen Bindekräfte hat." Die christliche Gewissensbindung gelte ihm als reaktionär. Um einen solchen Kollektivismus aus christlicher Verantwortung heraus zu bekämpfen, müsse die individuelle Verantwortung für Familie und Gemeinschaft gestärkt werden. Deshalb sei ein Pazifismus als „Ohne-mich-Haltung" nicht akzeptabel. Deshalb habe auch der Liberalismus versagt, weil er über dem Funktionieren der Wirtschaft den Menschen selbst aus dem Blick verloren habe.

Hier wurde auf engstem Raum ein Bekenntnis zum Konservativismus abgelegt, und zwar so, dass dem christlichen Zuhörer gar keine Wahl gelassen werden sollte. Der Topos des „primitiven Russen" wurde aufgerufen, um das „christliche Abendland" in den Vordergrund zu rücken, in dem jeder an seinem sozialen Platz für Familie und Volk eintritt. Die Gemeinschaftswerte sind unverrückbar. Daher muss ein deutscher Wehrbeitrag zum Schutz dieser Gemeinschaft bejaht und jede Veränderung dieser Gemeinschaft verhindert werden.

In dieselbe Richtung ging das Korreferat des Berliner Politikwissenschaftlers Otto Heinrich von der Gablentz (CDU) zum Thema „Der Mensch im Kollektiv": „Demokratie ist Führerwahl [!] und Selbstverwaltung", denn Freiherr vom „Stein ist nämlich viel moderner als Karl Marx." Dieser Vergleich ist erhellend: Steins Reformen hatten althergebrachte Rechts- und Besitzverhältnisse auf eine rationale Grundlage gestellt, aber damit auch sozialen Ungleichheiten weitere zeitliche Dauer verliehen.[97] Gablentz mag hier nicht in erster Linie einem modifizierten Ständestaat das Wort geredet haben, jedenfalls machte er aber deutlich, dass es ihm bei seiner Analyse der Demokratie nicht um Ordnungspolitik, sondern vielmehr um die anthropologische Dimension der neuen Gesellschaft der Bundesrepublik ging.[98] Der Mensch als Individuum, als „Bruder", darf über der gesellschaftlichen Differenzierung nicht verloren gehen, so war die Bezugnahme auf Stein gemeint. Auf wirtschaftspolitische Gleichberechtigung von Arbeitnehmern und Arbeitgebern kommt es in diesem auf den einzelnen ausgerichteten System weniger an als auf den Abbau von Bürokratien, auf dezentrale Entscheidungsfindung. Demokratie ist da nur Mittel zum Zweck, sie sei, sagte Gablentz, „keine christliche Tugend." Wirtschaftsdemokratie, wie sie der DGB als gewerkschaftliche Mitbestimmung bei Wirtschaftsführung und Wirtschaftsgestaltung forderte,[99] wurde von ihm damit abgelehnt.

In der während der Schlussveranstaltung des Kirchentages vorgetragenen „Entschließung" der Arbeitsgruppe (die eigentlich keine Entschließung, sondern eine vorher ausgearbeitete Zusammenfassung der Referate war) wurden wirksame Beschäftigungspolitik gefordert, Mitbestim-

---

[97]   M. BOTZENHART, Reform, S. 51–55.
[98]   Vgl. T. JÄHNICHEN, Mitbestimmungsdiskussion, S. 282.
[99]   W. MÜLLER, Kampf, S. 95f., H. THUM, Wirtschaftsdemokratie, S. 177f., 181f.

mung als „wirkliche Partnerschaft" zwischen Unternehmern und Arbeitern, sowie bessere Arbeitsbedingungen und Rücksichtnahme auf sozial schwächere Glieder der Gesellschaft.[100] Diese Formulierung schien es allen recht machen zu wollen: Mitbestimmung als „wirkliche Partnerschaft" wollten sowohl Arbeitgeber als auch Arbeitnehmer, nur waren die Definitionen darüber, was das zu bedeuten habe, unterschiedlich.

Der Rat der EKD wurde in seinem „Wort zur Mitbestimmung" etwas konkreter.[101] Betriebliche Mitbestimmung sollte nur durch Betriebsangehörige ausgeübt werden können, und überhaupt müsse es „aus der Sache heraus Abstufungen" bei der Mitbestimmung geben.[102] Die erste Forderung zielte darauf, den Gewerkschaftseinfluss auf Betriebe zu begrenzen (Gewerkschaftsfunktionäre kamen ja von außen), die zweite konnte als eine Art Generalklausel für die Relativierung der Mitbestimmung interpretiert werden.

Es bleibt also festzuhalten, dass die Mitbestimmungsdiskussion zeigte, wie weit die Protestanten auf dem Essener Kirchentag schon im Westen angekommen waren. Sicher machte man konservative Einschränkungen. Aber dass sich im sowjetisch dominierten Teil Deutschlands keine Mitbestimmungsfrage stellte, wurde in Essen nicht weiter erörtert.

2.5 Der Kirchentag und die Frage der deutschen Wiederbewaffnung

Wirkliche Partnerschaft, das hatte Eberhard Müller deutlich gemacht, sei nur möglich bei einer Verständigung über gewisse Grundwerte, nämlich gemeinsamer Verantwortung für Familie und Gesellschaft. Diese Grundwerte waren eng verbunden mit der Frage einer deutschen Wiederbewaffnung. Der Akademiedirektor hatte ganz typisch ein soziologisches Argument gewählt, um diese Verbindung deutlich zu machen: Die Wehrpflicht galt für ihn als Bindemittel einer wieder zu errichtenden Gesellschaft.

Schon vor der Gründung der Bundesrepublik war die Frage einer deutschen Wiederbewaffnung diskutiert worden, freilich ohne dass sich kirchliche Kreise in der Diskussion hervorgetan hätten.[103] Diese Zurückhaltung wurde aber nicht mit einem rational-problemorientierten, sondern mit einem politisch-symbolhaften Vorstoß aufgegeben: Adenauer hatte sich in einem am 3. Dezember 1949 geführten Interview mit der amerikanischen Tageszeitung „Cleveland Plain Dealer" für ein deutsches Truppenkontingent im Rahmen einer europäischen Armee ausgesprochen. Der Sturm der

---

[100] Entschließung der AG I (EZA BERLIN, 71/86/86; wieder abgedruckt in KJ 1950, S. 17). Ein Alternativentwurf, dessen (unbekannte) Verfasser die Regierung auffordern, nicht nur Arbeit zu schaffen, „wenn es ums Rüsten geht" (EZA BERLIN, 71/86/86) blieb unberücksichtigt.

[101] KJ 1950, S. 26f.; vgl. H. THUM, Wirtschaftsdemokratie, S. 184; T. JÄHNICHEN, Mitbestimmungsdiskussion, S. 282.

[102] Vgl. EBD., S. 283.

[103] A. BIRKE, Nation, S. 280ff.; J. VOGEL, Kirche, S. 79–82, C. NÖSSER, Engagement, S. 171f.

Entrüstung, den der Bundeskanzler damit auslöste, wurde noch verstärkt durch ein Interview, das Martin Niemöller in Erwiderung auf Adenauer der Zeitung „New York Herald Tribune" gab.[104] Der hessische Kirchenpräsident erklärte, dass das deutsche Volk sogar eine kommunistische Regierung in Kauf nähme, wenn es dafür seine Einheit wiedererlange. Seit dieser Äußerung Niemöllers war die Wiederbewaffnungsdebatte in der evangelischen Kirche vor allem politisch-symbolhaft besetzt: Die Befürworter verstanden eine Armee als Garanten von Würde und Freiheit des deutschen Volkes. Im Januar 1950 ließ der Rat der EKD als Antwort auf Niemöller verlauten, die Einheit Deutschlands dürfe „nicht mit der Preisgabe dieser Würde und dieser Freiheit erkauft werden."[105] Die Gegner einer Wiederaufstellung von deutschen Streitkräften hingegen verstanden deutsche Truppen als Hindernis auf dem Weg zur deutschen Einheit. Auf diesen Positionen verhärteten sich die Fronten.

Der Ausbruch des Korea-Krieges am 25. Juni 1950 hatte auf die öffentliche Debatte eine katalytische Wirkung. Die evangelische Kirche war jetzt in einer schwierigen Lage: Zwar wurde ein deutscher Wehrbeitrag von kirchlicher Seite mehrheitlich gebilligt[106] und auch Reinold von Thadden-Trieglaff war, wie er zwei Jahre später bekannte, „ganz außerordentlich" für eine Wiederaufrüstung.[107] Aber andererseits konnte man das Niemöllersche Argument, das – weniger zugespitzt – auch andere Kirchenmänner wie Helmut Gollwitzer, Hans Joachim Iwand und Gustav Heinemann aufgenommen hatten, nicht einfach abtun. Niemöller hatte darauf hingewiesen, dass es in der Rüstungsfrage um die deutsche Einheit ging, und die evangelische Kirche hatte ein stärkeres Interesse an der Wiederherstellung eines einigen Deutschlands als die katholische – schließlich lagen die „protestantischen Kernlande" jenseits des Eisernen Vorhanges.[108]

In einer Stellungnahme, die der Kölner Erzbischof Kardinal Frings kurz nach dem Ausbruch des Krieges in Korea für einen deutschen Wehrbeitrag abgab, war die deutsche Einheit bezeichnenderweise mit keinem Wort erwähnt.[109] Thadden kritisierte die Worte des Kardinals scharf: Die evangeli-

---

104 Vgl. A. PERMIEN, Protestantismus, S. 48f.
105 Entschließung des Rates der EKD am 17.01.50 in Halle (zit. nach Deutsches Pfarrerblatt 50, 1950, S. 117).
106 Vgl. O. DIBELIUS, Christ, S. 287. Wurm äußerte auf der Ratssitzung, dass Karl Barth, der Heinemanns und Niemöllers Position öffentlich unterstützt hatte, „die moskowitische Gefahr in fast perverser Weise" unterschätze (zit. nach D. KOCH, Heinemann, S. 217).
107 Thadden war mit Müllers Denkschrift „Wehrbeitrag und christliches Gewissen", in der der Akademiedirektor im Februar 1952 vehement für eine deutsche Armee eintrat, „ganz außerordentlich einverstanden". Er schrieb am 12.02.52 an Müller, er wolle die Denkschrift nur mit Rücksicht auf sein Amt als Kirchentagspräsident nicht mit unterzeichnen (EZA BERLIN, 71/86/30).
108 Vgl. Vertraulicher Bericht von Roger Dow, Chief Reports and Analysis Division, 16.11.50, S. 12 (NArch WASHINGTON, RG 59, Box 5247). Hier wird der konfessionelle Faktor allerdings als nur politisch hingestellt (vgl. J. VOGEL, Kirche, S. 129f.).
109 Frings erklärte: „Der Heilige Vater läßt keinen Zweifel daran, daß es eine verwerfliche Sentimentalität und ein falsch gerichtetes Humanitätsdenken wäre, wenn man aus Furcht

sche Kirche würde „so nie gesprochen haben", da es nicht angehe, leicht-
fertig einen „Bruderkampf" für möglich zu erklären.[110] Es sei für die evangelische Kirche unmöglich, „eine Entscheidung vorwegzunehmen, die
einen Bruch mit dem Osten bedeute."[111] Der Kirchentagspräsident bemühte sich jedoch, nicht zu deutlich Stellung zu nehmen. Ende September 1950
machte er gegenüber CDU-Politikern deutlich, dass es in der Frage der
Wiederbewaffnung zwar zwei mögliche Haltungen für den Christen gebe,
dass Spannungen zwischen CDU und Kirchentag wegen dieser Frage jedoch behoben werden müssten.[112]

Es war geplant, diese sensible Frage auf dem Kirchentag überhaupt
nicht zu behandeln.[113] Selbst der Rat der EKD hatte in seiner gleichzeitig
mit dem Kirchentag stattfindenden Sitzung am 27. August vorsichtig erklärt: „Einer Wiederbewaffnung Deutschlands können wir das Wort nicht
reden, weder was den Westen noch was den Osten angeht."[114] Dies hing
auch damit zusammen, dass die Auseinandersetzung um die Wiederbewaffnung noch in vollem Gange war: Am 1. September kündigte Heinemann wegen seiner prinzipiellen Gegnerschaft zur Militärpolitik Adenauers seinen Rücktritt vom Amt des Bundesinnenministers an.[115] Sechs Wochen später akzeptierte der Bundeskanzler die Demission, denn nun war
klar, dass der als protestantisches Kabinettsmitglied strategisch wichtige
Heinemann nicht zu halten sein würde. In dieser Situation wollte der Rat
nicht Öl in die Flammen gießen. Schon drei Monate später aber erklärte
die Kirchenkonferenz in Berlin-Spandau, die Frage der Wiederaufrüstung
könne „im Glauben unterschiedlich bewertet werden."[116] Das ließ ein klares Votum für den Wehrbeitrag – anders als das Essener Wort – immerhin
zu.

---

vor den Leiden eines Krieges jegliches Unrecht geschehen ließe" (zit. nach K. HERBERT,
Kirche, S. 173).

[110] „Frankfurter Allgemeine Zeitung", 26.07.50; „Essener Allgemeine Zeitung", 26.07.50.

[111] „Frankfurter Rundschau", 26.07.50.

[112] Sitzung von CDU-Bundestagsabgeordneten mit Mitarbeitern des Kirchentages, 26.09.50
(Av. O.-H. Ehlers'; EZA BERLIN, 71/86/30); Gespräch Thaddens mit Brentano, 05.12.50
(Av. Ehlers'; EBD).

[113] Es existieren keinerlei Hinweise auf eine Vorbereitung dieses Themas.

[114] KJ 1950, S. 165f. Ob es wirklich, wie J. VOGEL (Kirche, S. 145) behauptet, zu dem Wort nur
durch einen „Abstimmungstrick" ohne die Stimmen der lutherischen Landeskirchen gekommen ist, sei dahingestellt. O. DIBELIUS jedenfalls verteidigte das Wort auch im Nachhinein: „Wir haben uns an dies Wort gehalten. Wir haben niemals der Aufstellung von militärischen Kräften ,das Wort geredet'. Dass es eines Tages zu einer solchen Aufstellung
kommen würde, ist den meisten von uns freilich klar gewesen." Und als politischer Sym-
boliker in Reinform fügte er hinzu: „Und [...] das nationale Ehrgefühl war aus dem Zusammenbruch noch nicht so weit wieder hochgekommen, daß man es als Schande empfunden hätte, fünf Jahre, zehn Jahre nach Kriegsende noch immer fremdes Militär im Landes
zu haben und diesem den Schutz des eigenen Volkes anzuvertrauen" (Christ, S. 287).

[115] Der unmittelbare Anlass war Adenauers geheimer Alleingang bei der Abfassung des Si-
cherheitsmemorandums an die US-Regierung.

[116] KJ 1950, S. 6–8; vgl. D. KOCH, Heinemann, S. 219.

Auf dem Kirchentag konnte das Thema nicht mehr ausgeklammert werden, als Heinrich Albertz in der zweiten Arbeitsgruppe des Kirchentages, die sich unter dem Motto „Rettet des Menschen Heimat" mit der Problematik der Vertriebenenintegration befassen sollte, den Bogen von dieser Frage zur Diskussion um einen deutschen Wehrbeitrag schlug. Anknüpfend an den Vortrag, den er ein Jahr zuvor in Hannover gehalten hatte, bezeichnete der niedersächsische Flüchtlingsminister den Abbau der sozialen Ungerechtigkeit in Deutschland als die beste Verteidigung und forderte angesichts der Wiederbewaffnungsdebatte zu „Buße und Umkehr" auf. Albertz machte sich hier eine geschichtstheologische Argumentationsweise zueigen,[117] die auch bei Gustav Heinemann zu bemerken war: Gott hat den Deutschen die Waffen zweimal aus der Hand geschlagen, nun gilt es, das Gemeinwesen umzugestalten und zuerst einen innerlich gerechten Staat zu schaffen. Getreu der Argumentationslinie der SPD stellte Albertz seine Ausführungen in einen nationalen Zusammenhang. Man dürfe nicht vergessen, dass Heimatlosigkeit und Entwurzelung ein Problem auch „in dem Raum [sei], den die evangelischen Christen immer noch als Deutschland" ansähen. Auch das, „was sich jenseits von Oder und Neiße [abspiele], in jenem fast zur Steppe gewordenen Land," müsse in die Überlegungen miteinbezogen werden.[118]

Albertz' Ausführungen vor 2.000 Zuhörern erregten starke Kritik.[119] Der ganze Nachmittag des 25. August war in der Arbeitsgruppe II von der Diskussion des Vortrages geprägt; auch ein Mitglied der Bundesregierung, Vertriebenenminister Hans Lukaschek (CDU), nahm als Diskussionsteilnehmer gegen Albertz Stellung. Noch am späten Abend wurde die Diskussion fünf Stunden lang fortgesetzt.

Der Organisation Kirchentag konnte eine Verlautbarung, die sich gegen den Wehrbeitrag richtete, nicht recht sein, denn schließlich würde der ganze Kirchentag als Institution mit ihr identifiziert werden. Nachdem Albertz' Redemanuskript intern vorab bekannt geworden war, sollte deshalb eine Lösung gefunden werden, die zu erwartende Wirkung der Ausführungen des niedersächsichen Flüchtlingsministers gewissermaßen zu „neutralisieren". Deshalb bat der Kirchentagspräsident kurzfristig den CDU-Bundestagsabgeordneten und Oberkonsistorialrat Eugen Gerstenmaier, im Anschluss an die Rede von Albertz aus seiner Sicht zum Wehrbeitrag zu sprechen.[120] Gerstenmaier erreichte die Anfrage Thaddens, als er bei der Tagung des Europarates in Straßburg war, wo der britische Pre-

---

[117] Vgl. „Die Zeit", 31.08.50, S. 2.

[118] EZA Berlin, 71/86/86; „Westdeutsche Allgemeine Zeitung", 25.08.50.

[119] Die Diskussionsverläufe sind nicht dokumentiert. Die Beschreibung der Diskussion im Anschluss an Albertz' Vortrag stützt sich ausschließlich auf den Artikel in der „Zeit" (31.08.50), wo auch nur auf diese Diskussion näher eingegangen wird.

[120] Dies berichtet E. Gerstenmaier in seiner Autobiographie (Streit, S. 327–329). Ein entsprechender Vermerk findet sich weder in den Akten des Kirchentages noch im Nachlass von Gerstenmaier. Es besteht aber kein Grund, die Aussage von Gerstenmaier zu bezweifeln,

mierminister Winston Churchill wenige Tage zuvor, am 11. August, den Aufbau einer europäischen Armee unter Einbeziehung deutscher Kontingente gefordert hatte. Churchills Vorstoß war Wasser auf die Mühlen von Adenauer, der alles daran setzte, über eine deutsche Wiederbewaffnung die Bedingungen für die Integration einer souveränen Bundesrepublik in das westliche Bündnissystem zu schaffen.[121] Die Bundesrepublik sollte ein „östlicher Vorposten westlicher Politik" werden.

Genau diese Linie vertrat Gerstenmaier nun in Essen, zwei Wochen nach der Rede Churchills in Straßburg. Ein Wehrbeitrag Deutschlands sei wichtig zur „Verteidigung christlicher Werte".[122] Sozialmaßnahmen oder ein radikaler Pazifismus, erwiderte er auf Albertz, könnten eine totalitäre Macht nicht von einem Angriff abhalten. Allerdings sollte eine deutsche Wiederbewaffnung nur in europäischem Rahmen erfolgen. Das Ja zur Verteidigung bedeute nicht, fügte der CDU-Politiker vorsichtig hinzu, „die Bejahung einer allgemeinen Aufrüstung Deutschlands." Damit war die Wirkung von Albertz' Rede wieder ausgeglichen. Thadden gab am 26. August noch eine Presseerklärung ab, in der es hieß, der Kirchentag wolle sich nicht auf den Vortrag von Albertz festlegen, ohne den Vortrag Gerstenmaiers, wo ja ebenso eindeutig Position bezogen worden war, auch nur zu erwähnen.[123]

An dem Willen der Kirchentagsorganisation, öffentlich möglichst neutral zu bleiben, ließ sich also in der Frage der Wiederbewaffnung nicht rütteln. Nicht nur der Kurs der Bundesregierung war zu berücksichtigen: Auch der Unterstützung des DGB, den Thadden, das Ziel der Arbeiterevangelisation im Auge, nicht vor den Kopf stoßen wollte, trat für einen Wehrbeitrag ein. Der DGB hatte der Kirchentagsorganisation im Vorfeld ausdrücklich die Gewerkschaftsposition dargelegt, und an der Übereinstimmung des Vorsitzenden Böckler mit Bundeskanzler Adenauer bestand in dieser Frage kein Zweifel.[124]

Die „Entschließung" der Arbeitsgruppe „Rettet des Menschen Heimat", die auf der Abschlussversammlung am 27. August vorgetragen wurde, erwähnte die Kontroverse zwischen Albertz und Gerstenmaier mit keinem Wort.[125] In dem Text war ausschließlich davon die Rede, dass die Anstrengungen bei der Eingliederung der Heimatvertriebenen verstärkt werden müssten und dass die Vertriebenen gemäß der von ihnen am 5. August

---

da sie genau in die ursprüngliche Konzeption passt, das Thema Wehrbeitrag auszuklammern, die nun aber, als bekannt wurde, was Albertz sagen würde, obsolet war. Die Einladung an Gerstenmaier wird wohl fernmündlich erfolgt sein.

121 Vgl. A. BIRKE, Nation, S. 285ff. Das folgende Zitat bei A. DOERING-MANTEUFFEL, Ära Adenauer, S. 54.

122 J. VOGEL, Protestantismus, S. 125f.; Text der Rede Gerstenmaiers (ACDP ST. AUGUSTIN, I-210-67-01).

123 „Hannoversche Allgemeine Zeitung", 27.08.50.

124 DGB-Bundesvorstand an Kirchentagspräsidium, 26.07.50 (EZA BERLIN, 71/86/18); vgl. A. BIRKE, Nation, S. 354f.; A. DOERING-MANTEUFFEL, Ära Adenauer, S. 76.

125 EZA BERLIN, 71/86/86; abgedruckt in KJ 1950, S. 18f.

1950 in Stuttgart verabschiedeten Charta „auf Rache und Vergeltung" verzichten sollten. Weder die Forderung, der Kirchentag solle „zum Unrecht
der Oder-Neiße-Linie Stellung nehmen",[126] noch der Vorschlag, man solle
den Länderregierungen und der Bundesregierung für ihren Einsatz für die
Vertriebenen danken,[127] wurde berücksichtigt.

Man bemühte sich also nach Kräften, jede politisch-symbolhafte Einflussnahme zu vermeiden. Der Versuch, die Wogen zu glätten, war jedoch
nicht ganz erfolgreich. In der „weltlichen" Presse fanden – je nach politischer Orientierung der Zeitung – die Reden Albertz' und Gerstenmaiers
vereinzelt Niederschlag,[128] was die bruderrätlich orientierte Zeitschrift
„Stimme der Gemeinde" veranlasste, die Rede Gerstenmaiers als „Revol-
verschuß" zu kritisieren.[129]

2.6 Die öffentliche Wirkung des Essener Kirchentages

Zwischen 2.000 und 5.000 Menschen nahmen an den Vorträgen und Diskussionen des Kirchentages teil; die meisten an der ersten Arbeitsgemeinschaft, wo es um die Mitbestimmung ging, viele auch an der vierten Arbeitsgemeinschaft zum Thema Glauben.[130] Dennoch drang das, was in der
vierten Arbeitsgemeinschaft besprochen wurde, kaum in die Öffentlichkeit.[131] Die Presse war es, die dem Kirchentag als Institution überhaupt erst
seine Breitenwirkung verlieh, und der Kirchentag galt der „weltlichen"
Presse als weltliches Ereignis. Dieser Presseeinfluss lag allerdings nicht
sehr fern von den Intentionen Thaddens und Giesens: Es ging ihnen ja um
die Mobilisierung von evangelischen Laien für das öffentliche Leben in
Deutschland, nicht um Kirchenreform oder Theologiediskussionen.[132] Der
Kirchentagspräsident selbst hatte im Vorfeld des Kirchentages die meiste
Zeit auf die Vorbereitung der Mitbestimmungsdiskussion verwandt, der Rat
der EKD hatte offiziell zu zwei Fragen Stellung genommen, nämlich zur
Wiederbewaffnung und zur Mitbestimmung.

---

[126] „Westfälische Rundschau", 25.08.50; „Essener Allgemeine Zeitung", 25.08.50.

[127] Entwurf Iwands für die Abschlussresolution (EZA BERLIN, 71/87/86).

[128] Die SPD-nahe „Hannoversche Presse" zitierte nur Albertz (26.08.50), genauso eine Zeitung aus Halle („Der Neue Weg"), 30.08.50. Der konservative „Trierische Volksfreund"
hingegen erwähnte in einem Artikel zu „Kirchentag und Wiederaufrüstung" (27.08.50)
den Betrag von Albertz gar nicht, zitiert dafür aber ausführlich Gerstenmaier und Müller.

[129] Nachwort zum Kirchentag, S. 13. „Es ist schade, daß die wenigsten unter den Reportern
ein Gespür dafür hatten, wie sehr dieser Schuß nach hinten losging."

[130] „Die Zeit", 31.08.50.

[131] Lediglich „Die Welt" berichtete am 26.08. über die Arbeitsgemeinschaft Glauben; auch die
Analyse der Hamburger Wochenzeitung „Die Zeit" vom 31.08.50 räumte dieser AG einigen Raum ein.

[132] H. UHL, Kirchentag, S. 149. Selbst das im Auftrag des Rates der EKD herausgegebene
„Kirchliche Jahrbuch" geht nur auf die Kontroverse zwischen Albertz und Gerstenmaier
näher ein (KJ 1950, S. 16), alle anderen Vorträge und Diskussionen bleiben (wenn man
vom Abdruck des offiziellen Kirchentagsprogrammes absieht) unerwähnt!

Aber selbst die politischen Diskussionen wurden von den Zeitungen verkürzt dargestellt. Der Vortrag Klaus von Bismarcks etwa, in dem der Leiter des Sozialamtes der westfälischen Landeskirche am zweiten Tag der Arbeitsgruppe „Heimat" für Albertz' Referat vom Vortag eingetreten war,[133] fand in der Presse keinen Niederschlag.

Die Mitbestimmungsdiskussion auf dem Kirchentag wurde auch in der kirchenfernen Presse gewürdigt. Der „Neue Vorwärts" stellte zwar in seinem Rückblick auf den Kirchentag fest, dass die evangelischen Kirche immer noch „kein echtes Verhältnis zur Arbeiterschaft und zur Arbeiterbewegung gefunden" habe, bemerkte aber: „Der Ernst [...], mit dem an die Arbeit herangegangen wurde, wird auch der kritischste Beobachter nicht leugnen können. Der Kirchentag war ein eindringlicher Appell an jeden einzelnen Christen, sich seiner Verantwortung im Alltag jeden Augenblick bewußt zu sein."[134]

Die Presseberichterstattung sicherte also dem Kirchentag als Institution eine gewisse öffentliche Aufmerksamkeit. Diese Wirkungsmacht hatte Gustav Heinemann, Präses der Synode der EKD und noch Bundesinnenminister, auf der Abschlussversammlung, zu der 150.000 Menschen[135] in des Essener Ruhrstadion strömten (immer noch weniger als die Hälfte der Massen, die der Katholikentag ein Jahr zuvor in Bochum mobilisieren konnte), ganz offen ausgesprochen, als er die Stellung des Protestantismus im öffentlichen Leben der Bundesrepublik charakterisierte: „Lasst uns der Welt antworten, wenn sie uns furchtsam machen will: Eure Herren gehen, unser Herr aber kommt!"[136] Wir evangelischen Christen treten in das öffentliche Leben in Deutschland und prägen es entscheidend mit: Das war die Botschaft der Schlussversammlung. Der triumphale Satz Heinemanns markiert den Zeitpunkt, von dem an die Institution Kirchentag im öffentlichen Leben der Bundesrepublik fest etabliert ist.

Dies bedeutet allerdings nicht, dass der zweite Deutsche Evangelische Kirchentag die öffentliche Aufmerksamkeit in der Bundesrepublik für eine kurze oder längere Zeit wirklich beherrscht hätte. Zwar gab es so viel Rundfunk- und Presseberichte wie bei noch keinem kirchlichen Ereignis der Nachkriegszeit,[137] die Schlagzeilen der Zeitungen wurden im August 1950 aber vom Koreakrieg und der Wiederbewaffnungsdiskussion dominiert. Lediglich über die Schlussveranstaltung am 27. August konnte man in den überregionalen Tageszeitungen auf den ersten Seiten lesen, in keiner Zeitung war die Berichterstattung über den Kirchentag der „Aufma-

[133] Auszug aus dem Referat (EZA BERLIN, 71/86/86).
[134] 01.09.50.
[135] KJ 1950, S. 16; „Frankfurter Allgemeine Zeitung", 28.08.50; „Die Welt", 28.08.50, berichtete von 180.000 Teilnehmern.
[136] KJ 1950, S. 24, wieder abgedruckt in G. HEINEMANN, Glaubensfreiheit, S. 66.
[137] Rundschreiben der Rundfunk- und Pressestelle des DEKT, 11.09.50 (LKA DÜSSELDORF, 9/184).

cher".[138] Inhaltlich wurden die vier Entschließungen in Kurzfassungen wiedergegeben; der Verlauf der Vorträge und Diskussionen konnte der Presseberichterstattung nur vereinzelt entnommen werden.

Eine Umfrage zeigte, dass die Mehrheit der Bevölkerung den Kirchentag nicht einmal wahrgenommen hatte.[139] Dennoch bleibt festzuhalten: Der Essener Kirchentag konnte so viele evangelischen Christen mobilisieren wie noch kein kirchliches Ereignis in der Geschichte des deutschen Protestantismus vor ihm.[140] Äußerungen auf dem Kirchentag wurden in engem Zusammenhang mit dem deutschen Protestantismus als ganzem gesehen, sonst wäre etwa die Wiederbewaffnungskontroverse zwischen Albertz und Gerstenmaier, die ja keine neuen Argumente brachte, für die Öffentlichkeit nicht so interessant gewesen. Und eine Wirkung des Kirchentages bei der Herausbildung der protestantischen Position zur neuen Sozialordnung in Westdeutschland konnte nicht geleugnet werden,[141] schließlich war hier erstmals von Seiten der Protestanten umfassend zu dieser Problematik Stellung genommen worden. Mit Essen hatte sich der Kirchentag als Ergänzung zu den Organen der EKD durchgesetzt.[142]

---

138 „Die Welt", 28.08.50, S. 1; „Frankfurter Allgemeine Zeitung", 28.08.50, S. 1; „Hannoversche Presse", 28.08.50, S. 2. Bezeichnend für die Behandlung des Kirchentages durch manche Zeitungen ist ein in der „Frankfurter Allgemeinen Zeitung" (26.08.50, S. 3) veröffentlichtes Foto von Dibelius, Elly Heuss-Knapp und einer weiteren nicht identifizierten Person, die jedenfalls nicht Thadden ist, aber die laut Bildunterschrift angeblich der Kirchentagspräsident sein soll. So bekannt war Thadden noch nicht, dass solche Fehler nicht unterlaufen konnten. – Immerhin brachte die „Welt" am 23.08. ein Einzelporträt Thaddens auf der ersten Seite.

139 Nachwort zum Kirchentag, S. 12.

140 Diese Einschätzung H. SCHROETERS dürfte wohl richtig sein (Kirchentag, S. 74).

141 O. HAMMELSBECK, Umschau, S. 14; H. RUDOLPH, Kirche, Bd. 1, S. 128.

142 KJ 1950, S. 24f.

DIE GESAMTDEUTSCHE INSTITUTION

3. DIE POLITISIERUNG DES KIRCHENTAGES

Die Jahre 1949 und 1950 waren für Thadden und seine Mitarbeiter davon geprägt gewesen, überhaupt eine Institution Kirchentag zu etablieren. Dies war dadurch erreicht worden, dass die Kirchentagsorganisation sich des organisationellen Rückhaltes von außerhalb versicherte, und dass sie sich selbst ausdifferenzierte. In allen Landeskirchen waren seit 1950 Landesausschüsse des Kirchentages fest etabliert, die zwar auf die Institution allenfalls indirekt einwirken konnten (wenn sie nicht als Gastgeber auftraten), die aber eine gewisse Loyalität von kirchlich engagierten Laien gegenüber dem Kirchentag sicherten. So konnte der Kirchentag als selbständige Organisation unter dem Dach der evangelischen Kirche überhaupt Bestand haben. Die Wirkung des Essener Kirchentages hatte auch den hinhaltenden Widerstand des Rates der EKD gegen die neue Institution überholt. Thadden hatte nun sein Ziel erreicht.

Die organisatorische Ausdifferenzierung brachte es aber auch mit sich, dass der Kirchentag immer vielfältigeren Einflüssen ausgesetzt war. Diese Einflüsse konnten weniger und weniger von der Kirchentagsorganisation kontrolliert werden. Die Zeit zwischen dem zweiten und dem dritten Deutschen Evangelischen Kirchentag markiert eine Zäsur in der Kirchentagsgeschichte, denn 1950/51 wurden die Angriffe auf das ursprüngliche volksmissionarische Kirchentagskonzept immer stärker.

3.1 Der Berliner Laientag als pressure group

Bei der Schaffung eines Landesausschusses für die Landeskirche von Berlin-Brandenburg musste die Kirchentagsorganisation eine Laienorganisation mit einbinden, die in Berlin schon bestand, nämlich den Berliner Laientag.

Der Laientag war 1949 von dem ehemaligen DNVP-Reichstagsabgeordneten und Mitbegründer der Berliner CDU Reinhold Quaatz gegründet worden.[1] Quaatz, der noch seinen wilhelminischen Titel „Geheimrat" führte, verfolgte wie Thadden das Anliegen, evangelische Laien in die politische Verantwortung, oder – in der Sprache des Laientages – „an die Front" zu rufen. Anders als beim Kirchentag trat beim Laientag aber das volksmissionarische Element ganz zurück: Hier sollten politisch-symbolhafte Forderungen erhoben werden. Die Tagungen des Laientages fanden im

---

[1] Hier und im Folgenden: „Der Laientag", herausgegeben von Reinhold Quaatz, Heft 1 (Nov. 1949).

Stile von Akademikertagen zu verschiedenen Themen im Abstand von wenigen Wochen statt. Am 4. und 5. Oktober 1949 war die erste Tagung in Berlin, bei der auch Reinold von Thadden-Trieglaff einen Vortrag über „Die Aufgabe des Laien in Kirche und Welt" hielt. Auf diese erste Tagung folgte zwei Monate später eine über Erziehung mit dem viel sagenden Motto „Laien an die Front"[2] und eine über die deutsche Frage, bei der Quaatz mit dem prominenten Redner Martin Niemöller aufwarten konnte.[3] Niemöller und Quaatz hatten Berührungspunkte: Auch dem Laientag waren neutralistische Positionen nicht fremd.

Quaatz sah gleich nach der Gründung des Laientages die Chance, größeren Einfluss dadurch zu erlangen, dass er seine Organisation in den Kirchentag in irgendeiner Form einband.[4] Der ungesicherten Kirchentagsorganisation kam eine Einbindung des Laientages entgegen, denn schließlich sollten Landesausschüsse geschaffen werden, und hier war schon eine funktionierende Organisation mit Vorsitzendem und Geschäftsführer vorhanden. Den Vorteil der Einbindung einer schon funktionierenden Organisation in Berlin erkaufte Thadden allerdings damit, dass sein volksmissionarisches Anliegen jetzt auf politisch-symbolhafter Ebene nicht nur durch den Kreis um Niemöller, sondern auch durch den Laientag angegriffen wurde.

Zunächst aber wollte der Kirchentagspräsident Anfang 1950 die Organisation in Berlin dazu nutzen, den Kirchentag als gesamtdeutsche Institution voranzubringen. Deshalb plante er, auch evangelischen Laien aus den östlichen Landeskirchen die Teilnahme am Essener Kirchentag zu ermöglichen. Der Kirchentag sollte ja ein so weites Wirkungsfeld erlangen wie die EKD selbst. Mit einer regional begrenzten Kirchentagsteilnahme wäre dieses Anliegen vernachlässigt worden.

Andererseits dachte Thadden nicht daran, die deutsche Frage in den Mittelpunkt des Kirchentages zu stellen. An den Vorsitzenden des eben gegründeten Landesausschusses Sachsen schrieb er:

„Ganz sicher verfolgt der Deutsche Evangelische Kirchentag ein gesamtdeutsches Anliegen, weil wir meinen, daß gerade wir als Laien berufen sind, die Einheit und Unteilbarkeit der Deutschen Evangelischen Kirche [sic!] in Ost und in West zu betonen und zu verteidigen. Auf der anderen Seite wissen wir wohl, daß wir aufeinander Rücksicht zu nehmen haben und daß wir uns nicht mehr leisten können, als uns Gott der Herr im Augenblick erlaubt. Wir hoffen aber dringend, daß es uns wenigstens möglich sein wird, die nötigen Mittel zur Verfügung zu stellen, um gegen 300 Brüdern aus dem Osten die Teilnahme an unserem Essener Kirchentag zu erleichtern."[5]

---

2   Laien an die Front! Bericht über den Laientag am 10. Dezember 1949, in: Der Laientag, Heft 3 (Jan. 1950), S. 1f.
3   Natschka an Thadden, 11.01.50 (EZA BERLIN, 71/86/3).
4   Quaatz an Ev. Konsistorium Berlin-Brandenburg, 11.11.49 (EZA BERLIN, 71/86/3); Natschka an Thadden, 11.01.50 (EBD.); Thadden an Natschka, 02.02.50 (EBD.).
5   Thadden an Gnüchtel, 21.05.50 (EZA BERLIN, 71/86/15).

Es hat den Anschein, dass Thadden den Eifer des Laientages bremsen wollte, der damit beauftragt worden war, Spenden einzuwerben, um Teilnehmern aus dem Osten die Reise nach Essen zu ermöglichen.[6] Quaatz, der
offenbar gute Kontakte in Berlin hatte, konnte nämlich genug Geld sam-
meln, um 600 Protestanten aus der DDR die Fahrt zum Kirchentag zu finanzieren. Das löste bei der Kirchentagsorganisation Irritationen aus. Nun
trat die Situation ein, dass Laientag und Kirchentag regelrecht in Verhandlungen über die Zahl der Ostteilnehmer eintraten.[7]

Warum wollte Thadden nicht möglichst viele Teilnehmer aus der DDR?
Drei Erklärungen bieten sich an:

Zum einen ging es dem Kirchentagspräsidenten ja darum, den Kirchentag zu etablieren. Dies war nur dann möglich, wenn er sich thematisch nicht „verheben" würde. Ein Kirchentag an Rhein und Ruhr, der zusätzlich noch die Probleme der evangelischen Christen in der DDR zum
Thema haben würde, wäre organisatorisch kaum zu bewältigen gewesen.
Nicht nur hätten neue Arbeitsgruppen geschaffen und vorbereitet werden
müssen, sondern man hätte sich auch gegenüber weiteren potentiellen
Einflussnehmern geöffnet.

Zweitens wäre der Laientag gegenüber der Organisation Kirchentag zu
mächtig geworden. Thadden wollte Hilfe von seinen Landesausschüssen,
aber er wollte sich nicht die Kernfragen der Organisation von außerhalb
diktieren lassen.

Darüber hinaus stellt sich drittens die Frage, ob die Behandlung der deutschen Frage jenseits aller taktischen Überlegungen überhaupt im innersten
Interesse Thaddens gelegen hat. Sicher war der Kirchentagspräsident, der ja
selbst aus Pommern stammte, für die Überwindung der deutschen Teilung.
Aber Thadden wollte Menschen volksmissionarisch ansprechen und nicht in
direktem Sinne Politik zu treiben. Eine Festlegung der Kirche auf die Rolle
einer „geborenen Feindin der Teilung Deutschlands", wie sie Quaatz vorschwebte,[8] lehnte Thadden ab. Er entgegnete dem Geheimrat:

> „Weil der Herr der Kirche in der Barmherzigkeit, sobald wir uns nach dem Reich
> Gottes allein sehnen, die Einheit Deutschlands noch hinzuzuschenken bereit sein
> kann, nur darum ist für uns die Einheit Deutschlands in der evangelischen Kir-
> che von Belang und darum darf die Einheit Deutschlands für uns zur täglichen
> Bitte gehören."[9]

Thadden verhielt sich hier nicht anders als vor 1933, als sich Differenzen
zwischen ihm als dem DCSV-Vorsitzenden und dem damaligen kurmärki-
schen Generalsuperintendenten Dibelius um den Stellenwert von Politik

---

6   Thadden an Quaatz, 24.02.50 (EZA BERLIN, 71/86/3); Quaatz an Thadden, 07.03.50 (EBD.).
7   Quaatz an Thadden, 26.04.50 (EZA BERLIN, 71/86/15); Thadden an Quaatz, 06.05.50
     (EBD.); Natschka an Präsidialbüro DEKT, 31.07.50 (EBD., 71/86/322).
8   Artikel von Quaatz in der Zeitschrift „Die Kirche", Ende August 1951 (EZA BERLIN,
     71/86/549).
9   Thadden an Quaatz, 03.09.51 (EBD.).

im öffentlichen Leben gezeigt hatten.[10] Thadden wollte auch 1950 eine Politisierung der ihm unterstehenden kirchlichen Laienorganisation möglichst verhindern.

Bei der Organisation der östlichen Teilnahme ergaben sich auch praktische Schwierigkeiten. Nicht nur legten sich die lutherischen Landeskirchen, wie etwa die thüringische, quer,[11] denn schließlich schwelte im Vorfeld des Essener Kirchentages immer noch der Streit um die Bezeichnung „Kirchentag". Auch Propst Heinrich Grüber, der Bevollmächtigte des Rates der EKD bei der Regierung der DDR, scheiterte beim Chef der Deutschen Volkspolizei mit seinem Anliegen, die für eine Reise in die Bundesrepublik notwendigen Interzonenpässe beschleunigt zentral ausstellen zu lassen.[12] Die Bewilligung der Pässe ging deshalb nur schleppend vor sich. Nur 290 Teilnehmer aus der DDR fuhren offiziell nach Essen,[13] wenn auch noch viele andere illegal an die Ruhr gereist sein dürften. Dies war genug, dass der gesamtdeutsche Anspruch des Kirchentages verbal bekräftigt werden konnte,[14] aber nicht genug, um dies beim Kirchentag auch praktisch erlebbar zu machen.

Thadden wusste aber, dass der Kirchentag sich den gesellschaftlichen Problemen in der DDR nicht würde dauerhaft verschließen können, wollte er nicht seine Glaubwürdigkeit als gesamtdeutsches Laienforum aufs Spiel setzen. So fasste der Kirchentagspräsident gleichzeitig mit seiner Ablehnung einer zu starken DDR-Teilnahme am Essener Kirchentag einen Kirchentag für das Jahr 1951 ins Auge, der sich ganz der Problematik der deutschen Teilung würde widmen können, „wenn wir dies auch mit gewissen Einschränkungen unserer im Westen üblichen Zielsetzungen erkaufen müssen."[15] Wenn schon, dann sollte ein Kirchentag zur deutschen Teilung aber eine Ausnahmeerscheinung bleiben. Eine Herzensangelegenheit war die Idee eines gesamtdeutschen Kirchentages für Thadden nicht.

3.2 Die Diskussion um den Tagungsort des Kirchentages 1951

Auf der Sitzung des Präsidialausschusses des Kirchentages am 22. und 23. März 1950 erklärte der Präsident, „daß es dem Selbstverständnis des Kirchentages entsprechen würde, seine nächste Tagung in der Ostzone abzuhalten, um damit zu dokumentieren, daß es für die Christenheit keinen Ei-

---

10 Vgl. oben S. 32.
11 Interview mit Pabst, Berlin, 28.08.95. Pabst war damals Superintendent in Gotha. Der Kirchentag bat Pabst dann, die thüringische Teilnahme am Kirchentag auf eigene Faust zu organisieren.
12 Grüber an Thadden, 06.07.50 (EZA BERLIN, 71/86/322); Natschka an Präsidialbüro DEKT, 02.08.50 (EBD.). In den Akten der Hauptverwaltung der Deutschen Volkspolizei (BARCH BERLIN, DO-1/11) finden sich keine Hinweise auf die Verhandlungen Grübers.
13 Liste der Teilnehmer aus den östlichen Gliedkirchen (EZA BERLIN, 71/86/322).
14 Beim Eröffnungsempfang des Kirchentages am 23.08.50 („Frankfurter Allgemeine Zeitung", 24.08.50, S. 3).
15 Thadden an Dost, 13.01.50 (EZA BERLIN, 71/86/3); vgl. Thadden an Dibelius, 20.02.50 (EBD., 2/86/638/1).

sernen Vorhang gibt."[16] Widerspruch bekam Thadden nicht etwa von westlicher, sondern von östlicher Seite. Zum einen gebe es ja den Berliner Laientag, der sich dieses Anliegens schon annehme, betonten „die Brüder aus dem Osten", zum anderen sei die politische Situation in der DDR so schwierig, dass es fraglich sei, ob ein Kirchentag im Osten der evangelischen Christenheit nicht einen Bärendienst erweisen würde. In jedem Falle solle der Kirchentag nur „auf dringende Bitte" aus dem Osten dort stattfinden.

Warum standen die „Brüder aus dem Osten" einem Kirchentag, der sich ja ihrer Probleme annehmen würde, so kritisch gegenüber? Das politisch-symbolhafte Kirchentagskonzept, mit dem eine „Heerschau des deutschen Protestantismus" gefordert wurde, fand im Osten (mit Ausnahme Ost-Berlins) nur wenig Widerhall. Man wollte zwar das protestantische Milieu stabilisieren, nicht aber den Staat durch unnötige Provokationen reizen.

Auch Stuttgart stand als Tagungsort für den Kirchentag zur Auswahl. Der Stuttgarter Prälat Karl Hartenstein hatte Thadden schon vor dem Stattfinden der Evangelischen Woche in Hannover gebeten, den Kirchentag doch in Württemberg abzuhalten.[17] Hier nämlich könne die Landeskirche eine vermittelnde Position zwischen dem Kirchentag und den Lutheranern einnehmen, um so die lutherischen Landeskirchen, vor allem die bayerische, von der Sache des Kirchentages zu überzeugen. Dass dies ein berechtigtes Anliegen war, zeigte sich daran, dass der bayerische Landesbischof Meiser auch nach seinem Gespräch mit Thadden im Dezember 1949[18] der Sache des Kirchentages kritisch-hinhaltend gegenüberstand: Einen Kirchentag in Nürnberg, der von der Nürnberger Pfarrerschaft angeregt worden war, verhinderte der Landesbischof wegen angeblicher logistischer Probleme.[19] Da für Thadden die auch von seinem Duzfreund Karl Hartenstein angestrebte allgemeine Verankerung des Kirchentages 1949/50 oberste Handlungsmaxime war und selbst aus der DDR Widerspruch gegen einen Kirchentag im Osten kam, wurde am 28. August, kurz nach der Beendigung des Essener Kirchentages, Stuttgart als Tagungsort für den Kirchentag im folgenden Jahr beschlossen.[20]

Diese Entscheidung wurde vom Berliner Laientag unter der Führung von Quaatz nicht hingenommen. In einem förmlichen Appell, den Quaatz verfasst hatte,[21] wurde der Kirchentag aufgefordert, die Entscheidung für Stuttgart zu revidieren. Der Laientag ging davon aus, dass zwischen den Teilen Deutschlands nur noch eine „innere Einheit" bestehe, „und auch dies droht zu zerreißen, wenn sie nicht von innen heraus neu wächst." Nun müsse „unser zerrissenes und rastloses Volk" von der Kirche getröstet

---

[16]   Hier und im Folgenden: Protokoll der Präsidialausschusssitzung vom 22./23.03.50, 05.04.50 (EZA Berlin, 71/86/13).

[17]   Hartenstein an Thadden, 06.05.49 (EZA Berlin, 71/86/5).

[18]   Vgl. oben S. 50.

[19]   Av. Ehlers' über Telefonat mit Imhoff, 01.08.50 (EZA Berlin, 71/86/314); Imhoff an Ehlers, 04.08.50 (Ebd.); Meiser an Thadden, 21.08.50 (Ebd.).

[20]   Bericht über Präsidialausschusssitzung, 28.08.50 (EZA Berlin, 71/86/14).

[21]   Darauf deutet das Zeichen „Dr. Qu." hinter dem Datum des Appells hin (25.09.50, Ebd.).

werden, denn der Essener Kirchentag habe nicht dazu beigetragen, „das
Gesicht der Kirche nach Osten zu wenden." Ein Kirchentag in Stuttgart
würde das Gesicht der Kirche auch weiter vom protestantischen Kernland
abwenden. „Könnte es nicht sein, daß die Erneuerung unserer Kirche, die
wir alle erflehen, uns von diesem Osten in aller seiner Armut geschenkt
werden könnte? [...] Hier im Osten [...] entscheidet sich, soweit menschliche Augen sehen, das Schicksal der evangelischen Kirche." Eventuelle organisatorische Schwierigkeiten eines Kirchentages in Berlin müssten angesichts dieser Erwägungen in den Hintergrund treten.

Wie viele andere Kirchenleute auch argumentierte der Berliner Laientag
symbolhaft – mit Begriffen wie „Volk", „Schicksal", „das Gesicht der Kirche".
Das hatte auch eine volksmissionarische Dimension: Auf dem Berliner Kirchentag ein knappes Jahr später zeigte sich, wie sehr gerade diese Argumentation vielen evangelischen Christen aus dem Herzen gesprochen war.[22]

Quaatz kam es jedenfalls nicht auf Sachargumente an. Deshalb konnte
er sich einen Seitenhieb auf die Akademien und evangelischen Werke
nicht verkneifen, die den Essener Kirchentag ja inhaltlich im Bereich der
Sozialpolitik mit vorbereitet hatten: Der Essener Kirchentag habe sein Gesicht vom Osten abgewandt, und:

> „Wir wissen, wie sehr namentlich in Wirtschaftskreisen Westdeutschlands das
> Bestreben vorherrscht, sich in und mit der bestehenden Zwangslage einzurich-
> ten, sich mit dem bestehenden Zustand abzufinden, um das nächste Ziel der
> Existenzsicherung zu verfolgen. Das kann und darf aber nicht die Aufgabe der
> Kirche Jesu Christi sein."

Der Kirchentag sollte nach den Vorstellungen des Laientages allein nach
außen wirken und nach innen „Trost und Stärkung" spenden, was immer
damit konkret gemeint gewesen sein mochte. Die geistige innere Wirkung,
also die Pluralität, die sich in den Diskussionen in Essen gezeigt hatte, sollte demgegenüber zurückstehen.

Der Kirchentagspräsident wäre wohl sogar bereit gewesen, das akademisch-problemorientierte Element des Kirchentages hintanzustellen, zumal
er es ja nicht als erstrangig ansah, aber nicht zugunsten einer Metaphorik,
die geradezu zwangsläufig eine Politisierung des Kirchentages mit sich
bringen und damit sein eigentliches volksmissionarisches Anliegen gefährden würde. Er lehnte also eine Verlegung des Kirchentages nach Berlin ab.
Für eine Großveranstaltung in Berlin, argumentierte er, stehe der Kirchentag noch auf zu schwachen finanziellen und organisatorischen Füßen.[23]
Dieses Argument war vorgeschoben, denn Thadden hatte ein halbes Jahr
zuvor selbst den Gedanken eines Kirchentages im Osten ins Spiel ge-

---

[22] Vgl. unten S. 127f.
[23] „Vor allen Dingen ist aber unser Unternehmen noch ein schwaches Pflänzlein und so
      ohne jede Fundamentierung, daß wir das Wagnis einer Osttagung unter keinen Umstän-
      den riskieren können, ohne das Ganze tödlich zu gefährden." (Thadden an Gablentz,
      30.09.50; EZA Berlin, 71/86/304A); vgl. Thadden an Niemöller, 19.09.50 (ZAEKHN Darm-
      stadt, 62/1116).

bracht. Er wollte den Versuch des Laientages abwehren, einen einmal vom Kirchentagspräsidium getroffenen Beschluss im Nachhinein wieder in Frage zu stellen. Ein solcher Vorgang würde das Kirchentagspräsidium in seinem Einfluss auf die Institution Kirchentag erheblich schwächen. Der Kirchentagspräsident konnte jedoch die Tatsache, dass der Appell des Berliner Laientages eine verdeckte Kampfansage an die Organisation Kirchentag bedeutete, nicht beim Namen nennen, denn durch die daraus resultierenden inneren Auseinandersetzungen hätte er die Organisation geschwächt.

Der Laientag erhielt bei seinem Vorstoß allerdings Schützenhilfe von Seiten des Rates der EKD und des Bruderrates von Berlin-Brandenburg.[24] Diese Gremien verfolgten eine ähnliche Politik wie der Laientag, wenn auch, im Falle des Bruderrates, unter umgekehrten Vorzeichen: Symbolbeladene Begriffe wurden sowohl von Befürwortern als auch von Gegnern der Wiederbewaffnung gebraucht. Darüber hinaus könnte der Rat der EKD hier eine Chance gesehen haben, eine zu starke Unabhängigkeit der Organisation Kirchentag doch noch zu verhindern – im Sinne von „Divide et impera".

Eine solche Phalanx konnte der Kirchentagspräsident nicht einfach übergehen. Der Präsidialausschuss des Kirchentages wurde zu einer außerordentlichen Sitzung am 7. November 1950 in Stuttgart eingeladen, wo über den Tagungsort erneut beschlossen werden sollte. An eine Revision glaubte Thadden zwar nicht, aber wenigstens könne man durch eine erneute Beschlussfassung zeigen, dass „die Brüder im Osten nicht abgeschrieben sind."[25] Im Vorfeld dieser entscheidenden Sitzung war er allerdings sehr angespannt,[26] an ihr selbst hat er aufgrund einer plötzlich auftretenden Erkrankung nicht teilnehmen können. Für ihn stand sein ganzes Kirchentagskonzept auf dem Prüfstand.

Auf der Sitzung am 7. November begründete Präses Kurt Scharf, der im Berliner Konsistorium für den Bereich Brandenburg zuständig war, den Antrag, den Kirchentag doch in Berlin abzuhalten.[27] Die „verschiedenen Gremien der östlichen Kirchenleitung" hätten sehr intensiv beraten, bevor sie die Einladung nach Berlin ausgesprochen hätten. Man habe auch alle Schwierigkeiten erwogen, die ein Kirchentag in Berlin mit sich bringen würde, aber trotzdem habe die Einladung nach Berlin ausgesprochen werden müssen. Die Konferenz der evangelischen Landeskirchen der DDR, die „Ostkonferenz", habe sich, genau wie Bischof Dibelius, der die Schwierigkeiten anfangs auch als zu groß angesehen habe, für Berlin ausgesprochen – „Begründung versteht sich von selbst, aus der allgemeinen kirchlichen, kirchenpolitischen und politischen Gesamtlage." Die kirchliche Lage „im deutschen Osten" sei besonders wichtig, denn:

---

24 Einladung Thaddens zur Präsidialausschusssitzung (EZA BERLIN, 71/86/14).
25 Thadden an Niemöller, 30.09.50 (EBD.).
26 Thadden an seine Frau, 02.11.50 (in: F. LORENZ, Reisen, S. 156).
27 Protokoll der Präsidialausschusssitzung vom 07.11.50, Zusatz „geheim" (EZA BERLIN, 71/86/14). Hieraus alle folgenden Zitate von der Sitzung.

„Der Osten ist einer der Brennpunkte, wo es heute um die Existenz der Kirche
geht. Wir befinden uns in der kommunistischen Gegenkirche. Das hat sich in den
letzten Monaten immer deutlicher enthüllt. Die Schlacht ist nicht entschieden. Es
kann also nicht gesagt werden, daß die Lage im Osten so hoffnungslos sei, daß
es von vornherein ein vergebliches Unternehmen sei, den Kirchentag nach Berlin zu legen, daß also die technischen Schwierigkeiten und die Möglichkeiten der
gemeinsamen Verhinderung von der anderen Seite so beschwerend sein werden,
daß wir doch nicht recht zum Start kommen könnten. Die Schlacht ist absolut
offen und der Gegner versucht, trotz seiner geheimen Absicht doch nach außen
hin immer noch das Gesicht zu wahren. Er will in seiner eigenen weltpolitischen
Bedrängnis jetzt nicht das Odium eines Kulturkampfes im Osten auf sich laden.
[...] Sie wollen die totale Beherrschung des Menschen in der Ostzone, das absolute Zurückdrängen der christlichen Kirche. Aber nicht, daß das in einem offenen Kulturkampf im Augenblick in Erscheinung tritt."

Selbst Niemöller habe unlängst betont, so Scharf weiter, „daß die Lage für
den Menschen in der Ostzone, besonders für den Christen in der Ostzone,
unerträglich geworden ist." Generalsuperintendent Jacob aus Cottbus habe
festgestellt, dass die seelische Not der christlichen Gemeinden gegenwär-
tig größer sei als zur Zeit des Nationalsozialismus. Dieser Not sei nicht mit
politischer Propaganda im Stile Adenauers oder des amerikanischen Rundfunks zu begegnen, sondern mit der „persönlichen Begegnung mit dem
Worte Gottes." Anders als die politische Propaganda sei das Wort Gottes
keine Täuschung. Deswegen könne es hier „weltpolitische Bedeutung" erlangen. Der Präses schloss: „Gegen Propaganda im Osten hilft nur die persönliche Begegnung mit ihm: Ihr müßt zur Stelle sein im Angesicht dessen,
der uns zu Sklaven machen will."

Es ist nicht leicht, die Worte Scharfs in das Schema von volksmissionarischem, akademisch-problemorientierten und politisch-symbolhaftem
Denken einzuordnen. Seine Argumentation macht deutlich, wie sich die
unterschiedlichen Ansätze überschneiden konnten. Auf den ersten Blick
hat die Argumentation des Präses eine starke politisch-symbolhafte Komponente. Seine Argumentation ist gesättigt mit Vokabular, wie es auch der
Laientag verwandt hatte. Es geht um eine Wiedergewinnung des Ostens für
das Christentum. Rechristianisierung meint hier aber die Politik unweigerlich mit, weil politische Veränderungen eintreten müssen, um ein Wiedererstarken der Religion überhaupt zu ermöglichen. Diese Veränderungen
würden – konsequent weitergedacht – letztlich den Umsturz des Staatssy-
stemes DDR bedeuten. Auch das nationalsozialistische Deutschland als sä-
kulares System war nach diesem Verständnis durch den Kirchenkampf be-
siegt worden. Das gab die Zuversicht, den Kirchenkampf wieder aufzunehmen, erneut „in die Schlacht zu ziehen". Der vermeintliche Sieg im
Kirchenkampf wird symbolhaft dahingehend überhöht, dass die Kirche als
Macht erscheint, die dem Staat auch kurzfristig Paroli bieten kann. Diesen
Teil der Argumentation des Präses hätten nicht nur Dibelius, sondern auch
Quaatz und selbst Adenauer mit unterschreiben können.

Aber trotzdem überwiegt der volksmissionarische Aspekt von Scharfs Ausführungen. Der Präses spricht sich ja gerade gegen eine politische Instrumentalisierung religiöser Anliegen aus! Er will eine Begegnung auf persönlicher Ebene mit dem Wort Gottes, nicht etwa mit dem Gesellschaftssystem des Westens. Er will christliche Gemeinschaft angesichts seelischer Not, allerdings nicht Volksmission in dem Sinn, dass der Kirche fern stehende Menschen für das Christentum gewonnen werden sollen. Ganz offenbar kam es dem Berliner Präses nicht auf ein politisches Statement an, aber die unleugbare Bedrängnis, der Christen in der DDR ausgesetzt waren, konnte deswegen für ihn nicht einfach unter den Tisch fallen. Scharf nahm seinen seelsorgerlichen Auftrag sehr ernst.

Heinrich Giesen trug die Argumente gegen eine Verlegung des Kirchentages nach Berlin vor.[28] Der Kirchentag sei keine „Institution zu gelegentlichen Unternehmungen auf Anforderung in bedrohten Gebieten." Gerade Berlin sei schon deswegen als Tagungsort ungeeignet, weil die Reisekosten für westdeutsche Teilnehmer und für die Kirchentagsmitarbeiter zu hoch seien. Selbst wenn man dies außer Acht lasse, könnten die Kirchentagsmitarbeiter vor Ort nicht viel ausrichten, denn ein Kirchentag wie in Essen, wo es kontroverse Diskussionen gegeben habe, sei im geteilten Berlin politisch unmöglich. Wer trage die Verantwortung, wenn „Ostchristen", die an den Diskussionen eines Berliner Kirchentages teilnehmen würden, daraus politische Schwierigkeiten entstünde? Darüber hinaus sei ein Kirchentag im Gegensatz zu einer Synode oder einem Pfarrkonvent „ein freies Feld und steht immer in der Gefahr, sich mißbrauchen zu lassen." Schließlich solle man die angegriffene Gesundheit des Kirchentagspräsidenten berücksichtigen, mit dem das ganze Unternehmen stehe und falle und dem die Belastung eines Kirchentages in Berlin einfach nicht zugemutet werden könne.

Giesens Argumente waren anders als die von Scharf praktischer Natur. Gegen Scharf wurde angeführt, dass ein Wiedererstarken des Protestantismus nur auf einer geistigen Grundlage möglich sei, auf der er sich thematisch überhaupt entfalten konnte, und das war nur im Pluralismus des Westens möglich. Das „systemkonforme Mitwirken am Wiederaufbauwillen" (Walz[29]), das der Kirchentag in Essen gezeigt hatte, würde durch einen Kirchentag in Berlin in Frage gestellt, denn die deutsche Frage war zwar auch ein Element im politischen Themenkanon des Westens, aber politisch in Zeiten der Westintegration eher auf den hinteren Rängen. Der Schuster solle bei seinen Leisten bleiben, sagte Giesen: Es ging ihm und seinem Chef nicht um „gelegentliche Unternehmungen", sondern um das Mitwirken bei der Formulierung einer neuen staatlichen Ordnung in der Bundesrepublik. So weit war das volksmissionarische Konzept Thaddens mit dem akademisch-problemorientierten Konzept Müllers vereinbar. Das politisch-symbolhafte war nicht noch zusätzlich zu integrieren.

---

[28] Vgl. auch H. Schroeter, Kirchentag, S. 86f.
[29] 30 Jahre Kirchentag, S. 171.

Die anderen beiden Argumente Giesens bezogen sich direkt auf die Organisation Kirchentag: Zum einen wollte der Generalsekretär darauf hinweisen, dass sich die Einflüsse, denen die Organisation im Falle einer Abhaltung des Kirchentages in Berlin ausgetzt sähe, potenzieren würden. Der Generalsekretär und sein Präsident wollten verhindern, dass andere Organisationen die Institution Kirchentag für fremde Zwecke einspannten, also Anliegen transportierten, die sich nicht mit denen der Organisation Kirchentag deckten. Dahin zielte auch der Hinweis auf Thaddens Gesundheit, denn es war klar, dass dem kränkelnden Kirchentagspräsidenten viele Aufgaben abgenommen werden könnten, aber der Kirchentag *sollte* mit Thadden stehen und fallen, denn nur so war garantiert, dass das ursprüngliche Konzept nicht ganz aufgegeben werden würde.[30]

Eine Entscheidung über den Kirchentag konnte nur im Konsens getroffen werden, denn sonst wären die Befürworter eines Kirchentages in Berlin ausgegrenzt worden – ein Schlag, von dem sich die zwar nun etablierte, aber immer noch junge Organisation Kirchentag kaum erholt hätte.

Angesichts dessen versuchte Eberhard Müller, von seinem an den westlichen Verhältnissen orientierten akademisch-problemorientierten Konzept zu retten, was noch zu retten war: Der Akademieleiter schlug vor, zwei Kirchentage gleichzeitig in Ost und in West abzuhalten. Diesem Vorschlag schloss sich auch der Stuttgarter Prälat Hartenstein an, der den Kirchentag in seinem Heimatsprengel sichern wollte.

Die westliche und die östliche Fragestellung, sagte Müller, seien doch zu unterschiedlich. Damit warf er den Befürwortern eines Berliner Kirchentages indirekt Partikularismus vor, genau wie seinen Akademien durch den Vorwurf, der Kirchentag habe sein Gesicht vom Osten abgewandt, Partikularismus vorgeworfen worden war. Schon im November 1950 wurde also deutlich, dass beides, ein Bekenntnis zur deutschen Einheit und sachliche Arbeit an konkreten Problemen, zusammen nicht zu haben war.

Quaatz erkannte aber, dass Müllers Vorschlag nur ein Rückzugsgefecht darstellte. Mit dem apodiktischen Satz, dass ein „doppelter Kirchentag" zeigen würde, „daß es keine evangelische Kirche in Deutschland mehr gibt", wischte der Geheimrat den Vorschlag Müllers vom Tisch. Er deutete damit unverhohlen an, dass er bereit sei, es innerhalb der Kirchentagsorganisation über diese Frage zum Bruch kommen zu lassen.[31]

---

[30] Wie berechtigt dieses letzte Argument Giesens war, zeigt sich auch daran, dass Scharf und der Berliner Propst Hans Böhm direkt nach der Entscheidung für Berlin offenbar an Thadden vorbei versuchten, in Ost-Berlin beim dortigen Magistrat das Terrain zu sondieren (Vermerk des Magistrates von Berlin, 09.11.50; SAPMO-BArch, DY 30 IV 2/14/101, S. 212). Der Präses und der Propst hatten zwar keinen Erfolg, aber der Versuch einer „Nebenaußenpolitik", die im fernen Berlin viel leichter möglich war als etwa in Stuttgart, bleibt festzuhalten.

[31] Thadden hat Quaatz dies nie verziehen. Nach dem Berliner Kirchentag kam es zu langwierigen Auseinandersetzungen zwischen Kirchentag und Laientag wegen angeblicher fi-

Den Befürwortern von Stuttgart blieb keine Wahl: Der württembergische Landesbischof Haug schlug die Verschiebung des Stuttgarter Kirchentages auf das Jahr 1952 vor. Damit war der Weg frei für Berlin. Mehrheitlich[32] stimmte der Präsidialausschuss für den Antrag des Laientages: Der dritte Deutsche Evangelische Kirchentag sollte 1951 in Berlin stattfinden.

In dem Sinne, wie Quaatz es meinte, gab es tatsächlich keine evangelische Kirche in Deutschland mehr, da eben im Westen und im Osten ganz unterschiedliche Aufgaben von der Kirche wahrgenommen werden mussten. Dieser Erkenntnis des Realpolitikers Eberhard Müller mochten sich allerdings die wenigsten anschließen, und zwar nicht nur innerhalb des Stuttgarter Sitzungssaales, sondern in ganz Deutschland. Deshalb war der Antrag des Laientages tatsächlich ein „Antrag des Volkes". In den Worten von Thaddens, Giesens und Müllers DCSV-Freund Martin Fischer, nun Professor an der Berliner Theologischen Hochschule: Zwar sei der Kirchentag für das „Wagnis Berlin" noch zu ungefestigt, aber dort werde „das Hallelujah schon an dem Tage angestimmt, an dem die Entscheidung für Berlin fällt."[33]

Die enorme Massenwirkung des Berliner Kirchentages zeigte später, dass Fischer Recht hatte. Der Beschluss vom 7. November 1950 war aber eine Niederlage für das akademisch-problemorientierte Kirchentagskonzept Müllers, und auch für Thadden, der seinen Kirchentag organisch wachsen lassen wollte. Die Struktur der Kirchentagsorganisation war in Frage gestellt worden.

Dem erkrankten Reinold von Thadden-Trieglaff blieb nichts übrig, als die Entscheidung von Stuttgart zu akzeptieren. Er versuchte gleich, ihr die politische Schärfe zu nehmen, indem er der Presse erklärte, der Kirchentag in Berlin solle „kein geistiger Kreuzzug im Gefühl westdeutscher Überlegenheit mit Eroberungsplänen in der Tasche" sein.[34] Für den Beschluss, nach Berlin zu gehen, seien „nicht politische, sondern ausschließlich kirchliche Erwägungen maßgebend gewesen." Es sei allein darum gegangen, die Zusammengehörigkeit der evangelischen Kirche in Ost und West zu unterstreichen. „Alle Nebentendenz" müsse in Berlin auf dem Kirchentag ausgeschlossen werden.

Auch Scharf hatte die Gefahr solcher Nebentendenzen gesehen. In der Präsidialausschusssitzung sprach auch er von einer „Gefahr der politischen Verunreinigung" des Kirchentages.[35] Vielleicht würde versucht werden, den Kirchentag für westliche politische Zwecke einzuspannen, aber „wir wollen nicht ein Stück sein in dieser Kreuzzugsfront des Westens gegenüber dem Osten."

---

nanzieller Unregelmäßigkeiten, die im Begriff waren, eine juristische Ebene erreichen, als Quaatz 1953 starb (umfangreiche Korrespondenz in EZA Berlin, 71/86/808).

32 Das genaue Stimmenverhältnis geht aus dem Protokoll nicht hervor.
33 Offener Brief Fischers, o.D. (ZAEKHN Darmstadt, 62/1115).
34 EZA Berlin, 71/86/14. Vgl. Thadden an Reuter, 14.11.50 (EZA Berlin, 71/86/304C).
35 Protokoll der Sitzung am 07.11.50, S. 16f. (EZA Berlin, 71/86/14).

3.3 Die DDR-Regierung und der Kirchentag

Die Organisation Kirchentag war nun dem Druck der beiden deutschen Regierungen ausgesetzt.

Der III. Parteitag der SED vom Juli 1950 hatte gemäß den Vorgaben der Sowjetischen Kontrollkommission in Deutschland beschlossen, dass „der Arbeit unter den Kirchenanhängern" künftig mehr Beachtung zu schenken sei.[36] Die Partei habe nicht genügend getan, „um die demokratischen Kräfte der Kirche, besonders der fortschrittlichen Pfarrer, tatkräftig zu unterstützen." Auch gelte es, „eine breite Protestbewegung innerhalb der Kirche selbst zu entfalten, damit die Kirchenanhänger und die Geistlichen frei ihre nationalen Pflichten erfüllen und ihre staatsbürgerlichen Rechte ausüben können."

Angesichts der sich immer weiter abzeichnenden Westintegration der Bundesrepublik war der SED aus Moskau befohlen worden, ihre Arbeit im Westen zu verstärken.[37] So betonte Staatspräsident Wilhelm Pieck in seinem Referat auf dem Parteitag auch den gesamtdeutschen Anspruch der SED. Gleichzeitig sollte allerdings über Wirtschaftsfragen beraten werden, was es wohl kaum opportun erscheinen ließ, die Reise von evangelischen Christen aus der DDR zu einem Ereignis wie dem Essener Kirchentag, bei dem es ja auch um Wirtschaftsfragen gehen sollte, besonders zu erleichtern. So konnte die Tatsache, dass Grüber mit seinem Ersuchen, die Interzonenpässe für die Teilnehmer am Essener Kirchentag zentral ausstellen zu lassen, bei der Hauptverwaltung der DDR-Volkspolizei nicht durchgedrungen war,[38] aus der Politik der SED heraus erklärt werden.

Als im Herbst 1950 die Einbindung der Bundesrepublik in militärische Strukturen unter westeuropäischer Aufsicht in greifbare Nähe rückte, wurde die Notwendigkeit gesamtdeutscher Aktion im Sinne der Ost-Berliner Losung „Deutsche an einen Tisch" aus Sicht der Sowjets und damit auch der DDR-Regierung immer akuter.[39] Gesamtdeutsche Veranstaltungen schienen deswegen aus Sicht Ost-Berlins durchaus wünschenswert zu sein, wenn sie als Plattformen gebraucht werden könnten, um diese Losung zu transportieren. Ein gesamtdeutscher Kirchentag konnte ein solches Podium abgeben.

Thadden richtete bald nach seiner Genesung ein offizielles Schreiben an den Ministerpräsidenten der DDR, Otto Grotewohl, in dem er darum bat, den Kirchentag auch im Ostteil Berlins zu genehmigen.[40] Grotewohl erkannte die propagandistischen Möglichkeiten, die ein Kirchentag für die DDR bieten würde. Das Politbüro entschied am 23. Januar 1951, dass die

---

[36] Hier und im Folgenden: M. G. GOERNER, Kirche, S. 67.
[37] D. STARITZ, Geschichte der DDR, S. 84f.
[38] Vgl. oben S. 82.
[39] A. BIRKE, Nation ohne Haus, S. 288ff.; M. G. GOERNER, Kirche, S. 71.
[40] Dieses Schreiben war nicht aufzufinden. Grotewohl nahm aber in der Besprechung vom 24.01.51 auf das Schreiben Bezug.

Veranstaltungen des Kirchentages im Ostteil Berlins stattfinden könnten, „wenn auf ihnen gegen die Remilitarisierung, für den Frieden und nicht gegen die Republik aufgetreten wird."[41]

Tags darauf machte Grotewohl, der zusammen mit dem Stellvertretenden Ministerpräsidenten und Ost-CDU-Vorsitzenden Otto Nuschke, Innenminister Steinhoff und Staatssekretär Geyer aus dem Innenministerium am 24. Januar 1951 den Kirchentagspräsidenten, Propst Hans Böhm (als Vorsitzenden des Ortsausschusses zur Vorbereitung des Kirchentages) und Grüber empfing, den Vorschlag, den Kirchentag ganz in die DDR zu verlegen. Als Veranstaltungsort komme Leipzig in Frage. Angebliche Terminschwierigkeiten würden es sehr schwierig machen, den Kirchentag wie vorgesehen im Sommer in Berlin stattfinden zu lassen.[42] Dieser Vorschlag war wohl nur dazu gedacht, den politischen Überblick der kirchlichen Delegation zu sondieren (obwohl ein solcher zumindest bei Grüber eigentlich nicht in Frage gestanden haben dürfte), denn allen Beteiligten war klar, dass ein Kirchentag ganz in der DDR noch viel leichter inhaltlich beeinflusst werden könnten. Als die kirchlichen Vertreter auf Grotewohls Vorschlag nicht eingingen, fragte der Ministerpräsident, getreu seinem vom Politbüro am Vortage erteilten Auftrag, direkt danach,

„ob die Grundtendenz unseres Kirchentages nicht der Grundtendenz der DDR widersprechen würde. Wir [Thadden, Böhm und Grüber] wüßten doch, daß es der DDR darauf ankäme, den Frieden zu erhalten, und daß sie deswegen auch eine Remilitarisierung ablehnten. Er erbat eine Erklärung der kirchlichen Vertreter, ob sie auch derselben Meinung seien, daß der Kirchentag dieser Tendenz der DDR nicht zuwiderliefe."

Die drei Kirchenvertreter erklärten ausweichend, dass sie Niemöller und dem Reichsbruderrat „von den Anfängen des Kirchenkampfes 1933 sehr nahe" stünden und dass im vorigen Jahr in Essen der Rat der EKD genauso wie der Kirchentag selbst „ein klares ablehnendes Wort zur Remilitarisierung gesprochen habe." Der Kirchentag sei „eine rein kirchliche und keine politische Bewegung". Man würde Sorge dafür tragen, dass in Berlin „in der gleichen Linie" wie in Essen geblieben werde, könne aber für nichts garantieren.

Wenn auch die Ereignisse in Essen nicht korrekt wiedergegeben worden waren, so entsprach diese Zusage genau dem, was der Ministerpräsident hören wollte: Offiziell würde kein positives Wort zum Wehrbeitrag fallen. Neben erwünschten Negativaussagen zur Politik der Bundesregierung durfte es aus der Sicht der DDR-Regierung natürlich keine Kritik an der Politik Ost-Berlins geben. Die Schulfrage etwa, erklärte Grotewohl, sei

---

[41] Protokoll der Politbürositzung vom 23.01.51 (SAPMO-BArch, J IV 2/2/129, S. 2); vgl. M. G. GOERNER, Kirche, S. 76.

[42] Protokoll der Besprechung bei Grotewohl am 24.01.51 (EZA BERLIN, 71/86/304A). Ein entsprechendes Protokoll war in den SED-Akten zum Kirchentag 1951 (SAPMO-BArch, DY 30/IV 2/14/101) nicht aufzufinden.

in der DDR gesetzlich „gelöst". Der Kirchentag werde die Gesetze der DDR respektieren, versicherte Böhm – also keine offizielle Stellungnahme zur Schulpolitik der DDR, insbesondere nicht zur Abschaffung der Bekenntnisschulen und des Religionsunterrichtes. Für Äußerungen von Kirchentagsteilnehmern konnte und wollte der Propst freilich keine Verantwortung übernehmen. Dies war ein erhebliches Zugeständnis, denn im Westen machten sich die Kirchen für den Erhalt der Bekenntnisschulen stark.

Grotewohl war mit dem Gesprächsverlauf zufrieden. Die kirchlichen Vertreter hatten zugestanden, was sie realistisch zugestehen konnten: Keine Kritik von Seiten der Veranstalter an den Verhältnissen in der DDR, keine Behinderung von Kritik an den Verhältnissen in der Bundesrepublik. Dieses günstige Verhandlungsergebnis bewog das Politbüro am 20. Februar, trotz eines eigentlich bestehenden Verbotes für Großveranstaltungen, das erlassen worden war, um die im Juli stattfindenden Weltjugendfestspiele in besonderem Lichte erscheinen zu lassen, den Kirchentag zu genehmigen.[43] Die Zusicherung an Grotewohl, der Kirchentag sei unpolitisch und wolle die Rechtslage respektieren, gab Thadden einige Zeit später dann auch öffentlich bekannt.[44]

Bei der SED liefen nun die Vorbereitungen für den Kirchentag an. Es kam zunächst darauf an, den ideologischen Einfluss der SED auf den Kirchentag zu sichern. Diesem Zweck diente eine Vorlage an das Politbüro, die dort am 20. März 1951 behandelt wurde.[45] Das Politbüro beschloss gemäß der Vorlage, dem Kirchentag alle nur denkbaren Erleichterungen zu gewähren. Sogar öffentliche Gebäude, nämlich das Walter-Ulbricht-Stadion, die Werner-Seelenbinder-Halle und der Friedrichstadtpalast sollten dem Kirchentag zur Verfügung gestellt werden. Darüber hinaus ging es um Lebensmittel, Transportkapazitäten und Sanitäter. Die Genossen von der Berliner Landesleitung der SED sollten angehalten werden, Zimmer für Kirchentagsgäste zur Verfügung zu stellen, „um sie einmal nicht den reaktionären Haushaltungen zu überlassen und zum zweiten mit ihnen im positiven Sinne für den Kampf um den Frieden und die Einheit diskutieren zu können."

Sogar die Dekoration der Versammlungsräume wurde vorgeplant. Ziel war dabei nicht, „das Kreuz und die Bibelsprüche durch rote Fahnen zu verdrängen, sondern darauf hinzuwirken, daß die angebrachten Sprüche in ihrem Unterton nicht gegen die DDR gerichtet sind [...]." Transparente und Spruchbänder mit von der Abteilung „Agitation" des Zentralkomitees der SED festgelegten Friedensparolen sollten an allen Straßen und Plätzen Ost-Berlins angebracht werden.[46]

---

[43] SAPMO-BArch, J IV 2/2/134; vgl. M. G. Goerner, Kirche, S. 76.
[44] „Die Neue Zeitung. Die amerikanische Zeitung in Deutschland", Frankfurt, 01.03.51.
[45] SAPMO-BArch, DY 30/IV 2/14/101, S. 5–11; Ebd., S. 185–189; Ebd., J IV 2/2/139, S. 38f.; vgl. M. G. Goerner, Kirche, S. 76.
[46] SAPMO-BArch, DY 30/IV 2/14/101, S. 187–189.

Auch die Diskussionen in den einzelnen Arbeitsgemeinschaften des Kirchentages, die sich an die jeweiligen Referate anschließen würden, sollten im Sinne der Partei positiv durch die Stellung und besondere Schulung von Diskussionsrednern beeinflusst werden.[47] Als Redner kamen vor allem Mitglieder der Nationalen Front in Frage, die als Organisation der Gegner einer westdeutschen Wiederbewaffnung gegründet worden war.[48] Die Redner sollten

> „nicht politische Referate wie in Parteiversammlungen halten, sondern als evangelische Christen sprechen und als solche auch zu den politischen Problemen Stellung nehmen. Sie dürfen nicht als Delegierte der Nationalen Front oder des Friedenskomitees auftreten, sondern melden sich in ihrer Gemeinde zur Teilnahme wie andere Kirchenmitglieder."

So genannte „fortschrittliche Pfarrer", also Pastoren, die beispielsweise in der Nationalen Front mitarbeiteten, sollten hier besonders herausgestellt werden. Es war daran gedacht, Vertreter der Regierung der DDR Begrüßungsansprachen halten zu lassen, um so die Verbundenheit zwischen Kirche und Staat in der DDR zu unterstreichen. Durch alle erdenklichen organisatorischen Erleichterungen war zu dokumentieren, wie kirchenfreundlich die DDR sei. Das werde eine „erhebliche propagandistische Wirkung auf die Teilnehmer des Kirchentages" zeitigen.[49] Jede „Gelegenheit zur Diskussion und ideologischen Beeinflussung" müsse ausgenutzt werden.[50]

Umgehend wurde „die politische Linie der Agitation" ausgearbeitet.[51] Neben der Organisation von Stellungnahmen von „fortschrittlichen Pfarrern" und Laien für eine gesamtdeutsche Volksbefragung gegen die Wiederbewaffnung, hieß es in dem Agitationsplan vom 3. April 1951,[52] habe der Oberbürgermeister von (Ost-)Berlin, Ebert, einen Empfang durchzuführen, mit dem die Verbundenheit zwischen Gastgebern und Gästen dokumentiert werden solle. Als der Kirchentag näher heranrückte, wurde erneut klargestellt, dass die Landesleitungen der SED insgesamt zwölf Diskussionsredner für den Kirchentag zu stellen hätten. Diese Redner sollten „aber noch nicht weiter hervortreten, um nicht das Mißtrauen der Kirchenbehörden zu wecken." Allgemein galten folgende Grundsätze:

---

[47] SAPMO-BArch, DY 30/IV 2/14/101, S. 187. Dort auch das Zitat.
[48] M. G. Goerner, Kirche, S. 74.
[49] Der Vorschlag, man solle den Kirchentagteilnehmern einen Freifahrtschein in öffentlichen Verkehrsmitteln gewähren, wurde vom Politbüro abgelehnt.
[50] Vgl. T. Friebel, Kirche, S. 399.
[51] Beschluss des Politbüros vom 20.03.51 (SAPMO-BArch, J IV 2/2/139, S. 3).
[52] SAPMO-BArch, DY 30/IV 2/14/101, S. 23; Ebd., S. 46f.; Vorlage zur Besprechung der Abt. Staatliche Verwaltung, Sektor Kirchenfragen, am 22.06.51 (Ebd., S. 64ff.); vgl. auch den Brief des Nationalrates der NF an das ZK der SED vom 17.05.51, in dem es heißt, „unsere Geistlichen" würden sich in den Kirchentag rechtzeitig einschalten (Ebd., S. 42). Schon am 22.08.50 hatte das Politbüro eine Vorlage zur gezielten Einflussnahme auf einzelne Pfarrer zur Unterstützung der Friedenspropaganda verabschiedet (SAPMO-BArch, J IV 2/2/105, S. 6f.).

„1.) Bei den kirchlichen Stellen darf nicht der Eindruck einer systematischen Beeinflussung des Kirchentags durch die Partei, Nationale Front oder staatliche Organe erweckt werden.
2.) Alle Provokationen sind zu vermeiden. Grundsätzlich wird versucht, mit den kirchlichen Leitungen ein gutes Verhältnis herbeizuführen. Angriffe gegen die Deutsche Demokratische Republik, gegen die SED, FDJ usw. werden in sachlicher Form zurückgewiesen.
3.) Ziel der gesamten Agitation ist, die Teilnehmer am Kirchentag davon zu überzeugen, daß sie nicht nur als Staatsbürger, sondern auch und gerade als Christ verpflichtet sind, für den Frieden, für die Einheit Deutschlands und gegen die Wiederbewaffnung zu kämpfen.
4.) Stets muß von der Plattform des verantwortungsbewußten Christen ausgegangen werden."[53]

Bald darauf erschienen Presseartikel von regimefreundlichen Pfarrern und Laien. Ab Anfang Juli brachte das „Neue Deutschland" fast jeden Tag Artikel zum Kirchentag auf seiner ersten Seite. So erschien am 3. Juli ein Kommentar „aus Kreisen der evangelischen Kirche", in dem betont wurde, die Bundesregierung könne das „gesamtdeutsche Gespräch" in Berlin nicht verhindern.[54] Am 4. Juli wurde der kommende Kirchentag in die Tradition des Essener Kirchentages 1950 gestellt, dessen „Ruf" angeblich gewesen sei: „Einer Remilitarisierung Deutschlands können wir das Wort nicht reden." Dabei wurde der Nachsatz „... weder was den Osten, noch was den Westen angeht" genauso verschwiegen wie die Tatsache, dass es sich um keine Stellungnahme des Kirchentages selbst gehandelt hatte, und dass der Rat der EKD sein Essener Wort schon im November auf der EKD-Synode in Berlin-Spandau wieder relativiert hatte.[55] Am 7. Juli wurde die Unterstützung beschrieben, die Regierungsstellen der DDR dem Kirchentag gewährten. Diese Unterstützung „entspricht dem demokratischen Charakter unserer Regierung und widerlegt ein weiteres Mal die amerikanischen Lügen über eine angebliche ‚Kirchenverfolgung' und ‚Beeinträchtigung der Kirche' in der Deutschen Demokratischen Republik."[56] Ein am 8. Juli im „Neuen Deutschland" veröffentlichter Artikel forderte die Teilnehmer des Kirchentages dazu auf, die „unnatürliche Spaltung Deutschlands" zu überwinden und gegen die Remilitarisierung Stellung zu nehmen.[57] Am 11. Juli,

---

[53] Rundschreiben des Leiters der Abteilung Staatliche Verwaltung, Sektor Kirchen, des ZK der SED, Wolff, an die Landesleitungen der SED, 11.06.51 (EBD., S. 47).

[54] Dieser Artikel wurde in einigen anderen DDR-Zeitungen abgedruckt und verschärft. So schrieb „Die Union", Dresden, 10.07.51: „Nunmehr werden die evangelischen Christen Deutschlands auf breitester Grundlage ein gesamtdeutsches Gespräch aufnehmen und damit den imperialistischen Spaltern Deutschlands und Berlins ihren Willen zur Einheit Deutschlands kundtun."

[55] Vgl. oben S. 71.

[56] „Die Zeit" kommentierte am 05.07.51, dass die „Begönnerung des Kirchentages" wohl darauf zurückzuführen sei, dass die DDR im Kirchentag „eine ungewöhnliche Chance zur Beeinflussung" von westlichen Teilnehmern erblicke.

[57] Der Artikel erschien unter dem Titel „Ein Christenwunsch an den Deutschen Evangelischen Kirchentag".

dem Tag der Eröffnung des dritten Deutschen Evangelischen Kirchentages, wurde schließlich eine Botschaft des Präsidenten der DDR, Wilhelm Pieck, an die Kirchentagsteilnehmer auf der ersten Seite abgedruckt. In ihm war noch einmal von der „unzerstörbare[n] Einheit Deutschlands" und von der „Gefahr eines neuen schrecklichen Krieges" durch die Remilitarisierung „in Westdeutschland" die Rede. Pieck bat die „Freunde aus Westdeutschland", mit den „Brüdern und Schwestern aus der Deutschen Demokratischen Republik" zu sprechen und sich über „unsere zwar schwere, aber erfolgreiche Aufbauarbeit, die wir gemeinsam geleistet haben", berichten zu lassen. Diese Botschaft, die Krönung und Abschluss der Artikelserie im SED-Zentralorgan sein sollte, war von der für Kirchenfragen zuständigen Arbeitsgruppe beim ZK der SED ausgearbeitet und vom Politbüro eine Woche zuvor abgesegnet worden.[58]

Diese propagandistischen Absichten wussten die Organisatoren des Kirchentages geschickt auszunutzen. Der Ortsausschuss stellte in einem Antrag an den „Magistrat von Groß-Berlin" auf kostenlose Überlassung der Werner-Seelenbinder-Halle, zehn Schreibkräften und fünf Fahrern mit Wagen fest: „Auch die Augen der Weltöffentlichkeit sind auf Berlin gerichtet, und wir glauben daher, daß auch der Magistrat von Groß-Berlin ein Interesse am Gelingen des Kirchentages hat."[59] Die Halle wurde dem Kirchentag dann tatsächlich kostenlos überlassen.[60] Auch die Aufstellung von Glockentürmen auf verschiedenen Plätzen des Ostsektors wurde vom Ost-Berliner Magistrat auf Befehl des Politbüros genehmigt.[61]

Die Blockpartei CDU hatte die Aufgabe, die kirchlich gebundene Bevölkerung in der DDR zu erreichen und sie nach den von der SED vorgegebenen Richtlinien ideologisch zu beeinflussen. Sie sollte geeignete Diskussionsredner stellen, wofür sie auf Grund der vergleichsweise stärkeren kirchlichen Bindungen ihrer Mitglieder auch prädestiniert war. Diesen Diskussionsrednern sei während des Kirchentages täglich Gelegenheit „zu Rückfragen mit führenden Funktionären unserer Partei" gegeben, betonte Gerald Götting, der Generalsekretär der CDU, Anfang Juli in einem Rundschreiben. Die Landesverbände sollten zur besseren Koordination die Unionsfreunde, die am Kirchentag teilnehmen, der Hauptgeschäftsstelle melden.[62] Die CDU-Parteizeitung „Neue Zeit" war von Seiten der SED-Arbeitsgruppe Kirchenfragen angewiesen worden, „den vorgesehenen Diskussionsrednern wichtige Anleitungen zu geben."[63] Das tat sie genauso wie die sächsische „Union" oder der mecklenburgische „Demokrat".[64] Otto Nuschke betonte in seinem Leitartikel in der Kirchentags-Sondernummer der „Neuen Zeit", die am 8. Juli erschien, die „Verwandtschaft" zwischen

---

58   SAPMO-BArch, J IV 2/2/155.
59   10.05.51, SAPMO-BArch, DY 30/IV 2/14/101, S. 37–39.
60   Schreiben des LA Württemberg an Stadt Stuttgart, 27.11.51 (EZA Berlin, 71/86/465).
61   Politbürositzung vom 19.06.51 (SAPMO-BArch, J IV 2/2/153, S. 3).
62   Rundschreiben Nr. 23/51, 02.07.51 (ACDP St. Augustin, VII-013/1785.
63   Bericht über den Einsatz der CDU anlässlich des Kirchentages, 04.07.51 (Ebd.).
64   „Die Union", Dresden, 07.07.51, 10.07.51; „Der Demokrat", Schwerin, 13.07.51.

dem Sozialismus und der Bergpredigt und forderte, die Kirche in den Sozialismus mit einzubeziehen. Immer wieder wurden auch in der „Neuen
Zeit" Niemöller und Heinemann als Teilnehmer an dem „gesamtdeutschen
Gespräch" von Berlin hervorgehoben. Am 10. Juli stellte die „Neue Zeit"
dann „sozialistische" Standpunkte zu allen Themen des Kirchentages vor,
um so ihren Lesern Diskussionsanleitungen zu geben.

3.4 Die Bundesregierung und der Kirchentag

Auch in Bonn war für den Kirchentag das Terrain zu sondieren. Der Kirchentagspräsident hatte hierzu im Dezember 1950 ein Forum geschaffen,
nämlich den sogenannten „Mittwochskreis", einen Kreis von Bundestagsabgeordneten, der sich einmal im Monat mit Thadden, seinen beiden Generalsekretären und mitunter weiteren dem Kirchentag verbundenen Personen traf, um politische Fragen zu diskutieren. Hier wurde versucht, die
Organisation Kirchentag in ein politisches Organisationengeflecht einzubinden, das sie einerseits in ihrer Unabhängigkeit von amtskirchlichen
Strukturen festigen würde, und das aber andererseits direkte Fühlungnah-
men mit Regierungsstellen erleichtern könnte.

Dem Kreis gehörten zuerst die Bundestagsabgeordneten Blank (CDU),
Ehlers (CDU), Frühwald (FDP), Heiler (CDU), Hennig (SPD), Holzapfel
(CDU), von Merkatz (DP), Tillmanns (CDU), Wellhausen (CDU), Wenzel
(SPD, ein Pfarrer) und die kirchlichen Vertreter Kunst, Ranke, Held, Bismarck, Lohmann (Evangelischer Pressedienst), Thadden-Trieglaff, Giesen
und Otto-Heinrich Ehlers an.[65] Eng an Bundestagspräsident Hermann Ehlers angelehnt und nach dessen Tod im Oktober 1954 auch nicht weitergeführt, war der Kreis zunächst als eine Art politischer Ausschuss des Kirchentages gedacht,[66] entwickelte sich aber dann zu einem regelmäßigen
politischen und kirchenpolitischen Diskussionsforum.

Zwei Tatsachen fallen sofort ins Auge, nämlich zum einen die für ein
„Forum" relativ geringe Zahl von Teilnehmern, zum anderen die Tatsache,
dass die SPD nur mit zwei Personen vertreten war.

---

65   Rundschreiben Thaddens, 15.11.50 (EZA BERLIN 71/86/30); Av. Helds, 07.11.50 (LKA DÜS-
      SELDORF, 9/184). Adolf von Thadden (DRP), ein Halbbruder des Kirchentagspräsidenten,
      nahm an der ersten Sitzung des Mittwochskreises teil, obwohl er nicht eingeladen wor-
      den war. Der junge rechtsextreme Bundestagsabgeordnete und spätere NPD-Gründer
      mag versucht haben, den Namen seines Halbbruders zu benutzen, um im Bundestag, wo
      er völlig isoliert war, Anschluss zu finden. Ein Kontakt zwischen Reinold von Thadden-
      Trieglaff und Adolf von Thadden bestand aber anscheinend nicht. In der einschlägigen
      Kirchentagsakte (EZA BERLIN, 71/86/30) findet sich umfangreiche Korrespondenz mit
      allen Teilnehmern am Mittwochskreis, nicht aber mit Adolf von Thadden. Nachdem
      O.-H. Ehlers in Bonn darauf hingewiesen worden war, dass MdB von Thadden das deut-
      sche Ansehen im Ausland schädige (Av. Ehlers' über Gespräch mit Axel v. d. Bussche,
      25.04.51; EBD.), wurde Adolf von Thadden offenbar ausgeladen.
66   Rundschreiben Thaddens, 15.11.50 (EZA BERLIN, 71/86/30); vgl. A. MEIER, Ehlers, S. 376.
      A. MEIER macht darauf aufmerksam, dass die Akte 71/86/30 im Dezember 1952 endet (Eh-

Für die geringe Teilnehmerzahl spricht vielleicht die Tatsache, dass in der Bonner politischen Welt der frühen fünfziger Jahre mit ihrem dichten Netz an persönlichen Beziehungen schon durch das Gespräch mit einigen wenigen Bundestagsabgeordneten große Teile von Parlament und Regierung erreicht werden konnten.[67] Viel wichtiger aber dürfte gewesen sein, dass die intensiven Kontakte des Kirchentages zu Bonner Politikern nicht in die Öffentlichkeit geraten sollten, um der nahe liegenden Vermutung einer Einflussnahme der Politik auf die inhaltlichen Diskussionen zur Vorbereitung der Kirchentage, also auf die Institution Kirchentag, keine Nahrung zu geben. Heinrich Giesen schrieb dazu an den SPD-Abgeordneten Arno Hennig, durch die Begrenzung der Gesprächsteilnehmer auf zwanzig werde eine „vertrauliche Gesprächsatmosphäre" hergestellt.[68] Hennig hatte nach dem ersten Treffen des Kreises am 6. Dezember 1950 eine stärkere Einbindung der SPD gefordert, worauf ihm von Giesen bedeutet wurde, Umbesetzungen seien eventuell möglich, aber man wolle bei der ursprünglichen Teilnehmerzahl bleiben.[69] Die Exklusivität des Kreises war mithin vom Kirchentag gesucht; er wollte schließlich Unabhängigkeit demonstrieren, vor allem im Vorfeld der Verhandlungen mit der DDR-Regierung.

Die SPD blieb in diesem Kreis unterrepräsentiert, was natürlich auch damit zusammenhing, dass die Mehrheit der SPD-Abgeordneten – prominente Ausnahme war Adolf Arndt – kein besonderes Interesse für kirchliche Fragen hatte. Eine gewisse geistige Nähe zwischen der CDU und den Kirchenmännern ist jedoch nicht zu übersehen. Im Oktober 1952 schrieb Oberkirchenrat Ranke, der seit 1950 an den Sitzungen des Mittwochskreises teilgenommen hatte, an Thadden:

„Wir können als Kirche nicht der CDU beitreten. Wir können aber den CDU-Politikern das Gefühl geben, daß wir ihnen für ihre Bemühungen dankbar sind. Das geschieht, glaube ich, am besten nicht so sehr in einer Akklamation der parteipolitischen Ziele der CDU sondern im persönlichen Gespräch zwischen den Männern der Kirche und den Männern der christlichen Partei." [70]

Dies galt mutatis mutandis auch für die Männer der katholischen Kirche. Schon im Oktober 1949 hatte Thadden als eine „bemerkenswerte Anregung" aus seinem ersten Gespräch mit dem Präsidenten des Deutschen Katholikentages, Karl Erbprinz zu Löwenstein, mitgenommen, dass es „eine

lers, S. 546). Tatsächlich hat nach und nach der im Herbst 1951 gegründete „Kronberger Kreis" (EZA BERLIN, 71/86/75) immer stärker die Funktion eines mit dem Kirchentag verbundenen politischen Diskussionskreises gewonnen, so dass der Kirchentagskreis mit der Zeit obsolet wurde. (vgl. T. SAUER, Westorientierung). Auf einer Pressekonferenz zum Leipziger Kirchentag am 28.04.54 in Leipzig erwähnte Giesen noch einmal einen regelmäßig stattfindenden „Abend für kirchliche Fragen" in Bonn, dann gibt es keine Hinweise mehr. Mit dem Tod Ehlers' und der immer komplexer werdenden „Bonner Gesellschaft" konnte der Mittwochskreis auch nicht mehr stattfinden.
67 Interview mit Kunst, Bonn, 03.10.95.
68 Giesen an Hennig, 12.01.51 (EZA BERLIN, 71/86/30).
69 EBD.
70 25.10.52 (EBD.).

Unmöglichkeit" sei, Sozialdemokraten irgendwie an der Planung und Durchführung von Katholikentagen zu beteiligen.[71] Wenn dies auch auf beiden Seiten nicht durchgehalten werden konnte – 1949 war in Bochum Eugen Kogon aufgetreten, 1949 und 1950 in Hannover und Essen Heinrich Albertz – blieb die Tendenz zur Ausgrenzung von Sozialdemokraten jedoch unverkennbar.

Auf der ersten Sitzung des Mittwochskreises wurden neben der immer wiederkehrenden Diskussion um die Person und politische Haltung Martin Niemöllers und der Spandauer Synode vom November 1950 auch der Berliner Kirchentag besprochen.[72] Thadden machte den Bundestagsabgeordneten noch einmal die Bedeutung des gesamtdeutschen Ereignisses klar, das der Berliner Kirchentag sein werde. Alle Beteiligten stimmten darin überein, dass die Einheit Deutschlands, wie Hennig es formulierte, keine Einheit nach den Vorstellungen der Nationalen Front sein dürfe. Niemöller, fügte Merkatz hinzu, könne genauso wenig wie Heinemann in Berlin herausgestellt werden, schließlich wolle Niemöller den „politischen Kampf." Hier griff Hermann Ehlers, der ja neben seinem politischen Amt auch Oberkirchenrat in Oldenburg war, ausgleichend ein. Zwar sei auch er mit Niemöllers politischen Positionen nicht einverstanden, aber das Fundament jeder Auseinandersetzung auch innerhalb der Kirche sei das „Ernstnehmen anderer gebundener Gewissen". Deshalb müsse es für Niemöller und Heinemann in Berlin möglich sein, etwa zu sagen: „Ich gl[aube] nach m[einer] christl[ichen] Einsicht der Dinge, daß es nicht geraten ist[,] Waffen zu nehmen." Wenn auf allen Seiten Mäßigung eintrete, dann könne der Kirchentag seine geistige Aufgabe erfüllen. „Es muß möglich sein, so zu reden, daß der O[sten] es nicht so billig hat, es propagandistisch zu verarbeiten."

Hier stand die Mentalität eines Kirchenmannes, der Ehlers nach wie vor war, gegen die eines Politikers. Dieser Gegensatz illustriert, dass der Mittwochskreis nicht nur die Organisation Kirchentag in Bonn verankern sollte. Man wollte auch deutlich machen, dass die Politiker den Kirchentag eben nicht nur als politisches Phänomen zu verstehen hätten. Wenn der Kirchentag nur politisch zu verstehen gewesen wäre, hätte Ehlers Niemöller ja nicht die Stange gehalten. Ob sich dieser Eindruck bei den Mitgliedern des Kirchentagskreises wirklich festgesetzt hat, sei dahingestellt, jedenfalls war ein gewisses Wohlwollen der Abgeordneten gegenüber dem Kirchentag gesichert.

Auch bei Adenauer und Jakob Kaiser, dem Bundesminister für gesamtdeutsche Fragen, sicherte sich Thadden Unterstützung zu, bevor der Beschluss, nach Berlin zu gehen, auf einer Pressekonferenz in Berlin am 22. Februar 1951 offiziell verkündet wurde.[73] Der Bundeskanzler, berichtete

---

71 Niederschrift über bemerkenswerte Anregungen aus dem Gespräch mit dem Präsidenten des Deutschen Katholikentages, Karl Erbprinz zu Löwenstein, am 16.10.49 (EZA BERLIN, 71/86/1); vgl. auch W. KLÄN, Thadden, S. 613, Anm. 93.
72 Handschriftliche Gesprächsnotizen O.-H. Ehlers' (EZA BERLIN, 71/86/30).
73 Über Besprechung zwischen Thadden und Adenauer konnten weder im Evangelischen Zentralarchiv in Berlin noch im Bundesarchiv Koblenz Aufzeichnungen gefunden wer-

Thadden im Anschluss an diese Pressekonferenz in einer vertraulichen Besprechung mit westdeutschen Journalisten, habe sich sehr erfreut über den Berlin-Beschluss gezeigt, habe aber hinzugefügt, dass er selbst „zu politischen Maßnahmen gezwungen sein [könne], die eine Durchführung des Kirchentages unmöglich" machen könnten. Aber trotzdem hätten schon die Vorbereitungen für den Kirchentag einen politischen Eigenwert, weshalb er sie nachdrücklich unterstütze. Thadden habe Adenauer über seinen Besuch bei Grotewohl und über die Zugeständnisse berichtet, die er dem Ministerpräsidenten hätte machen müssen. Politische Diskussionen würden auf dem Kirchentag vermieden werden, aber der Kanzler solle die „Taktiken [des Kirchentages] von den eigentlichen Absichten scharf trennen."

Die nun zu erwartenden politischen Signale aus Bonn an den Kirchentag blieben nicht aus. Als sich die Pressekampagne von Seiten der DDR abzuzeichnen begann, wurden West-Berliner Zeitungen, eigentlich teurer als die Ost-Berliner Blätter, kostenlos verteilt. Die Bundesregierung übernahm hierfür die Kosten,[74] aber nur unter einer Bedingung: „Selbstverständlich ist bei Tageszeitungen einwandfreie Berichterstattung notwendig."[75]

In Bonn stieß man sich an der von Seiten Grotewohls gewünschten sichtbaren Beteiligung Niemöllers, des prominentesten kirchlichen Gegners der Westintegration der Bundesrepublik. Dem Generalsekretär Otto-Heinrich Ehlers wurde von Bundespräsident Theodor Heuss (FDP) klargemacht, dass Niemöller und Heinemann auf dem Kirchentag einige „Schwierigkeiten machen" könnten.[76] Auch Minister Kaiser sagte Ehlers' Kollegen Heinrich Giesen, man sei „bekümmert" wegen der geplanten Auftritte Niemöllers.[77] Ganz unverblümt erklärte Oberregierungsrat Kunisch dem Vertreter der EKD in Bonn, Oberkirchenrat Ranke, man solle Niemöller vom Kirchentag ausladen. Andernfalls, drohte der Regierungsbeamte, „hätten sie [scil. die Bundesregierung] kein Interesse mehr für unsere Arbeit in Berlin."[78] Der alarmierte Giesen versuchte Kaiser zu beruhigen: Er versicherte dem Minister, Niemöller würde „in Berlin das sagen, was wir wollten."[79]

---

den. Thadden berichtete aber am 22.02.51 vor West-Berliner Chefredakteuren über seine Gespräche (vgl. unten S. 105). Dieser Bericht Thaddens wird in einem Aktenvermerk Dr. Vockels, des Bevollmächtigten der Bundesregierung in Berlin, an Adenauer wiedergegeben (23.02.51; BArch Koblenz, B 136/5861). Zwar wird Thaddens Bericht über seine Gespräche in Bonn auf seine Zuhörer, nämlich die Chefredakteure, ausgerichtet gewesen sein, da der Kirchentagspräsident aber wusste, dass Vockel seine Ausführungen nach Bonn weitergeben würde, dürften die Teile des Gespräches mit Adenauer, von denen Thadden den Chefredakteuren erzählte, einigermaßen korrekt und allenfalls abgeschwächt wiedergegeben sein.

[74] Diverse Fernschreiben des Bundesministeriums für Gesamtdeutsche Fragen, 05.07.51–07.07.51 (BArch Koblenz, B 137/1461).

[75] Fernschreiben Pressestelle des Berliner Senates an Kunisch, 06.07.51 (Ebd.).

[76] Av. Ehlers' über seine Gespräche in Bonn, 25.04.51 (EZA Berlin, 71/86/30).

[77] Av. Giesens, 14.05.51 (Ebd.).

[78] Av. Ehlers' über Gespräch zwischen Ranke und Kunisch, 12.05.51 (Ebd.).

[79] Av. Giesens, 14.05.51 (Ebd.).

Dem Kirchentag wurde im April vom Finanzministerium und dem persönlichen Referenten Adenauers zugesichert, man wolle den Ausbau des Pressequartiers für den Berliner Kirchentag finanziell unterstützen. Dafür solle der Bundesregierung Gelegenheit gegeben werden, auf dem Kirchentag Flagge zu zeigen: Man solle „die gesamte Bundesregierung und nicht nur die evangelischen Minister einladen".[80]

Die Kirchentagsorganisation wurde also von zwei gegeneinander gerichteten politischen Organisationen inhaltlich unter Druck gesetzt, nämlich der Bundesregierung und der Regierung der DDR. Die DDR-Regierung setzte dabei das Druckmittel ein, den Kirchentag als Ereignis in beiden Teilen Berlins zu verhindern, die Bundesregierung winkte mit Geld. Beiden politischen Organisationen wurden sich widersprechende Zusagen gemacht, und nun musste bei der Frage der Rednerauswahl die Quadratur des Kreises versucht werden.

Insgesamt sollte sich die finanzielle Unterstützung der Bundesregierung an den Kirchentag 1951 auf 311.000 DM belaufen, die von Bonn nach Fulda überwiesen und von dort weiter nach Berlin geleitet wurden.[81] Hinzu kamen noch geldwerte Vorteile für Kirchentagsmitarbeiter. Das Bundesinnenministerium stellte beispielsweise eine Reihe von Flügen nach Berlin zur Verfügung, die nur den Preis eines Eisenbahnfahrscheines 3. Klasse haben sollten.[82] Damit war ein gewisses Wohlwollen des Kirchentages gegenüber den Anliegen der Bundesregierung sichergestellt, wie auch Adenauer befriedigt feststellte.[83] Bei einem Gesamteinnahmevolumen von 1,7 Millionen DM machten nämlich private Spenden, also auch solche aus Wirtschaftskreisen, nur 106.000 DM aus, davon 30.000 aus der Berliner Wirtschaft. Während der Berliner Kirchentag aus Fulda einen Zuschuss von 270.000 DM erhielt,[84] der also 16 Prozent der Gesamteinnahmen ausmachte, wurden nur sechs Prozent durch private Spenden aufgebracht. Der Ost-Berliner Magistrat beteiligte sich mit 150.000 Mark-Ost, die aber weitgehend durch Sachleistungen, wie der Überlassung der Seelenbinder-Halle, abgedeckt wurden.

---

80 Av. Ehlers' über seine Gespräche in Bonn, 25.04.51 (EBD.).
81 BMG an den Staatssekretär im Bundeskanzleramt, 16.07.51 (BArch Koblenz, B 136/6538) und 08.01.52 (EBD., B 136/5861); Bilanz des Kirchentages (EZA Berlin, 71/86/808), wo 211.000 DM als „Spende Bonn" aufgeführt werden; Thadden an Gefaeller, 04.02.52 (EZA Berlin 71/86/41). Das Geld wurde in zwei Raten gezahlt, davon 100.000 DM nach dem Kirchentag zur Deckung des entstandenen Defizits. Eine dritte Zahlung von wiederum 100.000 DM, die vom Gesamtdeutschen Ministerium im März 1952 zur Deckung des immer noch bestehenden Defizits an den Kirchentag gezahlt wurde, taucht in der offiziellen Bilanz des Kirchentages nicht auf (BMG an Staatssekretär im Bundeskanzleramt, 28.03.52; BArch Koblenz, B 136/5861).
82 Lehr an Held, 19.06.51 (LKA Düsseldorf, 9/185).
83 K. Adenauer sprach in einem seiner „Teegespräche", das während des Kirchentages stattfand, davon, der Kirchentag sei von der Bundesregierung „mit einer sehr großen Summe unterstützt" worden. „Er wäre ohne uns [scil. die Bundesregierung] nicht möglich gewesen" (Teegespräche 1950–1954, S. 111).
84 Die restlichen 41.000 DM hielt das Fuldaer Büro zur Deckung der eigenen Kosten zurück.

Die Bundesregierung bestritt also ein Sechstel des Haushaltes des Berliner Kirchentages. Die Tatsache, dass die Unabhängigkeit der Organisation Kirchentag dadurch in Frage gestellt war, durfte natürlich keinesfalls ruchbar werden. Deswegen blieb der Zuschuss aufgrund einer Vereinbarung zwischen dem Bundesfinanzministerium und dem Präsidium des Kirchentages geheim, um „dem Evang. Kirchentag nicht von vornherein den Charakter eines politischen Ereignisses zwischen Ost und West zu geben."[85] Nicht einmal kirchenintern war die finanzielle Unterstützung bekannt, die die Bundesregierung dem Kirchentag angedeihen ließ.[86]

Neben den Eintrittsgeldern trug auch der Verkauf von Briefverschlussmarken mit dem Jerusalemkreuz als Emblem des Kirchentages zu den Einnahmen bei. Dieser Verschlussmarkenverkauf musste von den Länderregierungen genehmigt werden. Der entsprechende Antrag an die Finanzminister der Länder nennt als Gründe für die Förderungswürdigkeit des Kirchentages:

„Im Brennpunkt des politischen Geschehens, in der zerstörten Millionenstadt, die seit Jahrzehnten im Mittelpunkt des Interesses liegt, werden Zehntausende evangelischer Christen aus dem Osten und aus dem Westen Zeugnis ihres evangelischen Glaubens ablegen. Sie wollen zeigen, daß die evangelischen Christen im Osten und im Westen allen politischen Gegebenheiten zum Trotz zueinandergehören. [...] Alle unsere Maßnahmen haben nach Vortrag beim Herrn Bundeskanzler die Unterstützung der Bundesregierung gefunden." [87]

Diese Rhetorik benutzte auch der Bundeskanzler, als er in seinem Grußtelegramm an den Kirchentag vom 11. Juli, das am Tag zuvor vom Bundeskabinett beraten worden war,[88] davon sprach, dass die Kirchen sich als die „widerstandsfähigsten Kräfte gegen den Nationalsozialismus, alle ihm verwandten totalitären Weltanschauungen und als Kämpfer und Verteidiger der Freiheit gegen jede religiöse Unterdrückung erwiesen" hätten. Das Christentum sei „die Grundlage unserer Kultur" und „unlöslich mit dem Begriff des Abendlandes verbunden. [...] Sein Bestand oder Untergang [bedeutet] auch das Schicksal Europas."[89]

Nicht alle Politiker bedienten sich solcher Terminologie. Bundespräsident Heuss beispielsweise betonte in seinem Grußwort[90] die geistlichen

---

85 Kunisch an Klaus Mehnert („Christ und Welt"), 21.07.51 (BArch Koblenz, B 137/1461).
86 Vor den Werken und Verbänden war die Rede davon, der Kirchentag würde sich neben den Eintrittsgeldern über landeskirchliche Beiträge und private Spenden finanzieren. Protokoll einer Sitzung der kirchlichen Werke und Verbände am 14.02.51, o.D. (LKA Hannover, L3III/1137). Auch die Evangelischen Akademien wurden finanziell aus Bonn und aus Washington unterstützt, was erst 1952 zu einer Auseinandersetzung zwischen Müller und Niemöller führte (L. Siegele-Wenschkewitz, Hofprediger, S. 249). Vertrauliche Zuwendungen an kirchliche Institutionen waren also durchaus kein Einzelfall.
87 Rundschreiben O.-H. Ehlers' an die Länderfinanzminister, 02.05.51 (EZA Berlin, 71/86/16).
88 Kabinettsprotokolle, Bd. 4, S. 523f.
89 Telegramm Adenauers an Thadden, 11.07.51 (EZA Berlin 71/86/546).
90 EZA Berlin, 71/86/546; abgedruckt in H. Schroeter, Kirchentag, S. 89.

Aufgaben des Kirchentages. Der Regierende Bürgermeister Ernst Reuter (SPD) erklärte, er hoffe, dass die Kirchentagsteilnehmer „die unlösbare Verbundenheit von Brüderlichkeit mit Freiheit spüren" würden.[91]

3.5 Die USA und der Kirchentag

Auch bei der führenden westlichen Besatzungsmacht suchte die Kirchentagsleitung Rückendeckung. Schon im Dezember 1949 hatte Thadden den Chef der Religious Affairs Branch beim amerikanischen Hohen Kommissar davon überzeugen können, dass der Evangelische Kirchentag „das erste Zeichen einer Erneuerung des Denkens in der protestantischen Welt" in Deutschland sein würde.[92] Der Kirchentag entsprach damit genau dem amerikanischen Konzept, nach dem die deutsche Gesellschaft möglichst gründlich mit dem „Geist des Christentums" durchdrungen werden sollte.[93] Thadden machte klar, dass der Kirchentag die amerikanischen Ziele des Antikommunismus und der Rekonstruktion und Modernisierung der westdeutschen Gesellschaft[94] erfüllen würde. Der Kirchentagspräsident ging damit entsprechend seiner üblichen Verhandlungtaktik auf die Vorstellungen seines Gegenübers ein, die er durch seine guten Kontakte zum Ökumenischen Rat der Kirchen in Genf gekannt haben dürfte. Zwar gab die HICOG im Vorfeld des Essener Kirchentages nur eine finanzielle Unterstützung von knapp 900 DM,[95] aber der gute Kontakt zu den Amerikanern war hergestellt.

1951 war Thadden daran gelegen, dem Kirchentag das amerikanische Wohlwollen zu erhalten. Bereits im April war von Seiten der HICOG darüber nachgedacht worden, wie amerikanische Kirchenvertreter an den thematischen Diskussionen im Vorfeld des Kirchentages beteiligt werden könnten:

> „We have no intention that HICOG as a governmental agency shall exert pressure in relation to the Kirchentag, but we feel that it would be advantageous for American churchmen, by their presence, to remind the German church leaders that everything which the churches do in Berlin is a matter of importance to the free world."[96]

Entsprechend unterstützte die amerikanische Hohe Kommission den Kirchentag. Zwar wurden keine direkten Zahlungen geleistet, aber die

---

91   „Die Neue Zeitung", Frankfurt a. M., 13.07.51.
92   Protokoll der Sitzung des Erweiterten Themenausschusses vom 20.01.50 (EZA BERLIN, 71/86/3); Thadden an Kallenbach, 09.12.49 (EBD., 71/86/314).
93   J. HEIDEKING, USA, S. 131.
94   Vgl. EBD.
95   H. Schmidt an Thadden, 16.05.50 (EZA BERLIN, 71/86/15).
96   Stone an CJF [Carl Joachim Friedrich, Harvard], 04.04.51 (NARCH WASHINGTON, RG 466/570.3, Box 124).

HICOG tat alles, um die Kosten des Kirchentages zu minimieren. Dies geschah durch logistische Hilfe wie die Bereitstellung von Zelten, Decken und Feldküchenausrüstungen, außerdem durch die Übernahme von Reisekosten für amerikanische Kirchentagsteilnehmer. Über die finanzielle Unterstützung sollte aber nicht das letzte Wort gesprochen sein. In einem geheimen Bericht nach Washington heißt es über den Hochkommissar, der an kirchenpolitischen Fragen kaum interessiert war:

> „It should perhaps be explained to Mr. McCloy that future developments may require a re-apprisal of the present recommendation that no direct financial assistance be given to the Kirchentag. If, for instance, we should ascertain that the Soviets and/or Communists are contributing to the Kirchentag, we might make some contribution as an off-set or for purposes of promoting a more positive Western program." [97]

Durch den Kirchentag ergab sich für das State Department und die amerikanische Hohe Kommission auch die Möglichkeit, Bedingungen einer deutschen Wiedervereinigung in Neutralität auszuloten. Zwar war die US-Regierung stets weit davon entfernt, die Bundesrepublik aus dem amerikanischen Einflussbereich zu entlassen, aber 1950/51 wurden verschiedene Planspiele durchgeführt, bei denen nicht nur eine deutsche Wiedervereinigung, sondern auch eine begrenzte deutsche Wiederaufrüstung Komponenten bildeten.[98] Ein Kirchentag in Berlin konnte für amerikanische Beobachter die Möglichkeit bieten, die Stimmung in der deutschen Bevölkerung im Hinblick auf Wiedervereinigung und Wiederaufrüstung zu analysieren, um diese in die eigene Politikanalyse einfließen zu lassen.

Möglicherweise ohne Wissen des Kirchentages unterstützte die amerikanische Hohe Kommission eine Broschüre des konservativen „Kongresses für kulturelle Freiheit" (CCF). Diese Broschüre unter dem Titel „Meine Kraft ist in den Schwachen mächtig" wurde in einer Auflage von 200.000 Stück mit finanzieller Unterstützung der HICOG gedruckt.[99] So wurde gegen die Flut des östlichen Propagandamaterials ein Gegengewicht geschaffen, was auch zeigt, dass die HICOG vor allem an der geistig-politischen Wirkung des Kirchentages interessiert war. Wenn auch die genauen Aktivitäten des CCF während des Berliner Kirchentages der Kirchentagsleitung vielleicht nicht bekannt waren, so war die allgemeine politische Zielsetzung der Amerikaner doch ein offenes Geheimnis.

---

97 H.C. Ramsey an Mr. Reber, 24.04.51 (EBD.). Die Einschätzung McCloys wurde bestätigt durch das Interview mit Prof. Franklin H. Littell, 07.03.96.
98 K.-E. HAHN, Wiedervereinigungspolitik, S. 39f.
99 Tätigkeitsbericht des Berliner CCF-Büros, Juni 1951 (BARCH KOBLENZ, NL 160/100); Protokoll der 1. Sitzung des Deutschen Exekutivkomitees, 12.07.51 (EBD.). Verfasser der Broschüre war der Schriftsteller und Redakteur Günter Birkenfeld. Als fiktiver Herausgeber trat ein „Berliner Wartburgkreis" auf. – Ich danke Herrn Dr. Michael Hochgeschwender, Tübingen, für seinen Hinweis auf die Aktivitäten des CCF.

3.6 Der Kirchentag zwischen den Regierungen

Die finanziellen Probleme, die Heinrich Giesen in der Diskussion um den Ort des Kirchentages des Jahres 1951 als Argument gegen einen Kirchentag in Berlin angeführt hatte, schienen nun also durch finanzielle Zusagen der beiden Regierungen gelöst, wenn diese Zusagen auch mit Zugeständnissen erkauft worden waren. Nun musste Thadden alles tun, um dieses Entgegenkommen nicht in regelrechte Abhängigkeit münden zu lassen.

Es stand nun ebenfalls außer Frage, dass die Kirchentagsorganisation mit Reinold von Thadden-Trieglaff stand und fiel, genau wie Giesen es gegenüber Scharf gefordert hatte. Alle vom Kirchentag gesponnenen Fäden vereinigten sich in der Hand des Kirchentagspräsidenten. Innerhalb der Kirchentagsorganisation stand der Präsident unangefochten da.

Thadden hatte sowohl von der Regierung der DDR als auch von der Bundesregierung die Zusage erhalten, dass der Kirchentag in beiden Teilen der Stadt Berlin unterstützt werden würde. Nun setzte das Kirchentagspräsidium für den 22. Februar einen Presseempfang in Berlin an. Dort verkündete Thadden vor Redakteuren aus Ost und West: „Wir gehen nach Berlin!"[100] Er wurde nicht müde zu betonen, „daß der Kirchentag als Laienbewegung im kirchlichen Raum und keineswegs als politisches Faktum auftritt." Es gehe vor allem um den „Austausch mit den Erfahrungen der Brüder aus dem Osten." Auf die Frage eines westlichen Journalisten erklärte er noch, dass die deutsche Einheit als politische Forderung nicht Sache des Kirchentages sein könne, sondern es gehe lediglich darum, „das Band zwischen den Menschen in Ost und West zu stärken."

Die Pressekonferenz war im Vorfeld auf die Kritik von West-Berliner Journalisten gestoßen, die sich mit ihren Kollegen aus dem Ostteil der Stadt nicht an einen Tisch setzen wollten. Thadden hatte aber mit der Pressekonferenz den gewünschten Effekt erzielt: Bei den Medienvertretern aus der DDR blieb der Eindruck haften, dass der Kirchentagspräsident im Dritten Reich im Widerstand gewesen war[101] und keineswegs einfach als „ostelbischer Junker" abqualifiziert werden konnte. Außerdem sei der Kirchentag unpolitisch und durchaus nicht nur politisches Anhängsel des Westens, wie die Kritik von westlichen Redakteuren belegen würde, die gefragt hatten, ob sich die Organisatoren nicht zu sehr vor dem Osten verbeugten.[102]

---

100 Protokoll des „Pressetees" vom 22.02.51 (EZA BERLIN, 71/86/562).

101 Neben seiner Tätigkeit als Stadtkommandant der belgischen Universitätsstadt Löwen, die ihm, dem ehemaligen deutschen Besatzer, 1946 die Ehrenbürgerwürde verliehen hatte, weil er die Ermordung von zahlreichen Löwener Juden verhindert hatte, und seiner Mitarbeit in der Bekennenden Kirche erwähnte Thadden bei dieser wie bei anderen Gelegenheiten auch seine Schwester Elisabeth v. Thadden-Wieblingen, die 1944 wegen ihrer Zugehörigkeit zum Solf-Kreis hingerichtet worden war (vgl. H. ERBACHER, Elisabeth von Thadden).

102 Bericht von der Pressekonferenz vom 22.02.51 (SAPMO-BArch, DY 30/IV 2/14/102, S. 1).

Um der westlichen Kritik an der gesamtdeutschen Pressekonferenz wirksam zu begegnen, lud Thadden die West-Berliner Journalisten am Abend des 22. Februar noch zu einem „vertraulichen Gespräch" über den Kirchentag ein.[103] Auch vor diesem Kreis betonte er, dass der Kirchentag keine politische Demonstration sein wolle, aber „die Gläubigen aus der Sowjetzone" würden erkennen, dass sie nicht abgeschrieben sind und dass sie als „fester Bestandteil der westlichen Welt" angesehen werden würden. Thadden berichtete über sein Gespräch mit Adenauer, bei dem er den Bundeskanzler auf den taktischen Charakter seiner Zusicherung an Grotewohl aufmerksam gemacht habe. Zwar seien die Risiken groß, aber der Kirchentag könne ein großer Erfolg werden. Es müsse nur irgendwie gelingen, den politischen Einfluss des Ostens zurückzudrängen.[104]

Dadurch, dass er nach bewährter Methode immer wieder seinem Publikum erzählte, was dieses hören wollte, gelang es dem Kirchentagspräsidenten, die westliche Presse für den Kirchentag in Berlin zu gewinnen[105] und östliche Bedenken gegen sein Projekt zu zerstreuen.[106] Mit dieser Taktik wurde auch der Regierungsapparat der DDR ausmanövriert:

Bei seinem Besuch in Berlin anlässlich des Presseempfangs hatte Thadden sich gemeinsam mit Generalsekretär Ehlers und Propst Böhm auch mit dem Bürgermeister von Ost-Berlin, Schwarz, getroffen. Gute Zusammenarbeit mit dem Magistrat des „Demokratischen Sektors" von Berlin war für den Kirchentag besonders wichtig, wollte man doch möglichst viel logistische Unterstützung für den Kirchentag erhalten. So wurde für Mitte März eine Besichtigung von Räumlichkeiten vereinbart, die für den Kirchentag im Juli genutzt werden könnten. Hier ging es in erster Linie um die Werner-Seelenbinder-Halle im Ostteil Berlins, in der eine der Arbeitsgruppen tagen sollte. Anlässlich dieser Besichtigung am 16. März erklärte der Kirchentagspräsident dem Leiter des Amtes für Kirchenfragen beim Ost-Berli-

---

103 Av. Vockels an Adenauer, 23.02.51 (BArch Koblenz, B 136/5861. Ein Manuskript „Gedanken für Dr. von Thadden vor den Chefredakteuren" (EZA Berlin, 71/86/562) entspricht in der Schärfe seiner Aussagen und im Duktus nicht dem Kirchentagspräsidenten. (z.B. „Mit einer Masse Mensch ohne innere Werte, ohne das Bewußtsein, wofür sie eigentlich leben, läßt sich beim besten Willen keine Abwehrfront gegen den Bolschewismus bilden noch viel weniger eine ideologische Offensive gegen das Sowjetgedankengut eröffnen"). Wenn Thadden solche Gedanken geäußert hätte, hätte Vockel sie nach Bonn berichtet (Bestätigung durch Interview mit O.-H. Ehlers, Großhansdorf, 01.06.95). Immerhin zeigt der ideologische Charakter des Manuskriptes, welche Gedanken im Umfeld des Kirchentagspräsidenten (vielleicht bei Quaatz?) bezüglich des Berliner Kirchentages kursierten.

104 Der Korrespondent der Tageszeitung „Die Welt" machte hierüber in seinem Zeitungsartikel vom folgenden Tage die Andeutung: „Die sich damit für die Veranstalter in dem politisch gespaltenen Berlin ergebenden Probleme organisatorischer, finanzieller und auch politischer Natur werden in kirchlichen Kreisen nicht unterschätzt."

105 Die „Frankfurter Allgemeine Zeitung" (23.02.51) etwa zitiert Thadden mit den Worten: „Wir gehen nach Berlin, weil wir unsere deutsche evangelische Kirche liebhaben und keineswegs darum, weil wir auf diesem nicht ganz ungefährlichen Boden politische Themen erörtern wollen."

106 Die DDR-Presse brachte keine Meldungen über die Pressekonferenz.

ner Magistrat, Baier, erneut, wie kritisch er selbst gegenüber der Bundesregierung eingestellt sei. „Dem Ministerpräsidenten [sic!] Adenauer habe er in Bonn vor kurzem erklärt, daß er es nicht zulassen werde, daß auf dem Kirchentag etwa hinsichtlich der ehemals deutschen Gebiete West-Propaganda gemacht würde." Baier fügte seinem Bericht an die Arbeitsgruppe Kirchenfragen beim ZK der SED, der auch Grotewohl vorgelegen hat, über den Kirchentagspräsidenten hinzu: „Ich kann sagen, daß seine Haltung zu unseren Verhältnissen mehr positiv als negativ ist."[107] Noch nach dem Kirchentag zitierte das „Neue Deutschland" Thadden mit den Worten: „Es kann gar keine Rede davon sein, daß der Evangelische Kirchentag irgendwelche Zugeständnisse gemacht hat, die ihn seine innere Einheit gekostet haben."[108]

Im Westen hingegen präsentierte sich der Kirchentagspräsident als unnachgiebiger Verhandlungspartner der DDR-Regierung. Über sein erstes Gespräch mit Grotewohl am 24. Januar 1951, bei dem dem Ministerpräsidenten zugesichert worden war, man würde die angebliche Wiederbewaffnungskritik, die in Essen geübt worden sei, in Berlin fortsetzen,[109] schrieb Thadden an den badischen Landesbischof Bender:

„Auf den vorgebrachten Wunsch von Grotewohl, ich möchte auf die beiden Herren [Heinemann und Niemöller] in dem Sinne einwirken, daß sie auf dem Berliner Kirchentag in ähnlicher Weise zum Friedensthema Stellung nehmen möchten, wie sie es im Laufe des Winters verschiedentlich in Westdeutschland getan haben, habe ich kurz erwidert, daß ich mich in keiner Weise in der Lage sähe, derartige Zusicherungen abzugeben und daß ich auch in gar keiner Weise aussagen könnte, in welcher Weise D. Niemöller bei uns auf dem Kirchentag im Juli zu Wort kommt."[110]

Thadden besaß das diplomatische Gespür, Kirchenleute, Pressevertreter oder nachgeordnete Politiker der DDR für sich einzunehmen. So wurden gewissermaßen als Vorleistung positive Presseberichte verfasst oder eine Räumlichkeit kostenlos zur Verfügung gestellt. Wo aber ein quid pro quo das Geschehen bestimmte, wo also das Entgegenkommen von anderen Organisationen an direktes, nachprüfbares Entgegenkommen des Kirchentages gebunden war, dort musste der Kirchentag einlenken.

Durch bloße Beteuerungen konnte namentlich der Konflikt zwischen Kirchentag und Bundesregierung bezüglich der Ausgrenzung der Wiederbewaffnungsgegner Heinemann und Niemöller nicht beigelegt werden. Grotewohl war ja zugesagt worden, eben diese beiden Redner in den Vor-

---

[107] Av. Baiers, 19.03.51 (SAPMO-BArch, DY 30/IV 2/14/101, S. 18). Hierauf Paraphe Grotewohls.
[108] „Neues Deutschland", 17.07.51. Tatsächlich hatte Thadden in einem Interview mit der „Welt am Sonntag" (15.07.51) nicht von „innerer Einheit", sondern von „innerer Unabhängigkeit" gesprochen.
[109] Protokoll des Kirchentages über die Besprechung bei Grotewohl am 24.01.51 (EZA BERLIN, 71/86/304a); vgl. oben, S. 81.
[110] 25.06.51 (EZA BERLIN, 71/86/546).

dergrund zu stellen, und sowohl von der Bundesregierung als auch von der DDR-Regierung würde anhand des Tagungsprogrammes schon im Vorfeld überprüfbar sein, ob den jeweiligen Forderungen auch Rechnung getragen worden war. Diese Spannung versuchte Reinold von Thadden dadurch zu entschärfen, dass er den Bundestagspräsidenten Hermann Ehlers bat, in das Präsidium des Kirchentages einzutreten. Da die Mitgliedschaft in diesem Gremium eher repräsentativen Charakter hatte, denn schließlich tat ja Thadden mit seinen beiden Generalsekretären die Kärrnerarbeit, hatte Ehlers keine Bedenken, der Bitte Thaddens zu folgen.[111]

Um den Forderungen aus Bonn weiter die Spitze abzubrechen, wurde der Bundestagspräsident gebeten, bei dem „Männertreffen" des Kirchentages, bei dem Niemöller, Grüber, Heinemann und ein Arbeiter sprechen sollten, noch hinzuzutreten.[112] Hierüber wiederum waren Niemöller und Grüber empört. Niemöller vermutete, Ehlers sei nur auf Druck von Bundesminister Kaiser eingesetzt worden und forderte von Thadden ultimativ eine eidesstattliche Erklärung, dass dem nicht so sei.[113] Auch Grüber erklärte, dass er zwar nichts gegen Ehlers habe, der „zu den CDU-Politikern [gehöre], mit denen ich am weitesten zusammengehen kann", aber die kurzfristige Einbeziehung Ehlers' war ihm ein Ärgernis.[114] Generalsekretär Giesen versuchte, die Wogen zu glätten, indem er Niemöller eine „brüderliche Zusage" gab, dass Kaiser mit der Einbeziehung des Bundestagspräsidenten nichts zu tun habe.[115] Aber auch damit wollte sich Niemöller nicht zufrieden geben. Nun forderte er, er wolle nur neben Ehlers sprechen, wenn auch ein Vertreter der DDR-Regierung zu Wort käme.[116] Thadden konnte Niemöller am Telefon beruhigen, indem er ihm noch einmal erklärte, es sei bei der Rednerauswahl zum Männertreffen allein darauf angekommen, den Eindruck zu vermitteln, „daß auch das ganze Deutschland hier zu Worte käme."[117] Da auch Grüber Niemöller gedrängt hatte, seine Teilnahme am Männertreffen nicht abzusagen, um sich nicht die Möglichkeit entgehen zu lassen, seine Position einmal mehr öffentlich zu vertreten,[118] ließ sich der streitbare hessen-nassauische Kirchenpräsident umstimmen.[119]

Thadden war ein diplomatisches Kunststück gelungen, denn durch die „Einrahmung" Niemöllers konnte gleichzeitig den Forderungen aus Bonn

---

111 Av. O.-H. Ehlers' über seine Gespräche in Bonn, 25.04.51 (EZA BERLIN, 71/86/30).
112 Propst zur Nieden an Niemöller, 19.05.51 (ZAEKHN DARMSTADT, 62/1116); Rundschreiben Giesens, 08.06.51 (EBD.).
113 Av. über Anruf Nieden, 13.06.51 (EZA BERLIN, 71/86/546); Niemöller an Thadden, 15.06.51 (EBD.).
114 Grüber an Niemöller, 11.06.51 (ZAEKHN DARMSTADT, 62/1116); Av. über Anruf Nieden, 11.06.51 (EZA BERLIN, 71/86/546).
115 Giesen an Niemöller, 21.06.51 (ZAEKHN DARMSTADT, 62/1116).
116 Niemöller an Giesen, 25.06.51 (EZA BERLIN, 71/86/546).
117 Av. über Telefongespräch Thadden – Niemöller, 25.06.51 (EBD.).
118 Grüber an Niemöller, 21.06.51 (ZAEKHN DARMSTADT, 62/1116).
119 Thadden an H. Ehlers, 26.06.51: „Die von Wiesbaden drohende Gefahr ist glücklicherweise behoben" (EZA BERLIN, 71/86/546).

und aus Ost-Berlin nachgegeben werden. So wurde der Kirchentag in Berlin sowohl in finanzieller und als auch in organisatorischer Hinsicht gesichert: Einerseits konnte der DDR-Regierung gegenüber beteuert werden, die Wiederbewaffnungsgegner Niemöller und Heinemann würden beim Kirchentag groß herausgestellt werden. Dies war anhand des Tagungsprogrammes zu belegen. Der Bundesregierung konnte man mit eben diesem Programm zeigen, dass Niemöller kaum ins Gewicht fallen würde. Für die Bundesregierung war es nämlich unmöglich, gegen eine Veranstaltung zu protestieren, wo neben Niemöller auch der CDU-Politiker Ehlers auftrat. Die Organisation Kirchentag konnte sagen, sie habe sowohl die Bedingungen aus Bonn, als auch die aus Ost-Berlin unterstützt.

3.7 Kritik an der Politisierung des Kirchentages

Allerdings hinterließ die Politik des Kirchentagspräsidenten bei manchen einen bitteren Nachgeschmack. Eugen Gerstenmaier schrieb ihm im August, „daß auf diesem Kirchentag einer Kirchenpartei, deren Opposition hinlänglich bekannt ist, durch die in *Ihrer* Hand m. W. befindlichen Programmgestaltung eine Vorzugsstellung eingeräumt wurde, die auf die Dauer untragbar [ist].“[120]

Dieser gereizte Vorwurf an Thadden spiegelt die spannungsgeladene Situation wieder, in der sich die kirchenpolitischen Parteien 1951 befanden. Der Niemöller-Kreis auf der einen und die konservative Mehrheit in der EKD auf der anderen Seite warfen sich gegenseitig vor, einem der beiden politischen Lager hörig zu sein.[121] Symptomatisch dafür: Hermann Ehlers, der sich im Vorfeld entgegen seiner eigenen politischen Überzeugungen für Niemöller eingesetzt hatte, war über dessen Polemiken so enttäuscht, dass er den Kontakt zu ihm abbrach.[122]

Auch der Kieler Propst Hans Asmussen, einst in der Bekennenden Kirche engagiert und nun ein prominenter Gegner Niemöllers und seines Umfeldes, kritisierte den Kirchentag. Im Juni, also schon vor Beginn des Kirchentages in Berlin, veröffentlichte der Propst „38 Fragen an den Deutschen Evangelischen Kirchentag", in dem er die Organisation Kirchentag für die Entwicklung des letzten Jahres scharf kritisierte.[123] Nicht nur empfand es Asmussen als Zumutung, dass auf dem Kirchentag auf Geheiß der DDR-Regierung kirchliche Gruppen, „welche von der SED als Bundesgenossen oft genug gefeiert werden", in den Vordergrund gestellt würden, überhaupt kritisierte er, dass der Kirchentag, der für Berlin das Motto „Wir sind doch Brüder" gewählt hatte, als eine undifferenzierte und letztlich vor

---

120 17.08.51, EZA Berlin, 71/86/546 (Hervorhebung in der Vorlage).
121 H. Ehlers an Pfr. Ernst Eisenhart, 25.01.52 (in: H. Ehlers, Reden, Aufsätze und Briefe, S. 26; S. 461).
122 Ehlers an Wilhelm Niemöller, 22.10.52 (in: Ebd., S. 528f.).
123 In: JK 12, 1951, S. 419–424.

Beliebigkeit strotzende Massenveranstaltung konzipiert worden sei. Eine christliche Gemeinde, „der kontradiktorische Gegensatz sowohl zum Individualismus wie zur Masse", könne auf dem Kirchentag nämlich nicht entstehen. Dadurch, dass der Kirchentag offenbar politisch wie inhaltlich versuche, es jedem recht zu machen, verliere er das eigentliche Anliegen christlicher Bruderschaft aus dem Auge, nämlich den wegen ihres Glaubens Bedrängten beizustehen. Da der Kirchentag offenbar aus politischen Gründen versuche, diese Not nicht sichtbar werden zu lassen, sei er damit, ob er es wolle oder nicht, „eine eminent politische Erscheinung[124]" und keine „Bußbewegung", die es allein auf den Glauben ankommen lasse.

Wenn auch Asmussens Beobachtung, dass der Kirchentag offenbar politische Zugeständnisse gemacht hatte, unzweifelhaft richtig ist, so bedarf seine Kritik doch der eingehenderen Analyse. Es fällt zunächst auf, dass Asmussen nicht wirklich unpolitisch sein wollte, denn eine konservative Gesellschaftsordnung war bei ihm stets mitgemeint. Dies zeigt sich in den „Fragen" – eigentlich sind es ja Thesen – 31 bis 38: Der Kirchentag wolle zum Unrecht in der DDR schweigen, heißt es dort, und Niemöller würde als politisches Zugeständnis an die DDR-Regierung in den Vordergrund gestellt. Letztlich solle die Kirche keine allumfassende Volkskirche sein, sondern sie habe deutlich zwischen Kirche und Welt, zwischen „Bruder" und „Kamerad", zu unterscheiden. Nach diesem Verständnis war es die wichtigste Aufgabe der Kirche, Buße zu tun. Ein triumphales „Euere Herren gehen, unser Herr aber kommt", mit dem Heinemann in Essen den Öffentlichkeitsanspruch der Kirche untermauert hatte, war für Asmussen undenkbar. Die Kirche musste hingegen aus seiner Sicht öffentlich Stellung nehmen, wenn ihre stützende Funktion gegenüber dem Staat in Gefahr geriet, weil sie ihre Anliegen nicht mehr in die Politik einbringen konnte.

Nicht die Rede ist in Asmussens Fragen von den Einflüssen, die von Bonn aus auf den Kirchentag genommen wurden. Vielleicht sind diese ja dem Kieler Propst nicht bekannt gewesen. Festzuhalten ist jedoch, dass der Kirchentag dadurch, dass er nach der Entscheidung für Berlin zu vielen Kompromissen gezwungen war, an inhaltlichen Konturen verlor. Dies erkannte und kritisierte Asmussen. Dabei ging er allerdings von einem ganz anderen Kirchenverständnis aus, als es die Organisatoren des Kirchentages hatten. Für Thadden ging es um volkskirchliche Mission, die nicht ausgrenzen sollte. Asmussen hingegen zog eine klare Trennungslinie – hier Bruder, dort Kamerad.

Der Kirchentagspräsident war schon so in das Geschehen eingebunden, dass er die Beobachtung und Kritik Asmussens nicht einmal intern als bedenkenswert annahm. Thadden ging es nach wie vor in erster Linie darum, sein Projekt am Leben zu erhalten, Asmussens Kritik konnte er so nur als Ausdruck von „Neid, Feindschaft und üble[r] Nachrede" abtun.[125]

---

[124] Im gedruckten Text wohl irrtümlich „Entscheidung".

[125] „Ich kann aber nicht umhin, meiner Betrübnis Ausdruck zu geben, daß alle ernsthaften Bedrohungen des Evangelischen Kirchentages in den letzten Wochen nicht von der po-

Paradoxerweise war es gerade dieser schwächer konturierte Kirchentag, der sich in das Bewusstsein der deutschen Nachkriegsöffentlichkeit so einprägen sollte wie kein zweites kirchliches Ereignis der frühen fünfziger Jahre.

---

litischen Seite, sondern immer aufs Neue wesentlich von kirchlicher Seite aus gekommen sind. Nun hat Hans Asmussen noch das Wort ergriffen, um mit 38 Fragen dem Kirchentag Knüppel zwischen die Beine zu werfen, die keinerlei sachliches Gewicht haben, aber davon Zeugnis ablegen, daß offenbar innerhalb der theologischen Welt nur noch Neid, Feindschaft und üble Nachrede zu finden sind, wo der gute Laienwille zum Helfen und Mittragen wohl eine andere Resonanz in der Kirche hätte erwarten können" (Thadden an Hermann Ehlers, 26.06.51; zit. nach H. Schroeter, Kirchentag, S. 97).

4. „WIR SIND DOCH BRÜDER". DER KIRCHENTAG 1951 IN BERLIN

4.1 Die Konzeption der Kirchentagslosung

Die thematischen Probleme, die der Berliner Kirchentag haben würde, waren nach der Entscheidung für Berlin keineswegs geklärt. Die entsprechende Anmerkung Eberhard Müllers auf der Stuttgarter Sitzung vom 7. November 1950 war verhallt.[1] Ein zusätzliches Problem stellte die Tatsache dar, dass die deutsche Teilung oder eine Wiedervereinigung an sich gar nicht in die kirchliche Verkündigung hineingehörten, von allen Seiten aber eine irgendwie geartete Stellungnahme zu diesem Problem erwartet wurde. Der Westen, wusste der Kirchentagspräsident von Anfang an, würde in Berlin auf die Erörterung von Fragen, die für ihn selbst wichtig waren, zu verzichten haben.[2] Das machte den Mindestpreis aus, der für den gesamtdeutschen Kirchentag zu zahlen sein würde. Die Losung für den Kirchentag sollte sein: „Wir sind doch Brüder."

Die thematische Vorbereitung des Berliner Kirchentages und der vier Arbeitsgruppen „Kirche" – „Familie" – „Gesellschaft" – „Arbeit" stand ganz im Zeichen der besonderen Lage der Stadt. Heinrich Giesen, der ja gegen die Verlegung des Kirchentages 1951 von Stuttgart nach Berlin gestimmt hatte, erwähnte in seinem Entwurf eines Einladungsschreibens an die zukünftigen Mitarbeiter des Kirchentages die deutsche Spaltung überhaupt nicht.[3] Dies wurde vom Laientag nicht beanstandet,[4] wusste man doch auch im Westen Berlins, dass jedes offizielle Schriftgut des Kirchentages in Ost-Berlin sorgfältig auf eventuelle politische Aussagen geprüft wurde. Die Einladungsbroschüre an die Kirchentagsteilnehmer deutete den Status der Stadt dann nur ganz indirekt auf der ersten Seite an:

„Berlin
ist der Ort der Begegnung zwischen Ost und West
Berlin
ist die Tagungsstätte des dritten Deutschen Evangelischen Kirchentages
Berlin
ruft zum Bekenntnis der Bruderschaft unter dem Zeichen des Kreuzes".[5]

---

[1] Vgl. oben S. 88.
[2] Bannach an Thadden, 13.11.50 (EZA BERLIN, 71/86/342); zustimmend: Thadden an Bannach, 20.11.50 (EBD.).
[3] EZA BERLIN, 71/86/544; Anschreiben an Quaatz, 27.02.51 (EBD.): „Reinold sagt, es [scil. das Einladungsschreiben] sei bildschön."
[4] Quaatz an Giesen, 09.03.51 (EBD.).
[5] Einladungsfaltblatt (EBD.).

Die neutrale Formulierung dieses Aufrufes und des Vorbereitungsheftes für den Kirchentag erregten dennoch Kritik. Das Vorbereitungsheft, das zu allen Arbeitsgruppen des Kirchentages einleitende Texte und Hinweise enthielt, war inhaltlich entschärft worden, damit es auch in der DDR verbreitet werden durfte.[6] Letztlich bot der Inhalt des Vorbereitungsheftes aber immer noch so viel Sprengstoff, dass das Heft nur in einer West- und in einer Ost-Ausgabe erscheinen konnte. Aber schon die Entschärfung des „gesamtdeutschen Entwurfs" veranlasste den Berliner Pfarrer Eitel-Friedrich von Rabenau – genau wie wenig später den Kieler Propst Hans Asmussen – dazu, sich bei der Kirchenkanzlei der EKD in Hannover zu beschweren, der Kirchentag stelle mit seinem Vorbereitungsheft „die gegenwärtige Anfechtung der Kirche nicht klar heraus."[7] In seiner Antwort wies Oberkirchenrat Edo Osterloh darauf hin, dass der Kirchentag ja durchaus noch seine eigene Dynamik gewinnen könne. Vielleicht werde er „ganz schlicht eine Stärkung des lebendigen Glaubens für die Teilnehmer."[8]

Der Vorwurf Rabenaus zielte in dieselbe Richtung wie der Vorwurf Asmussens: Man könne mit einer Art universaler Bruderschaft die politischen Probleme nicht zudecken. Die Organisation Kirchentag musste aber genau dies tun, nicht nur um ihrem volksmissionarischen Anliegen gerecht zu werden, sondern auch, um die einander widersprechenden inhaltlichen Vorgaben der Regierungen zu erfüllen.

„Wir sind doch Brüder!" konnte ganz unterschiedlich interpretiert werden. Die Losung konnte gesamtdeutsche Geschlossenheit, aber auch kirchliche Geschlossenheit anmahnen.[9] Sie konnte auf die Einbeziehung von Laien in das kirchliche Leben hinweisen oder deren gesellschaftliches Wirken vom kirchlichen Standpunkt aus fordern.[10] Sie konnte über alle ideologischen Grenzen hinweg eine gemeinsame Verantwortung der politischen Systeme fordern. Das „doch" konnte als Protest gegen die verkrusteten politischen Verhältnisse der Zeit verstanden werden,[11] aber auch mit Asmussen als ausgestreckte Hand an diejenigen, die sich von der Kirche entfernt hatten. Es konnte schließlich als volkskirchliches Konzept im Sinne von „Wir sind alle Brüder" aufgefasst werden. In der regierungsoffiziellen Interpretation der DDR, die Pieck in seiner Botschaft an die Kirchentagsteilnehmer vom 11. Juli verkündet hatte, stand die Losung für die Verwirklichung eines „einheitlichen und friedliebenden demokratischen Deutschlands." Das Motto sollte also nach dem Willen der DDR-Regierung als Bekräftigung der Parole „Deutsche an einen Tisch" verstanden werden.

---

6   Thadden an Reitzenstein, Redakteur des Vorbereitungsheftes, 19.03.51 (EZA Berlin, 71/86/552).
7   Pfr. v. Rabenau an Osterloh, 17.05.51 (EZA Berlin, 2/86/639/2).
8   Osterloh an Rabenau, 02.06.51 (Ebd.). Osterloh hatte den Kirchentagspräsidenten, wie er Rabenau schrieb, auf dessen Schreiben aufmerksam gemacht.
9   H. Schroeter, Kirchentag, S. 102.
10   W. Huber, Streit, S. 32.
11   Heinrich Albertz in „Der Telegraf am Sonntag", 08.07.51.

In ihrem biblischen Zusammenhang – der merkwürdigerweise von niemandem beachtet worden zu sein scheint – bekommt die Losung noch eine andere Wendung:

> „Da sprach Abram zu Lot: Lass doch nicht Zank sein zwischen mir und dir und zwischen meinen und deinen Hirten; denn wir sind Brüder. Steht dir nicht alles Land offen? Trenne dich doch von mir! Willst du zur Linken, so will ich zur Rechten, oder willst du zur Rechten, so will ich zur Linken."[12]

Anschließend lässt sich Lot am unteren Jordan nieder, wo Sodom und Gomorra liegen, die dann wegen ihrer Sündhaftigkeit vernichtet werden. – Die biblische Interpretation hätte auf der Linie Müllers gelegen: Der Unterschied zwischen Ost und West war ja für den Akademiedirektor so groß, dass er bei der Diskussion um den Tagungsort zwei getrennte Kirchentage vorgeschlagen hatte.[13]

Alle interpretatorischen Bemühungen gingen jedoch an der Öffentlichkeit, die den Kirchentag als riesiges gesamtdeutsches Ereignis wahrnahm, vorbei. Hier stand die gesamtdeutsche Interpretation im Vordergrund, sonst wäre der Berliner Kirchentag auch nicht zu dem Massenereignis geworden, das er werden sollte.[14]

Nun stand die Kritik Asmussens im Raum, der sich gegen eine weite Interpretation des Begriffes „Bruder" gewandt hatte, weil sie drängende Probleme zudecke.[15] Deswegen wurde – durchaus im Sinne des biblischen Kontextes – präzisiert: Die Losung erkenne „erst einmal alle Spannungen und Scheidungen an"[16] und könne, wie der Kirchentagspräsident am ersten der Berliner Tage betonte, schon deswegen kein „Weltverbrüderungsfest"[17] einläuten. Man hatte sichtlich Mühe, den thematischen Zugriff so unbestimmt zu lassen, dass niemand den Kirchentag in Frage stellen würde, aber andererseits so konkret zu sein, dass jede einflussnehmende Organisation und Person ihr Anliegen im Kirchentagsprogramm wieder finden konnte.

Beides war schlechterdings unvereinbar. Der Kirchentag konnte angesichts der vielen Teilnehmer aus dem Osten, die nach Berlin kamen, deren Sorgen und Nöte mit „Wir sind doch Brüder!" nicht einfach verharmlosen. Andererseits war es unmöglich, diese Probleme in das Zentrum des Interesses zu rücken, wenn die Veranstaltung in ihrem gesamtdeutschen Charakter nicht gefährdet werden sollte. Der SPD-Politiker und Theologe Heinrich Albertz schrieb kurz vor dem Kirchentag in einem Artikel unter dem bezeichnenden politisch-symbolhaften Titel „Auf dem Schlachtfeld von Berlin":

---

12 1. Mose 13, 8f.; vgl. 1. Mose 13, 12; 19, 24f.
13 Vgl. oben S. 90.
14 Vgl. DEKT-Dok. 51, S. 9.
15 Vgl. oben S. 111.
16 Gablentz in „Der Kurier", West-Berlin, 11.07.51.
17 Thadden bei der Eröffnung (DEKT-Dok. 51, S. 33).

> „Es wird also alles vermieden werden müssen, was in einer Verharmlosung von Gegensätzen eine Fiktion politischer Bruderschaft darzustellen versucht, und die Männer der Leitung des Kirchentages wandern auf einem schmalen Grat zwischen den Abgründen zweier Mißverständnisse: in einem Niemandsland zwischen Ost und West." [18]

In der DDR-Presse ging es darum, den gesamtdeutschen Charakter des Kirchentages zu betonen, um so auf die Wiederbewaffnungsdiskussion in der Bundesrepublik einzuwirken.[19] Ein „Bruderkrieg" als angebliche Folge der westdeutschen Wiederbewaffnung sollte als für Christen unmöglich dargestellt werden.

150 bis 300 mehrfach überprüfte und ideologisch geschulte „Aufklärer" der Nationalen Front taten ein Übriges, die regierungsamtliche Interpretation des Kirchentagsmottos unter das Volk zu bringen. Sie hatten die Aufgabe, schon in den Zügen zum und später vom Kirchentag Gespräche mit Kirchentagsteilnehmern zu führen und 500.000 Exemplare von diversen Flugschriften zu verteilen.[20]

4.2 DDR-Regierung, Bundesregierung und politische Symbolik auf dem Kirchentag

Von Seiten der DDR wurde nichts unversucht gelassen, den Kirchentag zur Legitimierung des eigenen Regimes zu nutzen. Vor allem Staatspräsident Pieck sollte so weit als möglich herausgestellt werden.

Dies zeigte sich deutlich an dem Plan für die zentrale kirchliche Feierstunde zur Eröffnung des Kirchentages am 11. Juli 1951 in der Ost-Berliner Marienkirche, der repräsentativsten intakten Kirche Berlins.[21] Schon das Auftreten der Führungsspitze der DDR in der Marienkirche gemeinsam mit Kirchenleuten aus Ost und West würde eine Aufwertung des Regimes bedeuten, wie sie von westdeutscher Seite sonst immer peinlich vermie-

---

18   „Der Telegraf am Sonntag", 08.07.51.

19   „Der Spiegel" (Nr. 5, S. 28) berichtete am 11. Juli 1951, dass der Innenminister der DDR, Steinhoff, seine nachgeordneten Dienststellen gleichzeitig mit einem Unterstützungserlass für den Kirchentag vertraulich dazu aufgefordert haben soll, „gesamtdeutsche Initiative" zu ergreifen. Ein entsprechendes Schreiben Steinhoffs konnte zwar nicht lokalisiert werden, der Bericht des „Spiegel" dürfte aber, wie sich an den agitatorischen Bemühungen der DDR zeigen lässt, der Wahrheit entsprechen. Von westdeutscher Seite wurden, das zeigt der „Spiegel"-Artikel, die Propagandamaßnahmen der DDR sofort als solche erkannt. Vgl. Entwurf eines Rundschreibens von Nuschke an alle Pfarrer in der DDR (SAPMO-BArch, NY 4090/453, S. 111–115).

20   Abschlussbericht vom DEKT 1951, 19.07.51, Hauptverwaltung Deutsche Volkspolizei (BArch Berlin, DO 1-11/866, S. 23ff, hier: S. 26). Die NF selbst schrieb von „insgesamt täglich rund 450 Aufklärer[n]" (Abschlussbericht der NF vom DEKT 1951, 18.07.51, SAPMO-BArch, DY 30 IV 2/14/103, S. 19; vgl. Bericht über den Kirchentag, Abt. Staatliche Verwaltung, Sektor Kirchen, 15.07.51, SAPMO-BArch, DY 30 IV 2/14/101, S. 150f., S. 215ff.).

21   Av. Stammlers, 11.07.51 (BArch Koblenz, B 137/1461).

den wurde. Noch dazu sollte Pieck nach einem Vorschlag der DDR-Regierung durch einen besonderen Sitzplatz alleine vor der Kanzel hervorgehoben werden, was Propst Grüber seinen Verhandlungspartnern offenbar auch zugesagt hatte. Bei einer Ortsbesichtigung der Marienkirche am 3. Juli milderte der Kirchentagspräsident diese anscheinend eigenmächtige Abmachung Grübers so ab, dass jetzt Dibelius, Pieck und Thadden selbst auf drei Stühlen vor der ersten Kirchenbank sitzen sollten.[22] Als dies in Bonn bekannt wurde, machte das Bundesinnenministerium Thadden und Böhm klar, dass eine solche Verbeugung vor der DDR und ihren Repräsentanten nicht akzeptiert werden würde.[23] Flugs revidierte Thadden die am 3. Juli vereinbarte Sitzordnung. Es wurde eine ganze Reihe von Stühlen vorgesehen, in der die mittleren drei Stühle etwas vorgerückt sein sollten.[24] Diese Hervorhebung um vielleicht zwanzig Zentimeter fiel der Öffentlichkeit nicht auf und dürfte Pieck beruhigt haben.[25] Der Staatspräsident wurde dann auch nicht, wie vorgesehen, durch das Hauptportal in die Marienkirche geführt, sondern durch das Seitenportal.

Was als Aufwertung der DDR empfunden werden konnte, stellte in Wirklichkeit ein Zugeständnis dar, das die Organisation Kirchentag an die Regierung der DDR gemacht hatte, um den Kirchentag ohne größere Probleme über die gesamtdeutsche Bühne laufen zu lassen. Für die Bonner Regierung ergab sich eine schwierige Lage: Einerseits wollte sie den Kirchentag unterstützen, andererseits war ihr an einer „Fraternisierung" des Kirchentages mit Pieck oder anderen Vertretern des nicht anerkannten ostdeutschen Staates nicht gelegen.[26]

Im Bundeskabinett selbst war die Entscheidung, nicht an den offiziellen Veranstaltungen des Kirchentages teilzunehmen, umstritten. Neutralistische Tendenzen im öffentlichen Leben in Deutschland wollte Adenauer nicht dulden, da er von ihnen eine Schwächung der deutschen Glaubwürdigkeit im Westen erwartete. Sogar Bundesminister Heinrich Hellwege (DP), der am 5. Juli beauftragt worden war, die Bundesregierung bei der Eröffnungsveranstaltung in der Marienkirche zu vertreten, erklärte in der Kabinettssitzung am 7. Juli, bei der Adenauer nicht anwesend war, er werde nicht an der Veranstaltung teilnehmen.[27] Nicht nur würde das erste gemeinsame Auftreten von Vertretern der Bundesregierung und Vertretern der DDR-Regierung einen „hochpolitischen Charakter" haben, sondern die

---

22 Plan für die Eröffnungsfeier, 03.07.51 (SAPMO-BArch, DY 30/IV 2/14/101, S. 119).
23 Fernschreiben Kunischs an Thedieck, 10.07.51 (BArch Koblenz, B 137/1461).
24 Am 7. Juli wurde die erste Revision vorgenommen. (Bericht über den Empfang Piecks vor der Marienkirche, SAPMO-BArch, DY 30/IV 2/14/101, S. 132ff.) Von einem „kirchlichen Wunsch", wie G. Besier meint (SED-Staat, S. 91), kann hier keine Rede sein.
25 Das „Neue Deutschland" und „Die Welt" veröffentlichten auf den ersten Seiten ihrer Ausgaben vom 13.07.51 je ein Pressefoto von der Eröffnungsfeier, auf denen die leicht vorgerückten Stühle von Dibelius, Pieck und Thadden zu sehen sind. Diese Hervorhebung wurde aber nicht weiter kommentiert.
26 K. Adenauer, Teegespräche, S. 108f.
27 Kabinettsprotokolle, Bd. 4, 1951, S. 517, 523f.; vgl. A. Meier, Hermann Ehlers, S. 367f.

DDR-Regierung solle, so seine Informationen, vor der Bundesregierung begrüßt werden, und dies sei nicht hinnehmbar. Der hinzugezogene Bundestagspräsident und Oberkirchenrat Ehlers konnte mit seinem Appell, wenigstens ein gewisses Gegengewicht zu den zahlreichen DDR-Regierungsvertretern zu schaffen, nichts ausrichten.[28] Die Begrüßung sollte sich, forderte das Bundeskabinett, auf kirchliche Vertreter beschränken. Aber auch in diesem Falle wäre es für Hellwege nur denkbar gewesen, an einer Eröffnungsveranstaltung nicht in der Marienkirche, sondern im Westen Berlins teilzunehmen, wie er am 6. Juli dem Bundeskanzler schrieb.[29] Adenauers Staatssekretär Globke hielt es für ausreichend, eine offizielle Begrüßung von Regierungsvertretern generell abzulehnen,[30] aber weder Hellweges noch Globkes Vorschlag, den das Bundeskabinett übernahm, wurde von Seiten des Kirchentages akzeptiert, denn eine Annahme der Bonner Vorschläge wäre einer Ausladung der DDR-Regierung gleichgekommen. Hier war die Kirchentagsorganisation zu einer wirklichen Entscheidung gezwungen, und man wollte sich nicht die Sympathien der DDR-Regierung verscherzen.

Als die Entscheidung vom 7. Juli in Anwesenheit des Bundeskanzlers drei Tage später bestätigt wurde, erklärte Ehlers vor dem Kabinett, der Kirchentag rechne nicht mehr mit der Teilnahme der Bundesregierung. Er selbst wolle sich die Entscheidung über seine Teilnahme bis zuletzt vorbehalten.[31] So nahmen schließlich nur zwei westliche Politiker, nämlich der West-Berliner Kultursenator Joachim Tiburtius und Hermann Ehlers (in seiner kirchlichen Eigenschaft, wie er betonte) an der Eröffnung teil. Auch bei den anderen Kirchentagsveranstaltungen waren keine Mitglieder des Bundeskabinetts anwesend, abgesehen von Heinrich Hellwege und Jakob Kaiser, die den Empfang des Kirchentagspräsidenten am 11. Juli besuchten, und Ludwig Erhard, der am Abschlussgottesdienst teilnahm.[32]

Die Tatsache der mangelnden Beteiligung der Bundesregierung am Kirchentag wurde in der west- und in der ostdeutschen Öffentlichkeit später eingehend diskutiert. Hier wie dort waren die Kommentare überwiegend negativ. Das reichte von der Ost-Berliner Schlagzeile „Bonn gegen ‚Wir sind doch Brüder'"[33] zu der West-Berliner Feststellung, Adenauer habe „die

---

28   Außer Ehlers sprachen sich noch Vertriebenenminister Lukaschek und die drei FDP-Minister, Justizminister Dehler, Wohnungsbauminister Wildmuth und der Minister für wirtschaftliche Zusammenarbeit, Vizekanzler Blücher, für eine Entsendung von Ministern zum Eröffnungsgottesdienst aus.
29   BArch Koblenz, B 136/6538.
30   Av. Globkes für Adenauer, 09.07.51 (Ebd.).
31   Kabinettsprotokolle, Bd. 4, 1951, S. 530f. Auch der Vorsitzende der Berliner SPD, Franz Neumann, lehnte nach Presseberichten eine Teilnahme an der Eröffnungsveranstaltung ab, da er nicht mit Mitgliedern der SED auf einer Bank sitzen wolle („Frankfurter Allgemeine Zeitung", 13.07.51). Ein entsprechendes Schreiben Neumanns an Thadden war im EZA nicht auffindbar.
32   Beschluss des Bundeskabinetts vom 10.07.51 (Kabinettsprotokolle, Bd. 4, S. 530f.).
33   „Berliner Zeitung, 26.07.51"; weitere Stimmen: „Totale Verkrampfung der politischen Repräsentanz des westlichen Deutschlands, jene Verkrampfung, die nur in der Beharrung

Unentschlossenheit sichtbar gemacht, die Bonn immer verrät, wenn sich im Ost-West-Verhältnis eine ungewöhnliche Situation ergibt."[34]

Offenbar behagte es dem Kirchentagspräsidenten nicht, gegen die Wünsche aus Bonn verstoßen zu haben. Nach den Tagen von Berlin schrieb an Hellwege, dass dieser und sein Kabinettskollege Kaiser

> „von Anfang an eine politische Akzentuierung des evangelischen Kirchentages nicht nur für unzweckmäßig, sondern für sachlich unmöglich gehalten, und darum ein offizielles Auftreten etwa des ganzen Kabinetts Adenauer in der Berliner Marienkirche für ausgeschlossen gehalten haben. Wenn der evangelische Kirchentag in Berlin gelingen sollte, dann mußte er seinen rein kirchlichen und rein religiösen Charakter behalten. Jedes Abweichen von dieser Linie hätte uns nicht nur das Zusammensein mit unseren deutschen Brüdern aus der Ostzone verdorben, sondern auch den Kirchentag gegenüber den Instanzen der Deutschen Demokratischen Republik unglaubwürdig erscheinen lassen."[35]

Dennoch hätte er sich wenigstens drei oder vier Kabinettsmitglieder aus dem Westen gewünscht,[36] nachdem Generalsekretär Ehlers ja zunächst nahe gelegt worden sei, der Kirchentag solle das ganze Bundeskabinett einladen. Bei einer nominellen Teilnahme der Bundesregierung wäre wenigstens die östliche Propaganda unterblieben, die Bundesregierung habe mangelnden Willen zur Einheit.

Auch Bundestagspräsident Ehlers schrieb nach dem Kirchentag, wenn das Fernbleiben von offiziellen Veranstaltungen auch verständlich sei, habe er sich doch eine stärkere Teilnahme von Ministern und Bundestagsabgeordneten gewünscht. Diese Kritik war bemerkenswert, denn Eh-

---

auf Spannung und Gegensatz und in der peinlichen Befolgung fremder Richtlinien besteht" („Der Demokrat", Schwerin, 13.07.51); „Während der Präsident der DDR, Wilhelm Pieck, dem Kirchentag die Ehre seines Besuches erwies und damit der ganzen Veranstaltung seinen Respekt und seine Huldigung [sic!] darbrachte, kniffen die Bonner Vertreter kläglich" („Neue Zeit", Berlin-Ost, 12.07.51).

[34] „Der Tagesspiegel", Berlin, 15.07.51; weitere Stimmen: „Geistig erfuhren die Teilnehmer aus dem Osten eine Aufnahme, die alle ihre Erwartungen übertraf. Nur politisch wurden sie enttäuscht. [...] Die Verklärung, die für eine Diaspora die ferne Zentrale gewinnt, ist geschwunden. Bonn hat während dieser Tage viel von seiner Anziehungskraft eingebüßt." („Süddeutsche Zeitung", München, 17.07.51); „Wie schmollende Kinder haben Bonner und West-Berliner Behörden sich zurückgezogen. [...] Um nicht mit Pieck zusammenzusitzen, haben sie hunderttausend Sowjetzonenchristen allein sitzen lassen" („Frankfurter Allgemeine Zeitung", 19.07.51).

[35] 27.07.51 (EZA BERLIN, 71/86/30).

[36] EBD.; Thadden an Wellhausen, MdB (FDP), 28.07.51 (EZA BERLIN, 71/86/30); Thadden an Kaiser, 23.07.51 (EZA BERLIN, 71/86/546); vgl. Ehlers an Traub, 11.09.51, in gleichem Sinne (H. EHLERS, Briefe, S. 418). Der von Thadden bei der Vorbereitung der Eröffnungsveranstaltung übergangene Propst Grüber behauptete später, die Bundesregierung habe die Schuld an dem Scheitern der Bemühungen des Kirchentages um die deutsche Wiedervereinigung zu tragen, denn Bonn habe kein Ohr für „Wir sind doch Brüder" gehabt (H. GRÜBER, Erinnerungen, S. 306f.) Dies ist nur insofern richtig, als dass die Ost-Berliner Interpretation des Kirchentagsmottos in Bonn natürlich abgelehnt wurde.

lers' eigene Teilnahme am Kirchentag stieß in Bonn auf Ablehnung.[37] Ehlers scheute sich nicht, auf Distanz zur Bundesregierung zu gehen. Der Staatspräsident der DDR wurde am Nachmittag des 11. Juli 1951 vor der Marienkirche von einer eigens dazu bestellten großen Menschenmenge aus „tausende[n] von Mitarbeitern der Nationalen Front des demokratischen Deutschland" empfangen, die ihm publikumswirksam Applaus spendete und ihn hochleben ließ.[38] Als die evangelischen Bischöfe und Präsides, gefolgt von Pieck, Volkskammerpräsident Johannes Dieckmann, dem stellvertretenden Ministerpräsidenten und CDU-Vorsitzenden Otto Nuschke und anderen ranghohen DDR-Politikern, die Marienkirche zur Eröffnungsfeier betraten, erhoben sich die anwesenden 1.800 Gäste beim Eintreten der Bischöfe von ihren Plätzen und setzten sich erst wieder, als auch die Vertreter der DDR, sozusagen „im Schatten dieser Ehrung", eingetreten waren und sich gesetzt hatten.[39] Propst Böhm, der in der Marienkirche die Begrüßungsworte sprach, erwähnte keinen staatlichen Vertreter mit Namen. Pieck, Nuschke, Dieckmann und die anderen Vertreter der DDR-Regerung wurden von ihm nur summarisch als „Repräsentanten des Staates" an achter Stelle begrüßt.[40] Eine geringere Betonung der Anwesenheit der DDR-Politiker war kaum möglich. Eingedenk des Drucks aus Ost-Berlin und auch aus Bonn, sowie auch der Kritik Asmussens, hob Thadden anschließend erneut hervor, der Kirchentag habe einen unpolitischen Charakter. Dies müsse immer wieder betont werden, denn es könne „gar nicht ausbleiben, dass unser fast beschwörender Ruf bei vielen die Vorstellung erweckt, als wollten wir unter diesem Thema den Gemeinplatz

---

[37] A. MEIER, Ehlers, S. 369; zu dem gespannten Verhältnis von Ehlers zu Adenauer: Interview Kunst, Bonn, 03.10.95.
[38] Abschlussbericht der NF vom DEKT 1951, 18.07.51 (SAPMO-BArch, DY 30/IV 2/14/103, S. 14–19, hier: S. 16).
[39] Die Darstellung bei G. BESIER (SED-Staat, S. 90), die Anwesenden hätten sich erhoben, weil Pieck die Kirche betreten hätte, ist nicht plausibel. Das gemeinsame Auftreten Piecks, Nuschkes, Dieckmanns und der Kirchenführer machte ja gerade die Ambivalenz des Ereignisses aus. Die „Süddeutsche Zeitung", München, schrieb am 15.07.: „Pieck kam durch die Seitentür. [...] Ihm voran gingen die Bischöfe Dibelius und Lilje, denen zu Ehren sich die Gemeinde erhob. Im Schatten dieser Ehrung sozusagen erreichte auch der Sowjetzonenpräsident seinen Platz." Ehlers setzte sich wieder, sofort nachdem die Bischöfe eingetreten waren, worüber sich Niemöller am 25.07.51 bei ihm beschwerte. Ehlers antwortete, dass er sich nur zu Ehren der Bischöfe erhoben habe. Zudem sei Pieck „nicht einmal formell Staatsoberhaupt des Teils der Stadt Berlin, in dem der Gottesdienst stattfand". Im Übrigen sei der Vorgang völlig bedeutungslos (ZAEKHN DARMSTADT, 62/1117, abgedruckt in: H. EHLERS, Briefe, S. 413f.). Der dem Kirchentag verbundene evangelische Publizist Nikolaus v. Grote schrieb über die Eröffnung, der Kirchentag habe sich in der „pseudopolitischen Randzone der Publizität [befunden], die in einer Reihe von Falschmeldungen über den Kirchentag hüben und drüben sichtbar wurde" („Generalanzeiger", Bonn, 13.07.51).
[40] DEKT-DOK. 51, S. 32. Die „Süddeutsche Zeitung" (15.07.51) gab Böhms Rede so wieder: „Vor allem aber gilt mein Gruß dem Präsidenten' – und hier machte er eine sekundenlange Pause – ,des Kirchentages, Dr. von Thadden-Trieglaff.'" Adenauer stellte zwei Tage später vor Journalisten fest, eine namentliche Begrüßung Piecks sei „Gott sei Dank" ver-

‚Seid umschlungen Millionen' zu Gehör bringen und mit ihm eine Art Weltverbrüderungsfest in Szene setzen.“[41]

Grüber hingegen, der drei Wochen vorher an Niemöller geschrieben
hatte, dass Asmussen den Kirchentag „in perfider Weise“ angreife,[42] verkündete von gleicher Stelle: „Wir wollen echte Bruderschaft.“ Das war
gegen Asmussens Unterscheidung von „Bruder“ und „Kamerad“ gerichtet.

Ganz anders Otto Dibelius: Der Bischof hob in seiner Ansprache unter
dem Leitsatz „Wir bauen eine Brücke“ zwar ebenso die Bruderschaft zwischen Ost und West heraus, aber ihm ging es um eine Bruderschaft, die
über politische Gegensätze hinweg reicht wie eine Brücke über einen
Fluss. „Indem wir sagen: Wir bauen ein Brücke, sagen wir zugleich, daß
wir Abgründe sehen, über die man nicht einfach hinwegspringen kann.“[43]
Der ideologische Gegner sollte für den Bischof klar erkennbar bleiben. Es
sollte nicht die „weltliche Zerrissenheit mit kirchlichen Kompromissen“ zu-
gedeckt werden.[44] Ganz auf dieser Linie lag auch Geheimrat Quaatz, der
eine Ansprache als Vorsitzender des Laientages hielt.[45]

Diese Reden zeigten einmal mehr die unterschiedlichen Strömungen,
die von den einzelnen kirchenpolitischen Parteien in den Kirchentag ein-
gebracht wurden. Grüber stand für diejenigen, die eine Entideologisierung
des Gegensatzes zwischen Ost und West betreiben wollten und mit der dadurch behaupteten prinzipiellen Gleichrangigkeit der politischen Systeme
nolens volens Wasser auf die Mühlen der Ost-Berliner Politik von „Deutsche an einen Tisch“ leiteten. Dibelius und Quaatz hingegen verteidigten
den Anspruch der Kirche, Gegenüber des Staates zu sein und nahmen
damit in Kauf, dass eine Annäherung zwischen den Systemen erschwert
wurde. Thadden wollte zwischen diesen Positionen vermitteln: Er versuchte die recht hilflos wirkende Behauptung, die er auf jedem Kirchentag
fortan wiederholen sollte, dass der Kirchentag nicht „politisch“ sei. Alle bri-
santen Inhalte wurden von dem Kirchentagspräsidenten heruntergespielt:
Die entscheidende Bedeutung des Kirchentages, erklärte er, liege darin,
dass er überhaupt stattfinde.[46] Das war der kleinste gemeinsame Nenner.

In diesem Sinne wurde auch die Presse auf dem Presseempfang vor der
Eröffnung orientiert.[47] Politisch solle der Kirchentag ausschließlich in dem
Sinne sein, dass er sich der Sorgen und Nöte der Christen in Ost und West
annehmen wolle. Überpolitisch solle er sein, weil er nur so seine Unabhängigkeit gegenüber den politischen Interessen in Ost und West wahren

---

hindert worden, aber eine Entsendung von Vertretern der Bundesregierung sei angesichts
der hervorgehobenen Stellung Piecks, Grotewohls und Dieckmanns unmöglich gewesen
(K. Adenauer, Teegespräche, S. 110; vgl. P. Commun, Église, Bd. 1, S. 149).

[41] Redemanuskript (EZA Berlin, 95/26).
[42] Grüber an Niemöller, 21.06.51 (ZAEKHN Darmstadt, 62/1116).
[43] DEKT-Dok. 51, S. 35f.
[44] „Die Welt“, 12.07.51.
[45] Redemanuskript (EZA Berlin, 71/86/546).
[46] KJ 1950, S. 38.
[47] DEKT-Dok. 51, S. 21–29.

und seine geistliche Aufgabe wahrnehmen könne. Aber diese Unabhängigkeit blieb Fiktion.

4.3 Der Verlauf des Kirchentages

Am Abend des 11. Juli fanden fünf große Eröffnungsgottesdienste in den Hauptkirchen Berlins statt. Niemöller, dessen Predigt in der Berliner Marienkirche mit Spannung erwartet wurde, sprach die deutsche Frage überhaupt nicht an, sondern beschränkte sich in seiner Auslegung von Galater 3, 28,[48] die durchaus politisch hätte ausfallen können, auf eine soziale Interpretation.[49] Die Erwartungen von DDR-Regierungsseite wurden enttäuscht. So musste sich das „Neue Deutschland" darauf beschränken, von einem früheren Vortrag des Kirchenpräsidenten in Darmstadt zu berichten, in dem dieser sich gegen die Wiederbewaffnung ausgesprochen hatte.[50] Niemöller ließ sich nicht als Politiker in Beschlag nehmen.[51]

Als Reinold v. Thadden-Trieglaff den Kirchentag eröffnete, waren er und die anderen Mitarbeiter des Kirchentages schon fast am Ende ihrer Kräfte.[52] Innerhalb von wenigen Tagen war ein Ansturm von etwa 100.000 Teilnehmern zu bewältigen.[53] Die Unterbringung dieser Teilnehmer war nur mit Unterstützung der Stadtverwaltungen möglich. Schulen wurden zu Massenquartieren umfunktioniert, die jugendlichen Kirchentagsbesucher verteilte man auf mehrere Zeltlager, die sonst der FDJ unterstanden. Ein solcher Menschenansturm war polizeilich kaum zu kontrollieren.[54] Für einige Tage war es, als ob Berlin eine Stadt ohne Grenze wäre. Auf die Teilnehmer übte das eine ganz besondere Faszination aus.[55] Der Kirchentag wurde zu einem jener historisch seltenen Massenereignisse, die in ihrer Dynamik nicht kontrollierbar sind.

Am Tag nach den Eröffnungsfeierlichkeiten begannen die Vorträge in den vier Arbeitsgruppen des Kirchentages. Heinemann, Präses der Synode der EKD, wurde in der am wenigsten ideologisch verwertbaren Arbeits-

---

48 Lutherübersetzung: „Hier ist nicht Jude noch Grieche, hier ist nicht Sklave noch Freier, hier ist nicht Mann noch Frau; denn ihr seid allesamt einer in Christus Jesus."
49 DEKT-Dok. 51, S. 84.
50 „Neues Deutschland", 12.07.51, 13.07.51, gleichlautende Meldungen.
51 Vgl. M. Greschat, Niemöller, S. 198.
52 Der damalige Generalsekretär Otto-Heinrich Ehlers erinnerte sich nach über vierzig Jahren: „Für mich persönlich waren die letzten 10 Tage bis zum Beginn des Kirchentages die bis heute anstrengendsten seit der Rückkehr aus Krieg und Gefangenschaft. Wie die anderen Verantwortlichen, allen voran Dr. v. Thadden und Pastor Giesen, wurden wir bis zum Rande unserer Leistungsfähigkeit gefordert" (an Verf., 28.11.95).
53 Dpa meldete am 09.07.51 14.500 Anmeldungen aus dem Westen und 87.380 Anmeldungen aus dem Osten („Frankfurter Allgemeine Zeitung", 10.07.51); im Erinnerungsheft des Kirchentages ist die Rede von 55.000 östlichen und 24.000 westlichen Dauerteilnehmern (Berlin 1951, S. 1; vgl. P. Commun, Église, Bd. 1, S. 142f.).
54 Vgl. Abschlussbericht vom Deutschen Evangelischen Kirchentag 1951, Hauptverwaltung Deutsche Volkspolizei, 19.07.51 (BArch Berlin, DO 1-11/866, S. 23ff.)
55 „Die Zeit", 19.07.51; Interview Schlockwerder.

gruppe I „Wir sind doch Brüder – In der Kirche" eingesetzt. So konnte er
einerseits, wie vom Politbüro gefordert, an prominenter Stelle auftreten,
andererseits, wie von der Bundesregierung gefordert, möglichst wenig politischen Schaden in westlichem Sinne anrichten. In seinem Vortrag zum
Thema „Wozu ist die Kirche da?"[56] nahm der Präses gegen Parolen vom
„christlichen Abendland" Stellung, die geeignet seien, die Kirche in eine
ungute Nähe zum Staat zu bringen. „Der Kampf um die Throne dieser Welt
wird weitergehen. [...] Die Kirche darf sich nicht in diesen Streit [...] ver-
stricken lassen." Obwohl diesen Worten ihre politische Relevanz kaum ab-
gesprochen werden konnte, entging der Vortrag Heinemanns angesichts
der Vorgänge in den anderen Arbeitsgruppen der öffentlichen Aufmerksamkeit. Nach Heinemanns Rücktritt vom Amt des Bundesinnenministers
stand er ohnehin nicht mehr im Zentrum des öffentlichen Interesses.[57]
    Die Thematik der Arbeitsgruppe II, „Wir sind doch Brüder – In der Fa-
milie" war ungleich brisanter, denn inhaltlich wurde sie von denjenigen
gestaltet, die ganz im Sinne von Asmussen konkrete Defizite anprangern
wollten, und diese herrschten vor allem in der DDR. Deswegen wurden
hier die Gleichschaltung der Jugendorganisationen in der DDR und der
staatliche Anspruch auf Kontrolle aller Lebensbereiche behandelt.
    Bereits während der Vorbereitung dieser Thematik hatten der pommer-
sche Synodalpräses Werner Rautenberg und die Magdeburger Konsistorialrätin Ingeborg Zippel gefordert, „die Dinge beim Namen zu nennen." Rautenberg hatte in einer Vorbesprechung der Arbeitsgruppenleitung erklärt, in
der DDR gebe es eine „brutale Besatzungs- und Unterdrückungspolitik. Wir
haben das Recht, hiergegen alle Wege zu beschreiten."[58] Auch im Vorbereitungsheft für den Kirchentag war betont worden, das Elternhaus sei die höchste Instanz in der Entwicklung eines jungen Menschen. Eine Jugendorganisa-
tion oder die Schule dürften nur dort eingreifen, wo das Elternhaus versage.[59]
    Ganz im Sinne der Arbeitsgruppenleitung ging der Berliner Missionsdi-
rektor Hans Lokies in seinem Vortrag „Wem gehören unsere Kinder?" auf
Konfrontationskurs mit dem Erziehungs- und Bildungssystem der DDR.[60]
Er verurteilte die Repressalien gegen diejenigen Jugendlichen in der DDR,
die nicht Mitglieder der offiziellen staatlichen Jugendorganisationen werden wollten. Die Schule im Osten entwickele sich, so Lokies, „mehr und
mehr zu der Bekenntnisschule des dialektischen Materialismus." Diese
Weltanschauung baue mit ihrer Ausschließlichkeit eine „geistige Front
[auf], an der wir heute noch stehen." Auf die Frage „Was ist der Mensch,
und wem gehört er?" konnte es für Lokies nur eine Antwort geben: Er ist
Gottes Geschöpf, und der Staat kann keinen unbedingten Anspruch auf

---

56   Abgedruckt in: G. HEINEMANN, Glaubensfreiheit, S. 90ff.
57   1951 kam Heinemann, abgesehen vom Kirchentag, nur viermal im Rundfunk zu Wort (D.
      KOCH, Heinemann und die deutsche Einheit, S. 249).
58   Protokoll der Besprechung der Arbeitsgruppenleitung II, 31.05./01.06.51 (EZA BERLIN
      71/86/91).
59   „WIR SIND DOCH BRÜDER", S. 16 (vgl. auch oben S. 112).
60   Manuskript (EZA BERLIN, 71/86/91; vgl. DEKT-DOK. 51, S. 383ff.).

ihn erheben. Dieser Anspruch sei auch im Westen mitunter schwer durchzuhalten, fügte Lokies hinzu, ohne dies näher zu begründen. Er deutete damit an, dass es der kirchlichen Opposition in der DDR nicht darum zu tun war, Anschluss an den Westen zu suchen. War dies schon die Andeutung eines „dritten Weges", wie er ab der zweiten Hälfte der fünfziger Jahre in der evangelischen Kirche in der DDR eingehender diskutiert wurde?

Bei aller rhetorischen Bemühung um Ausgewogenheit („Wir klagen niemand an!") musste der Vortrag von Lokies doch von DDR-offizieller Seite als Provokation empfunden werden. Dem in der Nationalen Front mitarbeitenden Pfarrer Gerhard Kehnscherper war die Aufgabe zugedacht, gegen Lokies Stellung zu beziehen.

Kehnscherper, der wegen seines politischen Engagements von Dibelius aus seiner Pfarrstelle in Bad Freienwalde entlassen worden war,[61] hatte durch staatliche Protektion Studentenpfarrer in Potsdam werden können. Dort wollte er seiner eigenen Formulierung nach die Studentengemeinden „in ein fortschrittliches Fahrwasser" leiten.[62] Der „in der ganzen DDR als Friedenskämpfer" bekannte Pfarrer[63] war der prominenteste unter den Pastoren, die als „Friedenspfarrer" von den „Friedenskomitees" der Nationalen Front auf die einzelnen Arbeitsgruppen verteilt wurden. Während des Kirchentages trafen sich diese „befreundeten Friedenspfarrer" jeden Morgen, um ihren täglichen Einsatz miteinander abzustimmen.[64]

Kehnscherper („mit der Picasso-Taube am Revers", wie westliche Zeitungen am folgenden Tage bemerkten[65]) beklagte die „Schwarz-Weiß-Malerei" in Lokies' Vortrag.[66] Im Osten gebe es nicht nur Materialismus, genau wie es im Westen nicht nur Liberalismus und Idealismus gebe. Die Freiheit im Westen werde oft genug zur Zügellosigkeit missbraucht. Was helfe eine gute Erziehung, rief der „fortschrittliche Pfarrer" aus, angesichts des drohenden Dritten Weltkrieges? Die Jugend im Osten sei von ihrem „Willen zum Frieden" getragen.

Die von lauten Zwischenrufen begleiteten Ausführungen Kehnscherpers, dem schließlich, wie er am nächsten Tag selbst zugab,[67] wegen Überschreitung der festgelegten Redezeit von drei Minuten das Wort entzogen wurde, veranlassten den Versammlungsleiter, Präses Rautenberg, zu der Kritik, „daß wir etwas von dem abgekommen sind, was für einen Deutschen Evangelischen Kirchentag in Frage kommt", worauf er stürmischen Beifall erntete.[68] Lokies antwortete Kehnscherper, er habe ja gerade betont,

61   Schreiben des Konsistoriums Berlin-Brandenburg an die Kirchenleitung Berlin-Brandenburg, 26.10.50 (SAPMO-BArch, NY 4090/453, S. 74f.).
62   Kehnscherper an Jahn, 22.02.51 (Ebd., S. 175ff.).
63   Steinhoff an Grotewohl, 13.01.51 (Ebd., S. 72).
64   Protokoll der [ersten] Zusammenkunft der „befreundeten Friedenspfarrer", 10.07.51 (Ebd., DY 30/IV 2/14/101, S. 139f.).
65   Z.B. „Der Tagesspiegel", „Frankfurter Allgemeine Zeitung", „Der Kurier", 13.07.51.
66   DEKT-Dok. 51, S. 392ff.
67   DEKT-Dok. 51, S. 429.
68   DEKT-Dok. 51, S. 394. Die Ausführungen von Lokies und von Kehnscherper wurden von

dass auch das westliche System keine Lösung biete. „So glauben wir nicht, für die eine oder andere Partei, für die eine oder andere Seite eintreten zu müssen, sondern der Wahrheit zum Siege zu verhelfen."

Die Arbeitsgruppenleitung forderte Kehnscherper auf, am nächsten Tag erneut das Wort zu ergreifen. So wollte man wohl dem zu erwartenden östlichen Vorwurf der Einseitigkeit entgehen. Außerdem war absehbar, dass die Mehrheit der mehreren tausend Teilnehmer an der Arbeitsgruppe auch erneute Ausführungen Kehnscherpers mit Missfallen aufnehmen würde. Die DDR-Regierungsstellen konnten die Verantwortlichen des Kirchentages für solche Missfallensäußerungen aber schwerlich zur Rechenschaft ziehen. Sie hätten nur beanstanden können, wenn „ihr Mann" überhaupt nicht zu Wort gekommen wäre.

Die III. Arbeitsgruppe „Wir sind doch Brüder – Im Volk" zog die weitaus meisten Teilnehmer an, nach Angaben der Veranstalter 40.000.[69] Die hohe Teilnehmerzahl zeigte einmal mehr, wie die Mehrzahl der Kirchentagsteilnehmer die Losung interpretierte: „Wir sind doch Brüder – Im Volk" meinte nicht nur für die Teilnehmer am Kirchentag, sondern auch für die Organisatoren vor Ort einen Aufruf zur „Einheit der deutschen Menschen."[70]

Die Arbeitsgruppenleitung hatte von vornherein politische Fragestellungen im Auge. Das Thema war im November 1950 vom Berliner Laientag entwickelt worden.[71] Der Laientag würde, soviel war klar, kein Blatt vor den Mund nehmen. Aber die Arbeitsgruppenleitung, zu der der Berliner Politikwissenschaftler und Mitbegründer der dortigen CDU Otto Heinrich von der Gablentz, der Quedlinburger Propst Franz-Reinhold Hildebrandt, der Magdeburger Oberkonsistorialrat Johannes Anz, der Schriftsteller Willy Kramp (Schwerte) und der Berliner Theologe Heinrich Vogel gehörten, agierte unabhängig von Quaatz. Bei aller Kritik am staatlichen System der DDR wollten die Leitungsmitglieder „behutsam" reden (Anz), denn schließlich gingen die Zuhörer nach dem Kirchentag wieder in ihre Heimat zurück und bräuchten konkrete Lebenshilfe. Es gelte, den Teilnehmern an

---

West und Ost unterschiedlich dargestellt. Während östliche Zeitungen in ihren Berichten die Ausführungen des Missionsdirektors als „unsachlich, böswillig" und einen „Mißbrauch des Forums des Kirchentages" kritisierten und von Zwischenrufen während der Rede Lokies' berichteten („Tägliche Rundschau", „Neues Deutschland", „Nachtexpress", 13.07.51), schrieb der Korrespondent des „Tagesspiegel" am 13.07.: „SED-Pfarrer Kehnscherper überschüttete dann die Zuhörer mit einem Schwall von kommunistischen Phrasen." Der Dokumentarband des Kirchentages, vom Kirchentagspräsidium herausgegeben, verzeichnet nur Zwischenrufe bei der Rede Kehnscherpers. Die offizielle Dokumentation dürfte näher bei der Wahrheit liegen, wie auch Tonbänder mit Diskussionsausschnitten zeigen (FFFZ, KT/1-38). Der Diskussionsbeitrag Kehnscherpers ist nicht auf Tonband festgehalten; die Tonmitschnitte belegen aber übereinstimmend mit den Zeitzeugenaussagen (Interview Schlockwerder) und den Zeitungsartikeln vom Juli 1951 die DDR-feindliche Stimmung auf dem Kirchentag.

[69] DEKT-Dok. 51, S. 532.
[70] Böhm an Giesen, 02.02.51 (EZA Berlin, 71/86/93).
[71] Hier und im Folgenden: Protokoll der Besprechung von Arbeitsgruppenleitung III, 06./07.06.51 (EZA Berlin, 71/86/92).

der Arbeitsgruppe „Möglichkeiten und Grenzen politischer Mitarbeit" auf-
zuzeigen. Das Vorbereitungsheft machte dann auch keinerlei politische
Anspielungen. In ihm war nur sehr theoretisch von der theologischen
Rechtfertigung der Macht und von der Theorie der Macht die Rede.[72]

Die beiden Redner des ersten Tages der Arbeitsgruppe III, die in der
überfüllten Werner-Seelenbinder-Halle tagte, näherten sich dem Thema
„Macht Macht böse?" von unterschiedlichen Seiten. Während Vogel das
Thema theologisch anging und von der guten göttlichen Macht sprach, die
für den ohnmächtigen Christen eine Verheißung bedeuten könne,[73] wurde
Gablentz in seinen Ausführungen zur DDR sehr viel konkreter.[74]

Vogels Aussagen konnten zwar als Anspielung auf die Ohnmacht der
Christen im Osten Deutschlands verstanden werden, sie waren aber bewusst sehr unkonkret gehalten. Vogel war einer der entschiedensten kirchlichen Gegner der deutschen Wiederbewaffnung,[75] weshalb seine Ausführungen auch so gedeutet werden konnten, dass der ohnmächtige
Christ, anstatt zu den Waffen zu greifen, lieber auf die gute göttliche Macht
vertrauen solle. Hier wurde eine fromme Weltanschauung vorgeführt, die
weniger an akademischem Sachargumenten, als an religiöser Empathie orientiert war.[76] Dieser Vorstellung entsprach es auch, die Wiederbewaffnung
als dem göttlichen Willen, der den Deutschen die Waffen zweimal aus der
Hand geschlagen hatte, widersprechend anzusehen.

Gablentz hingegen argumentierte akademisch-problemorientiert. Er
stellte die Frage in den Mittelpunkt seiner Ausführungen, ob der einzelne
in einem Unrechtssystem mitwirken dürfe. Die Schärfung des individuellen Gewissens könne bedeuten, dass jemand „eine unwahrhaftige Mitwirkung" ablehne und sich nur äußerlich an Schulungen, Resolutionen und
Aufmärschen beteilige. Sie könne aber auch bedeuten, dass jemand fest-
stellt, dass er „stillschweigend draußenbleiben muß." Gablentz ging hier
nicht so weit, auch eine dritte Möglichkeit anzubieten, nämlich die des offenen Protestes. Die vorbereitenden Diskussionen dürften den Referaten
einige ihrer Spitzen genommen haben.

Was den Referaten an Schärfe fehlte, wurde in der Diskussion des ersten Tages nachgeholt. Mehrere Stunden lang wurde am Nachmittag des
12. Juli in der Seelenbinder-Halle über „Wir sind doch Brüder – Im Volk"

---

[72] „WIR SIND DOCH BRÜDER", S. 20–23.
[73] DEKT-DOK. 51, S. 449–459.
[74] DEKT-DOK. 51, S. 459–467.
[75] Vgl. J. VOGEL, Wiederbewaffnung, S. 217. Eberhard Müller hatte im Mai von Giesen gefordert, „neben Vogel, der über diese Dinge [scil. das Thema der AG] ganz ausgesprochen schwärmerisch denkt und ein fanatischer Gegner der Remilitarisierung ist," jemand
anderen zu stellen als Gablentz, der kein „wirkliches Gegengewicht" sei (29.05.51, EZA
BERLIN, 71/86/91).
[76] F. DEHN bezeichnet Vogel in der Festschrift zu dessen 60. Geburtstag als Geistlichen, der
immer für eine „Theologie des Wortes" eingetreten war. Gegen ein „Eindringen der Philosophie" in die Theologie habe sich der Jubilar stets gewehrt (Bekanntschaft, S. 33.) Vgl.
EBD., S. 22 zu Vogel und der christlichen Jugendbewegung.

diskutiert. Viele Teilnehmer, die gerne das Wort ergriffen hätten, konnten aus zeitlichen Gründen nicht berücksichtigt werden. Etwa dreißig Teilnehmer, die vorher die Themen, zu denen sie sprechen wollten, beim Versammlungspräsidium eingereicht hatten, wurden dann aufgerufen.[77]

Dabei zeigten viele Redner aus dem Osten den „Bekennermut", den ein Teilnehmer aus Leipzig am Beginn der Diskussion gefordert hatte.[78] Die Arbeitsgruppenleitung befand sich in einem Dilemma, denn einerseits sollten die Teilnehmer aus der DDR in der Rednerliste nicht einfach übergangen werden, aber andererseits fürchtete man auch die Gefahren eines zu offenen Wortes.[79] Die Mutter eines politischen Häftlings forderte den Kirchentag dazu auf, zu der Situation der politischen Gefangenen in der DDR Stellung zu nehmen und sich um die Seelsorge an ihnen zu kümmern. Präses Scharf, der Leiter der Versammlung, griff nach ihrem Redebeitrag sofort ein und erklärte, der Rat der EKD und die kirchliche Ostkonferenz hätten sich schon zur Lage der Gefangenen geäußert, aber der Kirchentag wolle es noch einmal tun. Man solle aber nicht vergessen, dass es in der DDR zum Teil schon Gefangenenseelsorge gebe.[80]

Der Versammlungsleitung gelang es, die Diskussion so weit zu steuern, dass nicht nur regimekritische Redner zu Worte kamen. Auch regimefreundliche Ost-Teilnehmer und eine Reihe von West-Teilnehmern, die sich erneut gegen die Wiederbewaffnung im Westen aussprachen, wurden aufgerufen.[81] Das Meinungsbild in den Diskussionen sollte möglichst ausgewogen sein. Diejenigen Diskussionsteilnehmer, die sich trotz der damit verbundenen, vorerst nicht abschätzbaren Gefahren kritisch äußern wollten, sollten ein Ventil erhalten. Damit wurde auch der Forderung Genüge getan, nicht im Unkonkreten zu verharren. Aber durch das Nebeneinan-

---

[77]   Interview Lorenz.

[78]   DEKT-DOK. 51, S. 467. Die Diskussion nimmt im Dokumentarband vom Kirchentag 21 Seiten ein (DEKT-DOK. 51, S. 467–488). Diese dokumentarische Wiedergabe dürfte mit großer Wahrscheinlichkeit gekürzt sein, um so diejenigen Redner aus der DDR zu schützen, die sich in ihren Beiträgen zu weit aus der Deckung gewagt hatten. P. COMMUN stützt sich bei ihrer Darstellung des Berliner Kirchentages auf die Erinnerungen Dohrmanns, eines Vertrauten Niemöllers, der angab, ein Teil der Diskussionen um Wiedervereinigung und Neutralität sei aus politischen Gründen nicht in das Kirchentagsprotokoll aufgenommen worden. Dies gelte für die gesamten fünfziger Jahre (Église, Bd. 2, S. 67).

[79]   Vgl. Fernschreiben Kunischs an Thedieck, 14.07.51 (BArch KOBLENZ, 137/1469). Kunisch berichtete, es herrsche Angst unter den AG-Teilnehmern aus der DDR. Viele Ost-Teilnehmer hätten nach systemkritischen Diskussionsbeiträgen über den jeweiligen Redner gemeint: „Der kommt gar nicht mehr nach Hause." Eberhard Stammler, der Vorsitzende des Presseausschusses des Kirchentages, erklärte auf einer Pressekonferenz, Grotewohl habe dem Kirchentag zugesichert, dass man „Verständnis für Äußerungen [von Kritik übenden Ost-Teilnehmern] haben werde, die auf einen erregten Gemütszustand zurückzuführen sind" („Die Neue Zeitung", Berlin-West, 14.07.51). Weder in den Kirchentagsakten noch in den ausgewerteten SED-Akten finden sich Hinweise auf Verhaftungen von Kirchentagsteilnehmern, die sich kritisch geäußert hatten.

[80]   DEKT-DOK. 51, S. 480f. Im Vorfeld waren eine Reihe von Appellen an den Kirchentag gerichtet worden, in denen eine Behandlung dieser Problematik gefordert wurde (vgl. EZA BERLIN, 71/86/92).

[81]   Z.B. DEKT-DOK. 51, S. 467f., S. 471.

derstellen der unterschiedlichen Redebeiträge wurde gleichzeitig unterstrichen, dass niemand vorschnell aus der christlichen Brüderschaft entlassen werden solle. Man erregte so den geringsten Anstoß – schließlich waren auch Zusagen einzuhalten, die an die DDR-Regierung gemacht worden, und diese sollte natürlich nicht von ihrem wohl wollenden Kurs gegenüber dem Kirchentag abgebracht werden. Gleichzeitig bedeutete diese Konzeption theologische Kritik an Asmussens Unterscheidung zwischen „Bruder" und „Kamerad".[82]

Die Diskussion bekam dadurch politisch einen sehr uneinheitlichen Charakter. Präses Scharf hatte einen Angriff auf Niemöller und Heinemann zurückzuweisen, in dem die beiden als „kirchliche Machthaber" bezeichnet wurden, die ihre Macht weltlich missbrauchen würden.[83] Die Serie von Redebeiträgen gegen die Wiederbewaffnung gipfelte in einem am Ende der Diskussionsveranstaltung vorgetragenen Aufruf des „Unterwegskreises", eines Kreises von bruderrätlichen Theologen, die vor allem aus Berlin kamen. In diesem Aufruf wurden die Besatzungsmächte in Deutschland aufgefordert, auf die „Durchsetzung ihrer eigenen politischen Ziele in ihren Zonen zu verzichten." Die Ressourcen der Besatzungszonen sollten nicht für die Wiederaufrüstung verwandt werden. Es gelte vielmehr, die gesamtdeutsche Solidarität voranzubringen.[84]

Im Mai war dieser Aufruf geplant worden. Mit ihm sollte der Kirchentag als Institution ganz gezielt instrumentalisiert werden. Grüber hatte Niemöller, als er ihm einen Entwurf des Aufrufes zur Prüfung übersandte, ganz unverblümt geschrieben, es stelle sich die Frage, „ob wir den Kirchentag nicht benutzen, um auch einmal in concreto zu dokumentieren, was unser Herzensanliegen ist."[85] Auch die Kirchentagsleitung hatte von dem Text schon vorher Kenntnis.[86] Dadurch, dass dieser Appell zugelassen wurde, war ein weiteres Gegengewicht zu den regimekritischen Redebeiträgen geschaffen. Östlicherseits wurde der Mahnruf aufmerksam registriert.

Oberkonsistorialrat Anz war in seinem Referat am 13. Juli, dem zweiten Arbeitsgruppentag, zurückhaltend, wie er es schon während der Vorbesprechungen angekündigt hatte. Zusammen mit Kramp referierte er über „Zweier Herren Knecht".[87] Anz konstatierte Probleme sowohl im Osten als auch im Westen, wobei die Probleme im Osten allerdings „besonders dringlich" seien. Im Osten herrsche der staatliche Atheismus, der nicht zulasse, dass „Gott mehr ist als ein Name". Der Westen aber jage sinnlos einem leeren Freiheitsideal nach, das ihn vor den entscheidenden Werten

---

82   Römer 3, 9f.: „Haben wir Juden einen Vorzug? Gar keinen. Denn wir haben soeben bewiesen, dass alle, Juden wie Griechen, unter der Sünde sind, wie geschrieben steht: ‚Da ist keiner, der gerecht ist, auch nicht einer'" (vgl. Christoph von Imhoff, Vorsitzender des Publizistischen Ausschusses des Kirchentages, „Marburger Presse", 03.04.51).

83   DEKT-Dok. 51, S. 474f.

84   DEKT-Dok. 51, S. 482–484.

85   28.05.51 (ZAEKHN Darmstadt, 62/1116).

86   Text des Aufrufs: EZA Berlin, 71/86/546.

87   Referat Anz': DEKT-Dok. 51, S. 488ff.; Referat Kramps: DEKT-Dok. 51, S. 498ff.

entferne. Diese Werte seien im Vertrauen auf Gott begründet. Erst wenn man Gott vertraue, könne man sich der Welt widersetzen. Die Kirche sei mithin keine politische Widerstandsbewegung, aber sie ermahne durchaus – gemäß Römer 13[88] – zum Respekt vor der Obrigkeit.

Kramp nahm den Faden von Anz auf und spitzte dessen Argumente zu, was er als westlicher Redner auch unbefangener tun konnte. Auch er forderte die Zuhörer zu echter Jüngerschaft auf, betonte aber gleichzeitig, dass Römer 13 nur dort gelte, wo sich staatliche Gewalt an Gottes Geboten orientiere. Dies war eine klare Anspielung auf die Verhältnisse in der DDR.

Die Diskussion machte erneut deutlich, dass zu offene Systemkritik nicht erwünscht war. Scharf sagte gleich zu Beginn, dass die Namen der Redner aus der „Ostzone" trotz gegenteiliger Bitte bekannt gemacht werden würden, denn die Arbeitsgruppenleitung meine, „daß es für die Redner eine gute Zucht ist, daß sie das, was sie sagen, mit ihrem Namen vertreten müssen."[89] Getreu dieser Linie sprach ein Ostteilnehmer davon, dass man sich der „Macht im Osten" beugen müsse und dürfe. Ein weiterer bezeichnete das christliche Leben in der DDR als „fast unbehindert." Man solle gegenüber östlichen Regierungsstellen „mehr Takt und Klugheit im Gespräch" wahren: „Es dient nicht einer gedeihlichen friedlichen Entwicklung, wenn der Westen den Osten zu Sinnlosigkeiten auffordert."

Solche Ausführungen wurden von der Versammlung schweigend aufgenommen. Als hingegen ein Schüler aus dem Osten ausrief, dass er, wolle er auf der Oberschule bleiben, lügen müsse, brach frenetischer Beifall los.[90] Scharf versuchte, die Wogen zu glätten. Als kurz nach dem Schüler eine Lehramtsbewerberin aus Thüringen von der „Vergewaltigung unserer Jugend in der Schule" sprach und einen „Notschrei der Jungen Gemeinde" an die Kirchenleitungen richtete, antwortete der Präses, die Kirchenleitung habe sich ununterbrochen um Erleichterungen für die Junge Gemeinde bemüht und werde dies auch weiter tun.[91] Dem widersprach Hermann Ehlers. Bezugnehmend auf Anz' Feststellung, die Kirche sei keine politische Widerstandsbewegung, betonte der Bundestagspräsident die politische Verantwortung des Christen. Man könne nicht fordern, dass Pastoren sich nicht in die Politik einmischen sollten, wie dies ein östlicher Redner vor Ehlers getan hatte.[92] Pastoren dürften sich nicht, so Ehlers, „in christlicher Arroganz" über weltliche Fragen einfach hinwegsetzen. In den tumultarti-

---

[88] Römer 13,1: „Jedermann sei untertan der Obrigkeit, die Gewalt über ihn hat. Denn es ist keine Obrigkeit außer von Gott; wo aber Obrigkeit ist, die ist von Gott angeordnet" (vgl. auch die weiteren Verse).

[89] DEKT-Dok. 51, S. 510.

[90] Der Dokumentarband verzeichnet keine Beifallsäußerungen, aber die Tonbandaufnahme der Diskussion gibt die erregte Stimmung wieder. Der Redebeitrag des (entgegen der Ankündigung Scharfs) nicht näher bezeichneten Schülers: DEKT-Dok. 51, S. 515; die Tonbandaufzeichnung: FFFZ KT/1-38, 23:25–24:30.

[91] DEKT-Dok. 51, S. 518.

[92] DEKT-Dok. 51, S. 516.

gen Applaus und die „Bravo!"-Rufe der Teilnehmer rief Ehlers hinein: „Wenn wir Frieden sagen, wollen wir Frieden meinen können, und wenn wir Freiheit sagen, dann wollen wir auch Freiheit meinen können!"[93]

Der Bonner Politiker besaß das Gespür auszusprechen, was den versammelten Kirchentagsteilnehmern auf der Seele lag. Genauso aus dem Herzen der Teilnehmer und auch aus seinem eigenen kam der Satz, den er nach dem Ausruf des ostdeutschen Schülers sprach: „Ich wünschte, es wären mehr verantwortliche Leute aus dem Westen hier, um all dies zu sehen und zu hören."[94]

Hier zeigte sich klar, was von den vielen Menschen, die nach Berlin zum Kirchentag gereist waren, erwartet wurde: Ihre Not sollte beim Namen genannt werden. Die Organisation Kirchentag konnte alles versuchen, dies zu dämpfen, etwa durch die Versammlungsleitung Scharfs. Aber die Masseninstitution Kirchentag konnte weder von der Kirchentagsorganisation, noch überhaupt von allen einflussnehmenden Organisationen zusammengenommen wirklich kontrolliert werden. In Berlin wurde eine Dynamik wirksam, die allenfalls von der Bundesregierung richtig eingeschätzt worden war – sie hatte mit solchen Stimmungen immerhin schon erfolgreich Wahlen gewonnen! Die Organisation Kirchentag und auch die DDR-Regierung wurden hingegen von dieser Stimmung überrascht, oder sie konnten sie nicht eindämmen. Ehlers verlieh dieser Massendynamik Ausdruck und setzte sich an ihre Spitze.

In dem Bericht über die Arbeitsgruppe III, den Vogel auf der Schlussversammlung am 15. Juli vortrug, hieß es vorsichtig, dass die dritte Arbeitsgruppe das Ergebnis, „daß wir ein Volk sind" gezeigt habe. Die Hilferufe des Schülers und der Lehramtskandidatin wurden als Warnung vor der „Bevormundung von Lehre und Wissenschaft im Osten" zusammengefasst. Vogel schloss den Bericht mit den mahnenden Worten ab, eine Flucht in den Westen sei eine zu billige Lösung, aber trotzdem gebe es Grenzen, „wo der Christ nein sagen muß und unter Umständen aus der Verantwortung herausgehen muss, weil es ihm nicht mehr möglich ist, seines Glaubens wegen."[95]

Trotz dieser interpretatorischen Bemühungen von Seiten der Arbeitsgruppenleitung musste der Verlauf der Diskussionen in der dritten Arbeitsgruppe auch für die DDR-Regierung ein Schlag ins Gesicht sein. Die Zeitungen berichteten auffällig wenig über die Besprechungen dieser Arbeitsgruppe; das CDU-Parteiorgan „Neue Zeit" unter dem irreführenden Titel: „Gesellschaftlicher Inhalt der Macht entscheidet."[96]

Die IV. Arbeitsgruppe „Wir sind doch Brüder – Bei der Arbeit" unter Vorsitz des rheinischen Präses Heinrich Held sollte von ihrer Konzeption her keinen deutschlandpolitischen Akzent haben. Hier wollte man die Diskus-

---

93   DEKT-Dok. 51, S. 520f.; das Zitat: Ebd., S. 521; Tonmitschnitt: FFFZ KT/1-38, 25:40–26:19 (hier auch die Beifallskundgebungen).
94   FFFZ KT/1-38, 23:25–24:30; vgl. „Die Zeit", 19.07.51.
95   DEKT-Dok. 51, S. 531–534.
96   14.07.51.

sion des Essener Kirchentages wieder aufnehmen. Das Vorbereitungsheft rief zur Schaffung eines neuen Betriebsklimas „durch Arbeit als brüderlichem Dienst" auf.[97] Am ersten Tag, der durch Vorträge von zwei westlichen Referenten eingeleitet worden war, meldeten sich aber in der Diskussion einige Arbeiter zu Wort und beklagten die „Arbeitsverhältnisse in der Ostzone". Die Werktätigen in der DDR würden ausgebeutet, es gebe kein Streikrecht, womit dem Arbeiter „eines seiner unveräußerlichen Grundrechte" genommen werde.[98] Das anwesende Mitglied des „Friedenskomitees" der DDR schrieb in seinem Bericht über den Verlauf der Veranstaltung, dass „von keinem Diskussionsredner etwas Positives über die Verhältnisse in der DDR gesagt" wurde.[99] Ein westlicher Beobachter, der im Auftrag des Bundesverbandes der deutschen Industrie in Berlin anwesend war, sprach von einem Anteil von 80 Prozent Zuhörern aus der DDR und stellte fest: „Es war für den Besucher aus dem Westen erstaunlich und höchst erfreulich zu hören, mit welcher Offenheit und welchem Mut Angehörige verschiedenster Stände aus dem Sowjetbereich von ihrem Kampf als christliche Menschen gegen das totalitäre System der SED Zeugnis abgaben."[100]

Am zweiten Tag referierte der Dresdner Synodalpräsident Reimer Mager zum Thema „Keiner ohne den anderen". In seinen Ausführungen wandte er sich gegen Akkordarbeit und überhöhte Normen, die dem Arbeiter keine „Zeit für den Nächsten" lassen würden. Wie die Leitung der Arbeitsgruppe III waren auch die Referenten der vierten Arbeitsgruppe bestrebt, einerseits den Anliegen ihrer Zuhörern zu entsprechen, andererseits aber keine unnötigen Konflikte heraufzubeschwören. So sprach Mager ein Wort an diejenigen, „die für die Ordnungen verantwortlich sind: Habt ihr nicht selber Angst vor den Menschen, die sich zwar äußerlich eurer Ordnung beugen, aber innerlich an ihr zu zerbrechen drohen?" Dies konnte als gegen „kapitalistische Verhältnisse" im Westen gerichtet ausgelegt werden, wurde von den Zuhörern aber als auf den Osten gemünzt verstanden.[101] Diesen Teilnehmern aus der DDR sagte der Dresdner Präses: „Dient euern Herrn um Gottes Willen, auch den wunderlichen!" Nachdem die Diskussion, in der beispielsweise ein Arbeiter aus Magdeburg die Arbeitsverhältnisse in der DDR mit denen in russischer Kriegsgefangenschaft verglichen hatte, zu Ende war, betonte Mager noch einmal in seinem Schlusswort, es gebe Notsituationen sowohl im Osten als auch im Westen.[102]

---

[97] WIR SIND DOCH BRÜDER, S. 32.

[98] „Ein Arbeiter aus Mitteldeutschland" (DEKT-DOK. 51, S. 563f.); „Ein anderer Arbeiter" (EBD., S. 564f.).

[99] „Zusammenfassender Bericht des Kreiskomitees der Kämpfer für den Frieden, Frankfurt/Oder, über die Kirchentagung in Berlin vom 11.–14.7.1951", 24.07.51 (SAPMO-BArch, DY 30/IV 2/14/103, S. 27).

[100] Schnelldienst des Deutschen Industrieinstituts [wissenschaftliches Institut des BDI], Köln, Nr. 14, 13.07.51 (EZA BERLIN, 71/86/97).

[101] DEKT-DOK. 51, S. 583f. Zur Aufnahme der Worte Magers in der Diskussion: EBD., S. 595f.

[102] Diskussionsbeitrag des Arbeiters: EBD., S. 599f.; Schlusswort Magers: EBD., S. 612.

Die Sonderveranstaltungen des Kirchentages, insbesondere das Männer- und das Frauentreffen am Sonntag, dem 15. Juli 1951, hatten einen ganz unpolitischen Charakter. Das Männertreffen, um dessen Rednerliste so lange gestritten worden war, entging der öffentlichen Aufmerksamkeit. Die Strategie des Kirchentagspräsidiums war aufgegangen: Niemöller und Heinemann nahmen zwar am Kirchentag teil, aber sie hielten sich zurück, da ihnen nicht daran gelegen war, sich mit politischen Aussagen vor den Karren der Regierung der DDR spannen zu lassen.

Über 200.000 Menschen kamen zum Abschlussgottesdienst am Nachmittag des 15. Juli in das Berliner Olympiastadion und das davor liegende „Marsfeld". Diesmal war, anders als bei der Eröffnungsveranstaltung in der Marienkirche, in Protokollfragen der Bundesregierung entgegengekommen worden. Die Abgesandten der Bundesregierung („Kirchenvertreter" Ehlers war mit seinem Dienstwagen mit Bundestagspräsidentenstander vorgefahren[103]) saßen direkt neben dem Rednerpult, während die östlichen Regierungsvertreter etwa 250 Meter von dem Rednerpult entfernt Platz nehmen mussten. Die Ehrentribüne blieb allein Kirchenleuten vorbehalten.[104]

Die Redebeiträge während des Abschlussgottesdienstes spiegelten nur wenig von der Dramatik des Geschehens vor allem in der dritten Arbeitsgruppe wider. Hermann Ehlers fasste den Diskussionsverlauf in der dritten Arbeitsgruppe zusammen, blieb aber gemäß der Vorgabe von Seiten des Kirchentages unverbindlich.[105] Bischof Dibelius sprach in seinem Fürbittengebet – bezugnehmend auf die Forderung, die in Arbeitsgruppe III am Donnerstag erhoben worden war – ausdrücklich auch die Lage der Kriegsgefangenen an, die noch in der Sowjetunion festgehalten wurden. Der östliche Rundfunk hatte sich rechtzeitig vorher aus der Übertragung ausgeblendet, so dass Ehlers' Rede und Dibelius' Gebet nur die westlichen Radiohörer erreichte.[106]

Wenn es sich auch wohl nicht um die Synthese auf dem Kirchentag gewonnener Einsichten handelte,[107] so gab Reinold von Thadden-Trieglaff

---

[103] „Der Kurier", Berlin-West, 16.07.51.

[104] Fernschreiben Kunischs an Thedieck, 15.07.51 (BARCH KOBLENZ, B 137/1461).

[105] Die Pressestelle des Kirchentages wies darauf hin, dass vor allem die dritte Arbeitsgruppe in West und Ost politisch gesehen werden würde, aber man bemühe sich stärkstens, dem entgegenzuwirken (Erfahrungsbericht über die Rundfunkarbeit beim DEKT, streng vertraulich, Juli 1951, S. 3; EZA BERLIN, 71/86/561).

[106] EBD., S. 4; vgl. „Frankfurter Allgemeine Zeitung", 17.07.51. Angeblich wurde der Generalintendant des Ostberliner Rundfunks deswegen am 18.07.51 abgesetzt („Der Tagesspiegel", Berlin, 19.07.51, „Die Welt", Essen, 19.07.51), was aber kaum stimmen dürfte, denn in den Akten des Politbüros findet sich hierauf kein Hinweis. Außerdem lag die Zensur durch den Rundfunk der DDR im Rahmen der Zensur durch die Presse, die nicht beanstandet wurde, obwohl sie auf westlicherseits genauso hingewiesen worden war. In dem Bericht der Pressestelle des DEKT (vgl. Anm. 104) ist allerdings die Rede von einer bindenden Zusage, die vorher von Seiten des DDR-Rundfunks dahingehend gegeben worden sei, dass die Abschlussversammlung vollständig übertragen werde.

[107] H. SCHRÖTER, Kirchentag, S. 112.

doch mit seiner Aufforderung „So haltet denn die Losung dieses Kirchentages: Wir sind doch Brüder" dem Verlangen nach innerer und äußerer Einheit Ausdruck. Die Kirchentagsteilnehmer hatten unzweifelhaft das Bedürfnis, die Unteilbarkeit Deutschlands sowohl für sich selbst als auch für die Welt zu unterstreichen. Daran änderte die Tatsache nichts, dass man durch die Referate und Diskussionen auf dem Kirchentag einer Antwort auf die Frage, was die Bedingungen für eine solche Einheit sein könnten, keinen Schritt näher gekommen war. Aber dies wäre wohl auch kaum von einer Masseninstitution wie dem Kirchentag zu leisten gewesen. Die Mehrzahl der Teilnehmer dürfte den Ruf des Kirchentages als eine Forderung nach Freiheit religiös motivierten Handelns im öffentlichen Raum aufgefasst haben. In Berlin bestand die Möglichkeit, dieser Forderung Ausdruck zu verleihen und sie mit einem Bekenntnis zu christlicher Gemeinschaft über Grenzen hinweg – jenseits aller Politik – zu verbinden.

Ein Sprecher sagte während des Kirchentages:

> „Echtes Miteinander fordert von uns, daß wir um die Anfechtung des anderen wissen. Wir wollen einander weder innerlich noch äußerlich abschreiben, sondern uns einander neu verschreiben zum Dienst der brüderlichen Stärkung und der täglichen Fürbitte! Lasset uns [...] einander zurufen: ,Ihr gehört zu uns, wir gehören zu euch!'"[108]

Die Gelegenheit zu diesem Bekenntnis nahmen Hunderttausende wahr. So wurde der Kirchentag 1951 zu dem bis dahin bedeutendsten gesamtdeutschen Ereignis nach dem Kriege, einem „diakonischen Ereignis ersten Ranges".[109]

4.4 Der Berliner Kirchentag aus westlicher Sicht

Aus Bonner Sicht war der Kirchentag politisch gesehen ein voller Erfolg. Ohne dass die Bundesregierung in irgendeiner Form in Erscheinung getreten wäre, war der Kirchentag eine Demonstration gegen die politischen Verhältnisse in der DDR gewesen. Keine kirchliche oder politische Stelle brauchte offen nachzuhelfen, die östlichen Teilnehmer und ihre Äußerungen auf dem Kirchentag waren Demonstration genug. Jakob Kaiser schrieb Wochen später in einem „Nachwort zum Evangelischen Kirchentag", in dem er die Nichtteilnahme der Bundesregierung an den meisten Kirchentagsveranstaltungen zu rechtfertigen versuchte, die „Sowjetzonenbevölkerung" wäre nicht zum Kirchentag gekommen,

> „wenn das Deutschland der Freiheit sie zu einer demonstrativen Kundgebung nach Berlin gerufen hätte. [...] Wenn [...] die Bundesregierung auch nur annähernd wie das Pieck-Regime sich um die evangelische Zusammenkunft

---

[108] BERLIN 1951, S. 9.
[109] V. HERNTRICH, Politische Diakonie, S. 18.

Deutschlands politisch und propagandistisch bemüht hätte, wäre allen denen, die nachher wieder in ihre ostdeutschen Städte und Dörfer zurückmußten, ein gefährlicher Dienst erwiesen worden. [...] Es bedarf – weiß Gott – keiner Betonung, daß die Bundesregierung den gesamtdeutschen evangelischen Kirchentag in Berlin mit allen ihren moralischen, menschlichen, politischen und auch materiellen Sympathien begleitete. Aber sie hat die hohe gesamtdeutsche Position, die die evangelische Kirche gerade in der Sowjetzone darstellt, nicht besser und nicht klarer würdigen und unterstützen können, als daß sie alles unterließ, was den evangelischen Christen und diesem großen Treffen den Zutritt zum freien Raum Berlin, zur Atmosphäre der Freiheit hätte gefährden können."[110]

Nicht das offizielle „Deutschland der Freiheit", sondern die vermeintlich politisch weniger deutlich einzuordnende „Kirche" – die Unschärfe des Begriffes entsprach durchaus der öffentlichen Wahrnehmung – hatte zu einer solchen Kundgebung gerufen. Das war Voraussetzung für die politische Wirkung des Kirchentages.

Ein Regierungsbeamter schrieb zur Programmgestaltung:

„Für den Kenner der Verhältnisse stand von vornherein fest, daß diese [die politischen Aussagen auf dem Kirchentag, D. P.] sich, wie es auch gekommen ist, gegen das östliche Zwangssystem auswirken würden. Ist es nicht vor aller Welt so viel wirkungsvoller geworden, daß diese Auswirkungen von innen heraus ohne Steuerung durch die politischen Stellen aus der Bundesrepublik gekommen sind? Ich glaube deshalb, daß die Bundesregierung durchaus richtig gehandelt hat, wenn sie keine demonstrativen Aktionen im Rahmen des Kirchentages veranlaßt hat." [111]

Schon die massenhafte Teilnahme am Kirchentag stellte „so etwas wie eine politische Demonstration gegen das Regime in der DDR" dar.[112] Eine Absage an die Westintegration der Bundesrepublik, wie sie der DDR-Regierung durch die Propagierung der Losung „Deutsche an einen Tisch" und die Propaganda gegen die Wiederbewaffnung vorschwebte, wurde durch die Massen der Kirchentagsteilnehmer, die die Teilnahme am Kirchentag als eine Demonstration gegen den Osten betrachteten, unmöglich gemacht.[113]

Große Teile der westdeutschen Presse waren mit dem politischen Anliegen der Bundesregierung in Bezug auf den Kirchentag eng verbunden.

---

110 EZA BERLIN, 71/86/546. In der Kabinettssitzung vom 20.07.51 bezeichnete Kaiser die gesamtdeutsche Begegnung als „das nachhaltigste Ereignis des Kirchentages" (KABINETTS-PROTOKOLLE, Bd. 4, 1951, S. 553.)
111 Kunisch an Mehnert (Chefredakteur „Christ und Welt"), 21.07.51 (BARCH KOBLENZ, B 137/1461).
112 Bericht Vockels, des Bevollmächtigten der Bundesregierung in Berlin, an Adenauer (EBD., B 136/5861); Interview Schlockwerder.
113 P. COMMUN, Église, Bd. 1, S. S. 147f.; Interview Schlockwerder. P. COMMUN stellt fest, der Berliner Kirchentag sei in dem Maße politisch gewesen, in dem er der deutschen und internationalen Öffentlichkeit „le drame de la division allemande et le rôle unificateur de l'Eglise évangélique entre l'Est et l'Ouest" vorführte (Église, S. 155). Dass er deswegen gleich als ein experimenteller Beginn der deutsch-deutschen Beziehungen gewertet wer-

Ein Berliner Journalist stellte gegenüber Bundeskanzler Adenauer beim „Teegespräch" am 13. Juli (also während des Kirchentages) fest, die Presse habe alles getan, „um den leitenden Herren des Kirchentages die Grenzen dessen, was sie bezahlen konnten, klarzumachen." Adenauer antwortete, es sei für die Bundesregierung entscheidend, „daß im Ausland kein Zweifel daran geweckt wird, als wenn die Bundesrepublik nicht ganz fest im Lager des Westens steht."[114] Ein solcher Eindruck war in der Tat nicht entstanden. Die Journalisten sagten dem Bundeskanzler zu, sich darum zu bemühen, dass der Kirchentag eine Veranstaltung mit westlichem Charakter sein werde. Schon dadurch sei eine propagandistische Niederlage für den Osten zu erwarten. Der Kirchentag werde in der Berichterstattung nicht als primär politisches Ereignis erscheinen, sondern als menschliche Dokumentation des Einheits- und Freiheitswillens der Deutschen in der DDR.

Getreu dieser Zusage wurde der Kirchentag als „Kirche Christi in einer antichristlichen Welt"[115] beschrieben, als ein „Politikum, ohne politisch sein zu wollen."[116] Der Kirchentag sei „ein Erfolg des Westens [gewesen], mit dem sich die Kirche in wesentlichen Fragen und Forderungen verbunden weiß", kommentierte der Berliner „Tagesspiegel".[117] Der Korrespondent der „Welt" beschrieb den Kirchentag als „gesamtdeutsches Gespräch en masse" und rühmte die „echte[n] Zeugnisse christlichen Bekennermutes." Die Friedensparolen der DDR seien nicht angekommen.[118] Mitunter wurde über den Umweg des geistlichen Ereignisses doch wieder ein politisches Ereignis konstatiert, wenn es etwa hieß, auf dem Kirchentag sei keine „politische Brücke von einem politischen Ufer zum anderen politischen Ufer [geschlagen worden], sondern eine Brücke von Mensch zu Mensch innerhalb der evangelischen Familie."[119]

Für gewisse Irritationen sorgte die britische Presse. Die Londoner „Times" gelangte zu dem Schluss, dass die Seltenheit von politischen Aussagen auf dem Kirchentag so gewertet werden müsse, dass die meisten ostdeutschen Protestanten ihrer Regierung gegenüber loyal wären.[120] Auch der „Economist" teilte die Angst vor einer Annäherung zwischen der protestantischen Kirche, die ihr Zentrum im ehemals preußischen Ostdeutschland habe, und dem östlichen politischen System. Das protestantische Obrigkeitsverständnis, hieß es in einem Artikel, könne russische Offerten lieber sehen als der Katholizismus in Deutschland oder der Rheinländer Adenauer. Deswegen sollten Großbritannien und die USA

---

den kann (S. 160), ist allerdings übertrieben, denn deutsch-deutsche Berührungen auf anderen als zwischenmenschlichen und kirchlichen Ebenen hat es in Berlin nicht gegeben.

[114] K. ADENAUER, Teegespräche, S. 110f.

[115] „Bremer Nachrichten", 17.07.51.

[116] „Badische Zeitung", Freiburg i.Br., 10.07.51.

[117] 17.07.51.

[118] Johann Renatus Renner in „Die Welt", Essen, 17.07.51.

[119] „Düsseldorfer Nachrichten", 14.07.51.

[120] 16.07.51.

Adenauer mindestens genauso helfen, wie die sowjetische Hohe Kommission Thadden geholfen habe.[121] Diese Berichte beunruhigten Thadden. In den USA, wo die Regierungsstellen dem Anliegen des Kirchentages wohlgesonnen waren, musste nach dem Berliner Kirchentag jedem Eindruck entgegengewirkt werden, der Kirchentag wolle eine neutralistische Position einnehmen, gewissermaßen also eine „Rapallo-Politik" verfolgen. Über seine ökumenischen Kontakte gelang es Thadden, entsprechenden Bedenken in den USA entgegenzuwirken.[122]

Der im Auftrag des Präsidiums gedrehte Kirchentagsfilm hingegen hob vor allem auf den politischen Charakter des Kirchentages ab.[123] Zu Beginn des Filmes spricht eine bedrohlich wirkende Stimme zu einer Szene mit exerzierenden Volkspolizisten: „Die Welt ist gespalten." Dann werden läutende Kirchenglocken gezeigt. Der Sprecher sagt: „Da ertönte ein Ruf!", nämlich der Ruf des Kirchentages. Die Filmaufzeichnungen von einzelnen Reden auf dem Kirchentag sind so gewählt, dass der politische Charakter des Ereignisses betont wird. So wird der Diskussionsbeitrag des Schülers in Arbeitsgruppe III („Ich muß dauernd lügen!"), ohne ihn im Bild zu zeigen, genauso eingespielt wie ein Ausschnitt aus der Rede Jacobs bei der Stunde der Jugend, in dem er sagt: „Wir können uns nicht zu Christus bekennen und gleichzeitig vor anderen Mächten auf den Knien liegen!" Der Sprecher sagt über die Kirchentagsteilnehmer: „Ihr Bekenntnis ist ein gewaltiges Bekenntnis des Glaubens, das jede politische Spekulation zunichte macht." Damit ist offenbar die Spekulation gemeint, ein Teil Deutschlands könne aus dem „christlichen Abendland" herausgelöst werden.

Dieser Film, der am 31. Oktober 1951 in West-Berlin uraufgeführt wurde, konnte in der DDR nicht gezeigt werden, das war auch den Organisatoren des Kirchentages klar.[124] Er dürfte aber zur Verhärtung der Fronten beigetragen haben, denn von staatlichen Stellen der DDR wurden der Film und seine Tendenz nicht ignoriert.[125] Der Film erhielt sogar das Prädikat „wertvoll", was der Vorsitzende des Kirchentagslandesausschusses Rheinland, Friedel Heinen, gegenüber Präses Heinrich Held mit der ironischen Bemerkung quittierte, schließlich sei auch der Film „Die sündige Grenze" als „wertvoll" anerkannt worden.[126]

---

[121] 21.07.51.
[122] Gablentz an Thadden, 02.10.51 (EZA BERLIN, 71/86/346); Thadden an Gablentz, 05.10.51 (EBD.).
[123] „Kirchentag: Keiner ohne den Anderen" (FFFZ Nr. 024-2).
[124] Ev. Jungmännerwerk an Giesen, 12.11.51 (EZA BERLIN, 71/86/304b); Protokoll der vierten Sitzung des Ostausschusses des Kirchentages, 08.12.51 (EZA BERLIN, 71/86/41).
[125] Bericht über die Uraufführung des Dokumentarfilms, 05.11.51 (SAPMO-BArch, DY 30/IV 2/14/103, S. 30f.).
[126] Heinen an Held, 21.01.52 (LKA DÜSSELDORF, 9/186).

4.5 Die Auswertung des Kirchentages in der DDR

Die Bilanz des Kirchentages, die die DDR-Regierung zog, war ernüchternd. Die Rechnung, die Kirchentagsteilnehmer in die Propaganda gegen die Remilitarisierung einzuspannen, war nicht aufgegangen. Die für Kirchenfragen zuständige Abteilung des ZK der SED stellte in ihrem Abschlussbericht über den Kirchentag fest:

„Die entscheidende Schwäche in der Vorbereitungsarbeit liegt in der völligen Unterschätzung der Bedeutung des Kirchentages durch die Partei allgemein. Trotz wiederholter Hinweise und eingehender Instruktion der für diese Arbeit verantwortlichen Genossen bei den Landesleitungen ist erst in den letzten Wochen vor dem Beginn des Kirchentages etwas dazu getan worden."[127]

Die einzusetzenden „Aufklärer" sollten nach dem Agitationsplan des ZK erst kurz vor dem Kirchentag instruiert werden,[128] wegen organisatorischer Mängel fanden Schulungen jedoch fast gar nicht statt. So standen die Aufklärer, wie im Nachhinein festgestellt wurde, den Kirchentagsteilnehmern oft „ablehnend und sektiererisch" gegenüber.[129] Auch die „Aufklärungslokale" der Nationalen Front wurden kaum besucht. Insgesamt erwies sich der Kirchentag aus der Sicht der Nationalen Front mithin als organisatorisches Desaster. Dies mag auch daher gerührt haben, dass sie Front schon seit geraumer Zeit mit der Vorbereitung der „Weltfestspiele der Jugend und Studenten" beschäftigt war, die zwei Wochen nach Abschluss des Kirchentages in Ost-Berlin begannen.

In den Arbeitsgruppen waren viele Sprecher zu Worte gekommen, die sich positiv zu den Verhältnissen in der DDR geäußert hatten, aber die Äußerungen dieser „Friedenskämpfer" hatten keine Beifalls-, sondern Missfallenskundgebungen bewirkt. Darüber konnten auch Pressekommentare, die den Kirchentag als einen Erfolg der DDR feierten und völlig absurde Behauptungen über Einflussversuche „westlicher Elemente" aufstellten, nicht hinwegtäuschen.[130]

---

[127] Bericht der Abteilung Staatliche Verwaltung, Sektor Kirchen (SAPMO-BArch, DY 30/IV 2/14/101, S. 154).

[128] Ebd., S. 188.

[129] Hier und im Folgenden: Abschlussbericht der NF vom DEKT 1951, 18.07.51 (Ebd., DY 30/IV 2/14/103, S. 14–19); vgl. auch: Feststellung über Bedeutung und Auswirkung des Kirchentages, NF, LA Brandenburg, 19.07.51 (Ebd., S. 20f.).

[130] Stellvertretend für die vielen Kommentare sei derjenige der Potsdamer „Märkischen Volksstimme" vom 18.07.51 hier ausführlich zitiert: „Viele unserer Brüder und Schwestern aus dem Westen Deutschlands, die zur Teilnahme an dem Kirchentag nach Berlin kamen, haben unweigerlich die ihnen durch die Hetzserenaden der westlichen Kriegsinteressen eingeimpften Meinung über die Zustände in der DDR und im demokratische Sektor Berlins revidiert. Sie konnten feststellen, daß bei uns eine wahrhaft nationale Politik getrieben wird, daß die Regierung der DDR die Sache des Friedens und der Freiheit der Persönlichkeit verteidigt. Der von den Kriegshetzern und Volksfeinden aufgebrochene Lügenwall ist also wieder einmal zusammengebrochen. Während die Regierung der DDR dem Kirchentag jede Hilfe gab, versuchte man in den Westsektoren, die Gelegenheit auszunutzen, um

Trotzdem konnte die zuständige ZK-Abteilung mit Recht feststellen, dass in den Diskussionen „die Leitung des Kirchentages an die Frage des Friedens [scil. der Wiederbewaffnung] herangedrängt worden [war], ohne es zu wollen. Das ist unser politischer Gewinn, den wir ausnutzen müssen." Aber dieser angebliche Gewinn war verschwindend gering. Direkt im Anschluss an die Beschreibung des Vorteiles, den die DDR von dem Kirchentag gehabt hätte, hieß es in dem Bericht:

> „Wir dürfen uns nicht der Illusion hingeben, daß der Kirchentag ein politischer Gewinn für uns gewesen ist. Es ist klar, daß eine Stärkung ihres Zusammenhaltens [scil. des Zusammenhaltens der Christen] erfolgte. Sie werden jetzt versuchen, als Massenbewegung gegen uns aufzutreten. [...] Die Kirche muß jetzt als eine gegen uns kämpfende Massenorganisation angesehen werden. Während wir früher im wesentlichen nur mit den reaktionären Pfarrern und der reaktionären Kirchenleitung zu tun hatten, hat sich durch den Kirchentag die Basis des Gegners verbreitet."[131]

Die zukünftige Arbeit gegen die als feindlich entlarvten Kirchenleitungen solle, so der Bericht weiter, „so geführt werden, dass sie nicht als Kampf gegen die Kirche bezeichnet werden kann. Dabei muss das wenige Positive, was der Kirchentag gebracht hat, in der Stimmung des Kirchenvolkes geschickt ausgenutzt werden."

Diese Analyse – anscheinend für den untergeordneten Parteiapparat verfasst – ging aus von den Folgerungen, die im Politbüro am 17. Juli aus dem Kirchentag gezogen worden waren. Dort hatte Pieck seinen Genossen erklärt:

> „Ein ernsthafter Wille, die Wahrheit über uns zu hören, ist vorhanden. Eine Beeinflussung der Massen muss deshalb vorgenommen werden. Dazu ist kein großer ideologischer Kampf erforderlich. Darum muß es der Partei gehen, den Gegensatz zwischen Kirchenleitung und arbeitenden Menschen herauszuarbeiten. Von Dibelius und Tadden [sic!] kann das Volk nicht zum Frieden und zur Einheit Deutschlands geführt werden, sondern nur durch unsere Politik."[132]

Das Politbüro beschloss auch die Veröffentlichung eines Artikels im „Neuen Deutschland", der die Tendenz haben sollte: „Wir warnen die Kir-

---

die schmutzigen Geschäfte abzuwickeln. Man organisierte ein sogenanntes ‚Landsmannstreffen', auf dem verbrecherische, gekaufte Elemente der Imperialisten wüste, schamlose Hetzreden über die DDR und die friedliebende Sowjetunion loslassen wollten. Dieselben Schergen scheuten auch nicht davor zurück, in den Quartieren, in denen junge Kirchentagteilnehmer untergebracht waren, ihre Fühler auszustrecken, um Kanonenfutter für amerikanische Söldnertruppen zu werben. Sie stießen dabei auf eisige Ablehnung. Es gelang ihnen nicht, den DEKT für ihre schmutzige Politik auszunutzen."

[131] Analyse des Kirchentages, Abt. Staatl. Verwaltung, Sektor Kirchen, beim ZK der SED, 20.07.51, Unterschrift: Bruno Wolf (SAPMO-BArch, DY 30/IV 2/14/103, S. 23f.); vgl. Wortprotokoll der Politbüro-Sitzung vom 17.07.51 (EBD., S. 42).

[132] EBD., S. 42f. Über die Außergewöhnlichkeit einer Wortmitschrift von Politbürositzungen und über das mögliche Verhältnis von dieser Mitschrift und dem Bericht Wolfs: M. G. GOERNER, Kirche, S. 77f., Anm. 316.

che, das gute Verhältnis zum Staat zu stören."[133] Ein solcher Artikel erschien am 24. Juli. In ihm wurden diejenigen Referenten, die sich in Berlin kritisch zu den Verhältnissen in der DDR geäußert hatten, pauschal als „Fürsprecher der imperialistischen Kriegspolitik" bezeichnet. „Unsere Regierung achtet und schützt die Kirche", hieß es, aber gleichzeitig wurden westliche Politiker davor gewarnt, die Kirche als „Kampfplattform gegen ihre imperialistischen Angriffspläne zu mißbrauchen." Dies musste so verstanden werden, dass von Seiten der DDR-Regierung nur eine loyale Kirche geschützt werden würde. Das „Neue Deutschland" sprach damit indirekt eine Drohung aus.

Das Politbüro nahm die Auswertung des Kirchentages zum Anlass, über eine Neuorientierung in der Kirchenpolitik nachzudenken. Dabei prallten schon hier zwei Konzeptionen aufeinander: Die durch Grotewohl vertretene Politik der Instrumentalisierung und Unterwanderung und die von Ulbricht bevorzugte Politik der rücksichtslosen Konfrontation.[134] Durch den Kirchentag hatte die Politik Grotewohls, der ja die Verhandlungen mit Thadden geführt hatte, einen Rückschlag erlitten. Erst 1954 sollte der Ansatz des Ministerpräsidenten wieder verfolgt werden, mit der prompten Konsequenz, dass auch 1954 wieder ein Kirchentag im Machtbereich der DDR stattfand, nämlich in Leipzig. Zunächst aber erhielt Ulbrichts Politik Vorschub. Die Folge für den Kirchentag war, dass ein Jahr später Protestanten aus der DDR die Teilnahme am Kirchentag in Stuttgart verweigert wurde.[135]

Das Politbüro hatte in seiner Sitzung vom 17. Juli ebenfalls beschlossen, eine Broschüre herauszugeben, in der die im Regierungssinne positiven Reden auf dem Berliner Kirchentag zusammengefasst werden sollten.[136] Ein solches Heft erschien im Spätherbst und wurde von den Friedenskomitees verteilt. Es enthielt keine Verfasser- oder Herausgeberangaben und erweckte so den ersten Eindruck, es sei vom Kirchentag herausgegeben.[137] Der Kirchentag verzichtete jedoch darauf, in Ost-Berlin zu protestieren, da die Verhandlungen über die Veröffentlichung des offiziellen Nachlesheftes in der DDR nicht gestört werden sollten.[138] Die Westausgabe des Nachlesheftes durfte nämlich im Osten nicht erscheinen, obwohl zahlreiche kritische Beiträge zu den Verhältnissen in der DDR in ihm gar nicht aufgeführt waren, um eine gesamtdeutsche Ausgabe zu ermöglichen.[139] Die Zensurbehörde

---

[133] Wörtlich: EBD. S. 44.

[134] EBD., S. 78f.

[135] Vgl. Protokoll der Sitzung des Politbüros vom 08.07.52 (SAPMO-BArch, J IV 2/2/219, S. 4); vgl. auch unten S. 145.

[136] SAPMO-BArch, DY 30/IV 2/14/103, S. 45; EBD., J IV 2/2/157, S. 3.

[137] Krummacher an Giesen, 06.12.51 (EZA BERLIN, 71/86/41); Broschüre „Stimmen vom Deutschen Evangelischen Kirchentag" (EBD.).

[138] Av. Ehlers' über Telefongespräch Thaddens mit Krummacher, 02.01.52 (EBD.).

[139] Benn an Thadden, 24.07.51 (EZA BERLIN, 4/12); Av. Benns über Anruf Ehlers', 25.07.51 (EBD.). Ehlers teilte Benn mit, dass eine ausführliche Dokumentation des Kirchentagsgeschehens (also ein Dokumentarband) nur für den Westen geplant sei.

der DDR, das Amt für Information, beanstandete jedoch die in der Westausgabe enthaltene Werbung und eine Rede, die Bischof Dibelius vor Arbeitern der Turbinenfabrik der AEG in Berlin gehalten hatte.[140] Mit dieser fadenscheinigen Begründung wollte das Amt für Information wohl verhindern, dass das offizielle Nachleseheft in der DDR verteilt werden und so dem „inoffiziellen" Heft, das im Auftrag des Poltibüros herausgegeben worden war, Konkurrenz machen würde. Erst im Frühjahr 1952 konnte das offizielle Nachleseheft in revidierter Fassung in der DDR erscheinen.[141]

Eine Vielzahl von lokalen Veranstaltungen der Nationalen Front, wo die materielle und organisatorische Hilfe, die die DDR-Regierung dem Kirchentag gegeben hatte, erneut herausgestellt und der angeblich mangelnden Hilfe der „anglo-amerikanische[n] Mörder" und ihrer „Bonner Lakeien" gegenübergestellt werden sollte,[142] konnten nicht darüber hinwegtäuschen, dass nach dem Kirchentag die allgemeine Beteiligung an der kirchlichen Gemeindearbeit im Osten spürbar anstieg. Wie der Leiter der Hauptverwaltung Deutsche Volkspolizei, Karl Maron, besorgt feststellte, erhöhte sich die Zahl der Mitglieder der Jungen Gemeinde von Mitte 1951 bis Mitte 1952 von 72.550 auf 108.417.[143] Der Kirchentag dürfte hierbei eine erhebliche Rolle gespielt haben, war doch für die Tausenden von Jugendlichen hier eine Atmosphäre der Freiheit spürbar – anders als bei großen Treffen der FDJ, wie den kurz nach dem Kirchentag stattfindenden Weltjugendfestspielen.[144]

4.6 Die Reaktion der Kirchentagsleitung auf das Berliner Massenereignis

Das Kirchentagsbüro in Fulda erreichte eine Fülle von Dankesbriefen aus der DDR.[145] In ihnen war immer wieder die Rede von dem Gemeinschaftsereignis, das der Kirchentag sechs Jahre nach dem Ende des Krieges gewesen sei. Heinrich Giesen konnte konstatieren, dass der Kirchentag vor allem einen geistlichen Ertrag gehabt habe.[146]

Hanns Lilje hingegen stellte in einem Leitartikel in dem von ihm herausgegebenen „Sonntagsblatt" den politischen Charakter des Kirchentages ohne Umschweife heraus. Er schrieb, der Berliner Kirchentag habe gezeigt,

---

[140] Protokoll der 4. Sitzung des Ostausschusses des DEKT, 08.12.51 (EBD.).
[141] Rundbrief Kreyssigs an kirchliche Amtsträger, 31.12.51 (EZA BERLIN, 71/86/549); Av. Giesens über Sitzung des Ostausschusses des DEKT, 24.11.52 (EZA BERLIN, 71/86/41).
[142] Auswertung des Kirchentages durch die NF, LA Mecklenburg (SAPMO-BArch, DY 30/IV 2/14/103, S. 31ff.); Feststellung über die Bedeutung und Auswirkung des Kirchentages, NF, LA Brandenburg, 19.07.51 (EBD., S. 21). Wie gut diese Abende besucht waren, lässt sich nicht mehr feststellen.
[143] H. WENTKER, Kirchenkampf, S. 101, 105.
[144] Vgl. auch Interview Schlockwerder.
[145] EZA BERLIN, 71/86/549.
[146] Rundbrief Giesens an alle Kirchentagsmitarbeiter, o.D. (EBD.).

„ohne es besonders zu betonen, daß das selbstverständliche Bewußtsein des deutschen Gesamtschicksals nicht auszulöschen ist. Vermutlich wird diejenige Politik das Rennen machen, der es gelingt, diese Kraft zur Grundlage ihrer Konzepte zu machen. [...] Geradezu weltpolitisch werden diese Dinge dadurch, daß beide Elemente ineinander greifen, der kraftvolle Beweis des lebendigen Protestantismus und des lebendigen Einheitsbewußtseins. Die Evangelische Kirche repräsentiert heute diese Einheit ganz allein; kein Staat, keine Partei, keine Organisation kann damit konkurrieren. Und sie stellt sich den Völkern im Westen und im Osten als diejenige Kraft dar, die der dauernden Teilung und ihren unübersehbaren Folgen entscheidend entgegensteht."[147]

Der hannoversche Landesbischof stellte hier die Verbindung von der religiösen Dimension des Kirchentages zu seiner politischen Dimension her. Wenn man die Äußerung Liljes mit der Zurückhaltung Thaddens vergleicht, die deutsche Einheit auf dem Kirchentag zu thematisieren, dann wird deutlich, dass der ehemalige Generalsekretär der DCSV in seiner Interpretation des Kirchentages weit von seinem ehemaligen Vorsitzenden entfernt war. Anders aber als Quaatz verband Lilje seine Feststellung, wie bedeutend die Einheitsfrage für die Kirche sei, mit einer nüchternen Analyse der politischen Möglichkeiten, die sich aus dieser Tatsache ergeben könnten. Während sich beim Essener Kirchentag eine Verbindung zwischen dem volksmissionarischen und dem akademisch-problemorientierten Konzept abgezeichnet hatte, wurden durch Lilje die Verbindungspunkte zwischen letzterem und dem politisch-symbolhaften Konzept betont. Damit sollte das akademisch-problemorientierte Konzept, das in Berlin ja in den Hintergrund hatte treten müssen, wieder gestärkt werden.

Angesichts des Artikels von Lilje wurde katholischerseits besorgt gefragt, ob Hans Asmussen mit seiner Kritik, beim Berliner Kirchentag sei eine politische Frage religiös instrumentalisiert worden, nicht vielleicht Recht gehabt habe.[148] Lilje wies jedoch solche Kritik von sich. In einer Erwiderung lehnte er den Gedanken eines „dritten Ortes" für den Kirchentag ab, den Heinemann ins Spiel gebracht hatte. Auch der Kirchentag könne sich nicht vor den konkreten Entscheidungen drücken, „die dem Christen in dem Konflikt zwischen Ost und West aufgegeben" seien. An anderer Stelle schrieb er, wenn der Kirchentag eine Bußbewegung sein solle, was Asmussen in seinen „Fragen an den Kirchentag" gefordert hatte, dann vor allem eine Bußbewegung der Theologen, die die Anliegen des Kirchenvolkes aus dem Blick verlören.[149]

Entweder man fasste den Begriff „Bruder" weit und gelangte so wie Heinemann, Grüber und Niemöller zu einer neutralistischen Position, oder man fasste ihn eng und optierte damit politisch für den Westen. Niemöller fragte, ob Christus nicht auch für Kommunisten gestorben sei, während zum Beispiel Asmussen die Unterscheidung zwischen „Bruder" und „Ka-

---

[147] „Sonntagsblatt", Hannover, 29.07.51.
[148] HERDER-KORRESPONDENZ, Kirche, S. 538; Lilje in „Christ und Welt", 02.08.51.
[149] H. LILJE, Kirchentag, S. 423f.

merad" einführen wollte.[150] In der engen Auslegung des Begriffes lag die strukturelle Gemeinsamkeit zwischen Asmussen und Lilje, wenn auch – das zeigt Liljes letzte Bemerkung – der Landesbischof deutlicher als der Propst bereit war, ganz konkret Stellung zu beziehen.

Natürlich hatte der Streit darum, ob Bruderschaft eng oder weit aufgefasst werden sollte, eine theologische Dimension. Sollte man sich auf die der Kirche verbundenen Menschen stützen und keine „faulen Kompromisse" machen, oder sollte man niemanden aus der Bruderschaft ausgrenzen, also eine „Volkskirche" anstreben? Dies waren wichtige Überlegungen für die einander entgegengesetzten kirchlichen Kräfte. Die Öffentlichkeit aber nahm weniger die theologische, sondern vielmehr die politische Seite des Konfliktes wahr. Diese Dimension konnte sie greifen; theologische Fragen interessierten allenfalls die Theologen. Die gesellschaftlich-politische Dimension, die dem Kirchentag seine Breitenwirkung verlieh, zog die Aufmerksamkeit jedes Beobachters auf sich – innerhalb wie außerhalb der Kirche, in Ost wie in West. Auch für den Laien Thadden selbst war die gesellschaftliche Dimension seines Handelns die wichtigste: Ihm ging es nicht um Theologie, also etwa die innerprotestantischen Konfessionsunterschiede oder eben die möglichen Interpretationen von Bruderschaft, sondern darum, christliche Werte in der Gesellschaft der Bundesrepublik zu verankern. Das war für ihn Volksmission, jenseits aller Theologie.

Der Kirchentagspräsident versuchte deswegen einmal wieder, zwischen den Positionen zu vermitteln. An seiner ursprünglichen Gegnerschaft gegen die Verlegung des Kirchentages hatte sich nichts geändert. Dies führte zu einer Bewertung des Kirchentages, die nüchterner war als die von Generalsekretär Giesen und unpolitischer als die von Landesbischof Lilje. In einem Brief an den Industriellen Ernst Frank, der ihn darauf aufmerksam gemacht hatte, das Deutsche Industrieinstitut habe kritisiert, dass an der vierten Arbeitsgruppe keine Industriellen beteiligt gewesen seien, schrieb Thadden, dass die Diskussionen in Berlin „nur einen sehr bedingten und sehr beschränkten Wert" gehabt hätten, da „der Charakter des Kirchentages völlig von der Anwesenheit der Christenmenschen aus der DDR bestimmt" gewesen sei.[151]

An Karrenberg hatte Thadden schon vor dem Kirchentag geschrieben, dass man im folgenden Jahr in Stuttgart daran gehen werde, „nach dem östlichen Intermezzo wieder an die in Essen abgebrochene westdeutsche Laienarbeit anzuknüpfen und mit verstärkter Intensität die uns gewiesenen sozialpolitischen Aufgaben ernstzunehmen".[152]

Der Berliner Kirchentag sollte also nach dem Willen Thaddens ein Zwischenspiel bleiben. Das eigentliche von Thadden und Müller formulierte

[150] M. Greschat, Niemöller, S. 198; zu Asmussen vgl. oben S. 108f.
[151] 21.07.51 (EZA Berlin, 71/86/97).
[152] 07.07.51 (EZA Berlin, 71/86/546). In den „Informationen für die niederdeutschen Lutherischen Landeskirchen" (A. Noffke, Kirchentag 1952, S. 332) hieß es, der Essener Kirchentag habe die „originale Form" gehabt, der Berliner Kirchentag hingegen sei „so nicht wiederholbar."

inhaltliche Anliegen des Kirchentages durfte nicht zu kurz kommen. Aber es war schwierig, den einmal entwichenen politisch-symbolhaften Geist wieder einzufangen: In vielen Zuschriften wurde gefordert, den Kirchentag 1952 wieder in Berlin abzuhalten.[153] Niemöller hatte bei einem Vortrag im Herbst 1951 festgestellt: „Ich glaube, so lange wir leben, muß der Evangelische Kirchentag Jahr für Jahr nach Berlin gehen."[154] Ein anderer prominenter Fürsprecher war der Berliner Theologe Martin Fischer. Fischer, der später gegenüber Giesen einmal äußern sollte, der Berliner Kirchentag habe „die Bolschewisierung der Ostzone um zwei Jahre aufgehalten",[155] schrieb an Thadden ein Jahr nach dem Berliner Kirchentag:

> „Der Kirchentag wird so lange eine echte Bedeutung haben, wie er wagt, sich in gefährlichen Situationen zu bewegen. Er wird dies können und tun müssen, wenn eine sachliche Nötigung vorliegt. Die sachliche Nötigung liegt aber in dem Begehren der Menschen in der Zone."[156]

Das Dilemma für die Organisation Kirchentag war, dass einerseits die Konzeption von 1950 weitergeführt werden sollte, andererseits aber der Berliner Kirchentag der Institution erst die Wirkungsmacht verliehen hatte, die es ihm ermöglichte, tatsächlich alle Bevölkerungskreise in Deutschland (und darüber hinaus) zu erreichen. Künftige Kirchentage wurden an dem Berliner Maßstab gemessen, obwohl dieser Maßstab dem Kirchentag, also im Kern Thadden und Giesen, von außen aufgezwungen worden war. Die große Zahl von Menschen, die sich durch den Kirchentag mobilisieren ließen, machten ihn zu einer politisch instrumentalisierbaren Institution. Diese Eigenschaft machte die Wirkung des Kirchentages und gleichzeitig seine inhaltliche Unbestimmtheit aus.

---

[153] EZA BERLIN, 71/86/549.
[154] BArch BERLIN, DO-4/5638, S. 5f.
[155] 22.07.54 (EZA BERLIN, 606/29).
[156] 25.08.52, MATERIAL THADDEN.

5. WIEDER IM WESTEN. DER STUTTGARTER KIRCHENTAG 1952

5.1 Verhandlungen um die Kirchentagsteilnahme aus der DDR

Der Stuttgarter Kirchentag im Jahr 1952 sollte nach dem Willen des Kirchentagspräsidenten „die Gelegenheit zur größeren Stille und zur aufmerksamen Besinnung geben, wie der EKT auf die Länge seinen geistlichen Tiefgang behalten soll."[1] Während Thadden die Fäden von Essen wieder aufnehmen wollte, stellte der am 1. September 1951 ins Leben gerufene Ostausschuss, ein Zusammenschluss der ostdeutschen Landesausschüsse des Kirchentages, hingegen fest, „daß Stuttgart die Folge von Berlin sein muß und keine rein westdeutsche Angelegenheit."[2]

Die Dissonanz zwischen dem politisch-symbolhaften Anliegen des Ostausschusses und dem eher volksmissionarischen Anliegen des Kirchentagspräsidiums in Fulda sollte die immer größer werdende Gesamtorganisation Kirchentag nach 1951 stark belasten. Wenn auch der Kirchentagspräsident alles tat, um sein ursprüngliches Kirchentagskonzept zu verteidigen, so bedeutete das jedoch nicht, dass er gegen jeden gesamtdeutschen Aspekt der Institution gewesen wäre. Thadden war sich bewusst, dass die Teilnahme von evangelischen Christen aus der DDR am Kirchentag auch einen volksmissionarischen Aspekt hatte.

Deswegen bemühte sich der Kirchentagspräsident, den Kontakt mit der DDR-Regierung nicht abreißen zu lassen. Schon am 31. Oktober 1951 war Thadden in Berlin mit Ministerpräsident Grotewohl zusammengetroffen, um ihn um die großzügige Gewährung von Interzonenpässen für die DDR-Teilnehmer am Stuttgarter Kirchentag im Sommer des folgenden Jahres zu bitten.[3] Der Ministerpräsident hatte freundlich, aber hinhaltend reagiert.

Der Grund für Grotewohls hinhaltende Antwort war klar: Er wollte die weitere politische Entwicklung abwarten. Die „Stalin-Noten" vom 10. März und vom 9. April 1952, in denen der Bundesregierung die „schleunigste Bildung" einer gesamtdeutschen Regierung vorgeschlagen wurde, um sie so vielleicht doch noch vom Kurs der Westintegration abzubringen, konnten die Unterzeichnung der Westverträge am 26. Mai 1952 nicht aufhalten.[4] Nun arbeitete die SED-Führung in enger Abstimmung mit Stalin auf den

---

1   Thadden an Kietzell, 23.08.51 (EZA Berlin, 71/86/549).
2   Protokoll der 1. Sitzung des Ostausschusses des DEKT, 01.09.51 (Ebd., 71/86/41).
3   Av. (Ebd., 71/86/531).
4   D. Staritz, Geschichte, S. 70ff.; D. Staritz, Gründung, S. 179ff.; A. Birke, Nation, S. 304f.; M. Onnasch, Konflikte, S. 152f.; J. Richter, Soviet Policy, S. 675.

Ausbau der DDR hin.[5] Die II. Parteikonferenz der SED, die vom 9. bis zum 12. Juli 1952 in Berlin stattfand, segnete das Konzept des „Aufbaus des Sozialismus" ab. Die Bevölkerung der DDR sollte immer weiter vom Westen abgegrenzt und damit „enttraditionalisiert" werden.[6] Der Einfluss der Kirche auf die Gesellschaft in der DDR war zurückzudrängen.

Die Organisation Kirchentag befand sich also gegenüber der DDR-Regierung in einer ausgesprochen ungünstigen Verhandlungsposition. Thadden fixierte sein Anliegen noch einmal in einem Brief an Grotewohl.[7] Hier nannte der Kirchentagspräsident eine „Richtzahl" von 25.000 Kirchentagsteilnehmern aus der DDR und betonte, dass sich der Kirchentag „in gar keiner Weise von dem Ereignis unterscheiden wird, das in Berlin die Aufmerksamkeit der Welt in Anspruch nahm." Ob diese Aussage auf Grotewohl sonderlich beruhigend gewirkt hat, sei dahingestellt, jedenfalls antwortete er, das Kirchentagspräsidium solle direkte Verhandlungen mit den zuständigen Ministerien führen und ging auf inhaltliche Fragen nicht weiter ein.[8] Thadden schloss aus diesem Schriftwechsel, Grotewohl wolle „seine freundliche Haltung von Berlin" beibehalten. Im Dezember erklärte er dem Präsidium des Kirchentages zuversichtlich, er hoffe auf viele Kirchentagsteilnehmer aus der DDR.[9]

Drei Monate später wurden die Pröpste Böhm und Grüber zusammen mit dem Vorsitzenden des Ostausschusses des Kirchentages, Präses Kreyssig, und dem Geschäftsführer des Ostausschusses, Kretzschmar, bei Staatssekretär Warnke vom Innenministerium der DDR vorstellig.[10] Zu diesem Zeitpunkt zeigte sich die DDR-Regierung noch gesprächsbereit: Drei Tage nach der Veröffentlichung der ersten Stalin-Note befürwortete Warnke die Ausstellung von Sammelpässen für die erforderlichen Interzonenreisen. Solche Sammelpässe bedeuteten eine erheblich organisatorische Vereinfachung der Reisen. Warnke sagte zu, das Innenministerium werde Sammelbescheinigungen für etwa 20.000 Kirchentagsteilnehmer auszustellen lassen.

Entsprechend diesem Übereinkommen begannen die organisatorischen Vorbereitungen für den Kirchentag. Die 20.000 Bescheinigungen sollten vom Ostausschuss auf die einzelnen Kirchengemeinden aufgeteilt worden.[11] Die Kirchentagsleitung in Fulda veröffentlichte einen Spendenaufruf an die württembergische Wirtschaft, um den Aufenthalt der vielen Ost-

5   R. BADSTÜBNER, Deutschlandpolitik, S. 129f. Badstübner macht allerdings darauf aufmerksam, dass der konkrete Beschluss der Parteikonferenz erst nachträglich von Moskau abgesegnet wurde.
6   H. WEBER, Geschichte, S. 226f.; D. POLLACK, Kirche, S. 113.
7   03.11.51 (EZA BERLIN, 71/86/304a).
8   Grotewohl an Thadden, 15.11.51 (EBD.).
9   Protokoll der Präsidalausschusssitzung vom 13./14.12.51 (EZA BERLIN, 71/86/14).
10   Av. Kreyssigs über das Treffen am 13.03.52, 17.03.52 (EZA BERLIN, 71/86/41); Av. Ehlers', 25.03.52 (EBD., 71/86/468); Bericht Böhms beim Presseempfang des Stuttgarter Kirchentages, 26.08.52 (PRArchEKBB BERLIN, Ordner KT 52).
11   Av., 28.03.52 (EZA BERLIN, 71/86/468).

deutschen im Südwesten zu finanzieren. Auch der Verkauf von Kirchentagsabzeichen zur Finanzierung der östlichen Teilnahme wurde erwogen.[12]
Außerdem erschien in der kirchlichen Presse ein Aufruf zur Übernahme
von individuellen Patenschaften über jeweils 50 DM für einzelne Kirchentagsteilnehmer aus dem Osten. In dem Aufruf hieß es selbstbewusst:

> „Gäbe es keine Zonengrenze, so würden wohl mehrere hunderttausend evan-
> gelische Christen aus Mitteldeutschland nach Stuttgart zum Kirchentag kom-
> men. So aber begrenzen Paßschwierigkeiten und der Währungsunterschied
> zwischen den beiden Teilen Deutschlands die Zahl der Kirchentagsgäste von
> drüben. Das Präsidium des Kirchentages hofft, mindestens 20000 Brüder und
> Schwestern aus der Ostzone in Stuttgart begrüßen zu können, d. h. aus jeder
> Gemeinde zwei bis drei."[13]

Die Zusage der DDR-Regierung wurde jedoch bald eingeschränkt. Während
ihres Aufenthaltes in Moskau vom 29. März bis zum 10. April hatten Pieck,
Grotewohl und Ulbricht mit den sowjetischen Machthabern die Vorbereitung der II. Parteikonferenz der SED besprochen, die vom Politbüro am 20.
März beschlossen worden war.[14] Der Vorschlag der SED-Funktionäre, als
Reaktion auf die für Mitte Mai erwartete Unterzeichnung des Generalvertrages, der einen weiteren Schritt hin zur Souveränität der Bundesrepublik
darstellen sollte, unter anderem den Verkehr über die Grenzen der DDR
hinweg einzuschränken, wurde von Stalin akzeptiert.[15] Zwei Wochen nach
der zweiten Stalin-Note erklärte DDR-Innenminister Steinhoff deswegen gegenüber Kretzschmar „vertraulich", dass die Anzahl der bewilligten Pässe
„von der politischen Lage" abhänge. An eine grundsätzliche Verweigerung
von Interzonenpässen dachte Steinhoff dabei offenbar nicht, denn gleichzeitig teilte er Kretzschmar mit, das Innenministerium erwäge, jeden DDR-
Teilnehmer am Stuttgarter Kirchentag 25 DDR-Mark zum Kurs 1:1 in westliche Währung umtauschen zu lassen, damit sich jeder östliche Teilnehmer
„würdig neben dem Teilnehmer aus dem Westen behaupten könne."[16]
Obwohl die Vorbereitungen weiter liefen, war das Junktim zwischen
der deutschlandpolitischen Entwicklung und der östlichen Teilnahme am
Stuttgarter Kirchentag damit erkennbar hergestellt. Dies wurde auch auf
einer Pressekonferenz des Kirchentages am 21. Mai in Stuttgart öffentlich
zugegeben.[17] Zwei Tage nach dem Abschluss des Generalvertrages schließlich meldete Kretzschmar nach Fulda: „Die politische Lage verschärft sich

---

[12] Protokoll der Sitzung des Organisationsausschusses, 19.–21.03.52 (EZA BERLIN,
      71/86/465).
[13] EBD., 71/86/465.
[14] W. PIECK, Aufzeichnungen, S. 382–399.
[15] Plan der Besprechung (in Moskau) am 1.4.1952 (EBD., S. 384). Dieser Plan stimmte mit
      den Thesen des Hauptreferates von Ulbricht bei der Politbürositzung am 20.03.52 weit-
      gehend überein (EBD., S. 399, Anm. 8); Notizen zur Vorbereitung der 2. Parteikonferenz
      der SED vom 9.–12. Juli 1952, o.D. (EBD., S. 390).
[16] Kretzschmar an O.-H. Ehlers, vertraulich, 25.04.52 (EZA BERLIN, 71/86/41).
[17] EBD., 71/86/228; vgl. Kreyssig an O.-H. Ehlers, 05.05.52 (EBD., 71/86/41).

von Stunde zu Stunde."[18] Auch öffentlich wurde nun über ein mögliches Ausbleiben der Ostteilnehmer spekuliert.[19]

Die Regierung der DDR hatte jedoch mit ihrer endgültigen Entscheidung keine Eile, denn der Kirchentag sollte erst drei Monate nach der Unterzeichnung des Generalvertrages beginnen. Am 8. Juli, kurz vor dem Beginn der II. Parteikonferenz, beschloss das Politbüro, keine Pässe für Reisen zur Tagung des Lutherischen Weltbundes in Hannover vom 25. Juli bis zum 3. August und zum Stuttgarter Kirchentag zu genehmigen und keine Veranstaltungen des für Mitte August in Berlin geplanten Katholikentages im „demokratischen Sektor" Berlins zuzulassen.[20] Aber erst nach der Konferenz, am 15. Juli, wurden die kirchlichen Verhandlungsführer durch Staatssekretär Warnke von der negativen Entscheidung unterrichtet. Pässe könnten, so der Staatssekretär, zwar individuell beantragt werden, aber den Beteiligten war klar, dass diese Regelung einem totalen Verbot der Westreisen gleichkam, denn die Kreispolizeiämter als Passbehörden würden nicht ohne Anweisung von oben handeln.

Die offizielle Begründung für diese Entscheidung war, dass die Kirche nicht bereit sei, „die staatlichen Notwendigkeiten, wie sie in der DDR geschehen würden, zu bejahen."[21] Dies hieß im Klartext, dass die evangelische Kirche für Wiederbewaffnung und Westintegration eintrete. Warnke erklärte Grüber, Böhm, Kreyssig und dem Vorsitzenden des Lutherischen Weltbundes frei heraus: „Wir würden auch die beiden Tage in Hannover und Stuttgart unterstützen, wenn sie uns erklären, die Tage dafür zu benutzen, um gegen die Politik Adenauers Stellung zu nehmen."[22]

Dies war jedoch nicht der einzige Grund für die Passablehnung. Grotewohl und Ulbricht hatten gegenüber Warnke am Vortag noch einmal betont, dass durch die Abschottung der evangelischen Kirche in der DDR die „Geschlossenheit der DDR auch auf kirchlichem Gebiet" dokumentiert werden könne.[23] Diese Geschlossenheit war auf der gerade zu Ende gegangenen Parteikonferenz beschworen worden. Als Konsequenz wurde nicht nur die östliche Teilnahme am Stuttgarter Kirchentag verboten, sondern der gesamte innerdeutsche Reiseverkehr eingeschränkt.[24]

In seiner ersten öffentlichen Reaktion auf das Verbot gab der Kirchentagspräsident seiner Hoffnung Ausdruck, dass vielleicht doch noch Mit-

---

[18] Kretzschmar an O.-H. Ehlers, 28.05.52 (EBD.).

[19] „WAS WIRD STUTTGART BRINGEN?", S. 145f. Hier wurde hinzugefügt, dass der Auftrag des Kirchentages im Falle eines Ausbleibens der Ostteilnehmer „im Westen besonders ernst genommen werden" müsse.

[20] SAPMO-BArch, DY 30/IV 2/2/219, S. 4; Schreiben Ulbrichts an die Landesleitungen der SED, 23.07.52 (BArch BERLIN, DO-1/11/875, S. 11f.). M. ONNASCH (Konflikte, S. 155) geht irrtümlicherweise von einer Entscheidung nach der Parteikonferenz aus, es handelt sich bei den von ihm zitierten Schreiben jedoch um Bekanntmachungen des Beschlusses vom 8. Juli.

[21] Vertraulicher Av. Kreyssigs (EZA BERLIN, 71/86/531); vgl. M. ONNASCH, Konflikte, S. 155.

[22] Av. Warnkes, 15.07.52 (SAPMO-BArch, NY 4090/454, S. 88–91).

[23] Av. Karnatz', 15.07.52 (EZA BERLIN, 71/86/531).

[24] Warnke an die Innenminister der Länder der DDR, an den Generalinspekteur der Volkspolizei, Maron, und an Oberbürgermeister Ebert, vertrauliche Verschlusssache, 15.07.51

glieder der östlichen Landeskirchen nach Stuttgart kommen könnten. Man wolle „die Tür bis zuletzt offen halten." Von Seiten der DDR werde der Kirchentag falsch eingeschätzt. „Der Kirchentag ist nach wie vor keine Angelegenheit einer bestimmten politischen Richtung."[25]

Sollte man wenigstens Delegationen von Teilnehmern aus der DDR zum Kirchentag einladen? Einige wenige Teilnehmer aus der DDR, die in Stuttgart von Repressalien in ihrer Heimat berichten könnten, würden den politisch-symbolhaften Gehalt des Kirchentages zweifellos stärken. Der Kirchentag würde doch noch primär als „Symbol der deutschen Einheit" verstanden werden können. Nicht umsonst war es der „Kirchenpolitiker" Martin Niemöller, der den Gedanken, Delegationen nach Stuttgart einzuladen, ins Spiel brachte.

Auch Bischof Dibelius nutzte die Passverweigerung, den politisch-symbolhaften Gehalt des Kirchentages zu betonen. Zum Kirchentag schrieb er in der von Gerstenmaier herausgegebenen Zeitung „Christ und Welt":

> „Der Stuttgarter Tag wird, ähnlich wie die Tagung des Lutherischen Weltbundes in Hannover, unter dem Eindruck stehen, daß zum ersten Male den Gemeinden des Ostens die Teilnahme an einem gesamtdeutschen Kirchentag versagt ist. Das Bewußtsein der Einheit der Evangelischen Kirche in Deutschland wird durch diese große Enttäuschung freilich nicht weniger gestärkt werden, als es der Fall gewesen wäre, wenn die 20 000 aus dem Osten hätten kommen können. [...] Die allgemeine innere Auflehnung gegen diese Freiheitsbeschränkung wird, daran zweifeln wir nicht, auch praktische Früchte tragen."[26]

Thadden hingegen wollte jede politisch-symbolhafte Aufladung der Veranstaltung verhindern. Eine Auswahl von Delegationen würde, schrieb er an Niemöller, „nur die allergrößte Verwirrung und Verärgerung unter den 20000 [ursprünglich geplanten, D.P.] Teilnehmern hervorrufen", sie sei außerdem praktisch nicht durchführbar.[27] Schon vorher hatte der Kirchentagspräsident vermutet, dass in einem kleinen Kontingent aus dem Osten auch „Sendlinge der kommunistischen Propaganda" sein könnten, weshalb er jede Teilnahme von Delegationen am Kirchentag ablehne. Er erwog sogar auf Anraten von „Brüdern im Osten", die östliche Teilnahme westli-

---

(BArch Berlin, DO-1/11/875, S. 8f.). In diesem Schreiben stellte Warnke auch fest, der Kirchentag und der Katholikentag hätten die „Tendenz, das deutsche Volk vom Kampf um den Frieden und um die Einheit abzulenken."

25 EZA Berlin, 71/86/531; „Die Welt", Essen, 25.07.52; vgl. DEKT-Dok. 52, S. 7.
26 „Christ und Welt", Stuttgart, 28.08.52.
27 Thadden an Niemöller, 14.08.52 (ZAEKHN Darmstadt, 62/1118). Niemöller hatte Thadden am 9. August das Vermittlungsangebot gemacht. Nach der Ablehnung behauptete der Kirchenpräsident, die Zusage von 20.000 Pässen sei von der DDR-Regierung deshalb zurückgezogen worden, weil der bayerische Bischof Meiser Bundeskanzler Adenauer zur Tagung des Lutherischen Weltbundes eingeladen habe (Av. des Sekretariates Niemöller, 14.10.52, EBD.). Dies war, wie dargelegt, allenfalls Spekulation. Immerhin hatte Adenauer seine Teilnahme an der Weltbundtagung am 9. Juli, also am Tag nach der Politbüroentscheidung, abgesagt (Adenauer an Meiser, Abschrift, 09.07.52, EZA Berlin, 71/86/531).

cherseits verbieten zu lassen, um so einer „möglichen Infiltration" des Kirchentages einen Riegel vorzuschieben.[28]

Mit diesen weit hergeholten Argumenten – weder vor noch nach 1952 hat man sich in Fulda derartig um „Sendlinge kommunistischer Propaganda" Sorgen gemacht – wurde die Linie des Kirchentagspräsidiums festgelegt: Der Kirchentag wollte von sich aus keine Referenten aus der DDR nach Stuttgart einladen.[29] Man werde, hieß es auf der Präsidialausschusssitzung, die „Brüder im Osten nur betend erwähnen."[30]

Die vorgesehenen Referenten, die ihren Wohnsitz in der DDR hatten, machten dem Kirchentagspräsidium jedoch einen Strich durch die Rechnung: Sie beantragten in Absprache mit dem Ostausschuss doch einzeln Pässe für die Reise nach Stuttgart.[31]

Am 12. August stimmte das Politbüro, wohl, um den öffentlichen Druck, der durch die Passverweigerung entstanden war, zu mildern, der Erteilung von zwanzig bis dreißig Pässen für Mitarbeiter des Kirchentages zu.[32] In der Presse wurde betont, dass die Kirchentagsleitung dieses Angebot nur angenommen habe, „nachdem sichergestellt war, daß die Auswahl der ostdeutschen Vertreter für Stuttgart ihr überlassen wurde."[33] Es kamen von den vorgesehenen 20.000 Teilnehmern aus der DDR schließlich offiziell 35[34], inoffiziell etwa 100, unter denen einige Mitglieder und Sympathisanten der Nationalen Front gewesen sein dürften.[35]

---

[28] Thadden an Hartenstein, 24.07.52 (EBD. sowie LKA STUTTGART, D 23/11); Grüber schrieb Niemöller, der Kirchentagspräsident habe ihm erklärt, er wolle nicht gegen Dibelius handeln (21.08.52, ZAEKHN DARMSTADT, 62/1118). Dibelius erklärte einem Mitarbeiter Niemöllers, nach der Ablehnung der Pässe lege „man" keinen großen Wert mehr auf eine Teilnahme von östlichen Delegationen (Av. Krämers, 23.08.52, EBD., 62/1118). Nach dem Kirchentag schrieb der Bischof an Niemöller, auch die Teilnahme „einiger weniger" hätte das Ausbleiben der 20.000 nicht wettmachen können (09.09.52, EBD.).

[29] Vorbesprechung zur Präsidialausschusssitzung am 03.08. und 04.08.52 in Bethel, handschriftliches Protokoll (EZA BERLIN, 71/86/22).

[30] Protokoll der Präsidialausschusssitzung, 04.08.52 (EBD.). Die beiden östlichen Mitglieder des 17-köpfigen Ausschusses, Kreyssig und Scharf, konnten nicht anwesend sein.

[31] Av. über Telefonanruf Bessert, 21.07.52 (EZA BERLIN, 71/86/531).

[32] SAPMO-BArch, DY 30/IV 2/2/225, S. 4. Als Nuschke Kreyssig, Helga Krummacher und Böhm am 22.08. die Bewilligung von 20 bis 30 Pässen mitteilte, fügte er hinzu, er selbst habe am 12.08. in einem Schreiben an Grotewohl um 100 Pässe gebeten. Ein solches Schreiben konnte nicht ermittelt werden, wenn es aber tatsächlich existiert haben sollte, so hätte es die Machtlosigkeit der Ost-CDU in kirchenpolitischen Fragen einmal mehr illustriert. Nuschke wusste nämlich offenbar nicht, dass das Politbüro am gleichen Tage schon entschieden hatte (Bericht Propst Böhms beim Preseempfang des Kirchentages am 26.08.52, PRARCHEKBB BERLIN, Ordner KT 52).

[33] „Hamburger Freie Presse", 23.08.52.

[34] Bericht des Pressequartiers des DEKT, 27.08.52 (PRARCHEKBB BERLIN, Ordner KT 52). Die höhere Zahl erklärt sich dadurch, dass noch einige Teilnehmer außerhalb des Kontingentes Einzelpässe erhielten. Prominente „fortschrittliche Pfarrer" sind auf dem Kirchentag nicht aufgetreten.

[35] Thadden hatte auf dem Presseempfang des Kirchentages erklärt, fast 100 Teilnehmer aus dem Osten seien nach Stuttgart gekommen (DEKT-Dok. 52, S. 29). Die „Frankfurter Allgemeine Zeitung" berichtete am 29.08.52 davon, dass verschiedene Kirchentagsteilneh-

5.2 Die thematische Vorbereitung des Stuttgarter Kirchentages

Zu den entschiedensten Befürwortern des Adenauerschen Kurses der Westintegration zählte im evangelischen Bereich Eberhard Müller. Im Oktober 1951 hatte Müller gemeinsam mit Lilje und Thadden die Gründung eines Kreises vorgeschlagen, einer Sammlung „einer Anzahl beherzter Männer", die im öffentlichen Leben tätig und kirchlich gebunden waren. Dieser Kreis sollte gegen die „destruktive[n] Kräfte in unserem Volk" auftreten.[36] Wer mit den „destruktiven Kräften" gemeint war, nämlich Niemöller und seine Gefolgsleute, zeigt sich daran, dass ausschließlich konservative Persönlichkeiten zur Teilnahme an dem Kreis eingeladen wurden.[37] Es galt, wie dann auch später mit dem „Evangelischen Arbeitskreis" der CDU, den Protestantismus stärker in die CDU einzubinden, nachdem diese Einbindung durch den Bruch Heinemanns mit Adenauer in Frage gestellt worden war.

Diese „Arbeitsgemeinschaft für evangelische Zusammenarbeit" traf sich fortan im Abstand von zwei bis drei Monaten unter geradezu konspirativen Umständen in einem Hotel in der Nähe von Kronberg im Taunus.[38]

Der Kronberger Kreis machte es sich schon kurz nach seiner Gründung zur Aufgabe, eine evangelische Denkschrift zu beraten, die ein Gegengewicht zur Ablehnung der Wiederbewaffnung durch das Umfeld von

---

mer aus der DDR ihren Interzonenpass mit Hilfe einer Bescheinigung der Nationalen Front erhalten hätten. Propst Böhm habe dazu erklärt: „Wir wissen, mit welcher Patentierung solche Menschen nach Stuttgart gekommen sind, wir suchten diese Brüder nicht, aber wir werden sie freudig begrüßen, weil wir uns des Mottos des vergangenen Kirchentages, dass wir alle Brüder seien, nicht schämen."

36 Alle Informationen zum Kronberger Kreis stammen, wenn nicht anders angegeben, aus EZA Berlin, 71/86/75. Inzwischen existiert mit der Arbeit Sauers eine eingehende Untersuchung der Vorstellungen und Tätigkeiten dieses Kreises (T. Sauer, Westorientierung). Sauer macht auch auf den massiven Einfluss aufmerksam, den der Kronberger Kreis auf den Stuttgarter Kirchentag nehmen wollte (S. 111–113).

37 Außer den drei genannten waren dies noch der erste Präsident des Bundesverfassungsgerichtes, Hermann Weinkauff, der bayerische Staatsrat a. D. Meinzolt, der Theologe Helmut Thielicke, der Bankier und Politiker Robert Pferdmenges, der Aufsichtsratsvorsitzende der AEG, Ernst, Giesen, zwei Mitarbeiter Liljes, und, quasi als Sekretär des Kreises, der hessische Ministerialrat Hans Puttfracken. Puttfarcken war, obwohl Niemöller verbunden, ein loyales Mitglied des Kreises, das sich später erfolgreich gegen die Aufnahme von SPD-Mitgliedern in den Kreis wehrte (Puttfarcken an Lilje, 08.01.57, EZA Berlin, 71/86/75).

38 In Schreiben an die Kirchenkanzlei war die Rede von „Besprechungen über den Kirchentag" oder „präsidiale Vorbesprechungen". Nicht einmal Hermann Ehlers kannte den genauen Charakter des Kronberger Kreises. Als Ehlers für die Arbeitsgruppenleitung III auf den 27.06.52 und wohl irrtümlich auch nach Kronberg auf den 28.06.52 eingeladen wurde, schrieb Ehlers am 30.05.52, zwei Besprechungen seien wohl „doppelt gemoppelt" (Ebd.). Auf Ehlers' Teilnahme wurde dann verzichtet. Für den vertraulichen Charakter spricht auch die Tatsache, dass es über die Besprechungen des Kronberger Kreises kaum schriftliche Unterlagen gibt. – 1953 zeigte sich der Kirchentagspräsident erbost über Prälat Kunst, der Einzelheiten aus den Besprechungen des Kreises im Rat der EKD „vor den Ohren von Niemöller, Heinemann und Niesel preisgibt" (Thadden an Müller, 06.03.53, Ebd.). Zur Elitenbildung des Kronberger Kreises: R. J. Treidel, Akademien, S. 113f.

Niemöller darstellen sollte. Thadden nahm an den entsprechenden Tagungen des Kreises selbst teil. Er trat dort – getreu seinem volksmissionarischen Konzept – gegen eine zu starke politisch-symbolhaft aufgeladene Vermengung von Kirche und Politik ein. Auch Müller war mehr an einem sachlichen Ton gelegen. So war der Grundtenor der Denkschrift schließlich, dass es keine christlichen Argumente für ein unbedingtes Nein zu einem Wehrbeitrag gebe.[39]

Thadden schrieb Müller zur Denkschrift, er sei „ganz außerordentlich einverstanden" mit ihr. Er wolle sie aber nicht mitunterzeichnen, um sich nicht des Verhandlungsspielraumes mit der DDR-Regierung bezüglich des Kirchentages in Stuttgart zu berauben. Deshalb wolle er auch nicht klar zum „Niemöller-Problem" Stellung nehmen, obwohl das Auftreten Niemöllers ihn wie Müller schon seit langem bedrücke.[40]

Dieser aus Thaddens Sicht bewährte Kreis leistete auf Anregung des Kirchentagspräsidenten die Vorarbeiten zur (politischen) Arbeitsgruppe III des Stuttgarter Kirchentages.[41] Auch hier würde es um das brisante Thema Wiederbewaffnung gehen. Gleichzeitig erreichte Thadden durch die Einbindung des Umfeldes von Eberhard Müller, dass politische Bekenntnisse im Stile Niemöllers oder auch Dibelius' 1952 im Hintergrund bleiben. Die Kräfte, die in Berlin zum Zuge gekommen waren, sollten die Institution Kirchentag nicht noch einmal in Beschlag nehmen.

Der Kronberger Kreis kam am 5. und 6. Mai zusammen, um Grundlinien für die Bearbeitung des Themas „Was geht den Christen der Staat an?" festzulegen. Später, schrieb Generalsekretär Giesen an ein Mitglied der Arbeitsgruppenleitung, würde der Kreis „seine Gedanken korrigieren lassen" durch „den viel ‚ökumenischeren' Kreis, [...] wo wir Denkende mehrerer Parteien und vor allen Dingen die Brüder des Ostens unter uns haben wollen."[42] An Hermann Ehlers, einen der beiden für Stuttgart vorgesehenen Referenten, schrieb der Generalsekretär am 7. Mai, die nun vorliegende Konzeption der dritten Arbeitsgruppe solle selbst verständlich noch durch „die Freunde anderer Parteien" diskutiert werden. Nachdem dieser „ökumenischere Kreis" am 20. und 21. Mai zusammengekommen war, wurde der Kronberger Kreis für den 28. und 29. Juni noch einmal einberufen, um „in gemeinsamer Arbeit die Konzeptionen der Arbeitsgruppenleitung zu prüfen und, wenn nötig, zu korrigieren."[43] – Der Kreis um Eberhard Müller sollte also bei der Themenkonzeption das erste und das letzte Wort haben.

Theologen aus der DDR äußerten sich, vielleicht aus Furcht, Schwierigkeiten mit den DDR-Behörden zu bekommen oder von der östlichen Propaganda instrumentalisiert zu werden, kaum zur Wiederbewaffnungs-

---

39 Text der Denkschrift: E. Müller, Widerstand, S. 132f.
40 Brief vom 12.02.52 (EZA Berlin, 71/86/75).
41 Rundschreiben Müllers an die Mitglieder des Kronberger Kreises, 05.04.52 (Ebd.).
42 Giesen an Scheuner, 07.05.52 (Ebd.).
43 Rundschreiben Müllers vom 07.05.52 (Ebd.). Das Rundschreiben war von Giesen entworfen worden. Von dem Treffen des Kreises am 28. und 29.06.52 existieren keine Aufzeichnungen im Nachlass Ruppels (LKA Hannover, N 60).

debatte.[44] Das Thema war westlich dominiert. Der Kirchentag, obwohl er ja eher an die Tradition von Essen als an die von Berlin anknüpfen sollte, konnte aber nicht hinter Berlin zurückfallen, indem er den Anliegen von Christen in der DDR kein Gehör schenken würde. Von den dreißig Personen, die zur ersten Sitzung des Themenausschusses für den Stuttgarter Kirchentag am 17. und 18. September 1951 nach Frankfurt am Main eingeladen wurden, waren nur zwei, nämlich Kreyssig und Helga Krummacher, die beide in ihrer Eigenschaft als Präsidiumsmitglieder teilnahmen, aus der DDR.[45] Obwohl zu diesem Zeitpunkt noch über die Teilnahme aus der DDR am Kirchentag verhandelt wurde, war niemand aus den östlichen Landeskirchen eigens in den Themenausschuss berufen worden. Trotzdem schrieb Giesen anschließend, bei dieser ersten Sitzung seien „vor allem Stimmen des Ostens zur Geltung gekommen."[46] Helga Krummacher empfand das ganz anders. Das in Frankfurt besprochene Kirchentagsmotto „Wählt das Leben!" war ihr zu westlich. Für den Osten, schrieb sie an Giesen, sei ein mehr einladendes Motto wie „Mensch, willst du leben?" viel geeigneter. „Wir [im Osten] hätten uns kein ‚frommes' Thema, aber wohl ein Thema, an dem deutlich würde, worum es geht, gewünscht."[47] Giesen antwortete ihr, der Kirchentag müsse stärker auf den Westen ausgerichtet sein, denn hier sei die Entkirchlichung stärker. Die einfache Gemeinde vor Ort solle erreicht werden.[48]

Zunächst waren auch in den Leitungen der Arbeitsgemeinschaften fast gar keine Mitarbeiter aus dem Osten vertreten. In der ersten Arbeitsgemeinschaft zum Thema Kirche wirkte ein Mitarbeiter aus der DDR mit, in der zweiten Arbeitsgemeinschaft zum Thema Familie und in der dritten zum Thema Politik kein einziger.[49] So hatten die öffentlichen Hinweise des Kirchentagspräsidiums darauf, wie stark „die geistige Beteiligung des Ostens" an den Vorbereitungen sei,[50] eher beschwörenden Charakter. Diese Beschränkung auf westliche Mitarbeiter wurde nach harscher Kritik vor allem des Ostausschusses erst im Frühjahr 1952 fallen gelassen. Jetzt erhielt jede Arbeitsgruppe je einen Vorsitzenden aus dem Westen und einen aus dem Osten, und zu jedem Thema sollte auch ein Redner aus der DDR zu Worte kommen.[51]

44   M. ONNASCH, Konflikte, S. 156.
45   Einladungsrundschreiben Giesens, 23.07.52 (EZA BERLIN, 71/86/97, vgl. Anwesenheitsliste EBD.).
46   Giesen an die Mitglieder des Vorbereitenden Ausschusses, 29.10.51 (EBD., 71/86/22).
47   14.01.52 (EBD., 71/86/466).
48   06.02.52 (EBD.).
49   Mitarbeiterlisten vom 26.10.51 (EBD.).
50   In einer Pressemitteilung über die Konferenz der evangelischen Werke und Verbände zum Stuttgarter Kirchentag am 04.04.52 wurde diese geistige Beteiligung besonders betont. Von den 50 Teilnehmern der Konferenz stammten jedoch nur vier aus der DDR und nur zwei hatten sich nach dem Protokoll, das von Thadden als „sehr gute Zusammenfassung" gelobt wurde, für jeweils kurze Beiträge zu Wort gemeldet (EZA BERLIN, 71/86/97).
51   Rundschreiben Giesens an die AG-Leiter, 11.03.52 (EBD.); vgl. Entwurf für ein Memoran-

An der Grundkonzeption änderte dies jedoch wenig. Die Themenvorschläge des Ostausschusses für die erste Arbeitsgruppe, „Das Wort Gottes in der Gemeinde" und „Schweigt Gott zum Elend der Menschen" wurden genauso wenig berücksichtigt wie die Forderung, in der zweiten Arbeitsgruppe Schulprobleme zu behandeln, womit man beim Berliner Kirchentag ja große Resonanz hervorgerufen hatte.[52] Das Thema Wiedervereinigung selbst, für den Ostausschuss „das wichtigste Thema auf politischem Gebiet für den evangelischen Christen", wurde in der dritten Arbeitsgruppe schließlich gar nicht erwähnt. Die Vorschläge des Ostausschusses zum Thema Familie wurden in der zweiten Arbeitsgruppe zwar behandelt, aber nicht unter östlichen Gesichtspunkten. Ein Mitglied des Ostausschusses kommentierte bitter: „Sie im Westen haben uns lieb, wie man Kinder lieb hat. Wir aber sind schon mündig geworden."[53]

Das akademisch-problemorientierte Kirchentagskonzept hatte sich auf der ganzen Linie durchgesetzt. Da half es nichts, dass Thadden versuchte, den von ihm gerufenen Geist wieder in die Flasche zu befördern: An Müller schrieb der Kirchentagspräsident, er habe sich den Kronberger Kreis eigentlich nur als Diskussionsforum gedacht.[54]

Thadden war wie immer darauf bedacht, die unterschiedlichen Kräfte, die auf den Kirchentag wirkten, auszutarieren. Das Umfeld Niemöllers sollte nicht verprellt werden. Ursprünglich hatte der hessen-nassauische Kirchenpräsident dem Kirchentag von sich aus seine Mitarbeit angeboten.[55] Als er dann aber das Programm für den Stuttgarter Kirchentag in den Händen hielt, zog er am 5. Juli seine Zusage, eine Predigt zu halten, wieder zurück.[56] An Giesen schrieb er: „Das Programm ist offensichtlich für den Eindruck gearbeitet, daß hier eine gute ‚lutherische', gut württembergische und gut CDU-mäßige Linie gesteuert wird."[57] Niemöllers Freund Grüber

---

dum des Ostausschusses, 17.10.51 (EBD., 71/86/95. Das Memorandum wurde auf der zweiten Sitzung des Ostausschusses am 03.11.51 beschlossen (Protokoll der Sitzung, EBD., 71/86/41).

52   Vgl. oben S. 121.

53   Hugo Stößinger auf der Präsidalausschusssitzung am 14.12.51 in Essen (Protokoll, EZA BERLIN, 71/86/15).

54   Thadden an Müller, 05.06.52, zit. nach T. SAUER, Westorientierung, S. 113 und S. 257. Sauers Interpretation, dass Thadden dem Kronberger Kreis von vornherein nicht zu viel Einfluss habe einräumen wollen, geht hingegen wohl fehl. Zu eng sehr dominierte der Kreis von Anfang an die Arbeitsgruppe Politik, und in Fulda lagen alle Einladungen zu den entsprechenden Sitzungen vor. Thadden hätte also schon viel früher die Möglichkeit zur Intervention gehabt.

55   Niemöller an Thadden, 02.10.51 (ZAEKHN DARMSTADT, 62/1118); Niemöller an Giesen, 12.05.52 (EBD.).

56   Niemöller an Thadden, 05.07.52 (EBD.). H. SCHROETER (Kirchentag, S. 120) geht irrtümlich davon aus, die Absage sei allein wegen der Beteiligung des Bundestagspräsidenten Ehlers und im August, also nach dem Passverbot durch die DDR, erfolgt.

57   Briefentwurf Niemöllers vom 18.07.52 (EBD.). Thadden hingegen vermutete, Niemöller habe seine Teilnahme am Kirchentag zurückgezogen, „weil wir ihn nicht in vorderster Linie und an besonders hervorragenden Stellen zum Einsatz gebracht haben" (Thadden an Bülow, 10.07.52, EZA BERLIN, 71/86/22).

hatte ähnliche Bedenken. Kurz vor Beginn des Kirchentages, als er ge-genüber Niemöller feststellte, dass Dibelius die betont westliche Programmatik des Kirchentages „anscheinend ganz recht" sei, fügte er, bezugnehmend auf Niemöllers Schritt, hinzu: „Es tut mir leid, daß ich jetzt Stuttgart nicht mehr absagen kann."[58]

Plump „CDU-mäßig" war die Planung für den Stuttgarter Kirchentag ge-wiss nicht. Das Ja zum Wehrbeitrag entsprach zwar der Haltung der Bun-desregierung, aber das Entscheidende war die Art der Begründung dieser Zustimmung. Es sollte eben nicht in Kategorien wie „Volk" und „Nation" argumentiert werden, sondern ganz nüchtern und sachorientiert. Dies war nicht die Ebene von Niemöller. Der Kirchenpräsident fand sein alter Ego im EKD-Ratsvorsitzenden Dibelius,[59] nicht aber in Thadden oder gar Eber-hard Müller mit ihren Niemöller fern stehenden Konzepten. Insofern traf die Analyse Grübers nicht zu, dass Dibelius die Richtung, die der Kir-chentag nun einschlug, recht war.

Als Mitte Juli bekannt wurde, dass die DDR-Regierung die Erteilung von Interzonenpässen für Kirchentagsteilnehmer verweigern würde, fand sich Niemöller in seiner charakteristischen Sprunghaftigkeit bereit, die Sache des Kirchentages doch wieder zu unterstützen.[60] Diese angebotene Hilfe hinderte ihn jedoch nicht daran, gegenüber Thadden auf Umstände hin-zuweisen, die den Kirchentag seiner Ansicht nach parteilich machten. Am 17. Juli beschwerte sich der Kirchenpräsident über die Teilnahme Bischof Meisers, der doch schon immer gegen den Kirchentag und die EKD ins-gesamt gewesen sei, und am 9. August sah er in demselben Brief, in dem er „Bruder v. Thadden" dazu aufforderte, seine Bemühungen um die Teil-nahme von Gemeindegliedern aus der DDR fortzuführen, in der Teilnah-me von Hermann Ehlers am Kirchentag einen neuen Beweis für die Par-teilichkeit des ganzen Unternehmens.[61] Nachdem er dann Thaddens Ant-wortbrief vom 14. August erhalten hatte, in der der Kirchentagspräsident Bemühungen um die Entsendung von Delegationen aus der DDR ablehn-te, sagte Niemöller die Teilnahme in Stuttgart endgültig ab. Thadden schrieb Ehlers, Niemöller habe ihm am Telefon erregt erklärt, „der Kir-chentag habe für ihn kein Interesse mehr, seit er zu einem ‚Parteitag' der CDU und der ‚Adenauer-Horde' geworden" sei.[62]

Obwohl die Teilnahme von Hermann Ehlers am Kirchentag nicht der ausschlaggebende Grund für Niemöllers Absage war, gewann das Auftre-ten des Bundestagspräsidenten durch den Einspruch aus Darmstadt zu-

---

58 Grüber an Niemöller, 21.08.52 (ZAEKHN DARMSTADT, 62/1118).
59 Auch umgekehrt war dies der Fall, wie sich an der persönlichen Hochachtung zeigt, die Dibelius noch in seinen Memoiren Niemöller entgegenbrachte (O. DIBELIUS, Christ, S. 268).
60 Thadden kommentierte dies in einem Brief an seinen Freund Karl Hartenstein ironisch (24.07.52, EZA BERLIN, 71/86/531): „Natürlich liegt Bruder Martinus alles daran, daß für seine politischen Konzeptionen der verbindende Boden des Evangelischen Kirchentages erhalten bleibt."
61 ZAEKHN DARMSTADT, 62/1118.
62 Thadden an Ehlers, 25.08.52 (ACDP ST. AUGUSTIN, I 369/019).

sätzliche Brisanz. Aus dem Kreis um Niemöller wurde Bischof Dibelius gebeten, darauf hinzuwirken, dass es in Stuttgart keine Eskalation gebe. Dies könne nicht im Sinne der Wiedervereinigung sein. Der EKD-Ratsvorsitzende gab dies, verbunden mit der Bitte, Hermann Ehlers solle sich zurückhalten, an Reinold von Thadden-Trieglaff weiter. Thadden antwortete, Dibelius solle sich nicht beunruhigen, der Kirchentagspräsident und seine Mitarbeiter würden Ehlers „ganz sicher ‚in unsere Mitte nehmen‘ und rechtzeitig im mündlichen Gespräch seine Aufgaben begrenzen."[63]

Auch sonst versuchte der Kirchentagspräsident, dem Verdikt Niemöllers entgegenzuwirken, wo er nur konnte. Der Katholik Adenauer sagte seine ursprünglich vorgesehene Teilnahme am Kirchentag Anfang August ab, worüber Thadden erleitert war. Er bat einen Mitarbeiter des Bundespräsidenten Heuss, der auf dem Kirchentag in seiner schwäbischen Heimat sprechen sollte, Heuss möge keine politischen Töne anschlagen. Auch ein evangelischer Vertreter der Bundesregierung solle angesichts der vorangegangenen Auseinandersetzungen mit der „ostzonalen Regierung" besser nicht sprechen.[64] Die Tatsache, dass Bundesinnenminister Lehr in Stuttgart unbedingt das Wort ergreifen wollte, hatte der Kirchentagspräsident „enttäuscht und beunruhigt" aufgenommen.[65]

5.3 Politische Akzente beim Verlauf des Kirchentages

Den Kirchentag erreichten zahlreiche Grußworte aus der DDR, in denen von der bedrängten Lage der evangelischen Christenheit im Osten die Rede war.[66] Auch Adenauer nahm in seinem Grußtelegramm auf die politische Lage Bezug, indem er in gewohnter politisch-symbolhafter Rhetorik dem Kirchentag wünschte, eine Stärkung für das „christliche Abendland" zu sein.[67] Weder zu den Grüßen aus der DDR noch zu denen des Bun-

---

63   Dibelius an Thadden, 18.08.52 (EZA Berlin, 71/86/531); Thadden an Dibelius, 21.08.52 (Ebd.).
64   Thadden an Ministerialrat Bott, 16.08.52 (Ebd., 71/86/30).
65   Thadden an Bott, 25.08.52 (Ebd.).
66   Ebd., 71/86/530B.
67   „Die Gegenwart fordert von uns allen ein mutiges Bekenntnis zu den hohen Werten des Christentums und Kampf zur siegreichen Überwindung der uns vom Materialismus drohenden Gefahren. Es geht in Wahrheit um den Bestand des christlichen Abendlandes. Der Kampf wird schwer und langwierig sein, aber wir werden ihn siegreich bestehen. Der Kirchentag in Stuttgart wird mithelfen, den Sieg der christlichen Sache zu erringen. Wenn alle Christen zusammenstehen, sind wir unbesiegbar" (Ebd., abgedruckt in: K. Herbert, Kirche, S. 200; vgl. auch H. Schroeter, Kirchentag, S. 116). Heinemann kritisierte im November das Adenauersche Telgramm, mit dem der Bundeskanzler versucht habe, den Kirchentag für die westdeutsche Politik plump einzuspannen. („Vom Sieg der christlichen Sache", EZA Berlin, 71/86/344; vgl. K. Herbert, Kirche; H. Schroeter, Kirchentag). Der Schweizer Theologe Walter Lüthi kritisierte während des Kirchentages in einer Predigt das Telegramm „eines westlichen Politikers", das zur „Rettung des christlichen Abendlandes" aufgerufen habe. „Ein wenig erschrockenere und bußfertige Selbsterkenntnis" tue not (DEKT-Dok. 52, S. 98).

deskanzlers wurde offiziell Stellung genommen, um die politische Spannung nicht weiter aufzuheizen. Im Osten rief dies Enttäuschung hervor,[68] aber die Kirchentagsorganisation verfolgte konsequent ihre Linie der politischen Deeskalation. Das Adenauersche Telegramm wurde im Dokumentarband vom Stuttgarter Kirchentag nicht einmal abgedruckt.[69]

Theodor Heuss blieb bei seiner Ansprache auf dem Staatsempfang, den die baden-württembergische Landesregierung am 27. August gab, betont unpolitisch. Das bedeutete nicht, dass der Bundespräsident einen „Aufruf zur jenseitigen Frömmigkeit" abgeben wollte oder es vergaß, die kulturelle Verbundenheit der westdeutschen Christen mit den „evangelischen Mitchristen in Mittel- und Ostdeutschland" zu betonen.[70] Heuss wies aber, wie schon in seinem Grußwort an den Berliner Kirchentag,[71] auf die vor allem volksmissionarischen Aufgaben hin, die das Laientreffen zu erfüllen habe. Er lag damit ganz auf der Linie des Kirchentagspräsidenten.

Die Pressekommentare zum Beginn des Kirchentages beschäftigten sich vor allem mit der Tatsache, dass die Protestanten aus der DDR nicht nach Stuttgart kommen konnten.[72] So traf der gastgebende Landesbischof Haug den Ton, als er in seiner Predigt beim Eröffnungsgottesdienst vor 70.000 Zuhörern im Hof des zerstörten Schlosses das Ausbleiben der 20.000 Teilnehmer aus dem Osten hervorhob. Der Ernstfall für die EKD sei jetzt da, erklärte der Landesbischof. Jetzt müsse sich das Motto vom Berliner Kirchentag „Wir sind doch Brüder!" bewähren. Im Fürbittengebet hieß es: „Sieh an das Drohen der Mächte dieser Welt und gib uns und unseren angefochtenen Brüdern, getrost an deine Übermacht zu glauben."[73] Der Kirchentagspräsident sagte in seiner Rede im Schlosshof, das Fehlen der Ostteilnehmer sei nicht aus „menschlichen oder gar politischen Gründen" besonders schmerzhaft, sondern weil deren Erfahrung des Glaubens unter schwerem Druck in Stuttgart fehle.[74] Auch in einer gegen Ende der Veranstaltungen verteilten Kirchentagszeitung hieß es in einem kurzen Artikel, der an erster Stelle erschien: „Wir sind nicht zu trennen!"[75] An Bekenntnissen zur Zusammengehörigkeit der Deutschen in Ost und West fehlte es mithin nicht.

---

[68]   1953 wurde auf dem Kirchentag in Hamburg ein „Grußwort der evangelischen Gemeinden in der DDR" verlesen (DEKT-DOK. 53, S. 212), in dem es hieß: „Zum vorigen Kirchentag in Stuttgart, an dem wir nicht teilnehmen konnten, hatten wir ein Wort unter den schwierigsten Bedingungen geschickt. Als Antwort darauf bekamen wir eine kurze Danksagung. Damit ist es nicht getan. Wir wollen, daß zu unseren Problemen Stellung genommen wird."

[69]   Darauf weist H. SCHROETER (Kirchentag, S. 116) hin.

[70]   DEKT-DOK. 52, S. 38.

[71]   Vgl. oben S. 88.

[72]   „Schwäbisches Tagblatt", Tübingen, 23.08.52; „Der Tag", Berlin-West, 24.08.52; „Die Neue Zeitung", Berlin-West, 27.08.52; „Frankfurter Rundschau", 26.08.52; „Stuttgarter Nachrichten", 27.08.52, etc.

[73]   DEKT-DOK. 52, S. 43.

[74]   DEKT-DOK. 52, S. 48; vgl. Thaddens Rede beim Presseempfang, DEKT-DOK. 52, S. 30.

[75]   Der Titel der Zeitung war „Kirchentag 1952 im Bild".

Die politisch sensibelsten Arbeitsgruppen des Kirchentages waren wie vorhergesehen die Arbeitsgruppen III (Politik) und IV (Wirtschaft).[76] Bei der Arbeitsgruppe III wurde wie in Berlin wieder der größte Andrang verzeichnet: Bis zu 8.000 Personen nahmen an ihr teil.

Der erste Tag der Arbeitsgruppe III, die unter der bewährten Leitung von Präses Scharf stand, stand unter dem Oberthema „Was geht den Christen die Politik an?" Die Veranstaltung wurde durch ein Referat Helmut Gollwitzers eingeleitet, in dem der Bonner Theologe zur Frage der Wiederbewaffnung Deutschlands Stellung nahm. Er sprach von den „Giftschwaden des Hasses", die durch die Heuchelei im Osten Deutschlands entstünden, „mit der man andere als Kriegsbrandstifter verdammt und sich selbst als Friedensstifter anpreist."[77] Diese Giftschwaden, hieß es weiter, würden nur „vermehrt durch das allgemeine Interesse an Konjunktur, und sei es nur mit dem Mittel einer großen Aufrüstung."[78] Dies war genauso auf die Bundesrepublik gemünzt wie die Kritik an dem „Leichtsinn derer, die lieber mit der starken Faust als mit geduldigen Verhandlungen operieren" oder an der „Verblendung derer, die durch einen Krieg in ihre verloren gegangene Heimat zurück zu gelangen hoffen." Aber es gehe nicht um einen grundsätzlichen Pazifismus, den Gottes Gebot nicht erlaube. Wichtig sei vielmehr, die Waffen nicht in altem Geiste wieder aufzunehmen. Nur durch die Erinnerung an die nationalsozialistische Vergangenheit der Deutschen sei Vergebung und Neuanfang möglich. Gollwitzer prangerte zwar politische Exzesse sowohl in Ost als auch in West an und lag damit kaum auf der Linie der Befürworter eines Wehrbeitrages, aber auffällig an seiner Rede war doch, dass er nach seiner Kritik an den „Giftschwaden" nicht dazu aufrief, die Waffen überhaupt nicht mehr aufzunehmen, sondern nur dazu, sie nicht mehr „in altem Geiste" zu ergreifen. Der Theologe versuchte also mit seinem Referat, auf einen gewissen Ausgleich in der Wiederbewaffnungsdebatte hinzuwirken.[79]

Der Wiesbadener Ministerialrat Hans Puttfarcken, der das zweite Referat hielt, wurde in seiner Kritik an den östlichen und seinem Lob an den westlichen Verhältnissen deutlicher.[80] Zunächst hatte Puttfarcken geplant, mit seinem Referat die lutherische Lehre von den zwei Gewalten in biblischem Zusammenhang erneut darzustellen. Diese Konzeption stieß jedoch auf die Kritik des Kronberger Kreises, wo die Referate der politisch nahe stehenden Referenten besprochen wurden. Die Kronberger legten Puttfarcken nahe, er solle anhand klarer Beispiele deutlich machen, dass Christsein und politische Verantwortung zusammengehören; er solle „Politik im allerengsten Rahmen" betreiben.[81] Der Christ, führte Puttfarcken nun

---

76 Protokoll der Konferenz der Werke und Verbände, 03./04.04.52 (EZA BERLIN, 71/86/97).
77 DEKT-DOK. 52, S. 269–274, hier: S. 269. Wieder abgedruckt in: H. GOLLWITZER, Forderungen, S. 60ff.
78 Im Dokumentarband des Kirchentages tauchte dieser Satz nicht auf. Dokumentiert ist er auf Tonband (FFFZ DÜSSELDORF, KT/5b-38, 10:05–10:24).
79 Vgl. KJ 1952, S. 59.
80 DEKT-DOK. 52, S. 283–287.
81 Aufzeichungen Ruppels, Schönberg, 05.05.52 (LKA HANNOVER, N 60/374).

auf dem Kirchentag aus, habe Verantwortung im Staat wahrzunehmen, aber er solle sich vor einer „Vergottung der Macht" hüten. Bei untragbaren weltanschaulichen Bedingungen im Staat nämlich sei für den Christen „sein ‚Nein' dann der politische Beitrag, den Gott von ihm fordert." Putt-farcken ließ keinen Zweifel daran, was er damit meinte: Echte politische Verantwortung im Osten sei angesichts der dortigen „schwärmerischen Po-litik [...] kaum noch möglich." In der Ostzone herrsche eine Ideologie, während man im Westen aus der bis 1945 herrschenden Ideologie gelernt habe.

In der Diskussion des ersten Tages wurden die Folgen der Tatsache deutlich spürbar, dass praktisch keine Christen aus der DDR in Stuttgart an-wesend waren. Während Puttfarckens eindeutige Aussagen zur Legitimität staatlicher Gewalt im Osten Deutschlands weitgehend verpufften, konzen-trierte sich die Diskussion auf Gollwitzers Beitrag zur Wiederbewaff-nungsdiskussion. Diese Frage war für die Teilnehmer offenbar wesentlich drängender. Befürworter und Gegner eines Wehrbeitrages hielten sich dabei die Waage.[82]

Der Quedlinburger Propst Franz-Reinhold Hildebrandt, der einzige ost-deutsche Redner in der Arbeitsgruppe Politik, hielt sich in seinen Aus-führungen zum Thema des zweiten Tages „Wie sehen wir die Zukunft?" bedeckt. Einem westlichen Zukunftspessimismus und dem marxistischen Zukunftsoptimismus, dem gnadenlose Gewalt und Verachtung jeder Moral zueigen sei, setzte er Christus als Zukunft entgegen. Nur aus religiöse Be-sinnung könne echte Hoffnung erwachsen. Obwohl Hildebrandt damit die marxistische Ideologie angriff, vermied er es, konkret zu werden.

Mangelnde Konkretion konnte man bei Hermann Ehlers nicht feststel-len. Ehlers, der als „Bundestagspräsident Dr. Ehlers" (und nicht etwa als Oldenburgischer Oberkirchenrat) der Versammlung vorgestellt wurde,[83] betonte die Freiheit zu vorläufigen Lösungen, die es in einem Staatswesen gebe.[84] Entscheidungen wie beispielsweise die für eine Westintegration müssen nicht immer „Entscheidungen für Jahrhunderte" sein. Politischer Rigorismus war für Ehlers fehl am Platze. Solcher Rigorismus sei gerade bei den Gegnern des Wehrbeitrages, etwa bei Heinemann, deutlich auszuma-chen. Dem setzte Ehlers die Idee eines auf die praktischen Erfordernisse der Gegenwart reagierenden Staatswesens entgegen. Es gehe nicht um eine ferne Realisierung von politischen Forderungen, sondern um die Be-währung der Gemeinschaft in der Gegenwart, rief der Bundestagspräsident aus. Das Ziel der Wiedervereinigung dürfe dabei nicht aus den Augen ver-loren werden. Es sei zwar nicht „Inhalt der christlichen Verkündigung", das entbinde „aber nicht von der Pflicht, um des Nächsten willen diese Einheit zu wollen."

---

[82] DEKT-DOK. 52, S. 303f.
[83] Dieser Fauxpas taucht bezeichnenderweise im Dokumentarband nicht auf. Siehe aber die Tonbandaufzeichnung (FFFZ DÜSSELDORF, KT/5a-38, 11:39–11:42).
[84] DEKT-DOK. 52, S. 317–322.

„Wir haben in erschreckender Weise erlebt, wohin eine falsche Theologie, die das Volk und das Volkstum als Schöpfungsordnung vortrug, uns im Dritten Reich geführt hat. Wir haben erlebt, wie eine solche Theologie den Vorwand für Mißdeutungen, ja für Verbrechen hat liefern müssen. Wir sollten daraus erkennen, daß die politische Forderung nach der Herstellung der staatlichen Einheit unseres Volkes, die wir unablässig erheben, kein Inhalt der christlichen Verkündigung sein kann. Uns ist nicht befohlen, politische Ziele durch christliche Vokabeln überzeugungskräftiger zu machen. Je nüchterner und sachgemäßer wir unsere politischen Forderungen vortragen, umso überzeugender sind sie."

Dies war einerseits gegen Heinemann gerichtet, der für seine Ablehnung der Wiederbewaffnung auch religiöse Argumente nutzte,[85] andererseits wurde auch die nationalkonservative Position verurteilt, die von einem Naturrecht auf Wiedervereinigung ausging, das sich die Kirche zu Eigen machen müsse. Ehlers lag hier also genau auf der Linie der Organisation Kirchentag: Es ging darum, die Einheit Deutschlands zwar voranzubringen, aber nicht religiös zu überhöhen.

Ehlers' Beitrag entfachte eine lebhafte Diskussion.[86] Von einem Wehrbeitragsgegner wurde gleich zu Beginn betont, die Westintegration vertiefe auch als vorläufige Maßnahme die deutsche Spaltung. Der westfälische Präses Ernst Wilm verlas einen von 29 Persönlichkeiten, darunter Grüber und Heinemann, unterzeichneten Aufruf gegen die Wiederbewaffnung, in dem es hieß, die Aufrüstung weise nach Meinung der Unterzeichner den Weg in einen neuen Krieg.[87] Die Autoren des Aufrufes befanden sich damit im Einklang mit ostdeutschen Regierungsstellen.[88] Auch die Mehrzahl der Diskussionsteilnehmer des zweiten Tages sprach sich gegen die Wiederbewaffnung aus. Zwei Redner aus der DDR warnten, bezugnehmend auf die politischen Verhältnisse in ihrem Staat, vor staatlichem Anarchismus. Der Staat müsse ein Staat des Rechts bleiben, das sei Bewährung staatlicher Gemeinschaft. Aber diese Debattenbeiträge gingen unter. Ehlers re-

---

85 Bekannt war Heinemanns Diktum, dass Gott den Deutschen die Waffen zweimal aus den Händen geschlagen habe, sie sie mithin nicht ein drittes Mal wieder aufnehmen sollten. Zur politischen Argumentation Heinemanns: U. Schütz, Heinemann, S. 106f.
86 DEKT-Dok. 52, S. 326–348; Das Referat Ehlers' wurde verschiedentlich entstellt zitiert. D. Koch (Heinemann, S. 360) bezieht sich auf die Version der Zeitschrift „Bekennende Kirche auf dem Weg", die bemüht war, dem Bundestagspräsidenten möglichst viel Polemik zu unterstellen. Der Bericht vom Kirchentag betont besonders, Ehlers habe auf Ausgleich zwischen den Fronten gedrängt (Stuttgart 1952, S. 26). Nach dem Dokumentarband, der weitgehend authentisch sein dürfte, handelte es sich jedoch um die relativ unpolemisch und nicht apodiktisch vorgetragene politische Konzeption von Ehlers. Vgl. H. Schroeter, Kirchentag, S. 121.
87 EZA Berlin, 71/86/471; DEKT-Dok. 52, S. 330f.; D. Koch, Heinemann, S. 363; vgl. J. Vogel, Kirche, S. 171.
88 Grüber sandte diesen Aufruf „im Namen meiner Freunde" zwei Wochen später an Nuschke und stellte ihm „anheim, jeden gewünschten Gebrauch davon zu machen" (Grüber an Nuschke, 10.09.52, ACDP St. Augustin, VII-010/86). Nuschke gab ihn offenbar an seine Vorgesetzten bei der SED weiter (SAPMO-BArch, DY 30/IV 2/14/104, S. 144–147).

sümierte am Ende der Diskussion: „Wenn die 20.000 aus dem Osten hier-
gewesen wären, hätte vieles einen anderen Klang gehabt." Hildebrandt
fügte hinzu: „Wir wollen uns im Osten nicht als politisches Mittel des Westens benutzen lassen."[89]

Der Besuch der vierten Arbeitsgruppe blieb hinter den vorherigen Erwartungen zurück. Während beim ersten Thema „Wem gehört der Be-
trieb?" die Freiheit und gleichzeitige Gebundenheit, die Eigentum mit sich
bringe, betont wurde, wurde beim zweiten Thema „Wem gehört der Fei-
erabend?" auf die Notwendigkeit der Besinnung auf letzte und nicht vor-
letzte Dinge herausgestellt. Selbst Lothar Kreyssig, der Ost-Redner in der
vierten Arbeitsgruppe, verließ den gesteckten Rahmen nicht.[90] Das Be-
triebsrätegesetz, führte er in seinem Referat am ersten Tag aus, beinhalte
zwar „noch viel veralteten Eigensinn", aber wer nach Osten schaue, „der
kann doch nur mit Dank und Freude sehen, wie weit sich die Sozialpart-
ner und Parteien über die [...] einzuführende Mitbestimmung der Arbeiterschaft einig sind." Für die Arbeiter sei „nicht umsonst gelitten worden." Im
Übrigen seien zwar die entschädigungslosen Enteignungen im Osten
gegen die Menschenwürde, aber „gewisse Produktionsmittel" wie etwa Bo-
denschätze sollten vielleicht besser im Gemeineigentum verbleiben. Das
war eine klassische Kompromisskonzeption, wie sie auch in der Zusammenfassung der Ergebnisse der Arbeitsgruppe bei der Hauptversammlung
im Rosensteinpark gegeben wurde.[91]

Die Hauptversammlung blieb wie die Veranstaltungen der Vortage –
wenn man von der Diskussion um den Beitrag von Ehlers in der dritten
Arbeitsgruppe absieht – ohne politische Höhepunkte. Immerhin war der
Beifall der Kirchentagsgemeinde für die wenigen Teilnehmer aus dem
Osten besonders stark. Johannes Anz, der trotz seiner so deutlich regimekritischen Haltung nach Stuttgart hatte kommen dürfen, sprach davon,
dass die wenigen Teilnehmer aus dem Osten überlegt hätten, ob sie die
ihnen angebotenen Pässe überhaupt annehmen sollten. Mit der schließli-
chen Annahme hätten sie „der Gemeinde des Kirchentages gedient."[92] Den
westlichen Kirchentagsbesuchern rief er zu: „Betet darum, daß Gott seiner
Kirche zu aller Zeit und zu allen Orten die Kraft gebe, auch die zu lieben,
die uns schmähen und verfolgen." Nach Anz' Beitrag ertönten Glocken,
die über ein Tonband eingespielt wurden. Die konservative „Welt" konnte
am nächsten Tage titeln: „200000 hörten die Glocken aus Ostberlin".

Nach Anz richtete der gastgebende Bischof Haug das Wort an diese
„Kundgebung, die nicht demonstrieren will."[93] Schließlich betonte Reinold
von Thadden, dass die Botschaft des Kirchentages eben nicht nur mit dem

---

[89] DEKT-Dok. 52, S. 343, 348.
[90] Ebd., S. 372–379.
[91] Ebd., S. 445f.
[92] Ebd., S. 60.
[93] Haug hatte Hartenstein vor dem Kirchentag geschrieben, dass er mit seiner Predigt an-
      gesichts der politischen Anspannung wegen der Passverweigerung „nichts bagatellisie-
      ren, aber auch nichts verschärfen" wollte (21.08.52, LKA Stuttgart, D 23/11).

Verstand, sondern auch mit dem Herzen zu erfassen sei.[94] Einmal mehr war
der Kirchentagspräsident darum bemüht, sein volksmissionarisches Konzept vom rational-problemorientierten Konzept des Umfeldes von Eberhard Müller abzuheben.

Heinemann, der ansonsten auf dem Kirchentag nicht zu Worte gekommen war, erklärte, nach eigenen Angaben „im Einvernehmen mit verantwortlichen Veranstaltern",[95] dass der Kirchentag kein einheitliches Wort zur
Frage der Wiederbewaffnung abgeben könne, „weil unserer Bruderschaft
eine einheitliche Erkenntnis des uns von Gott gebotenen Weges nicht geschenkt ist. [...] Ich für meinen Teil sage aus mancherlei Gründen mit sehr
vielen von uns ‚nein' zur Aufrüstung in Deutschland."[96] Niemand widersprach ihm während der Versammlung, wozu es angesichts der Tatsache,
dass Heinemann der drittletzte Redner auf der Schlussveranstaltung war,
auch kaum noch hätte kommen können. Wenn es bei den Veranstaltern
das von Heinemann festgestellte Einvernehmen bezüglich des Inhaltes seines Redebeitrages bei der Hauptversammlung tatsächlich gab, so war das
Zulassen des Textes von Heinemann ein taktisch kluger Zug, denn so
konnte die vielfältige Kritik an der Wiederbewaffnung, wie sie in Arbeitsgruppe III geäußert worden war, kanalisiert werden. Öffentlich jedenfalls
stieß Heinemanns Beitrag, wenn er überhaupt in seiner vollen Länge
wahrgenommen wurde,[97] auf vereinzelte Kritik. In einem Rundfunkkom-
mentar wurde er beschuldigt, den Kirchentag missbraucht zu haben, denn
er hätte, so der Kommentator, seinem „Ich für meinen Teil ..." ein „Andere für ihren Teil ..." hinzufügen müssen.[98]

In seinem Schlusswort betonte Bischof Dibelius erneut, dass die durch
Gottes Namen begründete Gemeinschaft durch nichts zerrissen werden
könne. Das war der Schlusspunkt des Deutschen Evangelischen Kirchentages 1952.

5.4 Die Bilanz des Kirchentages

Der Kirchentag sei sehr kirchlich geprägt gewesen und habe aus dieser
Kirchlichkeit auch seine Kraft gewonnen. So beschrieb Lothar Kreyssig im
Nachhinein die Tage von Stuttgart.[99] Die Tatsache, dass sich Niemöller vor
dem Kirchentag und Heinemann sich auf dem Kirchentag „die Freiheit zu
politischem Handeln" genommen hätten, habe niemanden gestört.

---

[94] DEKT-Dok. 52, S. 62f.
[95] D. Koch, Heinemann, S. 361. Ein solches Einvernehmen war anhand der Kirchentagsak-
      ten nicht ausdrücklich festzustellen.
[96] DEKT-Dok. 52, S. 67f.; vgl. D, Koch, Heinemann, S. 361; H. Schroeter, Kirchentag, S. 123.
[97] Weder „Die Welt" noch die „Frankfurter Allgemeine Zeitung" berichteten von Heine-
      manns Satz „Ich für meinen Teil ...".
[98] Dr. Paul Gerhardt: „Kommentar zum Tage", Manuskript für Sendung des Süddeutschen
      Rundfunks vom 01.09.52 (LKA Stuttgart, Altregistratur/116f, S. 96ff.).
[99] L. Kreyssig, Kirchentag 1952, S. 419–421.

„Alarmiert hat das offenbar nur den Teil der Presse, die von außen über ihn [scil. den Kirchentag] berichtet und nicht weiß, daß die von ihr vermißte Sensation in Wahrheit immer wieder das Ereignis der Gemeinde, der Kirche, des Kirchentages selber, die Befriedung und die Befreiung ist, die von ihm ausgehen."

So verstanden konnte der Kirchentag für diejenigen, die an ihm teilnahmen, tatsächlich ein Gewinn sein. Intern stellte der Magdeburger Synodalpräses jedoch ernüchtert fest, der Kirchentag habe gezeigt, wie tief der Spalt zwischen Ost und West schon sei.[100] Eine inhaltliche Einheit, das wusste auch Kreyssig, war immer schwerer zu erzielen. So beschwor er den geistlichen Charakter des Ereignisses von Stuttgart, das „mehr ein auf die feinsinnige Freude gestimmtes Volksfest der Christenleute, als eine Kundgebung" gewesen sei,[101] um auf diese Weise die Defizite des Kirchentages zu überspielen.

Aus kirchlicher Perspektive bedeuteten die Tage von Stuttgart also durchaus keinen Rückschritt.[102] Als „rassemblement oecuménique", als der er wegen der vielen Teilnehmer aus dem Ausland, die wegen Stuttgarts günstiger geographischer Lage und auch wegen der wenig später in Deutschland stattfindenden anderen ökumenischen Großereignisse zum Kirchentag gekommen waren, hatte der Stuttgarter Kirchentag seine Wirkung.[103] Als gesamtdeutsches Ereignis hingegen hatte er sie nicht und konnte sie nicht haben. Johann-Renatus Renner, der sich als Korrespondent der „Welt" mit kirchlichen Fragen befasste, schrieb über den Stuttgarter Kirchentag, dass man auch mit den 20.000 Teilnehmern aus dem Osten den Berliner Kirchentag nicht hätte wiederholen können und wollen.[104] Das hing nicht nur mit der geographischen Lage von Stuttgart zusammen, sondern auch mit den politischen Umständen, in denen die Kirchentagsleitung möglichst wenig Öl in die Flammen gießen wollte. Der 75. Katholikentag in Berlin, der eine Woche vor dem Kirchentag getagt hatte, hatte sich ebenso zurückgehalten.[105]

In dem Berichtsheft vom Kirchentag, das schon bald nach dessen Abschluss im Auftrag der Kirchentagsleitung herausgegeben wurde, war den Ausführungen von Ehlers immerhin breiter Raum eingeräumt.[106] Hier hieß es, dass „sich viele unter uns noch zu wenig vergegenwärtigt [haben], worin der besondere Auftrag der Regierenden von Gott her besteht, und inwiefern mit diesem Auftrag die Pflicht zur Gewaltanwendung verbunden ist." An eine rein geistliche Auswertung des Kirchentages war offenbar nicht gedacht. Auch im „Kirchlichen Jahrbuch" wurde festgestellt, in der

---

[100] Protokoll der 12. Sitzung des Ostausschusses, 20.09.52 (EZA BERLIN, 71/86/41).
[101] L. KREYSSIG, Kirchentag 1952, S. 419–421.
[102] H. SCHROETER (Kirchentag, S. 117) stellt fest, dass sich die Zahl der Bibelarbeiten verdreifacht habe.
[103] DEKT-DOK. 52, S. 52, H. H. WALZ, 30 Jahre, S. 87.
[104] „Die Welt", Essen, 02.09.52.
[105] „Frankfurter Allgemeine", 28.08.52.
[106] STUTTGART 1952, S. 25–27.

dritten Arbeitsgruppe „schlug das Herz, hier war der eigentliche geschichtliche Ort des Kirchentages."[107] Thadden hingegen bemühte sich erneut, den Kirchentag vor einer zu starken Politisierung in Schutz zu nehmen: „Es geht darum, die Gemeinschaft zu stärken."[108]

Bezüglich des Ausbleibens der Teilnehmer aus dem Osten hieß es im „Kirchlichen Jahrbuch", dass die Kirchentagsleitung „vielleicht nicht das letzte getan habe, um die Wege doch noch zu öffnen."[109] Das Umfeld von Martin Niemöller verstärkte diese Kritik noch: Wer die Politik Adenauers gutheiße, hieß es an die Adresse des Kirchentagspräsidenten, der dürfe sich über das Ausbleiben der Ostdeutschen nicht wundern.[110] Diese scharfe Äußerung konnte wohl auch deshalb zustande kommen, weil es den innerkirchlichen Wiederbewaffnungsgegnern in Stuttgart gelungen war, mehr öffentliche Aufmerksamkeit auf sich zu ziehen, als sie ursprünglich gedacht hatten.[111] Der Kirchentag war kein „Parteitag der CDU" und der „Adenauer-Horde" geworden, wie Niemöller befürchtet hatte.

Thadden bat die Bundesregierung um die Deckung eines Fünftels der für Stuttgart angefallenen Kosten von etwa einer Million Mark.[112] Die Bundesregierung übernahm schließlich 10 Prozent,[113] was zwar eine Halbierung der geforderten finanziellen Mittel, aber – gerade angesichts der fehlenden Ostteilnehmer, die sonst aus Bundesmitteln unterstützt wurden – doch ein erhebliches finanzielles Zugeständnis der Bundesregierung bedeutete. Die Stadt Stuttgart und das Land Württemberg hatten zusammen 310.000 DM gegeben,[114] die württembergische Industrie hingegen nur etwa 43.000 DM.[115] Der Kirchentag war also in hohem Maße von der öffentlichen Hand abhängig, ohne dass dies bekannt geworden wäre.[116]

---

[107] KJ 1952, S. 55.

[108] ELBINGERODE, S. 32.

[109] KJ 1952, S. 76.

[110] D. KOCH, Heinemann, S. 362.

[111] Grüber schrieb Niemöller (01.09.52, ZAEKHN DARMSTADT, 62/1118), der Kirchentag sei besser gewesen, als er gedacht hätte. Thadden sei „charakterlich ein hochanständiger Mann" und alle Schwierigkeiten hätten nur von Dibelius hergerührt.

[112] Thadden an Lenz, 15.12.52 (EZA BERLIN, 71/86/30).

[113] 15.000 DM stammten aus dem Etat des BMI, 15.000 DM aus dem Etat des BMG (Lehr an Thadden, 02.07.53, EBD., 71/86/477); Schon vorher hatte das BMG 70.000 DM gegeben (Ehlers an Ranke, 02.07.53, EBD., 71/86/30).

[114] Stadt Stuttgart 190.000 DM, Land Württemberg 120.000 DM. Bericht über die Kassenprüfung des Kirchentages 1952, 17.07.53 (EZA BERLIN, 71/86/465); vgl. Württembergisches Staatsministerium an Vorbereitenden Ausschuss, 12.03.52 (LKA STUTTGART, Altregistratur/116f, S. 57.

[115] Aufstellung von privaten Spenden über 1.000 DM (EZA BERLIN, 71/86/471).

[116] Niemöller hatte Müllers Denkschrift „Wehrbeitrag und christliches Gewissen" u. a. deswegen kritisiert, weil die Evangelischen Akademien aus den USA finanziell unterstützt worden wären. Müller antwortete darauf, diese Unterstützung sei schon vor der Abfassung der Denkschrift eingestellt worden. In einem Gespräch über diesen Streit am 09.10.52, also kurz nach dem Kirchentag, waren sich beide nach einer Aufzeichnung Müllers einig, „daß durch Geldempfang Abhängigkeit entstehen könnte, auch wenn keine unmittelbaren Verpflichtungen mit dem Empfang von Geld übernommen würden. Diese Abhängigkeiten entstünden nach meiner [scil. Müllers] Meinung aber nur, *wenn ein*

Die DDR-Regierung musste den Kirchentag trotz der politischen Zurückhaltung als Provokation empfinden. Nicht nur die Hinweise auf das Fehlen der 20.000 Ostteilnehmer, die das Bild der DDR-Regierung in der Öffentlichkeit zu beiden Seiten des Eisernen Vorhangs beeinträchtigten, sondern auch ein Telegramm des Kirchentages vom 29. August, in dem die DDR-Regierung darum gebeten wurde, sich für die Freilassung der restlichen deutschen Kriegsgefangenen einzusetzen,[117] stieß auf Stirnrunzeln. Zwar hatte der Kirchentag das Telegramm taktisch geschickt an beide deutsche Regierungen gesandt, wohl um so dem Vorwurf der Einseitigkeit zu entgehen, aber dennoch schrieb der amtierende DDR-Ministerpräsident Heinrich Rau, der Kirchentag sei sehr wohl einseitig, denn er habe sich nicht zum Koreakrieg geäußert. Im Übrigen seien alle Kriegsgefangenen, die nicht wegen Kriegsverbrechen verurteilt worden seien, schon längst in der Heimat zurück.[118]

In der DDR fanden anlässlich des Kirchentages viele Gottesdienste statt. Sie wurden im Auftrag der DDR-Regierung genau beobachtet. Während die Ost-CDU wenig Belastendes aus solchen Gottesdiensten zusammentragen konnte oder wollte,[119] hatten die Spitzel der Volkspolizei mehr zu berichten.[120] Gegenüber dem Innenministerium wurde erwartungsgemäß betont, dass der Kirchentag auch ohne die Teilnahme von DDR-Bürgern zur „staatsfeindlichen Hetze" geeignet sei. Die Magdeburger Konsistorialrätin Ingeborg Zippel und Oberkonsistorialrat Johannes Anz hätten bei einer Veranstaltung in einer Hallenser Kirche das System der Bundesrepublik „verherrlicht". Außerdem habe Frau Zippel hervorgehoben, dass Meldungen in der DDR-Presse, die dem Kirchentag Parteilichkeit unterstellt hätten, gelogen seien. Auch die Berichte über das Fernbleiben Niemöllers vom Kirchentag seien falsch. Er habe nicht unter Protest seine Teilnahme am Kirchentag abgesagt.[121] Wenn dieser Bericht tatsächlich den Tatsachen entsprechen sollte, dann war Ingeborg Zippel darum bemüht, alle Bedenken über den Kirchentag zu zerstreuen, auch wenn sie berechtigt gewesen sein sollten. Dies würde der Strategie von Kreyssig entsprechen, der sich ja ebenfalls trotz innerer Bedenken in der Öffentlichkeit nur positiv über den Kirchentag äußerte. Im Magdeburger Konsistorium wurde die Linie

einseitiges Übergewicht der Geldquellen entstehe, so daß man auf eine bestimmte Geldquelle nur schwer verzichten könne' (Av. Müllers, 11.10.52, ZAEKHN DARMSTADT, 78/9, meine Hervorhebung). Vgl. L. SIEGELE-WENSCHKEWITZ, Hofprediger, S. 249.

117 Abschrift (SAPMO-BArch, DY 30/IV 2/14/104, S. 99); vgl. „Frankfurter Allgemeine", 30.08.52.

118 Rau an Thadden, 03.10.52 (EZA BERLIN, 71/86/304A); vgl. Entwurf einer Antwort auf das Telegramm des Kirchentages vom 29.8., 23.09.52 (SAPMO-BArch, DY 30/IV 2/14/104, S. 19–22).

119 Berichte von Gottesdiensten anlässlich des Stuttgarter Kirchentages (ACDP ST. AUGUSTIN, VII-013/1785).

120 Bericht der Bezirksbehörde der DVP in Halle an Innenministerium und Hauptverwaltung DVP, 11.10.52 (BArch BERLIN, DO 1/11/866, S. 148f.).

121 Bericht des Generalinspekteurs der DVP, o.D. (EBD., S. 163f.); vgl. Bericht der Bezirksbehörde der DVP Sachsen-Anhalt (EBD., S. 165, über eine Predigt Propst Hildebrandts).

verfolgt, dass die gesamtdeutsche Bedeutung des Kirchentages so groß sei, dass sie nicht durch kleinliche Kritik geschmälert werden sollte, zumal solche Kritik von den DDR-Behörden dankbar aufgenommen worden wäre. Auch die Kirchentagsleitung selber hielt es für politisch geschickter, von dem genauen Verlauf der Diskussionen nichts in den Osten zu berichten: Auf ein Berichtsheft über den Kirchentag für den Osten wurde verzichtet.[122]

Festzuhalten bleibt: Bei aller Kritik im Einzelnen war der Stuttgarter Kirchentag aus der Sicht seiner Veranstalter ein voller Erfolg gewesen. Es war gelungen, sich nicht in den Sog ziehen zu lassen, der von dem Großereignis in Berlin ein Jahr zuvor ausgegangen war. Im Bewusstsein der evangelischen Bevölkerung war der Kirchentag fest verankert, was sich an den vielen Geld- und Sachspenden zeigte, die in Stuttgart und Fulda eingingen.

---

[122] Av. Giesens über Sitzung des Ostausschusses, 24.11.52 (EZA BERLIN, 71/86/41).

6. IM SCHATTEN DER WAHL. DER HAMBURGER KIRCHENTAG 1953

6.1 Die Kundgebung des Kirchentages zur Flüchtlingsproblematik

Schon im April 1952 war der Kirchentag nach Hamburg eingeladen worden.[1] Dem hatte Lothar Kreyssig als Vorsitzender des Ostausschusses des Kirchentages nur unter der Bedingung zugestimmt, dass ein Hamburger Kirchentag auch ein „Ruf an den Osten" sein müsse, so dass „die etwa möglichen Enttäuschungen in Aktivität umgewandelt werden könnten."[2] Am 4. August fällte das Kirchentagspräsidium die Entscheidung, den nächsten Kirchentag in Hamburg stattfinden zu lassen, und, wie Thadden bei einer Vorbesprechung der Präsidiumssitzung betonte, „auf jeden Fall gesamtdeutsch".[3] Als sich verschiedene Landesjugendpfarrer im Oktober 1952 an das Kirchentagsbüro in Fulda wandten, um sich für einen Kirchentag 1953 wieder in Berlin einzusetzen, wurde ihnen gegenüber auf die „eigentliche Aufgabe des Kirchentages", die eben keine politische sei, hingewiesen. Außerdem müsse der Norden jetzt vom Kirchentag besucht werden.[4] Das volksmissionarische Anliegen der Kirchentagsleitung sollte nicht durch die deutsche Frage verdrängt werden, wie es 1951 in Berlin geschehen war.

Aber die Teilung Deutschlands hatte auch ganz konkrete Auswirkungen auf das tägliche Leben in der Bundesrepublik, denn hier trafen schließlich jeden Monat Tausende von Flüchtlingen aus der DDR ein. Nachdem im Sommer 1952 in Folge der II. Parteikonferenz der SED mit dem Aufbau der „Grundlagen des Sozialismus" begonnen worden war, setzte ein großes Kollektivierungsprogramm ein, das viele Bauern und Handwerker veranlasste, in den Westen zu fliehen. Waren im Dezember 1952 noch 22.000 Menschen aus der DDR in die Bundesrepublik gekommen, stieg die Zahl bis zum März 1953 auf 58.000 Westwanderer pro Monat. Bis 1961 sollte die Zahl der Flüchtlinge aus der DDR nicht wieder solche Ausmaße erreichen.[5] Der Kampf gegen Kirche und Junge Gemeinde erreichte eine nie gewesene Intensität.[6]

---

[1] In diesem Monat hatte Thadden schon eine Informationsreise nach Hamburg unternommen, um bei Vertretern von Staat und Kirche Möglichkeiten für den Kirchentag zu erkunden (Wilhelm Imhoff an Thadden, 25.04.52, EZA BERLIN, 71/86/644).

[2] Protokoll der Präsidiumssitzung, 26.04.52 (EZA BERLIN, 71/86/22).

[3] Protokoll der Vorbesprechung zur Präsidiumssitzung vom 04.08.52 (EZA BERLIN, 71/86/22).

[4] Av. Ehlers', 02.10.52 (EZA BERLIN, 71/86/468).

[5] D. STARITZ, Geschichte, S. 81.

[6] EBD.; C. KLESSMANN, Staatsgründung, S. 267; H. WEBER, Geschichte, S. 230f.; G. BESIER, SED-Staat, S. 115–122.

In dieser Situation schlug Klaus von Bismarck, Leiter des Sozialamtes der westfälischen evangelischen Kirche, seinem Nenn-Onkel Reinold von Thadden-Trieglaff vor, der Kirchentag solle zu dieser Massenflucht aus der DDR und den daraus resultierenden Problemen für die Bundesrepublik Stellung nehmen.[7] Nachdem im Vorfeld von Stuttgart die volksmissionarische und die politisch-symbolische Kirchentagskonzeption miteinander im Widerstreit gelegen hatten, wurden nun wieder akademisch-problemorientierte Einflüsse sichtbar. Es ging Bismarck nämlich nicht um bloße Bekenntnisse, er wollte eine konkrete Sachfrage behandelt wissen.

Auch die Bundesregierung hatte großes Interesse daran, dass der Kirchentag sich zum Flüchtlingsproblem äußerte. Das Vertriebenenministerium machte gegenüber dem Kirchentag deutlich, was die Bundesregierung von einer Kundgebung des Kirchentages zum Thema erwartete:

> „A) Entschiedenes Eintreten der Kirche für die Flüchtlinge aus der SBZ
> B) Andererseits Mahnung zum Verbleiben in der SBZ. Dies muß sowohl bei Tagungen wie bei Verlautbarungen besonders betont werden.
> C) Aus dem Gesichtspunkt der Bundesregierung:
> a) Gewinnen der Flüchtlinge aus der SBZ für die Politik der Bundesregierung
> b) Gewinnung der Jugend für den christlichen Westen."[8]

Momentan, wurde in dem Schreiben an den Kirchentag weiter ausgeführt, sei die Situation besonders „günstig für die Gewährung von neuen Mitteln aus dem Ministerium für gesamtdeutsche Fragen". Das bedeute, wenn „die Kirche der Bundesregierung in dieser Situation [helfe], muß sie andererseits mit Entgegenkommen in finanzieller Hinsicht rechnen können." Im Blick auf die Bundestagswahlen, die im Herbst 1953 stattfinden sollten, schloss der Brief: Wenn die Lage der Vertriebenen und Flüchtlinge in der Bundesrepublik verbessert werden könne, „dürfte die Bundesregierung im Herbst bei den Heimatvertriebenen und den SBZ-Flüchtlingen gute Voraussetzungen haben."

Diese unverblümte Aufforderung zu einem politischen Kuhhandel schreckte die Organisation Kirchentag nicht, sofort Initiative zu ergreifen. Schon am 7. März, zwei Wochen nach Bismarcks Vorschlag und zehn Tage nach dem Brief aus dem Vertriebenenministerium, fand die erste Vorbesprechung für eine Kundgebung statt, die bereits am 24. März im Essener Saalbau stattfinden sollte. Ursprünglich war der Plenarsaal des Deutschen Bundestages für die Veranstaltung vorgesehen worden,[9] aber diese Idee wurde „wegen der gefährlichen Optik für die Brüder des Ostens" wieder fallen gelassen.[10] Eingeladen werden sollten möglichst viele Vertreter von Staat, Kirchen und Wohlfahrtsverbänden, um so eine maximale politische Wirksamkeit der Veranstaltung zu sichern.[11]

---

7   Av. Thaddens über Anruf Bismarcks, 23.02.53 (EZA BERLIN, 71/86/76A).
8   Kutzner an Giesen, 26.02.53 (EBD.).
9   Thadden an Hermann Ehlers, 27.02.53 (EBD.).
10 Giesen an Lilje, 08.03.53 (EBD.).
11 Protokoll der Vorbesprechung vom 07.03.53 (EBD.).

Warum ließ man sich in Fulda so leicht vor den politischen Karren der Bundesregierung spannen? Die Flüchtingsproblematik hatte einen volksmissionarischen Aspekt. Die Flüchtlinge gehörten zum größten Teil der evangelischen Kirche an und kamen aus der kirchenfeindlichen DDR in die Bundesrepublik. Deswegen wird es aus Sicht der Organisation Kirchentag nur recht und billig gewesen sein, wenn die Institution Kirchentag deren Problemen Gehör verschaffte. Die politischen Verwerfungen, die durch das verlangte offene Eintreten für die Bundesregierung mit sich bringen würde, sahen Thadden und Giesen nicht, oder sie nahmen sie billigend in Kauf.

Der enge Schulterschluss zwischen Bundesregierung und Kirchentag wurde allerdings bald ruchbar. Am 13. März zogen der Zentralausschuss für die Innere Mission und das Hilfswerk der EKD – zwei große kirchliche Wohlfahrtsverbände – ihre schon zugesagte Teilnahme an der Kundgebung zurück. In einem vertraulichen Vermerk[12] wurde dieser Schritt damit begründet, dass man keine Gefährdung der Arbeit der Inneren Mission und des Hilfswerkes in der DDR riskieren wolle. Außerdem wurde der Kirchentag für sein öffentliches Auftreten „in enger Verbundenheit mit Vertretern der Bundesregierung" kritisiert, das besonders unverständlich sei, da der Kirchentag doch „noch immer ernsthaft danach strebe, in der Zone Veranstaltungen abhalten zu können."

Ähnliche Bedenken kamen auch aus dem Kirchlichen Außenamt.[13] Dessen Vizepräsident Gerhard Stratenwerth machte Giesen darauf aufmerksam, dass mit der geplanten Kundgebung „das der Sache nach zweifellos westliche Gesicht des Kirchentages in dieser Einseitigkeit noch deutlicher in Erscheinung tritt", was negative Folgen für den Kirchentag des Jahres 1953 in Hamburg haben könne. Auch Niemöller sagte seine Teilnahme ab.[14] Grüber warnte Thadden, die geplante Veranstaltung bedeute „das Ende jeder Betätigung der Kirchentages im Raum der Deutschen Demokratischen Republik."[15]

Die Antwort Giesens an das Hilfswerk, die Bundesregierung würde öffentlich ja nicht in Erscheinung treten,[16] wirkte angesichts dessen eher fadenscheinig. Stratenwerth wurde von dem Generalsekretär beschieden, man sorge dafür, dass kein falscher Zungenschlag entstehe, „aber wir bitten Sie, auch selber mit dafür zu sorgen." Einige Tage vorher hatte Giesen, unbesorgt um falsche Zungenschläge, zur zweiten Vorbereitungssitzung für

---

12   Av. an Giesen, 13.03.53 (EBD.).
13   Stratenwerth an Giesen, 13.03.53 (EBD.).
14   Niemöller an Thadden, 18.03.53 (EBD.). Niemöller erklärte, er habe „einige Bedenken, über die Sie ja im Bilde sind."
15   Grüber an Thadden, 14.03.53 (EZA BERLIN, 71/86/309). Eine Kopie dieses Schreibens ging an Kreyssig in seiner Eigenschaft als Vorsitzender des Ostausschusses des Kirchentages, aber nicht etwa an dessen Berliner Büro, sondern nach Magdeburg, durch die Postzensur hindurch, wie Kreyssig gegenüber Grüber am 18.03.53 ärgerlich vermerkte (EBD.). So konnte Grüber gleich die Regierungsstellen der DDR über seine Haltung informieren.
16   16.03.53 (EZA BERLIN, 71/86/76A).

die Kundgebung für den 23. März in das Fraktionszimmer der CDU im Bonner Bundeshaus eingeladen.[17] In einem Artikelentwurf vom 19. März betonte der Generalsekretär, der Kirchentag wolle doch nur helfen, und: „Wer hilft, treibt keine Politik."

Die eigentliche Veranstaltung nahm sich nach diesem Vorspiel recht unspektakulär aus. Eingangs forderte Thadden den Westen auf, mit seinen Bemühungen um die Integration von Vertriebenen und Flüchtlingen nicht nachzulassen. Daran schlossen sich die Verlesungen verschiedener Lagebeschreibungen und von Hilfsaufrufen an. Der letzte Appell, in dem mehr Geld für den Vertriebenenwohnungsbau gefordert wurde, wurde von Bundespräsident Heuss verlesen, dem „einzigen politischen Teilnehmer", wie Giesen vorher in einem Brief erklärt hatte, der außerdem nur in seiner Eigenschaft als evangelischer Christ auftrete.[18] Diese feine Unterscheidung dürfte dem Publikum wohl kaum aufgefallen sein, zumal Heuss in Essen kommentgemäß mit „Herr Bundespräsident" angeredet wurde. Außerdem waren sowohl Ehlers als auch Innenminister Lehr anwesend, so dass von einer unpolitischen Veranstaltung keine Rede sein konnte.

Den Kirchentag kostete die Kundgebung vom 24. März viel Ansehen. Der Ostausschuss des Kirchentages tagte drei Tage später. Mit Kreyssigs Unterstützung wurde beschlossen, die Kirchentagsleitung in Fulda solle gebeten werden, „sich in der Verwaltung seiner großen öffentlichen und damit notwendig auch politischen Geltung so wenig wie möglich zu binden und den Osten in Fragen von gesamtkirchlichem Rang früher und stärker zu beteiligen, als es jüngst wieder geschehen ist."[19] Der Landesausschuss Berlin-Brandenburg mit seinem schwer kranken Vorsitzenden Quaatz und dem ebenso hinfälligen Geschäftsführer Kretzschmar hatten an der Sitzung des Ostausschusses aus Protest erst gar nicht teilgenommen. In einem Schreiben an Kreyssig führten Quaatz und Kretzschmar an, die Kundgebung des Kirchentages lasse erkennen, dass die östlichen Landesausschüsse ohnehin jeglichen Einfluss auf die Kirchentagsarbeit verloren hätten. Der Kirchentag gerate „zunehmend unter den Einfluß der Bundesregierung", deswegen sei eine Teilnahme von Christen aus der „Zone" beim Hamburger Kirchentag mehr als fraglich.[20]

Am Tag nach der Ostausschusssitzung schrieb Kreyssig, dessen Schreiben an Thadden in der Regel einen besonders freundlichen und verbindlichen Ton hatten, einen harschen Brief an den Kirchentagspräsidenten und wurde noch deutlicher. Er sei nicht über die Veranstaltung unterrichtet und zu keinem Zeitpunkt an ihrer Planung beteiligt gewesen. Im Übri-

---

17 Rundschreiben Giesens, 09.03.53 (EBD.).
18 Giesen an Präses Wilm, 21.03.53 (EBD.).
19 Protokoll der 16. Sitzung des Ostausschusses, 27.03.53 (EZA BERLIN, 71/86/41.
20 Landesausschuss Berlin-Brandenburg an Kreyssig, 10.04.53 (EZA BERLIN, 71/86/309). Kretzschmar und Quaatz wurden vom Kirchentag wegen Unregelmäßigkeiten nach dem Berliner Kirchentag in ihren offiziellen Funktionen nicht mehr anerkannt, weshalb ihnen eine gewisse Verbitterung unterstellt werden kann. Beide starben wenig später (vgl. oben S. 88).

gen sei der Kirchentag „in der Bindung an staatliche Größen zu weit gegangen."[21]

Auch die Institution Kirchentag nahm Schaden. Gustav Heinemann wandte sich in seiner Eigenschaft als Präses der Synode an Giesen und gab ihm zu verstehen, dass die östlichen Mitglieder des Rates der EKD ganz außerordentlich „bestürzt" über die Veranstaltung gewesen seien. Die „eindeutige Westorientierung", in die sich der Kirchentag so begebe, sei „untragbar". Heinemann gab als Meinung eines nicht näher bezeichneten Ratsmitgliedes wieder, die aber auch seine eigene war: „Wenn man den Kirchentag als gesamtdeutsche Veranstaltung kaputt machen will, sind das die besten Methoden."[22]

Es dauerte zwei Wochen, bis der Kirchentagspräsident Stellung nahm. In einem Rundschreiben an kirchliche Stellen vom 14. April nahm Thadden einige „Richtigstellungen" vor.[23] Die Anregung zu der Essener Veranstaltung sei vom Sozialamt der westfälischen Kirche ausgegangen. Hilfswerk und Zentralausschuss für Innere Mission seien schon eingespannt, der Kirchentag hingegen nur das Sprachrohr gewesen. Im Übrigen sei Bundespräsident Heuss nur „einer unter vielen" bei dieser Veranstaltung gewesen. – Natürlich verfehlten diese „Richtigstellungen" ihre beabsichtigten Wirkungen, denn es war bekannt, dass das Hilfswerk und der Zentralausschuss vor der Veranstaltung abgesprungen waren und dass der Kirchentag nicht als „Sprachrohr", sondern als Organisator der Veranstaltung aufgetreten war. Auch dass das Staatsoberhaupt bei der Kundgebung angeblich „einer unter vielen" gewesen sei, dürfte Kopfschütteln hervorgerufen haben. An den württembergischen Landesbischof Haug schrieb Thadden im Mai, er habe sich nur „sehr schwer" und erst dann „zu diesem improvisierten Unternehmen" entschlossen, als die „Brüder aus Westfalen" die Glaubwürdigkeit des Kirchentages für den Fall anzweifelten, dass er sich versage.[24] Kein Wort von versuchter oder erfolgter politischer Einflussnahme, kein Wort von durchaus wohlmeinender Kritik im Vorfeld.

Propst Heinrich Grüber sagte seine Teilnahme am Hamburger Kirchentag unter Protest ab. Thadden Aussage gegenüber Grüber, die Veranstaltung sei über Thadden „gestülpt worden", sei offenbar unwahr, schrieb der Propst.[25]

In der DDR wurde die Essener Kundgebung des Kirchentages nicht nur von der Kirche und dem Kirchentag nahe stehenden Kreisen, sondern auch von staatlichen Stellen aufmerksam registriert. Aus Sicht des Staatssekretariates für innere Angelegenheiten handelte es „sich hierbei um eine regelrechte Hetzveranstaltung gegen die DDR."[26] Am 31. März beschloss

---

21 28.03.53 (EBD.).
22 Heinemann an Giesen, 28.03.53 (EBD.).
23 Rundschreiben vom 14.04.53 (EBD.).
24 Thadden an Haug, 12.05.53 (EBD.).
25 Grüber an Thadden, 26.05.53 (EBD.).
26 Analyse des Hamburger Kirchentages, 27.11.53 [sic] (SAPMO-BARCH, DY 30/IV 2/14/106, S. 86–98, hier: S. 87).

das Politbüro, das Staatssekretariat für innere Angelegenheiten solle einen Brief an alle Pfarrer in der DDR verschicken, die dessen Empfang zu quittieren hätten.[27] Darin war die Rede davon, dass die westdeutschen „Kriegstreiber [...] den evangelischen Kirchentag Ende März 1953 für ihre verbrecherischen Zwecke weitgehend mißbraucht" hätten. Kost, Ehlers und Lehr, die an der Kundgebung teilgenommen hatten, gehörten zu den „gefährlichen Kriegstreibern des deutschen Volkes." Über die Protestanten in beiden Teilen Deutschlands heißt es:

> „Mit Recht erwarten, verlangen sie auch von ihrer Geistlichkeit eine entschiedene Abgrenzung gegen die heuchlerischen, hetzerischen und volksfeindlichen Elemente und eine klare Unterstützung aller Bestrebungen und Kräfte, die sich zur Erhaltung des Friedens und der demokratischen Wiedervereinigung Deutschlands bekennen."

Bemerkenswert ist an diesem Briefentwurf und dem erst am 24. April, als die westliche Kritik schon in vollem Gange war, verschickten Brief,[28] dass nicht der Kirchentag selbst als schuldig hingestellt wird, sondern dass man ihn als „von Kriegstreibern mißbraucht" bezeichnet. Sollte so von Seiten der DDR-Regierung vorschnellen Entscheidungen in Bezug auf den Hamburger Kirchentag ausgewichen werden? Auf jeden Fall war es für die SED wichtig, „fortschrittlichen Christen" angesichts der staatlichen Unterdrückungsmaßnahmen gegen kirchliche Einrichtungen und Amtsträger in der DDR nicht vor den Kopf zu stoßen. Gerade unter den Pfarrern wollte sich das Regime eine möglichst breite Basis schaffen.[29] So wurden nur bestimmte Personen als „Kriegstreiber" isoliert, die den christlichen Glauben angeblich missbrauchen würden.

Der Kirchentag sandte nun seinerseits einen „amtsbrüderlichen Brief" an die Pfarrer in der DDR, in dem Generalsekretär Giesen versuchte, den Schaden zu begrenzen.[30] Am 7. Mai protestierte Thadden schriftlich bei Grotewohl.[31] Für den Deutschen Evangelischen Kirchentag, schrieb er notgedrungen, gebe es „keine politischen Auftraggeber." Zu Kirchentagsveranstaltungen habe „jeder Christ Zutritt, auch Minister und andere Persönlichkeiten des öffentlichen Lebens." Zum Schluss drehte Thadden den Spieß um:

> „Doch blickt die Christenheit allenthalben mit schwerer Sorge auf das kirchliche Geschehen in der Deutschen Demokratischen Republik und hört mit innerster Anteilnahme von den Leiden, die so durch Maßnahmen politischer und

---

27 SAPMO-BArch, J IV 2/2/273.
28 KJ 1953, S. 154–156; Abschrift: EZA Berlin, 71/86/309; vgl. G. Besier, SED-Staat, S. 121, der allerdings auf den Anlass des Briefes nicht eingeht.
29 Die meisten Pastoren standen dem Brief kritisch gegenüber, wagten es aber, wohl aus Furcht vor Repressalien, nur in seltenen Fällen, die Annahme ganz zu verweigern (Einschätzung, 19.05.53, SAPMO-BArch, NY 4090/456, S. 199–204; vgl. G. Besier, SED-Staat, S. 762).
30 09.05.53 (EZA Berlin, 4/12).
31 EZA Berlin, 4/12; SAPMO-BArch, NY 4090/456, S. 168–170; BArch Berlin, DO-4/1973, S. 241–244; vgl. G. Besier, SED-Staat, S. 761f.

staatlicher Stellen täglich über die Christen in der Deutschen Demokratischen Republik kommen. Ihre Sorge ist durch das Schreiben des Staatssekretariates für innere Angelegenheiten nur verstärkt worden."

Damit hatte Thadden Grotewohl getroffen. Der Ministerpräsident schrieb an den Rand von Thaddens Brief: „Wir lassen uns keinen Kirchenkrieg aufzwingen! Besprechung z.Zt. leider nicht möglich."[32] Der Kirchentagspräsident erhielt keine Antwort.

Im November 1952 hatte Grotewohl gegenüber Thadden noch erklärt, 1953 könne zwar kein Kirchentag in der DDR stattfinden,[33] aber „gewissermaßen als Privatmann" hatte der Ministerpräsident hinzugefügt, er würde den Kirchentag als „Brücke zwischen Ost und West" begrüßen.[34] Niemöller, den Thadden nach einer vorherigen persönlichen Aussprache vor allem aus taktischen Gründen mit zu der Besprechung genommen hatte,[35] hatte Grotewohl gebeten, den Kirchentag in Hamburg 1953 und einen Kirchentag 1954 in Leipzig, wohin der sächsische Landesbischof Hugo Hahn eingeladen hatte, zu unterstützen, damit die nächsten Kirchentage „kein zweites Stuttgart" würden. Niemöller verfolgte hier also durchaus seine eigene Politik, nämlich die, einen inhaltlich westlich dominierten Kirchentag wie den von Stuttgart zu verhindern. Thadden hatte den Ministerpräsidenten hingegen nach der Möglichkeit eines Kirchentages in Berlin gefragt, der – so wird sich der Kirchentagspräsident gedacht haben – lange nicht so viele inhaltliche Kompromisse machen müsste wie ein Kirchentag in der DDR. Grotewohl hatte auf beide Vorschläge geantwortet, eine Ablehnung oder „wenigstens" die Hinausschiebung des westdeutschen Verteidigungsbeitrages würde „günstige Folgen für den Kirchentag" haben. Er wolle sich alles „freundlich ansehen", betonte aber einschränkend: „Was kann in zwei Jahren alles passieren!"
Diese Tür war nun, im Mai 1953, zugeschlagen.[36]

---

[32] SAPMO-BArch, NY 4090/456, S. 168.
[33] Hahn hatte von Elbingerode aus den Kirchentag schon für 1953 nach Leipzig eingeladen (Hahn an Thadden, 08.10.52, EZA Berlin, 71/86/56), war aber von Thadden nach der Besprechung mit Grotewohl auf 1954 verwiesen worden (18.11.52, Ebd.). Vgl. Rundschreiben des Kirchentages an die Landesausschüsse, 17.11.52 (Ebd., 71/86/16).
[34] Av. über Besprechung mit Ministerpräsident Grotewohl, 10.11.52 (EZA Berlin, 71/86/477); Wortprotokoll (LKA Düsseldorf, 9/186); vgl. Protokoll der Präsidiumssitzung v. 03.12.52 (EZA Berlin, 71/86/22); Protokoll (BArch Berlin, DO-4/1988, S. 219, 251). Vielleicht war Grotewohl nicht aufgefallen, dass er hier einen wichtigen Ausdruck vom Berliner Kirchentag 1951 benutzte. Bei der Besprechung waren von Seiten des Kirchentages Thadden, Niemöller, Grüber und Giesen, von Seiten der DDR-Regierung Grotewohl und Staatssekretär Geyer anwesend.
[35] Die Unterredung fand am 02.11.52 statt. Thadden berichtete darüber seinem Freund Eberhard Müller, er habe Niemöller erklärt, dass er es nicht hinnehme, dass der Kirchenpräsident für einen Kirchentag 1953 im Osten agitiere (04.11.52, EZA Berlin, 71/86/30). Grüber war an der Besprechung in seiner offiziellen Eigenschaft als Beauftragter des Rates der EKD bei der DDR-Regierung beteiligt.
[36] Das vermutete auch der Vorbereitende Ausschuss des Hamburger Kirchentages, der am 27.05.53 eine nennenswerte Teilnahme des Ostens am Hamburger Kirchentag als „fraglich"

6.2 Verhandlungen über die östliche Teilnahme am Kirchentag

Die politische Eiszeit hielt nicht lange an: Nach Stalins Tod am 5. März 1953 waren neue Signale aus Moskau nach Ost-Berlin gekommen. Der 1952 mit der II. Parteikonferenz eingeleitete Kurs des „beschleunigten Aufbaus des Sozialismus" sollte auf Geheiß der neuen sowjetischen Führung unter Berija abgemildert werden, um so die sowjetische Politik gegenüber dem Westen, mit der ein weiterer Ausbau des westlichen Bündnissystems verhindert werden sollte, zu stützen.[37] Schon aus wirtschaftlichen Gründen, stellte eine Arbeitsgruppe der SED Anfang April fest, ließ sich der 1952 eingeschlagene Kurs nicht mehr lange aufrecht erhalten.[38] Es dauerte jedoch fast zwei Monate, bis dieser Bericht in Moskau wahrgenommen wurde.[39] Am 27. Mai beschloss das Präsidium des Obersten Sowjets das Ende des verschärften politischen Kurses in der DDR. Ulbricht, Grotewohl und „Chefideologe" Fred Oelßner wurden für Anfang Juni nach Moskau bestellt, wo sie für ihre Wirtschaftspolitik zur „Selbstkritik" aufgefordert wurden[40] und ein sowjetisches Memorandum „Über die Maßnahmen zur Gesundung der politischen Lage in der Deutschen Demokratischen Republik" in Empfang zu nehmen hatten. In ihm wurde als Hauptursache für den anwachsenden Strom von Flüchtlingen aus der DDR in die Bundesrepublik das Fehlen der Voraussetzungen für den „beschleunigten Aufbau des Sozialismus" genannt. Zur Kirchenpolitik der DDR hieß es in dem Memorandum:

> „Insbesondere wurden ernste Fehler in Bezug auf die Geistlichen begangen, die in einer Unterschätzung des Einflusses der Kirche unter den breiten Massen der Bevölkerung in groben Administrierungsmaßnahmen und Repressalien ihren Ausdruck fanden. [...] Einem nackten Administrieren in Bezug auf die Geistlichen ist Schluß zu machen [sic] und die schädliche Praxis des groben Einmischung der Behörden in die Angelegenheiten der Kirche ist einzustellen. [...] Es ist im Auge zu behalten, daß Repressalien gegenüber der Kirche und den Geistlichen nur dazu beitragen können, den religiösen Fanatismus der rückständigen Schichten der Bevölkerung zu stärken und ihre Unzufriedenheit zu vergrößern, darum muß das Hauptkampfmittel gegen den reaktionären Einfluß der Kirche eine tüchtig durchdachte Aufklärungs- und Kulturarbeit sein."[41]

Nach der Rückkehr Grotewohls, Ulbrichts und Oelßners nach Berlin am 5. Juni vollzog das Politbüro schon am folgenden Tag die von Moskau ver-

---

bezeichnete (Rundschreiben Nr. 3 des Vorbereitenden Ausssschusses, 27.05.53, EZA BERLIN, 71/86/16).

37   D. STARITZ, Geschichte, S. 82.
38   H. WEBER, Geschichte, S. 232; G. WETTIG, Stand der Forschung, S. 675.
39   EBD., S. 679; J. RICHTER, Policy, S. 676f.
40   Handschriftliche Notizen Grotewohls vom 03.06.53 (SAPMO-BArch, J IV 2/2/286, S. 12): „Beria: Wir alle haben den Fehler mitgemacht; keine Vorwürfe [...] Malenkow: Nicht Prestige fürchten; wenn wir jetzt nicht korrigieren, kommt eine Katastrophe. Offene Korrektur. Nep-Politik."
41   SAPMO-BArch, J IV 2/2/286, S. 4–8; vgl. G. BESIER, SED-Staat, S. 123f.

langte kirchenpolitische Wende.[42] Am 10. Juni erklärte Grotewohl den Vertretern der evangelischen Landeskirchen in der DDR, die in der Vergangenheit eingeleiteten staatlichen Maßnahmen gegen die evangelische Kirche, insbesondere die Repressionen gegen Mitglieder der Jungen Gemeinde, würden aufgehoben.[43] Kurz bevor die staatlichen und die kirchlichen Vertreter auseinander gingen, wurden von Staatssicherheitsminister Zaisser noch als Geste des guten Willens 13 Interzonenpässe bewilligt, die der Kirchentag für die östlichen Mitglieder seines Vorbereitenden Ausschusses beantragt hatte, der vom 20. bis zum 28. Juni in Hamburg tagen sollte.[44]

Das Eis war gebrochen. Dies bedeutete aber auf lange Sicht keine Niederlage für die DDR-Regierung, denn erst ihre neue Kirchenpolitik ermöglichte es der Regierung, ihre Machtmittel so flexibel einzusetzen, dass wieder inhaltlicher Einfluss auf die Kirche und auch auf den Kirchentag ausgeübt werden konnte.[45] Festzuhalten bleibt jedoch: Der jetzt eingeleitete Dialog wäre noch einen Monat zuvor undenkbar gewesen.

Die Verstimmung wegen der Essener Kundgebung schien völlig verflogen zu sein. Präses Kreyssig, der in seiner Eigenschaft als Vorsitzender des Ostausschusses des Kirchentages am 15. Juni Staatssekretär Grötschel vom Innenministerium aufsuchte, nahm die Aufforderung mit, er solle sofort bei Ministerpräsident Grotewohl „20.000 oder 10.000" Interzonenpässe für die östlichen Teilnehmer am Hamburger Kirchentag beantragen,[46] was sich dann aber wegen der Ereignisse des 17. Juni 1953 noch verzögerte. Nicht nur hatte die DDR-Regierung in den Wochen danach dringendere Probleme als den Kirchentag, sie wollte wohl auch keine allzu schnellen und großzügigen Zugeständnisse machen, die ihr nach dem Aufstand vielleicht als Schwäche hätten ausgelegt werden können.[47] Vielleicht hat man sich deswegen in der zweiten Junihälfte in Ost-Berlin entschlossen, nicht die von Grötschel de facto angebotenen 20.000, sondern nur 10.000 Pässe zu bewilligen.

Auch Kreyssig waren 20.000 Interzonenpässe eigentlich zu viel.[48] Der Ostausschuss hatte diese Zahl im April ins Auge gefasst.[49] Angesichts des

---

[42] SAPMO-BArch, J IV 2/2/287; vgl. E. Scherstjannoi, Sozialismus, S. 658–680.
[43] Zum Verlauf der Begegnung: G. Besier, SED-Staat, S. 125–129.
[44] G. Besier, SED-Staat, S. 129. Nuschke schreib Thadden am 12.06.53 von 14 Interzonenpässen, die er persönlich befürwortet habe (EZA Berlin, 71/86/477). Dass Nuschkes Einfluss bei der Passbewilligung wie bei der Lockerung des Kurses gegenüber der Kirche überhaupt eine große Rolle gespielt habe, wie der ehemalige Ost-CDU-Funktionär Günter Wirth noch 1990 behauptete, kann in das Reich der Legende verwiesen werden (G. Wirth, Beteiligung, S. 135). Grüber, der, wie er dem Leiter des Presseamtes des Ministerpräsidenten, Beyling, erklärte, eine „Plattform gegen Dibelius schaffen" wollte (Av. Beylings, 24.07.53, SAPMO-BArch, NY 4090/456, S. 266), drängte den Kirchentag, Nuschke, der sich besondere Verdienste erworben habe, nach Hamburg einzuladen (Av. Ehlers', 29.07.53, EZA Berlin, 71/86/477). Das wurde dann aber vom Kirchentag als untunlich erachtet, denn schließlich sei die Bundesregierung in Hamburg anwesend.
[45] D. Pollack, Kirche, S. 123, S. 126.
[46] Av. Kreyssigs, 15.06.53 (EZA Berlin, 71/86/477).
[47] D. Pollack, Kirche, S. 123.
[48] Kreyssig an Giesen, 18.05.53 (EZA Berlin, 71/86/41).
[49] Protokoll der 17. Sitzung des Ostausschusses, 23.04.53 (Ebd.).

Entgegenkommens der Regierung gegenüber der Kirche am 10. Juni und der relativen Zurückhaltung der Kirche am und nach dem 17. Juni[50] wären vielleicht tatsächlich so viele Pässe für Hamburg bewilligt worden, meinte der Synodalpräses. Er befürchtete aber, dass „fortschrittliche Leute" bei der Passvergabe durch staatliche Stellen bevorzugt werden könnten. In diesem Fall, befürchtete Kreyssig, hätte der Hamburger Kirchentag besonders leicht von Seiten der DDR beeinflusst werden können.

Der am 9. Juni in Berlin tagende Ostausschuss forderte deswegen, die einzelnen Kirchengemeinden sollten ihre Gemeindeglieder zum Kirchentag delegieren, um so „unsichere Elemente" aus Hamburg fern zu halten.[51] Die Kirchentagsleitung entsprach dem und fasste Ende Juni zwischen 5.000 und 10.000 Kirchentagteilnehmer aus der DDR ins Auge. Am 1. Juli genehmigte Grotewohl dann 10.000 Pässe.[52]

Von Seiten der DDR wurde nach Kräften versucht, regimetreue Christen in das Kontingent der 10.000 miteinzuschließen. Das Staatssekretariat für innere Angelegenheiten wies die Räte der Bezirke an, die von den Kirchengemeinden eingereichten Teilnehmerlisten daraufhin zu überprüfen, ob auch genügend „in der Friedensbewegung mitarbeitende Pfarrer" auftauchten.[53] Heinrich Grüber wollte 100 Teilnehmerkarten für Mitglieder des Deutschen Friedensrates abzweigen, was ihm jedoch nicht gelang.[54] Der Ostausschuss wachte nämlich peinlich genau darüber, dass nicht mehr als 10.000 Teilnehmerkarten ausgestellt wurden. Selbst die bekannten Leipziger Theologieprofessoren Emil Fuchs und Johannes Leipoldt, die sich mit ihrer neuen Obrigkeit weitgehend arrangiert hatten, wurden vom Ostausschuss mit der Begründung abgewiesen, der Hamburger Kirchentag sei überfüllt.[55] Der Ostausschuss warnte die östlichen Gemeindeglieder davor, außerhalb des Kontingentes in die Hansestadt zu fahren, da für sie keine Vorkehrungen getroffen seien.[56]

6.3 Der Kirchentag im Wahlkampf

Die Kirchentagsleitung war nach Kräften bemüht, jeden möglichen Störfaktor für die kurz bevorstehenden Wahlen zum zweiten Deutschen Bun-

---

50 M. ONNASCH, Konflikte, S. 165, G. BESIER, SED-Staat, S. 132f.
51 Protokoll der 18. Sitzung des Ostausschusses, 09.06.53 (EZA BERLIN, 71/86/41).
52 Av. Giesens über Telefongespräch mit Kreyssig, 02.07.53 (EBD., 71/86/477). Kreyssig vermutete eine Rücksprache Grotewohls mit der Sowjetregierung wegen der Zahl der Pässe, die wahrscheinlich ist, aber nicht belegt werden konnte.
53 Fernschreiben des StS für Innere Angelegenheiten an Räte der Bezirke, 25.07.53 (BArch BERLIN, DO-4/1973, S. 342–346).
54 Zusammenfassender Bericht des StS für Innere Angelegenheiten, Abteilung Kirchenfragen (EBD., S. 4 und SAPMO-BArch, DY 30/IV 2/14/106, S. 88).
55 SAPMO-BArch, DY 30/IV 2/14/106, S. 2.
56 Vgl. oben, Anm. 54; vgl. Besprechung ZK d. SED, Abt. Staatliche Verwaltung, Sektor Kirchenfragen, 13.07.53 (SAPMO-BArch, DY 30/IV 2/14/105, S. 15f.); Bericht Kehnscherpers (SAPMO-BArch, DY 30/IV 2/14/106, S. 4).

destag zu vermeiden, die für den September 1953 angesetzt waren. Da zur selben Zeit in Bonn die Entscheidung über die Westverträge anstand, spielte die Wiedervereinigungsfrage im Wahlkampf eine wichtige Rolle. Ein wichtiges Argument der Gegner einer zu starken Bindung der Bundesrepublik an den Westen war ja, dass dadurch eine Wiedervereinigung Deutschlands unmöglich gemacht werde.

Nachdem er von Adenauer schon im Dezember 1952 zu einer Aussprache empfangen worden war,[57] erklärte Thadden dem Bundeskanzler bei einem weiteren Gespräch Ende Januar,[58] der Kirchentag werde sich „dafür einsetzen, daß in allen in Frage kommenden Parteien nach Möglichkeit überzeugt evangelische Christen von sachlicher Qualität zum Zuge kämen." Adenauer, dem nach dem Abgang Heinemanns an einer Stärkung des evangelischen Elementes in der CDU gelegen war, „betonte in seiner Antwort seine besondere Dankbarkeit für diese Erklärung und fügte hinzu, für ihn gäbe es zurzeit nur die eine bedeutsame Frage der Annahme oder Ablehnung der Verträge." Diese Frage hatte durchaus etwas mit der konfessionellen Zusammensetzung der Parteien zu tun, nahm die Zustimmung der deutschen Protestanten zur Wiederbewaffnung doch kontinuierlich ab.[59] Die Organisation Kirchentag konnte aber nicht offen die Partei der Regierung ergreifen, auch nicht in der Frage der Westverträge. Der Kirchentag wolle jedoch, erklärte Thadden gegenüber Bundesinnenminister Lehr, Wünsche bei der Besetzung der CDU-Landeslisten äußern, damit so „geeignete evangelische Persönlichkeiten" in der CDU zum Zuge kämen.[60]

Der neue Kurs der sowjetischen Regierung nach Stalins Tod blieb nicht ohne Eindruck auf Adenauer, wie er auch gegenüber Thadden erklärte.[61] Durch das Abtreten Stalins von der weltpolitischen Bühne und die Entmachtung Berijas im Juli sollte die politische Lage in der Tat nicht einfacher werden. So war aus Sicht des Bundeskanzlers einmal mehr politische Stabilität das Gebot der Stunde. Ein Abweichen vom Kurs der Westorientierung zugunsten einer neutralistischen Position, wie sie die von Heinemann gegründete Gesamtdeutsche Volkspartei (GVP) forderte, sollte mit allen Mitteln verhindert werden.

Die potentielle Wählerschaft der GVP, die sich von der Union hätte abwenden können, würde auch auf dem Kirchentag vertreten sein.[62] Deshalb wies Adenauer den Kirchentagspräsidenten Ende Juni auf die besondere politische Bedeutung des Kirchentages angesichts der bevorstehenden Bundestagswahlen hin. Er selbst werde deswegen nach Hamburg kom-

---

57   Besucherliste vom 09.12.52, in: K. ADENAUER, Teegespräche, S. 366.
58   Av. Thaddens, 28.01.53 (EZA BERLIN, 71/86/30).
59   H.-P. SCHWARZ, Ära Adenauer, S. 122; C. KLESSMANN, Staatsgründung, S. 232.
60   Av. Thaddens über Gespräche mit H. Ehlers, Lehr und Tillmanns, o.D. (EZA BERLIN, 71/86/30); vgl. Av. O.-H. Ehlers', 13.02.53 (EBD.).
61   K. ADENAUER, Erinnerungen 1945–1953, S. 559f.; Av. Thaddens über Besprechung zwischen Adenauer, Brentano, O.-H. Ehlers und Thadden am 26.06.53, 29.06.53 (EZA BERLIN, 71/86/30).
62   Vgl. F. HARTWEG, Heinemann, S. 589.

men. Von einer „Einladung an die ostzonalen Machthaber" bitte er abzusehen, denn schließlich sei die DDR-Regierung „noch vor wenigen Wochen an der allgemeinen Hetze lebhaft beteiligt" gewesen.[63]
Angesichts der politischen Unterstützung durch die Organisation Kirchentag zeigte sich die Bundesregierung finanziell nicht kleinlich. Bemühungen, eine größere finanzielle Unterstützung des Kirchentages durch die
Bundesregierung zu erreichen,[64] hatten Erfolg, wie die Öffentlichkeit auch
aus der Zeitung erfahren konnte:[65] Allein die Bundesregierung gab aus Mitteln von Kaisers Ministerium für Gesamtdeutsche Fragen „eine großzügig
bemessene Zuwendung" von 200.000 DM.[66] Dieser Betrag machte ein Viertel der Kosten aus, die der Kirchentag nach eigenen Angaben für die Ostteilnehmer aufwandte, und immerhin knapp vierzehn Prozent der tatsächlichen Gesamtkosten.[67]
Die Gegenrechnung für diese Finanzhilfe war noch nicht abgeschlossen: Am 10. Juli, zwei Wochen nach dem Gespräch Thaddens mit Adenauer, fragte Innenminister Lehr beim Kirchentag an, ob es nicht eine Möglichkeit für ihn gebe, beim Kirchentag ein Grußwort zu sprechen.[68] Oberkirchenrat Edo Osterloh, der im Jahre 1953 von der Kirchenkanzlei der
EKD in Lehrs Ministerium wechselte, erklärte gegenüber Generalsekretär
Ehlers: „Der Bundesinnenminister hält dies anscheinend für eine wesentliche Hilfe auch für sein Amt und würde deshalb darüber sehr erfreut und
dankbar sein." Ehlers schlug Thadden vor, Lehr beim Empfang des Hamburger Senats sprechen zu lassen. Thadden stimmte zu.[69] So wurde Lehr in
die Rednerliste des Senatsempfanges noch eingefügt.[70]
Der Kirchentag hatte ursprünglich einen größeren Empfang vorgesehen, den die Bundesregierung geben sollte, war hiervon auf Anraten

---

63 Av. Thaddens, vgl. oben, Anm. 61.
64 Dem Kirchentag waren schon kurz vorher 30.000 DM aus dem Dispositionsfonds des
    BMI gezahlt worden (Thadden an Mininsterialdirektor Egidi, 03.06.53, EZA BERLIN,
    71/86/30; Av.e Ehlers', 03.08.53, 18.09.53, EBD.; Ranke an Ehlers, 12.08.53, EBD.; Thad-
    den an Ranke, 04.07.53, EBD.; Thadden an Adenauer, 06.07.53, BARCH KOBLENZ, B
    136/5861; Av. Thaddens über Telefongespräch mit Ranke, 13.07.53, EZA BERLIN,
    71/86/495).
65 „Die Welt", Essen, 14.08.53, allerdings ohne Angabe eines Betrages.
66 Kabinettsitzung vom 04.08.53, in: KABINETTSPROTOKOLLE, 1953, S. 422; Av. Thediecks,
    12.08.53 (BARCH KOBLENZ, B 136/5861).
67 Abschlussbilanz der Kirchentages (EZA BERLIN, 71/86/644). Einnahmen 1,45 Mio. DM,
    davon 200.000 vom Bund, 220.000 von den Ländern, 240.000 an Spenden aus der Wirt-
    schaft, 210.000 von den Landeskirchen, 120.000 von Gemeinden und Einzelspendern;
    Ausgaben 1,35 Mio. DM. Ausgaben für Ostteilnehmer: 800.000 DM, davon 650.000 durch
    Spenden gedeckt. Auch die Stadt Hamburg gab 200.000 DM (Schreiben an BMG,
    29.07.54, BARCH KOBLENZ, B 136/5861).
68 Av. Ehlers' über Telefongespräch mit Osterloh, 10.07.53 (EZA BERLIN, 71/86/495).
69 EBD., handschriftlicher Zusatz Ehlers': „bei Empfang der Stadt"; handschriftlicher Zusatz
    Thaddens: „Ja".
70 Beim Senatsempfang am 13.08.53 sprachen Bürgermeister Brauer, Thadden, Lehr, Dibe-
    lius, der norwegische Bischof Smemo als Vertreter der Ökumene und Landesbischof
    Simon Schöffel (O.-H. Ehlers an Meibohm, 29.07.53, EBD.).

Osterlohs aber abgekommen. Die Regierung solle darauf hingewiesen werden, „daß sie vom Kirchentag dann am meisten habe, wenn er politisch auch vom Osten her unangreifbar bleibt."[71] Dieser Linie folgte dann auch die Bundesregierung: Über Ranke ließ sie mitteilen, der Empfang der Bundesregierung solle nicht zu bekannt werden, er sei als „Höflichkeitsakt" gegenüber den nach Hamburg kommenden Ausländern zu verstehen.[72] Tatsächlich aber kam nur ein Drittel der eingeladenen 50 Gäste aus der Ökumene; unter den deutschen „politischen Gästen" befanden sich keine Oppositionspolitiker. Auch Niemöller war von der Bundesregierung nicht eingeladen worden, obwohl er als Präsident des Kirchlichen Außenamtes eigentlich bei einem Empfang für ausländische Gäste nicht hätte übergangen werden können.[73] Thadden wies jede Verantwortung für diese merkwürdige Protokollpolitik von sich. Er betonte, der Empfang sei ein „Akt der Bundesregierung, der allein ihrer Souveränität unterliegt" – aber der Kirchentag wolle sie bei der Verwirklichung ihrer Aufgaben in Hamburg nach Kräften unterstützen.[74]

So konnte Martin Niemöller im Juni an Helmut Gollwitzer schreiben: „Ich habe den Verdacht, daß der Kirchentag nicht nur von Bonn finanziert wird, sondern mit dieser Finanzierung auch stärkstens von Bonn abhängig geworden ist."[75]

Die Kirchentagsorganisation war darauf bedacht, dass Niemöller die Institution Kirchentag nicht zu seinem Forum machen würde. Eberhard Müller erklärte im Dezember 1952 auf einer Sitzung des Kirchentagspräsidiums: „Wenn er [scil. Niemöller] aber wie vor Stuttgart Forderungen stellt, können wir ihn nicht brauchen." Jeder Druck von Niemöller würde, so Müller, starken Gegendruck erzeugen.[76] Der Akademiedirektor stand mit dieser Ansicht nicht allein. Landesbischof Simon Schöffel von der gastgebenden hamburgischen Landeskirche erklärte Giesen bei einem Besuch in Hamburg: „Ich verstehe, daß Sie ohne Niemöller in Hamburg nicht auskommen, aber geben Sie mir die Garantie, daß er nicht politisch redet."[77]

Diese Befürchtungen erhielten weitere Nahrung, als Niemöller am 15. Juli 1953 einen Aufruf zur Bundestagswahl veröffentlichte, in dem er ausführte, Wiederbewaffnung und Westbindung würden eine Wiedervereinigung Deutschlands unmöglich machen.[78] Dieser Aufruf war Wasser auf die

---

71 Vgl. oben, Anm. 68.
72 Av. Thaddens über Anruf Rankes, 13.07.53 (EZA BERLIN, 71/86/495).
73 Einladungsliste für den Empfang des Bundeskanzlers am 11.08.53 (EBD.). Selbst bei Gustav Heinemann reichte es nur für Platz 6 der Reserveliste!
74 Thadden an Hermann Ehlers, 02.07.53 (EBD.).
75 09.06.53 (ZAEKHN DARMSTADT, 62/1119).
76 Protokoll der Vorbesprechung zur Präsidiumssitzung, 02.12.52 (EZA BERLIN, 71/86/22).
77 Av. Giesens, 14.11.52 (EZA BERLIN, 71/86/488). Die Landessuperintendenten Feltrup und Mantey forderten den Kirchentag auf, Niemöller auf keinen Fall in Hamburg-Harburg einzusetzen, weil die Bevölkerung dort kommunistisch orientiert sei. Niemöller habe schon einmal in Harburg gesprochen und seine Rede sei „damals völlig ins Politische gegangen." (Av. Ehlers', 28.02.53, EBD.).
78 KJ 1953, S. 41f.; vgl. EZA BERLIN, 71/86/477.

Mühlen der Gegner Niemöllers. Eberhard Müller protestierte schriftlich bei Giesen,[79] die evangelischen CDU-Politiker Ehlers, Gerstenmaier und Tillmanns entrüsteten sich öffentlich. Der Evangelische Arbeitskreis der CDU, ein Jahr vorher von Hermann Ehlers gegründet, forderte „um des Friedens in der Evangelischen Kirche willen", dass Auftritte von Niemöller und auch Heinemann auf dem Kirchentag unterbleiben sollten.[80] Dies wäre auch dem Kirchentagspräsidenten recht gewesen. „Daß ich mit allen unseren Freunden im Lande, die politisch ähnlich denken, die gleichen Empfindungen teile, versteht sich von selbst" schrieb Thadden einige Tage nach der Veröffentlichung von Niemöllers Aufruf. Er habe überlegt, ob der Kirchentag sich „von Pastor Mochalski [dem Chefredakteur der von Niemöller mit herausgegebenen ‚Stimme der Gemeinde', D.P.] und seiner Welt endgültig distanzieren müßte", aber er wolle der DDR-Regierung keinen Vorwand liefern, ihre Zusage für die 10.000 Interzonenpässe wieder zurückzuziehen. Halte Niemöller sich jedoch nicht an mit ihm getroffene Abreden, „dann ist die Bahn für den innerkirchlichen Bruch frei."[81]

Das Kirchentagspräsidium befand sich in einer prekären Lage: Von allen Seiten wurde gedrängt, Niemöller vom Kirchentag auszuschließen. Die Bundesregierung hatte die Kirchentagsorganisation sich gegenüber verpflichtet, indem sie den Kirchentag teilweise finanzierte. Sogar die Firma Siemens drohte, sie wolle ihre Spende zurückziehen, wenn Niemöller oder Heinemann sprächen.[82] Andererseits hätte die Institution Kirchentag Schaden genommen, wenn das Kirchentagspräsidium den Einfluss Niemöllers völlig ausgeschlossen hätte. Nicht nur hätte der Kirchentag dann vor aller Welt als politisch einseitig bezeichnet werden können, sondern auch von der DDR-Regierung wäre weiteres Entgegenkommen nicht mehr zu erwarten gewesen.

In dieser Situation schlug der Bundestagsabgeordnete Arno Hennig (SPD) dem Kirchentagspräsidenten einen Aufruf an alle Parteien vor, sich auf dem Kirchentag der politischen Propaganda zu enthalten.[83] Thadden veröffentlichte einen solchen Appell, der von Seiten der CDU „mit Genugtuung" zur Kenntnis genommen wurde:

„Meine dringende Bitte geht an alle Parteien, während des Kirchentages vom 12. – 16. August von allen Wahlversammlungen und Flugblattaktionen im Großraum Hamburg abzusehen. Der Kirchentag ruft zur Besinnung auf. Solche Pause im Wahlkampf entgiftet unser Zusammenleben. Halten Sie während dieser Zeit Burgfrieden."[84]

---

[79] EZA Berlin, 71/86/477.
[80] Ev. Arbeitskreis der CDU an Thadden, 26.07.53 (Ebd.).
[81] Thadden an W. v. Lojewski, 24.07.53 (Ebd.).; Thadden an Arno Hennig MdB (SPD), 25.07.53 (Ebd.).; Thadden an Walter Strauß, 25.07.53 (Ebd.).
[82] Schreiben an Thadden, 30.07.53 (Ebd.). Es ging um 5.000 DM. In seinem Antwortschreiben an Siemens wies Thadden auf die Bedeutung der Zusage für die 10.000 Interzonenpässe hin, die er nicht gefährden wollte (01.08.53, Ebd.). Siemens hat dann trotz des Auftretens von Niemöller gezahlt.
[83] Hennig an Thadden, 22.07.53 (Ebd.).
[84] Tillmanns an Thadden, 06.08.53 (Ebd.).

Gleichzeitig wurde aber weiter an der Neutralisierung Niemöllers gearbeitet. Thadden und Giesen fuhren am 30. Juli eigens an Niemöllers Urlaubsort im Schwarzwald, um ihn zu bewegen, nicht an einem Treffen der „Internationalen Kriegsdienstgegener-Gesellschaft" teilzunehmen, das gleichzeitig mit dem Kirchentag in Hamburg stattfinden sollte. Giesen las Niemöller den Aufruf Thaddens vor, der mit seinen neutralen Formulierungen offenbar nicht ohne Eindruck auf den Kirchenpräsidenten blieb. Jedenfalls gab er den Forderungen seiner Besucher nach.[85] Nachdem Giesen ihn noch einmal schriftlich drängen musste,[86] sagte er seine Teilnahme an dem Treffen „schweren Herzens" eine Woche später endgültig ab.

Niemöller schrieb an Giesen, dass er fast so weit gewesen sei, alle Verabredungen, die sie im Schwarzwald getroffen hätten, wieder rückgängig zu machen, weil er den Eindruck bekommen habe, der Aufruf Thaddens wäre nur erfolgt, um ihn, Niemöller, von seiner Rede vor den Kriegsdienstgegnern abzubringen.[87] Aber der positive Eindruck, den Niemöller von Thaddens Appell hatte, überwog doch. Später in Hamburg sollte Niemöller den Burgfrieden dann als eine Verabredung bezeichnen, „aus der ich keinen Hehl mache, denn es ist eine gute Verabredung."[88]

Thadden und Giesen war das Kunststück gelungen, Niemöller einerseits nicht von der Rednerliste zu streichen, aber andererseits politisch zu neutralisieren. Hermann Ehlers, der aus Verärgerung über die Teilnahme Niemöllers, Heinemanns und Grübers am Kirchentag seine eigene Teilnahme absagte,[89] wurde von Giesen aufgefordert, auf jeden Fall nach Hamburg zu kommen, um in der politischen Arbeitsgruppe bei „den Propheten in unmittelbarer Nähe" zu sein, „die hart zugreifen werden, wenn etwas nach einer Seite hin abrollt."[90] Aber der Bundestagspräsident konnte nicht umgestimmt werden.

6.4 Gesamtdeutsche Akzente im Verlauf des Hamburger Kirchentages

Fast 13.000 Dauerteilnehmer und noch mehr Tagesteilnehmer aus dem Osten kamen in Sonderzügen nach Hamburg,[91] für die überzähligen 3.000 Teilnehmer war entgegen den Ankündigungen des Ostausschusses bestens

---

85 Giesen an H. Ehlers, „vertraulich", 03.08.53 (EBD.).
86 Giesen an Niemöller, 04.08.53 (ZAEKHN DARMSTADT, 62/1119).
87 Niemöller an Giesen, 07.08.53 (EZA BERLIN, 71/86/477).
88 DEKT-DOK. 53, S. 244.
89 H. Ehlers an Thadden, 30.07.53 (EBD.); vgl. A. MEIER, Ehlers, S. 372; D. KOCH (Heinemann, S. 419) behauptet irrtümlich, Ehlers sei wegen des „Burgfriedens" vom Kirchentag selbst nicht eingeladen worden.
90 Vgl. oben, Anm. 85.
91 Genau 12.650 Dauerteilnehmer-Ost und 24.300 Dauerteilnehmer-West (Av. Ehlers', 08.10.53, EZA BERLIN, 71/86/488). F. LORENZ (Geschichte, S. 308) geht von mehr als 16.000 aus. Der Deutsche Friedensrat nahm im Nachhinein eine Zahl von 15.000 Ostteilnehmern an (Besprechung der Teilnehmer, die über den Deutschen Friedensrat nach Hamburg gekommen waren, 03.09.53, SAPMO-BARCH, DY 30/IV 2/14/106, S. 62; vgl. Anm. 54).

gesorgt. Von Seiten der Nationalen Front fuhren nur neun Personen, darunter drei Pfarrer, nach Hamburg. Sie hatten die Direktive, dort nicht in Erscheinung zu treten, da sie so „nur das Gegenteil von dem, was wir beabsichtigen, erreichen würde[n].“[92]

Die so zahlreiche Teilnahme aus der DDR fand ein starkes Presseecho, war dies doch der erste massenhafte Besuch von Christen aus der DDR in der Bundesrepublik. Die menschliche Dimension des Aufenthaltes von mehr als 10.000 DDR-Bürgern im Westen hinterließ in der bundesdeutschen Öffentlichkeit einen tiefen Eindruck.[93]

Zur Eröffnung des Kirchentages erschien in den Zeitungen ein Foto der Presseagentur Associated Press, das den Kirchentagspräsidenten und den Bundeskanzler zeigte: Thadden und Adenauer reichen sich die Hand, wobei der Kirchentagspräsident vor dem aufrecht stehenden Bundeskanzler eine tiefe Verbeugung macht. Dieses Foto, so zufällig es auch entstanden sein mochte, löste eine Welle von Protesten aus.[94] Die Öffentlichkeit war für eine zu große Nähe zwischen Kirchentag und Bundesregierung sensibilisiert.

Auch das Plakat des Kirchentages sorgte für Missverständnisse: Eine auf dem Kopf stehende Friedenstaube wird von einer Schlange umkreist, die ihr Maul nach oben links hin öffnet, wo sich das Jerusalemkreuz, das Symbol des Kirchentages, befindet. Die Schlange erweckt den Eindruck, als greife sie mit ihrer gespaltenen Zunge das Kreuz an. Dieses Arrangement ist mit dem Kirchentagsmotto „Werft Euer Vertrauen nicht weg!“ unterschrieben.[95]

Der Künstler selbst hatte dabei im Sinn, die äußere Bedrohung der Kirche sichtbar zu machen, wie in der kirchlichen Presse betont wurde.[96] So unterstrich das Plakat selbst in seiner offiziellen Interpretation die politische Bedeutung des Kirchentages. Die DDR-Presse war in ihrem Urteil über das Plakat gespalten: Während Gerhard Kehnscherper es in einem

---

[92]   Deutscher Friedensrat an das ZK der SED, Abt. Staatl. Verwaltung, 11.08.53 (SAPMO-BArch, DY 30/IV 2/14/105, S. 12); Besprechung ZK d. SED (Ebd., DY 30/IV 2/14/106, S. 14).

[93]   Der Korrespondent der „Schleswig-Holsteinischen Volkszeitung“, Kiel, 10.08.53, schrieb in seinem Bericht über den Empfang des ersten Sonderzuges auf dem Bahnhof von Büchen kurz hinter der innerdeutschen Grenze: „Ich bin ein hartgesottener Zeitungsschreiber, der seit 28 Jahren viel Unglück und Elend gesehen und berichtet hat, doch ich muß gestehen, daß mir die hellen Tränen in den Augen standen, als diese deutschen Männer und Frauen, jung und alt, aus allen Schichten und Klassen, übernächtigt und müde, doch mit strahlenden Augen auf dem kleinen Bahnhof Büchen im Lauenburgischen den ersten Hauch der Freiheit atmeten.“ Vgl. „Rheinische Post“, Düsseldorf, 10.08.53: „5000 Brüder von drüben sind glücklich“; „Hamburger Anzeiger“, 10.08.53: „Dank-Choräle auf dem Bahnhof Büchen“; „Die Welt“, Hamburg, 10.08.53: „Erst mal tief Luft holen“.

[94]   EZA Berlin, 71/86/489.

[95]   Vgl. „Oldenburger Sonntagsblatt“, 02.08.53; Bericht über eine Zusammenkunft von Teilnehmern am Hamburger Kirchentag, Potsdam, 03.09.53 (SAPMO-BArch, DY 30/IV 2/14/106, S. 59–61).

[96]   K. Dingelstedt, Plakat, S. 207.

Kommentar als „unerhörte Lieblosigkeit" und Angriff auf die Weltfriedens-
bewegung bezeichnete,[97] ließ sich Ost-CDU-Funktionär Herbert Trebs auf
eine negative Interpretation gar nicht ein und deutete die Bildaussage als
generelle Gefährdung der „christlichen Situation", die natürlich vor allem
in Hamburg selbst gegeben sei.[98]

Reinold von Thadden-Trieglaff bemühte sich einmal mehr, politische
Bedenken gegen den Kirchentag zu zerstreuen. Beim Presseempfang am
Tag vor der Eröffnung betonte er, der Kirchentag sei zwar „ein Stückchen
gesamtdeutscher Wiedervereinigung", aber „kein politisches Ereignis, vielmehr stets und in erster Linie eine Versammlung von Christen unter dem
Kreuz." Gerade deswegen müssten die evangelischen Christen als Wähler
gegen den Geist auftreten, „der die Volks- und Schicksalsgemeinschaft
praktisch aufhebt, auf die wir in Zukunft gar nicht verzichten können."[99]
Damit war die deutsche Teilung implizit als Generalthema des Kirchentages benannt.

Ähnlich äußerte sich der Kirchentagspräsident auch bei dem Eröffnungsgottesdienst am 12. August vor dem Hamburger „Michel": Eine Distanzierung des Westens von der Gemeinschaft der Kirche in Ost und West
wäre ein politisches Verhängnis. Die Lösung der „eigensten Existenzfrage"
sei die „geschichtliche Aufgabe" des deutschen Volkes. Die Hoffnungen
vieler Kirchentagteilnehmer sei eine Beschleunigung der politischen Einheit Deutschlands, damit verbunden die Überwindung der innerdeutschen
Grenze, die „Beseitigung des Flüchtlingselends" und die Rückkehr der
noch in der Sowjetunion befindlichen deutschen Kriegsgefangenen. Vielmehr als um diese konkreten Ziele gehe es aber darum, neues Vertrauen
in die Allmacht Gottes zu wecken.[100]

Thadden versuchte mit dieser Ansprache, die drei Kirchentagskonzep-
te miteinander zu versöhnen:

Mit dem Beschwören der „geschichtlichen Aufgabe des deutschen
Volkes" sprach der Kirchentagspräsident das politisch-symbolhafte Kirchentagskonzept an. Nicht umsonst hatte er auch beim Presseempfang Begriffe wie „Volks- und Schicksalsgemeinschaft" bemüht. Die Presse war
diesem Kirchentagskonzept gegenüber besonders aufgeschlossen, was
sich auch daran zeigt, dass die Institution Kirchentag von ihr in erster Linie
politisch wahrgenommen wurde.

Indem er ganz konkrete Fragen ansprach, nämlich die sozialen Aspekte der Flüchtlingsintegration und das Problem der Kriegsgefangenen, holte
Thadden aber auch die Vertreter des akademisch-problemorientierten Kirchentagskonzeptes mit in sein Boot. Um soziale Fragen war es ja auch bei
der Kundgebung des Kirchentages in Essen gegangen.

97 „Taube und Schlange". Eine biblische Besinnung zum Kirchentag in Hamburg, von Hoch-
    schulprediger Lic. Kehnscherper, Potsdam, in: „Deutschlands Stimme", Ost-Berlin,
    30.08.53.
98 „Glaube in der Anfechtung", in: „Neue Zeit", Ost-Berlin, 12.08.53.
99 DEKT-Dok. 53, S. 9f.
100 DEKT-Dok. 53, S. 14f.

Indem der Kirchentagspräsident nun aber in einem dritten Schritt über alle diese Dinge die Allmacht Gottes stellte, unterstrich er, dass sein eigenes Kirchentagskonzept, nämlich das der Volksmission, im Zentrum des Geschehens zu stehen habe. Wer auf Gott vertraut, dem wird geholfen werden: Das war die Botschaft von Thaddens Ansprache. Die Stärkung dieses Vertrauens sollte jetzt und in Zukunft Anliegen des Kirchentages sein.

Die evangelische Jugend hatte in Hamburg eine eigene Eröffnungskundgebung. Auf ihr spielten die Anfechtungen, denen die Junge Gemeinde in der DDR ausgesetzt war, eine besondere Rolle. Eine Gruppe aus Mecklenburg erklärte: „Wir sind zum Bekenntnis gerufen in einer gottfremden Umwelt." Aber auch von den teilnehmenden Jugendlichen aus der DDR wurde zumindest offiziell betont, es sei Jesus Christus, der sie vereine, nicht die Opposition gegen das politische System, in dem die Jugendlichen lebten.[101] Das war freilich nur eine Frage der Perspektive, denn für die Mitglieder der Jungen Gemeinde schloss das eine in der Regel das andere mit ein.[102]

In Hamburg machte sich ein Wandel in der Rhetorik der Jugendlichen gegenüber dem Berliner Kirchentag zwei Jahre zuvor bemerkbar, wo noch wesentlich offensiver geredet worden war. Zwar wurde in Hamburg, vornehmlich in Arbeitsgruppe II, die sich wie immer mit dem Thema Familie beschäftigte, Kritik etwa am Schulsystem der DDR geübt,[103] aber die Dramatik der Aussprachen in Berlin wurde nicht erreicht. Auch in der Schlussaussprache von Arbeitsgruppe II, welche die Ergebnisse noch einmal zusammenfassen sollte, war von der geübten Kritik nicht mehr die Rede.[104]

Für diese relative Zurückhaltung gibt es zwei Erklärungen: Zum einen waren ja die politischen Zügel nach dem 17. Juni gerade etwas gelockert worden, so dass der Leidensdruck der Jugendlichen im August 1953 etwas geringer gewesen sein könnte. Andererseits hatten aber zwischen Juli 1952 und Juli 1953 320.000 Menschen die DDR verlassen, etwa die Hälfte von ihnen unter 25 Jahren.[105] Dadurch war die Junge Gemeinde geschwächt worden. Viele derjenigen, die sich noch 1951 über die Verhältnisse in der DDR beklagt hatten, waren 1953 schon im Westen.

Mit Spannung wurde wie immer der Verlauf der dritten, der „politischen" Arbeitsgruppe erwartet. In der Aussprache des ersten Tages, an dem der Ulmer Oberbürgermeister Pfitzner, der Berliner Journalist Ernst Lemmer, beide CDU-Politiker, und der Berliner Theologe Claus Westermann die einleitenden Referate gehalten hatten, äußerten viele Diskussionsredner Kritik an der Tatsache, dass die Referenten, die alle aus dem Westen kamen, zu unkonkret geblieben seien und zu sehr auf die west-

---

[101] EBD., S. 21f.
[102] Interview Schlockwerder, 19.10.95.
[103] Aussprache am 2. Tag, 14.08.53 (DEKT-DOK. 53, S. 167–172).
[104] Schlussaussprache, 15.08.53 (EBD., S. 181–194).
[105] D. STARITZ, Geschichte, S. 132.

deutschen Verhältnisse eingegangen seien. Eine tatsächliche Unterstützung für die Kirche in der Anfechtung werde kaum gegeben.[106] Die ganze Diskussion, in der vorrangig Ostdeutsche zu Wort kamen, konzentrierte sich auf die grundsätzliche Frage, wie sich Christen zu einem ihnen ideologisch fernen Staat verhalten sollten. Dass dabei wenig auf die vorangegangenen Referate Bezug genommen wurde, zeigt, dass die vorher wie üblich von Seiten der Organisatoren durchgesprochenen Vorträge an den eigentlichen inneren Bedürfnissen der Hamburger Kirchentagsteilnehmer, zumindest der aus dem Osten, vorbeigingen. Entscheidend für die östlichen Kirchentagsteilnehmer war – wie schon zwei Jahre zuvor in Berlin – die Möglichkeit, ihren Herzen Luft machen zu können. Ein Oberschüler aus der DDR brachte dieses Gefühl auf den Punkt, wobei er allerdings Lemmer unrichtig zitierte, denn in seinem Referat hatte der Journalist überhaupt nicht von der deutschen Einheit gesprochen:

> „Verhandeln heißt, offen sprechen dürfen, und wir aus dem Osten können nicht offen sprechen (langer Beifall). Mit tiefer und aufrichtiger Teilnahme hörten wir heute in dieser Halle die Worte unseres Bruders Ernst Lemmer: ‚Wenn unser Volk zur Einheit kommen will, muß ihm Gelegenheit gegeben werden, in Ost und West frei und ungezwungen seine Meinung zu äußern.‘ Gerade das ist uns, die wir aus dem Osten kommen, aus dem Herzen gesprochen.“[107]

Das mit Abstand am stärksten besuchte und beachtete Referat des Kirchentages war das von Martin Niemöller am 14. August, dem zweiten Tag der Arbeitsgruppen, in Arbeitsgruppe III. Mehr als 20.000 Menschen hörten Niemöller vor Ort zu.[108] Der Kirchenpräsident sprach über das Ökumene-Thema „Unser Volk unter den Völkern". Auch er ging davon aus, dass der „augenblickliche Zustand unseres in erzwungener Spaltung lebenden Volkes [...] in der Tat unerträglich geworden" sei. Aber man solle besser einhalten und sich darauf besinnen, dass das deutsche Volk eine Brückenfunktion zwischen Ost und West habe, weil es für seine Teilung schließlich auch die Verantwortung trage. Dies wird viele Zuhörer nur acht Jahre nach Kriegsende aufgebracht haben. Noch weiter wagte sich Niemöller inhaltlich vor, als er geradezu prophetisch ausführte, dass die Frage, ob das deutsche Volk seine Teilung im Interesse des Weltfriedens vielleicht dauerhaft hinnehmen müsse, vielleicht provozierend sei, aber zeige, „daß

---

[106] Vier Diskussionsbeiträge (EBD., S. 210–212). Die Einschätzung H. SCHROETERS (Kirchentag, S. 127), in den Arbeitsgruppen seien weniger grundlegende als praktische Fragen erörtert worden, trifft zumindest auf die III. Arbeitsgruppe nicht zu.

[107] Referat Lemmers: DEKT-DOK. 53, S. 200–205; Redebeitrag des Oberschülers: EBD., S. 212f. Der Oberschüler bezog sich wohl auf die Stelle in dem Referat Lemmers, in dem er vor dem „Mac Charthy-Ungeist [sic]" gewarnt hatte, der eine verordnete Meinung für sakrosankt erklären wolle (EBD., S. 201).

[108] Ein Bericht vom Hamburger Kirchentag, der für den Hauptvorstand der Ost-CDU abgefasst wurde, ist die Rede davon, dass die 12.000 Menschen fassende Ernst-Merck-Halle überfüllt gewesen sei und dass etwa 10.000 Menschen die Rede vor der Halle angehört hätten (ACDP ST. AUGUSTIN, VII-013/1785; vgl. DEKT-DOK. 53, S. 219). Rede Niemöllers: DEKT-DOK. 53, S. 219–227; vgl. P. COMMUN, Église, Bd. 1, S. 211.

ein Handeln nur im Interesse des eigenen Volkes fragwürdig geworden ist." Dies gipfelte in dem Ausruf: „Wir haben nicht die Freiheit, das Interesse unseres Volkes grundsätzlich über das Interesse der anderen Völker zu stellen!" Zu den Aufgaben des deutschen Volkes zähle es vielmehr, mit seinen vermeintlichen Feinden zu reden und die Armen zu speisen, getreu dem biblischen Wort: „Alles nun, was ihr wollt, das euch die Leute tun sollen, das tut ihr ihnen auch."

Der Kirchenpräsident wandte sich hier unausgesprochen gegen Kirchenmänner wie Dibelius, die Zeit ihres Lebens den Stoeckerschen Gedanken verteidigten, menschliches Gedeihen sei ohne Vaterlandsbezug unmöglich.[109] Obwohl Niemöller selbst unzweifelhaft in nationalen Dimensionen dachte, wird hier doch deutlich, wie bemüht er war, die Position, die der Protestantismus zu Nation und Vaterland einnehmen sollte, kritisch zu reflektieren.

In der politischen Situation des Jahres 1953 bedeutete Niemöllers Redefinition der Volksidee jedoch einen scharfen Missklang in den Ohren der Zuhörer, auch und gerade derer aus der DDR.[110] Die Referate des Bonner Juristen Professor Ulrich Scheuner und des Hamburger Missionswissenschaftlers Professor Walter Freytag, der extra eingesetzt worden war, weil man dachte, Niemöller könne so auf theologischer Grundlage festgehalten werden,[111] fanden demgegenüber kaum Beachtung.[112] In der Diskussion am Nachmittag ergriffen die beiden Korreferenten nicht mehr das Wort.

Die emotional aufgeladene Aussprache konzentrierte sich auf die Spaltung Deutschlands als einer im traditionellen Sinne nationalen Frage. Gleich der erste Diskussionsredner, der aus dem Westen kam, erntete langanhaltenden Beifall mit seiner Forderung, mit der Einheit auch Ernst zu machen.[113] Auch den übrigen Diskussionsteilnehmern, unter denen sehr viele Christen aus der DDR vertreten waren, ging es um die Verwirklichung der deutschen Einheit und weniger um die Buße, zu der Niemöller gerufen hatte. Ein weiterer Redner aus dem Westen kritiserte Niemöller, weil er in seinem Referat keine Antwort darauf gegeben habe, wie ein Christ sich gegenüber seinen Unterdrückern verhalten solle. Der Kirchenpräsident schaue nur rückwärts und nicht vorwärts, wenn er auf konkrete Fragen der heutigen Zeit keine Antwort gebe. Auch für diese Kritik gab es „Bravo-Rufe und Beifall".[114] Als in der Welle der Kritik an Niemöller ein weiterer westlicher Redner Niemöller dann als Demagogen vom Schlage eines Goebbels

---

[109] Dibelius hat dies noch 1966 vertreten (W. Yoder, Dibelius, S. 23). Zum Einfluss Stoeckerschen Gedankengutes auf Dibelius: O. Dibelius, Christ, S. 33f.

[110] In einem Bericht des Rates des Bezirks Leipzig an das Staatssekretariat für Innere Angelegenheiten in Ost-Berlin hieß es, dass ein großer Teil der Zuhörer aus der DDR Kritik an Niemöllers Ausführungen geäußert hätten. Der Kirchenpräsident mache „russenfreundliche Politik" (14.09.53, BArch Berlin, DO-4/1973, S. 68).

[111] Av. über Vorbesprechung zu AG III, 11.02.53 (EZA Berlin, 71/86/102).

[112] Referat Scheuner: DEKT-Dok. 53, S. 227–231; Referat Freytag: DEKT-Dok. 53, S. 231–236.

[113] Ebd., S. 238.

[114] Ebd., S. 240.

bezeichnete, war für die Zuhörerschaft die Grenze des Anstandes allerdings überschritten. Mit „Pfui"-Rufen wurde der Redner zum Verstummen gebracht und dann von Diskussionsleiter Kurt Scharf zurechtgewiesen, „daß Martin Niemöller dieses Ost-System mindestens so verhaßt ist, wenn nicht verhaßter als dem Rat der Evangelischen Kirche in Deutschland."[115]

Auffällig ist, dass kein Diskussionsredner sich in der Aussprache auf Niemöllers Seite stellte. Die Zuhörerschaft verharrte ganz in einer klassisch nationalen Argumentation, ohne dass an Wegen aus der verfahrenen politischen Situation in Europa großes Interesse gezeigt worden wäre.[116] Niemöller versuchte – wie kritikwürdig sein Beitrag im Einzelnen auch sein mag – einen Ausweg aus einer verfahrenen politischen Situation zu zeigen, nämlich dem Kalten Krieg. Darin wollte ihm aber die Öffentlichkeit auf dem Kirchentag nicht folgen.

Johannes Anz machte noch einmal deutlich, in welcher Sackgasse man sich in der deutschen Frage befand, als er sagte, beim Gespräch mit Marxisten müsse man immer bedenken, dass Marxisten ein anderes terminologisches System hätten. Dieses terminologische System dürfe aber auf keinen Fall anerkannt werden. Wie ein Gespräch ohne gemeinsame Terminologie aber überhaupt möglich sein soll, verriet der Oberkonsistorialrat allerdings nicht.[117]

Daraufhin fragte Niemöller Anz, warum er so ängstlich im Umgang mit Andersdenkenden sei.[118] Er selbst habe auch mit Hitler geredet, was ihn nicht korrumpiert habe. „Wenn ihr deswegen, weil ein anderer unter einem Wort, das ihr mit ihm gebraucht, etwas anderes versteht, das Gespräch ablehnt, sollen wir dann überhaupt noch miteinander sprechen?" Auf den Vorwurf, er sei in seiner Rede nicht konkret genug gewesen, sagte der Kirchenpräsident:

„Ich habe mich bei meinem Referat an die allgemeinen Weisungen gehalten, die ich vom Kirchentag bekommen hatte, die im wesentlichen darauf hinausgingen, hier nichts vom Zaun zu brechen, was den Burgfrieden, den wir von den augenblicklich in Westdeutschland streitenden Parteien erbeten haben und erwarten, irgendwie stören könnte. Ich habe mich deshalb auf grundsätzliche Stellungnahmen[119] beschränkt. Ich hätte natürlich auch anders reden können, ich könnte das jetzt auch noch, aber ich halte es für nicht opportun und nicht für nötig, denn die Aussprache hat mir gezeigt, daß es an den primitivsten Din-

---

[115] EBD., S, 240f.
[116] Angesichts dessen wirken Kehnscherpers Ausführungen in seinem nachherigen Bericht an die Nationale Front, in AG III seien „offenbar bestellte Gegner" gegen Niemöller aufgetreten, wie ein hilfloses Konstrukt. Die Kirchentagsgemeinde war keinesfalls für Niemöller, wie Kehnscherper behauptete (SAPMO-BArch, DY 30/IV 2/14/106, S. 7). Dies machte auch ein Bericht an die Ost-CDU deutlich, in dem zugegeben wurde, dass der Beifall immer besonders stark war, wenn die Verhältnisse in der DDR kritisiert wurden (Bericht über den Kirchentag, 22.08.53, ACDP St. AUGUSTIN, VII-013/1785).
[117] DEKT-DOK. 53, S. 243f.
[118] EBD., S. 244–246.
[119] Im dokumentierten Text wohl irrtümlich: „Stellungen".

gen unter uns offensichtlich noch weitgehend fehlt. [...] Ich habe um dieser allgemeinen Verabredung um des Kirchentags willen, aus der ich keinen Hehl mache, denn ich glaube, es ist eine gute Verabredung, ich habe keine politische These des Neutralismus her vertreten, nicht eine einzige. [...] Ich habe aus dem Wort Gottes, [...] aus der Situation unseres Volkes unter den Völkern [versucht,] im Lichte der Wahrheit, das heißt, der Gnade und der Gerechtigkeit Gottes, die allgemeinen Gesichtspunkte herauszunehmen, die ich Ihnen als Bruder zu Brüdern und Schwestern weitergeben durfte [...]."

Niemöllers eindringliche Worte zeigten, dass er erst dadurch, dass ihm von außen Zurückhaltung auferlegt wurde, eine starke Wirkung erzielen konnte. Auf dem Hamburger Kirchentag konnte der hessen-nassauische Kirchenpräsident nicht so leicht parteipolitisch eingeordnet werden, wie das sonst bei seinen Reden häufig der Fall war. Niemöller konnte seinen Kritikern auf dem Hamburger Kirchentag zu Recht entgegenhalten, dass sie argumentierten, wo es ihm um geistliche Anrede ging. Niemöllers unangreifbares Schlusswort zu der Diskussion, es gehe auf dem Kirchentag nicht darum, Interesse am Osten zu wecken, sondern darum, Kraft zum Gehorsam gegen Gott zu wecken, hätte auch von Reinold von Thadden stammen können.

Bei der am Samstag, dem 15. August, stattfindenden Schlussaussprache war Niemöller nicht mehr anwesend. Ob er tatsächlich gegen die Ausführungen Anz' vom Vortage Beschwerde eingelegt hatte, weil diese gegen die Bekenntnisgrundlagen verstoßen hätten, wie Kehnscherper, der gemäß Absprache nicht das Wort ergriffen hatte, nach Ost-Berlin berichtete[120] und wie er auch in der Ost-Berliner Zeitung „Deutschlands Stimme" schrieb,[121] ist durchaus möglich. Unwahrscheinlich erscheint hingegen Kehnscherpers Behauptung, dass Niemöller von der Beteiligung an der Schlussaussprache „ausgeschaltet" worden sei. Der Kirchenpräsident wird wohl eher von sich aus auf die Teilnahme verzichtet haben, weil das Publikum am Vortage ja gegen ihn gewesen war und weil eine Diskussion mit Teilnehmern, denen es aus seiner Sicht „an den primitivsten Dingen noch weitgehend fehlte", nicht nach seinem Geschmack gewesen sein dürfte. So hatte Professor Freytag noch einmal die Gelegenheit, die wichtigsten Aussagen seines Referates, das angesichts des beeindruckenden Vortrages von Niemöller völlig untergegangen war, noch einmal vorzustellen.[122] Johannes Anz wiederholte seine fundamentale Kritik an den quasi-religiösen Grundlagen der DDR, die jeder Christ ablehnen müsse.[123] Das Podiumsgespräch war schon fast beendet, ohne dass der Name Niemöller, der den ganzen zweiten Tag der Arbeitsgruppe beherrscht hatte, auch nur einmal gefallen wäre, als Helmut Gollwitzer schließlich eine Ehrenrettung versuchte. Wenn Niemöl-

---

[120] SAPMO-BArch, DY 30/IV 2/14/106, S. 8. Diese Behauptung ist allerdings nicht nachprüfbar.

[121] 30.08.53.

[122] DEKT-Dok. 53, S. 253f.

[123] Ebd., S. 256f.

ler eine politische Konzeption vertrete, dann sei es die des Gehorsams gegenüber Gott. Das Entscheidende an seinem Vortrag sei gewesen, „daß er
uns nicht etwas Selbstverständliches vortrug, daß er hier nicht offene
Türen eingerannt hat, sondern daß wir hier alle noch etwas zu lernen
haben."[124] Anz, der direkt im Anschluss an Gollwitzer sprach, erwähnte
dessen Beitrag mit keinem Wort. So war Gollwitzer der Einzige, der sich
einen Tag nach dem Vortrag Niemöllers noch öffentlich an ihn erinnerte.[125]
Selbst in dem Abschlussbericht der Arbeitsgruppe III an die Hauptversammlung, die am 16. August stattfand, hieß es zum Thema Wiedervereinigung nur: An allen Tagen war von der Wiedervereinigung als „unserer
nächsten völkischen Aufgabe" die Rede.[126]

Ein Redner in der Diskussion vom Samstag, dessen Beitrag bezeichnenderweise keinen Eingang in den Dokumentarband gefunden hatte,
hatte von einem Riss gesprochen, der sich in der evangelischen Kirche
zwischen 1951 und 1953 aufgetan habe.[127] Wenn die Ursprünge dieses Ris-
ses auch weiter zurückliegen als 1951, so war er in der dritten Arbeitsgruppe des Hamburger Kirchentages doch zu spüren. Die Nöte, denen
Christen in der DDR ausgesetzt waren, stellten sich als viel zu unmittelbar
dar, als dass Niemöller mit seinem Bußaufruf die Problematik der Unterdrückung auf eine höhere Ebene hätte heben können. Dies war auch der
Grund dafür, dass Thaddens volksmissionarisches Kirchentagskonzept, das
Niemöller sich in Hamburg zu Eigen gemacht hatte, einmal mehr zwischen
die Mühlsteine der Politik geriet.

Am Abend des 15. August fand, gleichzeitig mit der völlig unpolitisch
gehaltenen „Kundgebung der Frauen",[128] vor der Michaeliskirche die Männerkundgebung zum Thema „Wir stehen vor der Wahl" statt. Wilhelm
Claussen, Ministerialdirektor im Bundesverkehrsministerium, fasste sein
Rede auf dieser Kundgebung so zusammen: „Wir müssen wählen! Wir wollen große Parteien wählen! Wir wollen christliche Politiker wählen. Wir
halten nichts von Programmen. Wir halten die heute geltenden politischen
Formen für weithin überlebt, aber wir haben ja keine anderen."[129] Mit dem
ersten Ausruf war der Wahlenthaltung eine Absage erteilt, mit dem zweiten die Wahl der kleineren Parteien FDP, DP und GVP abgelehnt, und mit
dem Ausruf, man halte nichts von Programmen, auf Persönlichkeiten
komme es an, war die Festlegung auf die CDU vollzogen. Die CDU nämlich stellte ihren Wahlkampf des Jahres 1953 ganz auf die Person Adenau-

---

124 EBD., S. 260.
125 Niemöllers Vortrag wurde immerhin in der von Hermann Ehlers herausgegebenen „Jungen Kirche" abgedruckt (JK 14 [1953], S. 411–418). Die Beobachtung der „Frankfurter Allgemeinen Zeitung" (28.08.53), die Meinungen zu Niemöllers Referat seien „geteilt" gewesen, ist sehr beschönigend.
126 DEKT-DOK. 53, S. 35.
127 FFFZ DÜSSELDORF, KT/10, 16:32–19:15.
128 DEKT-DOK. 53, S. 566–570. Das Thema der Kundgebung war „Vertrauen wandelt eure
Welt."
129 EBD., S. 565.

ers ab, während Erich Ollenhauer, der eher farblose Nachfolger des verstorbenen Kurt Schumacher im Vorsitz der SPD, stärker programmatische Aussagen, wie das Konzept der „Kollektiven Sicherheit",[130] in die Wahlkampfdiskussion einbrachte. In seinen Ausführungen zum Eigentum („Wir fordern Eigentum")[131] hatte Claussen zuvor fast wörtlich die Thesen wiederholt, die in dem gerade verabschiedeten Hamburger Programm der CDU standen.[132] Mit seinem Verdikt gegen die „heute geltenden politischen Formen" allerdings stellte er sich weniger in den Dienst der CDU, sondern stärker in die antiparlamentarische Tradition des Protestantismus vor dem Zweiten Weltkrieg, der in der Anlehnung vieler Protestanten an die DNVP seinen Ausdruck gefunden hatte.

Bischof Dibelius schließlich wiederholte die Forderungen Claussens und riet den versammelten Männern, so wie er selbst „einer Partei treu zu bleiben, damit diese in ihrer gewiss frei verantwortlichen Entscheidung auf ihre Wähler zählen könne."[133] Das ließ an Klarheit kaum zu wünschen übrig.

Abgesehen von den Begrüßungsworten des Hamburger Bürgermeisters waren diese beiden Vorträge die einzigen, die auf der Männerkundgebung gehalten wurden. Die evangelischen Männer wussten also, wo sie bei der Wahl ihr Kreuz machen sollten.

6.5 Reaktionen auf den Hamburger Kirchentag

Der Hamburger Kirchentag bedeutete für die Regierung der DDR einen Schlag ins Gesicht. Das wurde auch vom Politbüro erkannt.[134] Die Diskussionen waren nicht im Sinne der DDR verlaufen. Auch sonst, so hieß es in dem Abschlussbericht des Staatssekretariates für Innere Angelegenheiten, hatten die DDR-Teilnehmer überwiegend positive Eindrücke von den Verhältnissen in der Bundesrepublik mitgebracht. Das habe sich in den zahlreichen Veranstaltungen in der DDR zur Auswertung des Hamburger Kirchentages ergeben.[135] Darüber hinaus hatten Kirchentagbesucher aus dem Osten Gelegenheit gehabt, in Hamburg ihren westlichen Gesprächspartnern viele Beispiele für den Kirchenkampf in der DDR zu schildern, womit die gegenteilige Propagandaabsicht der DDR durchkreuzt wurde.[136]

---

[130] Vgl. C. KLESSMANN, Staatsgründung, S. 477f.

[131] DEKT-DOK. 53, S. 564.

[132] C. KLESSMANN, Staatsgründung, S. 248.

[133] DEKT-DOK. 53, S. 560.

[134] Memorandum Barths an Grotewohl, 23.12.53 (SAPMO-BARch, DY 30/IV 2/14/106, S. 99f.).

[135] Analyse des Hamburger Kirchentages, 27.11.53 (SAPMO-BARch, DY 30/IV 2/14/106, S. 86–98, hier: S. 94–97); vgl. die Berichte der Hauptverwaltung Deutsche Volkspolizei und der Räte der Bezirke an das Staatssekretariat für Innere Angelegenheiten (BARch BERLIN, DO-4/1973, S. 17–220).

[136] Vgl. „Westdeutsche Allgemeine", Essen, 24.07.53.

Dabei waren allerdings viele Verständigungsprobleme zwischen Ost und West aufgetreten. Die Deutsche Presseagentur berichtete zutreffend: „Daß die Lage des Christen den Vergiftungserscheinungen gegenüber im Osten und Westen eine gründlich verschiedene ist, erschwerte das gegenseitige Verständnis. Was an Nöten aus dem Westen berichtet wurde, erschien den Teilnehmern aus dem Osten harmlos."[137]

Die Bundesregierung hingegen nahm in ihrer Kabinettssitzung am 18. August, zwei Tage nach der Schlussveranstaltung, den „erhebenden und auch politisch förderlichen Verlauf des Kirchentages" (Walter Strauß) zur Kenntnis.[138] Auch Adenauer sprach über die „günstigen Eindrücke, die er am Vorabend des Kirchentages bei seinen Besprechungen mit den leitenden Persönlichkeiten gewonnen" habe. Die Rechnung des Bundeskanzlers sollte aufgehen: Am 6. September verfehlte die Union die absolute Mehrheit nur knapp, die SPD erreichte ihr Niveau von 1949.[139]

Dass der Kirchentag sich auf die politische Linie der katholische Kirche zubewegt hatte, stellte die katholische Zeitschrift „Herder-Korrespondenz" kurz nach dem Kirchentag fest, als es in einem Kommentar hieß, in Hamburg seien „in wichtigen Grundsatzfragen, die künftig die deutsche Innenpolitik beschäftigen, Möglichkeiten einer guten Zusammenarbeit mit den katholischen Christen sichtbar" geworden. Berührungspunkte gebe es mit Männern wie Asmussen, Ehlers und Gerstenmaier.[140]

Diese Einschätzungen dürfen jedoch nicht darüber hinwegtäuschen, dass der Kirchentag nur eine Episode im Bundestagswahlkampf war. Das zeigt sich deutlich an dem im Vergleich zu den beiden vorherigen Kirchentagen geringeren Presseecho.[141] Selbst die dem Kirchentag freundlich gesonnene „Welt" widmete dem Hamburger Kirchentag keine einzige Schlagzeile. Andere Themen, wie der bundesdeutsche Wahlkampf oder der französische Generalstreik gegen die Wirtschaftsreformen der Pariser Regierung waren für die deutsche Öffentlichkeit von größerem Interesse. Dabei mag auch eine Rolle gespielt haben, dass spätestens 1953 eine gewisse „Kirchentagsroutine" in der deutschen Öffentlichkeit eingetreten sein dürfte[142] und dass sich die Zahl der politischen Aussagen, für die die Presse sich natürlich interessierte, auf Grund des „Burgfriedens" in Grenzen hielt.

Für die Kirchentagsteilnehmer aus dem Osten war weniger die politische als die menschliche Dimension der Tage in Hamburg entscheidend.[143] Für sie blieb Parteipolitik weitgehend ausgeklammert, hoben Berichte der

---

137 Dpa, Hamburg, 16.08.53; vgl. „Der Fortschritt", Düsseldorf, 21.08.53.
138 KABINETTSPROTOKOLLE, 1953, S. 434.
139 A. BIRKE, Nation, S. 327.
140 HERDER-KORRESPONDENZ, Kirchentag in Hamburg, S. 18f.
141 Die Einschätzung Grotes, 1953 sei der Pressewiderhall besonders stark gewesen, lässt sich bei der Durchsicht der Presse nicht bestätigen (N. v. GROTE, Kirchentag, S. 337).
142 Vgl. den Kommentar von Johann Renatus Renner, „Die Welt", Essen, 17.08.53.
143 Zahlreiche Zuschriften: EZA BERLIN, 71/86/480.

Ost-CDU richtig hervor.[144] Die westliche Presse widmete den menschlichen Begegnungen zwischen Ost und West zahlreiche Artikel.[145]

So gab der Kirchentag ziemlich genau die Stimmung im deutschen Protestantismus wieder: Im Westen stand man politisch im konservativen Lager. Nationales Gedankengut hatte klaren Vorrang vor übernationalem. Aber es zeigte sich auch, dass der Spalt im Protestantismus tiefer wurde, denn die konkreten Probleme des Westens und diejenigen des Ostens hatten wenig miteinander zu tun. Verbinden konnte nur die menschliche Ebene und die symbolhafte Betonung der Unteilbarkeit der deutschen Nation.

---

[144] ACDP ST. AUGUSTIN, VII-013/1785.
[145] Z.B. „Christ und Welt", Stuttgart, 12.08.53; „Die Welt", Hamburg, 14.08.53; „Hamburger Abendblatt", 14.08.53; „Welt am Sonntag", Hamburg, 16.08.53; „Rhein-Neckar-Zeitung", Heidelberg, 17.08.53; „Westfälische Nachrichten", Münster, 18.08.53.

7. FRÖHLICH IN HOFFNUNG. DER LEIPZIGER KIRCHENTAG 1954

7.1 Die Entscheidung für Kirchentagsort und -jahr

Schon nach dem Berliner Kirchentag, der die Kräfte aller Beteiligten bis auf das Äußerste strapaziert hatte, war darüber nachgedacht worden, ob der Kirchentag nicht künftig nur alle zwei Jahre stattfinden sollte. Das Kirchentagspräsidium versprach sich davon größere Ruhe und damit geistige Tiefe bei den inhaltlichen Vorbereitungen, sowie auch organisatorische Vorteile, denn der kleine Stab des Kirchentages in Fulda war rein physisch kaum in der Lage, jährliche Großveranstaltungen zu organisieren.[1]

Durch den Kirchentag in Berlin war die Institution Kirchentag erst fest im öffentlichen Bewusstsein verankert worden. Diese Bekanntheit galt es zu erhalten, wenn sie auch mit einer gewissen inhaltlichen Verflachung erkauft worden war. Deswegen strebte Reinold von Thadden an, möglichst bald wieder einen Kirchentag zu veranstalten, der als Manifestation des Einheitswillens der Deutschen in die Geschichte eingehen könne. Als Ort kam Leipzig in Frage. Vor dem Kirchentagspräsidium erklärte Thadden, eine Veranstaltung in Leipzig sei wichtig, damit der Kirchentag „seine Würde und Funktion im Westen" behielte.[2] Auch die Bundesregierung hielt einen Kirchentag in der DDR für „politisch förderlich", wie Bundestagspräsident Ehlers gegenüber Thadden erklärte.[3] Bundeskanzler Adenauer sicherte dem Kirchentagspräsidenten „volle ideelle und finanzielle Unterstützung" zu.[4]

Im November 1953 diskutierte der Präsidialausschuss, also das erweiterte Präsidium des Kirchentages, das aus dem Präsidenten, den Generalsekretären und den Vertretern der einzelnen Landesausschüsse bestand, in Fulda über die Turnusfrage, die sehr schnell auch zu einer Frage nach der inhaltlichen Ausrichtung der künftigen Kirchentage wurde.

Eberhard Müller hatte im Vorfeld festgestellt, der Konflikt zwischen Ost und West könne auf den Kirchentagen kaum gemeinsam gelöst werden und schlug deshalb getrennte Arbeitsgruppen für Ost und West vor.[5] Dieser Vorschlag war konsequent, denn Müllers akademisch-problemorientiertes Kirchentagskonzept war nur im Westen zu verwirklichen – in der DDR fehlte der dazu notwendige Meinungspluralismus.

Thadden hatte dem schon ein Jahr zuvor sein volksmissionarisches Konzept entgegengehalten: Zwar könne ein Kirchentag ganz im Osten we-

---

1 Protokoll der 6. Sitzung des Ostausschusses, 15.03.52 (EZA BERLIN, 71/86/41).
2 Protokoll der Präsidialausschusssitzung, 14.11.53 (EBD., 71/86/22).
3 Handschriftliche Notizen Thaddens von der Elbingeroder Synode (EBD., 71/86/59).
4 Av. Thaddens, 19.12.53 (EBD., 71/86/30).
5 Av. Giesens, 28.10.53 (EBD., 71/86/59).

niger inhaltliche Arbeit leisten, hatte er im Dezember 1952 erklärt. Dafür könne er aber mehr das „Trost- und Bruderschaftsamt der Kirche" erfüllen.[6] Für Thadden sollten hier also das politisch-symbolhafte Konzept, vertreten durch die Bundesregierung, und seine volksmissionarischen Vorstellungen miteinander kombiniert werden.

Die östlichen Mitglieder der Kirchentagsleitung wollten sich der Argumentation des Kirchentagspräsidenten jedoch nicht anschließen. Der Ostausschuss sprach sich bei der Präsidialausschusssitzung vom November 1953 dafür aus, einen Leipziger Kirchentag wenn überhaupt, dann nicht vor 1955 stattfinden zu lassen. Der für Leipzig zuständige Landesausschuss des Landes Sachsen stellte mit großer Mehrheit fest, „Zuspruch und Stärkung" aus der Bundesrepublik könnten die Not der Ostteilnehmer am Kirchentag sogar vergrößern. Und schließlich hielt der Ostberliner Generalsuperintendent Friedrich-Wilhelm Krummacher Thaddens Überlegung eines Kirchentages in der DDR zur Erhaltung von „Würde und Funktion" des Kirchentages in der Bundesrepublik entgegen, 1954 sei kein Kirchentag in Leipzig möglich, „ohne uns zu verkaufen."[7] Krummacher war keinesfalls bereit, zu weitgehende Zugeständnisse an die DDR-Regierung zu machen, nur um einen Kirchentag zu ermöglichen. Schließlich wurde vorgeschlagen, keinen Kirchentag zu veranstalten, sondern einen Besuchsdienst einzurichten – dies wäre Volksmission ohne Öffentlichkeitsanspruch gewesen.

Darauf aber ließ sich Thadden nicht ein. Er erklärte den Leipziger Kirchentag nur für das Jahr 1954 für möglich.[8] Spätestens im Jahre 1955 nämlich müsse der Kirchentag wieder im Westen stattfinden, weil der übernächste Kirchentag, der nach einem Leipziger Kirchentag 1955 frühestens erst im Jahre 1956 stattfinden könne, dann in das letzte Jahr der zweiten Legislaturperiode des Bundestages fiele. Man wolle nicht noch einmal, wie in Hamburg, in den Strudel von Bundestagswahlen hineingezogen werden.

Die Vertreter des politisch-symbolhaften Kirchentagskonzeptes zollten dem Kirchentagspräsidenten Beifall.[9] Die Unterstützung des Berliner Landesausschusses, der ja aus dem Laientag hervorgegangen war, wurde noch verstärkt von dem Landesausschuss der Provinz Sachsen (also nicht des Landes Sachsen, zu dem Leipzig gehört). Für ihn erklärte die Magdeburger Konsistorialrätin Ingeborg Zippel, der Kirchentag in Leipzig solle gegen eine „zweiten Angriffswelle des Marxismus" gerichtet sein, die über Ostdeutschland hereinbreche. Ein Besuchsdienst könne einen Kirchentag nicht ersetzen.

So wurde gegen die Stimme des gastgebenden Landesausschusses mit knapper Mehrheit beschlossen, 1954 den Kirchentag in Leipzig stattfinden zu lassen.

---

6 Protokoll der Präsidialausschusssitzung, 02.12.52 (EBD., 71/86/22).
7 Protokoll der Präsidialausschusssitzung, 14.11.53 (EBD.); vgl. Av. Giesens, 09.11.53 (EBD., 71/86/59).
8 Handschriftliche Aufzeichnung Ruppels (LKA HANNOVER, L3 III/1138).
9 Vgl. Av. für die Präsidiumssitzung, 14.11.53 (EZA BERLIN, 71/86/22).

7.2 Die Verhandlungen zur Genehmigung des Kirchentages und deren politisches Umfeld

Beim Ostausschuss waren nach der Entscheidung für Leipzig die Bedenken keineswegs ausgeräumt. Trotzdem wurde die Entscheidung von Fulda akzeptiert, zumal ja der provinzsächsische und der Berliner Landesausschuss für 1954 gewesen waren.[10] Nun mussten zunächst die politischen Voraussetzungen für den beschlossenen Kirchentag geschaffen werden.

Die Regierung der DDR wurde umgehend um Genehmigung des vorgesehenen Tagungsortes und die notwendige logistische Unterstützung für eine Großveranstaltung Anfang Juli gebeten.[11] Zwar war in Ost-Berlin von Anfang an klar, dass das Kirchentagspräsidium gegebenenfalls Garantien „hinsichtlich der politischen Atmosphäre dieses Kirchentages" geben müsse. Auch eine „starke Beteiligung fortschrittlicher Pfarrer an den Beratungen des Kirchentages selbst" wurde für wünschenswert gehalten.[12] Man hatte jedoch keine Eile mit einer direkten Antwort an Thadden, denn schließlich galt es, zunächst die politische Entwicklung abzuwarten.

Am 15. Juli 1953 nämlich hatten die Westmächte der Sowjetunion angesichts der „jüngsten Ereignisse in Ost-Deutschland und in Berlin" die Einberufung einer Außenministerkonferenz vorgeschlagen. Hier sollte über einen Friedensvertrag mit Deutschland und freie gesamtdeutsche Wahlen verhandelt werden.[13] Die sowjetische Regierung war jedoch nicht bereit, auf der Berliner Konferenz Ende Januar 1954 freie Wahlen zuzugestehen. Das Treffen ging schließlich ohne Ergebnis zu Ende.

Im Herbst 1953 wollte man in Ost-Berlin vor dieser Konferenz keine weitreichenden Entscheidungen von gesamtdeutschem Belang fällen. Mehrere Schreiben Thaddens an Ministerpräsident Grotewohl wurden deswegen hinhaltend beantwortet.[14] Als der Kirchentagspräsident am 20. Januar 1954 endlich zu Grotewohl vorgelassen wurde, erklärte ihm der Ministerpräsident gemäß eines Beschlusses des Politbüros vom Vortag, dass es nicht nur terminliche Schwierigkeiten gebe, da das Leipziger Messegelände zur fraglichen Zeit anders belegt sei, sondern durch die Viermächtekonferenz sei auch eine Verschärfung der politischen Lage möglich.[15] Deshalb solle deren Ausgang erst abgewartet werden. Er schlage vor, den Kirchentag in den Spätsommer zu verschieben, und dann, nach dem

10 Protokoll der 20. Ostausschusssitzung, 23.11.53 (EZA BERLIN, 71/86/41; EBD., 71/86/127).
11 Av. O.-H. Ehlers' über eine Begegnung Thaddens und Grübers mit dem DDR-Ministerpräsidenten Nuschke, 25.11.53 (EZA BERLIN, 71/86/507); Nuschke an Ulbricht, 24.11.53 (BARCH BERLIN, DO-4/1988, S. 70); vgl. H. GRÜBER, Erinnerungen, S. 355.
12 02.12.53, SAPMO-BARCH, DY 30/IV 2/14/107, S. 3.
13 Hier und im Folgenden: A. BIRKE, Nation, S. 327–330.
14 Thadden an Grotewohl, 17.12.53 (EZA BERLIN, 71/86/507); Grotewohl an Thadden, 04.01.54 (EBD.); Thadden an Grotewohl, 15.01.54 (EBD.). Auch Staatssekretär Hegen, der Giesen am 12. Januar empfing, konnte die Anliegen des Kirchentages nur entgegen nehmen (Av. Giesens, 12.01.54, EBD.; Av. Hegens, SAPMO-BARCH, DY 30/IV 2/14/107, S. 8–10).
15 Protokoll Thaddens, 23.01.54 (EZA BERLIN, 71/86/507).

Abschluss der Viererkonferenz, endgültig zu entscheiden. Die Einwände Thaddens, der Kirchentag sei unpolitisch und seine Mitarbeiter könnten nicht ins Ungewisse planen, fruchteten naturgemäß nicht.

Mit einem Kommuniqué versuchte Thadden am gleichen Tage, den Druck auf die DDR-Regierung zu erhöhen. In ihm wurde festgestellt, dass die Entscheidung für den Kirchentag auf Grund von „Verkehrsproblemen" zurückgestellt worden sei, aber gleichzeitig deutlich gemacht, dass der Kirchentag nach wie vor für Leipzig geplant sei: „Die Einheit des Glaubens darf nicht nur proklamiert, sie muß gelebt werden."[16]

Wenige Tage später traf sich das Präsidium des Kirchentages, um von Thadden einen Bericht über seine Unterredungen mit Grotewohl zu empfangen. Dort schlug Friedebert Lorenz (ein Mitarbeiter Kreyssigs aus Magdeburg, der später viele Jahre lang Studienleiter des Kirchentages sein sollte) vor, man solle einen Termin im Oktober anpeilen und die DDR-Regierung dann auf diesen Termin festnageln. Wenn der Kirchentag nicht stattfinden könne, dann solle deutlich herausgestellt werden, dass es die DDR-Regierung gewesen sei, die den Kirchentag verhindert habe.[17] Propst Böhm hingegen wollte jedes politische Taktieren vermeiden. Er forderte die Präsidiumsmitglieder auf, man solle, während man den weiteren Lauf der Dinge abwarte, sich „von allen bewußt und unbewußt politischen Zielsetzungen frei machen."

Aber die von Lorenz vorgeschlagene Verfahrensweise fand eine Mehrheit. Man wollte abwarten und so weiter arbeiten, als ob der Kirchentag im Juli stattfinden könne. Dies bedeutete, dass der Druck auf die DDR-Regierung nach und nach erhöht werden würde, denn bei laufenden Vorbereitungen musste die Entscheidung für oder gegen den Kirchentag in naher Zukunft fallen.

Sowohl eine positive als auch eine negative Entscheidung würden also ihren politischen Nutzen haben. Durch ein solches Vorgehen geriet die Organisation Kirchentag immer mehr in die Untiefen der Politik, denn sie verhielt sich selbst wie eine politische Akteurin. Letztlich mag es keine Alternativen zu diesem Vorgehen gegeben haben, aber von einem ernsthaften Bemühen, der Linie Böhms zu folgen, kann keine Rede sein.

Thadden hatte den Inhalt seines Gespräches mit Grotewohl umgehend an die amerikanische Hohe Kommission weitergegeben. Diese gelangte zu der Einschätzung, Grotewohl wolle den Kirchentag hinhalten, um so zu erreichen, dass Kirchenvertreter Druck auf die westlichen Vertreter bei der Berliner Außenministerkonferenz ausüben würden.[18]

Dies wird tatsächlich bei der Verfolgung der Hinhaltestrategie eine Rolle gespielt haben, viel wichtiger dürfte aber gewesen sein, dass die DDR-Regierung erst eine Konzeption für ihre Politik gegenüber dem Kirchentag nach dem Ende der Konferenz definieren musste. Man wusste in

---

16 Kommuniqué vom 20.01.54 (EZA BERLIN, 71/86/507; BARCH BERLIN, DO-4/1988, S. 72.)
17 Protokoll der Präsidiumssitzung, 25.01.54 (EZA BERLIN, 71/86/23).
18 Barnes an das State Department, 05.02.54 (NARCH WASHINGTON, RG 466, Box 232).

Ost-Berlin einfach nicht, mit wem man es in Fulda zu tun hat! Das Politbüro beschloss sogar die Einrichtung einer Arbeitsgruppe, die die Aufgabe haben sollte, „alle bisherigen Veröffentlichungen und sonstigen Materialien dieses Kirchentages zu studieren und einen Bericht auszuarbeiten, was auf Grund aller Materialien auf diesem Kirchentag geschieht und was von ihm zu erwarten ist." Eines der drei Mitglieder der Arbeitsgruppe sollte „in Kirchenfragen bewandert" sein.[19]

In einem internen HICOG-Memorandum hieß es zur Strategie der Kirchentagsleitung:

> „There has been an eagerness on the part of the Kirchentag leadership to schedule meetings so that they may do a bit of pioneering in the area of German reunification. The 1951 Kirchentag was held in Berlin at a time when we found ourselves slightly embarrassed by its theme ‚We are Nonetheless Brothers.' This time the shoe is on the other foot, and the Kirchentag leadership is not reluctant to embarrass the GDR. Von Thadden and those with him probably find secret and perhaps open delight in the fact that they can thus show that the GDR, despite all propaganda to the contrary, is not interested in furthering those things which can preserve German unity during the period of the separation of East and West."[20]

Die Kirchentagsleitung hatte natürlich ein vitales Interesse an dem Stattfinden des Kirchentages; hier ging es nicht in erster Linie um politisches Taktieren, wie man bei der HICOG glaubte. Trotzdem hatte Thadden, wie die Amerikaner richtig erkannten, gegenüber der DDR-Regierung einen politischen Trumpf in der Hand, den er notfalls ausspielen konnte.

Im Anschluss an die gescheiterte Viermächtekonferenz bemühte sich die Ost-Berliner Regierung verstärkt um gesamtdeutsche Veranstaltungen und Treffen, um so die noch nicht vollzogene militärische Integration der Bundesrepublik in die westliche Welt durch Propagierung des deutschen Einheitswillens vielleicht doch noch aufzuhalten.[21] Am 2. März beschloss das Politbüro die Einsetzung einer weiteren Arbeitsgruppe, die einen umfassenderen Auftrag hatte als die Arbeitsgruppe vom Januar: Die neue Arbeitsgruppe sollte ein Konzept zur Kirchenpolitik erarbeiten.[22] Am 14. März wurde ihr Bericht verabschiedet.[23] Dieser „Beschluss der Partei in Kirchenfragen" forderte, dass es gelingen müsse, die „kirchliche Basis für den ideologischen Machtkampf" zu gewinnen. Dabei gehe es darum, „gegnerische Elemente" zu isolieren, aber ansonsten die religiösen Gefühle der Bevölkerung zu achten. Solche Gefühle könne man sogar ausnutzen, indem

---

[19] Beschluss vom 19.01.54 (SAPMO-BArch, J IV 2/2/343, S. 7).
[20] Flint an Barnes, 21.01.54 (NArch Washington, RG 466, Box 232).
[21] C. Klessmann, Kirchentag, S. 534.
[22] Die Gruppe bestand aus Oelßner, Wandel, Hegen, Barth und Mielke (SAPMO-BArch, J IV 2/2/350).
[23] SAPMO-BArch, J IV 2/2/353, S. 14–22; abgedruckt in: M. Wilke, SED-Kirchenpolitik, S. 43–51.

staatliche Unterstützungsmaßnahmen für die Kirche stärker popularisiert werden. Öffentliche Veranstaltungen außerhalb von kirchlichen Räumen,

> „wie Kirchentage, Prozessionen, Waldgottesdienste und andere traditionelle religiöse Handlungen werden den Kirchenleitungen nur unter der Bedingung gestattet, daß dort nichts getan werden darf, was der Friedenspolitik der Regierung der Deutschen Demokratischen Republik widerspricht. Die Kirchenleitungen müssen sich verpflichten, nichts zu dulden, was in irgendeiner Weise eine Unterstützung der EVG-Politik der Bonner Regierung bedeutet."

Die SED verfolgte also eine Doppelstrategie: Einerseits sollte die Kirche als Institution dadurch beeinflusst werden, dass man die Genehmigung von kirchlichen Veranstaltungen an Bedingungen knüpfte. Andererseits aber wollte der Staat sich als Wohltäter der Gläubigen präsentieren.[24] Der konziliante kirchenpolitische Kurs, der mit dem Politbürobeschluss vom 9. Juni 1953 eingeschlagen worden war, wurde damit korrigiert, wenn man auch die grundsätzliche Linie, die Machtmittel in der Auseinandersetzung mit der Kirche flexibel einzusetzen, keineswegs aufgab.[25] Am 16. März 1954 schrieb Staatssekretär Geyer an Propst Grüber:

> „Wie für alle öffentlichen Veranstaltungen ist es auch für die Gestaltung öffentlicher Veranstaltungen kirchlichen und religiösen Charakters selbstverständliche Voraussetzung, daß auf diesen Veranstaltungen nichts geschieht, was im Widerspruch zur Friedenspolitik der Regierung der DDR steht. Die Berliner Vierer-Konferenz hat mit aller Klarheit gezeigt, daß das stärkste Hindernis für den Abschluß eines Friedensvertrages mit Deutschland und die friedliche Wiederherstellung der Einheit Deutschlands die EVG-Politik der Bonner Regierung ist. Alles, was in irgendeiner Weise die Unterstützung dieser EVG-Politik bedeutet, kann auf öffentlichen Veranstaltungen in der DDR nicht geduldet werden. Wenn das Präsidium des Kirchentages und die mit der Vorbereitung und Durchführung des Kirchentages beauftragten Organe sich gegenüber dem Staatssekretariat für Innere Angelegenheiten verpflichten, auf dem Kirchentag nichts zu dulden, was in irgendeiner Weise eine Unterstützung der EVG-Politik der Bonner Regierung bedeutet oder sonst der Friedenspolitik der Regierung der DDR widerspricht, so steht nichts im Wege, alsbald Verhandlungen mit dem zuständigen Staatssekretariat für Innere Angelegenheiten wegen Abhaltung des diesjährigen Kirchentages in Leipzig aufzunehmen."[26]

Die DDR-Regierung ging also davon aus, dass der Kirchentag ein Mittel im „verstärkten Volkskampf unter Einbeziehung aller friedliebenden patriotischen Kräfte in ganz Deutschland" sein könne.[27] Zwar war die Rechnung,

---

[24] D. POLLACK, Kirche, S. 128.
[25] Rudolf Mau weist auf den „neuen Angriff auf die Rechtsstellung der Kirche" hin, der mit dem 14.03.54 eingeleitet wurde, der, so muss man ergänzen, aber keine Revision, sondern eine Verschärfung der Linie vom 09.06.53 darstellte. Im Juni 1953 ging es genau wie im März 1954 um die Gewinnung der kirchlich gebundenen Menschen für den Staat DDR (R. MAU, Realsozialismus, S. 41).
[26] EZA BERLIN, 71/86/23, vgl. H. SCHROETER, Kirchentag, S. 150.
[27] Direktive der SED-Stadtleitung Leipzig zum Kirchentag, 16.06.54 (SAPMO-BArch, DY

dass ein Kirchentag der östlichen Einheitspropaganda Vorschub leisten könne, schon 1951 nicht aufgegangen. Der Leipziger Kirchentag würde aber ganz auf dem Boden der DDR stattfinden. So waren zweifellos größere Einflussmöglichkeiten gegeben.

Thadden sicherte wie verlangt schriftlich zu, dass auf dem Kirchentag die Politik der Westintegration nicht erörtert werde.[28] Daraufhin kam es am 19. März endlich zu dem lange erwarteten Treffen von Thadden und Grüber – aber nicht mit Grotewohl, sondern nur mit Staatssekretär Josef Hegen, was eine protokollarische Abwertung des Kirchentagspräsidenten bedeutete.[29] Hegen fragte Thadden noch einmal, wie es sich mit der Einstellung des Kirchentages zur „Friedenspolitik der DDR" verhalte. Darunter sei alles zu verstehen, „was in der DDR als Grundsatz zur Bewältigung der politischen Aufgaben erkannt sei und ausgeführt werde."[30] Nach dem staatlichen Protokoll wurde zugesagt, diese „Friedenspolitik" zu respektieren. Grüber habe aber hinzugefügt: „Wir möchten nur nicht verhaftet (hier verbesserte sich Propst Grüber schnell – Anmerkung des Protokollanten) mit einem Makel behaftet werden, wenn ein junger Student oder eine unverheiratete alte Frau loslegt."[31] Es gehe, erwiderte Hegen, nicht um den Inhalt der Diskussionen, sondern um das, was die Referenten sagen wür-

<hr/>

30/IV 2/14/108, S. 148); vgl. Argumentation für Kader, 05.07.54 (EZA BERLIN [sic!], 71/86/507); vgl. Bericht SED-Stadtleitung Leipzig über die Vorbereitung und Durchführung des DEKT, 21.07.54 (in: C. KLESSMANN, Kirchentag, S. 537).

28 Dieser Brief war zwar nicht auffindbar, in der folgenden Besprechung wird jedoch sowohl nach kirchlichem als auch nach staatlichem Protokoll auf ihn Bezug genommen.

29 Bei vergleichbaren Gelegenheiten hatte Thadden mit Grotewohl gesprochen. Grüber selbst hatte Thadden im Januar, als anstatt Grotewohl nur Hegen zu einem Gespräch zur Verfügung stand, darauf hingewiesen, dass aus protokollarischen Gründen nicht der Kirchentagspräsident selbst, sondern sein Generalsekretär mit einem Staatssekretär konferieren solle (Telegramm Grübers, 10.01.54, EZA BERLIN, 71/86/507). Deshalb war Hegen nicht einfach der „zuständige Staatssekretär", wie G. BESIER behauptet (SED-Staat, S. 171).

30 Zit. nach Protokoll Giesens der Besprechung zwischen Thadden, Grüber, Mager, Kotte, Giesen und Hegen mit zwei Referenten am 19.03.54, 22.03.54 (EZA BERLIN, 71/86/507).

31 Staatliches Protokoll (SAPMO-BArch, DY 30/IV 2/14/107, S. 13f.). Auffällig ist, dass nach dem staatlichen Protokoll das Gespräch weitgehend von Propst Grüber geführt wurde, Grüber in dem Protokoll Giesens aber gar nicht erwähnt wird. Dies lag wohl daran, dass es große Differenzen zwischen den Kirchentagsvertretern und Grüber gab, der teilweise eher gegen den Kirchentag argumentierte, wie das staatliche Protokoll deutlich zeigte. Als Grüber beispielsweise über die Wirkung des Kirchentages im Westen sprach, sagte er: „Alles, was bisher im Osten war, war viel besser, viel disziplinierter gelungen als im Westen, ganz gleich welche große kirchliche Veranstaltung. Ich habe die beste Zuversicht, daß diese Dinge glatt und gut verlaufen. Meiner Meinung nach liegen die größten Schwierigkeiten in der Berichterstattung der Westpresse, die auf eine bewußte Störung hinarbeitet." Giesen wollte es darüber vor den Ohren des Staatssekretärs sicher nicht zum Streit kommen lassen, da sagte er nach staatlichem Protokoll zu Grübers Ausführungen nur, man sei „bei der Presse schon weitergekommen." Außerdem gab Grüber dem Staatssekretär noch zu bedenken, dass die ausrichtende sächsische Landeskirche als „eine der Kirchen, wo es am wenigsten Reibungen mit den staatlichen Organen gegeben hat" für die DDR sicher weniger problematisch wäre als die provinzsächsische mit ihrem Sitz in Magdeburg. Dies konnte nicht als Loyalität gegenüber dem Kirchentag gewertet werden,

den. Johannes Anz beispielsweise habe beim Hamburger Kirchentag die DDR massiv angegriffen. Dem Staatssekretär wurde daraufhin zugesichert, dass Anz in Leipzig ein rein theologisch gehaltenes Referat halten werde. Den grundsätzlichen Teil des Gespräches schloss Hegen ab mit den Worten: „Wenn Sie Ihrerseits dafür garantieren können, daß Sie die Friedenspolitik der DDR nicht angreifen und die EVG-Politik Bonns nicht propagieren, kann der Kirchentag stattfinden."[32]

In dem Gespräch mit Hegen waren, allen gegenteiligen Behauptungen von Seiten der Kirchentagsleitung zum Trotz, inhaltliche Bedingungen gestellt worden. Das Paradoxe an diesen staatlichen Bedingungen jedoch war, das sie den Kirchentag stärker zu seinen geistlichen Aufgaben hinführen konnten.[33] Zwar wurde jede „Befürwortung der EVG-Politik der Bonner Regierung" praktisch verboten, es wurde aber nicht verlangt, dass sich der Kirchentag umgekehrt aktiv für die politischen Konzepte der Regierung der DDR einzusetzen habe. Auch von einer hervorgehobenen Rolle des Umfeldes von Martin Niemöller war 1954, anders als 1951, nicht die Rede.

Die besondere Situation des Leipziger Kirchentages schloss mit ein, dass die Finanzierung eine grundsätzlich andere sein würde als in den vorangegangenen Jahren. Spenden der Bundesregierung oder aus Wirtschaftskreisen waren diesmal allenfalls zur Deckung der Ausgaben der Kirchentagsleitung in Fulda möglich, so dass sich der Kirchentag vor Ort in Leipzig vor allem auf die Tagungsbeiträge, eine Spende der sächsischen Kirche[34] und die kostenlose Überlassung des Leipziger Messegeländes durch die Stadt stützen musste. Diese Unterstützung durch die öffentliche Hand wurde in der Lokalpresse medienwirksam aufbereitet, aber weitere inhaltliche Vorgaben außer den bereits gemachten brachte sie nicht mit sich.

---

dessen östlicher Vizepräsident Kreyssig ja Präses der provinzsächsischen Synode war. Grüber vermittelte in seinen Erinnerungen den Eindruck, das Gespräch habe nur zwischen ihm und Hegen stattgefunden (Erinnerungen, S. 357, dem folgend G. Besier, SED-Staat, S. 171 und G. Besier, Grüber, S. 375–377).

[32]   Zit. nach dem kirchlichen Protokoll.

[33]   So konnte Giesen wahrheitsgemäß schreiben: „Die Verhandlungen haben ergeben, daß von solchen Auflagen, die uns zu einer fremden und nicht zur eigenen Sache führen, nicht die Rede sein kann." (H. Giesen, Sache, S. 365f.) In der Presse war die Rede von wesentlich mehr inhaltlichen Vorgaben gewesen, aber diese Berichte lassen sich anhand der beiden Besprechungsprotokolle nicht verifizieren (vgl. EZA Berlin, 71/86/507). Um den Spekulationen in der Presse entgegenzutreten, wurde der Brief Geyers an Grüber von Seiten des Kirchentages in der Zeitschrift „Evangelische Woche" veröffentlicht (Evangelische Woche 9, 1954,, S. 188f.).

[34]   Per 17.07.54 hatte der Kirchentag 152.000 M-Ost an Einnahmen zu verzeichnen, von denen 146.000 M aus Tagungsbeiträgen stammten (Protokoll Finanzausschusssitzung, 17.07.54, EZA Berlin, 71/86/501). Hinzu kam noch der Erlös aus dem Verkauf von Kirchentagsabzeichen, dessen Höhe nicht festgestellt werden konnte. Die sächsische Kirche gab 80.000 M (Av. Giesens, 17.04.54, EZA Berlin, 71/86/502).

7.3 Die inhaltliche und organisatorische Vorbereitung

Mit dem 19. März begann nicht nur der Vorbereitende Ausschuss seine Tätigkeit, sondern auch in der Ost-CDU fing man an, über eine „Beteiligung an der Beratung und Diskutierung [sic!] der Kirchentagsthematik" nachzudenken.[35]

Das Thema war mit dem Motto „Seid fröhlich in Hoffnung!"[36] fest umrissen: Es sollte um die Eschatologie gehen, die Lehre von den Letzten Dingen. Mit seiner Idee, die Bibelarbeiten vor allem zur Johannesapokalypse durchzuführen, hatte sich Johannes Anz bei einem Themenkonvent zum Leipziger Kirchentag Anfang Januar 1954 durchgesetzt.[37] Der Marxismus, hatte Anz argumentiert, sei eine eschatologische Bewegung, mit der sich auch der Kirchentag auseinander zu setzen habe. Anz meinte, mit der Thematisierung von Endzeiterwartungen und ihrer geistlichen Überwindung werde sich der Kirchentag nicht in politische Auseinandersetzungen ziehen lassen, sondern das Problem des Kommunismus „von der Tiefe der Bibel her anpacken." Aus diesen durchaus nicht „jenseitigen" Absichten wurde in der Vorbereitungszeit auch kein Hehl gemacht. Die ökumenische Zeitschrift „Laymen's World" schrieb:

„This biblical passage has been chosen because of its immediate relevance to the situation in which Christians live under Communist rule [...]. This hope, said Dr. von Thadden, the president of the Kirchentag, does not permit us to sit around doing nothing in a sort of ‚eschatological waiting room'. It forces us to take definite action in this world."[38]

Auf den ersten Blick hatte der Leipziger Kirchentag also ein rein biblisches Thema, das sich erst bei genauerer Betrachtung als das eigentliche Politikum entpuppte.

Die politische Relevanz der Losung wurde auch von Ost-CDU-Funktionären erkannt, die ja bemüht waren, als ein „von der SED toleriertes Weltanschauungsreservat" ein christliches Weltbild zu pflegen.[39] Man forderte, „die ‚Diesseitigkeit' im Kirchentag an die ihr gebührende Stelle zu rücken."[40] Dies sollte zunächst dadurch geschehen, dass für den Kirchentag ein günstiges geistiges Klima geschaffen wurde. So schlug der Parteivorstand der CDU am 5. April in einer Vorlage an das Zentralkomitee der

---

35 Arbeitsplan des Bezirksverbandes der Leipziger CDU (ACDP St. Augustin, VII-013/1785).
36 Römer 12, 12.
37 Protokoll des Themenkonventes, 03.01.54 (EZA Berlin, 71/86/127).
38 Zit. nach H. Schroeter, Kirchentag, S. 160.
39 Zur Einschätzung der Ost-CDU: R. Mau, Sozialismus, S. 102. Herbert Trebs, ein junger CDU-Funktionär und ausgebildeter Theologe, analysierte die Thematik: „Es handelt sich auch in der Frage der sogenannten Eschatologie um eine gesellschaftliche Abzweckung [sic!], die dahinter steht." (Trebs an Ulrich, Chefredakteur der Zeitung „Die Union", 29.06.54, ACDP St. Augustin, VII-013/1807).
40 Jahn an Wirth, 06.04.54 (Ebd.).

SED vor, allen kirchlichen Beschwerden über ungerechte Behandlung nachzugehen, wenn dadurch nicht die „fortschrittliche gesellschaftliche Gesamtentwicklung" gestört werde. Die DDR-Regierung solle einen „Akt besonderer Freundlichkeit" prüfen, vielleicht den Bau einer Kirche in der gerade errichteten Retortensiedlung Stalinstadt (dem späteren Eisenhüttenstadt) genehmigen. Im Übrigen sollten für inhaftierte Pastoren Haftgründe angegeben werden. Darüber hinaus wurde angeregt, für den Kirchentag ein „Ehrenprotektorat" zu schaffen, bestehend aus Nuschke, Grüber, dem Vorsitzenden des Rates des Bezirkes Leipzig, dem Oberbürgermeister von Leipzig und „christlichen Intellektuellen" aus der DDR.

Das Zentralkomitee nahm keinen dieser Vorschläge an. Das mag auch taktische Gründe gehabt haben: Inhaltliche Vorgaben für ein so wichtiges kirchenpolitisches Ereignis waren der SED vorbehalten.[41] Das Zentralkomitee beschloss am 5. Mai einen Maßnahmenkatalog zum Kirchentag.[42] Hier ging es vor allem um eine Propagandastrategie, die von der speziellen Schulung von Fremdenführern bis zur Anlieferung eines umfangreichen Warenangebotes reichten, das „den neuesten Stand unserer Produktion aufzeigt". Leipzig sollte gewissermaßen für eine Woche in ein potemkinsches Dorf umgemodelt werden, das für materiellen und geistigen Reichtum in der DDR, für Weltoffenheit, Freude und Stolz der Bevölkerung zu stehen hatte.

Vor Ort wurde Mitte Mai eine Kommission eingesetzt, in der Vertreter der wichtigsten staatlichen Behörden die Beschlüsse des ZK umsetzen und über die an die Regierung von Seiten des Kirchentages gestellten Anträge entscheiden sollten.[43] Die Tatsache, dass die Einsetzung dieser Kommission so spät erfolgte, dürfte durchaus ein politisches Ziel gehabt haben: So mussten die notwendigsten organisatorischen Maßnahmen, wie etwa die Einfuhr von Lebensmitteln und Papier, in weniger als zwei Monaten durchgeführt werden, und es blieb weniger Zeit, etwa über Werbung von Privatquartieren für Kirchentagsteilnehmer aus dem Westen eine gesamtdeutsche Begegnung in großem Stil zu organisieren oder Abwehrmaßnahmen gegen eine geplante Unterwanderung des Vorbereitenden Ausschusses mit „fortschrittlichen" Ost-CDU-Mitgliedern zu treffen.[44]

---

[41] Protokoll der Besprechung mit Sekretär Dr. Wandel am 03.05.54, 04.05.54 (Ebd., VII-013/3041). In einem Schreiben vom selben Tage an den Hauptvorstand der CDU erklärte Wandel, dass eine Einmischung in den DEKT möglichst vermieden werden sollte (Ebd., VII-013/1807). Dass eine Einmischung sehr wohl vorgesehen war, aber unter Anleitung der SED, zeigten die am 05.05. beschlossenen Anleitungen für „fortschrittliche" Kirchentagsteilnehmer.

[42] SAPMO-BArch, J 2/3/426, S. 19–25.

[43] Ebd.; vgl. Ebd., DY 30/IV 2/14/108, S. 93.

[44] Thadden schrieb dazu an Meyenn: „Sämtliche Kirchentage von Hannover 1949 bis Hamburg 1953 waren ein Kinderspiel gegenüber Leipzig mit einer Anlaufzeit von insgesamt kaum acht Wochen und angesichts der undurchsichtigen, überaus schwierigen politischen Hintergründe, mit denen wir es auf Schritt und Tritt zu tun haben, ohne darüber reden zu dürfen." (25.05.54, EZA Berlin, 71/86/506; vgl. Av. Ehlers', 01.05.54, Ebd., 71/86/502) – Zur geplanten Unterwanderung des Vorbereitenden Ausschusses: Beschluss

Die Verzögerungen im Vorfeld des Kirchentages wirkten sich aber auch negativ auf die Verzögerer selbst aus. Die einzusetzenden Mitglieder der Ost-CDU sollten nach den Vorstellungen ihrer Parteileitung durch Parteiinformationen angeleitet werden, wie sie am besten als „gläubige Christen" auftreten könnten und bei speziellen Schulungen „mit den Argumenten für ihre Gespräche vertraut gemacht werden."[45] Wie dies innerhalb von vier Wochen zu bewerkstelligen war, verriet die Parteileitung nicht. In ihrer inhaltlichen Konzeptionslosigkeit unterschied sich die CDU kaum von anderen Organisationen, die „Aufklärungsarbeit" leisten sollten, aber – mangels Weisung von Seiten der SED – in keiner Weise darauf vorbereitet waren. Die erste Direktive der FDJ erging einen Tag vor Beginn des Kirchentages, am 6. Juli,[46] was zur Folge hatte, dass die jungen Mitglieder glaubten, sie sollten einen regelrechten Kampf gegen Kirche und Kirchentag führen, anstatt freundlich-verbindlich mit den „Errungenschaften" ihres Staates zu werben. So konnten sie im Nachhinein leicht als „Sektierer" beschuldigt werden, die „die Bedeutung des Kirchentages [...] in der Frage des verstärkten Volkskampfes nicht genügend erkannt" hätten.[47] Ähnlich verhielt es sich mit der Nationalen Front, deren Leipziger Kreissekretariat sich am Tage der Eröffnung des Kirchentages zu einer ersten Besprechung über den Einsatz ihrer Aufklärer traf.[48] Es gelang nicht, den Aufklärern den Unterschied deutlich zu machen, der zwischen der Institution Kirche und den Gläubigen gemacht werden sollte. Die Institution, die „die stärkste legale Position der imperialistischen Kräfte" in der DDR darstellte,[49] war zu bekämpfen, die Gläubigen aber sollten integriert werden. Das konnte man den „Aufklärern" auf die Schnelle kaum vermitteln.

Das Politbüro beschloss erst am 29. Juni, also gut eine Woche vor Beginn der Veranstaltung, dass die Presse angeleitet werden solle, „die Friedenspolitik der DDR zu vertreten." Das Sekretariat der Nationalen Front solle „demnächst" einen Überblick über die notwendigen Maßnahmen geben. Die Kommunikation zwischen der vor Ort eingesetzten Kommission und der Regierung in Ost-Berlin funktionierte kaum, so dass es dem Vorbereitenden Ausschuss gelang, die Kommission einfach zu umgehen

---

des Sekretariates der Parteileitung der CDU, vertraulich, 08.06.54 (ACDP St. Augustin, VII-013/1785).

[45] Beschluss des Sekretariates der Parteileitung, 08.06.54, vertraulich (Ebd.; Abschlussbericht der CDU, Bezirksverband Leipzig, 16.07.54 (Ebd., VII-013/1807).

[46] Ebd., S. 10–12. Noch am 8. Juli, als der Kirchentag schon begonnen hatte, schrieb die politische Abteilung des Leipziger Reichsbahnamtes am Ende ihres Berichtes über den Tageseinsatz: „Das Kollektiv ist ferner der Meinung, daß [...] die eingesetzten Agitatoren durch eine gute politische Anleitung (Durchführung von Seminaren und Komissionen) parteimäßig an die Lösung der Aufgaben herangeführt werden." (Information 1 der Politischen Abteilung des Reichsbahnamtes Leipzig, 08.07.54, SAPMO-BArch, DY/30 IV 2/14/109, S. 1–3).

[47] Bericht der SED-Stadtleitung Leipzig, 21.07.54 (in: C. Klessmann, Kirchentag, S. 537).

[48] Abschlussbericht der CDU, Bezirksverband Leipzig, 16.07.54 (ACDP St. Augustin, VII-013/1807).

[49] M. Wilke, SED-Kirchenpolitik, S. 43.

und mit staatlichen Stellen über Versorgungs-, Transport- oder Druckge-
nehmigungsfragen direkt zu verhandeln.[50] Die entsprechenden Behörden
waren über die eigentlich vorgesehene Vorgehensweise nicht informiert,
so dass der Kirchentag seine Vorteile aus dem organisatorischen Chaos ziehen konnte.

Für die Kirchentagsorganisation war es besonders vordringlich, einmal
mehr ihre Unabhängigkeit zu unterstreichen. Weder habe man sich einen
Maulkorb umgehängt, um von der DDR-Regierung die Genehmigung für
Leipzig zu erhalten, noch sei man eine Agentur des Westens, wurde auf
einer Pressekonferenz am 28. April in Leipzig betont.[51] Am selben Tag hielt
Thadden einen Abendvortrag in der Leipziger Nikolaikirche. Zwar blieb
der Kirchentagspräsident mit seinen Beteuerungen der politischen Unabhängigkeit des Kirchentages naturgemäß unverbindlich, seine Aussagen
verfehlten jedoch bei den Zuhörern aus den Kreisen der CDU – SED-Ver-
treter waren offenbar nicht anwesend,[52] was auch ein Zeichen für mangelnde Vorbereitung des Kirchentages ist – ihre Wirkung nicht.[53] Der Rap-
port der CDU berichtet jedenfalls von dem Willen Thaddens, die Neutralität des Kirchentages unter allen Umständen zu wahren.

In West-Berlin, wo am 19. Mai erneut eine Pressekonferenz abgehalten
wurde, ging Generalsekretär Giesen allerdings in die politische Offensive.
Er erklärte: „Jeder, der aus dem Westen kommt, ist luftschaffender Raum
für die Beengten." Die westlichen Pressevertreter sollten nicht von einem
„Kirchentag mit Maulkorb" berichten, das bringe nur Schwierigkeiten. In
Leipzig werde zwar nicht über den Wehrbeitrag geredet, aber die der DDR-
Regierung gegebene Neutralitätszusicherung könne vor Ort ohnehin nicht
immer durchgehalten werden.[54]

---

[50] Av. für W. Ulbricht, 09.06.54, SAPMO-BArch, DY 30/IV 2/14/108, S. 30–33.
[51] Die Erklärung wurde von Thadden, Giesen und Mager, dem Vorsitzenden des Vorberei-
     tenden Ausschusses, abgegeben. (EZA Berlin, 71/86/506; SAPMO-BArch, DY/30 IV
     2/14/107, S. 73ff.)
[52] In den Akten des ZK der SED findet sich ein Aktenvermerk, der von einem Funktionär
     der CDU, vielleicht Herbert Trebs, für Generalsekretär Gerald Götting geschrieben
     wurde, ein entsprechender SED-Bericht ist nicht vorhanden (Ebd., S. 88–93).
[53] Wirth bemerkte, Thadden habe Dinge gesagt, die man sonst nur von Niemöller hören
     würde. Trotz „aller Verwurzeltheit mit den junkerlichen Traditionen" sei Thadden ein
     „persönlich ehrenwerter Mann", der „sich auch darum bemüht, den Kirchentag von einer
     westlichen Politisierung freizuhalten." Av. Wirths, 03.05.54, ACDP St. Augustin, VII-
     013/1807. In dem Aktenvermerk für Götting (vgl. Anm. 52) wurde Thadden als „persön-
     lich gutwillig, aber naiv" charakterisiert.
[54] Die Pressekonferenz wurde von einem Informanten der Ost-CDU aufgezeichnet und
     „Martin Fischer vertraulich zugesteckt", wie dieser handschriftlich auf ein Exemplar der
     Notizen, das nach Fulda gelangte, vermerkte (EZA Berlin, 71/86/506). Die Notizen des
     Informanten, dessen Name Trebs gegenüber Götting mit Krüger angab (Av., 09.06.54,
     ACDP St. Augustin, VII-013/3041), finden sich auch bei der Ost-CDU (ACDP St. Augu-
     stin, VII-013/862) und bei der SED (SAPMO-BArch, DY 30/IV 2/14/107, S. 107, 117–119).
     Krüger wertete die Pressekonferenz als einen „der großen politischen Akte der Gegen-
     wart." Wenn seine Aufzeichnungen auch mit Vorsicht zu bewerten sind, so spricht doch
     der Duktus der wörtlichen Zitate Giesens für eine zumindest teilweise Authentizität der

Diese Pressekonferenz wurde von der DDR-Regierung zum Anlass genommen, die Einreise von West-Berliner Pressekorrespondenten zum Kirchentag zu untersagen. Auch die Zahl der Medienvertreter aus der Bundesrepublik wurde durch die gezielte Einladung von Mitarbeitern der kirchlichen Presse behindert, die das Kontingent auffüllen sollten.[55] Kurz vor Beginn des Kirchentages wies das Presseamt beim Ministerpräsidenten die DDR-Presse an, in ihren Publikationen ausschließlich Meldungen der staatlichen Nachrichtenagentur ADN zu übernehmen und jeden eigenen Bericht vor dem Abdruck beim Presseamt genehmigen zu lassen.[56] So sollte die virtuelle Wirklichkeit wenigstens für den Bereich der DDR erhalten bleiben.

Auch bei den Teilnehmern aus der Ökumene wurde eine Auslese getroffen, um DDR-kritische Stimmen aus Leipzig fern zu halten. Nur etwa der Hälfte der aus dem Ausland gestellten Einreiseanträge gab man statt, nämlich derjenigen bekannter „Friedensfreunde."[57] Diese sollten genauso ein Faktor zur Hebung des außenpolitischen Ansehens der DDR sein[58] wie die organisatorische Unterstützung des Kirchentages und die relative Redefreiheit, die man in Leipzig zugestand.

Vielleicht war es die Tatsache, dass der Kirchentag nicht direkt politisch wirken konnte, aber schon als bloßes Ereignis auf dem Boden eines weltanschaulich gebundenen Staates ein Politikum darstellte, die bewirkte, dass es im Vorfeld intern kaum Auseinandersetzungen über inhaltliche Fragen gab. Hermann Ehlers, der schon am 19. März angekündigt hatte, er werde nach Leipzig kommen, hatte sich genauso zurückzuhalten wie Martin Niemöller oder Gustav Heinemann. Dies sollte die geistliche Wirkung des Ereignisses ausmachen.

7.4 Der Verlauf des Kirchentages

Auf dem Presseempfang zu Beginn des Kirchentages betonte man wie üblich den unpolitischen Charakter des Ereignisses. Die Pressevertreter wurden aufgerufen, den „unseligen Meinungsstreit" zwischen Ost und West in ihren Presseorganen nicht weiter auszutragen. Der Kirchentag könne „Meinungsverschiedenheiten in den Hintergrund treten lassen."[59] Der säch-

---

Aufzeichnungen. – Offenbar ließ Giesen auch einige negative Bemerkungen über Grüber fallen; der Propst beschwerte sich jedenfalls bei einem Vertreter des Presseamtes der DDR-Regierung über „unflätige Bemerkungen" des Generalsekretärs (Av. Beylings über Besprechung mit Grüber, Taysen und Schönfeld, 03.06.54, SAPMO-Barch DY 30/IV 2/14/108, S. 35f.).

55   EBD. S. 35f., S. 54f.
56   Anweisung Fritz Beylings, Presseamt des Ministerpräsidenten, 05.07.54, SAPMO-BArch, DY 30/IV 2/14/114, S. 119. Beyling forderte die Presse auf, keine „Schnell- und Sensationsberichte" zu veröffentlichen.
57   Notiz für Grotewohl, 03.07.54, SAPMO-BArch, NY 4090/457, S. 17.
58   Bericht der Volkspolizei über den Kirchentag, o. D., SAPMO-BArch, DY 30/IV 2/14/114, S. 71.
59   Oberlandeskirchenrat Knospe (in: DEKT-Dok. 54, S. 68).

sische Landesbischof Noth wies immerhin darauf hin, dass seine Landeskirche mit dem Kirchentag angesichts der „unnatürlichen Grenzen" den
Zusammenhalt der ganzen deutschen Christenheit stärken wollte.

Den Kontrapunkt zu diesem Auftakt bildete der Rathausempfang am
Abend des Eröffnungstages, denn die dort anwesenden Politiker versuchten natürlich, eben diese Meinungsverschiedenheiten zur Sprache zu bringen. Der Leipziger Oberbürgermeister Uhlig forderte in seiner Rede, der
Kirchentag solle „den Gedanken des Friedens und der Freundschaft unter
den Menschen dienen." Er wünsche sich, dass der Kirchentag ein Schritt
auf dem Weg zu einem „einheitlichen, demokratischen und friedlichen
Deutschland" sein werde.[60] In die gleiche Richtung gingen die Ausführungen Otto Nuschkes, der den Kirchentag als Beweis dafür anführte, dass es
in der DDR „keine Beschränkung in der kirchlichen Betätigung" gebe. Der
Kirchentag solle „das falsche Bild von der DDR" korrigieren. Kirchentage
seien „ihrer ganzen Anlage nach eine gesamtdeutsche Angelegenheit. [...]
In der Frage des Friedens und in der Verwerfung aller den Frieden bedro-
henden Verträge wie in der Frage der Einheit Deutschlands stimmt der Kirchentag mit allen deutschen Patrioten überein." Thadden und Dibelius, die
im Anschluss sprachen, ließen diese Anspielung auf den EVG-Vertrag un-
kommentiert.

Reinold von Thadden wurde nicht müde, sein volksmissionarisches Kirchentagskonzept gegen alle Vereinnahmungen zu verteidigen. Gleich zu
Beginn des Eröffnungsgottesdienstes am Nachmittag des 7. Juli begrüßte
er die „Spitzen der Regierung der DDR", genau wie er es nicht versäumte,
seinen Dank für die „bereitwillig erteilte" Genehmigung für den Kirchentag auszusprechen. Die Vorbereitung des Kirchentages sei „die Probe einer
durchaus möglichen sachlichen Begegnung, eines laufenden Austausches
der Meinungen und eines guten Zusammmenwirkens" gewesen. Seine
Rede endete mit einer erneuten Bekräftigung des überpolitischen Charak-
ters des Kirchentages.[61]

Da bei offiziellen Anlässen Vertreter der Bundesregierung und der
DDR-Regierung nicht zusammen auftreten sollten, veranstaltete die Kirchentagsleitung drei informelle Mittagessen, bei denen es zu Kontakten
über Grenzen hinweg kommen konnte, ohne dass dies allzu viel politisches Aufsehen erregen würde. Am 8. Juli kamen in diesem Rahmen Reinold von Thadden, Hanns Lilje, Hermann Ehlers, Staatssekretär Walter
Strauß vom Bundesinnenministerium, der Bundestagsabgeordnete Ludwig
Metzger (SPD), Heinrich Grüber und Hermann Kunst, der Bevollmächtigte des Rates der EKD bei der Bundesregierung, zusammen.[62] Ehlers, der ja
auch schon beim Berliner Kirchentag als Teilnehmer am Eröffnungsgottesdienst aufgefallen war, lag an einem eher unverbindlichen gesamtdeutschen Gespräch. Hier zeigten sich einmal mehr die unterschiedlichen

---

60   EBD., S. 96; vgl. FRÖHLICH IN HOFFNUNG, S. 25.
61   DEKT-DOK. 54, S. 89; FRÖHLICH IN HOFFNUNG, S. 18.
62   Einladungsliste (EZA BERLIN, 71/86/515).

deutschlandpolitischen Vorgehensweisen des Bundeskanzlers und des Bundestagspräsidenten: 1950/51 hatte Ehlers mit Dieckmann korrespondiert, während Adenauer jeden Briefwechsel mit Politikern der DDR verweigerte,[63] und im September 1952 wurde gegen den Willen Adenauers eine Delegation der Volkskammer vom Bundestagspräsidenten in Bonn empfangen. Sicher hatte Ehlers bei seinem erneuten Vorstoß anlässlich des Leipziger Kirchentages auch seine Stellung innerhalb der EKD als gesamtdeutscher Institution im Auge. Er wollte gegenüber dem dominanten Bundeskanzler eine eigenständige Position bewahren, die Alternativen zur Westintegration nicht schon grundsätzlich ausschloss. Die Möglichkeit eines gesamtdeutschen Gespräches, so unverbindlich es letztlich auch ausfallen mochte, musste nach Ehlers' Vorstellung im Prinzip erhalten bleiben.

Während des Mittagessens wurden Fragen von großer politischer Bedeutung nicht besprochen,[64] aber allein die Tatsache, dass sich Politiker aus Ost und West in diesem Rahmen begegneten, löste mehr Wirbel aus, als es den westlichen Teilnehmern lieb sein konnte. Adenauer ärgerte sich vor allem über Strauß. Dass zwischen ihm und Ehlers seit langem Differenzen im politischen Stil bestanden, war klar,[65] aber Strauß als Staatssekretär müsse sich stärker der Kanzlerräson unterwerfen, wurde ihm nach dem Kirchentag in einer Kabinettssitzung erklärt.[66] Adenauer wollte den Kirchentag als politische Demonstration gegen die DDR, eine deutschdeutsche Begegnung zwischen Politikern war für ihn aber hier wie anderswo undenkbar.[67]

---

63   Zur Einschätzung Ehlers': K.-E. HAHN, Wiedervereinigungspolitik, S. 287–289.

64   Keine einzige Verlautbarung eines Teilnehmers an dem Treffen (mit Ausnahme Grübers) deutet einen politischen Inhalt an. Die westlichen Teilnehmer hätten zwar ein Interesse daran gehabt, das Treffen herunterzuspielen, aber auch von den östlichen Teilnehmern wurden keine Andeutungen gemacht. Bei einer Pressekonferenz in Bonn am 13.07.54 erklärte Ehlers: „Ich habe mich mit Herrn Nuschke über sein Alter und seinen Gesundheitszustand unterhalten" (Stenographisches Protokoll, ACDP St. AUGUSTIN, IV-001/35/2). Kunst bestätigte dies ebenfalls (Interview Kunst). Eine Indiskretion Grübers, der zu Gerald Götting über Ehlers und Dieckmann gesagt haben soll: „Wenn die Westpresse wüßte, über was die beiden sich unterhalten haben, und wie sie sich unterhalten haben, dann würde der Alte in Bonn an Schlaganfall sterben" (Av. Göttings, o.D., ACDP St. AUGUSTIN, VII-013/3309), ist entweder so, wie sie Götting schilderte, nicht erfolgt oder so, wie sie Grüber äußerte, nicht wahr. Grüber hätte zumindest ein Interesse daran gehabt, den politischen Charakter des Treffens überzubetonen, da er in der Presse das Treffen als sein Werk hinstellte, durch das das gesamtdeutsche Gespräch vorangebracht werde. Die „Frankfurter Allgemeine" zitierte ihn am 10.07.54 mit den Worten: „Das ist der Tag meines Lebens."

65   A. MEIER, Ehlers, S. 404f.; Interview Kunst.

66   Dass Adenauer Strauß als „Angestellten der Bundesregierung" aus Leipzig vorzeitig zurückgerufen hätte, wie Grüber in seinen Erinnerungen schreibt (S. 359), scheint nicht zuzutreffen. Jedenfalls notierte Bundesverkehrsminister Seebohm über die Kabinettssitzung vom 13.07.54: „Adenauer wirft Strauß vor, daß er dahin gegangen ist. Private Einladung Thaddens. Gemeinsame Fotos, gemeinsame Postkarten an Freunde. Strauß kommt wieder: Auseinandersetzung mit Adenauer" (KABINETTSPROTOKOLLE, 1954, S. 312, Anm. 22).

67   Angeblich sagte Ehlers zu einem nicht näher bezeichneten Bundestagsabgeordneten der SPD, wahrscheinlich ist hier Metzger gemeint: „Ein Glück, daß Sie da sind, der Alte wird

Die erste Arbeitsgruppe des Kirchentages tagte auf dem Messegelände im sowjetischen Pavillon. Dieser ungewöhnliche Tagungsort, der völkerrechtlich als exteritorriales Gelände galt,[68] war von der sowjetischen Regierung nicht ohne Grund bereitgestellt worden. Gustav Heinemanns dreiwöchige Reise in die Sowjetunion, die er als Präses der Synode der EKD auf Einladung der russisch-orthodoxen Kirche unternommen hatte, war erst kurz vor Beginn des Kirchentages zu Ende gegangen.[69] Diese Reise dürfte in Moskau genauso wie die Erlaubnis zur Benutzung des sowjetischen Pavillons in Leipzig als Mittel betrachtet worden sein, den verfahrenen west-östlichen Dialog wieder in Gang zu bringen und so die Westintegration der Bundesrepublik weiter zu erschweren.

Die Referate in der Arbeitsgruppe waren auf den ersten Blick ausschließlich geistlich gehalten. Der bekannte Hallenser Studentenpfarrer Johannes Hamel etwa führte aus, dass sowohl Marxismus als auch Liberalismus im Gegensatz zum Christentum stünden, räumte aber ein, dass beide Ideologien sich mit Problemen befasst hätten, die die christliche Kirche zunächst vernachlässigt hätte.[70] Hamel betonte, dass in einer „Zeit der Anfechtung", „der vergessene Glaubensartikel von der Wiederkunft Christi" hervorzuheben sei. Der Studentenpfarrer nannte in diesem Zusammenhang den Nationalsozialismus, aber jeder wusste – Hamel war schließlich selbst in der DDR wegen seiner Äußerungen inhaftiert gewesen –, dass diese Zeit auch in der ostdeutschen Gegenwart noch anhielt.[71]

Auch bei den Diskussionen mussten die Zuhörer auf Zwischentöne achten. Als die Frage des Widerstandsrechts des Christen in einem totalitären Staat angesprochen wurde, rief Ingeborg Zippel: „Und ich sage euch mit allem Ernst und beschwöre euch, laßt die Hände von jeder Widerstandsbewegung und Untergrundbewegung! Ein Christ hebt seine Hände nicht heimlich gegen seine Obrigkeit."[72] Wenn die Magdeburger Konsistorialrätin auch heimlichen politischen Widerstand ablehnte, weil das öffentliche Bekenntnis des Evangeliums ungleich stärker sei, so war doch klar ersichtlich, dass es ihr hier nicht etwa um eine Verteidigung des Systems der DDR ging. Ihr Argument war: Ob rechtsstaatlich oder nicht,

---

uns das nie verzeihen, daß wir hier in Leipzig sind, ich bin nur froh, daß ich nicht allein bin und die Prügel etwas verteilt werden" (Bericht über das Gespräch mit ... [sic] am 7.7.54 in Leipzig, ACDP St. Augustin, VII-013/3309).

68 Thadden an Grüber, 03.05.54 (EZA Berlin, 71/86/23); Av. Thaddens über seinen Besuch bei Botschafter Semjonow, 27.05.54 (Ebd.).

69 D. Koch, Heinemann, S. 434f.

70 „Der vergessene Glaubensartikel von der Wiederkunft Christi" (DEKT-Dok. 54, S. 174).

71 Die katholische Herder-Korrespondenz schrieb über die Referate beim Leipziger Kirchentag sprachlich polemisch, aber inhaltlich zutreffend, dass sie „fast alle mit der Einfalt der Taube und mit der Klugheit der Schlange sich des Vokabulars der östlichen Welt bedienten, die geistigen Väter des Sozialismus nicht weniger häufig als die Wegbereiter des abendländischen Humanismus zitierten und die fast alle ihre Beipiele von der Not der Kirche und des Christen mehr oder weniger durchsichtig aus der Zeit des Kirchenkampfes im dritten Reich entlehnten" (Herder-Korrespondenz, Kirchentag in Leipzig, S. 502).

72 DEKT-Dok. 54, S. 182.

Obrigkeit bleibt Obrigkeit. Dies erkannt sogar der Verfasser des Berichtes über die Arbeitsgruppe für die Leipziger SED: „Es ist notwendig, daß sich der Staatsapparat mit dieser Kirchenrätin [sic!] in Zukunft näher beschäftigt."[73]

Wenn auch, zumindest nach dem offiziellen Protokoll, die Redebeiträge weitgehend im Rahmen des kirchlichen Oberthemas der Arbeitsgruppe blieben, so war den Teilnehmern an der Arbeitsgruppe wohl bewusst, dass hier, im sowjetischen Pavillon, wo ein großes Kreuz die Symbole der Sowjetunion überragte, eine Art politischer Exorzismus[74] stattfand. In dem Parteibericht über die Arbeitsgruppe hieß es dann auch, die Kirche wolle hier eine „Angstpsychose" schaffen und die Gläubigen vom Einsatz „für den Kampf um den Frieden und die Einheit Deutschlands abhalten."[75] Allein das Gegenüberstellen von materialistischem und christlichem Weltbild bedeutete Systemkritik. Wie aus dem Verlauf der Arbeitsgruppe ersichtlich sei, heißt es am Schluss des Berichtes, „versucht die Kirche über die Entstehung der Erde, sowie über das Ende der Welt, Diskussionen unter den Werktätigen zu entfachen."

In der dritten Arbeitsgruppe, die sich wie immer mit Politik befasste, traten unter anderen der Quedlinburger Propst und Präsident der Kirchenkanzlei der Evangelischen Kirche der Union (EKU), Franz Reinhold Hildebrandt, und Gustav Heinemann auf. Während Hildebrandt in seinem Referat zum Thema „Im Reiche Gottes hat man das Recht lieb" für ein unerschrockenes Eintreten für die Zehn Gebote auch unter widrigen Umständen eintrat, dabei aber, genau wie Ingeborg Zippel, offenen Widerstand kritisierte,[76] wurde Heinemann in seinem Korreferat deutlicher. Hildebrandts Ausführungen wurden als Anspielung auf die Verhältnisse in der DDR verstanden, Heinemann aber trat stärker als Kritiker sowohl des westlichen als auch des östlichen Systems auf. Der ehemalige Bundesinnenminister erklärte: „Die Machthaber auf dieser Erde sind gar schnell bei der Hand, auf jeden zuzuschlagen, der ihre Herrschaft in Zweifel stellt oder gar antastet. [...] Gott aber schlägt nicht zu."[77] Dies war einerseits auf den 17. Juni 1953 gemünzt, aber Heinemanns Aussagen betrafen auch die Selbstgerechtigkeit im Westen, wenn er fragte: „Können wir Respekt vor dem Recht haben, wenn wir es zu einer Waffe im Kampf der Interessen oder politischen Programme erniedrigt sehen?"[78]

Ein Jahr zuvor in Hamburg hätten solche Sätze einen Sturm der Entrüstung hervorgerufen. Nun aber verhallten auch diese Aussagen.

Heinemann war – anders als Niemöller, der in Leipzig eine Bibelarbeit hielt – an so zentraler Stelle eingesetzt worden, um die Neutralität des Kir-

[73] Bericht über die Arbeitsgruppe I, o.D. (SAPMO-BArch, DY 30/IV 2/14/109, S. 32–35).
[74] So Fischer an Giesen, 22.07.54 (EZA Berlin,606/29).
[75] Siehe Anm. 73.
[76] DEKT-Dok. 54, S. 310.
[77] Fröhlich in Hoffnung, S. 113; wieder abgedruckt in: G. Heinemann, Glaubensfreiheit, S. 129.
[78] Ebd., S. 125.

chentages zu verdeutlichen. Der Vorsitzende des Finanzausschusses des Kirchentages, der Bankier Fritz von Waldthausen, hatte dies zusammen mit seinem „Essener Freundeskreis industrieller Herren" heftig kritisiert.[79] Nun aber zeigte sich, dass die Rechnung der Kirchentagsleitung, Heinemann könne nicht viel politischen Schaden anrichten, aufgegangen war. Die Verhältnisse in Leipzig waren mit denen in Hamburg oder Stuttgart nicht vergleichbar: Politische Kontroversen konnte es hier von vornherein nicht geben.

Auch in der dritten Arbeitsgruppe war das Widerstandsrecht der zentraler Punkt der Diskussion. Einwürfen aus dem Publikum, passiver Widerstand allein könne unter Umständen nicht genügen,[80] setzte Hildebrandt entgegen, Mitarbeit im öffentlichen Leben „unseres Landes", womit er die DDR meinte, sei möglich, denn man könne nur so zu Gunsten anderer eintreten, die leiden müssten.[81] Die lahm wirkende Aussprache um das hochbrisante Thema – hier wurden Missstände lange nicht so deutlich beim Namen genannt wie noch drei Jahre zuvor beim Berliner Kirchentag – wurde von dem Diskussionsleiter, Präses Kreyssig, mit der Bemerkung abgeschlossen, hier sei die Obrigkeit DDR geehrt worden, denn die Arbeitsgemeinschaft habe die ihr zugestandene Freiheit „verantwortungsvoll genutzt. Ich für meinen Teil und mit meinen Ohren habe keinen falschen Ton gehört."[82]

Sicherlich kam die Diskussion auch deswegen nicht recht in Gang, weil die Teilnehmer sich vor Repressalien fürchteten, die sie eventuell im Falle eines zu offenen Wortes zu erleiden gehabt hätten. Es ist aber keine Verhaftung eines Kirchentagsteilnehmers wegen einer systemkritischen Aussage auf dem Kirchentag bekannt geworden. Die DDR-Regierung hatte zugesichert, man würde keinen Diskussionsredner wegen zu freimütiger Äußerungen belangen. Dies geschah mit Bedacht, denn es konnte aus östlicher Sicht auch als Propagandaerfolg verbucht werden, wenn besonders kritische Redner zunächst nicht behelligt wurden.[83] Trotzdem werden viele Diskussionsredner der Tatsache, dass ihre vollen Namen genannt wurden, in ihren Beiträgen Rechnung gezollt haben.[84] Wer sich durch die volle Namensnennung nicht abschrecken ließ, den wies die jeweilige Gesprächsleitung zurecht, wenn Diskussionen in politisch gefährliches Fahrwasser zu

79 Av. Thaddens, 02.06.54 (EZA BERLIN, 71/86/23).
80 Z.B. DEKT-DOK. 54, S. 318f., S. 335.
81 EBD., S. 328f.
82 EBD., S. 342.
83 So äußerte sich Kunst gegenüber Götting (Av. Göttings, o.D., ACDP ST. AUGUSTIN, VII-013/3309).
84 Der Leiter der Arbeitsgemeinschaft I, Adolf Wischmann, telegraphierte nach dem Kirchentag an Grüber: „Bitte Pankow beim Wort nehmen, daß offenen Sprechern des Kirchentages nichts geschieht." (15.07.54, EZA BERLIN, 71/86/507) Zwei „Aufklärer" der Leipziger SED schlugen vor, sich mit namentlich aufgeführten kritischen Diskussionsrednern aus der Arbeitsgruppe V „individuell zu beschäftigen" (SAPMO-BArch, DY 30/IV 2/14/114, S. 77). Ob die aufgeführten Redner in irgendeiner Form belangt wurden, konnte nicht festgestellt werden.

geraten drohten.[85] Von Seiten des Kirchentages wurde alles versucht, die Redner so gut wie möglich zu schützen, so dass einzelne Beiträge wohl keinen Eingang in das offizielle Protokoll fanden.

Anders als bei vorgehenden Kirchentagen wurde in Leipzig nicht die Arbeitsgruppe Politik, sondern die Arbeitsgruppe Wirtschaft politisch am brisantesten. Sie beschäftigte sich nämlich mit Fragen des Eigentums.

Am ersten Tag hielt Johannes Anz dort ein betont biblisches Referat zum Thema „Wer hat die Erde in der Hand."[86] Für den Magdeburger Oberkonsistorialrat war mit dem Psalmisten klar, dass die Erde des Herrn ist,[87] gleich welchen politischen Parolen dort gefolgt werde. Dies bedeutete für ihn, dass etwaige Verpflichtungen, die keine Verpflichtungen gegen Gott seien, aufgegeben werden müssten. Selbst wenn Anz bestritt, dass es bei seinen Ausführungen „um politische Ziele und kirchliche Machtpositionen" gehe,[88] so verfolgte er doch wenigstens in zweiter Linie das Ziel, gegen einen Staat, der ganz allein das öffentliche Leben gestalten wollte, den christlichen Öffentlichkeitsanspruch zu stellen. Dass dies kein unpolitischer Akt war, hatte Anz während der Vorbereitungsarbeiten selbst vertreten, als er das Thema der Eschatologie für den Kirchentag vorschlug.[89] Dennoch ging es ihm nicht umgekehrt um eine bloße Verteidigung westlicher politischer Werte.[90] Für ihn war die Anfechtung der Kirche in der DDR nur ungleich größer und auch unmittelbarer als die politischen Probleme, mit denen sich etwa Heinemann auseinanderzusetzen hatte.[91]

Klaus von Bismarck hielt am zweiten Tag, dem 9. Juli, in der fünften Arbeitsgruppe das aufsehenerregendste Referat des ganzen Kirchentages. In ihm beschäftigte sich der Leiter des Sozialamtes der westfälischen Kir-

---

85 Z.B. DEKT-Dok. 54, S. 200f. Hier, in AG I, ist allerdings keine regelrechte Unterbrechung feststellbar, wie sie im Tagesrapport vom 08.07.54 der Volkspolizei erwähnt wurde (BArch Berlin, DO 1-11/1201, S. 77). Die SED-Bezirksleitung vermutete in ihrem Abschlussbericht vom 22.07.54, die Namensnennung sei erfolgt, um regimefreundliche Diskussionsbeiträge zu verhindern (C. Klessmann, Kirchentag, S. 543). Dies trifft aber offenbar nicht zu, wenn man das Fehlen kritischer Beiträge betrachtet, die bei den vorhergehenden Kirchentagen häufig vorgekommen waren. Das erkannte auch die Partei. Die „amerikahörige Fraktion innerhalb der Kirchentagsleitung", heißt es in dem Abschlussbericht der Abteilung Kirchenfragen beim ZK der SED, „nahm [...] Kurs auf die Zusammensetzung der Kirchentagsteilnehmer. Die 45000 Dauerteilnehmer aus der Deutschen Demokratischen Republik waren so ausgewählt, daß es sich dabei überwiegend um Menschen handelte, die der Entwicklung in der Deutschen Demokratischen Republik hemmend, negativ und feindlich gegenüberstehen" (Vorlage für die Politbürositzung vom 27.07.54, SAPMO-BArch, DY 30/IV 2/2A/366; abgedruckt in: M. Wilke, SED-Kirchenpolitik, hier: S. 85).

86 DEKT-Dok. 54, S. 407–419; vgl. Manuskript (EZA Berlin, 71/86/129).

87 Psalm 24, 1.

88 DEKT-Dok. 54, S. 412.

89 Vgl. oben S. 200; vgl. Protokoll des Themenkonventes, 03.01.54 (EZA Berlin, 71/86/127).

90 Gegen Ende seines Referates sagte Anz: „Die klassenlose kommunistische Gesellschaft wird ihre Vollendung ebensowenig erfahren wie die sogenannte freie Welt" (DEKT-Dok. 54, S. 413).

91 In einem internen Bericht hieß es dann auch, Anz' Referat sei „eine einzige Wühlarbeit" gewesen (Bericht, o.D., SAPMO-BArch, DY 30/IV 2/14/110, S. 318).

che mit der „Freiheit des Christen zum Halten und Hergeben".[92] Wie schon Anz setzte sich auch Bismarck für einen dritten Weg zwischen kapitalistischer und genossenschaftlicher Eigentumsordnung ein. Er betonte, dass die Verpflichtung, die mit der Ausübung der Besitzrechte verbunden ist, wichtiger sei als das politische System, unter dem diese Rechte ausgeübt werden. So könne man im Westen leicht vom wachsenden Lebensstandard geblendet werden, während man im Osten „grau und stumpf einer Norm der kollektiven Arbeitsleistung unterworfen" sei.[93] Bismarck zog aus diesen Überlegungen auch für sich persönlich Konsequenzen. Da in seiner pommerschen Heimat neue politische Verhältnisse eingetreten seien, die „bereits neue Verpflichtungen an Mitmenschen eines anderen Volkes geschaffen" hätten, verzichtete der Nachkomme des ersten Reichskanzlers auf das frühere Familieneigentum östlich der Oder. Schließlich könne er diese Ländereien nicht zurückbekommen, ohne neues Unrecht zu schaffen. Das bedeute kein Nachgeben gegenüber staatlicher Gewalt. Es bleibe „die Aufgabe, uns gegenseitig den Mut zu stärken, auf daß wir da, wo der Mensch als ein Geschöpf Gottes in einer dieser Ordnungen vergewaltigt wird, nicht nur Ergebung, sondern auch Widerstand leisten."

Bei den Zuhörern in Leipzig löste dieses Referat überwiegend positive Reaktionen aus.[94] Staatlicherseits aber wurden die Ausführungen Bismarcks als Provokation empfunden, denn der öffentliche Verzicht auf Landbesitz in dem unter polnischer Verwaltung stehenden Pommern bedeutete gleichzeitig das öffentliche Bekenntnis, dass ein Eigentumsrecht immer noch bestehe – man kann nicht auf etwas verzichten, an dem man keine Rechte hat. Als ein „fortschrittlicher" Diskussionsteilnehmer, der junge CDU-Funktionär Heinz-Wolfram Mascher, davon sprach, dass im Sozialismus diejenigen Anspruch auf das Land hätten, die es bearbeiteten, was auch bei den Polen der Fall sei, die jetzt auf den Bismarckschen Ländereien lebten, wurde er durch Gelächter zum Verstummen gebracht.[95] Mascher lockte mit seinen Ausführungen Anz aus der Reserve, der nun ausrief: „Sie säen Sturm und werden Gewitter ernten, denn dieses Unrecht, was geschieht, wird einmal gerächt werden."[96]

Nach dem Kirchentag wurde in der Bundesrepublik heftig gegen Bismarck polemisiert. Er hatte nicht nur die Achillesferse der Heimatvertriebenen getroffen, sondern auch diejenigen politischen Kreise angegriffen,

---

[92] DEKT-DOK. 54, S. 432–440; wieder abgedruckt in: HÖREN-HANDELN-HOFFEN, S. 42–47; vgl. KJ 54, S. 22ff.

[93] Hier und im Folgenden: HÖREN-HANDELN-HOFFEN, S. 44ff.

[94] Der Bericht der Nationalen Front (o.D., SAPMO-BArch, DY 30/IV 2/14/110, S. 358) über die Diskussion vermerkte: „Es traten bis auf wenige Ausnahmen nur Provokateure auf." Die SED-Bezirksleitung Leipzig berichtete nach Ost-Berlin, die Arbeitsgruppe sei zusammengesetzt gewesen aus „größtenteils bäuerlichen Schichten, die offen den Ausführungen von Anz und Bismarck Beifall zollten, woraus entnommen werden muß, daß es sich hier besonders um ausgesuchte republikfeindliche großbäuerliche Elemente handelte" (SAPMO-BArch, DY 30/IV 2/14/114, S. 99).

[95] EBD.; Bericht über die Diskussion in Arbeitsgruppe V (EZA BERLIN, 71/86/129).

[96] DEKT-DOK. 54, S. 476.

die nach wie vor meinten, mit einer naturrechtlichen Eigentumskonzeption Politik machen zu können.[97] Bismarck zeigte sich damit als Exponent des sachlich-problemorientierten Konzeptes Eberhard Müllers: Er holte die Politik auf den Boden der Tatsachen zurück. Mit dem Referat Bismarcks zeichnete sich der Beginn einer geistigen Wende ab, die die Bundesrepublik in die Normalität der Nachkriegszeit hineinführen sollte, in der sich immer weiter der Konsens verbreitete, dass eine Wiederherstellung der alten Eigentumsverhältnisse in den deutschen Ostgebieten unmöglich sei.[98]

Die kirchliche Strategie, den christlichen Öffentlichkeitsanspruch gegen den totalen Anspruch des ostdeutschen Staates zu stellen, wurde von offizieller Seite behindert, wo es nur möglich war. Die Rundfunkübertragung von Reden des Kirchentages durften trotz langwieriger Verhandlungen nur von Aufnahmetechnikern durchgeführt werden, die von den Behörden dazu abgestellt waren. Das bedeutete, dass die Aufnahmen vor der Übergabe an die Kuriere, die die Bänder nach Berlin oder in die Bundesrepublik brachten, geschnitten wurden. Wie ein Gradmesser zeigt sich an der Häufigkeit der Schnitte, wie man die einzelnen Referate und Redner einschätzte. Die Vorträge Hamels und Anz' wurden in den Partien, die die materialistische Weltanschauung kritisierten, besonders stark gekürzt.[99] Das Referat Bismarcks war schon vor dem Kirchentag im Studio aufgenommen worden und kam nun zum Leidwesen der DDR-Regierung in voller Länge zur Ausstrahlung.[100] So konnte es seine nachhaltige Wirkung entfalten.

Leipzig sollte sich anlässlich des Kirchentages nach dem Willen der Kirchentagsleitung und auch der staatlichen Gastgeber als Kulturstadt präsentieren. Über 200 kulturelle Veranstaltungen waren von Seiten des Kirchentages geplant.[101] Auch staatlichersteits wurden Vorträge organisiert, mit denen die kulturelle Klasse des „ersten sozialistischen Staates auf deutschem Boden" vorgeführt werden sollte. So kamen unter anderen Johannes R. Becher, der Kulturminister der DDR, und Ernst Bloch, der damals noch in Leipzig Philosophie lehrte, zum Einsatz.[102] Aber bei Veranstaltungen wie dieser waren die „Friedensfreunde" weitgehend unter sich. Das östliche Konzept, durch Argumentation und Propaganda die Überlegenheit

---

97 Bismarck an Giesen, 22.10.54 (EZA BERLIN, 71/86/129).

98 Offener Brief Bismarcks an seine Kritiker, 19.11.54 (EBD.). Sogar der Bericht der Ost-CDU über die Arbeitsgruppe V vermerkt, dass Bismarck sich „von bürgerlichem Besitzdenken abgegrenzt" habe. Sein Vortrag habe keine „offen restaurativen Tendenzen" gehabt (SAPMO-BARCH, DY 30/IV 2/14/114, S. 211).

99 Av. an Ulbricht zum Stand der Vorbereitungen, 24.06.54 (SAPMO-BARCH, DY 30/IV 2/14/108, S. 68). Beispielsweise wurde ein Teil der Ausführungen Anz' über die Diskussion um den Kirchenbau in der „sozialistischen Mustersiedlung" Stalinstadt (dem heutigen Eisenhüttenstadt) geschnitten (FFFZ DÜSSELDORF, KT 29a, 22:59).

100 FFFZ DÜSSELDORF, KT 29b; vgl. Erfahrungsbericht Meyenns über die Rundfunkarbeit auf dem Kirchentag, August 1954 (EZA BERLIN, 71/86/506).

101 Vgl. das Referat Liljes über Kunst: H. LILJE, Lobgesang, S. 351f.

102 F. LINZ, Verteidigung, S. 160–162; „Die Welt", Essen, 12.07.54; Bericht über die Veranstaltung des Deutschen Friedensrates im Gohliser Schlösschen (SAPMO-BARCH, DY 30/IV 2/14/110, S. 169ff.); Bericht über die Veranstaltung mit Prof. Dr. Ernst Bloch (EBD., S. 260).

des eigenen politischen Systems darzustellen, ging auch hier an der Wirklichkeit vorbei.

Genauso erging es 50 Pfarrern aus Ost und West, die sich, genau wie beim Berliner Kirchentag,[103] jeden Morgen und jeden Abend trafen, um von Referenten wie Gerhard Kehnscherper instruiert zu werden.[104] Obwohl sich diese Pastoren gleichmäßig auf alle Arbeitsgruppen verteilten, ist von ihrem Einfluss in den Diskussionen kaum etwas zu spüren.

Zum Schlussgottesdienst, der Hauptversammlung des Kirchentages, kamen mehr als eine halbe Million Menschen.[105] Wenn man bedenkt, dass nur etwa 60.000 Dauerteilnehmer[106] gezählt worden waren, muss ein großer Teil der Besucher des Schlussgottesdienstes von außerhalb angereist sein. Wenn es nicht während der ganzen Zeit des Kirchentages geregnet hätte – erst kurz vor Beginn der Hauptversammlung hörten die Niederschläge auf –, wären wohl noch mehr Menschen nach Leipzig geströmt. Diese Menschenmasse allein stellte ein Politikum dar, denn das vieltausendfache christliche Bekenntnis bedeutete schon für sich genommen Protest gegen das Regime.

In der Versammlung selbst wurde auf alle politischen Untertöne verzichtet. Die Kirchentagslosung „Seid fröhlich in Hoffnung, geduldig in Trübsal, beharrlich im Gebet" stand ganz im Mittelpunkt der Veranstaltung. In seinem Schlusswort wies Reinold von Thadden erneut auf den gesamtdeutschen Charakter des Kirchentages hin, der „eine unübersehbare Klammer" gewesen sei.[107]

7.5 Auswertungen des Kirchentages

Die Bundesregierung und insbesondere Bundeskanzler Adenauer konnte den Leipziger Kirchentag nicht so ausnutzen wie die vorherigen Kirchentage. Deshalb waren die politischen Bewertungen der Leipziger Tage auch betont zurückhaltend. Im Bundeskabinett wurde nur über das Treffen von Strauß, Ehlers, Nuschke und Dieckmann gesprochen.[108] Bei einer Pressekonferenz in Bonn zwei Tage nach Abschluss des Kirchentages spielte Ehlers die Bedeutung seines Treffens mit Nuschke und Dieckmann herunter, und Ludwig Metzger und Robert Tillmanns betonten einmütig, dass die

---

[103] Vgl. oben S. 122.
[104] Bericht über die Agitation von Pfarrern, o.D. (SAPMO-BArch, DY 30/IV 2/14/114, S. 11–13).
[105] Die SED-Bezirksleitung Leipzig berichtete von 280.000 Teilnehmern (Abschlussbericht, 22.07.54, in: C. Klessmann, Kirchentag, S. 544). Die Presse, die sich auf volkspolizeiliche Schätzungen stützte, welche kaum zu hoch gewesen sein dürften, ging von bis zu 600.000 Teilnehmern aus (Eberhard Roterberg: Aus Wagnis wurde Ereignis, in: „Frankfurter Allgemeine Zeitung", 14.07.54).
[106] Erfahrungsbericht des Vorbereitenden Ausschusses für den Kirchentag 1954, 26.10.54 (EZA Berlin, 71/86/513).
[107] Vgl. „Die Welt", Essen, 12.07.54.
[108] Kabinettssitzung vom 13.07.54 (in: Kabinettsprotokolle, 1954, S. 312).

Teilnehmer vor allem menschlich bewegt worden seien.[109] Tillmanns ergänzte, dass ein kirchliches Ereignis in einem totalitären Staat immer gleichzeitig ein politisches Ereignis sei. Genau dies war der springende Punkt.

Die menschliche Seite des Leipziger Kirchentages wurde auch in der Presse betont. Etwa jeder zweite Haushalt in Leipzig hatte einen Kirchentagsgast beherbergt.[110] Der Kirchentag in Leipzig, so wurde immer wieder hervorgehoben, war ein Kirchentag der Begegnungen. Auch der Film vom Kirchentag, die erste gesamtdeutsche Produktion nach dem Krieg,[111] hob diesen Aspekt hervor und ließ die politischen Inhalte ganz aus.[112] Die Botschaft der Medien lautete: Hier waren wirklich Deutsche aus Ost und West zusammengekommen.

Die Parole „Deutsche an einen Tisch" hatte auch der Ost-CDU vorgeschwebt, aber unter ganz anderen Vorzeichen. Trotzdem wertete die Ost-CDU den Kirchentag weitgehend positiv. Auf einer Tagung des Hauptvorstandes der Partei am 13. Juli hielten Nuschke und Götting Referate, in denen sie die Bedeutung der Tatsache hervorhoben, dass die DDR-Regierung den Kirchentag als gesamtdeutsches Gespräch unterstützt habe.[113] Ausgeschert aus dem Konsens, „keine politische Agitation im Sinne des Westens zu betreiben", sei nur „die Gruppe Magdeburg", sagte Götting.[114] Er lobte Thaddens „Takt und Geschick", die politische Gespräche gegen die EVG-Politik Adenauers möglich gemacht hätten.

Bei dieser Einschätzung war wohl eher der Wunsch der Vater des Gedankens, denn die inhaltlich harmlosen Gespräche von Leipzig hatten sich in keiner Weise gegen die Bonner Politik der Westintegration gerichtet. Wenn der CDU-Generalsekretär nur im Magdeburger Konsistorium Regimekritiker ausmachte, so entsprang dies wohl eher dem Bestreben, einen klar definierten Feind zu haben. So kündigte Götting an, man wolle „offensiv gegen die unglaublichen Argumente vorgehen", die auf dem Kirchentag geäußert worden seien.[115] Kurz vorher hatte Nuschke noch gefor-

---

[109]   Stenographisches Protokoll der Pressekonferenz, 13.07.54 (ACDP St. Augustin, IV-001/35/2; vgl. A. Meier, Ehlers, S. 373–375); vgl. oben Anm. 64.

[110]   W. Gutjahr, Hoffnung, S. 331. In der Sonntagszeitung „Unsere Kirche" hieß es: „Die Leipziger schätzten sich glücklich, ihre Gäste aus dem Westen unentgeltlich zu beherbergen. [...] Die Fröhlichkeit der Christenmenschen äußerte sich überall in einer schönen Offenheit zueinander. Man hatte das Gefühl, daß die arbeitsreiche Stadt Leipzig von einer Welle von Wohlwollen durchzogen wurde, jeder Polizist war gesprächig, jeder Schaffner trug eine heitere Miene." (zit. nach C. Klessmann, Kirchentag, S. 536; vgl. die Artikelserie in „Die Welt" vom 12.07.54–16.07.54).

[111]   H. Schroeter, Kirchentag, S. 163.

[112]   „Brüder unter dem Kreuz" (FFFZ Düsseldorf, F 25-1). „Dieser ganze Kirchentag ist eine einzige Begegnung." – Der gesamtdeutsche Charakter der Produktion wird schon an der Wortwahl des Kommentars im Film deutlich, der von einer „Volksmission mitten unter den Werktätigen" spricht, was sicher nicht im Westen erdacht wurde.

[113]   Abschriften der Referate: EZA Berlin, 71/86/507.

[114]   Vgl. Propagandadirektive der CDU, 15.07.54 (ACDP St. Augustin, VII-013/1785).

[115]   „Die Welt", Essen, 15.07.54; F. Linz, Hoffnung, S. 133.

dert, dass offenherzige Sprecher auf dem Kirchentag nicht belangt werden dürften.[116]

Die Bewertung von Seiten der SED war differenzierter, wenn die Staatspartei auch in der Sache zu einem ähnlichen Ergebnis kam. Die Bezirksleitung Leipzig ging in ihrem Abschlussbericht[117] zwar ebenfalls davon aus, dass in Leipzig die Losung „Deutsche an einen Tisch" zur Wirklichkeit geworden sei, aber es wurde gleichzeitig festgestellt, dass der Kirchentag ideologisch von „reaktionären Elementen" wie Dibelius, Giesen, Anz, Hamel und Bismarck habe beeinflusst werden sollen. Dies sei nicht gelungen. Man hob die wenigen „positiv eingestellte[n] Redner" besonders hervor,[118] obwohl viele dieser Sprecher ja eigens geschult und angeleitet worden waren.[119]

Ein westlicher Kommentator meinte nach dem Kirchentag zutreffend, dass für die SED-Funktionäre „Agitation und Organisation [...] die wesentlichen Faktoren [seien], um eine politische Kundgebung ihrer Partei zustande zu bringen."[120] Das Versagen der SED (die CDU fungierte ja weitgehend als ausführendes Organ) bei der Organisation des Kirchentages war damit nicht nur logistischer, sondern auch grundsätzlicher Natur. Der Kirchentag als „echtes gesamtdeutsches Gespräch" war nicht so straff organisiert abgelaufen wie staatlich organisierte Großkundgebungen, und es hatte sich einmal mehr als illusorisch erwiesen zu glauben, man könne dem weitgehend unregulierten Kirchentag mit starren organisatorischen Maßnahmen ideologisch beikommen und das „Bewußtsein des freien Erlebens und der inneren Zusammengehörigkeit", das die politische Dimension des Kirchentages ausmachte, nachhaltig stören.

Dieses Bewusstsein gab der Jungen Gemeinde nach dem Leipziger Kirchentag einen Schub, den auch der Bericht der SED-Bezirksleitung feststellen musste.[121] Dieser Tatsache konnte man nur hilflos entgegensetzen:

> „Den Genossen in den Leitungen der FDJ wird empfohlen, die christliche Jugend stärker an die Arbeit der FDJ heranzuführen. Die FDJ muß sich stärker mit den Interessen der christlichen Jugend vertraut machen und durch die Gestaltung ihrer Arbeit mehr an die christliche Jugend herankommen."[122]

---

[116] „Die Welt", 12.07.54.

[117] SAPMO-BArch, DY 30/IV 2/14/114, S. 91–111; abgedruckt in: C. Klessmann, Kirchentag, S. 541–550. Es existieren mehrere Berichte über den Kirchentag von staatlichen Stellen, die aber alle, teilweise bis in die Formulierungen hinein, den gleichen Inhalt haben (Bericht des Staatssekretariates für innere Angelegenheiten, BArch Berlin, DO-4/1988, S. 41ff; Bericht der Hauptabteilung Verbindung zu den Kirchen, Ebd., DO-4/1989, S. 1–58).

[118] C. Klessmann, Kirchentag, S. 543.

[119] Vgl. den Bericht der Leipziger SED-Stadtleitung über die Vorbereitung und Durchführung des DEKT, 21.07.54 (in: C. Klessmann, Kirchentag, S. 537–541, hier besonders: S. 539).

[120] Hier und im Folgenden: B. v. Nottbeck, Trübsal, S. 209f.

[121] C. Klessmann, Kirchentag, S. 544; vgl. H. Wentker, Kirchenkampf, S. 122, 126.

[122] C. Klessmann, Kirchentag, S. 549.

Bei so unterschiedlichen Denkansätzen sollte das der FDJ natürlich nicht gelingen; erst die Forcierung der Jugendweihe brachte ab 1958 einen nennenswerten Einbruch in der Mitgliederzahl der Jungen Gemeinde.[123]

Ein Theologe meinte nach dem Kirchentag, in Leipzig habe eine „Entmythisierung" der Politik stattgefunden, weil „dem politischen Bereich [...] jeder Absolutheitsanspruch verweigert" worden sei.[124] An einen „entmythisierenden dritten Ort zwischen den politischen Welten" war aber wohl von vornherein nicht gedacht – es gibt ihn nicht. Wer den Christen in die öffentliche Verantwortung rufen und freies Erleben spürbar machen will, muss dies von einem bestimmten Wertehorizont aus tun, und sowohl die ersten fünf Kirchentage als auch die Vorbereitung des Leipziger Kirchentages hatten gezeigt, wo dieser Wertehorizont lag. Die Politik der kleinen Schritte, die dem Einzelnen seine Freiheit in Verantwortung lässt, aber nicht hofft, Ordnungen für die Ewigkeit zu errichten: Das war die Politik, die der Kirchentag vertrat, und über diese Politik war sich das Gros der Beteiligten einig.[125] Sonst hätte es weder die vergleichsweise harmonisch verlaufende thematische Vorbereitung des Kirchentages, noch die Pressekonferenzen mit der Erklärung Giesens gegeben, dass jeder westliche Besucher „luftschaffender Raum für die Beengten" sei. Angesichts des Kirchenkampfes in der DDR hatte der Generalsekretär mit seinen pathetischen Worten Recht, wie auch die Presse erkannte.[126]

Die Theologie des Kirchentages war eine Theologie für die Menschen und keine Theologie „ohne direkte Bezugnahmen", so oft dies aus politischen Gründen auch von Seiten der Veranstalter betont wurde. Ohne Bezugnahmen auf das reale politisch-gesellschaftliche Geschehen in Deutschland hätte der Kirchentag nie zu einem Massenereignis werden können. Weil man glaubte, es handele sich um eine rein kirchliche Veranstaltung, wurde der Leipziger Kirchentag von der DDR-Regierung im Vorfeld unterschätzt, und aus dieser Fehleinschätzung erwuchs für die Regierung in Ost-Berlin das eigentliche Fiasko. So nimmt es nicht Wunder, dass nach 1954 nie mehr ein Deutscher Evangelischer Kirchentag in der DDR stattfand: In Ost-Berlin hatte man die Lektion gelernt.

Der geistliche Effekt des Kirchentages, der auch vom Kirchentagspräsidium im Nachhinein betont wurde, die „Vertiefung des persönlichen Christenstandes" und „des kirchlichen und evangelischen Zusammengehörigkeitsgefühles", die „Erweckung und Vertiefung der evangelischen Verantwortung im Beruf und im öffentlichen Leben",[127] machte das entscheidende Politikum am Leipziger Kirchentag aus. Diese Effekte wider-

---

123 H. WENTKER, Kirchenkampf, S. 126.
124 U. SCHMIDTHÄUSER, Geschlecht, S. 578; vgl. H. SCHROETER, Kirchentag, S. 150, der Schmidthäuser folgt.
125 Vgl. die Rede von Hermann Ehlers auf dem Stuttgarter Kirchentag (oben, S. 157f.).
126 „Neue Zürcher Zeitung", 11.07.54: „Die Existenz der Bundesrepublik und des freien Berlin bedeutet für sie [scil. die östlichen Kirchentagsteilnehmer] eine Quelle moralischer Kraft" (vgl. oben S. 201).
127 Präses Held bei der Präsidiumssitzung, Protokoll, 02.11.54 (EZA BERLIN, 71/86/23).

sprachen einer staatstragenden Ideologie, die auf alle Lebensbereiche Anspruch erhob.

In der gesamten Geschichte des Deutschen Evangelischen Kirchentages sollte sich der reale Verlauf der Ereignisse nie weiter an das idealtypische volksmissionarische Kirchentagskonzept Reinold von Thadden-Trieglaffs anlehnen, als 1954 in Leipzig. Das akademisch-problemorientierte Konzept Müllers trat – wie schon in Berlin drei Jahre zuvor – zurück, und auch das politisch-symbolhafte Konzept konnte bei der Veranstaltung, die ja ganz auf dem Boden der DDR stattfand, nicht zum Tragen kommen.

Für den Kirchentagspräsidenten waren die Tage in Leipzig der Höhepunkt seines Lebenswerkes. Martin Fischer schrieb an Heinrich Giesen, der Kirchentag habe in einer Freiheit getagt, die man vorher nicht für möglich gehalten hätte, und diese Freiheit sei konsequent genutzt worden. Er fügte hinzu: „Reinold ist durch diesen Kirchentag zu einer der politisch entscheidenden Figuren in Deutschland geworden."[128]

---

[128]   22.07.54 (EZA BERLIN, 606/29).

8. VERHÄRTUNG DER STANDPUNKTE.
DER FRANKFURTER KIRCHENTAG 1956

8.1 Die geplanten Brandenburger Kirchentage 1955

Zwar war der Leipziger Kirchentag aus Sicht der SED ein Misserfolg gewesen, aber dies wurde nicht der Kirchentagsleitung zugerechnet, sondern dem eigenen organisatorischen Versagen. Weiterhin galt die Taktik, evangelische Christen in den „Volkskampf" mit einzubeziehen. Dies machte Staatssekretär Hegen deutlich, als er Thadden am 27. Januar 1955 erklärte, wie befriedigt er darüber sei, dass der Kirchentag seine im Vorfeld von Leipzig gegebenen Zusicherungen eingehalten habe.[1] Hegen, Nuschke und Grotewohl[2], die Thadden am selben Tage traf, sagten ihre Unterstützung für kleinere regionale Kirchentage zu, die 1955 in ganz Deutschland, also auch in der DDR, abgehalten werden sollten.

Die Veranstaltung solcher regionaler Kirchentage war auf der Präsidiumssitzung vom 3. November 1954 beschlossen worden, weil die geistlichen Wirkungen des Leipziger Kirchentages nicht einfach verloren gehen sollten. Auch die östlichen regionalen Kirchentage sollten eine gesamtdeutsche Komponente haben, denn bei ihnen waren Besuchsdelgationen aus dem Westen vorgesehen.[3] Trotzdem trat das Politische hier stark zurück. Die lange diskutierte Überlegung, nun endgültig zu einem zweijährigen Turnus überzugehen, stärkte das volksmissionarische und das akademisch-problemorientierte Kirchentagskonzept, denn mit verdoppelter Vorbereitungszeit würde ein größerer geistlicher und auch geistiger Tiefgang des Kirchentages zu erreichen sein.[4] Die Betonung dieser Komponenten wurde von Niemöller heftig kritisiert,[5] denn ihm lag nach wie vor daran, den politisch-symbolhaften Dienst der Kirche hervorzuheben.

---

[1] Av. Thaddens über seinen Besuch bei Hegen am 27.01.55, 04.02.55 (EZA Berlin, 71/86/304B).

[2] Av. Krummachers über das Treffen von Thadden und Krummacher mit Grotewohl am 27.01.55, 28.01.55 (EBD., 4/12).

[3] Protokoll der Präsidiumssitzung, 03.11.54 (EBD., 71/86/23).

[4] Vgl. oben S. 191.

[5] Am 16.11.54 schrieb Niemöller an Thadden (ZAEKHN DARMSTADT, 62/1120), dass die Entscheidung des Rates der EKD, die Synode des Jahres 1955 in Espelkamp, also im Westen, stattfinden zu lassen, und die Entscheidung der Kirchentagsleitung, für 1955 keinen großen Kirchentag durchzuführen, darauf hindeuten würde, dass die Bewohner der DDR alleine gelassen werden würden. „Wir betreiben hiermit die Geschäfte Roms und die Politik von Adenauer. Die ganze Tendenz geht heute dahin, den gegenwärtigen status quo definitiv zu machen. Dann bleibt es – wenn auch ohne förmliche Organisation – bei dem westlichen katholischen Kleineuropa, und es bleibt bei der Teilung Deutschlands, und es bleibt bei dem Untergang des Abendlandes bei jenen 19 oder 20 Millionen, die im Stich

Die DDR-Regierung hoffte wohl, auf regionalen Kirchentagen die Kampagne gegen eine Ratifizierung der am 23. Oktober 1954 unterzeichneten Pariser Verträge, die der Bundesrepublik die Souveränität und die außenpolitische Gleichberechtigung bringen sollten, weiterführen zu können. Als aber die Verträge trotz des Widerstandes der von SPD, GVP und Gewerkschafts- und Kirchenvertretern getragenen „Paulskirchenbewegung"[6] am 27. Februar 1955 im Deutschen Bundestag mit Zweidrittelmehrheit ratifiziert worden waren, fiel aus DDR-Sicht der Grund für eine Unterstützung der Regionalkirchentage weg.

Zunächst wurde Thadden mitgeteilt, vor einer endgültigen Genehmigung des Kirchentages müsse er einen genauen Plan vorlegen. Nachdem am 15. April dem Staatssekretariat für Innere Angelegenheiten ein solches Konzept zur Durchführung von Kirchentagen in Brandenburg eingereicht worden war, erklärte Hegen diesen Plan eine Woche später als „überzogen" und forderte die Kirchentagsleitung auf, ein neues Konzept vorzulegen.

Der Staatssekretär schlug Grotewohl vor, die Kirchentagsveranstaltungen in möglichst kleinem Rahmen zu veranstalten.[7] Sie sollten nur in zwei bis drei Kreisen stattfinden, und nur einzelne Vertreter der Kirchentagsleitung sollten „als Gäste" anwesend sein dürfen. Außerdem sollten die Kirchentage nur an einem kurzen Wochenende stattfinden dürfen, angeblich, damit die Ernte nicht beeinträchtigt werde. Grotewohl war mit Hegens Vorschlägen einverstanden. Eigentlich liefen die Vorschläge aber darauf hinaus, die vorgesehenen Veranstaltungen inhaltlich zu entkernen, was für die Kirchentagsleitung nicht akzeptabel sein konnte. Der schwarze Peter einer Absage der vorgesehenen Kirchentage lag aber nun in Fulda und nicht mehr in Ost-Berlin.

Als dem angeblich „amerikahörigen" Heinrich Giesen dann auch noch die Einreise in die DDR zur Vorbereitung der Brandenburger Tage verweigert wurde, blieb der Kirchentagsleitung nichts übrig, als die Veranstaltungen abzusagen.[8] Es fanden stattdessen einige kleinere Treffen auf dem Gebiet der DDR statt, die sich aber auf Gemeindeebene abspielten und die organisatorisch nicht mit der Kirchentagsleitung verbunden waren.

Die einzige größere Kirchentagsveranstaltung des Jahres 1955 war dann der übrig bleibende regionale Kirchentag in Duisburg, der am 7. bis zum 10. Juli unter dem Motto „Gott will die Menschen an Rhein und Ruhr" stattfand. Wenn hier auch 300 Teilnehmer aus der DDR begrüßt werden konnten, so zeigt doch schon das Motto des niederrheinischen Kirchentages,

---

gelassen werden und die es von einem Tag zum anderen bitterer empfinden, daß sie im Stich gelassen werden."

6   D. KOCH, Heinemann, S. 445f.
7   Hegen an Grotewohl, 16.05.55 (EBD., S. 47), handschriftliche Marginalie: „Ich bin mit den Vorschlägen einverstanden 20/5 Gr."
8   Hier und im Folgenden: Bericht Walz' auf der Präsidiumssitzung vom 30.11.55, Protokoll (EZA BERLIN, 71/86/23).

dass hier die Klammerfunktion zwar proklamiert, aber kaum erfüllt werden konnte.

Die Kirchentagsleitung in Fulda war mit dem Duisburger Kirchentag organisatorisch nur wenig belastet. Trotzdem mussten 1955 eine Fülle von Einladungen angenommen werden, die die Leitung, zu der inzwischen als zusätzlicher Generalsekretär auch Hans Hermann Walz gehörte, der aus der Akademiearbeit kam und schon an der Vorbereitung des hannoverschen Kirchentages 1949 beteiligt gewesen war,[9] aufs äußerste belasteten.[10] Neben der neuen Grundordnung des Kirchentages, die im November 1955 beschlossen wurde, sollte eine eingehende thematische Vorbereitung des Kirchentages 1956 stattfinden, den Martin Niemöller kurz nach dem Abschluss des Leipziger Kirchentages nach Frankfurt eingeladen hatte.[11]

8.2 Verhandlungen mit der DDR-Regierung

Nachdem die Westintegration der Bundesrepublik nunmehr vollzogen war, wurde von Chruschtschow die „Zwei-Staaten-Theorie" propagiert.[12] Die deutsche Frage könne am besten durch direkte Verhandlungen zwischen Bonn und Ost-Berlin gelöst werden, wobei die Sowjetunion es nicht zulassen werde, dass die „politischen und sozialen Errungenschaften der DDR" verloren gingen. Für den Deutschen Evangelischen Kirchentag waren dies die denkbar ungünstigsten Voraussetzungen, gesamtdeutsche Treffen durchzuführen.

Vor diesem Hintergrund wurden die ersten Versuche zu Verhandlungen mit der DDR-Regierung über die östliche Teilnahme am Frankfurter Kirchentag gestartet. Erst nach langem Hin und Her[13] kam am 27. Oktober 1955 ein erstes Gespräch zwischen Thadden, Grüber, Giesen und Staatssekretär Hegen zustande. Aber Hegen brach das Gespräch schon nach kurzer Zeit mit dem Hinweis ab, die Beteiligung von DDR-Bürgern hänge ab „von der internationalen Entwicklung", und eine Stellungnahme vor dem Ausgang der Genfer Außenministerkonferenz sei „sehr schwierig".[14] Die Konferenz verlief negativ; damit waren die Gespräche zwischen Kirchentag und DDR-Regierung an ein vorläufiges Ende gekommen, bevor sie überhaupt richtig begonnen hatten. Thadden wurde von Seiten der Kirchenkanzlei der EKD darauf hingewiesen, dass weitere Verhandlungen des Kirchentages mit staatlichen Stellen untunlich seien, da dies die Wirkung von geplanten Gesprächen von östlichen Mitgliedern des Rates der EKD

---

9   Thadden an Kallenbach, 10.02.49 (ZAEKHN Darmstadt, 78/14).
10   Thadden sollte auf der Präsidiumssitzung am 30.11.55 (vgl. Anm. 8) erklären, das kirchentagsfreie Jahr sei das „mörderischste" gewesen.
11   Niemöller an Thadden, 22.07.54 (ZAEKHN Darmstadt, 62/1120).
12   H. Weber, Geschichte, S. 257f.
13   Av. Thaddens über Telefongespräch mit Grüber, 07.10.55 (EZA Berlin, 71/86/305).
14   Av. Hegens, SAPMO-BArch DY 30/IV 2/14/115, S. 2–5; BArch Berlin, DO-4/1992, S. 110–113.

mit dem Innenministerium der DDR über die 1955 sich verstärkenden re-
striktiven staatlichen Maßnahmen gegen die Kirche beeinträchtigen
würde.[15] An DDR-Innenminister Maron schrieb Thadden dann erst kurz
vor Weihnachten 1955, dass der Kirchentag nach wie vor bestrebt sei, sich
für „wirklichen Frieden und gute Nachbarschaft" zwischen Ost und West
einzusetzen. Deshalb bitte er den Innenminister, 15.000 Interzonenpässe
für Teilnehmer am Frankfurter Kirchentag zu bewilligen. Dies könne das
politische Klima nur günstig fördern.[16] Maron ließ lediglich mitteilen, dass
eine Antwort erst Anfang Mai 1956 gegeben werden könne.[17]

Der Innenminister versuchte, Zeit zu gewinnen, denn nicht alle Zeichen
waren auf Konfrontation gestellt. Der Entstalinisierungskurs, den Chruschtschow auf dem XX. Parteitag der KPdSU im Februar eingeleitet hatte,
brachte in den Folgemonaten für die kommunistische Schwesterpartei in
der DDR eine gewisse Konfusion mit sich.[18] Die kirchenpolitischen Leitli-
nien lagen zwar fest, aber das Gesprächsklima sollte durch die von Moskau geforderte Entideologisierung der östlichen Politik positiv beeinflusst
werden.

Am 11. Mai empfahl Hegen dem Politbüro, dem Antrag Thaddens an
Maron unter der Bedingung zu entsprechen, dass auf dem Frankfurter Kirchentag alles unterlassen werde, „was der Politik der Regierung der DDR
abträglich sein könnte."[19] Zur Begründung führte Hegen an, dass bei einer
Ablehnung der Interzonenpässe Tausende von DDR-Bürgern trotzdem am
Kirchentag teilnehmen würden, was „dann einen Anlaß zu breitem hetze-
rischen Auftreten gegen die DDR" geben würde. Schließlich wurden
15.000 Interzonenpässe genehmigt.[20]

Diese Zusage teilte Hegen dem Kirchentagspräsidenten, der am 26. Mai
1956 in Begleitung von Grüber bei dem Staatssekretär erschien, zusammen
mit den damit verbundenen politischen Bedingungen mit.[21] Die östlichen
Kirchentagsteilnehmer sollten nicht – etwa durch „programmatische Erklärungen" Adenauers (gemeint waren hier wohl die schon traditionellen
Grußtelegramme des Bundeskanzlers an den Kirchentag) – politisch beeinflusst werden. „Etwaige Verunglimpfungen" der DDR seien von der Kirchentagsleitung zu verhindern. „Wenn die Gewähr einer völlig unpolitischen Durchführung des Kirchentages nicht mehr gegeben wäre," antwortete der Kirchentagspräsident, „würde die Abhaltung der Kirchentage für

---

15 Av. Thaddens über Telefongespräch mit Grauheding, 04.11.55 (EZA Berlin, 71/86/305);
    vgl. G. Besier, SED-Staat, S. 192.
16 Thadden an Maron, 23.12.55 (BArch Berlin, DO-4/1992, S. 100f.).
17 Handschriftl. Vermerk Marons (Ebd.): „Kirchenkanzlei mitteilen, daß erst Anfang Mai dazu
    Stellung genommen werden kann. 20. 1. M."
18 Vgl. H. Weber, Geschichte, S. 275–281.
19 BArch Berlin, DO-4/1992, S. 91f.
20 Av. Beeg, 20.06.56 (EZA Berlin, 71/86/244).
21 Von kirchlicher Seite war noch ein Protokollant (Schade) anwesend, von staatlicher Seite
    Hegens Abteilungsleiter Kusch. Kirchliches Protokoll: Schade an Giesen, 04.06.56 (EZA
    Berlin, 71/86/244); staatliches Protokoll: BArch Berlin, DO-4/1992, S. 40–46 und S.
    68–74.

zukünftige Zeit in beiden Teilen Deutschlands illusorisch werden." Politisch gesehen werde es, so Thadden weiter, nur einige interne Empfänge geben, „die der Öffentlichkeit kaum zugänglich" wären. Bei etwaigen „unvorhergesehenen Zwischenfällen" während des Kirchentages sollte das Präsidium nach dem Willen des Staatssekretärs „vor der Öffentlichkeit des Kirchentages und der Presse" protestieren. Grüber stimmte diesem Anliegen zu und fügte hinzu, dass die Gastgeberschaft Niemöllers dafür garantiere, „daß ein solcher Protest laut und vernehmlich abgegeben werden würde."

Das war nicht das einzige Mal, dass der Propst den Kirchentagspräsidenten während dieses Gespräches in Verlegenheit brachte. Wenig später wies Grüber Thadden in Gegenwart des Staatssekretärs darauf hin, der Kirchentagspräsident solle nicht denken, die DDR-Regierung halte ihre Meinung für die einzig richtige, es gehe ihr vielmehr um den fairen Austausch von Meinungen.[22] Nuschke und sein persönlicher Referent etwa würden, wenn sie nach Frankfurt kommen wollten, „herzlich begrüßt werden". Der Kirchentagspräsident wird seinen Ohren nicht getraut haben, als er diese Worte hörte. Nicht nur musste er einmal mehr an der Loyalität des Propstes zweifeln;[23] die Einladung von Nuschke, zu dem Grüber enge persönliche Beziehungen unterhielt, war vorher anscheinend nicht mit Thadden und keinesfalls mit dem Präsidium des Kirchentages abgestimmt gewesen.

Eine „völlig unpolitische Durchführung des Kirchentages" war schon durch die Einladung Nuschkes nicht mehr möglich. Aber dem Kirchentagspräsidium blieb keine Wahl, wenn es die Genehmigung der Interzonenpässe wollte: Es beschloss am 11. Juni, Nuschke und Dieckmann, die beide ja auch am Leipziger Kirchentag teilgenommen hatten, zum Frankfurter Kirchentag einzuladen.[24]

Möglicherweise war der unerwartete Vorstoß Grübers, Nuschke einzuladen, darauf zurückzuführen, dass der Propst schon Kenntnis über einen Brief besaß, den Nuschke fünf Tage später an Grotewohl schicken sollte.[25] In dem Brief regte Nuschke eine Bereinigung des Verhältnisses zwischen Staat und Kirche in der DDR auch im Hinblick auf den Frankfurter Kirchentag an, denn der Protestantimus habe nach wie vor großen politischen

---

22 Diese Äußerungen Grübers sind nur im staatlichen Protokoll enthalten. Es ist kein plausibler Grund auszumachen, warum die Äußerungen erfunden sein könnten, das Protokoll Schades hingegen könnte diese Passage mit Rücksicht auf Thadden und darauf, dass die Einladung durch Grüber nun auch umgesetzt werden musste, was bei Bekanntwerden der Umstände der Einladung vom Kirchentagspräsidium durchaus hätte abgelehnt werden können, ausgelassen haben.

23 S. Rink stellt zusammenfassend fest, dass Grüber nach dem 10. Juni 1953 die Grenze zwischen wahrem und falschem Kompromiss oft überschritten habe (Bevollmächtigte, S. 195). Dies habe seinen Ausdruck darin gefunden, dass dem Propst im September 1955 von der Ost-Berliner Regierung der Vaterländische Verdienstorden in Gold verliehen werden sollte, was Grüber aber wohlweislich abgelehnt hatte.

24 Bericht von der Präsidiumssitzung vom 11./12.06.56 (EZA Berlin, 71/86/23).

25 M. Wilke, SED-Kirchenpolitik, S. 263–267; vgl. R. Mau, Realsozialismus, S. 103f.

Einfluss in der Bundesrepublik. Gegen die evangelischen Wähler, so schätzte der Ost-CDU-Vorsitzende richtig ein, war ein Regierungswechsel in Bonn nicht denkbar. – Wollte Grüber vielleicht das Anliegen Nuschkes unterstützen?

Die SED war indes nicht geneigt, Nuschkes Argumentation zu folgen. Eine „wirklich kühne globale Bereinigung" des Verhältnisses zwischen Staat und Kirche, wie Nuschke es forderte, hätte zum einen die gerade verkündete „Zwei-Staaten-Theorie" in Frage gestellt, zum anderen war der SED die Kirchenpolitik der bei Nuschke angesiedelten „Hauptabteilung Verbindung zu den Kirchen" ohnehin ein Dorn im Auge. Deshalb wurde der Vorstoß Nuschkes am 11. Juni, demselben Tag, an dem vom Kirchentagspräsidium die Einladung Nuschkes nach Frankfurt beschlossen wurde, zurückgewiesen. Es komme nicht in Frage, „Bischof Dibelius durch Dr. Nuschke wieder ‚hoffähig' [zu] machen."[26] Auch nach dem XX. Parteitag der KPdSU und der auf ihm eingeleiteten Entstalinisierungskampagne wollte sich die SED keine Maßnahme gestatten, die der DDR-Regierung als Schwäche hätte ausgelegt werden können.

8.3 Finanzhilfen der Bundesregierung und der amerikanischen Regierung

Als der Kirchentagspräsident am 22. November 1955 in Bonn war, um in verschiedenen Ministerien um Unterstützung für den Frankfurter Kirchentag zu werben, fand er offene Ohren. Beamte des Auswärtigen Amtes überzeugte er „von der ökumenischen Bedeutung des Evangelischen Kirchentages und seinem para-politischen Dienst im In- und Ausland", Vertriebenenminister Oberländer gab ihm Anhaltspunkte für die Formulierung eines Antrages des Kirchentages an die Bundesregierung auf finanzielle Unterstützung,[27] und Adenauers Staatssekretär Hans Globke erklärte Thadden, die Bundesregierung wolle bei der Begrüßung der ökumenischen Gäste des Kirchentages „gastlich hervortreten".

In der Tat sollte die ökumenische Dimension des Frankfurter Kirchentages besonders betont werden.[28] Aus Sicht der Kirchentagsleitung war eine Neuauflage der gesamtdeutschen Thematik des Leipziger Kirchentages angesichts der politischen Situation nicht mehr möglich, aber der Kontaktausbau in andere Länder hatte durchaus noch nicht seine Grenzen erreicht. Auch für die Amerikaner stand die deutsche Frage nun nicht mehr an der Spitze ihrer außenpolitischen Prioritätenliste.[29] Es lag vielmehr im Interesse des amerikanischen Außenministers John Foster Dulles, den

---

26   M. WILKE, SED-Kirchenpolitik, S. 268–273; R. MAU, Realsozialismus, S. 104–106.
27   Der Aktenvermerk Thaddens über seine Besprechungen in Bonn ist bezeichnenderweise in der Mappe „Finanzen" des Kirchentages 1956 abgelegt (EZA BERLIN, 71/86/806).
28   Vgl. H. SCHROETER, Kirchentag, S. 212.
29   H.-P. SCHWARZ, Ära Adenauer, S. 343.

Deutschen in der Bundesrepublik „the strongest possible sense of their future relationship with Western Europe" zu geben.[30]

Anfang März 1956 sprach Thadden bei einem Essen der amerikanischen Botschaft über den Kirchentag. Hier machte er erneut deutlich, dass es dem Kirchentag allein um die Stellung der Kirche in der Welt, um die geistige Zurüstung der Laien ginge. Diese habe dann allerdings auch einen politischen Effekt:

> „What is the sense of speaking of the ‚Christian West' when we are completely in the dark when the ‚Christian Church', Christian belief and Christian behavior are debated? How can one take up the fight for freedom and right, even against the non-Christian East, if one has no idea what divine right, divine order and the freedom of the Christian message demand from the individual? Here in Germany one would really sometimes like to ask one-self if we have not long ago capitulated to the unmilitant, but for that reason none the less effective, materialism of selfish indulgence, while we imagine that we are about to challenge successfully the ideological and extremely militant materialism of the Eastern world."[31]

Die Kirchentagsleitung selbst suchte zwar bei amerikanischen Stellen offenbar nicht um direkte finanzielle Unterstützung für den Frankfurter Kirchentag nach, aber die Bundesregierung bemühte sich darum, einen Teil ihrer Kosten für die Unterstützung des Kirchentages und des kurz zuvor stattfindenden Katholikentages erstattet zu bekommen. In der Antragsbegründung des Gesamtdeutschen Ministeriums hieß es:

> „This great event, which offers valuable cultural performances, is particularly suitable to strengthen relationships with people from the Soviet Zone. Soviet Zone visitors will be given an opportunity to become encouraged in their religion, they will return to their homes with fresh courage and remain resistant, more than ever, to influence of the Soviet Zone system."[32]

Das Grußtelegramm, das Bundeskanzler Adenauer später, zu Beginn des Kirchentages, nach Frankfurt schicken sollte, enthielt ähnliche Gedanken.[33] In ihm hieß es, nur ein „siegreiches Bestehen" des „Kampf[es]" gegen den Materialismus" könne „unser Vaterland und ganz Europa für das Christentum retten". Adenauer wünschte dem Kirchentag, er möge „die christliche Front in Deutschland festigen." Diese Front konnte sowohl zwischen Ost und West als auch zwischen „unchristlichen" und „christlichen" Parteien im Westen stehen. In beiden Fällen befand sich die Bundesregierung aus der Sicht Adenauers auf der „richtigen" Seite.

Die Bundesregierung beteiligte sich mit knapp 900.000 DM an den Kosten des Kirchentages.[34] Die geleistete amerikanische Unterstützung, die di-

---

30 Hier und im Folgenden: D. FELKEN, Dulles, S. 405–408.
31 Redetext Thaddens (NARCH WASHINGTON, RG 59, Loc. 59/6E4/12/5/F, Box 4778).
32 Gesamtdeutsches Ministerium an US-Botschaft in Bonn, 21.06.56 (EBD.).
33 Telegramm Adenauers, 07.08.56 (EZA BERLIN, 71/86/574); „Die Welt", Hamburg, 09.08.56.
34 225.000 DM als nicht zweckgebundener Bundeszuschuss, 26.000 DM aus dem Bundesjugendplan, 630.000 DM als Erstattung der Rückreisekosten von Frankfurt zum Heimat-

rekt an die Bundesregierung gezahlt wurde,[35] belief sich auf noch einmal
1.520.000 DM.[36] Insgesamt erhielt der Kirchentag damit über 2,4 Millionen
DM von Regierungsseite. Die Ausgaben für die Ostteilnehmer (Fahrtko-
sten, Tagesgeld, kulturelle Betreuung) wurden zu etwa 95 Prozent, die
übrigen Kosten zu knapp 20 Prozent getragen.[37]
    Der Frankfurter Kirchentag stand und fiel also mit dem Geld aus Bonn
und aus Washington.

8.4 Vorbereitungen von Seiten der DDR

Nach dem Willen der SED-Führung sollten die Christdemokraten in der
DDR keinerlei Entscheidungen über die Vorbereitung und Durchführung
des Kirchentages treffen dürfen. So legte eine von Paul Wandel redigierte
Aufzeichnung der SED-Arbeitsgruppe „Kirchenfragen" Maßnahmen fest,
die von der CDU zu ergreifen seien.[38] Die prominenten Kirchentagsteilnehmer aus den Reihen der CDU sollten frühzeitig benannt werden, und
die Unionspresse sollte zu einer Artikelserie angeleitet werden, die die
„Verantwortung der Kirche im Kampf um die Verhinderung der Durchführung der Wehrpflicht in Westdeutschland und die Unterstützung der
Kräfte in der evangelischen Kirche, die gegen Militarismus und für Verständigung eintreten", betonen sollte. Darüber hinaus thematisierte die
CDU-Presse natürlich das geplante Auftreten Nuschkes in Frankfurt, das
für den Stellvertretenden Ministerpräsidenten und für die DDR-Regierung
insgesamt einen Prestigegewinn mit sich bringen würde. Neben Nuschke
sollten in Frankfurt möglichst viele „Unionsfreunde" auftreten.[39] In keinem
anderen Rahmen hätten DDR-Politiker so große Aufmerksamkeit in der
Bundesrepublik erzielen können – so konnte die DDR aus Ost-Berliner

---

ort in der DDR (Aufstellung „Beihilfen Bundesministerien DEKT Frankfurt 1956",
28.01.59, EZA BERLIN, 71/86/806). StS Franz Thedieck vom Gesamtdeutschen Ministerium
protestierte beim Bundesinnenministerium gegen die Kürzung des Bundeszuschusses
von 250.000 DM auf 225.000 DM (Thedieck an BMI, 18.07.56, BArch KOBLENZ, B
106/21406). Die Kürzung sei ein politischer Fehler wegen der „gerade in diesem Jahr
ganz besonders große[n] gesamtdeutsche[n] Bedeutung der Kirchentage [scil. des Kirchentages und des Katholikentages], an denen etwa 46 000 Deutsche aus der SBZ teilnehmen werden."

35 Die Aufstellung der Beihilfen (EZA BERLIN, 71/86/806) weist als Tagesgeld für die Ost-
    teilnehmer 1.440.000 DM, für ihre „kulturelle Betreuung" 180.000 DM auf. Dies ergibt zu-
    sammen 1.620.000 DM. Der Kirchentag brachte 100.000 DM an Eigenmitteln auf. Als
    Quelle der 1.520.000 DM wurde das Ministerium für Gesamtdeutsche Fragen angegeben.
36 Der im selben Jahr stattfindende Katholikentag erhielt über zwei Millionen DM. Über
    beide Zuschüsse: Tasca an das State Department, 16.07.56, 20.07.56 (NArch WASHINGTON,
    RG 59, LOC. 59/6E4/12/5/F, Box 4778).
37 Beihilfen Bundesministerien DEKT Frankfurt 1956, 28.01.59 (EZA BERLIN, 71/86/806).
    Zum Volumen der übrigen Ausgaben: Walz an den Magistrat der Stadt Frankfurt am Main,
    11.03.57 (EBD., 71/86/275).
38 SAPMO-BArch, DY 30/IV 2/14/115, S. 33–37.
39 Parteileitung der CDU an Thadden, 09.07.56 (EZA BERLIN, 71/86/620).

Sicht hier nur gewinnen. Lothar Kreyssig bereute deswegen schon, dass „Dieckmann, Götting und Konsorten" nach Frankfurt kommen würden,[40] aber die Einladung war nun ohne großen Schaden nicht mehr rückgängig zu machen.

Die politischen Aussagen einer anonymen Broschüre mit dem Titel „Frankfurt am Main. Die Stadt des Deutschen Evangelischen Kirchentages 1956", die vom Dresdener CDU-eigenen Verlag „Die Union" herausgegeben wurde, waren in ihrer Verhaltenheit ganz auf ein DDR-kritisches, aber auf Versöhnung zwischen Ost und West ausgerichtetes Publikum ausgerichtet.[41] Grüber hatte zu der Broschüre sogar ein Geleitwort geschrieben. In ihr hieß es, daß den „Verhärtungen" im „westlichen Deutschland" mit dem „Nein des Glaubens" entgegengetreten werden solle. Martin Niemöller wurde als der „genius loci" des Frankfurter Kirchentages bezeichnet.

Adenauer bemühte sich, den von der DDR-Regierung erwarteten Propagandaeffekt zu verhindern. Dem Kirchentagspräsidenten erklärte der Bundeskanzler am 18. Juli, er lehne Zusammentreffen von westlichen und östlichen Politikern ab, ganz gleich auf welcher Ebene.[42] An Ministerialrat Hans Puttfarcken, der gute Beziehungen zu Niemöller unterhielt, schrieb Thadden, dass Adenauer dagegen

> „mit dem Gedanken einverstanden [war], eines der drei privaten Frühstücke des Kirchentagspräsidenten zu benutzen, um auch einige Ostteilnehmer von politischer Bedeutung zusammen mit Kirchenpräsident Niemöller und einigen anderen ausländischen und inländischen Persönlichkeiten einzuladen."

Diese Frühstücke sollten aber auf jeden Fall außerhalb der Stadt Frankfurt, fernab vom Kirchentagsgeschehen, stattfinden, „um jeden Mißbrauch dieser ganz unoffiziellen Angelegenheit zu vermeiden."

Der Besuch Nuschkes in Frankfurt wurde von dem Leiter der „Hauptabteilung Verbindung zu den Kirchen", Max Hartwig, vorbereitet. Hartwig dachte sich schon im Vorfeld, dass der Besuch seines Chefs in der Bundesrepublik einige politische Unannehmlichkeiten mit sich bringen könne.[43] Auch der Kirchentagspräsident sah voraus, dass sich wegen des Wunsches der Bundesregierung, „die Herren der DDR auf dem Kirchentag als nicht existent anzusehen", Probleme ergeben würden.[44] Deswegen stellte die Kirchentagsleitung dem Stellvertretenden Ministerpräsidenten einen „Adjudanten" zur Seite. Für diese Funktion wurde der Leiter des Hamburger Landesausschusses der Kirchentages, Timmermann, ausgewählt. Dieser Beauftragte sollte etwaige Probleme gleich vor Ort lösen. Außerdem konnte er einerseits dem Gast aus der DDR das Gefühl besonderer Bedeutung geben, andererseits den Ministerpräsidenten genau be-

---

40   Kreyssig an Giesen und Walz, 03.08.56 (EZA Berlin, 71/86/244).
41   EZA Berlin, 71/86/244.
42   Hier und im Folgenden: Thadden an Puttfarcken, 18.07.56 (EZA Berlin, 71/86/276).
43   Kreyssig an Thadden, 23.07.56 (Ebd.).
44   Bericht Timmermanns über seine Arbeit, 03.09.56 (Ebd.).

obachten, um so bei etwaigen Komplikationen eine wichtige Informationsquelle für die Kirchentagsleitung zu sein.

Neben den Prominenten kamen natürlich auch zahlreiche Christen aus der DDR nach Frankfurt. Die DDR-Regierung stellte Transportraum für 10.000 Kirchentagsbesucher sicher,[45] insgesamt kamen aber mehr als doppelt so viele DDR-Bürger, nach Kirchentagsangaben 23.800.[46]

Dies ist sicher auch als Manifestation des deutschen Einheitswillens und als christliches Bekenntnis zu werten. Nicht außer Acht lassen sollte man jedoch, dass die Reisekosten für 18.000 Teilnehmer aus der DDR nahezu komplett bezahlt wurden. Vielleicht ließen sich viele auch einfach eine kostenlose Reise in den Westen nicht entgehen?[47] Niemand hat die Teilnehmer aus dem Osten gefragt, warum sie nach Frankfurt gekommen waren.

8.5 Der Verlauf des Kirchentages

Die Losung des Kirchentages, „Lasset euch versöhnen mit Gott", war betont geistlich gemeint. Mit dem Wort sollte es nach der Vorstellung Thaddens darum gehen, „daß man die Tagesereignisse und die alltäglichen Emotionen an ihren Ort in einem größeren Ganzen verweist."[48] Keine Tagespolitik, keine nationalen Bekenntnisse, sondern Volksmission: Wie immer bemühte sich der Kirchentagspräsident, seinem Konzept den Vorrang zu verschaffen.

Nicht umsonst meldete die Presse, Niemöller habe die Losung als „weltfremd" kritisiert.[49] Der Kirchenpräsident bestritt zwar, sich so geäußert zu haben, denn es gebe gar keine andere Lösung als die Versöhnung mit Gott angesichts der Probleme der Zeit.[50] Aber ganz gleich, ob er Kritik geäußert hatte oder nicht, Niemöller versuchte in seinem Dementi eine ganz andere Interpretation, als sie Thadden vorschwebte: Niemöller wollte politische Fragen beim Namen nennen.

Auch der Dokumentarband vom Frankfurter Kirchentag sprach eine andere Sprache als Thadden. Dort hieß es gleich zu Beginn, dass die Welt in feindliche Blöcke gespalten sei und dass die „Friedlosigkeit" auch in die Gemeinden hineingreife.[51] In diesen Riss wolle der Kirchentag treten. Zudem solle die ökumenische Komponente des Mottos bedacht werden. Angesichts des neuen Wohlstandes in Deutschland („Rascher, als wir alle

---

45 Av. Beeg, 20.06.56 (Ebd., 71/86/244).
46 DEKT-Dok. 56, S. 530.
47 Einen kleinen Hinweis auf diese Interpretation gibt der „Kirchentagsfilm", in dem Dokumentar- und Spielszenen einander abwechseln. In der fiktiven Handlung berichtet der Film von einem jungen Mann, der in erster Linie nach Frankfurt kommt, um einen Freund wiederzusehen (Kirchentag: Begegnung in Frankfurt, FFFZ Düsseldorf, F 035-1).
48 Av. Walz' über Gespräch mit Thadden, 12.01.56 (EZA Berlin, 71/86/276)
49 „Deutsche Volkszeitung", Düsseldorf, 18.08.56.
50 ZAEKHN Darmstadt, 62/1120; M. Niemöller, Kirchentag ruft.
51 DEKT-Dok. 56, S. 8f.

erwartet hatten, sind wir wieder satt geworden") dürfe die Verantwortung des einzelnen für die ihn umgebende Welt auch über die Grenzen der Nation hinaus nicht vergessen werden. Hier ist stärker problemorientiertes Denken wirksam geworden. Hans Hermann Walz, der neue Generalsekretär des Kirchentages, hinterließ seine ersten Spuren.

Beim traditionellen Presseempfang am Vorabend der Eröffnung des Kirchentages machte Thadden auf die beiden großen Themenkomplexe, deutsche Frage und Ökumene, aufmerksam.[52] Die deutschlandpolitische Bedeutung des Kirchentages lasse sich schon daran messen, dass mehr als 17.000 Teilnehmer aus der DDR, also mehr, als offiziell gestattet waren, erwartet würden. Der Dresdener Synodalpräsident Reimer Mager fügte hinzu, dass die evangelischen Christen aus der DDR vor allem deshalb nach Frankfurt strömten, weil sie vor Augen geführt bekommen wollten, „daß die Christenheit nicht nur ein kleines Häuflein von Sonderlingen ist, sondern eine Schar von quicklebendigen Menschen".[53] Die Christen in der DDR würden noch stark von den Erfahrungen aus der Zeit des „Kirchenkampfes" von 1933 bis 1945 profitieren. „Wir wissen sicherlich noch viel mehr – ich meine, das sagen zu dürfen – als die Brüder in Westdeutschland, daß die Christenheit hier auf Erden einander beistehen muß, wenn sie ihrem Herrn nicht untreu werden will, daß, wenn ein Glied leidet, dann alle Glieder leiden."

Die ökumenische Funktion des Kirchentages war für Thadden keineswegs nur auf den Westen Europas beschränkt. Er hob die kirchlichen Vertreter, die aus osteuropäischen Staaten erwartet wurden, besonders hervor, obwohl Repräsentanten der westeuropäischen, amerikanischen und weiteren überseeischen Kirchen viel zahlreicher nach Frankfurt gekommen waren. Globales Denken, so der Kirchentagspräsident, sei für den Kirchentag unabdingbar, da die gegenwärtige Epoche von „einer ziemlich globalen Ausweitung der internationalen Spannungen" geprägt sei.

Auch Kirchenpräsident Niemöller als Gastgeber betonte den ökumenischen Charakter des Kirchentages.[54] In Anspielung auf seine Ablösung als Präsident des Kirchlichen Außenamtes ein Jahr zuvor erklärte er, er sei 1947 von der hessen-nassauischen Landeskirche zum Kirchenpräsidenten mit der Maßgabe gewählt worden, „daß ich um Himmelswillen die ökumenische Arbeit in der weiten Welt über meinem neuen Amt nicht zurücktreten lassen sollte."

In seiner Predigt im Eröffnungsgottesdienst auf dem Römerberg machte Niemöller noch einmal deutlich, dass das Kirchentagsmotto zu Buße und Versöhnung aufrufe – über Grenzen hinweg. Trotz um sich greifender Selbstgerechtigkeit, seien viele „regelrecht wieder fromm geworden" und hätten „den gottlosen und gottwidrigen Materialismus in Acht und Bann getan".[55]

---

52 DEKT-Dok. 56, S. 35–39.
53 Hier und im Folgenden: Ebd., S. 43f.
54 Ebd., S. 40–42.
55 Ebd., S. 65–69, hier: S. 65f.

So politisch diese Predigt im Grunde interpretiert werden konnte, so verhallte doch ihre Wirkung angesichts der öffentlichen Resonanz auf den Staatsempfang, der im Anschluss an den Eröffnungsgottesdienst im Frankfurter Römer stattfand. Die anwesenden DDR-Politiker wurden nämlich nicht zu diesem Empfang gebeten.[56] Der hessische Ministerpräsident Zinn, formal Gastgeber des Empfanges, hatte keine Bedenken gehabt, Nuschke und Dieckmann einzuladen,[57] aber Adenauer hatte gegenüber Thadden keinen Zweifel an seinen Wünschen gelassen.[58] Heinrich Giesen versuchte, diese offenkundige Absprache des Kirchentages mit der Bundesregierung dadurch zu vertuschen, dass er auf einer Pressekonferenz erklärte, Bundestagspräsident Ehlers sei beim Leipziger Kirchentag auch nicht zum Empfang der Stadt eingeladen worden.[59] Später musste die Kirchentagsleitung einräumen, dass diese Bemerkung Giesens „hinsichtlich des Empfanges der Stadt Leipzig auf einem Gedächtnisirrtum" beruhte.[60]

Um dem Eindruck entgegenzuwirken, Nuschke und Dieckmann sollten einfach ausgeschlossen werden, wurde am Tage der Eröffnung kurzfristig ein Essen für die DDR-Politiker improvisiert, das gleichzeitig mit dem Staatsempfang stattfinden sollte.[61] Obwohl das Abendessen in einem Restaurant in der Nähe des Römers, bei dem einige Mitglieder des Kirchentagspräsidiums sowie Frau und Sohn des Kirchentagspräsidenten anwesend waren, recht „harmonisch" verlief, war der Eklat spätestens dann da, als Nuschke das Lokal verließ und sich einer Menschenmenge von einigen tausend Kirchentagsteilnehmern gegenübersah, die nicht etwa ihn, sondern den Bundespräsidenten erwarteten, der kurz darauf den Staatsempfang verlassen sollte. Nuschke wurde von den Teilnehmern nicht einmal erkannt, was seine Verärgerung über die Situation noch vergrößert haben dürfte. Sein Referent Hartwig beschwerte sich umgehend bei dem „Adju-

---

56 So Kreyssig auf der Arbeitstagung des Ostausschusses des DEKT, 25.09.56 (EZA BERLIN, 71/86/149); vgl. Bericht Timmermanns, 03.09.56 (EBD., 71/86/620). Angesichts dessen ist es merkwürdig, dass Dibelius beim Staatsempfang erklärte: „Die Kirche nimmt in dieser fröhlichen Freiheit dankbar alle Hilfe an, die ihr von den staatlichen und städtischen Organen gewährt wird, ohne jede Bedingung auf das Risiko hin gewährt wird, daß nicht alles, was passiert, nach Willen und Geschmack der leitenden Männer des Staates sein möchte" (DEKT-DOK. 56, S. 83).

57 Puttfarcken an Thadden, 17.07.56 (EZA BERLIN, 71/86/276). Bundespräsident Heuss soll bei dem Empfang gefragt haben, wo denn sein „alter Freund" Nuschke sei, mit dem er schon gemeinsam im Reichstag gesessen hatte.

58 Thadden an Puttfarcken, 18.07.56 (EZA BERLIN, 71/86/276); vgl. auszugsweise Abschrift aus dem Protokoll über die Arbeitstagung des DEKT am 24./25.09.56 in Berlin (EBD., 71/86/620). Kurz nach dem Kirchentag schrieb Thadden an Oskar Hammelsbeck von der „Stimme der Gemeinde" (18.08.56, EBD.), die Bundesregierung habe ihn wissen lassen, dass „eine wortwörtliche Wiederholung der Leipziger Vorgänge 1954 [...] mit der Situation in der Bundesrepublik nicht vereinbar sei."

59 „Die Welt", Hamburg, 10.08.56.

60 Rundschreiben des DEKT an die Vorsitzenden der Landesausschüsse, 28.11.56 (EZA BERLIN, 71/86/620).

61 Angaben zu dem Essen entnommen dem Bericht Timmermanns, 03.09.56 (EBD., 71/86/620); vgl. auch „Die Welt", Hamburg, 13.08.56.

danten" Timmermann. Der konnte nichts anderes tun, als den vorwurfs-
vollen Hinweis, in Leipzig seien zwei Jahre zuvor Politiker aus Ost und
West zusammen gewesen, zur Kenntnis zu nehmen. Hier machte sich das
Fehlen des 1954 verstorbenen Hermann Ehlers bemerkbar, der sich beim
Leipziger Kirchentag souverän über die Wünsche des Bundeskanzlers hin-
weggesetzt hatte.[62]

Nicht nur die prominenten Kirchentagsgäste aus der DDR, auch
Niemöller zeigte sich entrüstet über den Verlauf des ersten Tages. Der Kirchenpräsident behauptete, er sei von der Mitwirkung bei dem Empfang
vom Präsidium praktisch ausgeschlossen worden (was nicht stimmte),[63]
und erhob schwere Vorwürfe gegen das Präsidium des Kirchentages, das
mit diesem „unmöglichen Empfang" gezeigt habe, wie es um seine Unabhängigkeit bestellt sei.[64]

„Kleine Essen", wie das für Nuschke, Dieckmann und ihre Begleiter
veranstaltete, machten einen erheblichen Teil der Diplomatie auf dem Kirchentag aus. Um auf so glattem Parkett nicht auszugleiten, hatte das Aus-
wärtige Amt dem Kirchentagspräsidenten eigens auf dessen Bitte einen
Attaché zur Verfügung gestellt, der in Abstimmung mit der Protokollabtei-
lung des Außenministeriums „die Grundlinien des Placements" festlegte.[65]

---

62   Der junge Johannes Rau schrieb über den vorletzten Tag des Kirchentages: „Als der stell-
      vertretende Oberbürgermeister von Leipzig, Hodel, berichtete, in Leipzig hätten Dieck-
      mann und Ehlers zusammen gesessen und geredet, als er fragte, warum das nicht in
      Frankfurt wieder geschehe, erhielt er wörtlich zur Antwort: ‚Herr Dieckmann ist heute
      mittag abgereist, und Hermann Ehlers ist tot.' [...] Ganz gewiß sind Nuschke und Dieck-
      mann auch aus politischen Gründen nach Frankfurt gekommen. Sie haben manche
      schwierige Antwort den Fragenden vorenthalten und manchen Anlaß zur Unzufrieden-
      heit gegeben. Aber der Kirchentag hat seine Aufgabe, um Christi willen zu einigen und
      zueinanderzuhelfen über alle politischen Grenzen hinweg, nicht erfüllt. Er hat in mensch-
      lichen Dingen und in Fragen der Höflichkeit mehr versagt, als wir Christen das dürfen"
      (J. Rau, Fragen, Sp. 435; vgl. Schreiben von Johannes Rau an Verf. vom 20.02.96). Der
      Chefreporter der „Welt", Joachim Besser, kommentierte („Nuschke war der Stein des An-
      stoßes", 13.08.56): „In Leipzig sprach der verstorbene Bundestagspräsident Ehlers sou-
      verän mit Nuschke. Es wäre klug gewesen, in Frankfurt die gleiche Souveränität an den
      Tag zu legen."
63   Niemöller an Besser, 13.08.56 (ZAEKHN Darmstadt, 62/1120); dagegen: Av. Thaddens
      über seine Besprechungen mit Niemöller wegen des Staatsempfanges, 01.02.56 (EZA Ber-
      lin, 71/86/275). Richtig ist lediglich, dass Niemöller Thadden empfohlen hatte, bei der
      Auswahl der Teilnehmer am Empfang, die von der Bundesregierung vorgeschlagen wor-
      den waren, den „sozialistischen Charakter" der hessischen Landesregierung „sorgsam [zu]
      beachten." Aber schon in der Besprechung vom 01.02.56 war Niemöller eine Teilnahme-
      meliste vorgelegt worden, die keine Namen von DDR-Poltikern enthielt.
64   Niemöller an Giesen, 14.08.56 (EZA Berlin, 71/86/620). Auch der in diesem Schreiben
      enthaltene Vorwurf, Niemöller habe Predigten und Bibelarbeiten praktisch gegen seinen
      Willen abhalten müssen, traf nicht zu, wie der umfangreiche Briefwechsel Niemöllers be-
      legt, in dem er seine umfassende Mitarbeit bei dem Kirchentag in seiner Landeskirche
      selbst angeboten hatte (ZAEKHN 62/1120).
65   Zur Tätigkeit des Attachés v. Krosigk: Memorandum Kallenbachs, 02.10.56 (EZA Berlin,
      71/86/620); Vortragende Legationsrätin Pappritz, stv. Chefin des Protokolls, an Thadden,
      26.07.56 (Ebd., 71/86/276); Aufzeichnung v. Trützschler, Chef der Kulturabteilung,
      24.07.56 (PolArchAA Bonn, 602/216, Az. 88/8503).

Die Arbeitsgruppe Politik sollte die stärkste politische Resonanz hervorrufen. Unter den 15.000 Teilnehmern[66] befand sich auch Otto Nuschke. Das Oberthema dieser Arbeitsgruppe hieß: „Der organisierte Mensch."

Schon frühzeitig hatte sich die Grundtendenz herausgestellt, die in der Arbeitsgruppe vertreten werden sollte. Im Frühjahr 1955, also noch vor den beiden Genfer Konferenzen, hatte man begonnen, über die inhaltliche Gestaltung der Arbeitsgruppe III nachzudenken. Bei einer Tagung der Arbeitsgruppenleitung in der von Eberhard Müller geleiteten Evangelischen Akademie Bad Boll war als Thema vorgeschlagen worden: „Völker und Mächte: Notwendigkeit (oder Freiheit) und Grenze des Miteinander."[67] Die Notwendigkeit des Miteinander hatten die Tagungsteilnehmer in Fragen der Ökumene gesehen, die Grenzen im „Problem der ideologischen Machtblöcke." Man wollte herausarbeiten, wo die Grenzen individueller Mitwirkung in einem atheistischen Staat liegen könnten.

Diese Thematik wurde zwar noch etwas „entschärft", aber das grundsätzliche Anliegen, zur Kooperation im Bereich der Ökumene und zur Verweigerung im politischen Bereich der DDR aufzurufen, blieb erhalten.

Am ersten Tag der Arbeitsgruppe hielt Günter Jacob, der Cottbuser Generalsuperintendent, das Hauptreferat zum Thema „Macht und Ohnmacht des Systems", in dem er mit dem Verhältnis von Staat und Religion ein deutschlandpolitisch sensibles Thema behandelte. Der Tübinger Politikwissenschaftler Theodor Eschenburg hingegen ging mit seinem Korreferat „Macht und Ohnmacht der Verbände" eher auf westdeutsche Verhältnisse ein, nämlich die Rolle von Verbänden in einer pluralistischen Gesellschaft.[68] Eschenburg war damals schon allgemein bekannt; er hatte den Begriff „Herrschaft der Verbände" geprägt, der in der öffentlichen Diskussion der Bundesrepublik der fünfziger Jahre eine große Rolle spielte.[69]

In Jacobs Referat waren im Vorfeld von Seiten der Ost-CDU große Erwartungen gesetzt worden. Der Cottbuser Generalsuperintendent hatte sich nämlich auf der außerordentlichen EKD-Synode im Juni in Berlin-Spandau dafür eingesetzt, gegenüber dem Staat DDR nicht auf unbedingten Konfrontationskurs zu gehen, sondern einen Weg für die Kirche innerhalb der DDR zu finden, da der Staat DDR durchaus Obrigkeit im Sinne von Römer 13 sein könne.[70] Jacob hatte damit dem Magdeburger Konsistorialpräsiden-

---

66 „Die Welt", Hamburg, 10.08.56.
67 Hier und im Folgenden: Bericht Dombois' über die Tagung der Arbeitsgruppenleitung vom 29./30.03.55 in Bad Boll [!] (EZA BERLIN, 71/86/134).
68 DEKT-DOK. 56, S. 260–268. Mit der ihm eigenen Unbekümmertheit konnte Heinrich Giesen im Vorfeld des Kirchentages schreiben: „So ist es doch: Wir sind organisiert. Wir müssen uns organisieren. Fällt die Organisation, fällt der Verband aus, so stehen wir allein und ungeübt, allem ausgeliefert." (Bald ist Kirchentag, S. 10). Ganz selbstverständlich geht der Generalsekretär hier von der Rolle von Verbänden als intermediären Verbänden der Interessenartikulation aus, während sie im Bereich der DDR eben dies nicht darstellten, sondern „Transmissionsriemen" zur Durchsetzung des Willens der Partei waren.
69 C. KLESSMANN, Zwei Staaten, S. 124f.
70 „Für die Information", o.D. (ACDP ST. AUGUSTIN, VII-013/1794); BERLIN 1956, S. 17–29, v. a. S. 27; vgl. die Analyse der Rede Jacobs bei D. POLLACK, Kirche, S. 160–162.

ten Kurt Grünbaum widersprochen,[71] einem früheren Mitarbeiter in Nuschkes „Hauptabteilung Verbindung zu den Kirchen", der in Spandau ein „Wort
zur gegenwärtigen Lage der evangelischen Kirche in der DDR" vorgestellt
hatte, in dem diese Lage als besonders dramatisch geschildert wurde.[72] Die
Kritik Jacobs an Grünbaum wurde vielerorts als Versuch des Generalsuperintendenten gewertet, sich an die staatlichen Autoritäten anzunähern.

Sechs Wochen nach der Synode zeigte Jacob, dass es ihm keineswegs
um eine bloße politische Annäherung an die DDR ging.[73] In seinem immer
wieder von Beifall unterbrochenem Referat[74] sprach er davon, dass der
Mensch durch die Überbetonung von Arbeit immer mehr entmenschlicht
würde, denn er habe keine Muße mehr. Die Unruhe, die daraus für den
Einzelnen herrühre, sei „von den Repräsentanten der jeweiligen Ausbeuterklasse anerzogen" worden. Der Atheismus wolle die Erlösung von dieser erzeugten Unruhe durch die Aufhebung der Grenze zwischen Arbeit
und Privatspäre. Das ganze Leben des Individuums werde der Macht eines
Systems unterstellt, in dem „freie Menschlichkeit" nicht mehr möglich sei.
Der Mensch als Geschöpf Gottes aber dürfe keiner Ideologie unterworfen
werden, sonst sei es um seine Freiheit geschehen. Der Christ solle aus dieser Freiheit heraus seine Aufgaben und Pflichten in einem Staatswesen erkennen und „rechte Brüderlichkeit auch gegenüber den Leuten von der
anderen Seite" walten lassen.

Hier wurde zwar einerseits eine große Ferne zum Materialismus in seiner DDR-spezifischen Prägung deutlich, andererseits aber auch eine Tendenz zu einem „sozialpaternalistisch autoritären Kulturstaat auf protestantischer Basis,"[75] der allein für Jacob Muße und Religiosität verteidigen
konnte. Trotz aller Kritik konnte der DDR-Staat von Jacob bei der Spandauer Synode als „gottgegebene Obrigkeit" anerkannt werden, denn die
Entfremdung des einzelnen von einer vormodernen Gemeinschaftserfah-
rung war ja durchaus auch in der Bundesrepublik zu beobachten.[76] Deshalb sprach Jacob, einen sozialistischen Begriff benutzend, von der „jeweiligen Ausbeuterklasse", nämlich sowohl derjenigen in Ost als auch derjenigen in West. Für die Kirche ging es nach seinem Konzept darum, ein
Verhältnis zum Staat „sui generis" zu bestimmen. Von diesem Verhältnis aus
konnten dann praktische Probleme, wie die, die Grünbaum auf der Synode geschildert hatte, gelöst werden.[77]

---

71 EBD., S. 139.
72 EBD., S. 116–119.
73 „Macht und Ohnmacht des Systems" (in: DEKT-DOK. 56, S. 252–259).
74 „Die Welt", Hamburg, 10.08.56.
75 F.W. GRAF, Ordnungsmacht, S. 309.
76 EBD., S. 311.
77 G. BRENNECKE, Sui generis, S. 302f. F. W. GRAF (Ordnungsmacht, S. 309) weist darauf hin,
    dass sich die Theologen des späteren Bundes der Evangelischen Kirchen (BEK) auf Bon-
    hoeffer als Kronzeugen und Barmen als Hauptort dieses „mündigen" eigenständigen Pro-
    testantismus beriefen. Auch bei Jacobs Referat auf der Synode ist dies deutlich erkenn-
    bar (BERLIN 1956, S. 20).

Das westdeutsche politische System als Stifter eines „sittlich-sozialen Gemeingeistes", den auch Konservative wie Otto Dibelius nach 1945 als gesellschaftliches Ziel des wieder belebten Protestantismus betrachtet hatten,[78] war Jacob höchst suspekt. Sein Konservativismus führte ihn in Gegensatz zu Dibelius. Während Jacob sich aus seinen neutralistischen Erwägungen heraus genötigt sah, die staatliche Obrigkeit in der DDR als Gegenüber anzuerkennen, lehnte Dibelius eben dies ab.[79]

In der Diskussion, die von Eschenburgs Referat ausging, wurde die konkrete Beziehung zur DDR-Problematik schnell hergestellt: Wie stand es mit der Freiheit von Verbänden und einzelnen Menschen im Osten? Der Schweriner Domprediger Karl Kleinschmidt, als SED-Mitglied bekannt, hielt Jacob vor, dass dieser die Arbeit als solche verteufeln wolle. Der Angegriffene entgegnete, es gehe ihm nur um die „Hypertrophie der Arbeit", welche die Freiheit des einzelnen in Frage stelle. Dann fragte ein Teilnehmer aus der DDR, ob Menschen, „die organisiert sind in der Ostzone", überhaupt frei sein könnten.[80] Hier war der springende Punkt getroffen, denn in einem zentralistischen Staat mit unbedingtem Gestaltungsanspruch einer Partei konnten unabhängige Organisationen freier Willensbildung eben nicht existieren.[81] Die Frage der Freiheit von Organisationen in der DDR wurde aber, vielleicht wegen der Kürze der Zeit, nicht weiter diskutiert. Lediglich Jacob ging in seinem Schlusswort auf die Problematik ein, vermied es aber, eine eindeutige Antwort zu geben, denn: „Dieses Problem ist nach vielen Seiten hin zu bedenken."[82] Eine Entscheidung für das eine oder andere politische System war von dem Generalsuperintendenten nicht zu erwarten, aber der Gegensatz zwischen seiner Perspektive und den höchst konkreten Anliegen seiner Zuhörer war immerhin deutlich geworden.

Kleinschmidt, dem einzigen „prominenten" Redner, der ideologisch im Sinne des politischen Systems in der DDR gesprochen hatte, gelang es nicht, das Thema „Der organisierte Mensch" so umzubiegen, dass sich daraus ergeben hätte, Arbeiter müssten sich in einer feindlichen Umwelt organisieren, um ihre „magere Suppe fetter zu machen."[83]

Auch die CDU-Bundestagsabgeordnete Elisabeth Schwarzhaupt wandte sich gegen Jacob. Sie erklärte, dass eine Demokratie auf ein Gefüge von Verbänden als Interessenvertretungen und Diskussionsforen angewiesen sei.

Hier standen mithin unterschiedliche Staatsvorstellungen gegeneinander. Das politische System der DDR allerdings konnte für keinen der Be-

---

78 K. Nowak, Geschichte des Christentums, S. 318.
79 D. Pollack (Kirche, S. 164f.) macht darauf aufmerksam, dass es sich bei der Differenz etwa zwischen Dibelius und Jacob nicht ausschließlich um eine politisch motivierte Differenz handelt. Auch theologische Unterschiede, nämlich die Befürwortung bzw. Ablehnung einer starken Volkskirche, spielten bei dem Konflikt eine Rolle.
80 DEKT-Dok. 56, S. 271f.
81 M. R. Lepsius, Institutionenordnung, S. 28.
82 DEKT-Dok. 56, S. 274.
83 Hier und im Folgenden: Ebd., S. 270f.

teiligten – außer für Kleinschmidt – eine Alternative darstellen. So kam es, dass Jacob von Kehnscherper in dessen Bericht an die Nationale Front als „Hauptverantwortlicher und Hauptschuldiger" für die Regimekritik bezeichnet wurde, die während des Kirchentages an der DDR geübt worden sei.[84] Für Ost-CDU-Funktionär Herbert Trebs war der Vortrag von Jacobs „das Schlechteste, was auf dem Kirchentag überhaupt gesagt und getan wurde"[85] – und das, obwohl der Generalsuperintendent die DDR als Obrigkeit anerkennen wollte.

Am zweiten Tag, dem 10. August 1956, sprach erst der englische Bischof Stephen Neill, der erste ökumenische Referent auf einem Kirchentag, dann war ein Vortrag des deutschen Botschafters in Jugoslawien, Karl-Georg Pfleiderer, vorgesehen.

Neill entsprach mit seinem „ökumenischen" Referat[86] zwar der Linie, die schon im März 1955 feststand, dennoch war er ein Ausweichkandidat. Der ursprünglich als Referent vorgesehene Gustav Heinemann hatte sich geweigert, mit dem konservativen Diplomaten zusammenzuarbeiten.[87] Wo Neill ökumenisch redete, sprach Pfleiderer, dessen Vortrag auf Grund einer Erkrankung des Referenten verlesen wurde,[88] politisch. Für ihn, der anfangs betonte, er spreche nicht „als Beamter der Regierung und nicht als Botschafter der Bundesrepublik", sondern „als Bruder unter Brüdern und Freund unter Freunden,"[89] ging es darum, mit der deutschen Frage „menschlich und persönlich" fertigzuwerden.[90] Dazu gehöre auch, dass der Westen mit seinen Forderungen nach freien Wahlen in West und Ost nicht nachgeben dürfe. Gesamtdeutsche Verhandlungen jedoch seien undenkbar, denn „Verhandlungen würden Anerkennung bedeuten."

In der Diskussion brandeten die Emotionen hoch. Hier zeigte sich einmal mehr, dass die „Politisierung" des Kirchentages, so sehr sie auch der Sache nach erfolgte, starke volksmissionarische Elemente hatte: Die Protestanten aus dem Osten erwarteten, dass wenigstens die Kirche ihre Sorgen und Nöte beim Namen nannte. Ein Pfarrer aus der DDR machte seinem Herzen über die politischen Verhältnisse in seiner Heimat Luft:

---

[84]   BArch Berlin, DO-4/1995, S. 47–55, hier: S. 53.

[85]   Bericht Trebs' über den Kirchentag (SAPMO-BArch DY 30/IV 2/14/117, S. 100; vgl. ACDP St. Augustin, VII-013/1794). Trebs meinte weiter, das Auftreten Jacobs in Frankfurt sei als Revanche dafür gedacht, dass die DDR-Regierung kirchlichen Beschwerden nicht nachgegangen war. Jacob habe Grünbaum auf der Spandauer Synode deshalb kritisiert, weil er das Klima angesichts der von ihm erwarteten Verbesserungen im Verhältnis von Staat und Kirche nicht habe belasten wollen. Diese Verbesserungen seien bis zum Frankfurter Kirchentag nicht eingetreten, deshalb habe Jacob sein kritisches Referat gehalten. – Trebs verkannte, dass das Referat Jacobs einen dritten Weg propagierte, also keineswegs freundlich gegenüber den Verhältnissen im Westen war. Im Übrigen zeigte auch die weitere Entwicklung, dass dem Cottbuser Superintendenten nichts ferner lag als ein Abrücken von der DDR und ein Schulterschluss mit dem westdeutschen Protestantismus.

[86]   „Völker und Mächte" (in: DEKT-Dok. 56, S. 275–285).

[87]   Heinemann an Thadden, 15.11.55 (EZA Berlin, 71/86/23).

[88]   „Die Welt", 11.08.56, „Frankfurter Allgemeine Zeitung", 11.08.56.

[89]   DEKT-Dok. 56, S. 286.

[90]   Hier und im Folgenden: Ebd., S. 289–291.

„Ich weiß nicht, ob ihr Brüder aus dem Westen heute morgen begriffen habt, warum mit einem Mal bei der Erwähnung freier Wahlen der Beifall so laut aufbrauste. Ich weiß auch nicht, ob die hier unter uns anwesenden offiziellen Vertreter der Deutschen Demokratischen Republik das begriffen haben. Das war wieder einmal eine Meinungskundgebung von Menschen, die ihre Meinung zu Hause nicht frei sagen können. [...] So möchte ich mir die Freiheit nehmen, den hier anwesenden Brüdern, evangelischen Brüdern aus unserer ostdeutschen Regierung zu sagen, was wir ihnen nicht zu sagen in der Lage sind. Wir Deutsche aus der Deutschen Demokratischen Republik – ich meine das deutsche Volk bei uns zu Hause – verstehen unter freien Wahlen etwas anderes, als unsere Presse es lehrt, auch etwas anderes, als unsere östliche CDU-Presse es lehrt. (Zurufe. – Diskussionsleiter: Ich bitte erneut um Ruhe!)"[91]

Dann forderte der Pfarrer „Bruder Nuschke", der als nächster Redner vorgesehen war, dazu auf, für wirklich freie Wahlen mit Einzellisten zu sorgen – getreu der Aussage Dieckmanns in einem Interview mit der „Welt" vom Vortage, in dem der Volkskammerpräsident erklärt hatte, wirklich freie Wahlen seien weniger eine Frage des Grundsatzes als eine Frage des Zeitpunktes.[92]

Die Atmosphäre war also bis auf das Äußerste gespannt, als der Stellvertretende Ministerpräsident der DDR das Wort ergriff. In seinem Redebeitrag setzte sich Nuschke, ohne auf seinen Vorredner einzugehen, für die Abschaffung von atomaren Waffen ein. Außerdem machte er darauf aufmerksam, dass der von Jacob kritisierte „materialistische Staat" – also, wie Nuschke schloss, die DDR – den Religionsunterricht und die Kirchen („Auch der letzte Kirchendiener wird von uns bezahlt") unterstütze.

Diese Ausführungen erscheinen recht unpolemisch – jedenfalls gingen sie nicht über das hinaus, was Kehnscherper oder Kleinschmidt gesagt hatten. Nuschke konnte allerdings nicht zu Ende sprechen, denn die Diskussionsleitung entzog ihm das Wort, weil er die maximale Redezeit von drei Minuten überschritten hatte. Die Kirchentagsleitung erklärte später, dass Nuschke tatsächlich mehr als fünf Minuten gesprochen habe.[93]

Nach dem Beitrag Nuschkes stellte ein West-Berliner Kirchentagsteilnehmer die Frage, wie es Nuschke verantworten könne, nicht gegen die Jugendweihe zu sein, worauf Nuschke ausrief „Falsch! Das ist eine Un-

---

[91]   Hier und im Folgenden: EBD., S. 295–297.
[92]   „Die Welt", Hamburg, 10.08.56.
[93]   Zur Redezeit von drei Minuten: Dibelius an Nuschke, 22.08.56 (EZA BERLIN, 4/12); zur tatsächlichen Redezeit: Rundschreiben des DEKT an die Vorsitzenden der Landesausschüsse, 28.11.56 (EBD., 71/86/620). Dies bestätigt auch Lorenz, der in Arbeitsgruppe III als Zeitnehmer eingesetzt war (Interview Lorenz). Die Entziehung des Wortes ist nicht genau dokumentiert. Der Redebeitrag Nuschkes, wie er im Dokumentband des Kirchentages abgedruckt ist, dürfte keine drei Minuten gedauert haben, aber die Beiträge sind im Dokumentarband teilweise gekürzt worden, so dass eine zuverlässige Schlussfolgerung daraus nicht möglich ist. Die westliche Presse berichtet durchgehend davon, dass Nuschke nach drei Minuten unterbrochen wurde. Vgl. etwa: „Der Südkurier", Konstanz, 15.08.56.

234 Verhärtung der Standpunkte. Der Frankfurter Kirchentag 1956

wahrheit!" und den Saal verließ.[94] Dem „Adjudanten" des Kirchentages, Timmermann, erklärte er, er habe sowieso um diese Uhrzeit gehen wollen.[95] Hartwig, der persönliche Referent, versuchte, seinen greisen Vorgesetzten möglichst schnell in seinen bereitgestellten Wagen zu bugsieren – offenbar, wie Timmermann vermutete, um „unkontrollierte Äußerungen" zu vermeiden. Hartwig hatte jedoch keinen Erfolg; jedenfalls gab Nuschke den anwesenden Pressevertretern bereitwillig Auskunft zu seinen Vorstellungen von gesamtdeutschen Wahlen. Hartwig beschwerte sich gegenüber Timmermann wegen des Wortentzuges und sagte Nuschkes fest eingeplante Teilnahme an einem Frühstück, zu dem Thadden für den nächsten Vormittag geladen hatte, wieder ab.

Dieckmann reiste noch am selben Tage aus Frankfurt ab. Dem Volkskammerpräsidenten blieb keine Wahl: Das Konzept, durch Begegnungen mit westdeutschen Politikern und Aussagen zu möglichen gesamtdeutschen Wahlen die anti-östliche Haltung in der Bundesrepublik aufzuweichen, war misslungen. Nun sollte wenigstens der politische Druck aufrechterhalten werden, der sich durch die Vorkommnisse in der Arbeitsgruppe III aufbauen ließ.

Als Niemöller feststellte, dass Nuschke nicht zu dem geplanten Frühstück kommen würde, sagte er seine eigene Teilnahme ebenfalls ab.[96] In einem Zornesausbruch (der wohl den Tiefpunkt des persönlichen Verhältnisses zwischen den beiden markierte) warf der Kirchenpräsident Thadden Parteilichkeit vor.[97]

Zumindest der Anlass dieses Vorwurfes war ungerechtfertigt, denn nicht Thadden hatte Nuschke von allen weiteren Veranstaltungen ausgeschlossen, sondern Nuschke war trotz wiederholter Bemühungen des Kirchentages aus politischen Erwägungen selbst nicht erschienen. Andererseits konnte der Stellvertretende Ministerpräsident die ständige protokollarische Demütigung, denen er in Frankfurt auf Geheiß der Bundesregierung ausgesetzt war, kaum hinnehmen, ohne ganz das Gesicht zu verlieren.

Nuschke jedoch gab sich noch nicht geschlagen. Am 10. August, demselben Tag, an dem er die Diskussion in der Arbeitsgruppe III verließ, erklärte er auf einem von der bruderrätlichen Zeitschrift „Stimme der Gemeinde" organisierten Treffen, dass die Bundesrepublik, wenn sie aus der

---

94 Dieser ganze Vorgang ist im Dokumentarband nicht wiedergegeben. Da die Diskussion nach den Presseaussagen aber wesentlich erregter verlief, als es der Dokumentarband vermittelt, und außerdem um einiges länger war, nämlich eineinhalb Stunden, während die im Dokumentarband abgedruckten Beiträge weniger als eine Stunde gedauert haben dürften, ist der Bericht der „Welt" (11.08.56) als glaubwürdig einzustufen. Vgl. auch Interview Lorenz.
95 Bericht Timmermanns, 03.09.56 (EZA BERLIN, 71/86/620).
96 Einladung Thaddens zu Frühstück am 11.08.56, handschriftlicher Vermerk Niemöllers: „Nicht hingegangen (Nuschke kommt nicht) Nm. 11/8." (ZAEKHN DARMSTADT, 62/1120).
97 Noch fast ein Jahr später schrieb Thadden an Niemöller (01.06.57, ZAEKHN DARMSTADT, 62/1120): „Ist es Ihnen gar nicht bewußt geworden, wie sehr Sie mich in Frankfurt mit Ihren lauten Anschuldigungen vor fremden Ohren gekränkt haben?" Memorandum Kallenbachs, 02.10.56 (EZA BERLIN, 71/86/620); vgl. Interview Kunst; Interview Lorenz.

NATO ausscheide, einen wichtigen Beitrag zur Wiedervereinigung leisten würde, denn dann sei der Weg zu gesamtdeutschen Wahlen frei. Die „Stimme der Gemeinde" kommentierte das Treffen positiv: „Wir haben keine Illusionen über die Schwierigkeiten von Verhandlungen. Aber wir wissen, dass sie möglich sind."[98] Diese Haltung war es, die Nuschke erreichen wollte. Aber solange sie nur in Hinterzimmern und nicht auf den großen Podien des Kirchentages geäußert wurde, blieb sie nahezu wirkungslos.

Bei einer größeren Pressekonferenz, die Nuschke am nächsten Tag, dem 11. August, gab, war ihm das Publikum nicht so gewogen wie am Tag zuvor bei dem Treffen der „Stimme der Gemeinde". Die Aussagen des Stellvertretenden Ministerpräsidenten, die DDR sei reicher als die Bundesrepublik, oder Flüchtlinge würden in der Bundesrepublik unterdrückt und wollten in die DDR zurückkehren, riefen bei den anwesenden Journalisten nur Kopfschütteln hervor.[99]

Zur gleichen Zeit wie diese Pressekonferenz fand in der Arbeitsgruppe III ein Podiumsgespräch statt, an dem in Vertretung von Nuschke der Volkskammerabgeordnete Hermann Kalb teilnahm. Dies wird Hartwig in Absprache mit seinen Befehlsgebern in Ost-Berlin[100] in die Wege geleitet haben. Gustav Heinemann, der auf dem Kirchentag auf eigenen Wunsch nicht als Redner auftrat,[101] war gebeten worden, zwischen der Kirchentagsleitung und Nuschke zu vermitteln und dem stellvertretenden Ministerpräsidenten anzubieten, bei dem Podiumsgespräch 15 Minuten lang zu sprechen.[102] Dieses Angebot wurde genau wie die Frühstückseinladung für denselben Tag mit Bedacht abgelehnt. Die Kirchentagsleitung sollte keine Gelegenheit mehr erhalten, die gegen sie geplanten Vorwürfe entkräften zu können.

Kalb verstand es, sich gegen die bohrenden Fragen vor allem des Magdeburger Oberkonsistorialrates Herbert Hemprich zur Wehr zu setzen und noch einmal den Standpunkt der DDR-Regierung zu freien Wahlen darzulegen. Aufsehen erregte nur das Verhalten von Elisabeth Schwarzhaupt, die im Tagespräsidium saß. Während der Diskussion schob sie dem Görlitzer Oberkonsistorialrat Hans Joachim Fränkel einen Zettel zu, mit dem sie ihn darauf aufmerksam machte, die NATO-Mitgliedschaft der Bundesrepublik stehe unter einem Wiedervereinigungsvorbehalt, was Fränkel in die Diskussion mit Kalb auch einfließen ließ.[103] In der östlichen Presse wurde nun

---

98 „700 beim Stimme-Treffen", in: „Stimme der Gemeinde" 8 (1956), Sp. 513f.
99 „Die Welt", Hamburg, 13.08.56.
100 Timmermann berichtete von häufigen Telefonaten Hartwigs mit Ost-Berlin (Bericht vom 03.09.56, EZA BERLIN, 71/86/620). Über den Inhalt dieser Gespräche konnte zwar nichts festgestellt werden, aber es liegt nahe, dass Hartwig Anweisungen über das Auftreten Nuschkes erhielt.
101 Vgl. oben S. 232.
102 Memorandum Kallenbachs, 02.10.56 (EZA BERLIN, 71/86/620).
103 DEKT-DOK. 56, S. 309; vgl. Schreiben Schwarzhaupts an Dibelius, 25.08.56 (EZA BERLIN, 71/86/620). Nach einem Bericht Trebs' soll Fränkel zu Schwarzhaupt gesagt haben, er sei intelligent genug, selbst zu formulieren (ACDP ST. AUGUSTIN, VII-013/1794). Woher Trebs dies erfahren haben wollte, gab er nicht an.

berichtet, die Bundestagsabgeordnete Schwarzhaupt habe durch wiederholte Eingriffe das Gespräch steuern wollen. Es wurde also nichts unversucht gelassen, Vorwände zum Angriff auf den Kirchentag zu finden.

Die anderen Veranstaltungen der Arbeitsgruppen des Kirchentages fielen in der öffenlichen Aufmerksamkeit deutlich ab. Nach einer Meinungs-
umfrage war den meisten Deutschen, die etwas über den Kirchentag wussten, und das waren immerhin drei Viertel der Befragten, nur der Besuch
Nuschkes und die Schlusskundgebung des Kirchentages im Gedächtnis geblieben.[104] Dies hing damit zusammen, dass die übrigen Arbeitsgruppen
auf dem Kirchentag mehr „Sacharbeit" leisteten, der keine direkte deutschlandpolitische Relevanz zuzumessen war.[105] Die Kirchentagteilnehmer jedoch suchten offenbar die Sacharbeit, denn wenn auch die Arbeitsgruppe
III mit 15.000 Teilnehmern die am stärksten besuchte war, so bleiben doch
45.000 Dauerteilnehmer, die sich anderweitig orientierten.

Die Hauptversammlung wurde wegen der politischen Verwerfungen
während des Kirchentages mit einer gewissen Spannung erwartet. Eine
Teilnahme Nuschkes an ihr war von Ost-Berlin nicht vorgesehen, was sich
daran zeigt, dass Hartwig schon vor Beginn der Versammlung abreiste[106]
und Nuschke am Vorabend erklärte, dass er nicht teilnehmen werde.[107]

Vielleicht auf Vermittlung Heinemanns[108] erschien Nuschke dann aber
doch. Er nahm zusammen mit seiner Frau mitten im Publikum Platz, wo er
schließlich ausfindig gemacht und zur ersten Reihe geführt wurde.[109] Generalsekretär Giesen forderte das Publikum zum Applaus auf, der auch gegeben wurde. Endlich war es der Kirchentagsleitung gelungen, Nuschke
wieder in den Vordergrund zu stellen, um dem Vorwurf der Parteilichkeit
entgehen zu können.

Fast bis zuletzt hatte sich Thadden gegen das Auftreten Niemöllers bei
der Schlussversammlung gewehrt, da er eine Verbeugung Niemöllers vor
der Politik der DDR befürchtete.[110] Der Ausbruch Niemöllers am Vortage
dürfte zur negativen Haltung des Kirchentagspräsidenten noch beigetragen
haben. Aber schließlich lenkte Thadden ein, vielleicht um zu vermeiden,
dass sein Bruch mit Niemöller öffentlich würde.

---

[104] Jeweils acht Prozent der Befragten erinnerten sich an diese Einzelheiten. Umfrage von EMNID. „Starke Resonanz der Kirchentage", in: Kirche in der Zeit 11 (1956).

[105] Allenfalls das Thema des zweiten Tages in der Arbeitsgruppe I, „Evangelische beichten", erregte noch gewisses Aufsehen (vgl. G. HAUPT, Lasset euch versöhnen, S. 363, 368).

[106] Bericht Timmermanns, 03.09.56 (EZA BERLIN, 71/86/620).

[107] „Frankfurter Allgemeine Zeitung", 13.08.56.

[108] Dies vermutete Niesel (Niesel an Thadden, 22.10.56, EZA BERLIN, 71/86/620). Die Vermutung erscheint plausibel, da Heinemann ja tatsächlich mit Nuschke gesprochen hatte
und wegen seiner politischen Position Nuschkes Gehör gefunden haben dürfte.

[109] Memorandum Kallenbachs, 02.10.56 (EBD.).

[110] Aufzeichnung des Legationsrates v. Kameke (Kulturabteilung des AA), 14.08.56 (POL-
ARCHAA BONN, 602/216, Az. 88/8503). Den Aufzeichnungen aus dem Auswärtigen Amt ist
besonderes Gewicht zu geben, da sich Kameke bei seinen Vermerken auf Krosigk ge-
stützt haben wird, der während des ganzen Kirchentages im Büro der Leitung arbeitete,
also in unmittelbarer Nähe Thaddens.

Auf der Versammlung, zu der mehr als 300.000 Menschen kamen,[111] konnte man wenig von den politisch relevanten Ereignissen der Vortage spüren. Das von langer Hand vorbereitete Programm[112] vermittelte vielmehr den Eindruck, als sei der Kirchentag, „ein ökumenischer und gesamtdeutscher Kirchentag", wie der Kirchentagspräsident sagte,[113] ohne Verwerfungen über die Bühne gegangen. Lediglich Niemöller sprach von „den wenig christlichen Ereignisse[n], die in den allerletzten Tagen hier in Frankfurt vorgekommen sind."[114]

So konnte Thadden im Nachhinein mit gewissem Recht behaupten, die Vorgänge um Nuschke und Dieckmann hätten sich in einer „Randzone" des Kirchentages abgespielt.[115] Die politische Bedeutung dieses Eklats konnte das jedoch nicht schmälern.

8.6 Diskussionen um die Behandlung von Nuschke und Dieckmann

Kaum zurück in Ost-Berlin, schrieb Nuschke an Grüber einen wütenden Brief, in dem er die Behandlung darlegte, die er in Frankfurt erfahren habe. „Einige führende protestantische Kreise aus der DDR", so führte er aus, hätten „ihrem Haß gegen die neue soziale Ordnung im Osten Deutschlands freien Lauf gelassen und sehr offen Propaganda-Losungen der Adenauer-Regierung zu den ihrigen gemacht." Die Provokationen, die für Nuschke aus „Kreisen" herrührten, „die offenbar im Magdeburger Konsistorium ihr Zentrum haben", seien deswegen gestartet worden, um von der Wehrpflichtdebatte in der Bundesrepublik abzulenken.[116] In gleichem Sinne äußerte sich Nuschke, wie zuvor schon Dieckmann,[117] auch in einem Schreiben an Thadden, wo er noch besonders auf den Einfluss des „Bonner Protokolls" zu sprechen kam.[118] In diesem ihm anscheinend diktierten Schreiben entsprach Nuschke genau der Linie, die zur Argumentation gegen den Kirchentag und für die politische Einseitigkeit von Kirche und

---

[111] Die Welt, 13.08.56. Nach polizeilichen Angaben soll es sich sogar um fast 500.000 Besucher gehandelt haben („Der Kurier", 13.08.56).

[112] J. RAU schrieb: „In Frankfurt regierte die Routine in einem so erschreckendem Maße, daß man die verantwortlichen Männer und Frauen sehr deutlich und sehr besorgt fragen muß, ob aus Vätern in Christo nicht Programmdirektoren geworden sind, um die jede Industriegesellschaft und jedes Varieté die Kirche beneiden müßte. [... Ist] es noch vertretbar, daß man in dem von Heinrich Giesen redigierten Blatt ‚Für alle' vierzehn Tage vor Beginn des Kirchentages lesen konnte, mit welchen Segnungen die Teilnehmer von Frankfurt nach Hause gegangen sind?" (Fragen, Sp. 434.) Vgl. Joachim Besser in der „Welt am Sonntag", 12.08.56.

[113] DEKT-DOK. 56, S. 593.

[114] EBD., S. 604.

[115] Rundschreiben des DEKT an die Vorsitzenden der Landesausschüsse, 28.11.56 (EZA BERLIN, 71/86/620).

[116] Nuschke an Grüber, 18.08.56, Abschrift (EBD., 4/12).

[117] Dieckmann an Thadden, 10.08.56 (EBD., 71/86/620).

[118] Nuschke an Thadden, 18.08.56 (EBD.; ACDP ST. AUGUSTIN, VII-013/1794).

Kirchentag von der Ost-CDU ausgearbeitet worden war.[119] Gut einen Monat später distanzierte er sich wieder von seinen eigenen Ausführungen, indem er Präses Kreyssig erklärte, er habe diesen Brief nur unter dem ersten Eindruck der Ereignisse geschrieben.[120]

Für auf Grund seiner Nähe zu staatlichen Stellen in der DDR innerhalb der EKD angeschlagenen Grüber[121] waren die Vorwürfe, die Nuschke gegen den Kirchentag richtete, eine Bestätigung. In seinem Antwortschreiben an Nuschke kritisierte der Propst

> „die Nähe mancher kirchlicher Kreise zu diesen ‚Befreiungspolitikern'. Nicht Christus ist die Hoffnung ihrer Welt, sondern irgendwelche reaktionären politischen Konzeptionen. [...] Man will eben ‚Befreiung' und nicht echte Wiedervereinigung. [...] An die Stelle der Erlösung durch Jesus Christus steht die Befreiung durch den Westen."[122]

An Thadden schrieb Grüber gereizt, er werde bei der DDR-Regierung weder um einen Termin für den Kirchentagspräsidenten nachsuchen, noch ihn zu einem eventuellen zur Klärung der Vorwürfe anberaumten Treffen begleiten.[123]

Thadden, den die Ereignisse in Frankfurt körperlich und geistig schwer belastet hatten, war direkt nach dem Kirchentag erschöpft und krank in den Urlaub gefahren.[124] Dibelius versuchte nun, die Wogen zu glätten. An Nuschke schrieb der Bischof, ohne vorher mit der Kirchentagsleitung über die Vorwürfe aus Ost-Berlin gesprochen zu haben, er könne sich durchaus vorstellen, dass er, Nuschke, ungerecht behandelt worden sei. „Daß der Leiter der Arbeitsgemeinschaft III auch Ihnen gegenüber auf einer Redezeit von drei Minuten bestanden hat, kann ich nur mißbilligen."[125] Einen ähnlichen Brief erhielt Nuschke von dem Hamburger Theologen Helmut Thielicke.[126] In der Ost-CDU erkannte man sofort die propagandistischen Möglichkeiten, die sich aus den Briefen ergaben: Auf dem wenig später stattfindenden CDU-Parteitag in Weimar las Nuschke die Briefe vor. Wieder konnte die DDR-Regierung einen Punkt machen.

---

119 „Für die Information", 16.08.56 (EBD.). Der Verfasser des Memorandums ist Günter Wirth. In Frankfurt selbst hatte Nuschke sich nicht so erzürnt gezeigt.
120 Av. Kreyssigs, 25.09.56 (EZA BERLIN, 71/86/297).
121 Vgl. S. RINK, Bevollmächtigte, S. 195.
122 Grüber an Nuschke, 22.08.56 (SAPMO-BARch, DY 30/IV 2/14/117, S. 55); vgl. G. BESIER, Grüber, S. 378. Wie Besier angesichts dieser (und vieler anderer Vorgänge) im gleichen Aufsatz von einer „freilich mehr biographische[n] als politisch bedingte[n] Nähe zu leitenden DDR-Politikern" sprechen kann (EBD., S. 373), ist nicht verständlich, zumal Grüber Nuschke in demselben Brief bescheinigte, er und seine Partei hätten sich „den friedlichen Ausgleich zur besonderen Aufgabe gemacht."
123 Grüber an Thadden, 04.09.56 (EZA BERLIN, 71/86/620).
124 Thadden schrieb an Lahusen, das Präsidium habe sich nach den Tagen von Frankfurt „für anderthalb Monate ziemlich auf[gelöst]." Die „körperliche Anstrengung war für uns wohl noch nie so groß wie in diesem Jahr." (25.10.56, EBD.).
125 Dibelius an Nuschke, 22.08.56, Abschrift (EBD.).
126 Thielicke schrieb, die Behandlung der DDR-Politiker habe ihn „nicht nur empört, sondern wirklich traurig gemacht." Thielicke an Nuschke, 15.08.56, Abschrift (EBD.).

Die Kirchentagsmitarbeiter aus der DDR – vor allem die aus dem Bereich des Magdeburger Konsistoriums, über die die meiste Kritik hereinbrach – gingen nun in die Offensive. Dibelius, der Kreyssig, Lorenz und Hemprich am 11. September erklärte, er habe Nuschke nur beruhigen wollen, konnte den politischen Schaden, den er durch seinen Brief an den Stellvertretenden Ministerpräsidenten angerichtet hatte, dadurch kaum gut machen.[127] In zwei Briefen an Dibelius und Thielicke arbeitete Kreyssig in seiner Eigenschaft als Vorsitzender des Ostausschusses des Kirchentages die politischen Absichten der Ost-Berliner Politiker und die westlichen Fehleinschätzungen dieser Absichten heraus.[128] Dem Bischof schrieb er, dass dieser die Kirchentagsleitung hätte fragen müssen, bevor er an Nuschke schrieb. Dann hätte Dibelius nämlich erfahren können, dass Nuschke wegen der vermeintlich schlechten Behandlung in Frankfurt gar nicht gekränkt war, „sondern noch in Frankfurt in der Nacht zum Donnerstag von Berlin her auf Vordermann gebracht worden ist, nämlich in der Linie der eindeutigen Tendenz, die er jetzt zeigt." Die Politiker der Ost-CDU hätten nur versucht, so Kreyssig weiter, auf dem Kirchentag „in geflissentlicher Ausnutzung gewisser taktischer Momente" ihre politische Linie weiter fortzusetzen. Dies sei es, was die Verschlechterung des Verhältnisses von Staat und Kirche ausmache, nicht die Behandlung von Nuschke und Dieckmann in Frankfurt. Ende September fasste Kreyssig seine Überlegungen in einem Memorandum an die Kirchentagsleitung zusammen. Politischer Zweck der Politik von Seiten der DDR sei es, die „Anerkennung von Pankow" zu erreichen. Die Synode in Berlin-Spandau hatte eine explizite Loyalitätserklärung an die DDR-Regierung vermieden, und nun solle der Kirchentag, so Kreyssig, „vervollständigen, was auf der Synode noch fehlte." Für Dieckmann und Nuschke sei „nicht das Zusammensein von Christen mit Christen [...] das Ziel [gewesen], sondern das demonstrative Beieinandersitzen und Beieinanderstehen auf der Wochenschau, um genau das zu erreichen, was Bonn verhindert wissen wollte."[129]

Luzider als der Magdeburger Synodalpräses hätte man den Sachverhalt wohl kaum analysieren können.

Nuschke hatte Ende Mai an Grotewohl geschrieben, die DDR-Regierung „müsse zu einer wirklich kühnen globalen Bereinigung der Problematik des Verhältnisses der Evangelischen Kirche zu unserem Staat" kommen, so wie es „unsere ungarischen Freunde" auch geschafft hätten.[130] Der

---

[127] Protokoll der Kirchlichen Ostkonferenz, 12.09.56 (EBD., 4/120).

[128] Kreyssig an Dibelius, 14.09.56 (EBD., 71/86/620); Kreyssig an Thielicke, 14.09.56 (EBD.).

[129] 26.09.56 (EBD.).

[130] 31.05.56 (in: M. WILKE, SED-Kirchenpolitik, S. 263–267); vgl. R. MAU, Realsozialismus, S. 77, 103f. Wenn es sich auch hier, wie Mau richtig anmerkt, um Kritik an der Kirchenpolitik der SED der vorherigen zwei Jahre handelte, so bezog sich diese Kritik doch nur auf Detailfragen. Das grundsätzliche kirchenpolitische Anliegen des Staates, die Kirche auf rein kultische Aufgaben zurückzudrängen, blieb unangesprochen. Nuschke hat, wie Mau selbst zitiert (M. WILKE, SED-Kirchenpolitik, S. 265; R. MAU, Realsozialismus, S. 228), Willi Barths entsprechenden Vorstoß auf der III. Parteikonferenz der SED als diejenigen Worte bezeichnet, „die den Kirchen unsere Position wirklich klar machten."

Hinweis auf Ungarn, wo der Aufstand erst im Herbst 1956 ausbrechen sollte, und die ungarische Kirchenpolitik[131] zeigte, dass Nuschke bei dieser
„kühnen globalen Bereinigung" eine Veränderung unter staatlich diktierten
Bedingungen meinte. So sollte erreicht werden, dass der Staat als Obrigkeit grundsätzlich anerkannt wird.

Was Kreyssig aber nicht wissen konnte, war die Tatsache, dass Nuschkes Entmachtung schon vor dem Kirchentag mit dem Beschluss, das Staatssekretariat für Kirchenfragen einzurichten, eingeleitet war. Nuschkes Kritik
am Kirchentag war mithin, wenn sie überhaupt vollständig von ihm selbst
stammte, eher ein Rückzugsgefecht als ein neuerlicher Angriff. Das zeigt
auch die Tatsache, dass der Ost-CDU-Vorsitzende sich in seiner Kritik am
Verlauf des Frankfurter Kirchentages immer wieder auf den Leipziger Kirchentag berief, wo offiziell keine Probleme aufgetreten waren und wo
Nuschke tatsächlich noch Einflussmöglichkeiten auf die Organisation gehabt hatte. Die Angriffe auf den Frankfurter Kirchentag dienten also auch
der Rechtfertigung des Leipziger Kirchentages, für dessen Mängel Nuschke von der SED verantwortlich gemacht worden war.

Thadden machte sich die Einschätzungen Kreyssigs voll zu Eigen. Aus
dem Urlaub zurückgekehrt, erklärte der Kirchentagspräsident am 18. Oktober auf der Sitzung des Rates der EKD, der Kirchentag habe genau wie
die Synode den Wunsch der DDR nach internationaler Anerkennung voranbringen sollen. „Weil auch dieses mißglückte, ging der ganze Nuschke-
Rummel über die Bühne."[132]

Offiziell aber nahm die Kirchentagsleitung zu den Vorwürfen bis Ende
November 1956 keine Stellung. Dies geschah wohl aus Rücksicht auf die
schon angelaufenen Verhandlungen wegen eines Kirchentages auf dem
Boden der DDR im folgenden Jahr[133], aber die Kritik an den Frankfurter
Vorgängen wurde so natürlich erheblich erleichtert.

In Fulda leugnete man immer noch, dass die Bundesregierung auf den
Kirchentag Einfluss genommen hatte. Erst auf Protest aus den Landesausschüssen hin[134] wurde in dem Entwurf einer Stellungnahme zu den Vorgängen in Frankfurt, der Mitte November endlich vorlag, die Aussage ge-
strichen, nach der „zu keinem Augenblick vor und während des Kirchentages irgendein Wunsch, geschweige eine Weisung von Bonn schriftlich
oder mündlich durchgegeben worden" sei. Als der Bericht dann am 28.
November an die Landesausschüsse verschickt wurde, geschah dies unter
dem ausdrücklichen Vorbehalt, dass er vertraulich bleiben solle.[135] Trotz

131 Vgl. J. Mindszenty, Erinnerungen.
132 Notizen Thaddens für seinen Bericht vor dem Rat der EKD (EZA Berlin, 71/86/58).
133 Vgl. unten S. 247f.
134 Helga Krummacher schrieb an Giesen (18.11.56, EZA Berlin, 71/86/620), dass der Kir-
     chentag sehr wohl vom Bonner Protokoll abhängig war, was sich schon daran zeige, dass
     die Sitzordnung beim Abschlussgottesdienst erst nach vielen Telefongesprächen mit
     Bonn zustande gekommen sei. Vgl. Lahusen an Walz, 20.11.56 (Ebd.), wo diese Ein-
     schätzung bestätigt wird.
135 Protokoll der Präsidiumssitzung, 13./14.11.56 (Ebd., 71/86/23). Hier auch die Proteste der

der Bitten von östlichen Landesausschüssen und von Niemöller selbst beharrte Thadden auf der Geheimhaltung.[136] Niemöller kam zu dem Schluss,
dass er für den Kirchentag „keinen Finger mehr rühren" werde.

8.7 Politische Reaktionen auf den Kirchentag

Nach einem Bericht des sozialdemokratischen „Vorwärts" soll eine öster-
reichische Journalistin auf die Frage, was sie bei der gesamtdeutschen Begegnung in Frankfurt am meisten beeindruckt habe, ohne Zögern geantwortet haben: „Die beiderseitige Verhärtung der Standpunkte."[137] Die Vor-
fälle um die Behandlung von Nuschke und Dieckmann hatten die anderen
Themen des Kirchentages – Vorträge über die evangelische Beichte und
über ein neues Verständnis der christlichen Ehe hätten durchaus für Auf-
regung sorgen können – vollkommen in den Hintergrund gedrängt.[138] So
hatte sich die vertiefte Spaltung Deutschlands auch auf dem Kirchentag
manifestiert.

Thadden bedankte sich von seinem Urlaubsort aus bei Bundeskanzler
Adenauer mit einem langen handschriftlichen Brief für dessen Unterstützung
des Kirchentages. In ihm legte er dar, dass Nuschke und Dieckmann sich
mehr vom Frankfurter Kirchentag erhofft hätten, „als wir ihnen mit Rücksicht
auf die Situation der Bundesrepublik erfüllen konnten, wenn wir uns in der
Leitung des Kirchentages nicht in offenen Gegensatz zu der gegenwärtigen
Politik der Bundesregierung setzen wollten." Der Kirchentagspräsident versuchte dann, die Aufmerksamkeit des Bundeskanzlers auf ein „kirchlicheres
Thema" zu lenken, nämlich auf die Ökumene. Die Einbindung von Vertretern unterschiedlicher Weltkirchen habe hervorragend geklappt, versicherte
Thadden. Seit der Reformation habe kein kirchliches Ereignis in Deutschland
mehr derartige internationale Aufmerksamkeit erregt.[139]

Das lange Schweigen der Kirchentagsleitung zu den Vorwürfen wegen
der Behandlung von Nuschke und Dieckmann, der Eklat zwischen Thadden und Niemöller, der schwache Versuch Thaddens, sich bei Adenauer zu
rechtfertigen: Das alles deutet darauf hin, dass der Frankfurter Kirchentag
für die Organisation Kirchentag eine große Belastung darstellte. Immer ve-
hementer kämpften unterschiedliche Kräfte innerhalb der Organisation ge-

---

östlichen Mitglieder des Präsidiums. Der Landesausschuss der Provinz Sachsen, also des
Bereiches Magdeburg, erwog sogar, aus Protest gegen die beschlossene Nichtveröffentli-
chung geschlossen zurückzutreten.

[136] Niemöller an Thadden, 02.01.57 (EBD., 71/86/620); Thadden an Niemöller, 03.01.57
(EBD.). Thadden erklärte seine Ablehnung der Anfrage Niemöllers, ob er das vertrauliche
Memorandum öffentlich verwerten dürfe, damit, dass nun keine „zweitrangigen Punkte"
mehr diskutiert werden sollten.

[137] 17.08.56.

[138] Vgl. Umfrage von EMNID. „Starke Resonanz der Kirchentage", in: Kirche in der Zeit 11
(1956).

[139] 25.08.56 (BARCH KOBLENZ, B 136/5861).

geneinander, und eine wirkliche inhaltliche Führung war angesichts des Einflusses aus Bonn faktisch unmöglich.

Adenauer mag dies gewusst haben. Aber dem Bundeskanzler ging es nicht um den Kirchentag, sondern um seinen politischen Effekt. Dieser wurde noch verstärkt durch den Katholikentag, der vom 29. August bis zum 2. September in Köln stattfand. Mitte September erklärte Adenauer auf einer Sitzung des CDU-Bundesvorstandes, wie beeindruckt er von den Manifestationen des christlichen Glaubens in Frankfurt und in Köln gewesen sei. Er wolle „zuversichtlich in den Wahlkampf eintreten", denn:

> „Gerade für eine Partei wie die unsrige, die doch letzten Endes ihre ganze Kraft schöpft und schöpfen muß aus dem christlichen Gedanken und christlichen Grundsätzen, bedeutet es eine große Ermutigung in ihrer Arbeit, daß auf evangelischer und auf katholischer Seite solche machtvollen Kundgebungen in der heutigen Zeit überhaupt noch möglich sind."[140]

Obwohl beim Katholikentag lediglich geladene Delegierte hinter verschlossenen Türen zusammengekommen waren, wurde das Treffen schon durch die gleichzeitig stattfindende Wiedereinweihung des Kölner Domes zu einem Großereignis. Mehr als 20.000 Teilnehmer aus der DDR hatten – mit Unterstützung der Regierung der USA – an ihm teilgenommen, etwa so viel wie an dem Kirchentag in Frankfurt.[141] Auf den Katholikentag konnte der Katholik Adenauer direkteren Einfluss nehmen. Hier sprach der Bundeskanzler bei der Schlusskundgebung über eine Botschaft von Papst Pius XII. an die deutschen Katholiken, in der das katholische Kirchenoberhaupt vor einer „falschen Koexistenz" zwischen Ost und West gewarnt hatte.[142] Beide Ereignisse, Kirchentag und Katholikentag, ließen sich also mühelos in die Konzeption vom „christlichen Bollwerk gegen den Kommunismus" einbauen.

Diese Vorstellung bekräftigte Adenauer in seinem Grußtelegramm an den Katholikentag: „Wir wollen unserem Vaterland, Europa und auch unseren Brüdern und Schwestern im Osten das Christentum erhalten."[143] Er spielte damit auf die Wehrpflicht an, deren Einführung kurz zuvor vom Bundestag beschlossen worden war. Dieser neue verteidigungspolitische Vorstoß war auf erheblichen Widerstand gestoßen.[144] Deswegen musste es Adenauer politisch äußerst gelegen kommen, wenn eine Debatte um die Wehrpflichtarmee auf dem Kirchentag und auf dem Katholikentag gar nicht erst aufkam. Gerstenmaier soll angeblich vor dem Frankfurter Kir-

---

[140] Protokoll der Sitzung vom 20.09.56 (in: G. BUCHSTAB, Protokolle 1953–1957, S. 1017f.).

[141] „Frankfurter Allgemeine", 31.08.56. „Die Welt", Hamburg, 01.09.56, ging von 28.000 DDR-Teilnehmern in Köln aus, der Berichtsband vom Frankfurter Kirchentag (DEKT-Dok. 56, S. 530) von 23.800 DDR-Teilnehmern in Frankfurt (vgl. oben, Anm. 36).

[142] „Die Welt", 03.09.56. M. ZIEGLER, Kirchentag, Sp. 557f.

[143] „Frankfurter Allgemeine Zeitung", 31.08.56.

[144] Vgl. K. ADENAUER, Erinnerungen 1955–1959, S. 200–207.

chentag gesagt haben, der Kirchentag solle „singen und beten, nicht politisieren."[145]

Die Auswertung des Kirchentages, die in der DDR von Seiten der SED vorgenommen wurde, orientierte sich vor allem an den Vorgängen um Nuschke und Dieckmann, um so die These von der ideologischen Abhängigkeit des Kirchentages von der Bundesregierung zu erhärten.[146] Das Parteiorgan „Neues Deutschland" druckte gar Elogen auf Otto Nuschke,[147] um ihn zu einer Art Märtyrer der sozialistischen Sache hochzustilisieren.

Unterschiede gab es in den Einschätzungen der Teilnehmer am Kirchentag. Während Kehnscherper, in der Substanz ähnlich wie Thadden, meinte, dass das Kirchenvolk den „rechten Kirchentag" gefeiert habe und sich von dem politischen Versagen der Kirchentagsleitung (Thadden sagte: den politischen Vorgängen am Rande des Kirchentages) nicht beeindrucken ließ,[148] schrieb Kleinschmidt zerknirscht an seinen Genossen Paul Wandel: „Es ist kein Zweifel, daß niemand den westdeutschen Freunden einer friedlichen Wiedervereinigung es schwerer gemacht hat, sich auf dem Frankfurter Kirchentag dafür einzusetzen, als die Masse der Besucher aus der DDR."[149] Keine Frage: Die Besucher aus der DDR hatten den Westen politisch und kulturell aufgesogen.[150] So war die Rechnung Ost-Berlins wieder nicht aufgegangen: Weder war es gelungen, den wirtschaftlichen Aufschwung im Westen als Seifenblase darzustellen, noch konnte durch ein gemeinsames Auftreten von westlichen und östlichen Politikern Gemeinsamkeit demonstriert und so die Nichtanerkennung der DDR unterlaufen werden. Herbert Trebs konstatierte inhaltlich zutreffend, der Kirchentag habe „leider" eine Stärkung des evangelischen Flügels der CDU in der Bundesrepublik mit sich gebracht.[151]

Aber immerhin konnte Trebs auch berichten, dass 1956 mehr Pfarrer aus der DDR „loyal" gegenüber ihrem Regime eingestellt waren als noch beim Leipziger Kirchentag 1954. Dies machte er an dem Besuch von insgesamt 200 Pastoren bei Veranstaltungen des Deutschen Friedensrates in

---

[145] Abt. Kirchenfragen beim ZK der SED: Einschätzung des Kirchentages, 22.08.56 (SAPMO-BARCH, DY 30/IV 2/14/117, S. 2–9, hier: S. 2). Es spielt hier keine Rolle, ob Gerstenmaier diesen Ausspruch tatsächlich getan hat. Der Sinn des Ausspruches entspricht jedenfalls genau der Haltung der Bundesregierung im Sommer 1956. Der Satz Gerstenmaiers wird auch wiedergegeben in der links stehenden „Deutschen Volkszeitung", Düsseldorf, 18.08.56.
[146] Einschätzung des Kirchentages, 22.08.56 (SAPMO-BARCH, DY 30/IV 2/14/117, S. 2–9).
[147] Vgl. „Frankfurter Allgemeine Zeitung", 15.08.56.
[148] Auswertung Kehnscherpers (BARCH BERLIN, DO-4/1994, S. 48–55).
[149] 21.08.56 (SAPMO-BARCH, DY 30/IV 2/14/117, S. 44).
[150] Der offizielle Kirchentagsfilm zeigte das auf trivialisierte Weise, als ein fiktiver Kirchentagsbesucher aus der DDR – erstmalig waren Spielszenen eingebaut – seinem Zigarette rauchenden Freund aus Frankfurt erklärt: „Zuerst bin ich nur hergekommen, um dich wiederzusehen und um Rosel kennenzulernen. Aber jetzt ist viel mehr daraus geworden." Darauf Rosel: „Ich freue mich so!" Im Hintergrund gedämpfte Swingmusik (Kirchentag: Begegnung in Frankfurt, FFFZ DÜSSELDORF, F 035-1).
[151] Av. Trebs' (ACDP ST. AUGUSTIN, VII-013/1794).

Erfurt und Gera zur Zeit des Frankfurter Kirchentages fest. Wenn auch berücksichtigt werden muss, dass nicht alle Geistlichen nach Frankfurt hatten fahren können, so war doch bemerkbar, dass die Zahl derjenigen, die sich mit ihrem Staat irgendwie arrangieren wollten, gewachsen war. Dies sollte auch auf den Kirchentag Auswirkungen haben.

DER KIRCHENTAG AM SCHEIDEWEG

9. WIRKLICHKEIT HEUTE. DIE NEUAUSRICHTUNG DES KIRCHENTAGES 1957/58

Die Jahre 1957 und 1958 markieren einen tiefen Einschnitt in der Geschichte des Kirchentages.[1] Zwei Jahre lang fand kein großes Laientreffen statt. Die politische und kirchenpolitische Entwicklung in Ost und West ließ nicht nur die Wiedervereinigung in weite Ferne rücken, sondern auch das öffentliche Interesse am Thema erlahmen. Die deutsch-deutsche Klammerfunktion des Kirchentages war nun nicht mehr aufrecht zu erhalten.

9.1 Verhandlungen für einen Kirchentag in Thüringen 1957

Bereits im Juni 1956 hatte das Kirchentagspräsidium prinzipiell beschlossen, 1957 einen Kirchentag in der DDR zu veranstalten.[2] Der Zweijahresrhythmus war nicht durchzuhalten, da sonst, so war argumentiert worden, der nächste Kirchentag im Westen erst 1960 hätte durchgeführt werden können. Kreyssig hatte Erfurt und die umliegenden Städte als Tagungsorte für den Kirchentag ins Gespräch gebracht.[3] Bei dem Entschluss, sich für einen baldigen Kirchentag in der DDR einzusetzen, spielte für den Ostausschuss eine wichtige Rolle, dass er sich bei einem Kirchentag im eigenen Bereich einen Gewinn an Einfluss innerhalb der Organisation Kirchentag erhoffte. Eine innere Reform des Kirchentages, also eine Reflexion seiner Aufgaben und Ziele in der veränderten politischen Situation, musste demgegenüber zurückstehen.

Nach der formellen Einladung der thüringischen Landeskirche vom 12. Juli 1956 fragte Thadden bei Staatssekretär Hegen eine Woche später an, ob ein Kirchentag in Thüringen, allerdings in „dezentralisierter Form", das

---

[1] W. E. YODER (Dibelius, S. 81) macht die Zäsur in der Kirchentagsgeschichte schon für das Jahr 1956 aus, weil auf dem Frankfurter Kirchentag die allgemeine ablehnende Haltung gegenüber der DDR-Regierung deutlich geworden sei. Davon abgesehen, dass diese Haltung auch bei allen vorhergehenden Kirchentagen seit 1950 feststellbar ist, wird nicht nur durch die Zeitspanne von zwei Jahren, die zwischen den Kirchentagen von Frankfurt und München lagen, die Tatsache unterstrichen, dass der Frankfurter Kirchentag in die Reihe seiner Vorgänger und nicht seiner Nachfolger gehört. Auch die Thematik des Frankfurter Kirchentages stand, anders als diejenige des Münchener Kirchentages (vgl. unten S. 275), ganz in der Tradition der frühen fünfziger Jahre.

[2] Protokoll der Präsidiumssitzung, 11.08.56 (EZA BERLIN, 71/86/23). Hier war die Rede davon, der Beschluss sei schon am 11./12.06.56 gefallen, ohne dass sich hierfür entsprechende Unterlagen gefunden hätten.

[3] Hier und im Folgenden: Protokoll der Ostausschusssitzung, Berlin, 30.06.56 (EZA BERLIN, 71/86/453).

heißt auf mehrere Städte verteilt, denkbar sei.[4] Hegen antwortete, dies könne erst nach dem Frankfurter Kirchentag geklärt werden.[5]

Nach dem Frankfurter Kirchentag kühlten die Beziehungen zwischen der Kirchentagsleitung und der Ost-Berliner Regierung auf Grund der Auseinandersetzungen über die Behandlung von Nuschke und Dieckmann in Frankfurt merklich ab. Daran konnte Nuschke nichts ändern, der im September 1956 gegenüber Kreyssig unter vier Augen seine Mitarbeiter Wirth und Trebs kritisierte und die Vorwürfe an den Kirchentag relativierte.[6]

Kreyssig fragte einen Monat später Max Hartwig, Nuschkes Hauptabteilungsleiter, der ihn in Frankfurt begleitet hatte, ob die Diskussionen um die Behandlung von Nuschke und Dieckmann den geplanten Thüringer Kirchentag gefährden würden. Hartwig erklärte dem Magdeburger Präses: „Wenn zur Zeit keine positive Entscheidung zu erlangen sei, [...] so liege das daran, daß hauptbeteiligte Persönlichkeiten so weittragende Entscheidungen nicht mehr zu treffen wünschten, weil sie nicht wüßten, ob sie sie morgen noch verantworten würden."[7] Hartwig erklärte sogar, dass Grübers heftige Kritik an der Kirchentagsleitung „ein beträchtliches Hindernis" für die Verhandlungen zum Thüringer Kirchentag darstelle. Er, Hartwig, habe die Kritik am Frankfurter Kirchentag zu besänftigen versucht und seinen Chef überredet, doch bei der Schlussversammlung in Frankfurt zu erscheinen.

Die letzte Aussage Hartwigs ist falsch,[8] diejenige über Grüber aus seinem Munde höchst erstaunlich. Der Hauptabteilungleiter versuchte, seinen Gesprächspartner hinzuhalten, bis die Neuordnung der Kirchenpolitik in der DDR abgeschlossen war und klare Entscheidungen getroffen werden konnten.[9] Bis zum Beschluss zur Einrichtung eines Staatssekretariates für Kirchenfragen und zur Auflösung der Hauptabteilung „Verbindung zu den Kirchen" sollte es noch einen Monat dauern,[10] und solange konnte es nicht schaden, durch vermeintliche Aufgeschlossenheit gegenüber den Anliegen des Kirchentages eine Verteidigung von Seiten der Kirchentagsleitung wegen der Kritik an der Behandlung der DDR-Politiker in Frankfurt zu unterbinden.

Vorbereitungen von Seiten des Kirchentages waren einstweilen nicht möglich: Generalsekretär Giesen wurde Anfang Oktober die Einreise in die

---

4   Thadden an Hegen, 19.07.56 (EZA BERLIN, 71/86/297; BARCH BERLIN, DO-4/1972, S. 60f.).
5   Hegen an Thadden, 30.07.56 (EZA BERLIN, 71/86/297).
6   Av. Kreyssigs über sein Gespräch mit Nuschke am 25.09.56, 26.09.56 (EZA BERLIN, 71/86/297); Kreyssig an Thadden, 26.09.56 (EBD.).
7   Av. Kreyssigs über sein Gespräch mit Hartwig am 26.10.56 (EBD.).
8   Nuschke hatte bis kurz vor der Hauptversammlung erklärt, er wolle nicht teilnehmen, außerdem wäre Hartwig, der die ganze Zeit seinem Chef wie ein Schatten gefolgt war, nicht abgereist, wenn er von dessen Absicht, zur Schlussversammlung zu gehen, gewusst hätte. Nuschkes Auftritt dort war schließlich ein diplomatischer Erfolg für die Kirchentagsleitung.
9   Dies erklärte Hartwig auch offen (Av. Beegs, Kirchentagleitung Fulda, über sein Gespräch mit Hartwig, 15.12.56: EZA BERLIN, 71/86/285; Hartwig an Kreyssig, 26.01.57: EBD.).
10 Protokoll der Sitzung des Politbüros am 27.11.56 (SAPMO-BARCH, J IV 2/2/516).

DDR verweigert, als er in Thüringen für den Kirchentag das Terrain sondieren wollte.[11] Auch in den folgenden Monaten wurde Giesen an der innerdeutschen Grenze zurückgewiesen.[12]

Am 5. November traf der Staatssekretär den Kirchentagspräsidenten im
Beisein von Propst Grüber.[13] Sowohl Grüber als auch Hegen nahmen
Thadden wegen des Frankfurter Kirchentages in die Zange.[14] Grüber hatte
jetzt jede Loyalität aufgegeben. Zunächst kritisierten beide, dass es in der
Presse schon Verlautbarungen über einen Thüringer Kirchentag gegeben
habe, obwohl noch nichts entschieden sei. Hegen erklärte dann, seine Regierung werde es nicht hinnehmen, wenn sich Bonner Stellen erneut inhaltlich in einen Kirchentag einmischen würden. Der Kirchentag solle „allein Sache der Kirche" sein. Überhaupt sollten Vertreter des öffentlichen
und politischen Lebens der Bundesrepublik an dem Kirchentag nicht beteiligt werden. Die „Interessen der DDR müßten respektiert und gewährleistet sein."[15]

Dies alles sicherte Thadden dem Staatssekretär zehn Tage später, einen
Tag nach der Präsidiumssitzung, auf der der Ost-Ausschuss die Veröffentlichung der Stellungnahme des Kirchentages wegen der gegen ihn erhobenen Anschuldigungen gefordert hatte, schriftlich zu.[16] Am 23. November
beantragte er bei Hegen offiziell die Genehmigung des Kirchentages.[17]

Dieser Antrag erreichte die DDR-Regierung in einer Phase der Konsolidierung der orthodoxen SED-Kader um Walter Ulbricht. Im Herbst 1956
hatte es nicht nur in Ungarn, sondern auch in der DDR Ansätze zu inneren Reformen gegeben.[18] Die revisionistische „Harich-Gruppe" um den
Philosophen Wolfgang Harich, die ihre Ideen von einem „besonderen
deutschen Weg zum Sozialismus" propagiert hatte, wurde Ende November
1956 verhaftet. Der Aufstand in Ungarn hatte gezeigt, dass Reformen zum
Bruch mit der Sowjetunion führten und Bemühungen in diese Richtung
nicht mehr geduldet wurden.

---

[11]   Thadden an Hegen, 10.10.56 (EZA BERLIN, 71/86/285; EBD., 71/86/297; BARCH BERLIN, DO-
       4/1972, S. 3–6).
[12]   Av. Mädlers, des Geschäftsführers des Ostausschusses, 01.12.56 (EZA BERLIN, 71/86/285;
       EBD., 71/86/297); Av. Staël-Holsteins, Sekretariat Fulda (EBD.).
[13]   Av. Lorenz' über Treffen Thaddens mit Hegen am 05.11.56 (EZA BERLIN, 71/86/297); Av.
       Kuschs (BARCH BERLIN, DO-4/1972, S. 75–83).
[14]   Dies geht allein aus dem staatlichen Protokoll (EBD., S. 75f.) hervor. Lorenz könnte Grund
       gehabt haben, die Kritik Grübers nicht in das Protokoll aufzunehmen, da dies für Thad-
       den vor den Ohren Hegens besonders peinlich gewesen sein dürfte. Außerdem war Grü-
       ber nach den Vorgängen in Frankfurt besonders verärgert über Thadden, was seinen Hal-
       tung bei diesem Gespräch zusätzlich motiviert haben dürfte (vgl. Grüber an Thadden,
       04.09.56: EZA BERLIN, 71/86/620).
[15]   Av. Kuschs (BARCH BERLIN, DO-4/1972, S. 83).
[16]   Vgl. oben S. 239; Thadden an Hegen, 15.11.56 (EZA BERLIN, 71/86/297, BARCH BERLIN,
       DO-4/1972, S. 13–17).
[17]   EZA BERLIN, 71/86/285; EBD., 71/86/297; BARCH BERLIN, DO-4/1972, S. 19f.
[18]   Hier und im Folgenden: H.WEBER, Geschichte, S. 287–293; C. KLESSMANN, Zwei Staaten, S.
       304–306; A. M. BIRKE, Nation, S. 433f.

Vor dem Herbst 1956 hatte Chruschtschow auf den Reformflügel in der SED-Führung um Karl Schirdewan gesetzt. Nachdem der sowjetische Staatschef jedoch wegen der Ungarnkrise, die als Folge der von ihm ausgelösten Tauwetterperiode interpretiert werden konnte, in Moskau selbst in Bedrängnis geriet, sah sich die Gruppe um Ulbricht gestärkt. Auf der 30. Tagung des ZK der SED vom 30. Januar bis zum 1. Februar 1957 konnte verkündet werden, dass die Einbindung der DDR in das sozialistische Lager „unwiderruflich" sei. Damit war die Oppostition entscheidend geschwächt.[19] Eine deutsch-deutsche Annäherung rückte in immer weitere Ferne.

Wegen der innerparteilichen Auseinandersetzungen ließ man sich in Ost-Berlin mit einer Entscheidung weiter Zeit. Ein wirklicher Dialog mit der Kirche wurde verweigert.[20] Das betraf auch andere kirchliche Veranstaltungen mit gesamtdeutschem Charakter: Die Synode der EKD, auf der im März der Militärseelsorgevertrag in der Bundesrepublik verhandelt wurde, sollte ursprünglich in Halle abgehalten werden. Dies aber ließ die SED-Führung nicht zu, obwohl sie damit die Lage der Gegner dieses Vertrages erschwerte.[21]

Thadden versuchte, über Nuschke eine Entscheidung zum Kirchentag herbeizuführen.[22] Dieser wandte sich auch an Innenminister Maron,[23] aber das Zustandekommen des Kirchentages erschien angesichts der Ost-Berliner Hinhaltetaktik immer unwahrscheinlicher. In der Presse sickerten Meldungen durch, der Kirchentag würde ganz ausfallen.[24] Den ganzen Februar hindurch kamen die Verhandlungen keinen Schritt voran, was, wie schon bei den Verhandlungen für den Leipziger Kirchentag drei Jahre zuvor, den Druck auf die Kirchentagsleitung immer weiter erhöhte.[25] Nuschke zeigte sich „sehr betroffen" über die Verzögerung und erklärte, er wolle bei Grotewohl intervenieren.[26] Aber er konnte selbst nichts ausrichten; der Innenminister hatte es fast vier Wochen lang nicht einmal für nötig befunden, Nuschke überhaupt zu antworten.

19   Die endgültige Ausschaltung der Schirdewan-Gruppe sollte dann auf der 35. Tagung des ZK im Februar 1958 erfolgen.
20   Vgl. D. POLLACK, Kirche, S. 144f.
21   G. BESIER, SED-Staat, S. 217f. Besier zitiert kommentarlos eine Mitteilung Barths an Grotewohl vom 21.01.57 (EBD., S. 779), in der es hieß, dass die Synode nicht in Halle stattfinden könne, gerade weil dort der Militärseelsorgevertrag verhandelt werden würde. Dies war jedoch nur der Versuch Barths, eine offizielle Begründung für das Verbot der Synode zu liefern. Nuschke hatte gegen das Synodenverbot das zutreffende Argument vorgebracht, dass man so die Gegner des Militärseelsorgevertrages in die Defensive drängen würde. Aber dies war offenbar weniger wichtig, als gesamtdeutsche Veranstaltungen auf dem Boden der DDR zu verhindern. Auch J. VOGEL (Kirche, S. 188) berücksichtigt diesen Zusammenhang nicht.
22   Thadden an Nuschke, 28.01.57 (EZA BERLIN, 71/86/297).
23   SAPMO-BArch, DY 30/IV 2/14/118, S. 4f.; BArch BERLIN, DO-4/1972, S. 123f.
24   „Der Tag", West-Berlin, 07.02.57. Eine Meldung der Heidelberger „Rhein-Neckar-Zeitung" vom 18.02.57 bezeichnete Thadden in einem Schreiben an Kreyssig als „in der unsinnigsten Weise frei erfunden" (18.02.57: EZA BERLIN, 71/86/297).
25   Vgl. oben S. 193.
26   Av. Kreyssigs über sein Gespräch mit Nuschke, 15.02.57 (EZA BERLIN, 71/86/297).

Schon am 5. Februar, nachdem auf der gerade zu Ende gegangenen Tagung des Zentralkomitees jeglichen politischen Reformen eine Absage erteilt worden war, war im Politbüro diskutiert worden, wie man der Kirchentagsleitung am geschicktesten die Schuld an dem Nichtstattfinden des Thüringer Kirchentages in die Schuhe schieben könne.[27] Hier kam die Kampagne Ost-Berlins nach dem Frankfurter Kirchentag noch einmal gelegen: Der Kirchentag sollte aufgefordert werden, öffentlich für die dortigen Vorgänge Abbitte zu leisten,[28] was für die Kirchentagsleitung kaum annehmbar sein würde. Am 19. Februar wurde vom Politbüro beschlossen, vier Bedingungen an die Kirchentagsleitung zu stellen: Es sollte erstens alle „Unterstützung der friedensfeindlichen NATO-Politik" auf dem Kirchentag unterbunden werden; zweitens sollten keine Personen auftreten, „die die NATO-Politik befürworten oder in irgendeiner Form unterstützen"; drittens solle die Kirchentagleitung eine „Mißbilligung" der Vorgänge beim Frankfurter Kirchentag, „die sich gegen unseren Staat und das Ansehen seiner namhaften Vertreter richteten", veröffentlichen; viertens sollte die Kirchentagsleitung gewährleisten, dass „evangelische Vertreter der Regierung der DDR [...] im Rahmen der Veranstaltungen des Kirchentages die Friedenspolitik unserer Regierung erläutern können."[29]

Nuschke hatte nun die undankbare Aufgabe, diese Bedingungen dem Kirchentagspräsidenten zu übermitteln. Am 5. März machte er Thadden, Kreyssig und Giesen mit den vier Bedinungen bekannt und versicherte ihnen gleichzeitig, er wolle mit Maron erneut verhandeln. Über die Tatsache von Verhandlungen zwischen der DDR-Regierung und der Kirchentagsleitung könne Thadden auch vor der Synode berichten, die vom 3. bis zum 8. März wieder in Berlin-Spandau tagte.[30] Nuschke wollte gegenüber seinen Gesprächspartnern so lange wie möglich das Gesicht waren.

Reinold von Thadden erklärte der Synode aber nicht nur, dass Verhandlungen stattfänden, sondern er sprach von politischen Bedingungen,

---

27 Protokoll der Politbürositzung (SAPMO-BArch, J IV 2/2/526, S. 10). Hegen schlug vor, den Kirchentag abzulehnen, weil die Mitteilung, dass er für 1957 geplant sei, viel zu spät erfolgt sei (Vorlage an das Politbüro, o.D.: BArch Berlin, DO-4/1972, S. 57). Wie sehr dies an den Haaren herbeigezogen ist, zeigt sich daran, dass sich in Hegens Unterlagen das Schreiben Thaddens vom 19.07.56 befand, mit dem der Kirchentagspräsident erstmals auf die Planungen für 1957 hingewiesen hatte (Ebd., S. 60f).

28 Dies deutete Hegens Abteilungsleiter Kusch gegenüber dem Kirchentagsmitarbeiter Beeg am 07.02.57 an, als er diesem erklärte, das Präsidium des Kirchentages müsse „eine offizielle Erklärung für den Thüringer Kirchentag" abgeben wegen der „sehr unerfreulichen Vorgänge" während des Frankfurter Kirchentages (Av. Staël-Holsteins, 07.02.57: EZA Berlin, 71/86/285; Ebd., 71/86/297; Av. Beegs, 09.02.57: Ebd.). Die Tragweite dieser Erklärung war Beeg anscheinend nicht klar, sonst hätte er ihre Bedeutung in seinem Vermerk erläutert.

29 Protokoll der Politbürositzung (SAPMO-BArch, J IV 2/2/529, S. 2, 7–9).

30 Protokoll Giesens (EZA Berlin, 71/86/285; Ebd., 71/86/297). Das Protokoll, das Hartwig anfertigte (SAPMO-BArch, DY 30/IV 2/14/118, S. 9), erwähnt nur unverbindlich ein „ausführliches Eingehen auf die politische Lage" und, dass Nuschke noch einige „Modalitäten" klären wolle. Dies ist angesichts der Illoyalität Nuschkes gegenüber Maron nicht verwunderlich.

die eine „Politisierung des Kirchentages" bedeuten würden und „unannehmbar" seien. Aber Nuschke wolle über die Bedingungen noch einmal mit dem Innenministerium sprechen.[31]

Über das, was den Kirchentagspräsidenten dazu veranlasst hatte, seine Verhandlungspartner so in die Defensive zu drängen und Nuschke bloßzustellen, kann nur spekuliert werden. Vielleicht glaubte Thadden schon nicht mehr an eine Realisierung des Kirchentages und wollte deutlich machen, wer Schuld an dem Scheitern hatte. Jedenfalls beeilte sich Nuschke, Thaddens Bemerkungen über ihn zu dementieren.[32] Grotewohls Presseamt gab bekannt, dass allein die Kirchentagsleitung dafür verantwortlich sei, dass der Thüringer Kirchentag platze, denn die Leitung könne nicht „die Verantwortung für einen reibungslosen Ablauf des Kirchentages" übernehmen.[33]

Thadden wurde nun bedrängt, keine weiteren Erklärungen mehr abzugeben.[34] So bestand die Reaktion des Kirchentagspräsidiums auf die Erklärung des Ost-Berliner Presseamtes nur darin, dass man sich nicht äußern wolle, aber inhaltlich weiter am Kirchentag in Erfurt und Umgebung festhalte.[35] An Nuschke schrieb der Kirchentagspräsident am 11. März treuherzig, er habe ihn nicht gegen Maron ausspielen wollen, deshalb habe er die Bedingungen der DDR-Regierung nicht in Einzelheiten bekannt gemacht.[36] Auf Geheimhaltung scheint die Kirchentagsleitung aber keinen besonderen Wert gelegt zu haben, jedenfalls gab der RIAS am 13. März die Bedingungen fast im Wortlaut bekannt.[37] Oder wurden dem West-Berliner Radiosender die Bedingungen aus Ost-Berlin zugespielt, um die Stimmung noch weiter anzuheizen?

Nachdem am 8. März das Staatssekretariat für Kirchenfragen seine Arbeit aufgenommen hatte,[38] war Nuschke nun auch formell nicht mehr zuständig für Kirchenfragen. Hartwig, der den drängenden Emissären des Kirchentages noch am 11. März sagte, es könne sich nur noch um wenige Tage handeln, dann werde die Entscheidung endgültig getroffen,[39] meinte eine Woche später, durch die Einrichtung des Staatssekretariates habe sich eine neue Situation ergeben, „die noch gewisser Klärungen bedürfe."[40]

Die Stimmung wurde immer gespannter. Walter Bauer, der Fuldaer Fabrikant und Förderer des Kirchentages, versuchte sogar, die Zustimmung

---

[31] BERLIN-SPANDAU, S. 214f.
[32] Nuschke an Plenikowski, 08.03.57 (BArch Berlin, DC-20/2006).
[33] „Neues Deutschland", Ost-Berlin, 09.03.57: „Eine notwendige Klarstellung."
[34] Av. Thaddens über Ratschlag von Lilje, 08.03.57 (EZA Berlin, 71/86/285; Ebd., 71/86/297).
[35] Presseerklärung Thaddens, 09.03.57 (Ebd.).
[36] EZA Berlin, 71/86/297.
[37] Manuskript des RIAS (Ebd.). Giesen und Mädler erklärten am 11. März gegenüber Hartwig, Thadden habe nur „einigen vertrauenswürdigen Personen Einblick in die Bedingungen gegeben" (Av. Giesens, 11.03.57: Ebd.)
[38] „Neue Zeit", Berlin-Ost, 09.03.57.
[39] Hartwig zu Giesen und Mädler (vgl. oben Anm. 37).
[40] Av. Beegs über Telefongespräch mit Hartwig am 18.03.57 (20.03.57: EZA Berlin, 71/86/285; Ebd., 71/86/297).

der Ost-Berliner Regierung durch das Angebot von Bestechungsgeldern zu kaufen, aber ihm wurde mit der Begründung abgewunken, politische Überlegungen seien für die zu treffende Entscheidung wichtiger.[41]

Ende März versuchte der quasi entmachtete Nuschke ein letztes Mal, einen Kirchentag in Thüringen doch noch zu ermöglichen. Gegenüber Grotewohl erklärte er noch einmal, dass die gegenüber dem Kirchentag erhobenen Forderungen „unrealistisch" seien.[42] Am 1. April besprach der CDU-Vorsitzende die Bedingungen mit Maron, dem neuen Staatssekretär Werner Eggereath und Grotewohl[43]. Dann sagte er gegenüber westlichen Journalisten, man sei bereit, dem Kirchentag entgegenzukommen, was die Presse sofort meldete[44] und den Kirchentag veranlasste, die organisatorischen Vorbereitungen des Kirchentages unverzüglich anlaufen zu lassen.[45] Nuschke, der offenbar ein Fait accompli schaffen wollte, war sicher nicht zu einer solchen Erklärung autorisiert gewesen.[46] Jedenfalls wiederholte Maron gegenüber Thadden die vier Bedingungen.[47] Thadden antwortete darauf am 8. April, der Kirchentag unterstütze selbstredend keine kriegstreiberische Politik, die Kirchentagsplanung sei politikfern, Erklärungen zum Frankfurter Kirchentag seien bereits abgegeben worden und die „Erläuterung der Politik der DDR" könne auf dem Empfang erfolgen, der traditionell am Beginn des Kirchentages stünde.[48] Hierauf erhielt Thadden keine Antwort mehr. Ein geplantes Gespräch mit Eggerath kam, angeblich aus terminlichen Gründen, nicht mehr zustande.[49]

Der Kirchentag in Thüringen war damit endgültig geplatzt.

Günter Jacob konstatierte auf einer Sitzung des Kirchentagspräsidiums am 16. April nüchtern, die DDR-Regierung habe ihre Ablehnung des Kir-

---

41 Bauer an Thadden, 28.03.57 (EZA Berlin, 71/86/285). Bauer, der ohnehin gerade an den Verhandlungen mit der DDR-Regierung über das sog. „Kirchengeschäft A" (Lieferung von westlichen Gütern in die DDR und anschließende Gutschrift des Güterwertes auf Konten der evangelischen Kirche in der DDR) beteiligt war (vgl. G. Besier, SED-Staat, S. 241) schrieb, er habe Geld angeboten, „um die Geneigtheit, den Kirchentag zu erlauben," wachsen zu lassen.

42 Nuschke an Grotewohl, 29.03.57 (BArch Berlin, DC-20/2006).

43 Av. Beegs über Anruf Hartwigs bei Mädler am 02.04.57 (EZA Berlin, 71/86/285; Ebd., 71/86/297). Hier deutete Hartwig noch an, dass Maron auf seinen Bedingungen bestehen könnte.

44 Av. Staël-Holsteins über Anruf Mädlers, 04.04.57 (Ebd.); „Frankfurter Allgemeine Zeitung", 05.04.57; KJ 1957, S. 159ff.

45 Av. Beegs, 06.04.57 (EZA Berlin, 71/86/297).

46 Av. Staël-Holsteins über Anruf der Redaktion der „Frankfurter Allgemeinen Zeitung", 09.04.57 (Ebd.).

47 Maron an Thadden, 06.04.57 (Ebd.; SAPMO-BArch, DY 30/IV 2/14/3, S. 71). Der Innenminister erklärte dazu, Thadden habe diese Bedingungen durch seine „offene Unterstützung der NATO-Politik" auf der Spandauer Synode selbst zu verantworten, was natürlich nicht stimmte, denn die Bedingungen waren schon lange vor der Synode formuliert worden. Der Brief Marons ist abgedruckt in KJ 1957, S. 109f. und S. 160f.

48 Thadden an Maron, 08.04.57 (EZA Berlin, 71/86/285; vgl. KJ 1957, S. 110f. und 161f.).

49 Notiz Beegs über Anruf Mädlers am 12.04.57 (EZA Berlin, 71/86/285).

chentages nur so lange wie möglich hinausschieben wollen. Nuschke, der sich für den Kirchentag eingesetzt hatte, sei „nichts als ein seniles Wrack."[50]
Nun musste überlegt werden, wie die Zukunft des Kirchentages aussehen sollte. Gegen rein regionale Kirchentage sprach, so Heinrich Giesen, die Tatsache, dass diese dann keinen gesamtdeutschen Charakter trügen. „Wir können uns nicht dagegen wehren, daß im Trend der Geschichte der Kirchentag den Trend der gesamtdeutschen Begegnung bekommen hat." Aus diesem Grunde schlug der Generalsekretär einen „Kirchentagssonntag" im Oktober in Berlin als Ersatz für den ausgefallenen Kirchentag vor. Dann aber, wandte Thadden ein, müsste mit denselben Männern verhandelt werden, die nun den Kirchentag in Erfurt unmöglich gemacht hatten. So wurde beschlossen, den Plan eines Kirchentagssonntages bekannt zu machen und die Reaktionen abzuwarten.

Außerdem kam man überein, dass Thadden eine Rundfunkansprache halten solle, um die Gründe für die Absage des Kirchentages darzulegen. In dieser Ansprache, die am 27. April ausgestrahlt wurde, wiederholte Thadden die Konsequenzen, die die Kirchentagsleitung aus der Absage ziehen wollte und stellte die alles entscheidende Frage: „Steht und fällt der Kirchentag mit der Möglichkeit gesamtdeutscher Veranstaltungen?"[51]

9.2 Die Auseinandersetzung der Kirchentagsleitung mit der „Stimme der Gemeinde"

Propst Grüber behauptete nun, dass allein Thadden die Schuld am Scheitern des Thüringer Kirchentages trage. Der Brief, den Thadden am 8. April an Innenminister Maron geschrieben hatte, habe die Absage des Kirchentages ausgelöst. Durch den harschen Ton, den der Kirchentagspräsident gewählt habe, sei der Briefentwurf, den der Bevollmächtigte bei der DDR-Regierung selbst dem Kirchentag vorgelegt hatte, so verändert worden, dass er alle Brücken abgebrochen hätte.[52] Dies erklärte der aufgebrachte Grüber auch vor dem Rat der EKD.[53]

Grübers Einwand traf nicht zu. Zwar ist der Ton seines Briefentwurfes an Maron freundlich bis zur Unterwürfigkeit,[54] aber nach sechsmonatigen

---

[50]   Hier und im Folgenden: Protokoll der Präsidiumssitzung vom 16.04.57 (EZA BERLIN, 71/86/21); vgl. Protokoll der Sitzung des Ostausschusses vom 17.04.57 in Berlin (EBD., 71/86/285).

[51]   Manuskript der Rundfunkansprache (EBD., 71/86/297; LKA HANNOVER, L 3 III/1131; vgl. KJ 1957, S. 163f.).

[52]   Grüber an Thadden, 09.04.57 (EZA BERLIN, 71/86/285).

[53]   Rundschreiben Kreyssigs, 26.04.57 (EBD., 71/86/297).

[54]   Im Entwurf Grübers vom 08.04.57 (EZA BERLIN, 4/12) hieß es: „ [...] Wir verstehen, sehr geehrter Herr Minister, Ihre in Ihrem Schreiben zum Ausdruck kommenden Sorgen und wissen auch um die große Verantwortung, die Sie als Innenminister der Deutschen Demokratischen Republik für die Durchführung von Großveranstaltungen zu tragen haben." Dagegen schrieb Thadden an Maron: „ [...] Wir haben aber die besonderen Sorgen, welche Sie sich im Gefolge der jüngsten politischen Entwicklung als verantwortlicher Innenminister

Verhandlungen spielte dieses Schreiben für die Entscheidungsfindung in Ost-Berlin keine Rolle mehr.[55] Der Propst verkannte, dass die Kirchenpolitik der Regierung, bei der er die EKD vertreten sollte, grundsätzlich von machtpolitischen Überlegungen geleitet war. Solange sich die Kirche nicht auf den rein kultischen Bereich zurückzog, sondern öffentlich wirksam sein wollte und so den totalen Anspruch des staatlichen Systems in Frage stellte, wurde sie von der Regierung der DDR bekämpft. Verhandlungen waren nur dann möglich, wenn zuvor grundsätzlich festgestellt worden war, dass man der Kirche entgegenkommen wollte. Zu einem solchen Entgegenkommen bestand 1957 kein Anlass. Der neue Staatssekretär für Kirchenfragen, Werner Eggerath, versuchte vielmehr alles, um die Einheit des deutschen Protestantismus endgültig zu beseitigen. Diese Politik war auch für Zeitgenossen erkennbar: Beispielsweise verweigerte Eggerath den Dialog mit Bischöfen, die nicht in der DDR wohnten.[56]

Grübers Freunde wollten das nicht wahrhaben. Herbert Mochalski schrieb in der Mai-Nummer der von ihm selbst, Grüber, Heinemann und Niemöller herausgegebenen Zeitschrift „Stimme der Gemeinde", dass die Bedingungen Marons für den Kirchentag nicht weiter verwunderlich seien, wenn man sich die Behandlung Nuschkes in Frankfurt vor Augen rufe.[57] Aus der Veränderung des Briefentwurfes Grübers, der in der „Stimme der Gemeinde" veröffentlicht wurde, lasse sich schließen, dass die Politisierung des Kirchentages von rechts komme.

Diesen Angriff wollte die Kirchentagsleitung nicht auf sich sitzen lassen. Giesen bat die Herausgeber der Zeitschrift um ein Treffen in Fulda.[58] Niemöller lehnte eine solche „Zitation" ab und schlug vor, die Herausgeber der „Stimme der Gemeinde" sollten sich mit „einige[n] Herren vom Kirchentagspräsidium (bitte nicht der katholisierende Herr Kreyssig)" und Nuschke und Dieckmann treffen, um über die Vorwürfe zu sprechen.[59] Im Übrigen sollte das Treffen in Wiesbaden stattfinden, schließlich habe die Kirchentagsleitung nichts zu tun, da sie ja nur alle zwei Jahre einen Kirchentag veranstalten müsse. – Die Nerven zwischen Kirchentag und dem Niemöller-Kreis lagen bloß.

---

machen müssen, aufmerksam gehört und können sie aus staatspolitischen Erwägungen heraus verstehen." Grüber schlug als Formulierung zur Thematik des geplanten Kirchentages vor: „Wie Sie sehen, Herr Minister, schließt schon die Thematik eine Stellungnahme zu den aktuellen politischen Konzeptionen, sei es die NATO-Politik, seien es andere friedensfeindliche Ausführungen, aus." Dies war für die Kirchentagsleitung nicht akzeptabel.

55 Darauf wies Kreyssig in seinem Rundschreiben vom 26.04.57 hin (EZA BERLIN, 71/86/297).
56 KJ 1957, S. 137f.; vgl. D. POLLACK, Kirche, S. 144.
57 H. MOCHALSKI, Stimme, Sp. 278–282.
58 Giesen an Herausgeberkreis der „Simme der Gemeinde", 04.06.57 (EZA BERLIN, 71/86/628). Kreyssig schrieb am 30.07.57 an Giesen, Maron könne nun die „Stimme der Gemeinde" jederzeit aus der Tasche ziehen, wenn es zu weiteren Diskussionen komme (EBD.). In Ost-Berlin wurde, wohl aus Kreisen der Ost-CDU, im Herbst 1957 sogar vorgeschlagen, die „Stimme der Gemeinde" auch für die DDR freizugeben (SAPMO-BARCH, DY 30/IV 2/14/117, S. 26)!
59 Niemöller an Giesen, 07.06.57 (EZA BERLIN, 71/86/628).

Giesen lehnte die Hinzuziehung von Nuschke und Dieckmann ab; Jesu Jünger hätten sich schließlich auch nicht mit Kaiphas und Herodes beraten.[60] Dies wiederum verbat sich Niemöller, der die beiden DDR-Politiker als „Brüder" bezeichnete.[61] Schließlich kam es am 17. Juli 1957 zu einem Gespräch zwischen Niemöller und Giesen in Wiesbaden.[62] Hier erklärte der Kirchenpräsident dem Generalsekretär, die Kirchentagsleitung sei abhängig von der Bundesregierung. In Zukunft dürfe der Kirchentag ausschließlich von den Landeskirchen unterstützt werden, „um die Lage des Kirchentages frei zu machen von Geldgebern und damit Auftraggebern." Damit war die Katze aus dem Sack.

Schon auf der Sitzung des Kirchentagspräsidiums am 8. Juli 1957 hatte Gustav Heinemann erklärt:

> „Mich bedrängt, daß wir den Kirchentag finanziell oben eingehängt haben und nicht bei den tausenden unten. Manches von dem, was der Kirchentag an kritischen Diskussionen ausgelöst hat, kommt daher, daß diese großen Geldgeber dabei eine Rolle spielen, die sicher keine Auflagen machen, aber doch einige Rücksicht erfordern."[63]

Darauf war ihm geantwortet worden, ohne diese finanzielle Unterstützung wäre der Kirchentag nicht möglich gewesen.

Nun fragte Giesen Niemöller, als er das Thema der Finanzierung aufgriff:

> Giesen: „Und die Auflagen, Herr Kirchenpräsident?"
> Niemöller: „Wir machen keine Auflagen. Die Auflagen machen Sie. Warum haben Sie mich vor Hamburg im Schwarzwald besucht?[64] [...] Doch nur, damit ich in Hamburg den Mund halte!"
> Giesen: „Wir haben Ihren Mund nicht zugehalten. Wir wären auch die letzten, die das könnten. [...] Im Übrigen, Herr Kirchenpräsident, was heißt ‚kirchlicher Kirchentag'? Ich lasse mir lieber Auflagen von der Welt machen, die sind fairer. Oder sollen wir etwa auf Grund des Geldes, das wir von der Kirche kriegen, beim Rat antichambrieren, was wir tun dürften und von seinem Plazet und Veto unseren Weg abhängig machen?"[65]

Hier zeichnete sich eine gemeinsame Grundlage ab. Niemöller konnte nicht daran gelegen sein, dass die Kirchentagsleitung beim Rat „anticham-

---

[60]   Giesen an Niemöller, 01.07.57 (EBD.).

[61]   Niemöller an Giesen, 03.07.57 (EBD.).

[62]   Giesen fertigte aus dem Gedächtnis ein Protokoll in wörtlicher Rede an (EBD., Marginalie Thaddens: „Sehr dankbar für diesen wichtigen Dienst am Kirchentag"; vgl. ZAEKHN DARMSTADT, 62/1120). Wenn auch das Protokoll nur von Giesen angefertigt wurde, so spricht doch die Tatsache, dass es auch in Niemöller Akten vorhanden ist und dass dann tatsächlich eine Entspannung eingetreten ist, für die Authentizität der Aufzeichnungen Giesens.

[63]   Protokoll (EZA BERLIN, 71/86/21).

[64]   Vgl. oben S. 178.

[65]   Protokoll Giesens (EZA BERLIN, 71/86/628).

brieren" würde, aber er wollte dasselbe auch gegenüber der Bundesregierung verhindern. Giesen konnte den Wunsch Niemöllers „Wir möchten dabei sein können. Wir müssen zusammenkommen" mit nach Hause nehmen.

Mochalski, mit dem Giesen anschließend sprach, gab zu, dass der Erfurter Kirchentag schon in Leipzig 1954 „zuschanden geworden" sei, da der Leipziger Kirchentag der DDR-Regierung nicht den erwarteten Propagandaerfolg gebracht hatte. Deswegen hätten die östlichen Politiker den Kirchentag in Thüringen „einfach nicht gebrauchen können." Der Einwand bleibe aber bestehen, dass der DDR-Regierung zur Absage des Erfurter Kirchentages durch den Frankfurter Kirchentag ein billiger Vorwand gegeben worden sei.[66] Hierauf konnte man sich einigen. In wichtigen Punkten, nämlich der Forderung nach möglichst großer innerer Unabhängigkeit des Kirchentages und der Feststellung, dass der Kirchentag nur einen Faktor im machtpolitischen Kalkül der Ost-Berliner Regierung darstellte, stimmte man nun überein. Bei einem Rundgespräch zwischen der Kirchentagsleitung und den Herausgebern der „Stimme der Gemeinde" am 16. Oktober wurde der Streit beigelegt. Mochalski und Giesen duzten sich fortan.

9.3 Die Kirchentagskonzepte auf dem Prüfstand

Angesichts den nun eingekehrten Realitätssinnes musste über die Zukunft des Kirchentages nachgedacht werden. Dies hatte Thadden ja gemeint, als er in seiner Rundfunkansprache vom April 1957 danach gefragt hatte, ob der Kirchentag mit der Möglichkeit gesamtdeutscher Veranstaltungen stehe und falle.

Es sah ganz danach aus, dass genau dies der Fall sein würde. Als er erkannte, dass der Kirchentag seine gesamtdeutsche Klammerfunktion nicht mehr würde erfüllen können, brach für den Kirchentagspräsidenten eine Welt zusammen. Anfang Juni 1957 sprach er in Bonn mit Adenauer über die neue Situation. Auch in Bonn war man der Meinung, dass der Kirchentag nun am Ende sei. Die Landeskirchen hätten sich damit schon abgefunden. Das Eingehen des Kirchentages sei ihnen sogar recht, denn sie könnten nun die Volksmission in eigener Regie übernehmen, und dem Rat der EKD sei der Kirchentag ohnehin immer ein Dorn im Auge gewesen. Er, Thadden, solle nach der Auflösung des Kirchentages ein Bundestagsmandat als „politische Aufgabe und Chance für die Zukunft" erhalten.[67]

Dieser Pessimismus hatte damit zu tun, dass Adenauers deutschlandpolitische Konzeption sich seit 1956 spürbar gewandelt hatte. Der Kanzler sah, dass die Wiedervereinigung „nicht von heute auf morgen [würde] her-

---

[66] Vgl. Ebd.
[67] Thadden an Eberhard Müller, 07.06.57 (Ebd., 71/86/21). Der Besuch wurde auch in der DDR-Presse bekannt. vgl. „Neue Zeit", Ost-Berlin, 10.10.57.

beigeführt werden können, es würden viele Jahre darüber vergehen."[68] Mit dem Wegfall der unmittelbaren Virulenz der deutschen Frage war der Kirchentag aus Bonner Perspektive nicht mehr interessant. Zu sehr war er in den vergangenen Jahren auf die deutsche Frage festgelegt worden.

Diese Veränderung hing nicht nur mit der veränderten deutschland- und außenpolitischen Lage zusammen, sondern auch mit der veränderten Situation der evangelischen Kirche in Deutschland im Allgemeinen. Die evangelische Kirche in der DDR bemühte sich 1957/58 um einen Ausgleich mit dem Staat. Und auch in der Bundesrepublik war vom „religiösen Frühling" der frühen fünfziger Jahre nun nichts mehr zu spüren. Die EKD verlor Mitglieder.[69]

Was bedeutete das für den Kirchentag?

Das politisch-symbolhafte Kirchentagskonzept schien nun erledigt zu sein. Nicht einmal mehr die Bundesregierung forcierte den Gegensatz zwischen „christlichem Westen" und „antichristlichem Osten".

Der Bremer Kaufmann Friedrich Lahusen, schon seit längerer Zeit Mitglied des Kirchentagspräsidiums, forderte „mehr Frömmigkeit und weniger Klugheit".[70] Er wollte die volksmissionarische Aufgabe des Kirchentages erneuern und nicht allein den Landeskirchen die Sorge um die Laienreligiosität überlassen. Wichtigster Unterstützer dieses erneuerten volksmissionarischen Konzeptes war Heinrich Giesen, und auch für Thadden konnte dies die einzige Rettung für den Kirchentag sein.[71]

Lahusen und Giesen wurden auch von den Mitgliedern der Kirchentagsleitung unterstützt, die aus dem Osten kamen. Sie vertraten das Konzept einer erneuerten Volksmission, weil ihnen in einer Gesellschaft, in der den Kirchen jeder Anspruch auf Stellungnahme zu gesellschaftlich relevanten Themen genommen werden sollte, anders als ihren Brüdern im Westen nur diese eine Option blieb, um der Entkirchlichung zu begegnen.

Auf der anderen Seite bemühte sich Hans Hermann Walz darum, dem Kirchentag eine eigene geistige Substanz zu geben, die nicht von der gesamtdeutschen Klammerfunktion abhängig war. Der Kirchentag sollte sich stärker auf die Welt und ihre vielfältigen Problemfelder hin einstellen. Das bedeutete die endgültige Ausrichtung auf die Verhältnisse in der Bundesrepublik. Hier ging es also um eine Erneuerung des akademisch-problemorientierten Kirchentagskonzeptes. Dies entsprach der Position Eberhard Müllers, den Walz seit seiner Jugend kannte und mit dem er befreundet

---

68   K. Adenauer, Erinnerungen 1955–1959, S. 366; vgl. K.-E. Hahn, Wiedervereinigungspolitik, S. 201.

69   Vgl. die Statistiken zu Kirchenmitgliederzahlen, Eintritts- und Austrittszahlen, sowie Taufzahlen auf dem Gebiet der DDR (D. Pollack, Kirche, S. 507–509; vgl. auch W. Blessing, Kirchengeschichte, S. 20).

70   Lahusen an Thadden, 21.05.57 (EZA Berlin, 71/86/21).

71   Vgl. z.B. Thaddens Stellungnahme gegenüber kritischen Stimmen aus den Landeskirchen vom 26.09.57 (EZA Berlin, 71/86/281): „Es kommte dem evangelischen Kirchentag aber trotz aller eigenen Bedenken immer aufs neue entscheidend darauf an, die lebendige Gemeinschaft der Brüder im Osten und Westen untereinander zu erhalten."

war.[72] Auch Klaus von Bismarck trat für dieses erneuerte akademisch-problemorientierte Konzept ein.

Das Kirchentagspräsidium konnte sich nicht eindeutig zwischen beiden Positionen entscheiden. Lahusen schlug vor, 1958 einen Kirchentag stattfinden zu lassen, damit die Lücke, die durch den Ausfall des Erfurter Kirchentages gerissen worden war, schnell gefüllt werden konnte.[73] Dies lehnte die Mehrheit des Präsidiums zwar ab, aber trotzdem sollten mehrere regionale Kirchentage stattfinden und dann etwa 3.000 Delegierte vom 25. bis zum 27. Oktober 1957 in Berlin zusammenkommen, um die Ergebnisse zusammenzutragen.[74]

Gleichzeitig stellte die Mehrheit des Präsidiums aber mit Walz fest, dass der Kirchentag auch etwas zu sagen haben müsse, wenn er stattfinde.[75] Der Generalsekretär durfte dies als Ermunterung verstehen, sein Konzept weiter voranzutreiben. Er konnte dabei nicht mit Unterstützung seiner Kollegen rechnen. Gegenüber Müller beklagte er in einem vertraulichen Brief Anfang April 1958, dass es kaum Führungspotential in der Kirchentagsleitung mehr gebe: „Natürlich werde ich tun, was ich kann [...], aber das reicht nicht aus, uns so sehr viel guter Wille da ist auf allen Seiten, so sehr stehe ich allein, wenn es um wirkliche Entscheidungen geht oder wenn eine Aufgabe bis zu Ende durchgedacht werden muß."[76]

9.4 Das Kirchentagstreffen in Berlin im Oktober 1957

Zunächst einmal blieb alles beim Alten. Aller Mahnungen bezüglich der finanziellen Hilfe von Seiten der Bundesregierung zum Trotz beantragte Thadden am 25. Juli – eine Woche nach dem Gespräch Giesens mit Niemöller, bei dem der Kirchentagspräsident die Frage der Finanzierung angesprochen hatte – bei der Bundesregierung die Erstattung der kompletten Kosten für das Kirchentagstreffen inklusive der Reisekosten sogar für die westlichen Teilnehmer, abzüglich einer Eigenbeteiligung von 10 DM pro Kopf und der Hinreisekosten für die Teilnehmer aus der DDR.[77] Dies sollte gut 200.000 DM ausmachen, wovon die Bundesregierung drei Viertel übernahm.[78]

Heinrich Giesen formulierte in einer Presseerklärung, die einen (öffentlich wohl nicht wahrgenommenen) Seitenhieb gegen seinen Kollegen Walz darstellte: „Hier werden sich nicht Menschen begegnen, die letzte

---

[72] Interview Walz.
[73] Lahusen an Thadden, 28.06.57 (EZA BERLIN, 71/86/281).
[74] Vgl. oben Anm. 51; Stellungnahme Thaddens zu den „Beschwernissen der Landeskirchen", 26.09.57 (EZA BERLIN, 71/86/281).
[75] Protokoll der Präsidiumssitzung vom 08./09.07.57 (EBD.).
[76] 02.04.58 (ARCHEABB BAD BOLL, Direktion Müller, Az. 26 II).
[77] Thadden an BMG, 25.07.57 (EZA BERLIN, 71/86/154). 136.000 DM für die Westteilnehmer und 71.000 DM für die Ostteilnehmer.
[78] Av. Beegs, 18.10.57 (EBD.).

medizinische Erfahrungen oder neueste Möglichkeiten der Kernphysik austauschen. Es handelt sich um eine Direktbegegnung unter dem gemeinsamen Arzt."[79] Bei dieser „Direktbegegnung" sollte der klassische Themenkanon des Kirchentages, nämlich Ökumene, Diakonie, Jugend und Erziehung, die gesamtdeutsche Lage, Mission und Sonntagsheiligung, abgedeckt werden.

Bei den regionalen Kirchentagen Anfang und Mitte Oktober – der offizielle Bericht[80] führt dreizehn solcher Veranstaltungen in ganz Deutschland auf – wurde auf die Besonderheiten der jeweiligen Veranstaltungsorte eingegangen. In Essen,[81] wo 50.000 Menschen zur Schlussversammlung kamen, sprach der Amerikaner Franklin Littell, Vorsitzender des vor dem Frankfurter Kirchentag eingerichteten Ökumeneausschusses des Kirchentages, zum Thema „Unser Leben heißt Verantwortung in der christlichen Völkerwelt". Die „politische" Arbeitsgemeinschaft III behandelte, ganz im Stil der neuen Zeit, das Thema: „Strukturwandel der allgemeinen Verantwortung. Der Christ in den Entscheidungen des atomaren Zeitalters". Hier, im äußersten Westen Deutschlands, spielte die deutsche Frage auf dem Kirchentag keine Rolle. In Hamburg hingegen sprach der pommersche Bischof Krummacher sowohl gegen eine „Kreuzzugsideologie", womit der Antikommunismus des Westens gemeint war, als auch gegen eine Erhebung des Marxismus „zu einer modernen Welterlösungslehre."[82] Krummacher blieb hier auf der Linie, die Jacob auch in Frankfurt 1956 vertreten hatte. Er propagierte einen „dritten Weg", der nur ein Jahr später zu einem ersten Arrangement der evangelischen Kirche mit der staatlichen Obrigkeit in der DDR führen sollte.

Im Bereich der DDR fanden Kirchentage in Halle, Leipzig und Görlitz statt. Ihr Rahmen war eng gesteckt, da sie, anders als der große Leipziger Kirchentag von 1954, kaum die öffentliche Aufmerksamkeit des Westens hatten. Dem Kirchentagspräsidenten, der an den Veranstaltungen teilnehmen wollte, wurde die Einreise verweigert.

Bei dem Schlusstreffen in Berlin waren als Redner zur gesamtdeutschen Lage Otto Dibelius und der Physiker und Philosoph Carl Friedrich von Weizsäcker vorgesehen. Letzterer sagte seine Teilnahme an dem Kirchentagstreffen aber ab, da er, wie er Generalsekretär Giesen schrieb, nicht an die Menschen, sondern mit den Menschen reden wollte.[83] Ob Weizsäcker, der später einer der Exponenten des akademisch-problemorientierten Kirchentagskonzeptes werden sollte,[84] etwas dagegen hatte, zusammen mit dem alten Dibelius aufzutreten?

---

79   03.09.57 (EZA BERLIN, 71/86/281).
80   KIRCHENTAGE. Die Veranstaltungen sind hier allerdings nur ausschnittsweise, zum Teil nur durch wenige Fotos, wiedergegeben, so dass dieser Band kein Dokumentarband im sonst üblichen Sinne ist.
81   EBD., S. 37–46.
82   EBD., S. 97f.
83   EZA BERLIN, 71/86/282.
84   Vgl. unten S. 264.

Eine wirkliche gesamtdeutsche Begegnung jedenfalls fand in Berlin nicht statt. Dies war schon deshalb unmöglich, weil von Seiten der DDR-Regierung nach dem Bekanntwerden des Ortes für das Kirchentagstreffen alles unternommen wurde, um die Veranstaltung in Berlin zu behindern.[85] Das Staatsekretariat für Kirchenfragen wies die Räte der Bezirke an, keine Aufenthaltsgenehmigungen, keine Druckgenehmigungen, keine Quartiere, keine Veranstaltungsräume, kurz: keinerlei Unterstützung für das Kirchentagstreffen und die regionalen Kirchentage zu gewähren.

Die Situation verschärfte sich, nachdem auf der 33. Tagung des Zentralkomitees der SED vom 16. bis zum 19. Oktober[86] Paul Wandel, der im ZK für Kultur und Erziehung zuständig gewesen war und somit auch die Kirchenpolitik der SED entscheidend beeinflusst hatte, abgesetzt wurde. Der Reformflügel innerhalb der SED-Führung war nun ausgeschaltet und der Weg frei für eine noch restriktivere Kirchenpolitik. So hatte man die plötzliche Währungsreform in der DDR vom 13. Oktober abgesichert, welche die Abschottung nach Westen und die Verankerung der DDR im „sozialistischen Lager" noch weiter vorantreiben sollte. Im Zuge der Währungsumstellung wurde der Magdeburger Konsistorialpräsident Grünbaum, der für eine klare Abgrenzung der Kirche gegen den Staat DDR eingetreten war, zusammen mit einem seiner Mitarbeiter verhaftet. Kirchliche Versuche, Grünbaums Freilassung zu erreichen, blieben erfolglos.[87] Hinzu kam es im Zuge der Entmachtung Wandels zu einer weiteren Verschärfung der Jugendweihepraxis.[88] Die Staat-Kirche-Beziehungen waren also an einem neuen Tiefpunkt angelangt.

Trotzdem gaben sich die Veranstalter des Kirchentagstreffens Mühe, bei einer Pressekonferenz am 22. Oktober das Treffen als eine „rein kirchliche und völlig unpolitische Angelegenheit" hinzustellen.[89] Bereits eine Woche vorher hatte Propst Böhm in Ost-Berlin in seiner Eigenschaft als Vorsitzender des Vorbereitenden Ausschusses erklärt, wenn es um die Einheit Deutschlands gehe, dann vor allem um die „geistige Einheit."[90] Nun sagte Bischof Dibelius, man wolle deshalb auch nicht das gespannte Verhältnis von Staat und Kirche in der DDR thematisieren, um so der Kritik aus dem Berliner Osten[91] den Wind aus den Segeln zu nehmen. Aber eine kirchli-

---

85 Staatssekretariat für Kirchenfragen an die Räte der Bezirke, 13.09.57 (SAPMO-BArch, DY 30/IV 2/14/118, S. 34f.); Av. Mädlers über das östliche Verbot zum Druck des Plakates zum Kirchentagstreffen und zur Einfuhr von in West-Berlin gedruckten Programmen in den Osten, 18.10.57 (EZA Berlin, 90/75).

86 H. Weber, Geschichte, S. 293f.

87 G. Besier, SED-Staat, S. 237; vgl. zur Verhaftung Grünbaums: „Neues Deutschland", Ost-Berlin, 25.10.57; Erklärung der Magdeburger Kirchenleitung zur Verhaftung: KJ 1957, S. 172.

88 R. Mau, Realsozialismus, S. 24f.; vgl. G. Besier, SED-Staat, S. 234f.

89 Notizen über die Pressekonferenz, 22.10.57 (ACDP St. Augustin, VII-013/1794; vgl. SAPMO-BArch, DY 30/IV 2/14/118, S. 51–53; vgl. „Der Tag", West-Berlin, 23.10.57).

90 Informationsbericht des Presseamtes des Ministerpräsidenten (BArch Berlin, DO-4/1972, S. 36f.).

91 „Neues Deutschland", Ost-Berlin, 23.10.57.

che Veranstaltung in Berlin, der „Insel im roten Meer",[92] war schon an sich ein politisch-symbolischer Akt, das wusste auch der Bischof. Auf diese Weise hatte der Kirchentag in der Vergangenheit gewirkt, und Dibelius war bereit, dieses Konzept zu verteidigen. In seinem Grußwort zu Beginn des Treffens erklärte er:

> „Es war nicht möglich, in diesem Jahr, wie es geplant war, einen Kirchentag auf dem Boden der Deutschen Demokratischen Republik zu halten. Das ist uns allen schmerzlich. Um so mehr freuen wir uns, daß in diesen Tagen überall einzelne Versammlungen stattgefunden haben, die den Gedanken des Kirchentages lebendig halten wollen. Dabei kommt es auf das, was in Berlin geschieht, besonders viel an."[93]

Mit einer Stadtrundfahrt der 3.000 Delegierten durch ganz Berlin, die der Ost-Berliner Magistrat kurzfristig verhinderte,[94] sollte der Einheitswillen der Deutschen ein weiteres Mal demonstriert werden.[95] Thadden, der sowohl beim Ost-Berliner Oberbürgermeister Friedrich Ebert als auch bei Staatssekretär Eggerath wegen des Verbotes der Rundfahrt vorstellig werden wollte, wurde von beiden, angeblich aus terminlichen Gründen, nicht empfangen.[96]

Die Veranstaltungen fanden fast ausschließlich in kirchlichen Räumen statt. Nur die „politischen Referate", also das von Dibelius und das von Klaus von Bismarck, der jetzt anstatt von Weizsäcker das zweite Referat zur deutschen Frage hielt,[97] sollten wegen des zu erwartenden Interesses in einem größeren Raum, nämlich im Sportpalast, stattfinden. Auch dies zeigte, dass politisch relevanten Fragen durchaus breiterer Raum eingeräumt wurde.[98]

Zu dem Treffen kamen nach Presseberichten etwa 8.000 Menschen. Nach sechs Eröffnungsgottesdiensten am Freitag, dem 25. Oktober, der Stadtrundfahrt durch West-Berlin und Bibelarbeiten in sechs West-Berliner

---

92   Dibelius hatte 1951 einen Antrag auf finanzielle Unterstützung der Kirchlichen Hochschule in Berlin-Zehlendorf u.a. mit dieser Formulierung untermauert (W. YODER, Dibelius, S. 121f.).

93   „Die Welt", Hamburg, 26.10.57.

94   Vgl. „Der Tagesspiegel", West-Berlin, 24.10.57; „Der Abend", West-Berlin, 24.10.57. Die offizielle Begründung für das Verbot der Stadtrundfahrt war, dass angesichts der am vorhergegangenen Wochenende erfolgten Währungsumstellung im Osten Devisenschmuggel befürchtet wurde.

95   Die Ost-Berliner CDU-Zeitung „Neue Zeit" kommentierte am 24.10.57 nicht zu unrecht: „In Westberlin wurde erklärt: ‚Wir sind ganz und gar unpolitisch, und nur diejenigen, die all und jede Frage politisieren, machen uns politische Vorwürfe'. Die Bemerkungen der Westberliner Rundfunk- und Presseleute, die diese zu den in der Pressekonferenz gemachten Ausführungen ziemlich laut äußerten, beweisen, daß selbst im Westen niemand den Sprechern des Kirchentages solche Beteuerungen abnimmt."

96   Av. Mädlers, 23.10.57 (EZA BERLIN, 71/86/281); Av. Beegs, 24.10.57 (EBD.).

97   Zuerst erwog Thadden, selbst zum Thema zu sprechen, und erbat sich dazu Hilfe von Martin Fischer (Thadden an Fischer, 21.09.57: EZA BERLIN, 606/52). Dann ließ er auf Drängen von nicht näher genannten Personen (vielleicht von Walz?) aber doch davon ab (Thadden an Fischer, 25.09.57: EBD.).

98   Dies war Gegenstand von Kritik aus Kirchenkreisen in der DDR (Führ an Landesausschuss Ost-Berlin, Abschrift, 23.09.57: EZA BERLIN, 71/86/281; Helga Krummacher an Thadden, 26.09.57: EBD.; Kreyssig an Thadden, 26.09.57: EBD.).

und drei Ost-Berliner Kirchen am folgenden Tag kamen am Samstagabend
die Teilnehmer zu informellen Treffen in vielen Berliner Gemeinden zusammen. Der Kirchenkampf in der DDR spielte dabei, zumindest öffentlich, kaum eine Rolle. „Ost-West-Gespräche", stellte eine Regierungsstelle
der DDR, vielleicht die Staatssicherheit, fest, hätten nur vor einem ausge-
suchten Personenkreis stattgefunden, aber immerhin sei es gelungen,
einen geheimen Informanten einzuschleusen.[99] Die Kritik an den Verhältnissen in der DDR, von der dieser Informant berichtete, dürfte wohl kaum
überrascht haben.

Mit den Schlussversammlungen am Nachmittag des 27. Oktober ging
das Treffen zu Ende. Walz und Niemöller sprachen in der Ost-Berliner Marienkirche zum Thema Ökumene („Die eine Kirche in der Welt") und vermieden dabei jeden politischen Unterton.[100] Bismarcks Referat war, wie
das, welches er drei Jahre zuvor in Leipzig gehalten hatte, bemerkenswert,
weil er wieder ein heißes Eisen anpackte, das erst auf späteren Kirchentagen, nach dem Bruch von 1957/58, wirklich thematisiert werden würde:
die nationalsozialistische Vergangenheit. Schließlich forderte er den Kirchentag auf, nach vorne zu blicken:

> „Wenn der Deutsche Evangelische Kirchentag nur lebte von einer fröhlichen
> gesamtdeutschen Wallfahrt und wir es in seiner Mitte an dieser Stelle nicht wag-
> ten, offen und nüchtern zu sagen ‚Die Aktien stehen schlecht für die Wieder-
> vereinigung, so wie es steht', so würde uns die Ungunst politischer Verhältnis-
> se schnell den Atem nehmen. Wenn wir mit tönender Proklamation der Einheit
> die Augen davor verschlössen, wie weit die unterschiedliche Entwicklung in
> zwei Räumen bereits vorangeschritten ist, so wäre die Einheit der Kirche in der
> Tat gefährdet, so bestände noch heute die Gefahr, durch Sportpalastveranstal-
> tungen die Wirklichkeit zu verschleiern! [...] Es handelt sich heute hier im Sport-
> palast nicht um eine kirchlich verbrämte Demonstration für die Wiederverei-
> gung oder um christliche Lösungsvorschläge für aktuelle politische Aufgaben.
> [...] Es geht uns heute um Antwort auf die Frage: Was ist in dieser Situation der
> Zertrennung die Aufgabe einer die Trennung übergreifenden Brüderlichkeit?"[101]

Dibelius hingegen blieb sich selbst treu. Die Teilung Deutschlands, führte
der Bischof aus, sei nicht absolut, „selbst wenn Passierscheine abgelehnt
und Omnibusfahrten nicht erlaubt werden."

> „Wir sprechen heute nicht von der Wiedervereinigung Deutschlands, weil man-
> che das immer nur politisch verstehen. Und wir wollen heute so unpolitisch sein,
> daß auch die Andersdenkenden zugeben müssen: Es ist kein politisches Wort ge-
> fallen! Wir reden also davon, daß unsere Kirche unteilbar ist. [...] Weil wir ‚doch
> Brüder' sind, sind wir eine unteilbare Kirche!"[102]

---

99   Gesamtbericht, ohne Absender, 28.10.57 (SAPMO-BArch, DY 30/IV 2/14/119, S. 126ff.).
100 Presseinformation Nr. 21, 27.10.57 (PrArchEKBB). Niemöller spielte einmal auf „Kreuz-
     zugsparolen" an, ohne dass dies weiter aufgefallen wäre.
101 Presseinformation Nr. 12, 25.10.57 (PrArchEKBB). Vgl. Kirchentage, S. 172–174.
102 Kirchentage, S. 175f.

Jedes dieser Worte war auch auf den Staat bezogen, jedes Wort war damit politisch. Was konnte es im Herbst 1957 heißen, mit dem Schicksal „unseres in Stücke zerbrochenen Vaterlandes" solidarisch zu werden, wie der Kirchentagspräsident gegen Ende der Veranstaltung im Sportpalast forderte?[103] Dibelius und Thadden konnten es drehen und wenden wie sie wollten: Der gesamtdeutsche Kirchentag befand sich in der Sackgasse.

9.4 Der Kirchentagskongress in Hamburg 1958

Auf der Präsidiumssitzung am 26. November erneuerte Bismarck seine in Berlin vorgebrachte Kritik. Die gesamtdeutsche Funktion des Kirchentages, führte er aus, dürfe nicht mehr im Mittelpunkt des Kirchentagsgeschehens liegen, wenn der Kirchentag seine „Ermüdungserscheinungen" bekämpfen wolle. Nötig sei auch eine stärkere „Distanzierung gegenüber den Obrigkeiten".[104] Schon die Idee einer wirklichen Äquidistanz des Kirchentages zu beiden deutschen Regierungen war innerhalb der Organisation Kirchentag neu. Sonst war sie nur von Niemöller und seinem Umfeld vorgebracht worden.

Bismarck begrüßte außerdem die Themendiskussion für die Zukunft des Kirchentages, die im Oktober auf einer Tagung in der Evangelischen Akademie Arnoldshain begonnen worden war.[105] Dort war über „Die evangelische Kirche am Ende der Neuzeit", über „Die Krankheit Europas" und – von Carl Friedrich von Weizsäcker – über „Die Krankheit der Kirche" referiert worden. Weizsäcker, der zu den Mitunterzeichnern der regierungskritischen „Göttinger Erklärung" von Atomwissenschaftlern im April 1957[106] zählte, hatte in seinem Vortrag die Herausforderungen dargestellt, die die in der Bundesrepublik diskutierte atomare Bewaffnung an die Kirche stellte.

Die Arnoldsheimer Tagung sah einen Kirchentagskongress vor, der im April 1958 in Hamburg stattfinden sollte. Das Stichwort, unter dem dieser Kongress von Personen aus den Bereichen Politik, Wirtschaft und Wissenschaft stattfinden sollte, war „Wirklichkeit", also die Wirklichkeit des öffentlichen Lebens in der Bundesrepublik, wie es sich 1958 präsentierte. Der Hamburger Kongress sollte „solide theologische Arbeit" als Grundlage für den nächsten Kirchentag leisten, der für 1959 in München geplant war.[107] Mit der „Zusammenführung dessen, was getrennt ist, aber zusammengehört", war in Hamburg und dann auch 1959 in München nicht mehr als Zusammenführung der evangelischen Christen aus Ost und West ge-

---

103 Presseinformation Nr. 19, 27.10.57 (PrArchEKBB).
104 Notizen von der Präsidiumssitzung vom 26./27.11.57 (EZA Berlin, 71/86/21); Bericht von der Präsidiumssitzung (Ebd., 71/86/160).
105 Bericht über die Tagung (Ebd., 71/86/81).
106 Text der Erklärung: KJ 1957, S. 85.
107 Notizen von der Präsidiumssitzung vom 26./27.11.57 (EZA Berlin, 71/86/21); Bericht von der Präsidiumssitzung (Ebd., 71/86/160); Beschluss des Präsdiums vom 13./14.03.58, Geschäftsbericht über den Kirchentagskongress Hamburg, 27.02.59 (Ebd., 71/86/154).

meint, sondern die Zusammenführung der „unterschiedlichsten kirchlichen und theologischen Richtungen".[108]

Auch die Ortswahl für den Kongress und den nächsten Kirchentag deutete auf den Wandel hin: Berlin blieb unberücksichtigt, obwohl es für Teilnehmer aus der DDR viel leichter gewesen wäre, ein Treffen in der Viersektorenstadt als eine Tagung in der Bundesrepublik zu besuchen.[109] Aber das war nun nicht mehr so wichtig, denn in Hamburg und in München sollte genau das stattfinden, was Heinrich Giesen vor dem Kirchentagssonntag 1957 in Berlin ironisierend abgelehnt hatte:[110] eine an westlichen Verhältnissen orientierte Sachdiskussion.

Die Auffächerung der Themen und der globale Ansatz waren Zeichen für eine tief greifende Veränderung im westdeutschen Protestantismus gegen Ende der fünfziger Jahre.[111] Nach und nach akzeptierte man auch in kirchlich gebundenen Kreisen die pluralistische Parteiendemokratie. Die unmittelbaren Kriegsfolgen waren beseitigt, nun wandte man sich Themen zu, die bis dato vernachlässigt worden waren – seien es politische, wissenschaftliche oder gesellschaftliche Veränderungen. Nun gab es nicht mehr die eine richtige Antwort. Der Kirchentagskongress sollte dieser neuen Dynamik Rechnung tragen.

In der DDR hingegen war eine ganz andere Tendenz zu beobachten: Durch den verstärkten Kirchenkampf war die evangelische Kirche in der DDR gezwungen, sich immer weiter in Nischen zurückzuziehen. Ein so globaler Ansatz wie der für die Zukunft des Kirchentages vorgesehene ging an den Interessen der Protestanten in der DDR vorbei. An dem Kongress sollten trotzdem, soweit möglich, Personen aus der DDR teilnehmen. Thadden schlug Staatssekretär Eggerath vor, 153 Interzonenpässe für die Fahrt nach Hamburg zu genehmigen.[112] Das Staatssekretariat gab den Antrag Thaddens mit dem Vorschlag weiter, die beantragte Zahl um zwei Drittel zu reduzieren.[113] Diesem Vorschlag wurde schließlich entsprochen.

Durch die Flexibilisierung ihrer Machtmittel gewann die DDR-Regierung politischen Handlungsspielraum zurück. Zwar war man einerseits bestrebt, die Spaltung zwischen den Kirchen im Osten und im Westen weiter voranzutreiben, aber andererseits konnte überzogene Härte Zusammenschlusseffekte auslösen, und das Staatssekretariat wollte ja Zwietracht zwischen den unterschiedlichen Strömungen innerhalb der evangelischen Kirche in der DDR säen.[114] Diese Rechnung ging auf, denn nun entbrannte zwischen den Verfechtern einer kompromisslosen Haltung gegenüber

---

108 Zitate aus dem Nachwort von Hans Hermann Walz zum Dokumentarband des Kirchentagskongresses: WIRKLICHKEIT HEUTE, S. 142.
109 Vgl. Hildebrandt an Thadden, 14.04.58 (EZA BERLIN, 71/86/80).
110 Vgl. oben S. 259f.
111 Hier und im Folgenden: F. W. GRAF, Ordnungsmacht, S. 312.
112 Av. Thaddens über Besprechung mit Grauheding vom 06.02.58 (10.02.58: EZA BERLIN, 71/86/76B; EBD., 71/86/305).
113 Av. des Hauptreferenten Vieillard, 02.04.58 (BARCH BERLIN, DO-4/1929, S. 1).
114 D. POLLACK, Kirche, S. 146.

der DDR-Regierung um Lothar Kreyssig und den Befürwortung eines Dialoges mit der Obrigkeit zu deren Bedingungen um Reimer Mager, der Kreyssig im Amt des Vorsitzenden des Ostausschusses gefolgt war, ähnlich wie 1952 vor dem Stuttgarter Kirchentag, ein Streit darüber, ob die bewilligten Interzonenpässe überhaupt angenommen werden dürften. Schließlich war bei einer so geringen Teilnehmerzahl von einer wirklichen Vertretung der östlichen Gliedkirchen in Hamburg nicht zu reden. Der Ostausschuss des Kirchentages stand mehrheitlich hinter Kreyssig, aber Mager verbat sich, von diesem Gremium, dem er immerhin vorstand, Weisungen entgegenzunehmen.[115] Die Argumentation derjenigen 19 Teilnehmer, die dann schließlich nach Hamburg fuhren, war nicht nur, dass ohne ihre Teilnahme die DDR überhaupt nicht vertreten sei, sondern auch, dass mit „Alles oder nichts" gegenüber der DDR-Regierung keine Politik gemacht werden könne. Kreyssig empfand dies als Aufkündigung der Solidarität innerhalb der östlichen Kirchentagsbewegung und kündigte seinen Rückzug aus ihr an.[116] Damit tat sich in der Kirchentagsbewegung ein neuer Riss auf, diesmal innerhalb des Ostens.

Selbst wenn die vorgesehenen 150 Teilnehmer aus der DDR am Hamburger Kirchentagskongress hätten teilnehmen dürfen, wäre kein einziger Vortrag von einem östlichen Referenten gehalten worden.[117] Diejenigen, die tatsächlich anreisten, so beispielsweise Mager und Helga Krummacher, die Ehefrau des pommerschen Landesbischofs, hatten kein Interesse an einem zu exponierten Auftreten, wohl weil sie befürchteten, damit keinen Nutzen zu erzielen, aber viel politischen Schaden zu Hause anzurichten. Dennoch betonte Thadden bei der Eröffnung der Veranstaltung am 16. April 1958, wie bei allen Kirchentagsveranstaltungen seit 1949, der Kirchentag sei „ein gesamtdeutsches Unternehmen."[118] Die Realität und das Programm zeigte, dass diese Einschätzung allenfalls eine Reflexion der Vergangenheit war.[119]

Der Kongress, zu dem etwa 500 Teilnehmer kamen,[120] wurde eingeleitet durch ein Referat des Philosophen Wilhelm Weischedel über „Die Frage

---

[115]   Av. über Anruf Mädlers, 16.04.58 (EZA BERLIN, 71/86/21); Kreyssig an Giesen, 14.04.58 (EBD., 71/86/80).

[116]   EBD.

[117]   Dies merkte Liselotte Bessert schon am 05.02.58 auf der Ostausschusssitzung an (EZA BERLIN, 71/86/453). Giesen antwortete auf diesen Einwand, der Westen werde stellvertretend für die DDR Aussagen machen. Eine Reihe von Mitarbeitern des Kirchentages aus der DDR seien gebeten worden zu sprechen (vgl. auch Interview Walz). Dies erscheint zweifelhaft, denn hierauf finden sich in den Kirchentagsakten keinerlei Hinweise, und man hätte sicher einen Referenten finden können.

[118]   Hier und im Folgenden: Stenographisches Protokoll (EZA BERLIN, 71/86/82); vgl. die Zusammenfassung der Ereignisse durch H. SCHROETER (Kirchentag, S. 228–238).

[119]   Liselotte Bessert schrieb nach dem Kongress, „daß in Hamburg ein gesamtdeutscher Kongreß zwar proklamiert, in der Wirklichkeit aber nicht mehr durchgeführt werden konnte" (zit. nach H. SCHROETER, Kirchentag, S. 238) Mit diesem Zitat widerspricht sich Schroeter selbst, wenn er vorher (S. 227) den Kongress, Reinold v. Thadden-Trieglaff folgend, als gesamtdeutsche Veranstaltung bezeichnet.

[120]   WIRKLICHKEIT HEUTE, S. 107.

nach der Wirklichkeit". Dann folgten Referate zu „Aspekten der Wirklichkeit", und zwar der Anthropologie, den Medien, der Kunst, der Politik, der Physik und der Kirche. Am zweiten und dritten Tag fanden zu den Themen Anthropologie, Bildung, Gesellschaft, Kirche, Kunst, Physik, Politik und Wirtschaft Podiumsdiskussionen statt, bei denen die Themen, denen sich ein Kirchentag in diesen Bereichen zukünftig zu stellen haben würde, umrissen werden sollten. Schließlich legten diese „Sektionen" Berichte über die Ergebnisse ihrer Diskussionen vor. Der Kongress endete mit einem Vortrag des Theologen Gerhard von Rad über „Die Wirklichkeit Gottes".

Das akademisch-problemorientierte Kirchentagskonzept Müllers und Walz' kam hier voll zur Geltung. Politische Aussagen waren wie selbstverständlich auf die Wirklichkeit des Westens bezogen. So wurde im Bereich Gesellschaft über Wohlfahrtseinrichtungen, in der Sektion Wirtschaft über Arbeitnehmerrechte und im politischen Bereich über den zukünftigen Weg der Bundesrepublik zwischen Ost und West debattiert.[121]

Ein „Nachkongress" in Berlin, der im Mai 1958 eigens für diejenigen Delegierten aus der DDR veranstaltet wurde, die keinen Interzonenpass erhalten hatten, blieb – mit lediglich 70 Teilnehmern – eine Fußnote der Kirchentagsgeschichte. Die Anregungen zum Münchener Kirchentag von 1959 gingen von Hamburg aus.[122]

---

121 WIRKLICHKEIT HEUTE.
122 Vgl. Geschäftsbericht über den Kirchentagskongress in Hamburg, 27.02.59 (EZA BERLIN, 71/86/154); Friedebert Lorenz erwähnte, von dieser Tatsache selbstverständlich ausgehend, in seinem Vorwort zum Dokumentarband des Münchner Kirchentages (DEKT-DOK. 59, S. 6) nur den Hamburger und nicht den Berliner Kongress.

10. EINHEIT ALS FASSADE. DIE KIRCHENTAGE VON 1959 UND 1961

10.1 Die kirchenpolitische Lage in der DDR und in der Bundesrepublik zwischen 1958 und 1961

Die Jahre 1958 und 1959 brachten eine wirtschaftliche und politische Konsolidierung der DDR mit sich.[1] Die Verbesserungen im Wirtschaftsbereich, vor allem in der Konsumgüterindustrie, waren nicht zu übersehen; sie gingen einher mit einem Rückgang der Flüchtlingszahlen auf den niedrigsten Stand seit 1949. Die Blockparteien waren inzwischen vollständig gleichgeschaltet.[2] Die innerparteilichen Kritiker waren auf Betreiben Ulbrichts aus der Partei ausgeschlossen oder kaltgestellt worden. Der V. Parteitag der SED vom Juli 1958 konnte nun die „Vollendung" des Sozialismus ankündigen. Ulbricht verkündete die „10 Gebote der sozialistischen Moral",[3] die das loyale Mitwirken am Aufbau der DDR als sittlichen Akt hinstellen und den totalen Anspruch des Staates, eben auch auf moralische Richtliniensetzung, untermauern sollten.

Ein großer Teil des kritischen Potentials in der DDR war inzwischen in den Westen abgewandert. Selbst die Flüchtlinge aus der DDR des Jahres 1958, bei denen eine kritische Einstellung gegenüber ihrem Staat vorausgesetzt werden kann, vertraten eine zunehmend differenzierte Haltung.[4] Der Exodus aus der DDR, begleitet von massiven Repressionen gegen engagierte – vor allem junge – Christen, ließ die östliche Kirche als oppositionelle Institution in Bedrängnis geraten: Zwischen 1957 und 1959 schnellten die Austrittszahlen nach oben.[5] Der Anteil der Konfirmanden an einem Altersjahrgang von Jugendlichen sank zwischen 1956 und 1959 von drei Viertel auf ein Drittel.[6]

Da die Kirche in dieser Lage ihre Rolle als „eigenständiger Vergesellschaftungskern"[7] erhalten wollte, arrangierte sie sich mit staatlichen Forderungen. Ihre bis dahin üblichen Proteste zu den vielfältigen Freiheitsbehinderungen in der DDR wurden zugunsten einer konfliktvermeidenden Strategie eingestellt. Nur so schien es überhaupt möglich zu sein, mit dem

---

[1] Hier und im Folgenden: H. WEBER, Geschichte, S. 297f.; Weber folgend: C. KLESSMANN, Zwei Staaten, S. 310f.
[2] H. WEBER, Geschichte, S. 301–308.
[3] Text: KJ 1958, S. 175f.
[4] H. WEBER, Geschichte, S. 297.
[5] D. POLLACK, Volkskirche, S. 275–277, 279.
[6] EBD.; D. POLLACK, Organisationsgesellschaft, S. 145–147, 150.
[7] F. W. GRAF, Ordnungsmacht, S. 303.

Staat ins Gespräch zu kommen.[8] Im Juni und Juli führte eine Delegation von Kirchenleuten aus der DDR mit dem Staatssekretariat Gespräche über die staatlichen Repressionen. Der Forderung Grotewohls vom Mai 1958, dass nur solche Kirchenvertreter an Verhandlungen mit der Regierung der DDR teilnehmen dürften, die auch ihren Wohnsitz in der DDR hätten, wurde damit entsprochen. In dem „Gemeinsamen Kommuniqué", das im Anschluss an die Gespräche am 21. Juli 1958 veröffentlicht wurde, sicherten die Kirchenvertreter zu: „Ihrem Glauben entsprechend erfüllen die Christen ihre staatsbürgerlichen Pflichten auf der Grundlage der Gesetzlichkeit. Sie respektieren die Entwicklung zum Sozialismus und tragen zum friedlichen Aufbau des Volkslebens bei."[9] Die staatliche Seite hingegen gab lediglich allgemeine Zusicherungen zur Religionsfreiheit in der DDR.

Die Machtfrage war damit praktisch schon entschieden; der Staat hatte die Kirche aus der Rolle des „Gegenüber" in die Rolle des „Unter" gedrängt.[10] Die Kirche musste die Jugendweihe auch neben der Konfirmation akzeptieren. Der Staat hingegen brauchte aus seiner Stärke heraus keinerlei Zugeständnisse mehr zu machen: Das Entgegenkommen des Staates war auch nach dem Gespräch mit den Kirchenvertretern gering.[11]

In der Bundesrepublik war 1958/59 die Atomdebatte das wichtigste kirchliche Diskussionsthema.[12] Im Zuge dieser Debatte und des 1958 abgeschlossenen Militärseelsorgevertrages boten sich der DDR-Regierung vielfältige Möglichkeiten, die Spaltung weiter voranzutreiben. Der Ratsvorsitzende der EKD, Bischof Dibelius, wurde mit einer Kampagne überzogen, die ihn und diejenigen Kirchenmänner, die für den Militärseelsorgevertrag eintraten, als „NATO-Bischöfe" bezeichnete. Der Hintergrund dieses Medienfeldzuges ist offensichtlich: Man wollte eine Abgrenzung der östlichen Kirchenvertreter von der Mehrzahl ihrer westlichen Amtsbrüder erzwingen. Selbst Propst Grüber durchschaute diese Taktik und gab auf der Synode der EKD im April 1958 in Berlin eine Ehrenerklärung für Dibelius ab.[13] Grüber hatte erkannt, dass nun auch mit Zugeständnissen an seine (ehemaligen) Gesprächspartner in Ost-Berlin nichts mehr zu erreichen sein würde. Angesichts des offensichtlichen Konfrontationskurses der Regierung der DDR hatte er seine frühere Taktik aufgegeben: Seine Versuche, zur Entspannung zwischen beiden Seiten beizutragen, waren gescheitert.[14]

---

8   D. POLLACK, Organisationsgesellschaft, S. 148. Führ kommentierte das Kommuniqué vom 21.07.58 mit den Worten: „Jetzt ist die Tür offen, eine Basis zu weiterem gemeinsamem Verhandeln ist da" (KJ 1958, S. 145f.).

9   Wortlaut des Kommuniqués: KJ 1958, S. 144f.; vgl. D. POLLACK, Organisationsgesellschaft, S. 149f.; R. MAU, Realsozialismus, S. 46.

10   So analysierte Joachim Beckmann das Ziel der Kirchenpolitik der DDR (KJ 1958, S. 141). Vgl. D. POLLACK, Organisationsgesellschaft, S. 151f.

11   EBD., S. 154; R. MAU, Realsozialismus, S. 47f.

12   KJ 1958, S. 17–74.

13   EBD., S. 101f.

14   S. RINK, Bevollmächtigte, S. 240.

Auch diesen Schritt Grübers wusste die DDR-Regierung zu nutzen. Mit Schreiben vom 17. Mai 1958 erklärte Grotewohl die Tätigkeit Grübers für beendet, nachdem sie schon mit dem Jahreswechsel 1956/57 praktisch zum Erliegen gekommen war.[15]

Die kirchenpolitische Lage entwickelte sich in der Bundesrepublik ganz anders als jenseits des Eisernen Vorhanges: Hier war die evangelische Kirche nach wie vor Volkskirche, dort entwickelte sie sich mehr und mehr zur Minderheitenkirche. Im Westen wurde die pluralistische Demokratie auch für die evangelische Kirche vollends salonfähig, nachdem die SPD mit ihrem Godesberger Programm vom November 1959 von ihrer kirchenkritischen Programmatik Abschied genommen hatte, um sich so breiteren Wählerschichten zu öffnen.[16] Die Feststellung, dass der Sozialismus kein Religionsersatz sei und die Bejahung des staatlichen Schutzes für die Kirche machte die SPD für weitere Kreise des Protestantismus wählbar. Mit den Mitgliedern der ehemaligen GVP hatte sie nun einen protestantischen Flügel.

Im November 1958 hatte Chruschtschow die Westmächte ultimativ aufgefordert, West-Berlin den Status einer „entmilitarisierten freien Stadt" zu geben. Wenn in dieser Frage binnen sechs Monaten keine Einigung erzielt werde, wolle die UdSSR ihre Befugnisse über Berlin an die DDR übertragen. Die sowjetische Initiative brachte neben der internationalen Aufwertung von DDR und UdSSR auch ein verstärktes Bewusstsein mit sich, dass nicht nur Deutschland, sondern auch Berlin auf Dauer geteilt sein würden. Die Administration des im Herbst 1960 gewählten neuen amerikanischen Präsidenten John F. Kennedy garantierte nun auch offiziell die Sicherheit der Stadt nicht mehr in allen vier Sektoren, sondern nur noch in den Westsektoren. Von den üblichen Wiedervereinigungsformeln war nicht mehr die Rede. Als auch die Zugänge nach West-Berlin für die Alliierten gesperrt werden sollten, wie der sowjetische Staatsratsvorsitzende dem amerikanischen Präsidenten Anfang Juni 1961 erklärte, sagte Kennedy voraus: „Es wird einen kalten Winter geben." Der Präsident irrte sich: Die Eiszeit sollte schon im Sommer einsetzen, mit dem 13. August 1961 als Tiefpunkt.

10.2 Die Vorbereitung des Münchener Kirchentages

Gleichzeitig mit dem „Nachtreffen" des Kirchentagskongresses in Berlin vom 19. bis zum 22. Mai 1958 fand in Berlin eine Themenausschusssitzung für den Münchener Kirchentag statt. Zu Beginn dieser Sitzung wurde ausführlich über die Disporasituation geredet, in der der Kirchentag in einer vorwiegend katholischen Großstadt stehen werde. Auch als einer der Sitzungsteilnehmer nach etwa einer Stunde auf die Probleme aufmerksam

---

[15]   EBD., S. 236, 239f.; KJ 1958, S. 138.
[16]   C. KLESSMANN, Zwei Staaten, S. 116; KJ 1959, S. 63f.

machte, denen die potentiellen Ostteilnehmer des Kirchentages in ihrer Heimat ausgesetzt seien, wurde darauf nicht weiter eingegangen.[17] Konsequent wurden dann für die Arbeitsgemeinschaft „Staat" von vornherein nur westliche Referenten vorgesehen. Bei einer Themenausschusssitzung Mitte Januar 1959 erklärte der Vorsitzende der Arbeitsgruppenleitung, es sei unklar, ob die „Brüder aus der DDR" überhaupt teilnehmen und ob „ihre Fragen erörtert werden könnten."[18] Aber man sah diese Tatsache positiv: In Verbindung mit der ganzen Entwicklung der Kirchentage trage das Ausbleiben östlicher Referenten dazu bei, dass alles Gesagte profilierter und konkreter werden könne. Als sich Ende Januar Mitglieder der Arbeitsgruppenleitung „Staat" in Bonn trafen, erklärten sie ausdrücklich: „Das Thema ist zunächst aus der Sicht der Bundesrepublik gestellt und sollte auch im Grundsatz von hier aus aufgegriffen werden."[19] Es sollte wieder um das ganz „klassische" Thema „Mut zur politischen Verantwortung" gehen, mit dem Zusatz, dass in einem pluralistischen System Christen auch politische Gegner sein können.

1949, bei der Evangelischen Woche, die ja auch schon zum Ziel gehabt hatte, Christen in die politische Verantwortung zu rufen, wäre eine Bezugnahme auf die pluralistische Demokratie noch undenkbar gewesen. Das Politikverständnis im deutschen Protestantismus hatte in den zehn Jahren seit Gründung der Bundesrepublik eine gründliche Wandlung durchgemacht.

Thadden bat Eggerath, den DDR-Staatssekretär für Kirchenfragen, am 27. Oktober 1958 um ein Gespräch über die östliche Teilnahme am Münchener Kirchentag im folgenden Jahr.[20] Es sei geplant, 15.000 Christen aus der DDR nach München einzuladen. Der Kirchentagspräsident erhielt keine Antwort. Eggerath musste eine Entscheidung „von oben" abwarten, mit der erst zu rechnen war, nachdem die Verhandlungen um Chruschtschows Berlin-Ultimatum weiter fortgeschritten waren.[21] Im Staatssekretariat für Kirchenfragen war jedoch schon im März 1959 klar, dass allenfalls Delegatio-

---

17 Protokoll der Themenausschusssitzung, 19.–22.05.58 (EZA BERLIN, 71/86/142). Oberkirchenrat Walter Pabst, der an dem Treffen in Berlin teilnahm, erinnerte sich, dass er, als er die Repressionen ansprach, denen viele Gemeindeglieder in Thüringen ausgesetzt seien, die Antwort erhielt: „Sie haben Ihre Probleme, ich habe meine!" (Interview Pabst).
18 Protokoll der Themenausschusssitzung, 12./13.01.59 (EZA BERLIN, 71/86/109B).
19 Av. über Treffen von Schwarzhaupt, Erler, Ministerialrat Lades, Walz, Prof. Scheuner in Bonn, 29.01.59 (EBD.).
20 SAPMO-BArch, DY 30/IV 2/14/120, Bl. 4f.
21 Führ wies Thadden zutreffend auf die mangelnde Entscheidungskompetenz des Staatssekretärs hin (Av. Thaddens über Gespräch mit Führ am 11.12.58, 12.12.58, EZA BERLIN, 71/86/412). Am 27.04.59 schrieb der Staatssekretär an die Räte der Bezirke (SAPMO-BARCH, DY 30/IV 2/14/120, Bl. 25): „Da die Vorbereitungen für Genf [scil. die Genfer Außenministerkonferenz, wo das Berlin-Ultimatum beraten werden sollte] alle Kräfte beanspruchten, wurde bisher noch keine Entscheidung über [den] Kirchentag gefällt." Günter Wirth (CDU) schlug ZK-Sekretär Willi Barth am 08.04.59 vor, den Kirchentag bis zum Juli hinzuhalten, um dann im Lichte der politischen Situation zu entscheiden und sich die Möglichkeit zu erhalten, jederzeit dem Kirchentag die Schuld an einer Nichtteilnahme aus der DDR zuzuschieben (ACDP ST. AUGUSTIN, VII-012/155).

nen aus der DDR nach München würden reisen können.[22] Dem thüringischen Landesbischof Moritz Mitzenheim wurde erklärt, dass die DDR-Regierung auch wegen des Kirchentages nicht mit westdeutschen Gesprächspartnern, sondern nur mit Mitzenheim selbst verhandeln wolle. Eine „Mas-
senbeschickung" des Kirchentages komme im Übrigen nicht in Frage.[23]

Mitzenheim war der Kirchentagsleitung, wie auch vielen anderen kirchlichen Gremien, durch seinen konzilianten Kurs gegenüber den Machthabern in Ost-Berlin suspekt. Aber die DDR-Regierung konnte sich ihren
kirchlichen Gesprächspartner aussuchen, und so blieb der Kirchentagsleitung nicht anderes übrig, als Mitzenheim nach Kräften zu unterstützen.[24]

Anlässlich einer Urlaubsreise in die Bundesrepublik kam der Bischof
am 24. März 1959 auch nach Fulda, um dort über seine bisher geführten
Gespräche zu berichten. Der Verhandlungsrahmen, erklärte er, sei nun ab-
gesteckt. 1.000 Teilnehmer aus der DDR hätten als das äußerste Minimum
zu gelten, „das aber kaum noch bzw. nur noch zur Not als Teilnahme der
Gliedkirchen in der DDR betrachtet werden kann."[25] Mitzenheim hatte
damit die Zahl 1.000 erstmalig in das Gespräch gebracht.

Das Politbüro beriet am 2. Juni eine Vorlage Willi Barths, die den geplanten Münchener Kirchentag als eine westlich ausgerichtete Veranstaltung bezeichnete. Konkretere Besprechungen, hieß es in der Vorlage,
seien wegen der Genfer Außenministerkonferenz verzögert worden. Wenn
es der Ausgang der Konferenz tunlich erscheinen lassen sollte, schloss der
Leiter der „Arbeitsgruppe Kirchenfragen" beim ZK, sollten höchstens 1.000
DDR-Bürger nach München reisen, wenn „eine generelle Ablehnung der
Teilnahme von Bürgern der DDR nicht zweckmäßig erscheint."[26]

Der vom Politbüro vorgegebenen Linie folgte Eggerath in einer einein-
halbstündigen Besprechung mit Mager, Figur und Mädler am 16. Juni.
Mager und Mädler führten die Gespräche als Vorsitzender bzw. Geschäftsführer des DDR-Ausschusses des Kirchentages – man beachte die Umbe-
nennung, die noch zwei Jahre zuvor undenkbar gewesen wäre! –, Figur als
Präses der Berlin-Brandenburgischen Synode. Der Staatssekretär erklärte
den drei Kirchenvertretern: „Eine Entscheidung über Ihre Fragen ist abhängig vom Ausgang der Genfer Konferenz."[27] Ein Beweis für die einseiti-

---

22 Memorandum Hartwigs, 10.03.59 (SAPMO-BArch, DY 30/IV 2/14/120, Bl. 18–21). Im
    DDR-Ausschuss des Kirchentages, der mit der Koordination der östlichen Teilnahme am
    Münchener Kirchentag beauftragt war, rechnete man bis Ende 1958 mit einer Teilneh-
    merzahl aus der DDR von über 15.000 (Protokolle der Sitzungen des DDR-Ausschusses
    vom 23.09.58, 24.10.58, 09.12.58: EZA Berlin, 71/86/618).
23 Mitzenheim an Thadden, 07.03.59 (EZA Berlin, 71/86/412). Selbst Reimer Mager kam als
    Gesprächspartner nicht in Frage, angeblich weil er als Vizepräsident der Kirchentages
    „einer westlichen Institution zugehörig" betrachtet wurde (Protokoll der Ostausschusssit-
    zung vom 04.05.59: EZA Berlin, 71/86/453).
24 Av. Thaddens über Gespräch mit Walter Bauer, 31.03.59 (EZA Berlin, 71/86/412).
25 Av. Lorenz' über Gespräch Thaddens mit Mitzenheim, 25.03.59 (Ebd.).
26 Vorlage vom 29.05.59 (SAPMO-BArch, DY 30/IV 2/14/120, Bl. 52f.).
27 Staatliches Protokoll (BArch Berlin, DO-4/2923, Bl. 109–118; Ebd., DO-4/1929, Bl. 69–78;
    SAPMO-BArch, DY 30/IV 2/14/120, Bl. 67–76).

ge Ausrichtung des Kirchentages sei es schon, dass nur vier der vorgesehenen Referenten aus der DDR kämen.[28] Als Mager und Figur auf eine Entscheidung drängten, denn schließlich müsste die östliche Kirchentagsteilnahme auch organisatorisch vorbereitet werden, rief Eggerath aus: „Wir lassen uns unsere Entscheidungen nicht aufzwingen! Von niemandem!"[29]

Nun versuchte Mitzenheim noch einmal allein sein Glück. Am 29. Juni 1959 schrieb der Eisenacher Oberkirchenrat Gerhard Lotz an seinen „lieben Unionsfreund" Hartwig in einem streng vertraulichen Brief, Bischof Mitzenheim schlage dringend eine Delegation von Teilnehmern aus der DDR vor, weil so dem Staat nicht der schwarze Peter einer offensichtlich repressiven Kirchenpolitik zugeschoben werden könne.[30] Mitzenheim wolle am 4. Juli unter einem Vorwand nach Berlin reisen, wo Eggerath ihn, vermeintlich überraschend, kurzfristig zu einem Gespräch einladen solle. Auf diese Weise könnten Mager und Figur, die mit ihren „propagandistisch-maximalen Erörterungen" die Verhandlungen behinderten, von der Gesprächsteilnahme ausgeschlossen werden.

Dieses Gespräch kann aber die letztendliche Entscheidung, 1.000 Interzonenpässe für die Reise zum Münchener Kirchentag zu erteilen, nicht mehr beeinflusst haben, denn der entsprechende Beschluss des Politbüros wurde am 30. Juni gefasst, also am selben Tag, an dem das Schreiben von Lotz im Staatssekretariat für Kirchenfragen einging.[31] Trotzdem könnten die in dem Brief geäußerten Überlegungen für die Beschlussfassung eine Rolle gespielt haben. Lotz hatte angedeutet, dass Mitzenheim einen schweren Stand in der kirchlichen Ostkonferenz hatte, wo er wegen seiner Haltung gegenüber der DDR-Regierung angegriffen wurde. Bei dem von Mitzenheim angeregten Gespräch wurde dann auch der Eindruck erweckt, die Genehmigung der 1.000 Teilnehmer ginge allein auf die Initiative des Bischofs zurück. Mitzenheim bemühte sich, das bestmögliche Ergebnis zu erzielen, indem er 1.500 Teilnehmer und drei Kirchenchöre aus der DDR außerhalb dieses Kontingentes vorschlug.[32] Er konnte nicht ahnen, dass schon längst anders entschieden war. Aber schon mit der positiven Entscheidung für 1.000 Teilnehmer wurde Mitzenheim als bevorzugter Gesprächspartner des Staates gestärkt. Hartwig konnte in seinem Protokoll des Treffens in schönstem Kaderdeutsch vermerken: „Mitzenheim ist vergleichsweise mit der Zeit etwa 1958 politisch im aufgeschlossenen Sinne gewachsen."[33] Am 6. Juli teilte Eggerath Mitzenheim offiziell mit, dass „De-

---

28 Protokoll Mädlers (EZA BERLIN, 71/86/412). Vgl. auch Eggerath an Mager, 20.06.59 (SAPMO-BArch, DY 30/IV 2/14/120, Bl. 80f.).

29 So das staatliche Protokoll (vgl. oben Anm. 27).

30 Lotz bat Hartwig, den Brief gleich nach Kenntnisnahme zu vernichten. Der aber nahm ihn zu den Akten (SAPMO-BArch, DY 30/IV 2/14/120, Bl. 87f. mit handschriftlichem Vermerk: „unbedingt vertraulich behandeln. Eggerath 30/6").

31 SAPMO-BArch, J IV 2/2/656, Bl. 6f.

32 Gedächtnisniederschrift Hartwigs, 06.07.59 (SAPMO-BArch, DY 30/IV 2/14/120, Bl. 94–96).

33 EBD.

legationen aus den Bezirken der DDR in beschränktem Umfange an den Verhandlungen in München teilnehmen" könnten.[34]

In seinem Aktenvermerk über das Gespräch, das auch die Kirchentagsleitung erhielt, schrieb Mitzenheim, er sei eigentlich wegen eines Vortrages in Berlin gewesen, als er kurzfristig zu dem Gespräch gebeten worden sei. Eggerath habe 40 bis 100 Teilnehmer pro Bezirk, je nach der Bezirksgröße, zugesagt.[35] Am 11. Juli teilte der Bischof in einem Kommuniqué mit, die 1.000 Teilnehmer würden durch die Kirchenkreise in der DDR ausgewählt werden.

Diese geringe Anzahl ließ jedoch – wie beim Hamburger Kirchentagskongress ein Jahr zuvor – bei Kirchenleuten in der DDR die Frage aufkommen, ob man eine östliche Teilnahme überhaupt akzeptieren sollte. Die Bischöfe Jänicke und Hornig und die Präsides Figur und Kreyssig wollten keinesfalls ohne ihre Gemeinden nach München kommen.[36] Bischof Krummacher und seine Frau, eher auf Kooperationskurs, waren durchaus zu einer Teilnahme bereit; Krummacher wollte sich aber mit seinen Amtsbrüdern abstimmen.

Die propagandistischen Möglichkeiten, die sich aus der Neuausrichtung des Kirchentages ergaben, sollten voll ausgeschöpft werden. Die Presse hatte sich an die Sprachregelung „westdeutscher evangelischer Kirchentag" zu halten.[37] Eine Einladung an die DDR-Politiker Dieckmann, Burmeister und Hartwig, die von Seiten des Kirchentages nach einigen Diskussionen ausgesprochen wurde, um „beide Obrigkeiten in gleicher Weise" zu behandeln,[38] wurde von Barth abgelehnt, denn bei einer Teilnahme von Politikern aus der DDR würde der Kirchentag zu gesamtdeutsch werden.[39] Daran hatte man kein Interesse; die Parole „Deutsche an einen Tisch" war zu den Akten gelegt.

Auch die Bundesregierung hielt sich bei der Unterstützung des Kirchentages zurück. Adenauer sollte die Pluralisierung des Kirchentages im Nachhinein als „etwas schreckliches" bezeichnen,[40] denn seine Strategie war es ja immer gewesen, die CDU als die einzige Partei darzustellen, die

---

34   Abschrift (EZA Berlin, 71/86/412); vgl. Protokoll der Ostausschusssitzung vom 14.07.59 (EZA Berlin, 71/86/453).

35   Av. Mitzenheims, 09.07.59 (EZA Berlin, 71/86/412).

36   Av. Lorenz' über Besprechungen in Berlin, 06./07.07.59 (Ebd.).

37   Av. Wirths, 08.07.59 (SAPMO-BArch, DY 30/IV 2/14/120, Bl. 101f.); Hausmitteilung Barths an Ulbricht, 17.07.59 (Ebd., Bl. 103f.).

38   Av. Lorenz', 16.07.59 (EZA Berlin, 71/86/412). Ursprünglich sollten noch mehr DDR-Politiker eingeladen werden, was Hartwig auch am 17.07.59 mitgeteilt wurde (Av. Mädlers über sein Telefongespräch mit Hartwig, 17.07.59: Ebd.). Dann schlug Figur in Fulda vor, man solle angesichts der lediglich 1.000 Teilnehmer die „DDR-Obrigkeit" nicht einladen, allenfalls könnten einzelne Regierungsmitglieder als Gemeindeglieder nach München kommen (Av. Lorenz', 20.07.59: Ebd.). Schließlich einigte man sich auf die Einladung der drei Personen.

39   Hausmitteilung Barths an Ulbricht, 17.07.59 (SAPMO-BArch, DY 30/IV 2/14/120, Bl. 103f.); vgl. Hartwig an Plenikowski, 18.07.59 (Ebd., Bl. 108).

40   G. Buchstab, CDU-Bundesvorstand 1957–1961, S. 416.

für Christen wählbar war. Wenn nun beim Kirchentag deutlich gemacht wurde, dass evangelische Christen durchaus unterschiedlicher politischer Auffassung sein konnten, dann war das Stammwählerpotential der Union gefährdet.

Das Bundesinnenministerium gewährte dem Kirchentag lediglich einen Zuschuss von 250.000 DM.[41] Diese Zahlung blieb erheblich hinter den Zuschüssen für die vergangenen Kirchentage zurück. Allein mit der geringeren Teilnehmerzahl aus der DDR war das nicht zu erklären, denn selbst für die östlichen Besucher sollte lediglich ein „Bewegungsgeld" von 20 DM pro Person gezahlt werden – keine Reisekostenerstattung, wie früher üblich.[42]

10.3 Der politische Charakter des Münchener Kirchentages

Die sonst üblichen Beschwörungen der deutschen Einheit fielen zu Beginn des Münchener Kirchentages eher knapp aus. In seiner Rede auf dem Presseempfang erwähnte der Kirchentagspräsident, nachdem er die Gäste aus der Ökumene begrüßt hatte, „daß wir, wenn auch nicht so zahlreich, wie wir gehofft hatten, immerhin eine Abordnung aus der Deutschen Demokratischen Republik unter uns haben, die wir ganz selbstverständlich als unsere Brüder unter uns begrüßen."[43]

Die Zahl der Arbeitsgruppen war in München mit zehn so hoch wie nie zuvor.[44] Man widmete sich den unterschiedlichsten Sachthemen, die schon bei dem Hamburger Kirchentagskongress im vorherigen Jahr eine Rolle gespielt hatten. Diskussionen kamen bei einem so durchorganisierten Programm kaum auf. Der Kirchentag zeigte sich als große Evangelische Akademie.[45]

In der Arbeitsgruppe, die sich mit dem Thema Politik beschäftigte – also mit dem Thema, das auf den vergangenen Kirchentagen stets die größte Aufmerksamkeit erregt hatte – traten der SPD-Politiker Fritz Erler und der CDU-Politiker Edo Osterloh mit Referaten zum Thema „Wenn Christen politische Gegner sind" auf. Diese beiden Vorträge, in ihrer Gegenüberstellung von langer Hand vorbereitet, hinterließen in der bundesrepublikanischen Öffentlichkeit einen großen Eindruck, waren sie doch Ausdruck der neuen politischen Vielgestaltigkeit auch im Protestantismus. Erler gab in seiner Rede gleich zu Beginn zu: „Ich weiß, wieviel von den

---

[41] Auszahlungsanordnung des BMI, 13.08.59 (Barch Koblenz, B 106/21406); Thadden an Bundesinnenminister Gerhard Schröder, 24.06.59 (Ebd.).
[42] Protokoll der DDR-Ausschusssitzung vom 06.07.59 (EZA Berlin, 71/86/618).
[43] DEKT-Dok. 59, S. 19.
[44] AG I „Das Wort"; AG II „Die Gemeinde"; AG III „Die Kirche"; AG IV „Die Diaspora"; AG V „Die Familie"; AG VI „Der Staat"; AG VII „Die Wirtschaft"; AG VIII „Der Mensch"; AG IX „Die Massenmedien"; AG X „Die Ökumene".
[45] Vgl. „Frankfurter Allgemeine Zeitung", 27.08.59, die den Kirchentag als „kirchliche Massenvolkshochschule" bezeichnete.

kommenden Gedanken nur die Verhältnisse in der Bundesrepublik erfaßt. In der DDR sieht vieles ganz anders aus." Dann hielt er ein Plädoyer für die pluralistische Demokratie, in der es keine Einigkeit um jeden Preis geben dürfe. Das Verlangen nach einer solchen Einigkeit identifizierte er mit dem „Erbe einer obrigkeitsstaatlichen Vergangenheit". In einer modernen demokratischen Gesellschaft aber müsse es Raum für unterschiedliche politische Anschauungen von Christen geben, denn es sei Diskussionen nicht zuträglich, wenn sie frühzeitig unter Berufung auf religiöse Normen abgebrochen würden. Im politischen Konflikt gehe es immer darum, schließlich gemeinsam zu gestalten.[46]

Der schleswig-holsteinische Kultusminister Osterloh gab dem Thema eine andere Wendung. Nur in totalitären Staaten, führte er aus, könne es einen Kampf zwischen Christen und Nichtchristen geben, da nur dort vom Staat Anspruch auf alle Lebensbereiche erhoben werde (der Referent nannte hierbei nicht die DDR, sondern das alte Römische Reich und das „Dritte Reich"). Nur dort, wo der christliche Glaube mit politischen Mitteln bekämpft werde, sei Widerstand aus christlichem Gewissen heraus geboten. Die Tatsache aber, dass in einer pluralistischen Gesellschaft Christen politische Gegner sein könnten, belege gerade, „daß es auf dem Felde der Politik einen Spielraum freier Entscheidungsmöglichkeiten gibt." Deswegen sei es verwerflich, wenn mit theologischen Begründungen Politik getrieben werde. Sowohl der Pazifismus als auch die Notwendigkeit militärischer Verteidigungsbereitschaft könnten theologisch begründet werden, auch bei der Frage der „Zulässigkeit modernster Waffen" seien unterschiedliche Standpunkte aus dem christlichen Glauben heraus vertretbar.[47]

Die hier propagierte pluralistische Streitkultur unter protestantischem Dach hatte nichts mehr mit Volksmission oder dem zunehmend trotzigen Beharren auf der Zusammengehörigkeit der Deutschen beiderseits des Eisernen Vorhanges zu tun. Der Bruch mit der protestantischen Tradition konnte deutlicher nicht sein: Noch sechs Jahre zuvor war auf dem Hamburger Kirchentag der Pluralismus scharf angegriffen worden,[48] noch kurz zuvor hatte allein die CDU für sich in Anspruch genommen, „christliche Partei" zu sein. Nun war dies nicht mehr möglich. Nicht umsonst hatte Adenauer seine Kritik am Kirchentag vor allem an diesen beiden Vorträgen festgemacht.[49]

Zu den Veranstaltungen in den einzelnen Arbeitsgruppen kamen Sonderveranstaltungen hinzu. Hier stach der Abendvortrag Hanns Liljes unter dem Titel „Der Sputnik und der liebe Gott" in der öffentlichen Wahrnehmung besonders hervor.[50] Der hannoversche Landesbischof war von Heinrich Giesen zu diesem Thema mit der Begründung angeregt worden, schließlich ließen sich die Gemeinden in der DDR nach dem Start des so-

---

46 DEKT-Dok. 59, S. 410–416; wieder abgedruckt in: KJ: 1959, S. 64–69.
47 DEKT-Dok. 59, S. 417–425; wiederabgedruckt in: KJ: 1959, S. 69–75.
48 Ministerialdirektor Dr. Wilhelm Claussen auf der Männerkundgebung (DEKT-Dok. 53, S. 565; vgl. auch oben S. 186).
49 Vgl. oben S. 274.
50 DEKT-Dok. 59, S. 676–687.

wjetischen Satelliten in den Weltraum „täglich anfechten [...] wo Gott denn nun sein könnte.“[51] Wenn die materialistische Propaganda in der DDR und in der Sowjetunion auch der Aufhänger für den Vortrag war und der Grund dafür gewesen sein dürfte, dass der Vortrag von 9.000 Kirchentagsteilnehmern besucht wurde,[52] so setzte sich Lilje dann aber mit dem Glauben in einer durch naturwissenschaftlichen Fortschritt veränderten Welt auseinander, also einem „neutralen“ Thema.

Gleichzeitig mit dem Vortrag Liljes fand eine Abendveranstaltung zum Thema Christen und Juden statt. Dass dieses Thema hier erstmals, knapp fünfzehn Jahre nach dem Ende des Holocaust, behandelt wurde, darf einerseits als ein Zeichen für das Ende der unmittelbaren Nachkriegszeit gelten,[53] bedeutete aber auch eine weitere Richtungsentscheidung für den Kirchentag. Der deutsche Protestantismus hatte durch den Einfluss Adolf Stoeckers jahrzehntelang einen latent antisemitischen Einschlag gehabt.[54] Nun wurde die alte Generation von Kirchenmännern, die unter dem Einfluss Stoeckers gestanden hatten, abgelöst, und neue Themen taten sich auf. Fortan sollte das Thema „Juden und Christen“ institutionalisiert werden.

Weniger im Rampenlicht der Öffentlichkeit, dafür aber von umso größerer politischer Bedeutung, war das Auftreten der Bundeswehr in München. Die Soldaten leisteten beim Kirchentag logistische Hilfe im Wert von etwa einer Million DM.[55] Im Gegenzug durften 1.500 Soldaten auf dem Kirchentag in Uniform auftreten, wo sie von den Bischöfen Dibelius und Lilje geradezu überschwänglich begrüßt wurden.[56]

Der Auftritt der Bundeswehr war gewissermaßen ein politisch-symbolhafter Coup des Vorbereitenden Ausschusses in München.[57] Die Bundeswehr, noch keineswegs fest in der westdeutschen Gesellschaft verankert, sollte auf einem protestantischen Forum aufgewertet werden. Hier ging es nicht darum, irgendwelche Sachfragen zu behandeln. Auch war nicht daran gedacht, die jungen Soldaten für den christlichen Glauben zu gewinnen. Es kam allein auf die politische Demonstration an.

Aus diesem Grunde kam das Soldatentreffen der Kirchentagsleitung höchst ungelegen. Giesen distanzierte sich öffentlich, weil die Zusammen-

---

[51]   Giesen an Lilje, 31.01.59 (LKA HANNOVER, L 3 III/1131).
[52]   H. SCHROETER, Kirchentag, S. 252.
[53]   Die Synode der EKD hatte sich schon 1950 in Berlin-Weißensee mit dem Thema befasst, ohne dass daraus ein Impuls für den Kirchentag entstanden wäre.
[54]   M. GRESCHAT, Christentumsgeschichte, S. 194.
[55]   Umfangreicher Schriftwechsel in EZA BERLIN, 71/86/404; vgl. besonders Av. Meinzolts (Vorsitzender des Vorbereitenden Ausschusses) über Anruf von Bischof Kunst am 09.04.59, 10.04.59 (EBD.).
[56]   Lilje begann seine Rede so: „Liebe Kameraden! Ein Saal voll von Männern – ein Anblick, bei dem einem das Herz aufgeht. Bischof Dibelius hat es bereits ausgesprochen, und auch ich will es Ihnen sagen, im Namen Ihrer Militärseelsorger und aller kirchlicher Stellen einmal ganz unmißverständlich und deutlich sagen: Wir sind gern zu Ihnen gekommen und Sie möchten bitte daraus entnehmen, daß unsere Kirche ein Herz hat auch für Sie“ (SOLDATEN, S. 6).
[57]   Vgl. oben Anm. 55.

kunft der Soldaten mit Dibelius und Lilje weiter zur Polarisierung zwischen Ost und West beitrage.[58] Aber konnte dies angesichts der politischen Lage wirklich noch ein ernsthaftes Argument sein?

Angesichts der Themenauffächerung waren in München die Veranstaltungen mit politischem Charakter nicht mehr die am stärksten besuchten.[59] Nur vereinzelt gaben Beobachter aus der DDR Berichte ab; der Kirchentag hatte ja auch kaum Relevanz für die DDR-Bevölkerung.[60] Der besondere Charakter dieses Kirchentages wurde genau registriert. Den Pfarrern aus der DDR, die in München gewesen waren, wurde bei einer Besprechung im Staatssekretariat für Kirchenfragen am 26. Oktober unmissverständlich erklärt, zum nächsten Kirchentag werde es keine oder noch weniger Ausreisegenehmigungen geben. Um von der DDR-Regierung akzeptiert zu werden, müsste sich der Kirchentag grundlegend ändern.[61]

Die DDR-Presse hielt sich zurück.[62] Die westliche Presse stellte einen „Drang zur Vertiefung" fest,[63] der auch als ein Mangel an Spontaneität interpretiert werden konnte.[64] Politisches wurde kaum angesprochen, nur das SPD-Organ „Vorwärts" stellte fest, dass es um den gesamtdeutschen Gedanken in München „ein bißchen still geworden" sei.[65]

10.4 Die Entscheidung für Berlin als Ort des Kirchentages 1961

Nach dem Münchener Kirchentag schlug der Berliner Theologe Helmut Gollwitzer am 10. November 1959 Giesen vor, den nächsten Kirchentag in Berlin abzuhalten, denn dies könne im Sinne der „friedlichen Koexistenz

---

[58] Allerdings geschah dies nur auf einer Pressekonferenz, die den DDR-Pressevertretern auf deren Wunsch hin separat gegeben wurde (Av. 17.08.59, ACDP St. Augustin, VII-012/155; SAPMO-BArch, DY 30/IV 2/14/122, S. 25–27).

[59] Vor allem zu den Arbeitsgruppen „Das Wort", „Die Gemeinde" und „Die Familie" war der Andrang stark, weniger dagegen zu „Der Staat" („Neue Rhein-Zeitung", Düsseldorf, 17.08.59).

[60] Bericht der AG Kirchenfragen über Diskussion mit Instrukteuren für Kirchenfragen aus den Bezirken, 21.09.59 (SAPMO-BArch, DY 30/IV 2/14/120, S. 82); vgl. Bericht der AG Kirchenfragen im ZK der SED, gez. Willi Barth, 25.08.59 (Ebd., S. 45–55). Die Hauptverwaltung Deutsche Volkspolizei (HVDVP) stellte fest, dass es keine „Republikfluchten" anlässlich des Kirchentages gab (Av. des Hauptreferenten Seydowski über Bericht der HVDVP, 26.08.59, BArch Berlin, DO-4/2923). Herbert Trebs (CDU) berichtete seine (wohl zutreffende) Einschätzung, dass Mitzenheim beim Kirchentag isoliert gewesen sei und dass der Kirchentag als rein westlich orientiert angesehen werden müsse (Zusammenfassender Bericht zum Kirchentag, 16.08.59, ACDP St. Augustin, VII-012/155).

[61] Protokoll des Treffens zwischen Hauptabteilungsleiter Weise und Pfarrern aus der DDR, 26.10.59, Abschrift (EZA Berlin, 71/86/27).

[62] Die Parteileitung der Ost-CDU wies alle Bezirkszeitungen an, keine eigenen Berichte abzudrucken, sondern ausschließlich solche der „Neuen Zeit" und solche der ADN zu verwenden (o.D., ACDP St. Augustin, VII-012/155).

[63] „Frankfurter Neue Presse", 18.08.59, vgl. „Süddeutsche Zeitung", München, 18.08.59, „Stuttgarter Zeitung", 17.08.59; „Rheinische Post", Düsseldorf, 15.08.59.

[64] So die „Frankfurter Allgemeine Zeitung", 27.08.59.

[65] 21.08.59.

der beiden deutschen Staaten sein." Bischof Dibelius, kämpferisch wie eh und je, hatte den Kirchentag nach Berlin gebeten. Ein Kirchentag in Dortmund hingegen, wohin die westfälische Landeskirche eingeladen hatte, würde „unaufhaltsam ein westlicher Kirchentag" sein. Den durchorganisierten Münchener Kirchentag frisch im Gedächtnis, warnte Gollwitzer den Generalsekretär davor, dem Kirchentag seine Funktion zu rauben: „Die Entscheidung für Dortmund ist defätistisch und wird defätistisch wirken und den Kirchentag uninteressant machen." Um den Kirchentag als „Wagnis" wieder neu anzugehen, ihn also in Berlin stattfinden zu lassen, müsse man nur die Redner- und Themenauswahl „mit östlichen Ohren abhören."[66]

Am 17. und 18. Januar 1960 beriet das Präsidium des Kirchentages in Abwesenheit des Kirchentagspräsidenten, der sich bei einem Sturz verletzt hatte, über die Einladung nach Berlin.[67] Fritz Figur betonte die „grenzenlose Enttäuschung der Gemeinden in der DDR", wenn der Kirchentag nicht in Berlin abgehalten werden sollte. Dann könne man denken, der Kirchentag sei tatsächlich nur eine westdeutsche Angelegenheit. Vor der gesamtdeutschen Aufgabe dürfe er aber nicht zurückweichen, denn er müsse immer da sein, wo er am dringendsten gebraucht werde. Dagegen wandte Reimer Mager ein, ein Kirchentag in Berlin würde einfach zu viele Unwägbarkeiten mit sich bringen. Wenn er nur in West-Berlin abgehalten werden könne, pflichtete Bismarck dem Vorsitzenden des DDR-Ausschusses bei, sei der Kirchentag seiner beabsichtigten Wirkung beraubt. Da ein Kirchentag in beiden Teilen der Stadt ohnehin eine Illusion sei, solle man sich lieber für Dortmund entscheiden. Schließlich wurde zu bedenken gegeben, dass ein Kirchentag in Berlin das Profil wieder verlieren könne, das in Hamburg 1958 und in München 1959 erarbeitet worden sei.

Bei der Entscheidung zwischen Berlin und Dortmund ging es letztlich auch um die künftige Gestalt der Institution Kirchentag. Nicht umsonst waren Bismarck und auch Walz die stärksten Gegner des Vorstoßes für Berlin. Sie verteidigten ihr akademisch-problemorientiertes Konzept. Die Befürworter von Berlin hingegen, neben Figur und Giesen vor allem Kurt Scharf, der ja auch schon im Herbst 1950 vehement für die Verlegung des Kirchentages 1951 von Stuttgart nach Berlin eingetreten war[67a], reklamierten den „status confessionis" – sie machten die Entscheidung für oder gegen Berlin zur Gewissensfrage. Auf dieser Ebene, stellte der westfälische Oberkirchenrat Thimme nüchtern fest, ließ sich schlecht argumentieren. In Berlin seien die Probleme nicht „größer, aktueller und ernsthafter" als in Dortmund, aber nun sei die Diskussion an einem Punkt angekommen, an dem es nur noch um „für oder gegen Berlin" gehe. Thimme behielt Recht: Zum Abschluss der Beratungen fand eine geheime Abstimmung statt, bei der acht Präsidiumsmitglieder für Berlin, aber nur vier für Dortmund stimmten.

---

66   EZA Berlin, 71/86/302.
67   Hier und im Folgenden: Notizen über die Präsidiumssitzung vom 17./18.01.60 (EZA Berlin, 71/86/159); Bericht Walz' über die Präsidiumssitzung vom 17./18.01.60 (Ebd., 71/86/27).
67a Vgl. oben S. 85f.

Es schien also, als hätten die Vertreter des politisch-symbolhaften Konzeptes über diejenigen des akademisch-problemorientierten Konzeptes einen letzten Sieg errungen. Thadden, der telefonisch von der Entscheidung unterrichtet wurde, legte sofort sein Veto ein. Von diesem Sonderrecht, das die Ordnung des Kirchentages dem Präsidenten zugestand, war nie vorher Gebrauch gemacht worden. Dies bedeutete, dass der Antrag, den Kirchentag 1961 in Berlin stattfinden zu lassen, neu verhandelt werden musste.

Die Neuverhandlung fand am 2. Februar statt. Thadden trug alle Gründe vor, die seiner Meinung nach gegen einen Kirchentag in Berlin sprachen.[68] Ein solcher Kirchentag wäre ein Affront gegen die DDR und als gesamtdeutsches Ereignis sowieso undenkbar, da er von der Ost-Berliner Regierung verhindert werden würde. Die Kirchentagsleitung würde in Folge davon öffentlich brüskiert werden, denn wahrscheinlich würde Eggerath keinen Kirchentagsvertreter empfangen. Wenn aber Verhandlungskompetenzen an „hochgestellte Theologen und Beauftragte der offiziellen Kirche Berlin-Brandenburgs" übertragen würden, wie das ja auch schon im Vorfeld des Münchener Kirchentages der Fall gewesen sei, dann beschneide der Kirchentag weiter seine „laienmäßig bestimmten Einflußmöglichkeiten". Die Unabhängigkeit des Kirchentages von amtskirchlichen Institutionen würde also in Frage gestellt. Außerdem sah der Kirchentagspräsident auch inhaltliche Probleme: Einerseits wollte er den in der DDR neu eingeschlagenen kirchlichen Kurs gegenüber den Staat nicht durch die Betonung der Klammerfunktion behindern,[69] andererseits machte er gerade im Westen Deutschlands eine zunehmende Verweltlichung des öffentlichen Lebens aus, angesichts derer man sich auf die ursprünglichen Aufgaben des Kirchentages, zur geistigen Zurüstung der evangelischen Laien in öffentlicher Verantwortung beizutragen, zurückbesinnen müsse. Der Kirchentagspräsident wollte also sein Konzept der Volksmission wieder in den Vordergrund stellen.

Aber die Befürworter Berlins ließen sich nicht umstimmen. Wie schon im Herbst 1950 bei der Entscheidung zwischen Berlin und Stuttgart[70] ließen die Befürworter Berlins durchblicken, dass sie es in dieser Frage zum Bruch innerhalb der Kirchentagsorganisation kommen lassen könnten. So hatten Thadden, Giesen und Walz zu entscheiden, ob sie die Einheit des Kirchentages riskieren wollten oder nicht. Dazu waren der Präsident und die beiden Generalsekretäre nicht bereit. Einstimmig wurde der Beschluss vom 18. Januar bestätigt.

Die Kritik an Berlin als Kirchentagsort hörte auch nach dem 2. Februar 1960 nicht auf. Ein halbes Jahr später, als die Vorbereitungen schon angelaufen waren, schrieb der Leiter der Berliner Evangelischen Akademie,

---

68   Handschriftlich ergänztes Redemanuskript Thaddens (EZA BERLIN, 71/86/27).
69   Die Kirche in der DDR brauche keine „Weckung aller bösen Geister im Kampf gegen die Christenheit, sondern ein ruhiges Zuwarten, [...] bis Gott die Türen auftut" (EBD.).
70   Vgl. oben S. 88.

Erich Müller-Gangloff, an Thadden, der Kirchentag könne in Berlin „zu einer Katastrophe" werden. Es sei überhaupt nicht klar, was überhaupt geschehen solle. Thematisch müsse der Kirchentag verengt werden, und die dadurch entstandene Lücke könne nicht aufgefüllt werden, selbst wenn manche das mit einer Betonung der angeblich immer noch bestehenden gesamtdeutschen Klammerfunktion versuchten. „Daß wir nicht mehr so frisch-fröhlich wie 1951 und 1954 von Wiedervereinigungserwartungen sprechen können, ist ja ohnehin jedem Einsichtigen deutlich. Aber diese Einsicht wird nicht genügen, wenn wir sie nur stillschweigend voraussetzen."[71] Thadden stimmte Müller-Gangloff zu, denn viele der von dem Akademieleiter geäußerten Gedanken hatte er selbst gegen Berlin vorgebracht. Jetzt aber, nachdem der Zug nach Berlin ins Rollen gekommen war, ging es dem Kirchentagspräsidenten darum, ihm möglichst unpolitischen Charakter zu geben. Thadden schrieb an Müller-Gangloff: „Ich persönlich bin geradezu nervös an der Stelle, wo auch nur von ferne die Gefahr einer Politisierung unserer Kirchentagsabsicht auftritt."[72]

Aber natürlich musste im Sommer 1961 eine Massenveranstaltung in Berlin eine politische Dimension haben, ob ihre Veranstalter das wollten oder nicht.

10.5 Die Verhandlungen um einen gesamtdeutschen Kirchentag in Berlin

Der Bundesregierung kam die Abkehr von dem 1958/59 eingeschlagenen Weg sehr gelegen. In Bonn zeigte man sich entsprechend großzügig: Hatte der Zuschuss für München nur 225.000 DM betragen, so gewährte das Bundesinnenministerium im Sommer 1960 auf Antrag der Kirchentagsleitung einen Zuschuss von einer Million DM und gab eine finanzielle „Ausfallgarantie" für den Fall, dass der Kirchentag aus politischen Gründen verhindert würde.[73]

Die Motive für diese Entscheidung lagen auf der Hand: Im Mai war die geplante Viermächtekonferenz in Paris geplatzt, die sich mit Chruschtschows Berlin-Ultimatum befassen sollte. Adenauer war über die wankelmütige Haltung vor allem der Amerikaner enttäuscht gewesen. Deshalb hatte die Bundesregierung Interesse daran, dass in der westlichen Welt auf den „Frontstadtcharakter" Berlins aufmerksam gemacht wurde. Kaum eine Veranstaltung konnte sich besser dazu eignen als der Kirchentag, der ja seiner Natur nach gegen den Atheismus antrat, der allgemein als im Osten beheimatet gesehen wurde.

71   10.11.59 (EZA Berlin, 71/86/302).
72   03.09.60 (Ebd.).
73   Walz an Bundesinnenminister Gerhard Schröder, 22.08.60 (BArch Koblenz, B 106/21406); Av. des BMI, 21.09.60 (Ebd). Es ist bezeichnend, dass sich diese sensiblen Materialien nicht in den Kirchentagsakten im EZA finden.

Kurt Scharf schlug dem Kirchentagspräsidium vor, einen Brief an Eggerath über den geplanten Kirchentag aufzusetzen, den er und Hildebrandt unterschreiben würden.[74] Scharf war nämlich daran gelegen, möglichst selbst die Verhandlungen mit der DDR-Regierung zu führen und die Gliedkirchen der EKD in der DDR, und damit Mitzenheim, aus der Position des bevorzugten Ansprechpartners zu verdrängen. Gleichzeitig trat jedoch mit Reimer Mager, der am 22. Februar 1960 einen solchen Brief in seiner Eigenschaft als Vorsitzender des DDR-Ausschusses an Grotewohl, den Ost-Berliner Oberbürgermeister Friedrich Ebert und den West-Berliner Regierenden Bürgermeister Willy Brandt schickte,[75] ein dritter möglicher Verhandlungspartner auf.

Anlass für diese plötzliche Aktivität war die Tatsache, dass kurz darauf in Berlin die Synode der EKD tagen sollte. Dort hätte man eine Entscheidung der DDR-Regierung bekannt machen können. Thadden aber, dem ganzen Unternehmen immer noch sehr skeptisch gegenüberstehend, lehnte eine Bekanntgabe des Kirchentagsortes auf der Synode entschieden ab.[76] Notfalls werde er gegen einen Beschluss zur Bekanntgabe sein Veto einlegen. Er wolle, erklärte er Ende Februar anlässlich einer Sitzung von Präsidiumsmitgliedern in Berlin, eine zu enge Identifizierung von Kirchentag und Synode vermeiden, um so die Souveränität des Kirchentages zu unterstreichen. Solche Worte aus dem Munde des Kirchentagspräsidenten dürften die übrigen Präsidiumsmitglieder erstaunt haben, denn in der Vergangenheit, etwa 1954, hatte Thadden keine Scheu gezeigt, auf Synoden der EKD über den Kirchentag zu sprechen oder den Ort für den nächsten Kirchentag zu verkünden. Aber Thadden war sich nun, nach 1957, bewusst darüber, dass das Kirchentagspräsidium nicht in der Position war, die DDR-Regierung herauszufordern.

Der Beschluss vom 2. Februar sei eine Entscheidung für ganz Berlin gewesen, sagte Thadden den Präsidiumsmitgliedern. Ein gesamtdeutscher Kirchentag könne aber nicht auf Biegen und Brechen durchgesetzt werden. Scharf hingegen wollte den Berliner Kirchentag, komme, was wolle. Notfalls müsse man eben zwei getrennte Kirchentage in Berlin veranstalten. Er sei sich aber sicher, dass Verhandlungen zum Erfolg führen würden: „Es liegt an uns und nicht an der Regierung, ob der Kirchentag in Ost-Berlin stattfinden kann." Hildebrandt sprang ihm mit dem Argument zur Seite, die Entscheidung für Berlin solle schon deswegen so bald wie möglich bekannt gemacht werden, weil so Mitzenheim die Chance genommen werden könne, dies seinerseits zu tun. Aber das von Thadden angedrohte Veto stand im Raum. So wurde beschlossen, den von Scharf vorgeschlagenen und schon einige Tage zuvor geschriebenen Brief zusammen mit

[74]   Av. Giesens, 22.02.60 (EZA BERLIN, 71/86/688).
[75]   EZA BERLIN, 71/86/685, vgl. G. BESIER, SED-Staat, S. 373.
[76]   Hier und im Folgenden: Av. Beegs über Präsidialratsitzung vom 24.02.60 (25.02.60: EZA BERLIN, 71/86/159; EBD., 71/86/668). Thadden konnte nicht selber teilnehmen, da er wieder an das Krankenlager gefesselt war.

einem entsprechenden Schreiben der Bischöfe abzuschicken.[77] Der Kirchentagsort solle erst „in angemessener Frist", nämlich am 10. März 1960, bekannt gegeben werden.

Im Kirchentagspräsidium herrschte Chaos: Der Präsident war durch seine angegriffene Gesundheit praktisch nicht einsatzfähig, die Generalsekretäre waren gegen den nächsten vorgesehenen Kirchentag. Der Vorsitzende des DDR-Ausschusses versuchte, am Kirchentagspräsidium vorbei Politik zu betreiben, und diejenigen, die vom Kirchentagspräsidium beauftragt waren, mit der DDR-Regierung in Kontakt zu treten, arbeiteten gegeneinander.

Die DDR-Regierung ließ die Anträge des Kirchentages zunächst unbeantwortet. Auf Grund des schlechten Gesundheitszustandes Thaddens verstrich auch das Datum 10. März. Ende März bat der Kirchentagspräsident Staatssekretär Eggerath und Oberbürgermeister Ebert um ein Gespräch. Wie angesichts der Politik der SED, nur mit DDR-Bürgern zu verhandeln, zu erwarten war, erhielt er ablehnende Antworten.[78]

Einige Monate später ermutigten Hildebrandt und Scharf den Kirchentagspräsidenten, dieses Hinhalten nicht als endgültige Absage aufzufassen.[79] Die beiden Verhandlungsführer wollten noch nicht aufgeben. Am 23. September schrieb Scharf an ZK-Abteilungsleiter Barth, eine inhaltliche Wiederholung des Münchener Kirchentages werde in Berlin unmöglich sein.[80] Gerade deshalb sei Berlin als Tagungsort gewählt worden. Scharf bat erneut um einen Termin, bei dem Einzelheiten besprochen werden könnten. Die Antwort des Abteilungsleiters blieb weiter hinhaltend.[81]

Die DDR-Regierung wollte den deutschen Protestantismus spalten, und dazu sollte auch der Kirchentag ein Mittel sein. Vielleicht könnte es gelingen, zwei Kirchentage stattfinden zu lassen, einen im Westen und einen im Osten? Dies jedenfalls war der Tenor des Politbürobeschlusses vom 13. Dezember 1960, der zwar einerseits den Kirchentag im Allgemeinen als westdeutsche Veranstaltung und den geplanten Kirchentag in Berlin im Besonderen als Provokation charakterisierte, aber andererseits die Möglichkeit anklingen ließ, einen Kirchentag an einem anderen Ort in der DDR abzuhalten.[82] Ein gesamtdeutscher Kirchentag kam nicht in Frage.

Hans Seigewasser, Eggeraths Nachfolger im Amt des Staatssekretärs, knüpfte an diesen Gedanken an, als es am 30. Dezember 1960 endlich zu der gewünschten Aussprache kam, allerdings nicht mit Scharf und Hilde-

---

77 Die Briefe vom 20. bzw. 25.02.60 sind erwähnt in einem Av. Willi Barths vom 11.10.60 (SAPMO-BArch, DY 30/IV 2/14/123, Bl. 8).
78 Thadden an Eggerath, 31.03.60 (EZA Berlin, 71/86/668); Eggerath an Thadden, 06.04.60 (Ebd.). Eggerath warf Thadden vor, in der Bundesrepublik gebe es einen „Verleumdungsfeldzug" gegen die DDR, „der auch von Institutionen des Kirchentages getragen wird" (Thadden an Bürgermeister Waldemar Schmidt, 08.04.60: Ebd.).
79 Hildebrandt an Thadden, 12.08.60 (EZA Berlin, 71/86/686); Scharf an Thadden, 13.08.60 (Ebd.).
80 Scharf an Barth, 23.09.60 (SAPMO-BArch, DY 30/IV 2/14/123, Bl. 4–7).
81 Barth an Führ, 19.10.60 (Ebd., Bl. 10); vgl. Av. Barths, 11.10.60 (Ebd., Bl. 8f.).
82 Beschluss des Politbüros vom 13.12.60 (Ebd., J IV 2/2/737, Bl. 40–42, abgedruckt in: F. Hartweg, SED und Kirche, S. 345–347).

brandt, sondern mit Mitzenheim, Krummacher und dem sächsischen Bischof Gottfried Noth. Der Kirchentag, sagte der Staatssekretär den Bischöfen, solle „in provokatorischer Absicht" in Berlin abgehalten werden. Deswegen könne ein Kirchentag in Berlin nicht gestattet werden. Die DDR-Regierung habe „große Verantwortung für Ruhe und Sicherheit in Berlin." Die Entscheidung gegen Berlin habe aber mit der

> „Einstellung [der DDR-Regierung] zu den Kirchen und mit ihrer Haltung gegenüber kirchlichen Veranstaltungen in der DDR nichts zu tun. [...] Einen Antrag von Vertretern der Evangelischen Kirche in der DDR, den Kirchentag in einer anderen, dafür geeigneten Stadt der DDR als ihrer Hauptstadt Berlin durchzuführen, werde, falls ein solcher Wunsch bestehe, von der Regierung der DDR wohlwollend geprüft werden."[83]

An einem solchen Kirchentag, der schon aus technischen Erwägungen nur in Leipzig in Frage käme, könnten „Delegationen der Kirchen Westdeutschlands und des Auslandes" eventuell teilnehmen. Auch Einreiseanträge des Kirchentagspräsidiums, erklärte Seigewasser gegenüber den drei Bischöfen, als sie zehn Tage später zur Präzisierung der Vorschläge wieder bei ihm erschienen, würden „wohlwollend behandelt werden", aber keinesfalls könne das Präsidium „kollektiv" zu einem solchen Kirchentag in der DDR kommen.[84] Es gehe nicht um eine förmliche Einladung des Kirchentages in die DDR, um die die Kirchentagsleitung schließlich auch gar nicht gebeten habe, sondern die Regierung stelle sich vielmehr zwei getrennte Kirchentage in Ost und West vor.

Seigewasser hatte damit unverhohlen das Ziel seiner Regierung benannt. Deswegen ging die Zusicherung Scharfs, kein westlicher Politiker werde während des geplanten Berliner Kirchentages nach Ost-Berlin kommen, und der Kirchentag werde „volle Loyalität" gegenüber der Regierung der DDR wahren,[85] ins Leere.

Auch die politische Bedeutung Berlins – gerade angesichts von Chruschtschows Berlin-Ultimatum – machte eine Zustimmung der DDR-Regierung zu dem Antrag der Kirchentagsvertreter unmöglich. In einer zwar vorbereiteten, aber den kirchlichen Vertretern nicht ausgehändigten

---

[83] Kirchliches Protokoll: EZA BERLIN, 71/86/668; staatliches Protokoll: SAPMO-BArch, DY 30/IV 2/14/124, Bl. 4ff.; vgl. die Äußerungen Mitzenheims bei der Präsidiumssitzung am 11.01.61, Bericht Walz' (EZA BERLIN, 71/86/27); Protokoll (EBD., 71/86/158); vgl. Av. Röseners (Ost-CDU) über Gespräch mit Seigewasser wegen des Treffens vom 30.12.60 (05.01.61, ACDP ST. AUGUSTIN, VII-012/1478). Alle Zitate aus dem Protokoll im EZA. In einer Aufzeichnung der Ost-CDU wird darauf hingewiesen, dass die drei Bischöfe von der Kirchentagsleitung für unzuständig erklärt worden seien, denn der Kirchentag sei auf jeden Fall für Berlin geplant („Kirchentag, 13.02.61", ACDP ST. AUGUSTIN, VII-012/1478).
[84] Rundschreiben Walz' über Unterredung am 09.01.61 (16.01.61, EZA BERLIN, 71/86/685); Rundschreiben Scharfs, 23.01.61 (EBD.); Protokoll des Staatssekretariates (SAPMO-BArch, DY 30/IV 2/12/124, Bl. 31–36).
[85] So berichtete Scharf bei der Präsidiumssitzung vom 11.01. (Bericht Walz', EZA BERLIN, 71/86/27). Seigewasser habe darauf geantwortet, der Kirchentag könne kein gesamtdeutsches Ereignis sein.

Erklärung hieß es: „Westberlin gehört nicht zum westdeutschen Separat-staat, sondern liegt auf dem Territorium der DDR." Ein Kirchentag sei „gegen die friedliche Lösung der Westberlin-Frage gerichtet."[86]

Um die Kirchentagsleitung vor vollendete Tatsachen zu stellen, veröf-fentlichte das Presseamt Ulbrichts am Abend des 11. Januar eine Erklärung über die Besprechungen vom 30. Dezember, in der die bekannten Vor-würfe über die politische Einseitigkeit des Kirchentages erneuert wurden. In der Erklärung hieß es, die DDR-Regierung wolle alles unterstützen,

> „was der Entspannung, Erhaltung und Festigung des Friedens dient und somit den Interessen des ganzen deutschen Volkes entspricht. Auf Grund der Erfah-rungen anläßlich vergangener Kirchentage – insbesondere des letzten Kirchen-tages in München – verfolgen die Pläne für einen Kirchentag in der Hauptstadt der DDR, Berlin, genau entgegengesetzte Ziele."[87]

Die Regierung der DDR könne daher einem Kirchentag in Berlin nicht zu-stimmen. „Gerade angesichts der in diesem Jahr notwendigen Verhand-lungen über die friedliche Lösung der Westberlinfrage" seien „alle friedlie-benden und verantwortungsbewußten Kräfte" interessiert daran, dass diese Entwicklung nicht gestört werde.

Nach so einer eindeutigen Festlegung würde die DDR-Regierung nicht mehr hinter ihre verkündete Position zurückgehen können. Das war das Signal der Meldung, mit der immerhin noch das zweite Treffen mit Scharf und Hildebrandt am 9. Januar abgewartet worden war, welches aber mit keinem Wort erwähnt wurde.

Das Kirchentagspräsidium beriet am 11. Januar über die Möglichkeiten, die sich angesichts der beiden erfolglosen Gespräche mit Seigewasser nun ergaben. Sollte an einem Kirchentag in beiden Teilen Berlins festgehalten werden, notfalls im Osten nur auf kirchliche Räume beschränkt? Sollte der Kirchentag ganz abgesagt werden? Oder sollte „eine Art volksmissionari-sches Treffen" in der DDR stattfinden? Die zweite Möglichkeit wurde all-gemein ausgeschlossen. Zu lange sei der Kirchentag schon vorbereitet worden, und seine Absage würde ein Vakuum schaffen. Für Veranstaltun-gen in der DDR sprachen sich die um einen Dialog mit ihrer Obrigkeit bemühten Bischöfe Krummacher und Mitzenheim aus. Beide warnten davor, ein Kirchentag in Berlin könne angesichts der politischen Lage für Gemeindeglieder aus den östlichen Gliedkirchen „eine Zumutung" sein. Dagegen wurde von Mager vorgebracht, eine Kirchentagsveranstaltung in der DDR würde der Spaltung der EKD Vorschub leisten.

Noch während der Präsidiumssitzung wurde die Erklärung des Ost-Ber-liner Presseamtes bekannt. Sie bewirkte genau das Gegenteil ihrer eigent-lichen Absicht: Eine Absage, argumentierten Scharf, Walz und Bismarck, sei nun gänzlich ausgeschlossen, da man sonst den von Seiten der DDR-

---

86 SAPMO-BArch, DY 30/IV 2/14/213, Bl. 40f.
87 Hier und im Folgenden: Bericht Walz' (EZA Berlin, 71/86/27). Wortlaut der Meldung: „Neues Deutschland", 12.01.61, abgedruckt in: „Junge Kirche" 22, 1961, S. 90f.

Regierung erhobenen Vorwürfen nachträglich Recht gäbe. Auch ein Kirchentag in Leipzig scheide aus, da mit dem Angebot für Leipzig offenbar kein Kirchentag im eigentlichen Sinne gemeint sei. So wurde auf Vorschlag von Scharf beschlossen, an ganz Berlin als Kirchentagsort festzuhalten, notfalls mit Veranstaltungen ausschließlich in kirchlichen Räumen im Ostteil der Stadt. Solange noch eine Möglichkeit bestehe, erklärte der Präses, die Einheit der Kirche auch äußerlich im Zusammenkommen der Gemeindeglieder aus Ost und West zu verwirklichen, müsse der Versuch ernsthaft unternommen werden.[88] Auch die Berlin-Brandenburgische Kirchenleitung sah „keinen kirchlichen Anlaß", ihre Einladung zurückzunehmen.[89]

In der Presse erschien zwei Tage später eine Erklärung des Präsidiums, in dem die in der Erklärung des Ost-Berliner Presseamtes erhobenen Vorwürfe zurückgewiesen wurden. An ein separates Kirchentagstreffen für den Bereich der DDR, so hieß es selbstbewusst, sei nicht zu denken, denn der Kirchentag könne „sich nicht von seiner über zehnjährigen Tradition der großen öffentlichen Laientreffen in kleinere Provinzveranstaltungen abdrängen lassen."[90]

In Ost-Berlin wurde nun offenbar erkannt, dass von den beiden gesteckten Zielen, nämlich die Kirchentagsbewegung zu spalten und einen Kirchentag in Berlin zu verhindern, nur eines zu erreichen war. Ulbricht unterstrich die Priorität einer Verhinderung des Kirchentages in Berlin in einem Gespräch „mit hervorragenden Christen", nämlich einer Delegation von „fortschrittlichen" Theologen der DDR, das am 11. Februar, rechtzeitig zum Beginn der Synode der EKD in Berlin, im „Neuen Deutschland" veröffentlicht wurde. Ein Kirchentag in Berlin, erklärte der Staatsratsvorsitzende, habe „doch nichts mit religiösen Wünschen zu tun."

Die Fronten verhärteten sich. Die konservative Tageszeitung „Die Welt", die traditionell kirchlichen Dingen breiten Raum einräumte, hatte der Kirchentagsleitung empfohlen, „fest [zu] bleiben und den Kirchentag 1961, wie vorgesehen, in Berlin ab[zu]halten – wenn nötig, eben nur im westlichen Teil der Stadt."[91]

Auch die Kirchentagsleitung war sich darüber im Klaren, dass von den beiden Zielen, die sie verfolgte, nämlich die Einheit der Kirchentagsbewegung zu erhalten und den Kirchentag in Berlin abzuhalten, ebenfalls nur eines zu erreichen war. Dabei hatte das erste Ziel natürlich Priorität vor dem zweiten. Scharf schrieb am 7. Februar an Seigewasser, das Kirchentagspräsidium erwäge, „um Spannungen abzubauen", eine Verlegung des Kirchentages nach Leipzig.[92] Dafür müsse aber die Einheit des Kirchentages voll gewährleistet sein. Das hieß konkret: Das gesamte Präsidium und alle Mitarbeiter aus der Bundesrepublik müssten teilnehmen dürfen, eben-

[88] Rundschreiben Walz', 16.01.61 (EZA BERLIN, 71/86/685).
[89] EBD.; „Die Welt", 13.01.61.
[90] EBD.
[91] EBD.
[92] EZA BERLIN, 71/86/685; SAPMO-BArch, DY 30/IV 2/14/124, Bl. 67–71, abgedruckt in: „Junge Kirche" 22, 1961, S. 364–366.

so alle Bischöfe und Präsides. Es müssten 20.000 bis 30.000 Teilnehmer aus der DDR und 5.000 bis 10.000 aus der Bundesrepublik nach Leipzig zum Kirchentag kommen dürfen. Darüber hinaus müssten die technischen Voraussetzungen für diese Teilnahme, also die Bereitstellung von Transportraum und Übernachtungsmöglichkeiten, geschaffen werden. Dafür war man inhaltlich zu erheblichen Zugeständnissen bereit: Die Referate würden ausschließlich mit den Mitgliedern des Vorbereitenden Ausschusses, der nur aus DDR-Bürgern bestehen solle, abgestimmt werden.

Am 11. Februar 1961, kurz vor der Eröffnung der Synode der EKD, die wie schon 1960 in Berlin tagte, wurde auf einer Präsidiumssitzung ein Stimmungsbild aus den einzelnen Landeskirchen gegeben. Mehrheitlich waren die Landeskirchen für eine definitive Festlegung auf Berlin, aber eine starke Minderheit, vor allem der östlichen Gliedkirchen, wollte noch warten. Heinrich Troeger, ehemals Staatsminister und nun Vizepräsident der Bundesbank, bewies Wirklichkeitssinn: Die Spaltung Deutschlands und des Protestantismus, argumentierte er, komme ohnehin, deshalb bedeute Berlin wenigstens eine Chance für den Kirchentag. Notfalls müsse man den Kirchentag eben ganz absagen.[93]

Schließlich wurde die Entscheidung erneut um vier Tage hinausgeschoben, um eine Antwort aus Ost-Berlin auf die neuen Vorschläge vom 7. Februar abzuwarten. Wenn dann aber noch immer keine staatliche Stellungnahme zu erhalten sei, beschloss man, würde die Entscheidung für Berlin endgültig fallen.

Am folgenden Tage wurden die Bischöfe, die zur Eröffnung der Synode nach Berlin gekommen waren, am Brandenburger Tor nicht in den Ostsektor der Stadt eingelassen, wo sie an einem Gottesdienst in der Marienkirche teilnehmen wollten. Dieser Vorfall, der großes Aufsehen erregte, unterstrich noch einmal, dass es der DDR-Regierung ernst war mit der Absicht, ihr unliebsame Personen von ihrem Territorium fern zu halten.

Da es der DDR-Regierung offenbar wichtiger war, einen Kirchentag in Berlin zu verhindern, während die Kirchentagsorganisation – nachdem das politisch-symbolhafte Kirchentagskonzept mit der Entscheidung vom 2. Februar 1960 unterstützt worden war – alles daran setzte, die deutsche Einheit zu propagieren, schien eine Einigung möglich: Die DDR-Regierung verzichtet auf die Spaltung des Kirchentages, die Kirchentagsorganisation auf den Tagungsort Berlin.

In der Tat wurden nun von der Kirchentagsleitung ernsthaft Vorbereitungen für eine Verlegung des Kirchentages nach Leipzig getroffen. Zeit- und Organisationspläne wurden aufgestellt, ein Vorbereitender Ausschuss für Leipzig stand kurz vor der Bildung.[94]

Seigewasser antwortete auf die Bedingungen des Kirchentages mit einem erneuten Gesprächsangebot für den 24. Februar.[95] Der Staatssekretär

93 Protokoll der Präsidiumssitzung vom 11.02.61 (EZA BERLIN, 71/86/158).
94 EZA BERLIN, 71/86/685.
95 Seigewasser an Scharf, 14.02.61 (EBD.).

brauchte etwas Zeit, denn er musste erst die Zustimmung des Politbüros für einen Kirchentag in Leipzig einholen. Eine Einigung lag also in Reichweite.

Nun aber erklärte das Kirchentagspräsidium, das am 15. Februar erneut tagte, eine Antwort auf die Bedingungen des Kirchentages sei angesichts der Zurückweisung der Bischöfe am Brandenburger Tor eigentlich schon erfolgt.[96] Hildebrandt drohte mit seinem Rücktritt aus dem Vorbereitenden Ausschuss für Berlin, wenn nicht am selben Tage entschieden werde. Mit einem Kirchentag in Leipzig, argumentierte er, würde das Heft des Handelns aus der Hand gegeben. Deshalb sei die Zeit reif für eine endgültige Festlegung auf Berlin. Die Stimmung war klar für Berlin, aber Reimer Mager brachte das entscheidende Argument vor, doch noch keine endgültige Entscheidung zu treffen: „Wir müssen die Sache jetzt anständig zu Ende bringen, sonst erschlägt uns unser eigenes Fußvolk."[97]

Niemand glaubte aber daran, dass die vom Kirchentag gestellten Bedingungen vollständig erfüllt werden würden. Deshalb konnte Thadden am Freitag, dem letzten Verhandlungstag der Synode, auch in einem Nebensatz die „10. Tagung des Evangelischen Kirchentages in Berlin" erwähnen, ohne die Möglichkeit einer Tagung nicht in Berlin, sondern in Leipzig auch nur anzudeuten.[98] Das Präsidium beschloss, an Berlin festzuhalten, wenn nicht bei dem für den 24. Februar vorgesehenen Gespräch auf alle Bedingungen eingegangen würde. Dies wurde in einem Kommuniqué bekräftigt.[99]

Das Staatssekretariat für Kirchenfragen war durch einen Bericht des Staatssicherheitsdienstes genau über den Verlauf der Diskussion während der Präsidiumssitzung vom 11. Februar informiert.[100] Man wusste, dass eine Entscheidung für Berlin so gut wie sicher war. Aus diesem Grund machte Seigewasser noch weitergehende Zugeständnisse: Am 16. Februar, also in Kenntnis des Kommuniqués des Kirchentagspräsidiums vom Vortage, formulierte er eine Beschlussvorlage an das Politbüro. Alle Bedingungen des Kirchentages sollten angenommen werden, nur bei der Einreise der Bischöfe und bei verschiedenen Vertretern der Ökumene sollte noch „differenziert werden".[101] Das Politbüro billigte am 22. Februar die Vorlage.[102]

Um einen Kirchentag in Berlin zu verhindern, war das Führungsgremium der SED also zu erheblichen Zugeständnissen bereit. Warum akzeptierte man die Bedingungen des Kirchentages dann nicht voll und ganz? Ging es aus SED-Sicht nur darum, das Gesicht zu wahren?

---

[96]   Protokoll der Präsidiumssitzung vom 15.02.61 (EBD., 71/86/158).
[97]   EBD.
[98]   BERLIN 1961, S. 245.
[99]   „Die Welt", 16.02.61.
[100] Auszug aus der Information 2/61 des Staatssicherheitsdienstes, streng geheim, 12.02.61, in: G. BESIER, Pfarrer, S. 243.
[101] Beschlussvorlage, 16.02.61 (SAPMO-BArch, DY 30/IV 2/14/124, Bl. 74–79).
[102] SAPMO-BArch, J IV 2/2/741, Bl. 139–141.

Über die Gründe, die Seigewasser veranlassten, die Einschränkung bezüglich der Einreise von Bischöfen und Ökumene-Vertretern zu formulieren, kann nur spekuliert werden. Um bloße „Verhandlungsmasse" kann es sich nicht gehandelt haben, denn sonst hätte das Politbüro den Staatssekretär aufgefordert, im äußersten Falle die Teilnahme von allen Bischöfen aus der Bundesrepublik doch zuzugestehen. Ein mangelnder Wille der SED-Führung, den Kirchentag in Leipzig tatsächlich zu gestatten, kann auch nicht konstatiert werden. Dazu waren die gemachten Zugeständnisse zu groß. Die einzig plausible Erklärung für die Einschränkungen in der am 22. Februar genehmigten Vorlage ist, dass die Festigkeit der Haltung der Kirchentagsleitung bezüglich der Teilnahme der Bischöfe unterschätzt wurde. Man hatte sich in den vorhergehenden Jahren daran gewöhnt, dass kirchliche Gremien und Mitarbeiter dem Staat weit entgegen gekommen waren, um zu einem gedeihlichen Miteinander von Kirche und Staat zu gelangen. Wenn es tatsächlich stimmte, wie der Stasi-Bericht andeutete, dass das Kirchentagspräsidium nicht mehr an einen gesamtdeutschen Kirchentag glaubte, so musste das Angebot, doch diese Chance zu erhalten, so verlockend erscheinen, dass das Präsidium vielleicht die bittere Pille zu schlucken bereit war. So wird man in Ost-Berlin wohl kalkuliert haben.

Bei dem Treffen zwischen Scharf und Seigewasser am 24. Februar ging es schon um konkrete Fragen des Leipziger Kirchentages.[103] Die organisatorischen Einzelheiten sollten mit dem Innenministerium abgeklärt werden. Das Gespräch konzentrierte sich dann bald auf den springenden Punkt, nämlich der uneingeschränkten Teilnahme aus dem Westen. Die Vertreter der Kirchentagsleitung erklärten, es gehe ihnen dabei nicht um die Teilnahme von Politikern der Bundesrepublik, aber sehr wohl um die Teilnahme von allen Kirchenführern.[104] Seigewasser konterte, auch Kirchenmänner könnten wie Politiker auftreten und müssten es sich dann auch „gefallen lassen, als Politiker behandelt zu werden."[105] Scharf antwortete, es könne der Kirchentagsleitung nicht zugemutet werden, mit einem Eingehen auf die Vorgabe der DDR-Regierung die politischen Vorwürfe, die gegen den Kirchentag als Folge erhoben werden würden, quasi zu bestätigen. Schon deshalb müssten alle von der Kirchentagsleitung benannten Teilnehmer, auch Bischof Lilje, nach Leipzig einreisen dürfen.[106]

---

[103] Anwesend waren außerdem Figur, Mager, Frl. v. Münchhausen (Mitglieder des LA Thüringen des DEKT), OKR Bräcklein und Kreisoberpfarrer Lange (Kurzbericht, SAPMO-BArch, DY 30/IV 2/14/124, Bl. 86–91; Protokoll: Ebd., Bl. 98–143, BArch Berlin, DO-4/2926, Bl. 167–212). Die Anwesenheit von Bräcklein und Lange war für die Mitglieder der Kirchentagsleitung völlig überraschend. Offenbar wollte das Staatssekretariat mit ihrer Einladung unterstreichen, dass es sich die kirchlichen Gesprächspartner auch weiterhin selbst auszusuchen würde. Scharf und Figur zeigten sich über dieses Vorgehen ungehalten; auch Bräcklein und Lange war ihre Instrumentalisierung unangenehm. – Ein kirchliches Protokoll dieser Besprechung war nicht auffindbar, Scharf berichtete aber über sie in der Präsidiumssitzung am 03.03.61 (Bericht Walz': EZA Berlin, 71/86/27; Protokoll: EZA Berlin, 71/86/158).
[104] SAPMO-BArch, DY 30/IV 2/14/124, Bl. 120.
[105] Ebd., Bl. 131.
[106] Ebd., Bl. 136.

Seigewasser war zu einem solchen Zugeständnis nicht autorisiert, deshalb wurden die Verhandlungen vertagt.

Die SED-Führung präzisierte nun ihre Bedingungen. Der Kirchentags-leitung sollten alle von ihr mit dem Schreiben vom 7. Februar geforderten Freiheiten zugestanden werden. Nur die Teilnahme von drei Bischöfen und einem weiteren Referenten, nämlich der Bischöfe Lilje, Kunst und Di-belius sowie des Hamburger Theologen Helmut Thielicke, sollte nicht ge-stattet werden.[107] Dies erklärte der Staatssekretär im Innenministerium, Sei-fert, gegenüber Scharf am 2. März. Er wiederholte, die DDR-Regierung „er-strebe noch in diesem Jahr eine vernünftige Regelung der Berlin-Frage. Aus diesem Grunde wolle sie allen Rumor in Berlin vermeiden."[108] Seifert warnte Scharf davor, angesichts der gestellten Bedingung den Kirchentag doch in Berlin abzuhalten, dann damit verstoße man „gegen das aus-drückliche Verbot der Regierung".[109]

Im Kirchentagspräsidium, dem Scharf am folgenden Tag vom Verlauf der Besprechung berichtete, sprach sich die Mehrheit der Mitglieder dafür aus, den Kirchentagsort Berlin nun bekannt zu geben, da die gestellten Be-dingungen nicht vollständig erfüllt worden seien. Verschiedene Präsi-dumsmitglieder, darunter der neu ins Kirchentagspräsidium berufene Göt-tinger Historiker Reinhard Wittram und der Theologe Heinz Zahrnt, gaben jedoch zu bedenken, dass den Bedingungen der Kirchentagsleitung doch weitgehend entsprochen worden sei. Die geistliche Chance eines gesamt-deutschen Kirchentages sei zu groß, als dass man sie einfach verstreichen lassen könne. Außerdem wären die politischen Folgen eines Kirchentages in Berlin schwerwiegend, denn die DDR habe ganz offensichtlich ein star-kes Interesse daran, einen solchen Kirchentag zu verhindern.

Dagegen wurden grundsätzliche Erwägungen vorgebracht. Hildebrandt erinnerte daran, dass der Kirchentag auch in Berlin geistige Aufgaben habe, denen er nicht aus politischen Rücksichten ausweichen dürfe. Die DDR-Regierung könne ihre weitgehenden Zusagen nach einer Festlegung auf Leipzig auch wieder rückgängig machen. Am wichtigsten aber war für ihn, dass es nicht um diese vier Privatpersonen gehe: „Ein Kirchentag, bei dem einige Brüder, ob das nun viele seien oder wenige, grundsätzlich aus-geschlossen wären, hätte seine kirchliche Vollmacht eingebüßt."

Schließlich entschied das Kirchentagspräsidium trotz der gegenteiligen Voten,[110] dass die gestellten Bedingungen in vollem Umfange aufrecht er-halten wurden. Die Entscheidung für Berlin solle aber erst am 10. März be-

---

[107] Dies dürfte wohl in der Politbürositzung vom 28.02.61, in der der Punkt „Kirchenfragen" auf der Tagesordnung stand, gebilligt worden sein (Ergebnisprotokoll: SAPMO-BArch, J IV 2/2/752).

[108] Bericht Walz' über die Präsidiumssitzung vom 03.03.61 (EZA BERLIN, 71/86/27).

[109] Hier und im Folgenden: Niederschrift über die Besprechung zwischen Staatssekretär Sei-fert und Präses Scharf am 03.03.61 (SAPMO-BArch, DY 30/IV 2/14/144, Bl. 144–150; BARCH BERLIN, DO-4/2926, Bl. 152–158).

[110] Wittram legte gegen Walz' Bericht von der Präsidiumssitzung vom 03.03. Protest ein und erreichte, dass seine abweichende Meinung dem Bericht beigefügt wurde (EZA BERLIN,

kannt gegeben werden, damit der DDR-Regierung eine letzte Möglichkeit zum Einlenken gegeben werde.

Warum war die Haltung des Präsidiums so starr? Wichtig dürfte vor allem das Misstrauen gegenüber den Zusagen aus Ost-Berlin gewesen sein. Bislang hatte man der DDR-Regierung die eigenen Vorstellungen immer „abgetrotzt" und war damit – gerade 1954 – auch erfolgreich gewesen. Vielleicht missfiel es manchen, dass der Tagungsort Leipzig nicht vom Kirchentag, sondern von der DDR-Regierung ins Spiel gebracht worden war. Man witterte einen politischen Schachzug und war nicht bereit, sich auf ihn einzulassen – so günstig sich die angebotenen Konditionen auch ausnahmen. Zudem ist eine Dynamik der Ereignisse zu beobachten, während der die Verhandlungspartner bestimmte Positionen bezogen, die sie dann ohne Gesichtsverlust nur schwer wieder räumen konnten.

Sogar Kurt Scharf, immer einer der entschiedensten Befürworter des Tagungsortes Berlin, wollte angesichts des Angebotes aus Ost-Berlin nicht mehr auf seiner Haltung bestehen.[111] Er machte gegenüber Seigewasser am 9. März noch einmal neue Angebote, um wenigstens die Teilnahme des scheidenden EKD-Ratsvorsitzenden Otto Dibelius und von Hanns Lilje zu erreichen.[112] Gerade zum neuen Ratsvorsitzenden der EKD gewählt, sagte Scharf dem Staatssekretär zu, im Falle eines Eingehens auf diese Bedin-

---

71/86/27). In diesem Sondervotum schlug Wittram vor, der Kirchentag solle auf die vier Personen verzichten, aber der DDR-Regierung gleichzeitig erklären, sie könne die Teilnahme der vier zwar administrativ verhindern, geistig seien sie jedoch trotzdem in Leipzig anwesend. Außerdem solle die DDR-Regierung nach den Vorstellungen Wittrams auf negative internationale Folgen der Einreiseverweigerung aufmerksam gemacht werden. Der kirchenfeindliche Charakter des DDR-Regimes werde auf diese Weise nämlich offenbar werden.

[111] Laut Protokoll (EZA BERLIN, 71/86/158) erklärte Scharf, wenn die vier Leute „geschluckt" würden, müsse man nach Leipzig gehen, „was mir persönlich sehr schmerzlich wäre."

[112] Ausführliche Niederschrift der Besprechung von Scharf und Seigewasser am 09.03.61 (SAPMO-BARCH, DY 30/IV 2/14/124, Bl. 166–170; BARCH BERLIN, DO-4/2926, Bl. 138–141; Protokoll, 10.03.61: EBD., Bl. 129–137). Walz berichtete in einem Rundschreiben an die Präsidiumsmitglieder vom 10.03.61 (EZA BERLIN, 71/86/668, 71/86/685) nur lapidar, das Gespräch habe nichts Neues ergeben. Scharf wird wohl kaum von seinen weitgehenden Zugeständnissen berichtet haben. Später berichtete Scharf seinem Weggefährten und Biografen Wolf-Dieter Zimmermann, er sei bereit gewesen, eine Ablehnung aller vier Personen (an Stelle von Thielicke wird hier irrtümlich „Synodalpräses Constantin von Dietze" genannt, ein Amt, das dieser zum Zeitpunkt des Gespräches von Scharf und Seigewasser schon an Hans Puttfarcken abgegeben hatte) zuzugestehen, aber die DDR-Regierung habe auch inhaltliche Vorgaben gemacht (W.-D. ZIMMERMANN, Scharf, S. 90). Vielleicht gibt diese Erinnerung Scharfs, anscheinend von 1989 (EBD., S. 8), seine damaligen Befürchtungen wieder, mit den Aufzeichnungen des Staatssekretariates deckt sie sich jedenfalls nicht. Wenn es solche inhaltlichen Vorgaben gegeben hätte, wäre dies auch gegenüber den westdeutschen Kritikern an der Entscheidung für Berlin (vgl. unten S. 292f.) vorgebracht worden. Scharf wird sich im Nachhinein nicht gerne an die Tatsache erinnert haben, dass der Berliner Kirchentag nur wegen der Frage der Teilnahme von Bischof Dibelius scheiterte. – Die Behauptung H. SCHROETERS (Kirchentag, S. 266), die eigentliche Schwierigkeit bei der Planung des Berliner Kirchentages sei es gewesen, dass „die Kirchentagsleitung die DDR als einen eigenständigen Staat anerkennt", entbehrt jeder Grundlage, zumal die Organisation Kirchentag zu einem solchen quasi staatsrechtlichen Schritt gar nicht in der Lage gewesen wäre.

gungen würde er der Position der DDR-Regierung bezüglich des Militärseelsorgevertrages entgegenkommen und sich dafür einsetzen, dass die
westlichen Landeskirchen und nicht das Evangelische Kirchenamt für die
Bundeswehr für die Militärseelsorge zuständig wären. Außerdem könne er
garantieren, dass Kunst nicht nach Leipzig käme; auch Thielicke „spielt
keine so große Rolle." Lilje, so stellte sich wenig später heraus, war bereit,
von sich aus auf seine Kirchentagsteilnahme zu verzichten.[113]

Zuletzt ging es also nur noch um die Teilnahme von Dibelius. Der Berliner Bischof aber blieb hart. Er hatte schon Anfang Februar einen Kirchentag in Leipzig kategorisch als „unannehmbar" bezeichnet.[114] Dibelius
hatte dabei wohl weniger seine eigene Teilnahme am Kirchentag im Sinn.
Das politisch-symbolhafte Konzept, also ein lautstarkes Eintreten für die
deutsche Einheit, gegen die Missstände in der DDR, wäre in Leipzig unmöglich zu verfolgen gewesen. Volksmissionarische Erwägungen traten für
Dibelius demgegenüber zurück. Er hatte ja ohnehin schon in der Gründungsphase des Kirchentages den Standpunkt vertreten, die Volksmission
sei besser bei der Amtskirche aufgehoben als bei einer unabhängigen
kirchlichen Institution wie dem Kirchentag.

Seigewasser lehnte, getreu seinen Instruktionen, das Angebot Scharfs
ab. Am folgenden Tag wurde der endgültige Beschluss, der Kirchentag
werde in Berlin stattfinden, bekannt gegeben.

Dieser Mechanismus – Verlegung des Kirchentages nur bei Verzicht auf
den Ausschluss einzelner – war zuvor mehrheitlich vom Kirchentagspräsidium beschlossen worden. Dennoch wäre dieser Beschluss hinfällig gewesen,
wenn nach Lilje, Kunst und Thielicke auch Bischof Dibelius auf seine Teilnahme verzichtet hätte. So besehen war also die Haltung von Otto Dibelius
bei der Entscheidung gegen einen Kirchentag in Leipzig ausschlaggebend.

10.6 Kirchliche Kritik an der Entscheidung für Berlin

Diese Entscheidung wurde nicht nur in der DDR, sondern auch im Westen
heftig kritisiert. Schon im Februar hatte ein „Berliner Kreis" in der Zeitschrift
„Junge Kirche" gefordert, die Verkoppelung von Kirchentag und Wiedervereinigung unter westlichen Vorzeichen endlich aufzugeben, und darauf hingewiesen, dass die Verhandlungsposition der DDR-Regierung vor allem
außenpolitisch motiviert, nämlich gegen den Status Berlin gerichtet sei.[115]

Im März meldeten sich dann Heinrich Vogel, Martin Fischer und Karl
Kupisch in einem offenen Brief an das Kirchentagspräsidium zu Wort.
Wohl wissend, dass das Kommuniqué des Kirchentages vom 10. März
enormen Sprengstoff in sich barg, waren die drei Professoren der Berliner

---

[113] Av. Thaddens über die Ratssitzung vom 17.03.61 (EZA Berlin, 71/86/62).
[114] „Der Tagesspiegel", West-Berlin, 05.02.61; vgl. Rundschreiben Gollwitzers, 10.04.61
       (ZAEKHN Darmstadt, 62/1124).
[115] „Junge Kirche" 22, 1961, S. 91f.

Kirchlichen Hochschule um einen verbindlichen Ton bemüht. So kündigten sie ihre Mitarbeit am Kirchentag, dem alle drei schon lange verbunden waren, ausdrücklich nicht auf. Zwar hätten sie Respekt vor der getroffenen Entscheidung, erklärten sie, aber es sei ein Fehler gewesen, die Teilnahme von vier Männern an einem so großen Ereignis zur Bedingung zu erheben. Der entscheidende Gesichtspunkt der Beratungen hätte der volksmissionarische Auftrag der Kirche sein müssen: „Wie viele Menschen, die nach Leipzig gekommen wären, werden nun wohl nicht nach Berlin kommen können? [...] Hätte die Kirche hier nicht etwas weniger grundsätzlich handeln können und dürfen als der Staat?"[116]

Auf diese Kritik konnte der Kirchentagspräsident, der sie insgeheim wohl selbst weitgehend teilte, nicht viel antworten. Bei einer Sitzung des neu gewählten Rates der EKD am 17. März beklagte Thadden in Anspielung auf die Tatsache, dass es bei der Entscheidung für oder gegen Berlin gar nicht um die Teilnehmer, sondern um einige Kirchenführer und deren Politik gegangen sei, die zunehmende Verkirchlichung des Kirchentages. Der Kirchentag bewege sich immer mehr im „Schlepptau der Berufstheologen und der kirchlichen Amtsstuben."[117]

Auch Helmut Gollwitzer schrieb, Bezug nehmend auf einen Leserbrief Giesens für das „Sonntagsblatt", in dem dieser die Teilnahme am Kirchentag aus christlichem Gehorsam „im Namen Jesu" forderte, dass die Entscheidung für Berlin ein Zeichen für eine immer weitere Klerikalisierung des Kirchentages und der evangelischen Kirche sei. Der Kirchentag, dem er selbst immer sehr verbunden gewesen sei, folge anscheinend immer mehr dem Prinzip „Ubi episcopus, ibi ecclesia". Ein gesamtdeutscher Kirchentag dürfe aber nicht mit dem Abschluss-Vaterunser von Bischof Dibelius stehen und fallen.[118] Gollwitzer traf damit den Nagel auf den Kopf: Ein letztes Mal hatte der scheidende Ratsvorsitzende der EKD sein Konzept einer hierarchisch gegliederten Kirche,[119] in der der Kirchentag in der Vergangenheit letztlich einen Störfaktor dargestellt hatte, durchsetzen können.

Rudolf von Thadden, der jüngste Sohn des Kirchentagspräsidenten, nahm die Beobachtung seines Vaters und auch die Kritik Gollwitzers in einem Leitartikel für die Wochenzeitung „Die Zeit" unter dem Titel „Kirchentag ohne Protestanten" auf. Angesichts des immer größeren Einflusses, den Theologen auf den Kirchentag gewonnen hatten, durch die er seiner Grundlage als Laienorganisation verlustig gegangen war, konstatierte Rudolf von Thadden: „Den Kirchentag als gesamtdeutsche Ereignis, als Ort, wo sich Christen aus beiden Teilen Deutschlands treffen konnten, gibt es nicht mehr."[120] In der DDR-Presse wurde diese nüchterne Bestandsauf-

[116] 15.03.61, Abschrift (EZA BERLIN, 71/86/685).
[117] Av. Thaddens, 20.03.61 (EBD., 71/86/62).
[118] H. GOLLWITZER, Kirchentag 1961, S. 294–297.
[119] Vgl. M. GRESCHAT, Stoecker, S. 80.
[120] 14.07.61.

nahme aufmerksam registriert,[121] und auch im Westen löste Thadden mit seinem Artikel heftige Diskussionen aus.[122]

Martin Niemöller nahm die Entscheidung für Berlin zum Anlass für eine neue Generalattacke auf den Kirchentag. Gegenüber Scharf zog er seine Teilnahme am Kirchentag zurück und kündigte an, dass er in seiner Landeskirche zur Nichtteilnahme am Kirchentag auffordern werde. Der Kirchentag habe „den Drahtziehern, die in Bonn und Ost-Berlin aus sehr verschiedenen Motiven – aber in der gleichen Richtung – die weitere Zerspaltung der evangelischen Christenheit und des Protestantismus in Europa betreiben", in die Hände gearbeitet.[123] An die Autoren des offenen Briefes schrieb er, für ihn sei ihr Entschluss, in Berlin trotzdem mitzuarbeiten, völlig unverständlich. Der Kirchentag als eine finanziell abhängige und damit konformistische kirchliche Organisation „verdient nichts anderes, als zugrunde zu gehen."[124]

Martin Fischer anwortete, durch die Nichtteilnahme von Kirchentagsmitarbeitern würden alle Teilnehmer des Kirchentages preisgegeben werden, was er nicht verantworten könne. Kurt Scharf würde als neuer Ratsvorsitzender von vornherein unmöglich gemacht, wenn man den Berliner Kirchentag boykottiere, den er vorbereitet habe. Scharf und Hildebrandt hätten das von der Bundesregierung zugesagte Geld wieder zurückgeschickt, um jedem Verdacht der politischen Abhängigkeit zu entgehen[125] (was so nicht ganz stimmte[126]). Heinrich Vogel argumentierte in seiner Antwort ähnlich.

---

[121] „Neues Deutschland", 18.07.61; „Neue Zeit", 16.07.61.

[122] Vgl. Leserbriefe in der „Zeit", 21.07.61. Annamarie Doherr nahm den Gedanken Rudolf von Thaddens auf, als sie am 20.07.61 in der „Frankfurter Rundschau" schrieb: „Die Kirchentagsbewegung ist als eine Laienbewegung entstanden, die eine Modernisierung und Erneuerung der in landeskirchlichen Formen erstarrten Evangelischen Kirche Deutschlands anstrebte. Als eine Laienbewegung hat sie bewußt nicht nur zu theologischen Fragen, sondern auch zu Problemen Stellung genommen, denen der Christ, der in seiner Zeit lebt, nicht ausweichen kann. Sie ist damit nicht nur in das politische Spannungsfeld geraten, was vielleicht unvermeidlich war, sondern auch zu einem Instrument der Theologen, zu einem Objekt kirchenpolitischer Gruppen und Einflüsse geworden. Ihre Einheit ist nicht nur von außen durch den Anspruch des Ulbricht-Staates bedroht, sondern auch von innen. Die große Frage ist: Haben die Laien innerhalb der Kirchentagsbewegung heute noch die Kraft und den geistigen Mut, die kirchenpolitischen Fronten zu durchbrechen und den Kirchentag wieder zu dem zu machen, was er ursprünglich war – eine lebendige eigenständige und unabhängige Volksbewegung?"

[123] Niemöller an Scharf, 13.03.61 (ZAEKHN Darmstadt, 62/1124).

[124] 22.03.61, Abschrift (EZA Berlin, 71/86/685).

[125] 29.03.61, Abschrift (Ebd.; ZAEKHN Darmstadt, 62/1124).

[126] Während der unmittelbaren Vorbereitung und lange nach dem Kirchentag wurde immer wieder behauptet, der Vorbereitende Ausschuss des Kirchentages habe die eine Million DM, die aus Bonn zugesagt worden war, abgelehnt, um der politischen Abhängigkeit zu entgehen (z.B. R. Leudesdorff, Gerüchte). Tatsächlich wurde das Geld aus Bonn wieder zurück überwiesen – aber erst im Mai 1962, als sich „Umstände ergeben [hatten], die erübrigen, daß der überwiesene Betrag zur Deckung der Kosten des Berliner Kirchentages verwendet wird" (Manfred Oheimb-von Hauenschildt, Vorsitzender des Finanzausschusses des DEKT, an BMI, 06.04.62, BArch Koblenz, B 106/21406.) Der Kirchentag war einfach billiger geworden als geplant!

Das Präsidium des Kirchentages, noch zusätzlich unter Druck geraten durch die offenbar von Niemöller initiierte Absage prominenter Vertreter der Ökumene,[127] beschloss Mitte Juni, sich mit den Vorwürfen nicht weiter auseinanderzusetzen, denn damit würden die politischen Schwierigkeiten nur vergrößert werden.[128] Was hätte man auch zu entgegnen gehabt?

10.7 Verbot des Kirchentages in Ost-Berlin und Spaltung der Organisation

Zunächst vermied die DDR-Regierung ein offizielles Verbot des Kirchentages in der „Hauptstadt der DDR", denn man hoffte, dass die Landeskirchen von sich aus ihre Teilnahme an dem Kirchentag in Berlin zurückziehen würden. Auf diese Weise hätte man sich nicht in den Ruch von Kirchenkampfmaßnahmen begeben. Gerhard Kehnscherper, inzwischen genau wie später sein linientreuer Kollege Herbert Trebs zum Theologieprofessor befördert, argumentierte noch Ende Juni vor dem Rostocker Bezirkstag, die Regierung könne den Kirchentag nicht verbieten, sie habe ihn lediglich für unerwünscht erklärt.[129] Auf Drängen von Bischof Mitzenheim stellte der thüringische Landesausschuss des Kirchentages seine Arbeit ein.[130] Die anderen Landesausschüsse jedoch verhielten sich trotz des Druckes, der auf sie ausgeübt wurde, abwartend.[131] Das Staatssekretariat für Kirchenfragen rechnete mit immerhin 15.000 Teilnehmern aus der DDR,[132] die tatsächliche Zahl der Anmeldungen lag noch viel höher.[133]

---

127 Vgl. entsprechende Schreiben von George Casalis, Hebe Kohlbrugge, Walter Lüthi (ZAEK-HN DARMSTADT, 62/1124). Das Schreiben Kohlbrugges ist abgedruckt: „Junge Kirche" 22, 1961, S. 356–358.

128 EZA BERLIN, 71/86/685.

129 SAPMO-BARCH, DY 30/IV 2/14/124, Bl. 312.

130 Av. über Mitteilung von Lotz, 01.07.61 (EBD., Bl. 301); streng vertrauliches Rundschreiben der SED-Bezirksleitung Suhl an alle Kreissekretäre des Bezirks, o.D. (EBD., Bl. 527–529). Am 28.06.61 hatte das Sekretariat des ZK der SED beschlossen, dem Bischof zu seinem 70. Geburtstag am 17. August den Vaterländischen Verdienstorden in Gold zu verleihen (SAPMO-BARCH, J IV 2/3/747; abgedruckt in F. HARTWEG, SED und Kirche, S. 357f.) Am 7. Juli bestätigte das Politbüro, sicher auch unter dem Eindruck der jüngsten Aktivitäten des thüringischen Landesbischofs, diesen Beschluss (SAPMO-BARCH, J IV 2/2/774, Bl. 3, 13). Mitzenheim, hieß es in der gebilligten Vorlage, habe ein loyales Verhältnis zur DDR und werde in der EKD geschnitten. Der Orden und die Ehrenbürgerwürde von Eisenach sollten „seine Stellung gegenüber der reaktionären Kirchenhierarchie stärken."

131 Erinnerungsniederschrift Magers über Gespräch im Rat des Bezirks Dresden am 28.06.61 (EZA BERLIN, 71/86/685); vgl. zahlreiche Aktenvermerke aus den Bezirken (SAPMO-BARCH, DY 30/IV 2/14/124); Information über die Vorbereitung und Durchführung der staatlichen Maßnahmen im Zusammenhang mit dem Kirchentag von Berlin, 07.07.61 (BARCH BERLIN, DO-4/2926, Bl. 25–30).

132 EBD.

133 In vielen Gemeinden in der DDR wurde die vorgesehene Zahl der Anmeldungen um 100 Prozent überschritten! (Bericht Walz' von der Präsidiumssitzung vom 14.06.61, EZA BERLIN, 71/86/27).

Es ist schwer abzuschätzen, wie viele dieser angemeldeten Teilnehmer tatsächlich den Kirchentag besuchen wollten und wie viele nach Berlin kamen, um in den Westen zu fliehen. Ulbrichts berühmt-berüchtigter Satz „Niemand hat die Absicht, eine Mauer zu errichten"[134] war zur Entlastung des Druckes auf Berlin gedacht, weil angesichts der in den Medien der DDR propagierten „friedlichen Lösung der Westberlin-Frage"[135] unter der Bevölkerung der DDR Panik ausbrach. Auch ohne den Kirchentag wäre die Situation in Berlin nicht viel entspannter gewesen, aber immerhin konnte das Laientreffen für viele DDR-Bürger einen Vorwand für eine Reise nach Berlin als nächstliegendem Fluchtpunkt in den Westen bieten.

In dieser Situation beschloss das Politbüro am 7. Juli, doch noch ein formelles Verbot für die Abhaltung des Kirchentages im Ostteil Berlins auszusprechen.[136] Alle Bischöfe und Superintendenten sollten zu den örtlichen Parteileitungen einbestellt werden, um ihnen das Verbot „mitzuteilen und zu erläutern". Fahrten nach Berlin wurden generell eingeschränkt, und es wurden zusätzlich Kontrollen auf dem Berliner Ring befohlen. Gottesdienste dürften in Ost-Berlin nur in Kirchenräumen stattfinden, alle anderen Veranstaltungen seien polizeilich aufzulösen. Erstaunlicherweise sollte durch diese Maßnahmen offenbar nicht der ganze Kirchentag getroffen werden, denn der Transitverkehr zwischen der Bundesrepublik und West-Berlin sollte nicht behindert werden. Vielleicht befürchtete das Politbüro einfach die negativen politischen Folgen einer neuerlichen Blockade, selbst wenn diese nur gegen größere Reisegruppen gerichtet gewesen wäre.

Der „westberliner" Kirchentag werde vom Polizeipräsidenten verboten, hieß es in einer ADN-Meldung vom 8. Juli, um „Provokationen" zu vermeiden. Der Kirchentag solle „als Veranstaltung des Kalten Krieges" durchgeführt werden. Damit war auch dem Letzten klar, dass die massenhafte Teilnahme von DDR-Bürgern nicht mehr möglich sein würde.

Sowohl der Vorbereitende Ausschuss als auch Heinrich Grüber, der ja seit 1958 nicht mehr Bevollmächtigter bei der DDR-Regierung war, reagierten heftig auf dieses Verbot. Während Staatssekretär Seigewasser vom Vorbereitenden Ausschuss darauf hingewiesen wurde, dass der Kirchentag gesamtdeutsch gewesen wäre, wenn die DDR-Regierung ihn nicht behindert hätte,[137] protestierte Grüber beim Ost-Berliner Polizeipräsidenten:

> „Wir alle sahen in dem Kirchentag eine Möglichkeit, die Kluft in Deutschland zu überbrücken und Menschen aus Ost und West wie aus der ganzen Welt in der einzigen Stadt zusammenzuführen, in der das noch möglich war, und das ist ja wohl Berlin. Was die Regierung der DDR in ihren Verlautbarungen immer theoretisch fordert, das wollten wir praktisch durchführen."[138]

---

[134] „Neues Deutschland", 16.06.61.
[135] Vgl. z.B. die Schlagzeilen im „Neuen Deutschland" vom 17.06., 18.06., 19.06., 08.07., 09.07.61.
[136] Protokoll der Politbürositzung vom 07.07.61 (SAPMO-BArch, J IV 2/2/774, S. 10–12).
[137] 08.07.61 (EZA Berlin, 71/86/685).
[138] Ebd., vgl. KJ 1961, S. 47f.

Der streitbare Propst machte nun seinen Frieden mit der Organisation Kirchentag, die er in der Vergangenheit manchmal so heftig bekämpft hatte.

Die Kritik Grübers kam aus der „falschen Ecke" – schließlich hatte er sich früher häufig die Position der DDR-Regierung zu Eigen gemacht. Ulbricht gab im Politbüro umgehend die Weisung aus, dass auf den Brief Grübers nicht zu reagieren sei, sondern dass die Angriffe weiterhin auf die „reaktionären Kirchenführer" wie Kunst und Lilje gerichtet werden sollten.

Nun stellte sich auch für die Kirchentagsorganisation die Frage, ob der Kirchentag überhaupt stattfinden sollte oder nicht. Einige Mitglieder der Kirchentagsorganisation und auch die meisten östlichen Landesbischöfe forderten, ihn ganz abzusagen. Sie reagierten damit auf massive Drohungen und Einschüchterungsversuche der Parteileitungen in ihren jeweiligen Bezirken.[139] Sogar Reimer Mager, der Vorsitzende des DDR-Ausschusses, erklärte: „Wenn der Teil des Volkes, für den der Kirchentag bestimmt war, nicht kommen kann, wollen wir in Trauer auf diesen Kirchentag verzichten."

Aber die Mehrheit des Präsidiums war anderer Meinung. Bei einer eilends für den 11. Juli nach Berlin einberufenen Präsidiumssitzung wandte Scharf ein, eine Absage wäre ein Betrug an denjenigen Gemeindegliedern, die trotzdem nach Berlin kommen könnten und wollten. Ein Präsidiumsmitglied sagte offen: „Wenn wir auf euch Rücksicht nehmen, werden wir für uns schuldig."[140]

Thadden hingegen wollte sein Kirchentagskonzept retten, das durch den Weggang von Heinrich Giesen als Generalsekretär (Giesen war Anfang 1961 zur Berliner Stadtmission gewechselt) ohnehin geschwächt worden war. Wenn der Kirchentag ausfiele, meinte der Präsident, ginge seine Kontinuität vollends verloren und die ganze Arbeit der letzten Jahre sei umsonst gewesen. Der Mitarbeiterstab des Kirchentages falle dann auseinander, und Walz stehe „erst am Anfang". – Dies traf natürlich nicht zu, denn Hans Hermann Walz war nun seit mehr als vier Jahren Generalsekretär. Aber Thadden war wohl bewusst, dass Walz das durch eine Absage entstehende Vakuum schnell füllen würde, und zwar durchaus nicht in Thaddens Sinn.

Schließlich votierten sechs Präsidiumsmitglieder für die Abhaltung des Kirchentages in West-Berlin, zwei, nämlich Mager und Figur, dagegen. Da nur acht der fünfzehn Präsidiumsmitglieder bei der Sitzung in Berlin überhaupt anwesend waren (Bischof Krummacher beispielsweise hatte man polizeilich an der Fahrt von Greifswald nach Berlin gehindert[141]), war das

---

139 Hier und im Folgenden: Protokoll (EZA Berlin, 71/86/158). Bei der Präsidiumssitzung am 11.07.61 wurde u.a. ein Brief von Helga Krummacher verlesen, die erklärte, eine Absage des Kirchentages könne einen Neuanfang für den Kirchentag bedeuten. Mitzenheim war der stärkste Befürworter einer Absage. Nun sprachen sich auch Kupisch, Vogel, Gollwitzer und Fischer für eine Absage aus. Lediglich der Görlitzer Bischof Fränkel erklärte, wenn in beiden Teilen der Stadt Gottesdienste stattfänden, handele es sich immer noch um einen gesamtdeutschen Kirchentag.

140 Bericht Walz' über die Eilsitzung des Präsidiums vom 11.07.61 (EZA Berlin, 71/86/27).

141 Vgl. Protokoll der Politbürositzung vom 11.07.61 (SAPMO-BArch, J IV 2/2/775, abgedruckt in: F. Hartweg, SED und Kirche, S. 358).

Gremium nur knapp beschlussfähig.[142] Wenn andere, die gegen die Abhaltung des Kirchentages waren, nach Berlin gekommen wären, wäre das Votum wohl nicht so eindeutig ausgefallen.

Über diese Entscheidung war Mager so erbost, dass er mit dem Hinweis, die Meinung des Präsidiums, notfalls einen Kirchentag nur in West-Berlin durchzuführen, habe schon seit Monaten festgestanden, seinen Rücktritt als Vizepräsident des Kirchentages ankündigte – diese Amtsbezeichnung hatte er als Vorsitzender des DDR-Ausschusses. Die Kirchentagsorganisation war im Begriff, auseinander zu fallen – und das noch vor dem August 1961.

10.8 Ein Ende, ein Anfang:
Der Berliner Kirchentag, der Mauerbau und die Zeit danach

Der Kirchentag, der am 19. Juli 1961 mit mehreren Gottesdiensten in beiden Teilen Berlins eröffnet wurde, konnte sich diesen Streitigkeiten nicht entziehen. Von den östlichen Bischöfen war nur der (rest-)schlesische Bischof Hornig erschienen;[143] Niemöller unternahm im Juli eine ausgedehnte Vortragsreise durch die DDR, was von den dortigen Medien weidlich ausgeschlachtet wurde.[144] Verschiedene Kirchenleitungen – neben der thüringischen wurde gerade die sonst so kritische provinzsächsische in der Presse genannt[145] – riefen ihre Gemeindeglieder unter Hinweis auf die kirchliche Einheit zum Fernbleiben auf, und sogar Lothar Kreyssig reiste vor Beginn des Kirchentages aus Berlin ab.[146] Das „Neue Deutschland" titelte: „Wir bleiben dem Kirchentag fern."[147] Darauf reagierte Scharf mit einem Aufruf, um eben dieser kirchlichen Einheit Willen am Kirchentag teilzunehmen.[148]

Um nicht noch weiter Anstoß zu erregen, gaben sich die Veranstalter Mühe, jeden irgendwie mißinterpretierbaren Ton zu verhindern. Militärbischof Kunst erschien nicht in Berlin, es wurden keine Bonner Politiker eingeladen. In den Arbeitsgruppen fanden keine freien Aussprachen statt wie

---

[142] § 23 der Ordnung des DEKT (EZA BERLIN, 71/86/462).
[143] Vgl. „Frankfurter Allgemeine Zeitung", 17.07.61.
[144] „Neue Zeit", 22.07.61, 23.07.61; „Der Morgen", 26.07.61. In einer Aussprache mit der berlin-brandenburgischen Kirchenleitung am 04.08. betonte Niemöller, „daß er bei keiner Gelegnheit an den tatsächlichen Ereignissen, Reden und Predigten des Kirchentages Kritik geübt habe, sondern lediglich auf Befragen aus Pfarrerkreisen sein Fortbleiben damit begründet habe, daß nach seiner Überzeugung der Kirchentag wegen seines Stattfindens in Berlin angesichts der besonderen politischen Verhältnisse der Stadt als Munitionskammer für den Kalten Krieg mißbraucht werden würde." Er freue sich, dass die Kirchentagsteilnehmer „eine Stärkung ihres christlichen Glaubens erfahren hätten" (Meldung des Evangelischen Pressedienstes von: ZAEKHN DARMSTADT, 62/1125). Auch in einem Fernsehinterview des Hessischen Rundfunks erklärte er, seine Reise sei keine Demonstration gegen den Kirchentag gewesen (Manuskript des Interviews vom 05.08.61, EBD.).
[145] „Frankfurter Allgemeine Zeitung", 17.07.61; „Frankfurter Rundschau", 20.07.61.
[146] EBD.
[147] 19.07.61.
[148] „Die Welt", 18.07.61.

sonst bei Kirchentagen üblich, sondern es war nur noch die Beantwortung von Fragen vorgesehen, die vorher eingereicht werden mussten. Solche Vorsicht war sicher nach Osten gerichtet[149] – wenn auch bei früheren Kirchentagen, als mit politischen Kritikern in der DDR gewiss nicht liberaler umgegangen wurde, Diskussionen üblich gewesen waren. Aber auch mit Blick auf den Westen könnten Aussprachen nicht opportun gewesen sein, denn in der Bundesrepublik war der eigentliche Streit darüber ausgebrochen, ob der Kirchentag nun eine Veranstaltung mündiger Laien darstellen sollte, wie Rudolf von Thadden gefordert hatte,[150] oder eine Art „Protestantentag", wie es Otto Dibelius vorgeschwebt haben mag. Der Kirchentag als Institution hatte in den vergangenen Jahren mit wechselnder Betonung die drei grundlegenden Konzepte behandelt, aber nie war es um die Institution selbst gegangen. Wollte man vielleicht auch verhindern, daß der Kirchentag selbst Gegenstand der Diskussion wurde?

Eine Veranstaltung mündiger Laien fand in Berlin jedenfalls nicht statt. So peinlich war man darum bemüht, keinen Anstoß zu erregen, dass ein Kommentator nach dem Kirchentag schreiben konnte: „Es gehört zu den Merkwürdigkeiten dieser Versammlung, daß der Kirchentag, eingekreist von einer marxistischen Umwelt, von ihr eigentlich keine Notiz nahm."[151]

Nach offiziellen Angaben der Kirchentagsleitung kamen immerhin etwa 45.000 Dauerteilnehmer nach Berlin, davon 20.000, trotz massiver Behinderungen, aus der DDR.[152] Wenn diese Angaben auch übertrieben gewesen sein dürften, um dem Kirchentag einen möglichst gesamtdeutschen Charakter attestieren zu können – der Staatssicherheitsdienst berichtete, übereinstimmend mit der westlichen Presse, von lediglich 4.000 bis 4.500 Dauerteilnehmern aus der DDR –,[153] waren bei der Abschlusskundgebung im Olympiastadion nach allseitig übereinstimmenden Angaben etwa 80.000 Personen anwesend – weit weniger als bei den vorhergehenden Kirchentagen.[153a]

Diese Zahlen sind nicht als Zeichen dafür zu werten, dass die Gemeinde „sich für den Kirchentag" entschieden habe.[154] Nicht nur hatte man die Zahl der Ostteilnehmer zu hoch angesetzt, sondern viele der Teilnehmer dürften angesichts der sich immer weiter verschärfenden politischen Lage

---

149   H. Schroeter (Kirchentag, S. 275) vermutet hier Rücksichtnahme auf die „Anwesenheit der Augen und Ohren im Auftrag der DDR-Regierung".

150   In seinem „Zeit"-Artikel, 14.07.61.

151   „Frankfurter Allgemeine Zeitung", 24.07.61.

152   So Friedebert Lorenz in seinem Vorwort zum Dokumentarband (DEKT-Dok. 61, S. 6).

153   Zwischenbericht der AG Kirchenfragen beim ZK der SED, 20.07.61 (SAPMO-BArch, DY 30/IV 2/14/126, Bl. 8–10); „Frankfurter Rundschau", 20.07.61, „Hamburger Abendblatt", 19.07.61, „Frankfurter Allgemeine Zeitung", 24.07.61. Der große Unterschied dürfte zum Teil darauf zurück zu führen sein, dass die offizielle Zahlenangabe des Kirchentages offenbar diejenigen Flüchtlinge, die sich schon in Berliner Durchgangslagern befanden und am Kirchentag teilnahmen, als Teilnehmer aus der DDR zählte. Die SED ging von insgesamt 32.500 Dauerteilnehmern am Kirchentag aus (Hausmitteilung der Abteilung Sicherheitsfragen, 22.07.61: SAPMO-BArch, DY 30/IV 2/14/126, Bl. 30).

153a   Vgl. Statistik, unten S. 308.

154   Dies meint H. Schroeter (Kirchentag, S. 271).

eine Fluchtmöglichkeit aus der DDR gesucht haben.[155] Zahlreiche Flüchtlinge aus der DDR, die sich in Berliner Durchgangslagern befanden, dürften hier noch einmal die Möglichkeit einer gesamtdeutschen Begegnung gesucht haben. Dass es weniger um den Kirchentag an sich ging, zeigt schon die vergleichsweise geringe Teilnehmerzahl an der Schlusskundgebung.[156]

Die Arbeitsgruppe II, die sich dem Thema Familie widmete, war durch die Behinderung der Referenten aus der DDR besonders betroffen, so dass sie merklich zusammenschrumpfte. Die ansonsten für östliche Beobachter hochsensible Arbeitsgruppe III wandte sich dem Thema Nationalsozialismus zu, einem Thema, das für den Diskurs in der Bundesrepublik der sechziger Jahre bekanntlich von gar nicht zu überschätzender Bedeutung sein sollte, aber kaum die Wirklichkeit der geteilten Stadt ansprach, in der die Teilnehmer sich befanden.[157] Auch bei den anderen Arbeitsgruppen, „Wirtschaft und Gesellschaft", „Mensch", „Juden und Christen" und „Ökumene" verhielt es sich ähnlich: So bedeutungsvoll diese Themen gerade im Hinblick auf die Zukunft des Kirchentages waren, so wenig Resonanz fanden sie angesichts der Situation, in der über sie referiert wurde.[158]

---

[155] „Deutsche Zeitung", 25.07.61. Die Pressestelle des Kirchentages verwahrte sich gegen diese Interpretation. Viele Flüchtlinge, die ohnehin bereits in Lagern gewesen seien, hätten an dem Kirchentag teilgenommen, hieß es zu entsprechenden Presseberichten (Presseerklärung Liselotte Besserts, 25.07.61, PrArchEKBB, Ordner „10. DEKT Berlin 1961"). Diese Erklärung erscheint wenig plausibel, zumal die wirklichen Verhältnisse kaum zu überblicken waren. Der Kirchentag aber musste ein Interesse daran haben, sich nicht als „Fluchthelfer" instrumentalisieren zu lassen. Nach W.-D. Zimmermann (Scharf, S. 90) hätte ein Kirchenvertreter aus der DDR später berichtet: „Während des Kirchentages sind 100.000 DDR-Bürger (nicht Kirchentagsteilnehmer!) in den Westen gegangen." Tatsächlich sind im Juli 1961 nur 30.000 Menschen aus der DDR geflohen (C. Klessmann, Zwei Staaten, S. 558; H. Weber, Geschichte, S. 321). Es ist außerdem unklar, wie man gewusst haben will, dass es sich nicht auch um Kirchentagsteilnehmer gehandelt hätte.

[156] Der Pfarrer und Publizist René Leudesdorff erinnerte sich anlässlich der Verabschiedung der langjährigen Pressesprecherin der Kirchentage, Dr. Carola Wolf, am 20.04.96, wie er zu ihr während des Kirchentages sagte: „„Wissen Sie, Carola, ich habe keine Lust, zur Schlußversammlung ins Olympiastadion zu gehen, das mich an die Maifeiern der HJ mit Adolf Hitler erinnert. Die wirkliche Geschichte spielt sich heute dort ab, wo die Flüchtlinge sind.' [...] Nun stehen wir zwischen hunderten, sämtlich in der Nacht angekommenen Flüchtlingen. Sie lagern auf dem Fußboden einer großen Turnhalle, müde, abgespannt und doch froh, in Freiheit zu sein. Ein anglikanischer Bischof, Kirchentags-Gast aus der Ökumene, wie wir tief bewegt von ihrem Schicksal, spricht zu ihnen [...]" (R. Leudesdorff, Deutschland).

[157] Die konservative „Frankfurter Allgemeine Zeitung", spätere Auseinandersetzungen schon andeutend, kommentierte die Thematisierung des Nationalsozialismus: „Eine Gruppe, die der westdeutschen politischen Radikalisierung dient, mündet also hier recht lautstark in die Kirche ein und steht dem unpolitischen Traditionschristentum gegenüber oder verleiht ihm neue Züge" (24.07.61).

[158] Wirklich auf die Tagessituation bezogen war das Referat von Thielicke in der Arbeitsgruppe „Wirtschaft und Gesellschaft" (DEKT-Dok. 61, S. 329–349), wo Thielicke u.a. das totalitäre System der DDR ansprach (Ebd., S. 334f.). Dies fand aber im Westen kaum öffentlichen Widerhall und wurde im Osten als neuerlicher Beweis für die „NATO-Hörigkeit" des Kirchentages gesehen („Neues Deutschland", 22.07.61).

Dass ein westlicher Teilnehmer an diesem Kirchentag trotzdem im Nachhinein „eine wirkliche gesamtdeutsche Stimmung"[159] konstatieren konnte, lag daran, dass hier letztmalig in großem Stile eine Begegnung von Menschen aus Ost und West stattfand. Die Gottesdienste, gerade in Ost-Berlin, waren überfüllt. Die Gemeinschaft von Ost und West wurde noch einmal beschworen.[160] Eine östliche Teilnehmerin hingegen betonte stärker den trennenden Charakter des Kirchentages, der nicht nur in der „westlichen" Entscheidung für Berlin, sondern darin zum Ausdruck gekommen sei, dass viele der östlichen Kirchentagsteilnehmer keine Veranstaltungen im Westteil Berlins besucht hätten.[161]

Der Berliner Kirchentag ist mithin genauso wenig in die Reihe der gesamtdeutschen Kirchentag zu rechnen wie der Münchener Kirchentag von 1959. Trotz der Begegnungen zwischen Ost und West war den Teilnehmern klar, dass sich die Kluft zwischen den Protestanten aus der DDR und aus der Bundesrepublik immer weiter auftat.

Mehr als 150.000 Flüchtlinge aus der DDR hatten 1961 bis Mitte August die Bundesrepublik oder West-Berlin erreicht, davon allein 30.000 im Juli.[162] Dieser Massenexodus brach am 13. August, dem 70. Geburtstag Reinold von Thadden-Trieglaffs, schlagartig ab.

Im Nachhinein ist von Präses Scharf behauptet worden, der Kirchentag habe die Abriegelung der Sektorengrenze „um mindestens drei Wochen" verzögert.[163] Wenn überhaupt ein Zusammenhang zwischen Kirchentag und Mauerbau besteht, dann dürfte wohl eher das Gegenteil der Fall gewesen sein: Der Kirchentag in Berlin 1961 hat dadurch, dass er den Druck auf Berlin erhöhte, den Mauerbau allenfalls beschleunigt. Ulbricht hatte zwar schon lange bei seinen östlichen Verbündeten für sein Konzept einer „Lösung der Berlin-Frage" geworben, aber war sowohl 1958 als auch im Frühjahr 1961 auf taube Ohren gestoßen.[164] Erst Anfang August, als der Druck auf die DDR auf Grund der Massenflucht immer größer geworden war, stimmten die Regierungschefs des Warschauer Paktes dem Plan des Mauerbaues zu. Dabei spielte eine nicht unerhebliche Rolle, dass Kennedy am 25. Juli mit der Formulierung der drei „essentials", bei deren Verletzung die USA eingreifen würden (Präsenz amerikanischer Truppen in Berlin, freier Zugang von der Bundesrepublik nach Berlin, Sicherung der

---

[159] Johannes Rau an Verf., 25.03.96.

[160] Vgl. die eindrückliche Reportage „Ulbricht hat eine Schlacht verloren" („Hamburger Abendblatt", 20.07.61). Scharf erinnerte sich, dass der letzte Gottesdienst im Walter-Ulbricht-Stadion gehalten worden sei, „weil sich so viele Menschen versammelt hatten, daß das Stadion nicht gesperrt werden konnte" (W.-D. ZIMMERMANN, Scharf, S. 90) Zwar wäre es verwunderlich, wenn Scharf sich bei der Erinnerung an ein so großes Ereignis irrte, aber an keiner Stelle, auch nicht in der Presse, ist von einem Gottesdienst im Walter-Ulbricht-Stadion die Rede. Liegt hier vielleicht doch ein Gedächtnisirrtum Scharfs vor?

[161] Interview Lewek.

[162] C. KLESSMANN, Zwei Staaten, S. 558; H. WEBER, Geschichte, S. 321.

[163] W.-D. ZIMMERMANN, Kurt Scharf, S. 90; R. LEUDESDORFF, Deutschland.

[164] C. KLESSMANN, Zwei Staaten, S. 319–322; H. WEBER, Geschichte, S. 326.

Lebensfähigkeit der Stadt), in den Augen der östlichen Machthaber signalisiert hatte, dass die USA im Falle einer Sperrung der innerdeutschen Grenze und der Berliner Sektorengrenze keinen Grund sähen, einen bewaffneten Konflikt zu beginnen.[165]

Diese „essentials" wurden wenige Tage nach dem Ende des Berliner Kirchentages aufgestellt. Keine drei Wochen später war die Grenze abgeriegelt.

In den folgenden Jahren konnte mit der Klammerfunktion des Kirchentages, die ja faktisch schon seit 1957 nicht mehr bestanden hatte, keine Politik mehr betrieben werden. Die östlichen Mitglieder des Kirchentagspräsidiums beschlossen angesichts der neuen Realitäten schnell, sich als „eigener Zweig des DEKT" zu konstituieren.[166] Der volksmissionarische Charakter des Kirchentages trat weiter in den Hintergrund. Jetzt, nachdem die Bindungen, die dem Kirchentag seine Kraft und auch seine Schwäche gegeben hatten, gelöst waren, konnte der Kirchentag einen wirklichen Neuanfang starten. Hatte bis dahin die deutsche Frage dem Kirchentag sein Gepräge gegeben, so sollte in Zukunft die Frage der Kirchenreform im Mittelpunkt des Interesses stehen.[167] Das volksmissionarische und das politisch-symbolhafte Kirchentagskonzept traten in den Hintergrund.

---

[165] EBD., S. 324.
[166] Dies berichtete Walz über sein Gespräch mit Präsidiumsmitgliedern aus der DDR am 05.10.61 in Ost-Berlin (Protokoll der Präsidiumssitzung vom 22.10.61 in München, EZA BERLIN, 71/86/27).
[167] Vgl. R. v. THADDEN, Kirchenreform.

SCHLUSSBETRACHTUNG

Der evangelische Kirchentag
und die deutsche Frage zwischen 1949 und 1961

Am 31. Juli 1999 wurde der Deutsche Evangelische Kirchentag 50 Jahre alt. Aus diesem Anlass veranstaltete die Fuldaer Kirchentagsleitung am 18. Juni eine Feierstunde in Stuttgart, bei der der gerade gewählte Bundespräsident Johannes Rau die Festrede hielt. Rau betonte, wie sehr der Kirchentag seine ganze Geschichte hindurch ein „Pfahl im Fleisch der Mächtigen" gewesen sei, und das „nicht nur zu Zeiten der deutschen Teilung".[1]

Mit der vorliegenden Untersuchung über den Kirchentag und die deutsche Frage ist gezeigt worden, dass diese Einschätzung zumindest für die Jahre 1949 bis 1961, bezogen auf die Bundesrepublik, nicht zutrifft. Der Kirchentag ist weder als Institution gedacht gewesen, die den Einheitswillen der Deutschen untermauern wollte, noch konnte die Organisation Kirchentag in den ersten zwölf Jahren ihres Bestehens unabhängig von äußeren Einflüssen agieren.

Reinold von Thadden-Trieglaff hatte 1949 den Kirchentag gegründet, weil er – wie schon in der Vorkriegszeit – ein volksmissionarisches Anliegen verfolgte: Er wollte evangelische Laien in das neue Staatswesen einbinden. Der Kirchentagspräsident verfolgte mit der Gründung seiner Organisation auch ein ganz persönliches Anliegen, nämlich nach der Vertreibung aus seiner pommerschen Heimat einen Platz in westdeutschen Kirchenkreisen zu finden, der ihm die Unabhängigkeit sicherte, die der ehemalige Gutsbesitzer gewohnt war. Für Thadden war der Kirchentag eine Lebensaufgabe.

Für die Gründung benötigte Thadden Verbündete. Er bekam Hilfe von Eberhard Müller, der nach dem Krieg die Evangelischen Akademien in Deutschland aufgebaut hatte. Auch Müller wollte damit das fortsetzen, was er vor 1933 in der Deutschen Christlichen Studentenvereinigung (DCSV) als Generalsekretär begonnen hatte: Ein akademisches Publikum sollte theologische Handreichungen zu den verschiedensten Sachfragen erhalten. Dies hatte auch einen volksmissionarischen Aspekt, sollten doch gesellschaftlich besonders einflussreiche Kreise für den Protestantismus (wieder-)gewonnen werden.

Mit Unterstützung durch die Akademien, die unabhängig von der verfassten Kirche agierten, konnte Thadden die Unabhängigkeit seiner eigenen Organisation erreichen. In den Jahren 1949 und 1950 gelang es ihm,

---

[1]   „Stuttgarter Zeitung", 19.06.99.

Kirchentage durchzuführen, bei denen beide Konzepte – sein eher „frommes" volksmissionarisches und Müllers akademisch-problemorientiertes – zum Tragen kamen. Diese Kirchentage blieben weitgehend unbeeinflusst von weiteren Organisationen. Die Kirchentage in Hannover und Essen markierten aber dennoch den loyalen Aufbauwillen großer Teile des westdeutschen Protestantismus am Staatswesen der Bundesrepublik Deutschland – auch hier kann also von einem „Pfahl im Fleisch der Mächtigen" keine Rede sein.

Der ungewöhnliche Erfolg der ersten Jahre machte den Kirchentag als Institution auch für andere Organisationen interessant, die ihre Themen auf der Bühne des Kirchentages präsentieren wollten. Der Berliner Laientag trat auf den Plan, der gegen den Willen Thaddens und seiner Mitarbeiter durchsetzen konnte, dass der Kirchentag des Jahres 1951 in Berlin abgehalten wurde. In Berlin sollte die deutsche Frage in das Zentrum der Aufmerksamkeit gerückt werden. Dieses Ansinnen widersprach dem akademisch-problemorientierten Kirchentagskonzept und relativierte seinen volksmissionarischen Charakter. Angesichts des totalitären Systems der DDR konnte man Volksmission und Sachfragenbehandlung nur eingeschränkt betreiben.

Das Übergewicht des dritten, des politisch-symbolhaften Kirchentagskonzeptes, das ab 1950 den Kirchentag beeinflusste, verhalf ihm zu seinem größten Erfolg: Der Berliner Kirchentag von 1951 wurde zu einem Massenereignis. Die Thematisierung der Anfechtung, der Christen in der DDR ausgesetzt waren, brannte dem Kirchenvolk mehr auf den Nägeln als Thaddens und Müllers Konzepte. So zeigt auch das politisch-symbolhafte Konzept eine volksmissionarische Komponente: Die Tatsache, dass auf dem Kirchentag die Dinge beim Namen genannt wurden, machte die Institution Kirchentag und auch andere kirchliche Institutionen wie die Junge Gemeinde für viele Menschen attraktiv.

Dem Sog, den das politisch-symbolhafte Kirchentagskonzept ausübte, konnten Thadden und seine Organisation sich nicht entziehen. Dies lag auch daran, dass die Masseninstitution Kirchentag direkten politischen Schaden für die DDR-Regierung anrichtete, war doch nur hier direkte öffentlich vernehmbare Kritik an den Verhältnissen in der DDR möglich. Dieser Schaden machte den Kirchentag für die Bundesregierung interessant, die – wie ihr Gegenpart in Ost-Berlin – alles daran setzte, das feindliche Regime zu destabilisieren. Die Bonner Regierung unterstützte in den folgenden Jahren den Kirchentag finanziell so massiv, dass ohne diese Zuschüsse gesamtdeutsche Kirchentage, wie sie dann stattfanden, undenkbar gewesen wären. Dafür erhielt die Bundesregierung auch Gegenleistungen: Regierungspolitikern wurde auf den Kirchentagen eine Plattform geboten, und der Umgang mit DDR-Politikern wurde eng mit Bonner Stellen abgestimmt. Der Kirchentag stellte somit eine wichtige politische Unterstützung für die Bundesregierung dar.

Die Organisation Kirchentag konnte jedoch die Ost-Berliner Politiker nicht vollends verprellen, war sie doch auf Zustimmung der DDR-Regierung angewiesen, wenn es um Kirchentagsveranstaltungen in ihrem Machtbereich oder um Reisepässe für Kirchentagsteilnehmer aus der DDR ging. Die DDR-Regierung kam der Organisation Kirchentag entgegen, wenn sie dadurch mit einem politischen Gewinn rechnete, nämlich mit einem öffentlichen Statement gegen die Politik der Bundesrepublik. Da das Entgegenkommen der DDR aber gewissermaßen eine Vorleistung darstellte, die Rechnung dafür aber erst während des Kirchentages präsentiert werden konnte, gelang es Thadden immer wieder, durch geschicktes Verhandeln beide Regierungen im Vorfeld einzubinden, schließlich aber der DDR-Regierung nur wenig Zugeständnisse zu machen. Deswegen wurde die Kirchentagspolitik Ost-Berlins zu einem Fiasko. Ein Übriges tat dazu die miserable Vorbereitung von Propagandamaßnahmen seitens der DDR und die allgemeine Unkenntnis über die Intentionen der Organisation Kirchentag.

Nachdem die beiden deutschen Staaten aber ab Mitte der fünfziger Jahre immer fester in die gegnerischen Bündnissysteme eingebunden waren, rückte auch die deutsche Einheit in weite Ferne. Die evangelischen Christen in der DDR begannen, soweit sie nicht in den Westen geflohen waren, sich mit ihrem System zu arrangieren. Dadurch brachen die Grundlagen für das politisch-symbolhafte Kirchentagskonzept weg. Die beiden Regierungen hatten an einer Instrumentalisierung der Institution Kirchentag kein Interesse mehr. Die DDR-Regierung behinderte nun die Teilnahme von Christen aus der DDR am Kirchentag; auch die Bundesregierung sah 1957 den Kirchentag am Ende.

Thadden war persönlich so geschwächt, dass er aus eigener Kraft seinem volksmissionarisches Konzept nicht mehr Oberhand verschaffen konnte. Müller aber, der unter anderen in Hans Hermann Walz, dem neuen Generalsekretär des Kirchentages, einen Mitstreiter fand, konnte nun sein Konzept wieder propagieren. Damit setzte eine Akademisierung des Kirchentages ein, die 1959 beim Münchener Kirchentag ihren Ausdruck fand.

Ein letztes Mal konnte das politisch-symbolhafte Kirchentagskonzept sich 1961 durchsetzen, als der Kirchentag gegen den erbitterten Widerstand Thaddens und seiner Mitarbeiter zum zweiten Mal in Berlin stattfand. Genau wie bei der ersten Entscheidung, die 1950 für Berlin getroffen worden war, erklärten die Befürworter des Kirchentages in der geteilten Stadt, dass sie es zum offenen Bruch kommen lassen würden, wenn der Kirchentag nicht in Berlin stattfände. Beinahe hätte es die DDR-Regierung geschafft, den Kirchentag in Berlin zu verhindern, in dem sie große Zugeständnisse für den Fall machte, dass der Kirchentag in Leipzig stattfände. Schließlich aber ließ die umstrittene Veranstaltung in Berlin viele Unterstützer des Kirchentages von ihm abrücken, noch bevor der Mauerbau am 13. August 1961 das Ende des gesamtdeutschen Anspruches des Deutschen Evangelischen Kirchentages besiegelte.

Die Behandlung der deutschen Frage war dem Kirchentag von außen aufgedrängt worden. Aber ohne dieses Thema hätte der Kirchentag nie seine historische Bedeutung erlangt und würde vielleicht schon lange nicht mehr bestehen.

Bei der Untersuchung der Kräfte, die auf die Institution Kirchentag Einfluss nahmen, sind drei Konzepte eingeführt worden, nämlich das volksmissionarische, das akademisch-problemorientierte und das politisch-symbolhafte Kirchentagskonzept. Diese Einteilung hat sich als sehr hilfreich erwiesen, denn alle wesentlichen Impulse ließen sich unter diese drei Konzepte subsumieren. Dennoch muss betont werden, dass es sich bei diesen Ansätzen um ein theoretisches Konstrukt handelt. Die Konzepte entsprachen nicht festgelegten Gruppierungen, sie konnten Wandlungen unterliegen, und die Übergänge zwischen ihnen waren nicht immer eindeutig – man bedenke beispielsweise die Haltung Kurt Scharfs im Vorfeld der beiden Berliner Kirchentage von 1951 und 1961.

Auch wurde deutlich, dass auch das politisch-symbolhafte und das akademisch-problemorientierte Konzept eine volksmissionarische Komponente haben. Die Emotionen brandeten hoch, wenn 1951 die deutsche Einheit beschworen wurde, und der Münchener Kirchentag von 1959 war ein intellektuelles Ereignis für viele der (westlichen) Teilnehmer, das sie in ihrem Glauben bestärkte.

Trotzdem hat sich erst durch die Einführung der drei Konzepte erschlossen, wie sich der Kirchentag in den ersten zwölf Jahren seines Bestehens entwickelte, nämlich in einem Wechselspiel zwischen den drei Grundkonzeptionen. Es wäre zu überlegen, ob diese Konzepte nicht auch auf andere Bereiche der kirchlichen Zeitgeschichte Anwendung finden könnten. Sind sie nicht auch in anderen Organisationen, wie etwa den Werken und Verbänden, zum Tragen gekommen? Wie sah es in den einzelnen Gemeinden aus? Was geschah nach 1961?

Diese letzte Frage drängt sich natürlich gerade mit Blick auf den Kirchentag auf. Die vorliegende Untersuchung endet mit der These, dass das akademisch-problemorientierte Konzept trotz des Rückschlages 1961 zum Schluss obsiegte, und dass die beiden anderen Konzepte in den Hintergrund traten. Aber wie ging es in den sechziger Jahren weiter? Es steht zu vermuten, dass nach und nach politische Bekenntnisse wieder aktuell wurden, nur diesmal unter umgekehrten politischen Vorzeichen. Wie entwickelte sich der volksmissionarische Gedanke? Alle diese Fragen müssen noch erforscht werden.

„Wir sind doch Brüder" – der Leitspruch des Berliner Kirchentages von 1951 kann als Motto für den gesamten ersten Abschnitt der Geschichte des Deutschen Evangelischen Kirchentages gelten. Zwar ist er in viele Richtungen interpretierbar, aber es besteht kein Zweifel, dass hier mit christlicher Brüderschaft ernst gemacht werden sollte.

ANHANG

TEILNEHMERZAHLEN AN DEN KIRCHENTAGEN 1949 BIS 1961

	Gesamtzahl der Dauerteilnehmer	davon aus der DDR	Teilnehmer an der Schlusskundgebung
Hannover 1949	7.000	keine Angaben	nicht bekannt
Essen 1950	nicht bekannt	290	150.000
Berlin 1951	102.000[1] 24.000[2]	79.000[2] 200.000	87.380[1]
Stuttgart 1952	70.000	100	200.000[1]
Hamburg 1953	36.950	12.650	nicht bekannt
Leipzig 1954	60.000	nicht bekannt	600.000[1] 280.000[2]
Frankfurt 1956	60.000	23.800[2]	300.000
München 1959	40.000	1.000	370.000
Berlin 1961	45.000	20.000[2] 4.000[1, 3]	80.000

[1] Angaben der westlichen Presse
[2] Angaben des Kirchentages
[3] Angaben der SED

ABKÜRZUNGEN

Allgemein gebräuchliche Abkürzungen wie CDU, DDR, usw. werden nicht aufgeführt.

ACDP	Archiv für Christlich-Demokratische Politik, St. Augustin
Av.	Aktenvermerk
BArch	Bundesarchiv
BK	Bekennende Kirche
Bl.	Blatt
BMG	Bundesministerium für Gesamtdeutsche Fragen
BMI	Bundesministerium des Innern
DCSV	Deutsche Christliche Studenten-Vereinigung
DEKT	Deutscher Evangelischer Kirchentag
DEKT-Dok.	Dokumentarband zum Deutschen Evangelischen Kirchentag
DP	Deutsche Partei
DVP	Deutsche Volkspolizei
EK(i)D	Evangelische Kirche in Deutschland
EKU	Evangelische Kirche der Union
EVG	Europäische Verteidigungsgemeinschaft
EZA	Evangelisches Zentralarchiv, Berlin
FFFZ	Film-, Funk- und Fernsehzentrum der Evangelischen Kirche im Rheinland, Düsseldorf
FU	Freie Universität
Generalsup.	Generalsuperintendent
GVP	Gesamtdeutsche Volkspartei
HICOG	High Commission for Germany
KJ	Joachim Beckmann (Hrsg.): Kirchliches Jahrbuch für die Evangelische Kirche in Deutschland, Stuttgart 1950ff.
KT	Kirchentag
LA	Landesausschuss
LKA	Landeskirchliches Archiv
M	Mark
MdB	Mitglied des Bundestages
MdEP	Mitglied des Europäischen Parlamentes
MdR	Mitglied des Reichstages
NArch	National Archives, Washington DC./USA
NF	Nationale Front
o.D.	ohne Datum
(O)KR	(Ober-) Konsistorialrat

(O)KiR	(Ober-) Kirchenrat
(O)RegR	(Ober-) Regierungsrat
ÖRK	Ökumenischer Rat der Kirchen
Pfr.	Pfarrer
PrArchEKBB	Pressearchiv der Evangelischen Kirche in Berlin-Brandenburg, Berlin
RIAS	Rundfunk im amerikanischen Sektor
RGG	Die Religion in Geschichte und Gegenwart
SAPMO-BArch	Stiftung Archiv der Parteien und Massenorganisationen der ehemaligen DDR im Bundesarchiv, Berlin
SBZ	Sowjetische Besatzungszone
scil.	nämlich
Sp.	Spalte
StS	Staatssekretär
Sup.	Superintendent
TRE	Theologische Realenzyklopädie
ZAEKHN	Zentralarchiv der evangelischen Kirche von Hessen-Nassau, Darmstadt

QUELLEN- UND LITERATURVERZEICHNIS

1. ARCHIVALISCHE QUELLEN

Archiv für Christlich-Demokratische Politik, St. Augustin (ACDP):

Bestand IV-001 – Evangelischer Arbeitskreis der CDU
Nr. 035/2: Kirchentage

Bestand VII-010 – Ost-CDU, Vorstand
Nr. 0857: Briefwechsel Nuschke – Grotewohl
Nr. 0860: Briefwechsel Nuschke – Grüber

Bestand VII-012 – Ost-CDU, Parteiarbeit
Nr. 0155: DEKT München

Bestand VII-013 – Ost-CDU, Sachthemen
Nr. 0862: Kirchentag 1954
Nr. 1785: Ev. Kirchentage, allgemein
Nr. 1794: Kirchentag 1956, Kirchentagstreffen Berlin 1957
Nr. 1807: Kirchentag 1954
Nr. 3041: Ev. Kirchentage
Nr. 3309: Kirchentag 1954

Archiv der Evangelischen Akademie Bad Boll (ArchEABB):

Bestand Direktion Müller
Az. 26 II: Korrespondenz Kirchentag

Bundesarchiv, Abteilungen Koblenz (BArch Koblenz):

Bestand B 106 – Bundesministerium des Innern
Nr. 21406: Deutscher Evangelischer Kirchentag
Nr. 21558: Kirchentage 1963, 1965

Bestand B 136 – Bundeskanzleramt
Nr. 5861: Ev. Kirche
Nr. 6538: Kirchentag 1951 Berlin

Bestand B 137 – Bundesministerium für Innerdeutsche Beziehungen
Nr. 1461: Kirchentag 1951 Berlin

Bestand NL 160 – Nachlass Rudolf Pechel (III)
Nr. 100: Kongress für Kulturelle Freiheit (CCF)

Bundesarchiv Berlin (BArchBerlin):

Bestand DC-20 – Ministerrat der DDR
Nr. 2006: DEKT 1957

Bestand DO-1/11 – Hauptverwaltung Deutsche Volkspolizei
Nr. 866: Tätigkeiten der Religionsgemeinschaften 1950–1952
Nr. 875: Kirchentage 1951–1961
Nr. 1155: Rapporte Juli 1951
Nr. 1201: Rapporte Juli 1954

Bestand DO-4 – Staatssekretär für Kirchenfragen
Nr. 1929: 9. DEKT München 1959. Vorbereitung
Nr. 1972: Kirchentage 1957
Nr. 1973: 5. DEKT Hamburg 1953
Nr. 1987: DEKT 1955
Nr. 1988: 6. DEKT Leipzig 1954. Vorbereitung
Nr. 1989: 6. DEKT Leipzig 1954. Berichte über Vorbereitung und Durchführung
Nr. 1990: 6. DEKT Leipzig 1954. Aufenthaltsgenehmigungen, Schriftwechsel Grotewohl, Barth
Nr. 1991: 6. DEKT Leipzig 1954. Besprechungen mit dem Leipziger Oberbürgermeister
Nr. 1992: 7. DEKT Frankfurt 1956. Vorbereitung
Nr. 2484: Informationen über Thadden-Trieglaff
Nr. 2923: 9. DEKT Leipzig 1959. Vorbereitung und Einschätzung
Nr. 2926: 10. DEKT Berlin 1961: Vorbereitung
Nr. 2928: 10. DEKT Berlin 1961: Durchführung und Einschätzung
Nr. 5545: Informationen über Thadden-Trieglaff
Nr. 5638: 3. DEKT Berlin 1951 (Abt. VI: Information und Dokumentation)

Evangelisches Zentralarchiv in Berlin (EZA Berlin):

Bestand 2 – Kirchenkanzlei der EKD
Nr. 46: Synode der EKD, 1949
Nr. 61, 63: Rat der EKD, 1949
Nr. 278: Kirche und politisches Leben, 1949
Nr. 292: Friedensbestrebungen, 1950

Bestand 4 – Kirchenkanzlei der EKD, Berliner Stelle
Nr. 12: Deutscher Evangelischer Kirchentag, 1949–1959
Nr. 120: Konferenz der östlichen Landes- und Provinzialkirchen, 1954–1956

Bestand 6 – Kirchliches Außenamt
Nr. 85/1822: Schriftwechsel Thadden-Trieglaff

Bestand 7 – Evangelischer Oberkirchenrat
Nr. 3505: Deutscher Evangelischer Kirchentag
Nr. 3861: Berliner Bibelwochen

Bestand 71 – Deutscher Evangelischer Kirchentag
Nr. 86/1: Evangelische Woche Hannover 1949. Berichte, Protokolle
Nr. 86/2, 86/3: Evangelische Woche Hannover 1949. Präsidium
Nr. 86/4: Evangelische Woche Hannover 1949. Finanzen
Nr. 86/5: Evangelische Woche Hannover 1949. Schriftwechsel
Nr. 86/6: Evangelische Woche Hannover 1949. Ökumene
Nr. 86/13: Sitzungen, Präsidialausschuss, 10.49–10.50
Nr. 86/14: Präsidialausschuss, 11.50–12.50
Nr. 86/15: Präsidium, 12.49–09.50
Nr. 86/16: Landesausschüsse, 10.50–12.53
Nr. 86/21–23, 86/27: Präsidium, 1952–1961
Nr. 86/30: Kirchentagskreis Bonn, 1950–1954
Nr. 86/31: Krieg und Frieden, Wiederbewaffnung, 1948/49–12.52
Nr. 86/38: Landesausschuss Rheinland, 04.51–12.53
Nr. 86/39: Niederrheinischer Kirchentag 08.55
Nr. 86/40: Kirchentag des Landesausschusses Berlin-Brandenburg 1955
Nr. 86/41: Schriftwechsel und Protokolle Ostausschuss, Propst Böhm, 07.51–12.53
Nr. 86/42–86/45: Verschiedene Verbände, 1950–1955
Nr. 86/49: Katholikentage, 09.50–12.58
Nr. 86/56: EKD, 1950–1952
Nr. 86/58: EKD, 1956–1958
Nr. 86/59: Synode Elbingerode 1952
Nr. 86/61: Synode Espelkamp 1955
Nr. 86/62: EKD, 1959–1962
Nr. 86/70, 86/71: Reden und Aufsätze Reinold von Thadden-Trieglaff 1950–1957
Nr. 86/75: Kronberger Kreis, 08.51–12.58
Nr. 86/76A: Essener Kundgebung 24.03.53
Nr. 86/76B: Kirchentagskongress Hamburg 1958. Allgemeine Korrespondenz
Nr. 86/80: Kirchentagskongress Hamburg 1958. Ostteilnehmer
Nr. 86/81: Kirchentagskongress Hamburg 1958. Organisation
Nr. 86/82: Kirchentagskongress Hamburg 1958. Protokolle, Manuskripte
Nr. 86/86: 2. DEKT Essen 1950. Arbeitsgruppen 1–4, Referate
Nr. 86/91, 86/92: 3. DEKT Berlin 1951. Arbeitsgruppen 1–4, Referate
Nr. 86/93: 3. DEKT Berlin 1951. Themenauschuss
Nr. 86/95: 4. DEKT Stuttgart 1952. Arbeitsgruppen 1 und 2
Nr. 86/97: 4. DEKT Stuttgart 1952. Themenausschuss
Nr. 86/99B 4. DEKT Stuttgart 1952. Mitarbeiter aus dem Osten
Nr. 86/101–104: 5. DEKT Hamburg 1953. Arbeitsgemeinschaften
Nr. 96/105: 5. DEKT Hamburg 1953. Prediger, Bibelarbeit
Nr. 86/106: 5. DEKT Hamburg 1953. Themenausschüsse, Referentenvorschläge
Nr. 86/109, 86/110: 9. DEKT München 1959. Arbeitsgemeinschaften 1–8
Nr. 86/111B: Evangelische Woche Hannover 1949. Presse
Nr. 86/127: 6. DEKT Leipzig 1954. Themenausschuss, Ostausschuss
Nr. 86/128: 6. DEKT Leipzig 1954. Verlauf, Berichtsband
Nr. 86/129: 6. DEKT Leipzig 1954. Arbeitsgruppen
Nr. 86/131: 7. DEKT Frankfurt 1956. Hauptversammlung, Themenabende

Nr. 86/134: 7. DEKT Frankfurt 1956. Arbeitsgruppenleitungen in Bad Boll, 28.–31.3.55
Nr. 86/135: 7. DEKT Frankfurt 1956. Verlauf
Nr. 86/142: 9. DEKT München 1959. Themenausschuss
Nr. 86/145: 9. DEKT München 1959. Verlauf
Nr. 86/146: Herbsttreffen 1957 Berlin
Nr. 86/149: Geplanter Thüringer Kirchentag 1957
Nr. 86/151: Abende der Begegnung, 1951–1961
Nr. 86/153: Landesausschüsse, 1954–1956
Nr. 86/154: Herbsttreffen 1957 Berlin
Nr. 86/158–86/160: Präsidium, 1956–1962
Nr. 86/228A: 4. DEKT Stuttgart 1952. Presse, Kirchentagszeitung
Nr. 86/228B: 4. DEKT Stuttgart 1952. Plakat
Nr. 86/244: 7. DEKT Frankfurt 1956. Ostteilnehmer
Nr. 86/251, 86/252: Publizistischer Arbeitskreis, Schriftwechsel, 11.50–12.55
Nr. 86/254: Niederrheinischer Kirchentag Duisburg, 1955
Nr. 86/275: 7. DEKT Frankfurt 1956. Schriftwechsel, Vorträge, Aktenvermerke
Nr. 86/276: 7. DEKT Frankfurt 1956. Verlauf
Nr. 86/281: Herbsttreffen 1957 Berlin
Nr. 86/285: Geplanter Thüringer Kirchentag 1957. Planung, Verhandlungen mit der DDR
Nr. 86/295: Schriftwechsel Walz, 1950–1958
Nr. 86/297: Geplanter Thüringer Kirchentag 1957
Nr. 86/302: 9. DEKT München 1959. Stimmen und Berichte
Nr. 86/303: 9. DEKT München 1959. Verlauf
Nr. 86/304: Berlin, DDR-Regierung, 1950–1966
Nr. 86/305, 86/305A: Kirchenkanzlei, Berliner Stelle, Ostausschuss, 1951–1966
Nr. 86/307: Arbeitsgemeinschaft für öffentliche Verantwortung, Kronberger Kreis, 1959–1966
Nr. 86/309C: Schriftwechsel mit Kreyssig, Dibelius, Grotewohl, Grüber, Haug, Lilje
Nr. 86/312: 2. DEKT Essen 1950. Presseecho
Nr. 86/314: 2. DEKT Essen 1950. Themenauschuss
Nr. 86/321: Evangelische Woche Hannover 1949. Berichte, Protokolle
Nr. 86/322: 2. DEKT Essen 1950. Anfragen Ostzone
Nr. 86/323: 2. DEKT Essen 1950. Presse
Nr. 86/342–86/349: Schriftwechsel A – Z
Nr. 86/365: 9. DEKT München 1959. Rundschreiben Vorbereitender Ausschuss
Nr. 86/404: 9. DEKT München 1959. Grußtelegramme, besondere Einladungen
Nr. 86/412: 9. DEKT München 1959. DDR-Ausschuss, Arbeitsgruppenleitungen
Nr. 86/453: Ostausschuss 1954–1967
Nr. 86/462: Ordnung des DEKT
Nr. 86/465, 86/466A, 86/466B, 86/468A: 4. DEKT Stuttgart 1952. Vorbereitender Ausschuss
Nr. 86/469A: 4. DEKT Stuttgart 1952. Männer-, Frauen- und Jugendtreffen
Nr. 86/470: 4. DEKT Stuttgart 1952. Nachlese, Dokumentarband
Nr. 86/471: 4. DEKT Stuttgart 1952. Verlauf
Nr. 86/477: 5. DEKT Hamburg 1953. Ostzonenteilnehmer, Ostausschuss, Innenministerium
Nr. 86/480: 5. DEKT Hamburg 1953. Stimmen, Nacharbeit, Reformvorschläge
Nr. 86/484: 5. DEKT Hamburg 1953. Erfahrungsberichte

Nr. 86/489: 5. DEKT Hamburg 1953. Begrüßungen, Einladungen
Nr. 86/490: 5. DEKT Hamburg 1953. Schriftwechsel, Vorträge, Nordreisen
Nr. 86/495A: 5. DEKT Hamburg 1953. Verlauf
Nr. 86/502: 6. DEKT Leipzig 1954. Vorbereitender Ausschuss, Aktenvermerke
Nr. 86/506: 6. DEKT Leipzig 1954. Presse, Öffentlichkeitsarbeit
Nr. 86/507: 6. DEKT Leipzig 1954. Schriftwechsel
Nr. 86/513A: 6. DEKT Leipzig 1954. Stimmen, Berichte
Nr. 86/513B: 6. DEKT Leipzig 1954. Begrüßungen
Nr. 86/515A: 6. DEKT Leipzig 1954. Verlauf
Nr. 86/521: 6. DEKT Leipzig 1954. Einladungen
Nr. 86/526: Andere Personen über Thadden-Trieglaff
Nr. 86/530A: 4. DEKT Stuttgart 1952. Stimmen, Berichte
Nr. 86/530B: 4. DEKT Stuttgart 1952. Grußtelegramme, Briefe
Nr. 86/531: 4. DEKT Stuttgart 1952. Ostzonenteilnehmer
Nr. 86/534: 4. DEKT Stuttgart 1952. Stimmen, Berichte
Nr. 86/535: 2. DEKT Essen 1950. Protokolle, Erfahrungsberichte der Ausschüsse
Nr. 86/536: Publizistischer Arbeitskreis, 10.50–12.54
Nr. 86/538: Presse-Korrespondenz, 10.49–08.50
Nr. 86/544: 3. DEKT Berlin 1951. Schriftwechsel
Nr. 86/546: 3. DEKT Berlin 1951. Verlauf
Nr. 86/548: 3. DEKT Berlin 1951. Berichtsheft, Dokumentarband
Nr. 86/549: 3. DEKT Berlin 1951. Erfahrungsberichte
Nr. 86/552: 3. DEKT Berlin 1951. Einladung, Festzeitung
Nr. 86/561: 3. DEKT Berlin 1951. Erfahrungsberichte
Nr. 86/563: 3. DEKT Berlin 1951. Pressestelle
Nr. 86/574: 7. DEKT Frankfurt 1956. Dankschreiben, Grußtelegramme
Nr. 86/578: 7. DEKT Frankfurt 1956. Protokolle Fachausschüsse
Nr. 86/586, 86/588: 5. DEKT Hamburg 1953. Vorbereitender Ausschuss
Nr. 86/618: 9. DEKT München 1959. DDR-Ausschuss
Nr. 86/620: 7. DEKT Frankfurt 1956. Dieckmann/Nuschke
Nr. 86/628: 7. DEKT Frankfurt 1956. „Stimme der Gemeinde"
Nr. 86/631: 6. DEKT Leipzig 1954. Erfahrungsberichte
Nr. 86/644: 5. DEKT Hamburg 1953. Schriftwechsel
Nr. 86/685, 86/686: 10. DEKT Berlin 1961. Schriftwechsel Ost-West
Nr. 86/688: 9. DEKT München 1959. Vorbereitende Sitzungen, Aktenvermerke
Nr. 86/689: 9. DEKT München 1959. Vorbereitungsheft
Nr. 86/806: 7. DEKT Frankfurt 1956. Finanzen
Nr. 86/807: 7. DEKT Frankfurt 1956. Finanzausschuss

Bestand 95 – Kirchentag (Ost)
Nr. 26: Kirchentag Berlin 1951, Arbeitsgruppen u.a.
Nr. 75: Herbsttreffen des DEKT Berlin 1957

Bestand 606 – Nachlass Prof. D. Martin Fischer
Nr. 29: Giesen
Nr. 52: Deutscher Evangelischer Kirchentag

Landeskirchliches Archiv, Düsseldorf (LKA Düsseldorf):

Bestand 9 – Handakten Präses Held
Nr. 184–188

Landeskirchliches Archiv, Hannover (LKA Hannover):

Bestand L3 III – Kanzlei Landesbischof Lilje
Nr. 254, 1123: Kronberger Kreis
Nr. 255, 1131: Kirchentage 1957, 1959, 1963
Nr. 1137: Kirchentage 1951, 1952

Landeskirchliches Archiv, Stuttgart (LKA Stuttgart):

Bestand Altregistratur
Nr. 116f: Deutscher Evangelischer Kirchentag

Bestand D 23 – Nachlass D.Dr. Karl Hartenstein
Nr. 11

Biographisches Material zu Reinold v. Thadden-Trieglaff, im Besitz von Dr. Dr. Harald Uhl, Wachtberg-Niederbachem (Material Thadden)

National Archives, Washington D. C./USA (NArch Washington):

Record Group 59 – Department of State
Boxes 4778, 5247, 5248

Record Group 466 – High Commission in Germany (HICOG)
Bavaria Land Commissioner, Public Affairs Division, 1950–1952, Monthly Reports,
Loc. 4/71/12/6, Box 127: Religion and Churches
Security-segregated general records, 1949–1955, Loc. 4/71/4/5-8/5, Box 232: Religion and Churches

Politisches Archiv des Auswärtigen Amtes, Bonn (PolArchAA):

Bestand Referat 602 – Kirchliche Beziehungen zum Ausland
Nr. 216: Kirchentag 1956

Bestand Referat 700 – DDR
Nr. 200: Berlin, Kirchen 1955–1961

Pressearchiv der Evangelischen Kirche in Berlin-Brandenburg,
Berlin (PrArchEKBB):

Zeitungsausschnittsammlungen, Presseberichte DEKT 1951 – DEKT 1961

Zeitungsausschnittsammlung Thadden-Trieglaff

Stiftung Archiv der Parteien und Massenorganisationen der DDR
im Bundesarchiv, Berlin (SAPMO-BArch):

Bestand DY 30/IV 2/14 – SED, Arbeitsgruppe Kirchenfragen
Nr. 3: Bedingungen für Kirchentag 1957
Nr. 100: NATO-Politik
Nr. 101–103: Kirchentag 1951
Nr. 104: Kirchentag 1952
Nr. 105, 106: Kirchentag 1953
Nr. 107–114: Kirchentag 1954
Nr. 115–117: Kirchentag 1956
Nr. 118, 119: Kirchentagstreffen Berlin
Nr. 120–122: Kirchentag 1959
Nr. 123, 124: Kirchentag 1961

Bestand J IV 2/2 – Politbürositzungen
Nr. 99: 19.07.50
Nr. 104: 15.08.50
Nr. 105: 22.08.50
Nr. 120: 28.11.50
Nr. 129: 23.01.51
Nr. 153: 19.06.51
Nr. 155: 03.07.51
Nr. 157: 17.07.51
Nr. 219: 08.07.52
Nr. 225: 12.08.52
Nr. 273: 31.03.53
Nr. 286, 287: Reise Grotewohls und Ulbrichts in die Sowjetunion, Juni 1953
Nr. 343: 19.01.54
Nr. 350: 02.03.54
Nr. 353: 14.03.54
Nr. 369: 29.06.54
Nr. 374: 27.07.54
Nr. 460: 07.02.56
Nr. 516: 27.11.56
Nr. 526: 05.02.57
Nr. 529: 19.02.57
Nr. 599: 24.06.58
Nr. 651: 02.06.59
Nr. 656: 30.06.59
Nr. 737: 13.12.60

Nr. 751: 21.02.61
Nr. 774: 07.07.61
Nr. 775: 11.07.61

Bestand J IV 2/3 – Sekretariat des ZK der SED
Nr. 426: Maßnahmen zum Kirchentag in Leipzig, 05.05.54

Bestand NY 4090 – Nachlass Otto Grotewohl
Nr. 453
Nr. 454: 1952
Nr. 456: 10. Juni 1953
Nr. 457: Vorbereitung des Leipziger Kirchentages

Zentralarchiv der Evangelischen Kirche in Hessen und Nassau, Darmstadt (ZAEKHN):

Bestand 62 – Nachlass D. Martin Niemöller
Nr. 1115: Kirchentag 1950
Nr. 1116: Kirchentag 1951
Nr. 1118: Kirchentag 1952
Nr. 1119: Kirchentag 1954
Nr. 1120: Kirchentag 1956
Nr. 1123: Kirchentag 1959
Nr. 1123, 1124: Kirchentag 1961

Bestand 78 – Nachlass D. Dr. Hans Kallenbach
Nr. 4: Evangelische Woche 1949
Nr. 9: Evangelische Akademien
Nr. 14: Evangelische Woche 1949, Besprechung Kirchentag – SPD 1953

2. NICHTSCHRIFTLICHE QUELLEN

a) Filme

Film-, Funk- und Fernsehzentrum der Evangelischen Kirche im Rheinland, Düsseldorf (FFFZ):

Serie Kirchentag
„Keiner ohne den anderen", Regie: Hess, Wilken u. a., BRD, 1951, 36 min., sw., Dokumentarfilm, Signatur F 024.
„Brüder unter dem Kreuz", Regie: Gerhard Kluh, BRD, 1954, 14 min., sw., Dokumentarfilm, Signatur F 025.
„Begegnung in Frankfurt", Regie: Ulrich Fick, Werner Hess, BRD, 1956, 35 Min., sw., Dokumentar- u. Spielfilm, Signatur F 035.
„Ihr sollt mein Volk sein", Regie: J. Neven-DuMont, BRD, 1959, 33 Min., sw., Dokumentarfilm, Signatur F 026.

„Bilanz der Kirchentage", Regie: Fritz Puhl, BRD, 1965, 30 Min., sw., Dokumentarfilm, Signatur F 033.

b) Tonbänder

Film-, Funk- und Fernsehzentrum der Evangelischen Kirche im Rheinland, Düsseldorf (FFFZ):

Bestand KT
Nr. 1-38: Kirchentag 1951
Nr. 5a-38, 5b-38: Kirchentag 1952
Nr. 10-38: Kirchentag 1953
Nr. 18-38: Kirchentag 1952, Hauptversammlung
Nr. 29a-38, 29b-38, 31-38: Kirchentag 1954
Nr. 53-38: Kirchentag 1959
Nr. 54-38: Kirchentag 1959, Querschnitt

c) Persönliche Auskünfte

Otto-Heinrich Ehlers, Großhansdorf, Interview am 1. Juni 1995, Briefe vom 15. No-
vember 1995, 28. November 1995, 24. November 2001
Dr. Friedebert Lorenz, Fulda, Interview am 23. Oktober 1995
Bischof i.R. D.Dr. Hermann Kunst Bonn, Interview am 3. Oktober 1995
Oberkirchenrätin i.R. Dr. Christa Lewek, Berlin, Interview am 20. April 1996
Prof. Franklin H. Littell, Merion Station, Pennsylvania/USA, Interview am 7. März
1996
Oberkirchenrat i.R. Walter Pabst, Berlin, Interview am 28. August 1995
Dr. Dr. med. Frank Palm, Ulm
Ministerpräsident Johannes Rau, Düsseldorf, Briefe vom 20. Februar 1996 und 25.
März 1996
Christian Schlockwerder, Lamspringe, Interview am 19. Oktober 1995
Dr. Clemens Vollnhals, Berlin
Generalsekretär i.R. D.Dr. Hans Hermann Walz, Fulda, Interview am 27. Februar
1996

3. Veröffentlichte Quellen und Literatur

Die in Zeitschriften und dem „Kirchlichen Jahrbuch" veröffentlichten Schreiben
und Kommuniqués sind nicht einzeln aufgeführt.

Adenauer, Konrad: Erinnerungen 1945–1953. Stuttgart 1965.
Adenauer, Konrad: Erinnerungen 1955–1959. Stuttgart 1967.
Adenauer, Konrad: Teegespräche 1950–1954, bearbeitet von Hanns Jürgen Küsters,
    hg. von Rudolf Morsey und Hans-Peter Schwarz (Rhöndorfer Ausgabe, Bd. 3).
    Berlin 1984.

Apsel, Günter: „Männerarbeit". In: Evangelisches Lexikon für Theologie und Kirche, Bd. 2 (1993), S. 1291f.

Asmussen, Hans: Fragen an den Deutschen Evangelischen Kirchentag. In: Junge Kirche 12, 1951, S. 419–424.

Asmussen, Hans: Der Christ in der politischen Verantwortung. Freiburg 1960.

Asmussen, Hans: Zur jüngsten Kirchengeschichte. Anmerkungen und Folgerungen. Stuttgart 1961.

Badstübner, Rolf: Die sowjetische Deutschlandpolitik im Lichte neuer Quellen. In: Loth, Wilfried (Hg.): Die deutsche Frage in der Nachkriegszeit. Berlin 1994, S. 102-135.

Bäumler, Christof: Der Kirchentag als Element einer offenen Volkskirche. In: Theologische Praxis 14, 1979, S. 94–103.

Bannach, Horst: Bilanz von Essen. In: Die neue Furche Nr. 27, Oktober 1950, S. 1–5.

Baring, Arnulf: Außenpolitik in Adenauers Kanzlerdemokratie. München; Wien 1969.

Bärend, Hartmut: „Werke, Freie". In: Evangelisches Lexikon für Theologie und Kirche, Bd. 3 (1994), S. 2150f.

Barth, Karl: Die Kirche zwischen Ost und West (Theologische Existenz heute. 17). München 1949.

Bartsch, Friedrich (Hg.): Vertrauen tut not. Ein Buch der Erinnerung vom Hamburger Kirchentag. Berlin (Ost) 1954.

Baur, Wilhelm: „Kirchentag". In: Realenzyklopädie für Theologie und Kirche, Bd. 10 (1901), S. 476–480.

Beckmann, Joachim: Der theologische Ertrag des Kirchenkampfes. In: Bekennende Kirche. Martin Niemöller zum 60. Geburtstag. München 1952, S. 75–87.

Berlin 1951. Der Deutsche Evangelische Kirchentag in Wort und Bild, hg. i. A. des Präsidiums des DEKT von Hellmut Reitzenstein u. a.. Stuttgart o. J.

Berlin-Spandau 1954, Bericht über die vierte Tagung der ersten Synode der Evangelischen Kirche in Deutschland vom 14. bis zum 19. März 1954, hg. i. A. des Rates von der Kirchenkanzlei der EKD. Hannover o. J.

Berlin 1956. Bericht über die außerordentliche Tagung der zweiten Synode der Evangelischen Kirche in Deutschland vom 27. bis 29. Juni 1956, hg. i. A. des Rates von der Kirchenkanzlei der EKD. Hannover o. J.

Berlin-Spandau 1957. Bericht über die zweite Tagung der zweiten Synode der Evangelischen Kirche in Deutschland vom 3. bis zum 8. März 1957, hg. i. A. des Rates von der Kirchenkanzlei der EKD. Hannover o. J.

Berner: Thadden-Trieglaff, Adolf v. In: Allgemeine Deutsche Biographie, Bd. 37. Berlin ²1971 [¹1894], S. 634f.

Benz, Wolfgang: Einheit der Nationen, Diskussionen und Konzeptionen zur Deutschlandpolitik der großen Parteien seit 1945. Stuttgart 1978.

Benz, Wolfgang: Von der Besatzungsherrschaft zur Bundesrepublik. Stationen einer Staatsgründung 1946–1949. Frankfurt am Main 1984.

Besier, Gerhard/Wolf, Stephan: „Pfarrer, Christen und Katholiken". Das Ministerium für Staatssicherheit der ehemaligen DDR und die Kirchen (Historisch-Theologische Studien zum 19. und 20. Jahrhundert, Quellen. 1). Neukirchen-Vluyn 1991.

Besier, Gerhard: Heinrich Grüber – Pastor, Ökumeniker, Kirchenpolitiker. In: Jahrbuch der Gesellschaft für Niedersächsische Kirchengeschichte 89, 1991, S. 363–384.

BESIER, Gerhard: Der SED-Staat und die Kirche. Der Weg in die Anpassung. München 1993.

BESIER, Gerhard: „Methodological correctness". Anspruch und Wirklichkeit in der Wahrnehmung des sozialgeschichtlich orientierten Historikers Anselm Doering-Manteuffel. In: Doering-Manteuffel, Anselm/Nowak, Kurt (Hgg.): Kirchliche Zeitgeschichte. Urteilsbildung und Methoden (Konfession und Gesellschaft. 8). Stuttgart; Berlin; Köln 1996, S. 90–100.

BIRKE, Adolf M.: Nation ohne Haus. Deutschland 1945–1961. Berlin 1989.

BLESSING, Werner K.: Kirchengeschichte in historischer Sicht. Bemerkungen zu einem Feld zwischen den Disziplinen: In: Doering-Manteuffel, Anselm/Nowak, Kurt (Hgg.): Kirchliche Zeitgeschichte. Urteilsbildung und Methoden (Konfession und Gesellschaft. 8). Stuttgart; Berlin; Köln 1996, S. 14–59.

BOTZENHART, Manfred: Reform, Restauration, Krise. Deutschland 1789–1847 (Moderne Deutsche Geschichte. 4). Frankfurt am Main 1985.

BOVENTER, Hermann (Hg.): Evangelische und Katholische Akademien. Gründerzeit und Auftrag heute. Paderborn; München; Wien; Zürich 1983.

BRAKELMANN, Günter: Zwischen Widerstand und Mitverantwortung. Vier Studien zum Protestantismus in sozialen Konflikten. Bochum 1994.

BUCHSTAB, Günter u. a. (Hgg.): Adenauer: „Wir haben wirklich etwas geschaffen." Die Protokolle des CDU-Bundesvorstandes 1953–1957, bearb. von G. Buchstab (Forschungen und Quellen zur Zeitgeschichte. 16). Düsseldorf 1990.

BUCHSTAB, Günter u. a. (Hgg.): Adenauer: „... um den Frieden zu gewinnen." Die Protokolle des CDU-Bundesvorstandes 1957–1961, bearb. von G. Buchstab (Forschungen und Quellen zur Zeitgeschichte. 24). Düsseldorf 1994.

BÖHM, Hans: Wir sind doch Brüder. Bemerkungen zum 3. Deutschen Evangelischen Kirchentag vom 11.–15.7.1951 in Berlin. In: Die Zeichen der Zeit 5, 1951, S. 161–163.

BRENNECKE, Gerhard: Deutscher Evangelischer Kirchentag. In: Die Zeichen der Zeit 3, 1949, S. 211f.

BRENNECKE, Gerhard: Randbemerkungen zu einer Evangelischen Woche. In: Die Zeichen der Zeit 3, 1949, S. 339–341.

BRENNECKE, Gerhard: Sui generis. Die außerordentliche Synode der Evangelischen Kirche in Deutschland, Berlin 27.–29. Juni 1956. In: Die Zeichen der Zeit 10, 1956, S. 295–303.

CAUSTON, Bernard (Hg.): Kirchentag Calling. The Story of the Protestant Laymen's Rally. Bad Nauheim 1956.

COENEN, Lothar: Rückblick auf den Hamburger Kirchentag. In: Kirche in der Zeit 7, 1953, S. 175–177.

COMMUN, Patricia: L'Église Evangelique en Allemande et la Question Allemande. 1945–1954. Diss. Paris 1988.

DÄHN, Horst: Konfrontation oder Kooperation? Das Verhältnis von Staat und Kirche in der SBZ/DDR. Opladen 1982.

DAHLGREN, S.: Das Verhältnis von Staat und Kirche in der DDR während der Jahre 1949–1958. Uppsala 1972.

DAHRENDORF, Ralf: Gesellschaft und Demokratie in Deutschland. München 1965.

DEHN, Fritz: Bekanntschaft mit Heinrich Vogel. In: Vom Herrengeheimnis der Wahrheit. Festschrift für Heinrich Vogel, hg. von Kurt Scharf. Berlin; Stuttgart 1962, S. 21–37.

[DEKT-DOK. 49] „Kirche in Bewegung". Predigten und Vorträge gehalten auf der Deutschen Evangelischen Woche in Hannover 1949. Hannover o. J.

[DEKT-Dok. 51] „Wir sind doch Brüder!" Der Dritte Deutsche Evangelische Kirchentag vom 11. bis 15. Juli 1951 in Berlin, hg. i. A. des Präsidiums des DEKT, als Manuskript gedruckt. Stuttgart o. J.

[DEKT-Dok. 52] „Wählt das Leben!" Der Vierte Deutsche Evangelische Kirchentag vom 27. bis 31. August 1952 in Stuttgart, hg. i. A. des Päsidiums des DEKT, als Manuskript gedruckt. Stuttgart o. J. [1952].

[DEKT-Dok. 53] „Werft euer Vertrauen nicht weg". Der Fünfte Deutsche Evangelische Kirchentag vom 12. bis 16. August 1953 in Hamburg, hg. i. A. des Präsidiums des DEKT, als Manuskript gedruckt. Stuttgart o. J.

[DEKT-Dok. 54] „Seid fröhlich in Hoffnung!" Der Sechste Deutsche Evangelische Kirchentag vom 7. bis zum 11. Juli 1954, hg. i. A. des Präsidiums des DEKT, als Manuskript gedruckt. Stuttgart o. J.

[DEKT-Dok. 56] Deutscher Evangelischer Kirchentag Frankfurt 1956. Dokumente, hg. i. A. des Präsidiums des DEKT. Stuttgart 1956.

[DEKT-Dok. 59] Deutscher Evangelischer Kirchentag München 1959. Dokumente, hg. i. A. des Präsidiums des DEKT. Stuttgart 1959.

[DEKT-Dok. 61] Deutscher Evangelischer Kirchentag Berlin 1961. Dokumente, hg. i. A. des Präsidiums des DEKT. Stuttgart 1961.

DIBELIUS, Otto: Ein Christ ist immer im Dienst. Erlebnisse und Erfahrungen in einer Zeitenwende, Stuttgart 1961.

DIBELIUS, Otto: Obrigkeit? Eine Frage an den 60jährigen Landesbischof [Hanns Lilje]. Berlin 1959.

DINGELSTEDT, Kurt: Das Plakat zum Kirchentag. In: Informationsblatt für die niederdeutschen lutherischen Landeskirchen 2, 1953, S. 207.

DITTMANN, Knud: Adenauer und die deutsche Wiedervereinigung. Die politischen Diskussionen des Jahres 1952. Düsseldorf 1981.

DOERING-MANTEUFFEL, Anselm: Katholizismus und Wiederbewaffnung. Die Haltung der deutschen Katholiken gegenüber der Wehrfrage 1948–1955. Mainz 1981.

DOERING-MANTEUFFEL, Anselm: Die Bundesrepublik Deutschland in der Ära Adenauer. Außenpolitik und innere Entwicklung 1949–1963. Darmstadt 1983.

DOERING-MANTEUFFEL, Anselm: Entwicklungslinien und Fragehorizonte in der Erforschung der Nachkriegsgeschichte. In: ders. (Hg.): Adenauerzeit. Stand, Perspektiven und methodische Aufgaben der Zeitgeschichtsforschung (1945–1967). (Rhöndorfer Gespräche. 13). Bonn 1993, S. 6–30.

DOERING-MANTEUFFEL, Anselm: Griff nach der Deutung. Bemerkungen des Historikers zu Gerhard Besiers Praxis der „Kirchlichen Zeitgeschichte". In Doering-Manteuffel, Anselm/Nowak, Kurt (Hgg.): Kirchliche Zeitgeschichte. Urteilsbildung und Methoden (Konfession und Gesellschaft. 8). Stuttgart; Berlin; Köln 1996, S. 79–89.

DONATH, Martin: Der Kirchentag war ein Forum. In: Kirche in der Zeit 7, 1952, S. 258.

DÜDING, Dieter: Einleitung. Politische Öffentlichkeit – politisches Fest – politische Kultur. In: Düding, Dieter/Friedemann, Peter/Münch, Paul (Hgg.): Öffentliche Festkultur. Politische Feste von der Aufklärung bis zum Ersten Weltkrieg. Reinbek bei Hamburg 1988, S. 10–24.

EHLERS, Hermann: Struktur und Aufgabe der Evangelischen Kirche in Deutschland heute. In: Europa-Archiv VI, 7 [05.04.51], S. 3861ff.

EHLERS, Hermann: Ausgewählte Reden, Aufsätze und Briefe 1950–1954, hg. v. Karl Dietrich Erdmann. Boppard a. Rh. 1991.

ELBINGERODE. Die Kirche im politischen Raum. Ein Bericht über die Aussprachen und Entschließungen auf der Synode der Evangelischen Kirche in Deutschland in Elbingerode vom 6. bis 10. Oktober 1952. Oldenburg i. O. o. J. [1954].

ENGELBERG, Ernst: Bismarck. Urpreuße und Reichsgründer. Berlin 1985.

ERBACHER, Hermann: Thadden, Elisabeth von, Opfer des NS-Regimes. In: Badische Biographien, Neue Folge, hg. v. Bernd Ottnad, Bd. 2. Stuttgart 1987, S. 275–277.

EXNER, Horst: Gesellschaftspolitische Aspekte des Kirchentages. In: Wolf, Carola (Hg.): 20 Jahre Kirchentag. Der Deutsche Evangelische Kirchentag zwischen 1949 und 1969. Berlin; Stuttgart 1969, S. 69–78.

FELKEN, Detlef: Dulles und Deutschland. Die amerikanische Deutschlandpolitik 1953–1959. Bonn 1993.

FISCHER, Fritz: Bündnis der Eliten. Zur Kontinuität der Machtstrukturen in Deutschland 1871–1945. Düsseldorf 1979.

FISCHER, Martin: Wegemarken. Beiträge zum Kampf um unseren Weg. Berlin 1959.

FILTHAUT, E.: Deutsche Katholikentage 1848–1958 und soziale Frage. Essen 1960.

FREI, Norbert: Vergangenheitspolitik. Die Anfänge der Bundesrepublik und die NS-Vergangenheit. München 1996.

FRIE, Ewald: Standhalten im Quellenfluß. Neuerscheinungen zur Geschichte der Kirchen in der DDR. In: Theologische Revue 92, 1996, Sp. 3–10.

FRIEBEL, Thomas: Kirche und politische Verantwortung in der sowjetischen Zone und der DDR. 1945–1949. Eine Untersuchung zum Öffentlichkeitsauftrag der evangelischen Kirchen in Deutschland. Gütersloh 1992.

„FRÖHLICH IN HOFFNUNG". Der Deutsche Evangelische Kirchentag 1954 in Leipzig. Gesamtdeutsche Ausgabe, hg. i.A. des Präsidiums des DEKT von Heinrich Giesen. Stuttgart o. J.

GAULY, Thomas M.: Kirche und Politik in der Bundesrepublik Deutschland 1945–1976. Bonn 1990.

GERSTENMAIER, Eugen: Streit und Friede hat seine Zeit. Ein Lebensbericht. Frankfurt am Main; Berlin; Wien 1981.

GIESEN, Heinrich: Kirchentag, nicht Kirchentage. In: Die Zeichen der Zeit 6, 1952, S. 145–147.

GIESEN, Heinrich: Kirchentag 1953. In: Die Zeichen der Zeit 7, 1953, S. 230–232.

GIESEN, Heinrich: Nach fünf Kirchentagen. In: Zeitwende 24, 1953, II, S. 145–147.

GIESEN, Heinrich: Freut euch auf Leipzig! In: Die Zeichen der Zeit 8, 1954, S. 241f.

GIESEN, Heinrich: Die Sache von Leipzig. In: Zeitwende 25, 1954, S. 365f.

GIESEN, Heinrich: Sei fünf Minuten still. Ein Andachtsbuch für 365 Tage. Stuttgart 1954.

GIESEN, Heinrich: Bald ist Kirchentag! in: Die Zeichen der Zeit 10, 1956, S. 9–11.

GOECKEL, Robert F.: The Lutheran Church and the East German State. New York 1990.

GOERNER, Martin Georg: Zu den Strukturen und Methoden der SED-Kirchenpolitik in den fünfziger Jahren. In: Klaus Schroeder (Hg.): Geschichte und Transformation des SED-Staates, Beiträge und Analysen. Berlin 1994, S. 112–129.

GOLLWITZER, Helmut: Kirchentag 1961. Zu Heinrich Giesens Leserbrief im „Sonntagsblatt 1961/18. In: JK 22, 1961, S. 294–297.

GOLLWITZER, Helmut: Forderungen der Freiheit. Aufsätze und Reden zur politischen Ethik. München 1962.

GRAF, Friedrich Wilhelm: Eine Ordnungsmacht eigener Art. Theologie und Kirchenpolitik im DDR-Protestantismus. In: Kaelble, Hartmut/Kocka, Jürgen/Zwar, Hartmut (Hgg.): Sozialgeschichte der DDR. Stuttgart 1994, S. 295-321.

GRELE, Ronald J.: Ziellose Bewegung. Methodologische und theoretische Probleme der Oral History. In: Niethammer, Lutz (Hg.): Lebenserfahrung und kollektives Gedächtnis. Die Praxis der „Oral History". Frankfurt am Main 1985, S. 195–220.

GRESCHAT, Martin: Kirche und Öffentlichkeit in der deutschen Nachkriegszeit (1945–1949). In: Boyens, Armin u. a.: Kirchen in der Nachkriegszeit. Vier zeitgeschichtliche Beiträge (Arbeiten zur Kirchlichen Zeitgeschichte. B 8). Göttingen 1979, S. 100–124.

GRESCHAT, Martin: Das Zeitalter der Industriellen Revolution. Das Christentum vor der Moderne (Christentum und Gesellschaft. 11). Stuttgart; Berlin; Köln; Mainz 1980.

GRESCHAT, Martin: Adolf Stoecker und der deutsche Protestantismus. In: Brakelmann,Günter/Greschat, Martin/Jochmann, Werner: Protestantismus und Politik. Werk und Wirkung Adolf Stoeckers. Hamburg 1982, S. 19–83.

GRESCHAT, Martin: Martin Niemöller. In: Gestalten der Kirchengeschichte, hg. von Martin Greschat, Bd. 10.2. Stuttgart; Berlin; Köln; Mainz 1986, S. 187–204.

GRESCHAT, Martin: Zwischen Aufbruch und Beharrung. Die evangelische Kirche nach dem Zweiten Weltkrieg. In: Conzemius, Victor/Greschat, Martin/Kocher, Hermann (Hgg.): Die Zeit nach 1945 als Problem der kirchlichen Zeitgeschichte. Referate der internationalen Tagung in Hüningen/Bern (Schweiz) 1985. Göttingen 1988, S. 99-126.

GRESCHAT, Martin: Die evangelische Kirche. In: Benz, Wolfgang (Hg.): Die Geschichte der Bundesrepublik Deutschland, Band 3: Gesellschaft. Frankfurt am Main 1989, S. 87–123.

GRESCHAT, Martin: Die Bedeutung der Sozialgeschichte für die Kirchengeschichte. Theoretische und praktische Erwägungen. In: Historische Zeitschrift 256, 1993, S. 67–103.

GRESCHAT, Martin: Weder Neuanfang noch Restauration. Zur Interpretation der deutschen evangelischen Kirchengeschichte nach dem Zweiten Weltkrieg. In: Ders.: Protestanten in der Zeit. Kirche und Gesellschaft vom Kaiserreich bis zur Gegenwart. Stuttgart; Berlin; Köln 1994, S. 154-179.

GRESCHAT, Martin, Die Kirchen in den beiden deutschen Staaten nach 1945. In: Ders.: Protestanten in der Zeit. Kirche und Gesellschaft vom Kaiserreich bis zur Gegenwart. Stuttgart, Berlin, Köln 1994, S. 180-200.

GRESCHAT, Martin: Christentumsgeschichte II. Von der Reformation bis zur Gegenwart (Grundkurs Theologie. 4). Stuttgart; Berlin; Köln 1997.

GROTE, Nikolaus von: Kirchentag und Presse. In: Informationsdienst für die niederdeutschen lutherischen Landeskirchen 2, 1953, S. 337.

GROTE, Nikolaus von: „Werft euer Vertrauen nicht weg!" In: Die neue Furche 7, 1953, S. 75–77.

GROTE, Nikolaus von: Die Arbeiter sprachen nicht mit. Eine Betrachtung zum Noederrheinischen Kirchentag. In: Die Mitarbeit 4, 1955, Heft 6, S. 27–29.

GRÜBER, Heinrich: Erinnerungen aus sieben Jahrzehnten. Köln; Berlin 1968.

GUST, K.: East German Protestantism under Communist Rule. 1945-1961. Ann Arbor 1966.

GUTJAHR, Werner/ZIMMERMANN, Jutta: Seid fröhlich in Hoffnung! Ein Bericht vom 6. Deutschen Evangelischen Kirchentag in Leipzig 1954. In: Die Zeichen der Zeit 8, 1954, S. 330–339.

HAHN, Karl-Eckhard: Wiedervereinigungspolitik im Widerstreit. Einwirkungen und Einwirkungsversuche westdeutscher Entscheidungsträger auf die Deutschlandpolitik Adenauers von 1949 bis zur Genfer Viermächtekonferenz 1959. Hamburg 1993.

HAMEL, Johannes: Christ in der DDR (unterwegs). 1956.

HAMMELSBECK, Oskar: Politische Umschau. In: Stimme der Gemeinde 2, 1950, Heft 10, S. 14.

HARTENSTEIN: Karl: Wählt das Leben! Zum Deutschen Evangelischen Kirchentag in Stuttgart vom 27.–31. August 1952. In: Die Zeichen der Zeit 6, 1952, S. 241–245.

HARTWEG, Frédéric: Heinemann. Ein Christ in der politischen Verantwortung. In: Revue d'Allemagne 10, 1978, S. 109–121, 404–457, 584–617.

HARTWEG, Frédéric: Die Kirchenpolitik der SED. Von den Anfängen bis zu den sechziger Jahren. In: Kocka, Jürgen/Sabrow, Martin: Die DDR als Geschichte. Fragen–Hypothesen–Perspektiven (Historische Studien. 2). Berlin 1994, S. 143–147.

HARTWEG, Frédéric (Hg.): SED und Kirche. Eine Dokumentation ihrer Beziehungen. Bd. 1: SED 1946–1964. Bearb. v. Joachim Heise (Historisch-Theologische Studien zum 19. und 20. Jahrhundert, Quellen, 2.1). Neukirchen-Vluyn 1995.

HAUPT, Gunther: Lasset euch versöhnen mit Gott! Eindrücke und Überlegungen zum 7. Deutschen Evangelischen Kirchentag in Frankfurt/Main 1956. In: Die Zeichen der Zeit 10, 1956, S. 362–369.

HEIDEKING, Jürgen: USA und deutsche Kirchen. Beobachtungen, Planungen und Besatzungspolitik 1942 bis 1949. In: Doering Manteuffel, Anselm/Mehlhausen, Joachim (Hgg.): Christliches Ethos und der Widerstand gegen den Nationalsozialismus in Europa (Konfession und Gesellschaft. 9). Stuttgart; Berlin; Köln 1995, S. 119-138.

HEINEMANN, Gustav: Glaubensfreiheit – Bürgerfreiheit. Reden und Aufsätze zu Kirche – Staat – Gesellschaft. 1945–1975, hg. von Diether Koch (Reden und Schriften. 2). Frankfurt am Main 1976.

HEISE, Joachim: Kirchenpolitik von SED und Staat. Versuch einer Annäherung. In: Heydemann, Günther/Kettenacker, Lothar (Hgg.): Kirchen in der Diktatur. Drittes Reich und SED-Staat. Göttingen 1993, S. 526–554.

HENKYS, Reinhard: Die Evangelische Kirche in Deutschland als gesamtdeutsche Institution. In: Siegele Wenschkewitz, Leonore (Hg.): Die evangelische Kirche und der SED-Staat – ein Thema Kirchlicher Zeitgeschichte (Arnoldshainer Texte. 7). Frankfurt am Main 1993, S. 78–99.

HERBERT, Karl: Kirche zwischen Aufbruch und Tradition. Entscheidungsjahre nach 1945. Stuttgart 1989.

HERBERT, Ulrich: Best. Biographische Studien über Radikalismus, Weltanschauung und Vernunft. 1903–1989. Bonn ²1996.

HERDER-KORRESPONDENZ: Kirche als „dritter Ort"? In: Herder-Korrespondenz (1950/51), S. 537–539.

HERDER-KORRESPONDENZ: Deutscher Evangelischer Kirchentag in Hamburg. In: Herder-Korrespondenz 8, 1953/54, S. 18f.

HERDER-KORRESPONDENZ: Deutscher Evangelischer Kirchentag in Leipzig. In: Herder-Korrespondenz 8, 1953/54, S. 501–504.

HERNTRICH, Volkmar: Politische Diakonie. In: Informationsdienst für die niederdeutschen lutherischen Landeskirchen 1, 1952, S. 17f.

HERNTRICH, Volkmar: Kirche zwischen heute und morgen. In: Informationsdienst für die niederdeutschen lutherischen Landeskirchen 2, 1953, S. 293–295.

HILLGRUBER, Andreas: Grundzüge der sowjetischen Deutschland- und Ostmitteleuropapolitik 1945–1952. In: Becker, Winfried (Hg.): Die Kapitulation von 1945 und der Neubeginn in Deutschland. Köln; Wien 1987, S. 141–153.

HÖREN – HANDELN – HOFFEN. 30 Jahre Deutscher Evangelischer Kirchentag, hg. von Carola Wolf und Hans Hermann Walz. Stuttgart; Berlin 1979.

HUBER, Wolfgang: Kirche und Öffentlichkeit. Stuttgart 1973.

HUBER, Wolfgang: Streit um das rechte Handeln. Zwischen persönlicher Vergewisserung und gemeinsamer Aktion. In: Runge, Rüdiger/Krause, Christian (Hgg.): Zeitansage. 40 Jahre Deutscher Evangelischer Kirchentag. Stuttgart 1989, S. 25-48.

HÜBINGER, Gangolf: Kulturprotestantismus und Politik. Zum Verhältnis von Liberalismus und Protestantismus im wilhelminischen Deutschland. Tübingen 1994.

IWAND, Hans Joachim: Erwartungen und Befürchtungen. In: Stimme der Gemeinde 2, 1950, Heft 8, S. 7–10.

IWAND, Hans Joachim: Der Berliner Kirchentag. In: Junge Kirche 12, 1951, S. 396–403.

IWAND, Hans Joachim: Grenzüberschreitung in der Kritik am Kirchentag. In: Kirche in der Zeit 6, 1951, S. 193f.

JAHN, Hans Edgar: Für und gegen den Wehrbeitrag. Argumente und Dokumente. Köln 1957.

JÄHNICHEN, Traugott: Patriarchalismus – Partnerschaft – Partizipation. Ein Überblick über die Mitbestimmungsdiskussion in der evangelischen Sozialethik. In: Auer, Frank von/Segbers, Franz (Hgg.): Sozialer Protestantismus und Gewerkschaftsbewegung. Kaiserreich – Weimarer Republik – Bundesrepublik Deutschland. Köln 1994, S. 271-287.

JOCHMANN, Werner: Evangelische Kirche und Politik in der Phase des Neubeginns 1945–1949. In: Conzemius, Victor/Greschat, Martin/Kocher, Hermann (Hgg.): Die Zeit nach 1945 als Problem der kirchlichen Zeitgeschichte. Referate der internationalen Tagung in Hüningen/Bern (Schweiz) 1985. Göttingen 1988, S. 194-212.

JUNGE KIRCHE: Die Frage des Kirchentages. Bemerkungen zum Berliner Kirchentag. In: Junge Kirche 22, 1961, S. 88–92.

DIE KABINETTSPROTOKOLLE DER BUNDESREGIERUNG, hg. von Hans Booms, Bd. 4–6, 1951–1953. Boppard 1988f.

DIE KABINETTSPROTOKOLLE DER BUNDESREGIERUNG, hg. von Friedrich Kahlenberg, Bd. 7, 1954, bearb. von Ursula Hüllbüsch und Jürgen Trumpp. Boppard 1993.

KALLENBACH, Hans: Und es begann in Frankfurt. Zur Entstehungsgeschichte des Deutschen Evangelischen Kirchentages. In: Weg und Wahrheit. Evangelisches Kirchenblatt für Hessen und Nassau 29/1975/24, S. 6f.

KIRCHE IN DER ZEIT: Was wird der Kirchentag bringen? In: Kirche in der Zeit 7, 1952, S. 145f.

„KIRCHENTAGE zwischen Frankfurt und München", hg. i.A. des Präsidiums des DEKT. Stuttgart 1957.

KIRCHLICHES JAHRBUCH FÜR DIE EVANGELISCHE KIRCHE IN DEUTSCHLAND 72. Jg. ff., 1945ff. hg. v. Joachim Beckmann. Gütersloh 1950 ff.

KLÄN, Werner: Vom Kirchenkampf zum Kirchentag. Reinold von Thadden und die evangelische Laienbewegung 1932–1950. In: Buchholz, Werner/Mangelsdorf, Günter (Hgg.): Land am Meer. Pommern im Spiegel seiner Geschichte. Friedrich Schmidt zum 70. Geburtstag. Köln; Weimar; Wien 1995, S. 593–619.

KLESSMANN, Christoph: Die doppelte Staatsgründung. Deutsche Geschichte 1945–1955. Göttingen 1986.

KLESSMANN, Christoph: Zwei Staaten, eine Nation. Deutsche Geschichte 1955–1970. Göttingen 1988.

KLESSMANN, Christoph: Ein Kirchentag der Kontraste. SED-Dokumente zum Leipziger Kirchentag 1954. In: Kirchliche Zeitgeschichte 4, 1991, S. 533–550.

KLESSMANN, Christoph: Zur Sozialgeschichte des protestantischen Milieus in der DDR. In: Geschichte und Gesellschaft 19, 1993, S. 29–53.

KNOSPE, Gottfried: Von Hamburg nach Leipzig. In: Informationsdienst für die niederdeutschen lutherischen Landeskirchen 3, 1954, S. 234–236.

KOCH, Diether: Heinemann und die deutsche Einheit. München 1972.

KÖHLER, Günter (Hg.): Pontifex, nicht Partisan. Kirche und Staat in der DDR von 1949 bis 1958. Dokumente aus der Arbeit des Bevollmächtigten des Rates der EKD bei der Regierung der DDR, Propst D. Heinrich Grüber. Stuttgart 1974.

KRAUS, Hans-Christof: Ernst Ludwig von Gerlach. Politisches Denken und Handeln eines preußischen Altkonservativen (Schriftenreihe der Historischen Kommission bei der Bayerischen Akademie der Wissenschaften. 53). Göttingen 1994.

KREYSSIG, Lothar: „... und dennoch fein lustig!" Der Stuttgarter Kirchentag 1952. In: Die Zeichen der Zeit 6, 1952, S. 419–421.

KRUMMACHER, Friedrich Wilhelm: „Zeichen der Zeit" – Rückblick und Ausblick. In: Die Zeichen der Zeit 10, 1956, S. 1–8.

KUPISCH, Karl: Studenten entdecken die Bibel. Die Geschichte der Deutschen Christlichen Studenten-Vereinigung (DCSV). Hamburg 1964.

KUPISCH, Karl (Hg.): Quellen zur Geschichte des deutschen Protestantismus von 1945 bis zur Gegenwart, 2 Bde. Hamburg 1971.

LANDENBERGER, Fritz: Das große Treffen in Leipzig. Hinter dem Rücken des „großen Stalin". In: Deutsches Pfarrerblatt 54, 1954, S. 339f.

LEMKE, Michael: Die DDR und die deutsche Frage 1949–1955. In: Loth, Wilfried (Hg.): Die deutsche Frage in der Nachkriegszeit. Berlin 1994, S. 136–171.

LEPSIUS, M. Rainer: Die Institutionenordnung als Rahmenbedingung der Sozialgeschichte der DDR. In: Kaelble, Hartmut/Kocka, Jürgen/Zwar, Hartmut (Hgg.): Sozialgeschichte der DDR. Stuttgart 1994, S. 17–30.

LEUDESDORFF, René: Aus Gerüchten wurden Steine. In: Deutsches Allgemeines Sonntagsblatt, 3. März 1989.

LEUDESDORFF, René: Deutschland geteilt, mitten durchs Herz. In: „CWextra" Kirchentag aktuell, 20. April 1996 [Sonderdruck der Zeitung „Kirchentag aktuell" zur Pensionierung von Carola Wolf, der Pressesprecherin des DEKT].

LILJE, Hanns: Christus im deutschen Schicksal (Stimmen aus der deutschen christlichen Studentenbewegung. 88). Berlin 1933.

LILJE, Hanns: Der Kirchentag – eine kirchliche Bewegung. In: Die Zeichen der Zeit 5, 1951, S. 423f.

LILJE, Hanns: Lobgesang über dem Abgrund. In: Die Zeichen der Zeit 8, 1954, S. 351f.

LINZ, Friedrich: Rückblick auf den Evangelischen Kirchentag. In: Kirche in der Zeit 5, 1950, S. 181f.

LINZ, Friedrich: „Seid fröhlich in Hoffnung" – Die biblische Verkündigung auf dem Kirchentag. In: Kirche in der Zeit 9, 1954, S. 133–135.

LINZ, Friedrich: „Verteidigung der Einheit der deutschen Kultur?" Gespräch mit Minister Dr. Becher. In: Kirche in der Zeit 9, 1954, S. 160–162.

LIPP, Wolfgang: „Institution, sozialphilosophisch". In: Staatslexikon, Bd. 3, [7]1987, Sp. 99–102.

LIPP, Wolfgang: Institution und soziale Veranstaltung. Zur Anthropologie sozialer Dynamik, Berlin 1968.

LORENZ, Friedebert: Der Deutsche Evangelische Kirchentag – Eine Skizze seiner Geschichte seit 1949. In: Röhrbein, Waldemar R. (Hg.): Reformation und Kirchentag. Kirche und Laienbewegung in Hannover. Handbuch zur Ausstellung. Hannover 1983, S. 295–324.

LORENZ, Friedebert: Die Gründung des Deutschen Evangelischen Kirchentages durch Reinold von Thadden-Trieglaff. In: Jahrbuch der hessischen kirchenge-schichtlichen Vereinigung 33, 1982, S. 357–370.

LORENZ, Friedebert: Die Reisen und Leiden des Reinold von Thadden-Trieglaff. Eine Chronik der Jahre 1945–1950. Fulda 1985.

LORENZ, Friedebert: Wie der Kirchentag nach Fulda kam und was daraus wurde. In: Stadt Fulda (Hg.): Deutscher Evangelischer Kirchentag – 40 Jahre in Fulda (Dokumentationen zur Stadtgeschichte. 12), S. 5–19.

LOTZ, Martin: Evangelische Kirche 1945–1952. Die Deutschlandfrage. Tendenzen und Positionen. Stuttgart 1992.

LÖWENSTEIN, Karl Fürst zu: Kirchentag und Katholikentage. Zu Persönlichkeit und Werk Reinold von Thadden-Trieglaffs. In: Rheinischer Merkur, 10. Juli 1964, S. 3.

MAHRENHOLZ, Ernst G.: Die Kirchen in der Gesellschaft der Bundesrepublik. Hannover 1969.

MASER, Peter: Glauben im Sozialismus. Kirchen und Religionsgemeinschaften in der DDR. Berlin 1989.

MAU, Rudolf: Eingebunden in den Realsozialismus? Die Evangelische Kirche als Problem der SED. Göttingen 1994.

MEHLHAUSEN, Joachim: Widerstand und protestantisches Ethos. Eine historische Skizze. In: Doering-Manteuffel, Anselm/Mehlhausen, Joachim (Hgg.): Christliches Ethos und der Widerstand gegen den Nationalsozialismus in Europa (Konfession und Gesellschaft. 9). Stuttgart; Berlin; Köln 1995, S. 17–33.

MEIER, Andreas: Hermann Ehlers. Leben in Kirche und Politik. Bonn 1991.

MEYER, Corona: Wird der Kirchentag fortwirken? In: Kirche in der Zeit 9, 1954, S. 176.

MILWARD, Alan S.: Literatur. In: Vierteljahrshefte für Zeitgeschichte 40, 1992, S. 449–465.

MINDSZENTY, József Kardinal: Erinnerungen. Frankfurt am Main; Berlin; Wien 1974.

MOCHALSKI, Herbert: Reden und Tun. In: Stimme der Gemeinde 8, 1956, Sp. 508.

MOCHALSKI, Herbert: Stimme der Gemeinde 9, 1957, Sp. 278–282.

MOMMSEN, Hans: Der Kreisauer Kreis und die künftige Neuordnung Deutschlands und Europas. In: Vierteljahrshefte für Zeitgeschichte 42, 1994, S. 361–377.

MOMMSEN, Wolfgang: Die deutsche Frage als nationales und europäisches Problem. In: Politik und Kultur 1977, S. 3–23

MÜLLER, Eberhard: Widerstand und Verständigung. 50 Jahre Erfahrungen in Kirche und Gesellschaft 1933–1983. Stuttgart 1987.

MÜLLER, Werner: Die Gründung des DGB, der Kampf um die Mitbestimmung, programmatisches Scheitern und der Übergang zum gewerkschaftlichen Pragmatismus. In: Hemmer, Hans Otto/Schmitz Kurt Thomas (Hgg.): Geschichte der Gewerkschaften in der Bundesrepublik Deutschland. Von den Anfängen bis heute. Köln 1990, S. 85–147.

Ein NACHWORT [zum Essener Kirchentag]. In: Stimme der Gemeinde 2, 1950, Heft 10, S. 11–14.

NEUBERT, Ehrhard: Das MfS und die Kirchenpolitik der SED. In: Deutschland-Archiv 25, 1992, S. 346ff.

NIEMÖLLER, Martin: Unser Volk unter den Völkern. In: Junge Kirche 14, 1953, S. 411–418.

NIEMÖLLER, Martin: Der Kirchentag ruft! In: Stimme der Gemeinde 8, 1956, Sp. 454f.

NIETHAMMER, Lutz/Plato, Alexander von/Wierling, Dorothee: Die volkseigene Erfahrung. Eine Archäologie des Lebens in der Industrieprovinz der DDR. Berlin 1991.

NIPPERDEY, Thomas: Deutsche Geschichte 1866–1918. Bd. 1: Arbeitswelt und Bürgergeist. München 1990.

NOFFKE, Arthur: Deutscher Evangelischer Kirchentag 1952. In: Informationsdienst für die niederdeutschen lutherischen Landeskirchen 1, 1952, S. 331–335.

NOORMANN, Harry: Evangelische Beiträge zum Ausbau des Sozialstaates. Schwerpunkte und Trends. In: Auer, Frank von/Segbers, Franz (Hgg.): Sozialer Protestantismus und Gewerkschaftsbewegung. Kaiserreich – Weimarer Republik – Bundesrepublik Deutschland. Köln 1994, S. 244–270.

NÖSSER, Christoph: Das Engagement der Evangelischen Akademie Bad Boll in der Frage der westdeutschen Wiederbewaffnung. In: Lächele, Rainer/Thierfelder, Jörg (Hgg.): Das evangelische Württemberg zwischen Weltkrieg und Wiederaufbau. Stuttgart 1995, S. 171–194.

NOTH, Gottfried: Kirchentag in Leipzig. In: Die Zeichen der Zeit 8, 1954, S. 161–163.

NOTTBECK, Berend von: Standhaft in Trübsal. In: SBZ-Archiv 5, 1954, S. 209–211.

NOVE, Alec: An Economic History of the USSR. 1917–1991. London ²1992.

NOWAK, Kurt: Die evangelische Kirche in der DDR als Aufgabe kirchlicher Zeitgeschichts-schreibung. In: Rendtorff, Trutz (Hg.): Protestantische Revolution? Kirche und Theologie in der DDR: Ekklesiologische Voraussetzungen, politischer Kontext, theologische und historische Kriterien. Vorträge und Diskussionen eines Kolloquiums in München, 26.–28.3.1992 (Arbeiten zur Kirchlichen Zeitgeschichte. B 20). Göttingen 1993.

NOWAK, Kurt: Geschichte des Christentums in Deutschland. Religion, Politik und Gesellschaft vom Ende der Aufklärung bis zur Mitte des 20. Jahrhunderts. München 1995.

NOWAK, Kurt: Allgemeine Geschichte und kirchliche Zeitgeschichte. Überlegungen zur Interpretation historiographischer Teilmilieus. In: Doering-Manteuffel, Anselm/Nowak, Kurt (Hgg.): Kirchliche Zeitgeschichte. Urteilsbildung und Methoden (Konfession und Gesellschaft. 8). Stuttgart; Berlin; Köln 1996, S. 60–78.

ONNASCH, Martin: Konflikte und Kompromiß. Die Haltung der evangelischen Kirchen zu den gesellschaftlichen Veränderungen in der DDR am Anfang der fünfziger Jahre. In: Kirchliche Zeitgeschichte 3, 1990, S. 152–165.

PASSMANN, Ulrich: Das alte neue Wir-Gefühl. Zur Geschichte der Katholikentage. In: Die neue Ordnung 39, 1985, S. 324–334.

PERMIEN, Andreas: Protestantismus und Wiederbewaffnung 1950–1955. Die Kritik in der Evangelischen Kirche im Rheinland und der Evangelischen Kirche von Westfalen an Adenauers Wiederbewaffnungspolitik – zwei regionale Fallstudien (Schriftenreihe des Vereins für Rheinische Kirchengeschichte. 112). Köln 1994.

PEUKERT, Detlev J. K.: Die Weimarer Republik (Moderne Deutsche Geschichte. 9), Frankfurt am Main 1987.

PIECK, Wilhelm: Aufzeichnungen zur Deutschlandpolitik 1945–1953, hg. v. Rolf Badstübner und Wilfried Loth. Berlin 1994.

PLEVEN, Henri: Regierungserklärung vom 24. Oktober 1950. In: Europa-Archiv 5, 1950, S. 3518–3520.

POLLACK, Detlef: Kirche in der Organisationsgesellschaft. Zum Wandel der gesellschaftlichen Lage der evangelischen Kirchen in der DDR. Stuttgart; Berlin; Köln 1994.

POLLACK, Detlef: Von der Volkskirche zur Minderheitenkirche. Zur Entwicklung von Religion und Kirchlichkeit in der DDR. In: Kaelble, Hartmut/Kocka, Jürgen/Zwar, Hartmut (Hgg.): Sozialgeschichte der DDR. Stuttgart 1994, S. 271–294.

Die PROTOKOLLE des Rates der Evangelischen Kirche in Deutschland 1945–48, bearb. von Carsten Nicolaisen und Nora Andrea Schulze, Bd. 2: 1947/48 (Arbeiten zur Kirchlichen Zeitgeschichte. A 6). Göttingen 1997.

RAU, Johannes: Fragen an den Kirchentag. In: Reformierte Kirchenzeitung 97, 1956, Sp. 433–436.

RAUSCH, Werner/WALTHER, Christian (Hgg.): Evangelische Kirche in Deutschland und die Wiederaufrüstungsdiskussion der Bundesrepublik 1950–1955. Gütersloh 1978.

RENDTORFF, Trutz: 30 Jahre Bundesrepublik – ein Kapitel Religionsgeschichte? In: Scheel, Walter (Hg.): Die andere deutsche Frage. Kultur und Gesellschaft in der Bundesrepublik nach 30 Jahren. 1981, S. 153–167.

RENDTORFF, Trutz: Protestantismus zwischen Kirche und Christentum. Die Bedeutung protestantischer Traditionen für die Entstehung der Bundesrepublik Deutschland. In: Conze, Werner/Lepsius, Rainer M. (Hgg.): Sozialgeschichte der Bundesrepublik Deutschland. Stuttgart 1983, S. 410–440.

RENNER, Michael: Nachkriegsprotestantismus in Bayern. Untersuchungen zur politischen und sozialen Orientierung der Evangelisch-Lutherischen Landeskirchen Bayerns und ihres Landesbischofs Hans Meiser 1945–1955. München 1991.

REUSS, Eleonore Fürstin: Adolf von Thadden-Trieglaff. Ein Lebensbild, gezeichnet nach den Erinnerungen seiner Kinder und Freunde. Berlin ²1894.

RICHTER, James: Re-examining Soviet Policy towards Germany in 1953. In: Europe-Asia Studies 45, 1993, No. 4, S. 671–691.

RINK, Sigurd: Der Bevollmächtigte. Propst Grüber und die Regierung der DDR (Konfession und Gesellschaft. 10). Stuttgart 1996.

RÖHM, E.: Ein Leben für Verfolgte und Entrechtete. Heinrich Grüber 1891–1975. In: Junge Kirche 52, 1991, S. 696–699.

RÖHRBEIN, Waldemar R.: Kirche in Bedrängnis. Die Hannoversche Landeskirche zwischen 1933 und 1945. In: ders. (Hg.): Reformation und Kirchentag. Kirche und Laienbewegung in Hannover. Handbuch zur Ausstellung, Hannover 1983, S. 209-246.

ROOS-SCHUMACHER, Hedwig: Der Kyffhäuserverband der Vereine Deutscher Studenten 1880–1914/18. Ein Beitrag zum nationalen Vereinswesen und zum politischen Denken im Kaiserreich (Deutsche Akademische Schriften, Neue Folge. 7). 1986.

RUDOLPH, Hartmut: Evangelische Kirche und Vertriebene 1945–1972, 2 Bde. (Arbeiten zur Kirchlichen Zeitgeschichte. B 11/12). Göttingen 1984f.

SAUER, Thomas: Westorientierung im deutschen Protestantismus? Vorstellungen und Tätigkeit des Kronberger Kreises (Ordnungssysteme. 2). München 1999.

SCHARF, Kurt: „Ich bin bei euch". In: Kirche in der Zeit 16, 1961, S. 1f.

SCHERSTJANNOI, Elke: „Wollen wir den Sozialismus?" Dokumente aus der Sitzung des Politbüros des ZK der SED am 6. Juni 1953. In: Beiträge zur Geschichte der Arbeiterbewegung 33, 1991, S. 658–680.

SCHIEDER, Wolfgang (Hg.): Religion und Gesellschaft im 19. Jahrhundert. Stuttgart 1993.

SCHMIDHÄUSER, Ulrich: Das dritte Geschlecht. Der Kirchentag in Leipzig: Entmythisierung der Politik. In: Zeitwende 25, 1954, S. 577–580.

SCHMIDT, Dietmar: Martin Niemöller. Stuttgart 1983.

SCHOLDER, Klaus: Die Kirchen und das Dritte Reich, Bd. 1. Frankfurt am Main 1977.

SCHROEDER, Wolfgang: Die gewerkschaftspolitische Diskussion in der evangelischen Kirche zwischen 1945 und 1955. In: Auer, Frank von/Segbers, Franz (Hgg.): Sozialer Protestantismus und Gewerkschaftsbewegung. Kaiserreich – Weimarer Republik – Bundesrepublik Deutschland. Köln 1994, S. 221–241.

SCHROETER, Harald: Kirchentag als vor-läufige Kirche. Der Kirchentag als eine besondere Gestalt des Christseins zwischen Kirche und Welt (Praktische Theologie heute. 13). Stuttgart; Berlin; Köln 1993.

SCHÜTZ, Uwe: Gustav Heinemann und das Problem des Friedens in Nachkriegsdeutschland. Münster 1993.

SCHWARZ, Hans-Peter: Die Ära Adenauer. Gründerjahre der Republik, 1949–1957 (Geschichte der Bundesrepublik Deutschland, Bd. 2). Stuttgart; Wiesbaden 1981.

SCHWARZ, Hans-Peter: Adenauer. Der Staatsmann. 1952–1967. Stuttgart 1991.

SCHWIEDRZIK, Wolfgang M.: Träume der ersten Stunde. Die Gesellschaft Imshausen. Berlin 1991.

SEIDEL, J. Jürgen: „Neubeginn" in der Kirche? Die evangelischen Landes- und Provinzialkirchen in der SBZ/DDR im gesellschaftspolitischen Kontext der Nachkriegszeit. 1945–1953. Göttingen 1989.

SELZNIK, Philip: Institutional Vulerablity in Mass Society. In: American Journal of Sociology 56, 1950/51, S. 320–331.

SIEGELE-WENSCHKEWITZ, Leonore: „Hofprediger der Demokratie". Evangelische Akademien und politische Bildung in den Anfangsjahren der Bundesrepublik Deutschland. In: Zeitschrift für Kirchengeschichte 108, 1997, S. 236–251.

SOLBERG, R.: Kirche in der Anfechtung. Der Konflikt zwischen Staat und Kirche in Mitteldeutschland seit 1945. Berlin; Hamburg 1962.

SOLDATEN auf dem Kirchentag, hg. vom Ev. Kirchenamt für die Bundeswehr. Bonn 1959.

SOMMER, Karl-Ludwig: Gustav Heinemann und die SPD in den sechziger Jahren. Die Entwicklung politischer Zielsetzungen in der SPD in den Jahren 1960 bis 1969, dargestellt am Beispiel der politischen Vorstellungen Gustav Heinemanns. München 1980.

STARITZ, Dietrich: Die Gründung der DDR. Von der sowjetischen Besatzungsherrschaft zum sozialistischen Staat. München 1984.

STARITZ, Dietrich: Geschichte der DDR 1949–1985. Frankfurt am Main 1985.

STEHKÄMPER, Hugo: Konrad Adenauer als Katholikentagspräsident 1922. Form und Grenze politischer Entscheidungsfreiheit im katholischen Raum. Mainz 1977.

STEINACKER, Peter: „Kirchentage". In: Theologische Realenzyklopädie, Bd. 19. Berlin 1990, S. 101–110.

STEININGER, Rolf, u. a. (Hgg.): Die doppelte Eindämmung. Europäische Sicherheit und deutsche Frage in den Fünfzigern (Tutzinger Schriften zur Politik. 2). München 1993.

STUPPERICH, Robert: Otto Dibelius. Ein evangelischer Bischof im Umbruch der Zeiten. Göttingen 1989.

STÜRMER, Michael: Bismarck. Die Grenzen der Politik. München 1987.

STUTTGART 1952. Der Deutsche Evangelische Kirchentag in Wort und Bild, hg. i.A. des Präsidiums des DEKT von Heinrich Giesen. Stuttgart o. J.

THADDEN, Rudolf von: Kirchentag ohne Protestanten? In: Die Zeit, 14. Juli 1961.

THADDEN, Rudolf von: Kirchengeschichte als Gesellschaftsgeschichte. In: ders.: Weltliche Kirchengeschichte. Ausgewählte Aufsätze. Göttingen 1989, S. 11–28.

THADDEN, Rudolf von: Kirchenreform in der Kontroverse. In: Runge, Rüdiger/Krause, Christian (Hgg.): Zeitansage. 40 Jahre Deutscher Evangelischer Kirchentag. Stuttgart 1989, S. 49–64.

THADDEN, Rudolf von: Dietrich Bonhoeffer und der deutsche Nachkriegsprotestantismus. In: Boyens, Armin u. a.: Kirchen in der Nachkriegszeit. Vier zeitgeschichtliche Beiträge (Arbeiten zur Kirchlichen Zeitgeschichte. B 8). Göttingen 1979, S. 125–138.

THADDEN-TRIEGLAFF, Reinold von: Auf verlorenem Posten? Ein Laie erlebt den evangelischen Kirchenkampf in Hitlerdeutschland. Tübingen 1948.

THADDEN-TRIEGLAFF, Reinold von: Was der Kirchentag ist und was er nicht ist. In: Stimme der Gemeinde 2, 1950, Heft 8, S. 1–4.

THADDEN-TRIEGLAFF, Reinold von: Zur Geschichte des Kirchentages. In: Informationsdienst für die niederdeutschen lutherischen Landeskirchen 2, 1953, S. 239.

THADDEN-TRIEGLAFF, Reinold von: „Deutscher Evangelischer Kirchentag“. In: Evangelisches Staatslexikon (1954), S. 593f.

THADDEN-VANEROW, Reinold von (Hg.): Gott und die Geschichte. Vier Vorträge, gehalten von Johannes Schneider, Hanns Lilje, Fritz Blanke und Heinrich Rendtorff (Stimmen aus der deutschen christlichen Studentenbewegung. 66). Berlin 1929.

THIELICKE, Helmut: Ein Wort zum Kirchentag. In: Informationsdienst für die niederdeutschen lutherischen Landeskirchen 16, 1961, S. 231.

THIER, Erich: Der Kirchentag in der gegenwärtigen Sozialsituation. In: Informationsdienst für die niederdeutschen lutherischen Landeskirchen 2, 1953, S. 205–208.

THUM, Horst: Kooperation um welchen Preis? Zu den Traditionslinien von Wirtschaftsdemokratie und Mitbestimmung. In: Auer, Frank von/Segbers, Franz (Hgg.): Sozialer Protestantismus und Gewerkschaftsbewegung. Kaiserreich – Weimarer Republik – Bundesrepublik Deutschland. Köln 1994, S. 172–186.

TREIDEL, Rulf Jürgen: Die Diskussion um die Mitbestimmungsgesetzgebung in Württemberg-Baden und die Evangelische Akademie Bad Boll. In: Lächele, Rainer/Thierfelder, Jörg (Hgg.): Das evangelische Württemberg zwischen Weltkrieg und Wiederaufbau. Stuttgart 1995, S. 154–170.

TREIDEL, Rulf Jürgen: Evangelische Akademien im Nachkriegsdeutschland. Gesellschaftspolitisches Engagement in kirchlicher Öffentlichkeitsverantwortung (Konfession und Gesellschaft. 22). Stuttgart 2001.

TÜRK, Klaus: „Soziale Organisation“. In: Staatslexikon, Bd. 4, 7 1988, Sp. 198–202.

UHL, Harald: Der Deutsche Evangelische Kirchentag als öffentliche Erscheinungsform der Kirche. In: Tremel, Holger (Hg.): Öffentlichkeitsarbeit der Kirche. Frankfurt am Main 1984, S. 147–157.

VOGEL, Johanna: Kirche und Wiederbewaffnung. Die Haltung der Evangelischen Kirche in Deutschland in den Auseinandersetzungen um die Wiederbewaffnung der Bundesrepublik 1949–1956 (Arbeiten zur Kirchlichen Zeitgeschichte. B 4). Göttingen 1978.

VIERHAUS, Rudolf: „Liberalismus“. In: Brunner, Otto/Conze, Werner/Kosellek, Reinhard (Hgg.): Geschichtliche Grundbegriffe. Bd. 3. Stuttgart 1982, S. 741–785.

VOLLNHALS, Clemens: Zwischen Konfrontation und Kooperation. Zur Kirchenpolitik von KPD/SED und SMAD in der Sowjetischen Besatzungszone. In: Deutschland Archiv 27, 1991, S. 478–490.

„WÄHLT DAS LEBEN!“ Vorbereitungsheft zum Deutschen Evangelischen Kirchentag in Stuttgart, 27.–31. August 1952. Stuttgart o. J. [1952].

WAHRHEIT UND WIRKLICHKEIT DER KIRCHE. Vorträge und geistliche Reden, gehalten auf der deutschen Evangelischen Woche, 26. bis 30. August in Hannover, hg. von Eberhard Müller. Berlin 1935.

WALTER, Franz: Katholizismus in der Bundesrepublik. Von der Staatskirche zur Säkularisierung. In: Blätter für deutsche und internationale Politik 41, 1996, S. 1102–1110.

WALTHER, Christian (Hg.): Atomwaffen und Ethik. Der deutsche Protestantismus und die atomare Aufrüstung 1954–1962. Dokumente und Kommentare. München 1982.

WALZ, Hans Hermann: „Kirchentag". In: Religion in Geschichte und Gegenwart ?1959, Bd. 3, Sp. 1528–1531.

WALZ, Hans Hermann: 30 Jahre Kirchentag. In: ders./Wolf, Carola (Hgg.): hören–handeln–hoffen. 30 Jahre Deutscher Evangelischer Kirchentag. Stuttgart: Berlin 1979.

WALZ, Hans Hermann/Krause, Christian: Offenheit hat keine Grenzen? In: Runge, Rüdiger/Krause, Christian (Hgg.): Zeitansage. 40 Jahre Deutscher Evangelischer Kirchentag. Stuttgart 1989, S. 171–188.

„WAS WIRD STUTTGART BRINGEN?". In: Kirche in der Zeit 7 (1952), S. 145f.

„WIR SIND DOCH BRÜDER". Vorbereitungsheft zum Deutschen Evangelischen Kirchentag 1951 in Berlin, dargeboten vom Themenausschuß. Berlin o. J. [1951].

WEBER, Hermann: Geschichte der DDR. München 1985.

WEBER, Hermann: Die DDR 1945–1986. München 1988.

WEBER, Max: Die „Objektivität" sozialwissenschaftlicher und sozialpolitischer Erkenntnis. In: ders.: Gesammelte Aufsätze zur Wissenschaftslehre. Tübingen ⁷1988, S. 146–214.

WEHLER, Hans-Ulrich: Zum Verhältnis von Geschichtswissenschaft und Psychoanalyse. In: ders. (Hg.): Geschichte und Psychoanalyse. Wien 1971, S. 9–30.

WENDLER, Jürgen: Die Deutschlandpolitik der SED in den Jahren 1952 bis 1958. Publizistisches Erscheinungsbild und Hintergründe der Wiedervereinigungsrhetorik. Köln 1991.

WENGST, Udo: Die CDU/CSU im Bundestagswahlkampf 1949. In: Vierteljahrshefte für Zeitgeschichte 34, 1986, S. 1–52.

WENTKER, Hermann: „Kirchenkampf" in der DDR. Der Konflikt um die Junge Gemeinde 1950–1953. In: Vierteljahrshefte für Zeitgeschichte 42, 1994, S. 95–127.

WETTIG, Gerhard: Zum Stand der Forschung über Berijas Deutschland-Politik im Frühjahr 1953. In: Deutschland Archiv 26, 1993, S. 674–682.

WILKENS, Erwin: Die Einheit der EKD und die politische Teilung Deutschlands. Volk, Nation und Vaterland in kirchenpolitischer Sicht. In: Zillessen, Horst (Hg.): Volk, Nation, Vaterland. Gütersloh 1970, S. 285–299.

WINTER, Beatrice: Zur Problematik der Mitarbeit der Evangelischen Kirche im Rundfunk der DDR in den Jahren 1946–1958. Diss. Berlin 1979.

WINTER, Friedrich: Staatssicherheit und Kirche. In: Die Zeichen der Zeit 46, 1992, S. 24–32.

WINTER, Friedrich: Die Evangelische Kirche in Berlin-Brandenburg im Spiegel staatlicher Akten der DDR. Berlin 1994.

WIRKLICHKEIT HEUTE. Referate und Arbeitsberichte vom Kirchentagskongreß Hamburg, hg. i. A. des DEKT von Hans Hermann Walz. Stuttgart 1958.

WIRTH, Günter: Die Beteiligung der CDU an der Umgestaltung der DDR in den fünfziger Jahren. In: Kirchliche Zeitgeschichte 3, 1990, S. 125–151.

WILKE, Manfred: SED-Kirchenpolitik 1953–1958. Die Beschlüsse des Politbüros und des Sekretariats des ZK der SED zu Kirchenfragen 1953–1958. In: Arbeitspapiere des Forschungsverbundes „SED-Staat" 1 (1992).

WOLLE, Stefan: Die Aktenüberlieferung der SED als historische Quelle. In: Engelmann, Roger/Henke, Klaus Dietmar (Hgg.): Aktenlage. Die Bedeutung der Unterlagen des Staatssicherheitsdienstes für die Zeitgeschichtsforschung. Berlin 1995, S. 211–229.

YODER, William E.: Jahrhundert der Kirche oder Einheit der Nation? Die Wurzeln der Entscheidung des Bischofs Otto Dibelius gegen eine Wiedervereinigung Deutschlands unter neutralistischen Vorzeichen. Diss. Berlin 1991.

ZIEGLER, Matthäus: Vom Kirchentag zum Katholikentag. Eindrücke und Vergleiche. In: Stimme der Gemeinde 8, 1956, Sp. 557–562.

ZIMMERMANN, Wolf-Dieter: Kurt Scharf. Ein Leben zwischen Vision und Wirklichkeit. Göttingen 1992.

INDEX DER PERSONEN/BIOGRAFISCHE ANGABEN

Führ, Fritz   269, 271, 283
>geb. 28.2.1904 Halberstadt, gest. 21.7.1963 Berlin, Pfr., 1933 Mitglied der Bekennenden Kirche, 1940–45 Wehrdienst, 1946 Sup. Nordhausen, 1947 Propst der Propstei Südharz, 1951–62 Mitglied der Synode der EKD, 1955–62 Vizepräses der Synode der EKD, 1956–62 Generalsup. von Berlin, Sprengel II.

Gablentz, Otto Heinrich von der   68, 84, 123f., 134
>geb. 11.9.1898 Berlin, gest. 27.7.1972 Berlin, Politikwissenschaftler, 1925–34 Referent im Statistischen Reichsamt, 1945 Mitglied des Rates der EKU, 1948 Abteilungsleiter Deutsche Hochschule für Politik Berlin, 1955 Direktor ebd., 1949 Privatdozent an der FU Berlin, 1953 Prof. ebd.

Gefaeller, Heinz   100
>geb. 16.8.1904 Tapiau/Ostpreußen, gest. 28.6.1987 Bonn, Jurist, 1942–45 Konsistorialpräsident Königsberg, 1945–56 Oberkonsistorialrat (Mitglied der Allgemeinen Verwaltung der APU bzw. EKU) in Berlin, 1956–69 Leiter der Berliner Abteilung im Bundesministerium für Gesamtdeutsche Fragen.

Gerstenmaier, Eugen   47, 72ff., 76, 108, 146, 177, 188, 242f.
>geb. 25.8.1906 Kirchheim unter Teck, gest. 13.3.1986 Bonn, Theologe und CDU-Politiker, 1936 Referent im Kirchlichen Außenamt, 20.7.1944 verhaftet, 1945–51 Leiter des Hilfswerkes der EKD, 1954–69 Bundestagspräsident.

Geyer, Fritz   91, 170, 195, 197
>geb. 1889, gest. 1966, 1919 Mitglied der USPD, nach 1945 Justitiar und Staatssekretär der Landesregierung Sachsen, dann Staatssekretär der DDR–Regierung.

Giesen, Heinrich   30f., 41, 44f., 58, 60, 74, 87f., 96f., 99, 104, 107, 111, 120, 123f., 134, 137f., 140f., 148–151, 163, 165–170, 176ff., 190ff., 196f., 201f., 206, 210, 213ff., 217ff., 224, 227ff., 236, 240, 248, 251f., 254–260, 2f., 277–280, 282, 297
>geb. 10.9.1910 Wuppertal, gest. 12.10.1972 Hattingen/Ruhr, 1938 Studentenpfr. Bonn, 1947 Köln, 1950–61 Generalsekretär des DEKT, 1961 Direktor der Berliner Stadtmission.

Globke, Hans   116, 221
>geb. 10.9.1898 Düsseldorf, gest. 13.2.1973 Bonn, 1932-45 Ministerialrat im Reichsinnenministerium (Mitwirkung an den „Nürnberger Gesetzen" von 1935), 1953–63 Staatssekretär im Bundeskanzleramt Bonn.

Gnüchtel, Werner   80
>Angestellter aus Dresden, Vorsitzender DEKT-Landesausschuss Sachsen

Goebbels, Joseph   183
>geb. 29.10.1897 Rheydt, gest. (Selbstmord) 1.5.1945 Berlin, NSDAP-Politiker, 1933–45 Reichsminister für Volksaufklärung und Propaganda.

Gollwitzer, Helmut   70, 154, 156, 176, 185f., 278f., 293, 297
>geb. 29.12.1908 Pappenheim, gest. 17.10.1993 Berlin, Theologe, 1950–57 Prof. Bonn, 1957 Berlin.

Götting, Gerald   95, 201, 204, 207, 212, 224
>geb. 9.6.1923 Nietleben, 1946 Mitglied der CDU, 1949–63 Generalsekretär, 1966–89 Vorsitzender der Ost-CDU, 1969–76 Präsident der Volkskammer der DDR.

Grauheding, Erich   219, 265
>geb. 10.2.1911 Essen, gest. 12.7.2000 Speyer, Jurist, 1938 kirchlicher Verwaltungsdienst Stettin, 1941 Konsistorialrat Magdeburg, 1952 Referent Kirchenkanzlei, Berliner Stelle, 1959 Oberkirchenrat Speyer, 1964–75 Präsident des Landeskirchenamtes Kiel, 1966–72 Mitglied der Synode der EKD.

Grote, Nikolaus von   118, 188
>Publizist.

Heering, Karl Kurt   58
geb. 16.5.1908 Sterkrade, gest. 6.11.1978 Wiehl, 1936–71 Pfr. Gummersbach.
Hegen, Josef   192, 194, 196f., 216–219, 220, 247ff., 251
geb. 24.4.1907 Huschgrün (Tschechien), gest. 28.2.1969, 1950–52 Innenminister in Sachsen-Anhalt, 1953–57 Staatssekretär und stellv. Innenminister, ab 1957 im diplomatischen Dienst der DDR, 1966–69 Staatssekretär und stellv. Außenminister der DDR.
Heiler, Friedrich   96
geb. 30.1.1892 München, gest. 28.4.1967 ebd., Religionshistoriker, 1922 Prof. Marburg.
Heinemann, Gustav   46, 54, 56, 64, 66f., 70ff., 75, 98f., 106ff., 120f., 126, 130, 139, 148, 153, 156f., 159, 168, 174, 177f., 202, 205f., 232, 235f., 255f.
geb. 23.7.1899 Schwelm, gest. 7.7.1976 Essen, Politiker (CDU, 1952–57 GVP, 1957 SPD), 1949–50 Bundesinnenminister, 1949–55 Präses der Synode der EKD, 1966–69 Bundesjustizminister, 1969–74 Bundespräsident.
Heinen, Friedel   59, 134
1951 Vorsitzender des Landesausschusses Rheinland des DEKT.
Held, Heinrich   60–65, 96, 100, 128, 134, 214
geb. 25.9.1897 St. Johann bei Saarbrücken, gest. 19.9.1957 Düsseldorf, 1930–49 Pfr. Essen-Rüttenscheid, 1945–49 Mitglied des Rates der EKD, 1946 Sup. und Oberkirchenrat, 1948–57 Präses der Ev. Kirche im Rheinland.
Hellwege, Heinrich   115ff.
geb. 18.8.1908 Neuenkirchen (Kreis Stade), gest. 4.10.1991 ebd., Politiker (DP, 1961–79 CDU), Mitbegründer der DP, 1947–61 ihr Vorsitzender, 1949 MdB und Bundesminister für Angelegenheiten des Bundesrates, 1955–59 Ministerpräsident von Niedersachsen.
Hemprich, Herbert   235, 239
geb. 18.9.1913 Seehausen bei Magdeburg, gest. 28.4.1985 Oldenburg, Jurist, 1942–46 Reichsbahnrat, 1947–58 Dezernent im Konsistorium Magdeburg, zuletzt Oberkonsistorialrat, 1958–64 Verwaltungsgerichtsrat in Berlin, 1964–81 Mitglied des Oberkirchenrates Oldenburg, Oberkirchenrat.
Hennig, Arno   96ff., 177
geb. 24.1.1897 Wolkau, gest. 26.7.1963 Frankfurt am Main, Lehrer und Politiker (SPD), 1946 Leiter der kulturpolitischen Abteilung beim SPD-Parteivorstand Hannover, 1949–53 MdB, 1953–59 hessischer Kultusminister.
Herber, Gottfried   61
Leiter der Männerarbeit der Evangelischen Kirche von Westfalen.
Heuss, Theodor   99, 101, 153f. 167, 168, 227
geb. 31.1.1884 Brackenheim (Kreis Heilbronn), gest. 12.12.1963 Stuttgart, Politiker (1918 Deutsche Demokratische Partei, 1930 Deutsche Staatspartei, 1946 Demokratische Volkspartei, 1950 FDP), 1920–33 Dozent an der Hochschule für Politik Berlin, MdR, 1948/49 Mitglied des Parlamentarischen Rates, 1949–59 Bundespräsident, 1959 Friedenspreis des Deutschen Buchhandels.
Heuss-Knapp, Elly   76
geb. 25.1.1881 Straßburg, gest. 19.7.1952 Bonn, Lehrerin und Sozialpolitikerin, Ehefrau von Theodor Heuss, 1950 Gründerin des Deutschen Müttergenesungswerkes.
Hildebrandt, Franz Reinhold   123, 156, 158, 162, 206f., 282f., 285, 288, 294
geb. 12.1.1906 Braunsberg/Ostpreußen, gest. 18.12.1991 Brühl bei Köln, 1933

Pfr. Goldap, 1946 Propst von Halberstadt und Quedlinburg, 1952–72 Präsident der Kirchenkanzlei der EKU, 1961 Oberdomprediger Berlin (Ost).

Hitler, Adolf   184, 300
geb. 20.4.1889 Braunau (Österreich), Selbstmord 30.4.1945 Berlin, 1921–45 Führer der NSDAP, 1933–45 Reichskanzler.

Hodel   228
stellv. Oberbürgermeister von Leipzig.

Höffner, Joseph   62
geb. 24.12.1906 Horhausen (Kreis Neuwied), gest. 16.10.1987 Köln, 1951–62 Prof. für christliche Sozialwissenschaft Münster, 1962–69 Bischof von Münster, 1969 Kardinal, 1969–87 Erzbischof von Köln, 1976–87 Vorsitzender der Dt. Bischofskonferenz.

Holzapfel   96
MdB (CDU).

Hornig, Ernst   274
geb. 25.8.1894 Kohlfurt (Schlesien), gest. 5.12.1976 Bad Vilbel-Heilsberg, 1945 Vorsitzender der schlesischen Kirchenleitung (östlich der Neiße) bis zur Ausweisung aus Breslau Dez. 1946, 1947–63 Bischof der Ev. Kirche von Schlesien (westlich der Neiße) in Görlitz.

Humburg, Paul   37f., 40
geb. 22.4.1878 Köln-Mülheim, gest. 21.5.1945 Detmold, 1906 Pfr. Dhünn (Rheinland), 1909 reformierte Gemeinde Elberfeld, 1919 Generalsekretär der DCSV, 1921 Bundeswart des Westdeutschen Jungmännerbundes, 1929–43 Pfr. Barmen-Gemarke, 1934–42 Präses der rheinischen Bekenntnissynode.

Imhoff, Christoph von   83, 126
geb. 11.4.1912 Nürnberg, gest. 8.9.1986 Starnberg, Jurist und Journalist, Kriegskorrespondent, 1945–53 Chefredakteur „Neue Furche", 1947–51 Ev. Korrespondent „Christlicher Nachrichtendienst" (CND), 1952–58 stellv. Chefredakteur „Rheinische Post", 1958–64 Ressortleiter „Kölner Stadtanzeiger"; 1964–69 stv. Chefredakteur „Handelsblatt", dann „Stuttgarter Nachrichten", Vorsitzender des Publizistischen Ausschusses des DEKT.

Imhoff, Wilhelm   164
Kaufmann, 1956–78 Vorsitzender des Landesausschusses Hamburg des DEKT, 1959–81 Mitglied der Synode der EKD.

Iwand, Hans Joachim   70, 74
geb. 11.7.1899 Schreiberndorf (Schlesien), gest. 2.5.1960 Bonn, Theologe, 1945 Prof. für Systematische Theologie Göttingen, 1952 Bonn.

Jacob, Günther   86, 134, 229–233, 253, 260
geb. 8.2.1906 Berlin, gest. 29.9.1993 ebd., Pfr., 1946 Generalsup. der Neumark, 1949–72 Cottbus, 1963–67 Verwalter des Bischofsamtes der Ostregion der Ev. Kirche Berlin-Brandenburg.

Jahn, Rudolf (Rudi)   122
geb. 4.11.1906 Leipzig, gest. 20.9.1990, Politiker (KPD, SED), 1939–45 KZ-Haft, 1949–52 Ministerpräsident von Brandenburg, 1949–52 Volkskammerabgeordneter, 1952–58 Vorsitzender des Rates des Bezirks Dresden, 1959–68 im diplomatischen Dienst der DDR.

Jahn, Christoph   198
Mitglied des Kulturausschusses der Ost-CDU.

Jänicke, Johannes   274
geb. 23.10.1900 Berlin, gest. 30.3.1979 Halle, 1935–47 Pfr. Palmnicken (Ost-

preußen), 1947 Berlin-Schlachtensee, 1948 komm. Leiter des Burckhardthauses Berlin-Dahlem, 1949–55 Propst zu Halle-Merseburg, 1955–68 Bischof der Kirchenprovinz Sachsen.

Jünger, Ernst 29
geb. 29.3.1895 Heidelberg, gest. 17.2.1998 Wilfingen, Schriftsteller, im Ersten Weltkrieg Freiwilliger (Orden Pour le Mérite), bis 1923 bei der Reichswehr, Studium der Zoologie und Philosophie, 1939–44 Soldat (Entlassung wegen „Wehrunwürdigkeit"). Protagonist eines „heroischen Nihilismus".

Kaiser, Jakob 98f., 116f., 131f., 175
geb. 8.2.1888 Hammelburg (Unterfranken), gest. 7.5.1961 Berlin, Politiker (Zentrum, CDU), Buchbinder, 1924–33 Mitglied des Reichsvorstandes des Christlichen Deutschen Gewerkschaftsbundes, 1945 Mitbegründer der CDU, 1945–47 CDU-Vorsitzender in der SBZ (abgesetzt), 1949–57 Bundesminister für Gesamtdeutsche Fragen, 1950–58 stellv. Bundesvorsitzender der CDU.

Kalb, Hermann 235
geb. 24.10.1924 Jena, Jurist, 1946 Mitglied der CDU, 1961–71 Chefredakteur des Zentralorgans der CDU „Neue Zeit", 1971–89 stellv. Staatssekretär für Kirchenfragen, 1950–90 Abgeordneter der Volkskammer der DDR.

Kallenbach, Hans 39f., 42, 46, 48, 218, 228, 235f.
geb. 24.12.1907 Offenbach, gest. 5.9.1981 Frankfurt am Main, 1930–36 Lehrer, 1936–45 Dozent an der Hochschule für Lehrerbildung Hirschberg (Riesengebirge), 1945–72 Direktor der Evangelischen Akademie in Hessen und Nassau.

Kameke, von 236
Legationsrat in der Kulturabteilung des Auswärtigen Amtes.

Karnatz, Bernhard 145
geb. 29.3.1882 Verden (Aller), gest. 18.3.1976 Berlin, Jurist, 1952–58 komm. Vizepräsident und Leiter der Berliner Stelle der Kirchenkanzlei der EKD.

Karrenberg, Friedrich 65, 140
geb. 16.4.1904 Velbert, gest. 28.11.1966 Berlin, Unternehmer, 1946 Vorsitzender des sozialethischen Ausschusses der Ev. Kirche im Rheinland, 1950–61 Vorsitzender der Arbeitsgruppe Arbeit und Wirtschaft des DEKT, 1954 Hg. des Ev. Soziallexikons i. A. des DEKT, 1961 Prof. für Sozialethik Köln.

Kehnscherper, Gerhard 122f., 173, 179f., 184f., 211, 232f., 243, 295
geb. 16.11.1903 Bromberg (Provinz Posen), gest. 4.8.1988, 1946–51 Pfr. Bad Freienwalde, danach Studentenpfr. Potsdam, 1955 Mitglied der CDU (Ost), 1958–69 Prof. für Angewandte Theologie Greifswald, 1958–71 Abgeordneter des Bezirkstags Rostock.

Kennedy, John F. 270, 301
geb. 29.5.1917 Brookline (Mass.), ermordet 22.11.1963 Dallas (Texas), Politiker (Demokrat), 1961–63 Präsident der USA.

Kietzell, Ernst-Egon von 142
geb. 11.1.1909 Berlin, 1947 Pfr. Flensburg, 1953 Missionsinspektor Breklum, 1961–74 Pfr. Hamburg-Altona, 1956 Geschäftsführer der Arbeitsgemeinschaft für Volksmission in Schleswig-Holstein.

Klein, Otto 67
Ministerialbeamter.

Kleinschmidt, Karl 231ff., 243
geb. 26.4.1902 Hannover, gest. 13.8.1978 Schwerin, 1935–67 Domprediger Schwerin, 1928–33 und wieder 1945 Mitglied der SPD, seit 1946 der SED, 1945 Mitbegründer und Leiter des Kulturbundes zur demokratischen Erneuerung

Oberpräsident in Stettin; führend in der Gemeinschaftsbewegung und seit 1913 Vorsitzender der DCSV.

Mielke, Erich   194

geb. 28.12.1907 Berlin, gest. 22.5.2000 ebd., Politiker (KPD, SED), 1957–89 Minister für Staatssicherheit der DDR.

Mitzenheim, Moritz   272ff., 282, 284f., 295, 297

geb. 17.8.1891 Hildburghausen, gest. 4.8.1977 Eisenach, Pfr., führendes Mitglied der thüringischen Bekennenden Kirche, 1945 Vorsitzender des neugebildeten thüringischen Landeskirchenrats mit dem Titel Landesoberpfr., 1945–70 thüringischer Landesbischof, 1955–61 Mitglied des Rates der EKD.

Mochalski, Herbert   177, 255, 257

geb. 28.2.1910 Görlitz, gest. 27.12.1992 Hannover, 1937/38–45 Pfr. Schönberg und Berlin-Dahlem (Verwalter der Pfarrstelle Niemöllers), 1946–51 Referent in der Kirchenkanzlei der EKD, 1948–51 Geschäftsführer des Bruderrates der EKD, 1951–61 Studentenpfr. Darmstadt.

Müller, Eberhard   30, 31, 37–42, 44, 47f., 54, 59f., 63, 65, 67, 69f., 87ff., 101, 111, 124, 140, 148f., 151f. 159, 161f., 170, 176f., 190, 210, 215, 257ff., 303ff.

geb. 22.8.1906 Stuttgart, gest. 11.1.1989 Heidelberg, 1932–38 Generalsekretär der DCSV, 1935–38 Generalsekretär des Reichsausschusses der Deutschen Ev. Woche, 1938 Studentenpfr. Tübingen, 1942 Militärpfr., 1945 Gründer und bis 1971 Leiter der Ev. Akademie Bad Boll, 1947–72 Vorsitzender des Leiterkreises der Ev. Akademien.

Müller-Armack, Alfred   67

geb. 28.6.1901 Essen, gest. 16.3.1978 Köln, Volkswirtschaftler, 1950 Prof. Köln, 1958–63 Staatssekretär im Bundeswirtschaftsministerium, prägte den Begriff der „Sozialen Marktwirtschaft".

Müller-Gangloff, Erich   281

geb. 12.2.1907 Roth bei Gangloff (Pfalz), gest. 23.2.1980 Berlin, 1951 Gründer und 1952–70 Leiter der Ev. Akademie Berlin.

Münchhausen, Frl. von   289

Mitglied des Landesausschusses Thüringen des DEKT.

Natschka, Werner   80ff.

Geschäftsführer des Berliner Laientages, 1955 Geschäftsführer des Beirates Ost der Evangelischen Studentengemeinde in Deutschland, 1955 Mitglied des Vorstandes der Ev. Akademikerschaft in Deutschland, 1955 Vorsitzender des Berliner Landesverbandes der Ev. Akademikerschaft in Deutschland, 1966 Vorstandsmitglied.

Neill, Stephen Charles   232

geb. 31.12.1900 Edinburgh (Schottland), gest., 20.7.1984 Oxford, Theologe, 1939 anglikanischer Bischof von Tinnevelly/Indien, 1945 Dozent für Theologie in Cambridge, 1948–51 beigeordneter Sekretär des ÖRK, 1953 Herausgeber der ökumenischen Reihe „World Christian Books", 1962–69 Prof. für Missionswissenschaft Hamburg, 1970–73 Nairobi.

Neumann, Franz   116

geb. 14.8.1904 Berlin, gest. 9.10.1974 ebd., Politiker (SPD), 1946–58 Vorsitzender der Berliner SPD, 1949–69 MdB.

Nieden, Ernst zur   60, 62, 107

geb. 30.4.1903 Viernheim (Bergstraße), gest. 18.4.1974 Wiesbaden-Biebrich, 1926–73 Leiter des Männerwerks in Hessen und Nassau, 1946–64 Leiter der Arbeitsgemeinschaft für Männerarbeit in der EKD, 1950–69 Propst für den Visitationsbezirk Nassau.

Niemöller, Martin   13, 19, 33–36, 38, 46–49, 52, 55f., 60, 70, 80, 84ff., 98f., 101, 106ff.,
    118ff., 125f., 130, 139, 141, 146–149, 151ff., 159, 161f., 166, 170, 176ff., 182–186,
    197, 202, 206, 216, 218, 220, 224ff., 228, 234, 236f., 241, 255ff., 263f., 294f., 298
    geb. 14.1.1892 Lippstadt, gest. 6.3.1984 Wiesbaden, 1931 Pfr. Berlin-Dahlem,
    führendes Mitglied der Bekennenden Kirche, 1938–45 Häftling in den KZ Sach-
    senhausen und Dachau, 1945–55 Mitglied des Rates der EKD und Leiter des
    Kirchlichen Außenamtes, 1947–1964 Kirchenpräsident der hessen-nassauischen
    Kirche.
Niemöller, Wilhelm   108
    geb. 7.4.1898 Lippstadt, gest. 13.10.1983 Bielefeld, Bruder von Martin N.,
    1930–63 Pfr. Bielefeld.
Niesel, Wilhelm   148, 236
    geb. 7.1.1903 Berlin, gest. 13.3.1988 Frankfurt am Main, Pfr., führendes Mitglied
    der Bekennenden Kirche, 1945–73 Mitglied des Rates der EKD, 1946–68 Prof.
    Kirchliche Hochschule Wuppertal 1946–68, 1946–73.
Noth, Gottfried   203, 284
    geb. 26.1.1905 Dresden, gest. 9.5.1971 Dresden, Pfr., 1953–1971 sächsischer
    Landesbischof, 1955–68 Mitglied des Rates der EKD.
Nuschke, Otto   20, 91, 95, 114, 118, 147, 157, 172, 192, 199, 203f., 211f., 216, 220f.,
    223, 227–230, 233–241, 243, 248, 250, 252–256
    geb. 23.2.1883 Frohburg (Sachsen), gest. 27.12.1957 Niederneuendorf (bei Ber-
    lin), Politiker (Fortschrittliche Volkspartei, DDP, Ost-CDU), 1921–33 Abgeord-
    neter des preuß. Landtages, 1945 Mitbegründer der CDU in der SBZ, 1948 Vor-
    sitzender der CDU in der SBZ.
Oberländer, Theodor   221
    geb. 1.5.1905 Meiningen, gest. 4.5.1998 Bonn, Agrarpolitiker und Volkswirt-
    schaftler, Mitbegründer des Gesamtdeutschen Blocks/BHE, 1953–60 Bundesmi-
    nister für Vertriebene, 1956 Übertritt zur CDU.
Oelßner, Fred   171, 194
    geb. 27.2.1903 Leipzig, gest. 7.11.1977 Berlin, Politiker (USPD, KPD, SED),
    1935–45 in der UdSSR, vorübergehend dort einfacher Arbeiter, nach Rehabili-
    tierung Leiter der Deutschland-Abteilung des Moskauer Rundfunks, 1947 Mit-
    glied des Zentralkomitees der SED, 1950 Mitglied des Politbüros, 1955 stellv.
    Ministerpräsident der DDR, 1958 Entfernung aus allen Ämtern, 1959–69 nach
    „Selbstkritik" Direktor des Instituts für Wirtschaftswissenschaften bei der Ost-
    Berliner Akademie der Wissenschaften.
Oheimb-v. Hauenschildt, Manfred   294
    Bankier, Vorsitzender des Finanzausschusses des DEKT.
Ollenhauer, Erich   187
    geb. 27.3.1901 Magdeburg, gest. 14.12.1963 Bonn, Politiker (SPD), 1928–33 Vor-
    sitzender der Sozialistischen Arbeiterjugend, 1933–46 Exil in Prag, Paris, Lon-
    don, 1946–52 stellv. Vorsitzender der SPD, 1952–63 Vorsitzender der SPD und
    Fraktionsvorsitzender im Bundestag.
Osterloh, Edo   112, 175f., 275, 276
    geb. 2.4.1909 Rotenhan/Oldenburg, gest. 26.2.1964 Kiel, Pfr., 1945 Mitglied des
    Oberkirchenrats Oldenburg im Nebenamt (Ausbildungsreferent), 1947 im
    Hauptamt, 1949 theol. Referent der Kirchenkanzlei der EKD, 1953 Ministerial-
    rat Bonn, 1953 schleswig-holsteinischer Kultusminister.
Pabst, Walter   82, 127
    geb. 19.9.1912 Oppurg (Kreis Pößneck), gest. 12.1.1999 Berlin, 1947 Studen-
    tenpfr. Jena, 1953 Sup. Gotha, 1964 theol. Referent im Luth. Kirchenamt und